琐屑编

本书由教育部省属高校人文社科重点研究基地河北大学宋史研究中心基地建设经费、河北省人文社科重点研究基地建设经费、河北大学历史学强势特色学科建设经费、河北大学中国史学科“双一流”建设经费、河北大学燕赵文化学科群建设经费资助出版。

作者简介

王曾瑜 汉族，1939年生，上海人，1962年毕业于北京大学历史系。现任中国社会科学院历史研究所研究员、河北大学宋史研究中心特聘教授等。著有《鄂国金佗稡编续编校注》《尽忠报国——岳飞新传》《荒淫无道宋高宗》《宋朝兵制初探》《金朝军制》《宋朝阶级结构》《岳飞和南宋前期政治与军事研究》《辽宋西夏金社会生活史》（此书与他人合撰）、《辽金军制》等专著，历史系列小说《靖康奇耻》《河洛悲歌》《大江风云》《转战湖汉》《扬威南北》《关山怅望》《忠贯天日》等七部，论文和译文二百余篇，另有论文选集《凝意斋集》，以及论文集《锱铢编》《涓埃编》《丝毫编》《点滴编》《纤微编》出版。参加《中国大百科全书·历史卷》辽宋西夏金部分和《中国历史大辞典·宋史卷》的编写。发表若干杂文，如《腐败就是今天的国耻、党耻》（《北京观察》1998年试刊第3期）、《巴黎公社原则和苏维埃政权的灭亡》（《北京观察》2000年第3期）等。

作者王曾瑜先生与本书责编合影

宋史研究丛书·第四辑

琐屑编

王曾瑜 著

河北大学出版社
·保定·

出 版 人：朱文富
责任编辑：王红梅
装帧设计：王占梅
责任校对：刘梦茜
责任印制：闻　利

SUOXIE BIAN

图书在版编目（CIP）数据

琐屑编 / 王曾瑜著 . -- 保定 : 河北大学出版社，2020.9
ISBN 978-7-5666-1643-2

Ⅰ . ①琐… Ⅱ . ①王… Ⅲ . ①中国历史 – 研究 – 辽宋金元时代 Ⅳ . ① K240.7

中国版本图书馆 CIP 数据核字（2020）第 024993 号

出版发行：河北大学出版社
地址：河北省保定市七一东路 2666 号　邮编：071000
电话：0312-5073019　0312-5073029
邮箱：hbdxcbs818@163.com　网址：www.hbdxcbs.com
经　　销：全国新华书店
印　　刷：保定市北方胶印有限公司
幅面尺寸：148 mm × 210 mm
印　　张：21
字　　数：510 千字
版　　次：2020 年 9 月第 1 版
印　　次：2020 年 9 月第 1 次印刷
书　　号：ISBN 978-7-5666-1643-2
定　　价：80.00 元

如发现印装质量问题，影响阅读，请与本社联系。
电话：0312-5073023

说　　明

琐屑者，古人常用以形容微小，在知识海洋中个人学术成果微小之谓也，本书为个人论文集，与另五部《锱铢编》《涓埃编》《丝毫编》《点滴编》《纤微编》为姐妹编。

目　录

一、浅谈史学功能和治史者的冷静与热情

——为纪念漆侠先生逝世十周年而作

记得在20世纪五六十年代，且不说社会上或学术界，就是在我就读的北京大学历史系，也经常能听到学史无用、治史无用的声音。当时的系主任翦伯赞先生和前来演讲的吴晗先生，都强调历史有用，他们举了一些历史有用的实例，具体的实例已无法记忆了。但当时自己作为一个无知的学子，也模糊地感觉他们的说服力不强。目前至少就孤陋寡闻的笔者而言，似乎已听不到学史无用、治史无用的声音了。

在六十多年的变迁中，笔者也在逐步地体会和了解史学功能。依自己目前的认识，史学功能确有许多的方面，难以遍举，但关于史学十分重要的功能，笔者可提出以下两项：

一是理解过去，透视现在，指点未来。记得在1958年，有高年级的学长贴出一条口号：历史学不应为古人算账，而应为活人开路。此语可能记忆得不完全准确。历史作品的题材、风格和功能应当不拘一格，而尽可能多样化，单纯为死人算账，也并非就是不需要的。但当今社会的沉疴痼疾，治史者其实不难从中华古史中找到病源，也应依据马克思主义的理论，开出病方。史学确

有为活人开路的重要功能，万万不可丢弃。这是一个现代爱国史家对祖国和中华民族应尽的一份义务。史学的此种重要功能，非其他学科所能取代。

二是客观而公正的历史记载和研究，是维系社会良知和正义的重要舆论力量，亦非其他学科所能取代。人类文明社会，即阶级社会存在几千年，不断地涌现出形形色色的卑劣、肮脏、残暴之事，此类现象都是植根于阶级之间剥削和压迫的沃土，势所必然。但另一方面，人类的良知和正义也存在了数千年，时断时续，或屈或伸，若隐若现，不可泯灭。人类的是非、善恶、功罪之类，时间的作用是淡化甚至抹杀，而成文的客观而公正的历史的作用，却是部分地保存。但即使是部分地保存，对人类文明的进步也是至关重要的。客观而公正的历史记载和研究揭露和谴责邪恶，歌颂良知和正义，这是一切做了罪恶勾当的反动统治阶级最害怕的一件事。《孟子·滕文公下》说："孔子成《春秋》，而乱臣贼子惧。"这只是代表了古人的认识水平。唐朝史学家刘知幾提倡直书，反对曲笔。客观而公正的历史记载是客观而公正的历史研究的前提和基础。故古今中外都存在着信史和秽史之争，而各民族各时代信史和秽史之争的主战场，又必然是在当代史的记载和研究上。因为一切时代的史料生产的周期大约不过五六十年，一旦超过了时限，作为文字记录的原始史料不复再有生产的可能。一切反动统治阶级莫不千方百计地篡改历史，胡编秽史。

我说的是主战场，并非说没有辅战场。例如近年来在中华古史研究中，对宋高宗和秦桧的投降主义是辩护还是批判，对洪承畴降清认为是弃暗投明还是弃暗投暗，对清军入关后的倒行逆施是淡化和掩饰还是揭露和谴责，还有历史小说创作中对中华古专制主义是美化和歌颂还是控诉和鞭笞，都是当代史学信史和秽史之争的一部分。众所周知，漆侠先生生前，对歌颂宋高宗和秦桧的投降主义的言论，持极其严厉的批评态度。当然，也应当摆正古史研究作为信史和秽史之争的辅战场的地位，不必夸大。看似谈论古史，其实无非是反映治古史者本人的人生观和历史观。无数事实证明，唯有揭露和批判历史上的一切邪恶，方能起到维系社会良知和正义的巨大作用。

近见《中国社会科学报》2011 年 5 月 12 日陈晓径先生《历史学家必须冷静、客观——访法国著名汉学家魏丕信教授》一文，在此不妨结合史学功能，谈点读后感。

此处不必谈论魏丕信教授与我同样认同的治史必须客观的问题。按马克思主义对立统一律的思维，宇宙间的万事万物都有对应或对立的两极。冷静和热情也可说是一对矛盾的统一体。治史者必须有冷静和理智的头脑，去考证和论析历史，但治史也并非不需要热情和冲动。

最明显的实例莫过于我常引用的邓广铭先生在《陈龙川传》中的几段话，“翻开南宋的历史，呈现在我们眼前的，是一幅屈辱到令人气短的画图”。“当群情失掉了常态，相率而走入放僻邪侈的路径之后，善恶是非的标准便也都随之而颠倒错乱。这时候，最狡狯和最少廉耻的，将最有用武之地，占取社会上一切的荣华富贵，受到全社会的奉承与喝彩；一个特立独行、操心危、虑患深的人，也便成了注定要遭殃的人。所以在这本传记中，将只看到对于天才人的迫害，对于正义感的摧残，使一个最清醒热烈的人，却因其清醒和热烈而受到最残忍最冷酷的侮弄和惩罚，困顿蹉跌以至于死”。“一个战时首都竟有‘销金锅儿’之号。然而与这些金银一同被销掉的，却还有一种最需要培植、最值得珍爱的同仇敌忾的民气”。邓先生强烈的爱国义愤，溢于言表。即使六十多年之后，读来仍能体会到他当年感时伤世之激愤情怀、全身沸腾的热血。但邓先生又说：“然而我绝对不曾忘记这里所需要的一份冷静和客观，我绝不滥用我的同情，致使其对于事实真象有所蒙蔽。我只是努力把搜集到的一些资料，施以融铸贯串之力，藉以表现陈氏的活泼明朗的全部人格，不使其像天光照耀下云影，只成为模糊灰暗的一个轮廓。”① 邓先生的感情融入了历史，但又不滥用感情，首先还是注重历史的真实性。但在另一方面，也唯有其感情融入了历史，也方得以深刻体会和揭示历史与现实的真谛。

上引邓先生的议论，深刻地阐明了治史中冷与热的辩证关系。为了履践上述史学的第二种重要功能，应是冷静和热情，两者缺一不可。我在《荒淫无道宋高宗》第一版自序中说：“中国传统史学既强调奋笔直书，又强调褒善贬恶，即主观与客观融合，是不错的。作为人物传记，作者如果不是在尊重史实的基础上，既有褒善的仁心，又有贬恶的狠心，只怕很难有成功之作。若对历史上的罪恶一概采取平恕的态度，麻木不仁，似并不足取。事实上，面对各个时代横暴和腐败的专制统治，治史者的良心必然受到震撼，渴望着用自己的史笔去鞭笞罪恶。”即是此意。

笔者注意到魏丕信教授研究明清时代的监察制度，即御史制度。他说：“人们常说中国传统是与民主不相容的；我并不这么认为——任何传统都不会完全排斥民主。”

按马克思主义对立统一规律的思维，民主和专制又可谓是对应或对立的两极。事有偶合，笔者也从事一些中国古代台谏，特别是宋代台谏政治的研究。我在《中国古代台谏政治的一些借鉴》中说，“民主与专制政体的主要分野大致有三。一是马克思主义特别强调的普选，即直接选举制。中国大致自夏代进入阶级社会后，

---

① 《邓广铭全集》第 2 卷，第 555 页、557—558 页、587 页，河北教育出版社，2005 年。

就取消了原始社会的选举传统。二是对最高权力能否实行有效的监督和制约，三是舆论监督权力，而不是权力监控舆论”。“古代开明的台谏政治多少体现了后两条精神，堪称是在专制政体下的一点民主因素，值得今人继承和发扬”。[①] 看来两人的结论有相似之处。

（原载《漆侠与历史学：纪念漆侠先生逝世十周年文集》，河北大学出版社，2012 年）

① 王曾瑜：《丝毫编》，第 65 页，河北大学出版社，2009 年。

二、略论中华古史研究中的学术创新问题

创新是任何科学发展都会有的内在的必然要求。中华古史研究的学术创新，应是提供新的、有价值的成果，如提供新的史料，进行新的论述，开拓新的领域；或推翻前说；或在前人研究基础上有所补充、进展之类。按马克思主义的辩证法思想，一切事物在一定条件下会走向反面。目前，全社会强调创新，当然是对的，“新”在于质量比“旧”的好，而不是相反。然而在事实上，也并非没有在创新的名义下走向反面的情况出现。就中华古史研究而言，确实出现了一些值得注意的问题。例如有些文章出现一种论调，似乎只有在摆脱意识形态主宰的前提下，史学研究方得以有创新。所谓意识形态，对治史者而言，无非是指史观或史识。自古迄今，任何史家治史，处理史料，均不可能不受本人史观、史识或有人称之为意识形态的指导。其实看他们的作品，又何尝没有他们本人的意识形态在内呢？

没有规矩，不成方圆，如若要“创新”一下，不用规矩画方圆，就会弄巧成拙。且以所见的某些古史作品而论，有的貌似创新，实则花拳绣腿，华而不实；有的貌似守旧，倒是根基稳固，耐人推敲。其故非他，史学研究当然也有自己的规矩，规矩是什

么？依己之见，一是要有先进的意识形态，即史观或史识指导；二是要有必需的基本功和细致扎实的研究，其中当然包括考证。

现代对中华古史的重新研究，经历了约百年的发展，从微观上说，已积累了一套必须遵循的规矩。如史讳、年代、地理、职官、版本目录、古汉语训诂等整套基本功，或曰专门知识，绝非任何初学者能够在朝夕之间可一蹴而就者，需要长期的知识积累。否则，按行话就会出现硬伤。例如“邱”字，本为清朝避孔丘名讳的新造字，在清以前无此字，清人依自己的名讳乱改古书。如果今人在自己的研究清以前的史学作品中，使用诸如“雍邱县”“闾邱”之类，当然成了硬伤。明代学者“丘濬”，在某些史学作品中成了“邱浚”，面目全非。“丘”“邱”不分的情况，出现在若干以名家自许的论著中。古时“匡庐”是庐山的代称，宋人避宋太祖赵匡胤御讳，改称“羌庐”。有人不懂“匡庐”的词义，其使用的史料是经清人篡改的，被公认为尽可能免用的《四库全书》本，而自己又进一步讹“庐”为“卢”。粗略看来，还真不知“匡卢”是何地名。一般说来，史学作品不可能像“神舟”上天、“蛟龙”入海那样，要求万分之万、万无一失的精准。但有时一个错字、一个错误标点也会严重影响史学作品的质量。小问题、细微处总是反映一个人治史的细致程度和基本功训练。

我敬仰马克思和恩格斯，他们无疑是当时世界上的大学者，而恩格斯的知识面还更为广阔，他们有为广大劳苦大众谋解放的博大胸怀，所以才能创立马克思主义。其若干基本理论至今仍颠扑不破，已是很不容易，很伟大了。马克思主义的至少若干基本理论，就指导治史而言，似可说是仍有其灵验和神力。

迄今为止，一切文明社会都是阶级社会。将社会总人口划分为阶级，是人类对自身社会认识的一次飞跃。阶级区分不能说是将纷繁复杂的社会结构包举无遗，却是抓住了人类文明社会结构的根本和核心问题。马克思主义阶级论最根本的实质问题，是强调阶级之间的经济剥削和政治压迫，这是人类文明史的科学提炼和总结。国家是统治阶级镇压被统治阶级的工具，法律体现了统治阶级的意志，其实都是阶级论的派生。在20世纪五六十年代，马克思主义的阶级论是研究历史的基本方法，为当时的治史者的常识。

然而时移世迁，此种基本的研究方法，已被不少学者弃之脑后。近年来充斥中华古史研究领域的，倒是自中国大陆以外引进的士大夫群体精英论，企图在阶级论涵盖的范畴之外另创新论，引领新潮。在古代载籍中，“士大夫”只不过是中性名词，但在一些研究生的心目中，“士大夫”居然成了褒义词。我讲课批评士大夫群体精英论，有位学生发问，我所讲是不是指“士大夫劣化”，我回答说，古士大夫本来就不优，何来的劣化？这反映了士大夫群体精英论影响之深。如今不少研究生根本就不知马克思主义阶级论为何物，而受目前时髦理论的影响，已先入为主，浸渍颇深。笔者著文批评此论，并只能遗憾地指出，这只能是降低水平的讨论，而不是提高水平的讨论，因为这本是马克思主义早已解决，而无须讨论的问题。不可否认，古代士大夫中确有很少量真正的精英人物，例如宋代的范仲淹、王安石、司马光、李纲、宗泽及至宋末的文天祥、陆秀夫等。但其大多数只能是社会和民族的糟粕，这是由统治和剥削阶级的阶级地位决定的。为何对古籍中不少有关士大夫大多贪墨而无廉耻的记载，某些学者反而视而不见呢？这还不是本人“意识形态主宰”的结果？如果一定要说什么“守旧”的话，我倒愿毫不动摇地当马克思主义阶级论的“守旧派”。

近些年来，史学界出现一种怪现象，或曰新潮，就是为历史上的民族投降主义叫好喝彩。例如有人写书撰文，曲意强辩，否认秦桧是奸细，转弯抹角，称颂卑辱之至的绍兴和议，要为卖国贼宋高宗和秦桧翻案。卖国贼洪承畴降清，被某些人称为“弃暗投明”。我的回答是“弃暗投暗”。今天看来，明朝的综合国力其实非东北兴起的后金与清朝可比，但经历了三百年专制主义中央集权的等级授职制下腐败的积累，整个官僚军事机构烂透了，极大地影响了明朝实力的发挥。尽管崇祯帝在主观上尚有振兴的强烈愿望，但在李自成等军与清军的夹击下，确已到了不亡何待的地步。说洪承畴“弃暗”，是客观事实，但反过来说，清朝所进行的，无疑是一场残酷的民族战争。清军入关后的大肆屠戮，留发不留头的政策，扬州十日、嘉定三屠、圈地运动之类，当然是应当批判和否定的。这些血与火的史实，都深刻地反映了清朝政权的阶级本质，剖析此类史实，怎么能脱离马克思主义的阶级论和国家论。当然，我并不想否定清朝对中华民族发展所做的某些贡献，该肯定的必须肯定，该否定的也必须否定。洪承畴投降卖国，甘当清朝残害同胞的帮凶，说是“投明”，就完全不顾起码的史实。最近出现在洪承畴家乡为之立纪念碑的活动，搞得乌烟瘴气，岂非咄咄怪事？王春瑜先生说得好，此类在抗战时就是典型的汉奸理论，治史者没有一点正义感，是搞不好历史研究的。人们对历史上的人和事的不同评价，其实还是源于现实不同的人生道路。此类“学者”依他们的“意识形态主宰”，所鼓吹和崇尚的，无非是历史领域的虚无主义和实惠主义，宋高宗、秦桧、洪承畴之流所代表的投降哲学和腐恶传统；他们所要贬损和否定的，却正是中华民族的爱国正气和优秀传统。否定英雄人物，岂不是否定中华民族？否定我们的历史？中华民族在世界上人口最多，但如果没有这些英雄人物传承和发扬的爱国正气，我们的民族岂不成为一个断了脊梁骨的民族。如果硬要把此类谬论作为“创新”，我倒愿毫不动摇地当歌颂这些英雄人物爱国正气的“守旧派”。

再说一点文风的问题。目前追求文字的生僻、晦涩和朦胧，逐渐成为某些史学作品的一种时髦。例如某些事物的“淡化”，武侠小说中的“淡出”江湖，本来各有其固定的词义，不应错乱。但若干时髦的文字，就喜欢以某些事物的“淡出”取代“淡化”。我最初拜读，简直就不明其意。甚至史学论著的标题也一定要洋派，必须有正、副两个，并且其中之一，必须是生僻、晦涩和朦胧者。其实，大文豪鲁迅先生早就教导过，不要自造生硬冷僻的词汇。看来，此种教导对某些学者不起作用。面对此种时髦，我倒愿意当“守旧派”。我近年来在课堂中经常对研究生们强调，要使自己的史笔精美，就应以鲁迅先生的杂文、范文澜和翦伯赞先生的史笔为圭臬。随着人类社会的进步，总是需要不断创造新词。新词应是有旧词不具备或包容的词义。如果词义与旧词相同，似无须多此一举。但目前的时尚，就是以“创造”取代词义与旧词相同的新词为时髦。我最初听到“拐点”一词，简直不明其义。其实它与旧词“转折点”或“转捩点”同义，而后者反而更雅。但一些学者似以编造一大堆生僻、晦涩而奇崛的新词为荣，似乎此类新词创造发明愈多，自己的学问也就愈大。依个人之见，学者似不将自己的聪明才智发挥在此类新词上，反而更好些。

治中华古史当然离不开“说古”，但有时也须“道今”，因为现代的中国是古代中国的延续和发展，在许多方面仍留下了古代中国的深刻烙印。古今一揆，知今有助于识古，究古有助于察今。治史应当古今一体化，有条件者，也应中外一体化。理解过去，透视现在，指点未来，是一个现代爱国史家对祖国和中华民族应尽的一份义务。史学的此种重要功能，非其他学科所能取代。研究历史，在不少场合，史识是第一位的，发表出人意表、发人深思、令人回味的史论，很不容易。史识本质上是科学性的问题，是追求真理，却不能不与追求民主的态度息息相关。史识可说是对历史和现实的综合洞察力。

真正的治史者都希望求得学术上的创新，但真正拿出经得住推敲和反证的古史研究创新却很不易。例如有的学者提出要搞“活的制度史”，他们认为研究官僚机构系统的信息传递，就可激活制度史的研究，此说似乎有创新的意味。但是，马克思主义对等级授职制的批判，就研究中国制度史而论，应有更高层次上的指导意义。在专制主义中央集权的等级授职制下，法制的运作，不可能离开人治和人事腐败，其基本状况是统治阶级往往以私利粗暴地践踏自己制定的法制。依我个人之见，似只能从这个理论的制高点去俯瞰和研究制度史。应当申明，我绝非反对研究官僚机构系统的信息传递，只是主张将其置于适当的地位。中国古代的科举制使统治阶级经常换血，相当彻底地抛弃了前代世族世选，由门阀大族把持高位的局面。但对官场政风起关键作用者，就绝不是科举出身的，所谓出身“寒俊”的士大夫，而正是马克思所批判的等级授职制。由科举入仕者，不管原先的阶级出身如何，一旦从被剥削、被压迫的地位改变为统治的、剥削的地位，随着阶级地位的改变，投入等级授职制这个贪墨的大染缸中，大多数士大夫肯定沦为因知书而更善于琢磨和精通歪理者。那种认为科举制出现后，就可以使官场变得生机勃勃之论，并不符合史实。

由此看来，吸取马克思主义基本理论的营养，是有利于创新，而不是有害于创新的。当然，强调运用马克思主义基本理论治史，也决不应当有排他性。应当兼容并包，而关键则在于择善而从，而能否择善而从，就要看个人的史识了。马克思主义可以教会人们分辨主流和支流、本质和现象、共性与个性、何者是关键、何者是非关键，是两点论，而非一点论，如此之类，对处理和判断纷繁复杂的历史现象是十分重要的。前面的举例表明，只有个人的史识站到应有的时代高度，才可能有真正意义上的创新。

（原载《河北学刊》2013 年第 2 期）

三、史学功能与史家良知

个人在近年来逐渐体会到史学有两项最重要的功能：一是理解过去，透视现在，指点未来；二是歌颂正义，批判邪恶，为维系社会良知和正义的重要舆论力量。以上两条功能非其他学科所能取代。必须申明，以上两条绝非我的首创，以前看过某些论著，早有类似说法。但我个人将此功能编成口诀式的二十字，以便于自己和他人记诵。此两种功能都需要有客观而公正的历史记载和研究，而其实践的要诀，就必须有史家的良知和正义感，这是治史基础性和根本性的前提。记得多少年前，王春瑜先生在电话中对我说，史学家没有点正义感，是搞不好历史的，此说引起我长久的回味。

《孟子·滕文公下》说："孔子成《春秋》，而乱臣贼子惧。"这固然有歌颂正义、批判邪恶的意思，但只是代表了古人的认识水平，且有附会。古人固然将《春秋》视为神圣的儒家经典，所谓"《春秋》笔法""一字寓褒贬"之类，全是后世附会之词。王安石却敢说《春秋》只是"断烂朝报"，今人看来，此说甚当。现代的研究业已证明，《春秋》不是孔子所作。

文天祥《正气歌》中歌颂的"在齐太史简，在晋董狐笔"，似可说是中华古史学光辉传统的开篇。《左传》宣公二年记载晋国发生政变，“大史书曰：‘赵盾弑其君。’以示于朝”，孔子评论说：“董狐，古之良史也，书法不隐。”同书襄公二十五年，崔杼杀齐庄公，立其弟齐景公。“大史书曰：‘崔杼弑其君。’崔子杀之。其弟嗣书，而死者二人。其弟又书，乃舍之。南史氏闻太史尽死，执简以往。闻既书矣，乃还。”好生恶死，趋利避害，求福免祸，乃是人之常情。然而他们为了追求直书，甚至不惜承受杀身之祸，就足以体现中华古史学的崇高。此两件事，使用现代语，就是史家必须一丝不苟、客观而公正地记录史实。

但在另一方面，中国古代也有另一种不做客观而公正的历史记载的借口。《穀梁传》成公九年说：“为尊者讳耻，为贤者讳过，为亲者讳疾。”《公羊传》闵公元年说：“《春秋》为尊者讳，为亲者讳，为贤者讳。”既然据传是孔夫子作《春秋》，就立下此种规矩，后世不做客观而公正的历史记载，曲意篡改历史，就成了名正言顺。

所谓的《春秋》三讳中，对后世影响最大者，当然是“为尊者讳”。在中国古代的专制政体下，特别享受“为尊者讳”的优惠，当然首先是皇帝辈。历代修史的要诀，就是必须为皇帝们隐恶虚美，而篡改历史。在历朝官史中，开国太祖皇帝必定是圣文神武，遂立国祚绵长、万世一系之基业。一个又一个皇帝，大抵都在其冠冕之下，蒙上一层又一层，甚至数十层面纱，使人根本难以看清他们的真面目，又不论其是如何荒淫无道之类。唯有列“圣”相承，后来的皇帝方得仰赖祖宗功德之庇荫，而金瓯永固。为皇帝讳的传统，代代相承而不衰。后人欲了解和揭露历史真相，又不得不煞费苦心，下了许多考证的功夫。

一千三百年前，刘知幾提出并规范了“直书”和“曲笔”的观念，说：“略外别内，掩恶扬善，《春秋》之义也。自兹已降，率由旧章，史氏有事涉君亲，必言多隐讳，虽直道不足，而名教存焉。”他其实是对前述的《春秋》笔法委婉地提出了异议：“盖史之为用也，记功司过，彰善瘅恶，得失一朝，荣辱千载。苟违斯法，岂曰能官。但古来唯闻以直笔见诛，不闻以曲词获罪。”①到清朝的文字狱为止，以直书历史真实而获罪，而遇害者，难以悉数。《春秋》三讳服务于中国古代的专制统治，理所当然地被现代有良知的治史者和修史者所摈弃。

刘知幾曾特别强调说：“烈士殉名，壮夫重气，宁为兰摧玉折，不为瓦砾长存。”② 此为刘知幾在一千三百年前掷地铿锵的心声，至今仍有巨大的现实意义，烛照着中华史学发展的正道。当然，随波逐流之辈，吮痈舐痔之徒，势与利迷了心窍，而自以为得计者，自不足以语此，而媚骨又必然扼制史才。但中国古代的优秀史家，也确是为今日的中华史家树立一个有正义感，不受势与利所诱所胁的榜样。治史者，或者是记录历史者，用俗话说，良心必须放在当中，不能睁着眼睛说瞎话，维护历史记载和研究的客观与公正，这又应是起码的道德规范和修撰标准。

---

① 《史通通释》卷 7《曲笔》。

② 《史通通释》卷 7《直书》。

四、历史任人说？

曾经讹传胡适先生有一句话：“历史是百依百顺的姑娘，要怎么打扮就怎么打扮。”张政烺师曾严肃地批判，说是“亵渎历史学”①。有的学者也特别强调，应当“敬畏历史”。

偶与两位出版界的朋友谈及，不论在史学界，还是在史学界以外，都有乱说中华古史的情况。他们问：“怎么会如此？”我回答：“历史还不是任他说。”他们就要我以此为题撰文，并且将一部论文选集也以此命名。

本文主要以今人说中华古史为限，至于今人出于私利，而有意歪曲、捏造、窜改和掩盖近代和现代史实，不做重点讨论。

我仔细想了一下，所以会出现历史任人说的现象，一是涉及说史者自身的科学素养和人生哲学如何，二是涉及说史者对历史细节知识掌握是否准确。

历史现象具有客观性，但一旦形成文字，就不能没有主观性。历史学家写历史，不能不忠于客观史实，但对某些事件和人物，也不可能没有是非和爱憎。史学本身具有强烈的对是非善恶的褒

---

① 《〈文史〉出版三十辑感言》，载《张政烺文史论集》第 771 页，中华书局，2004 年。

贬性，其歌颂正义、批判邪恶的功能，乃是维系社会良知和正义的重要舆论力量。

但人们不同的人生哲学，必然会延伸或渗透到对历史上是非善恶的评判。不妨由近及远说起。在中国大陆，对于“文革”史，也确实存在着截然不同的看法。绝大多数人依正常思维和起码良知，谴责“文革”是中华民族史上亘古未有的灾祸，而发生在20世纪下半叶，更有其十足的愚昧性、野蛮性、荒唐性和疯狂性。但也确实有极少数人，自愿讴歌“文革”，为之招魂。再远一点，日本军国主义在二战中制造臭名昭著的“慰安妇”事件，当然是骇人听闻的反人道的野蛮暴行，不但是受害民族，就是欧美的人权人士，也都予以严厉谴责。但台湾居然出了个林全，他在没有一点证据的情况下，凭空捏造了所谓“自愿”的“慰安妇”。此说无非是出自其人生哲学，集中表露其甘做汉奸的面目，岂是偶然失言！半点也不像人话，亏他说得出口！现代的德国人，甚至法国人中，也确有很少量希特勒的崇拜者。但对绝大多数人而论，从正常思维和起码良知出发，理所当然地确定希特勒是人类史上最大的反人类罪犯之一。不妨再扯到遥远的宋代，对于绍兴和议以后的时段，邓广铭师在青年时代就沉痛地批判说，“翻开南宋的历史，呈现在我们眼前的，是一幅屈辱到令人气短的画图”，“当群情失掉了常态，相率而走入放僻邪侈的路径之后，善恶是非的标准便也都随之而颠倒错乱”。但也有人认为“南宋朝廷一直是在为实现中兴而奋斗”，这当然主要是指宋高宗和秦桧。拙作《宋高宗传——荒淫无道》对此段中华古史上少有的黑暗和贪腐时代做了揭露。但也有人认为这个时代是“承平”时节。

邓广铭师曾语重心长地说：“如果不在一种正确的观点指引之下，而心中又无全局，这样就去进行微观的研究，则势必失之支离繁琐而无所统属；如果不在微观方面做一些踏踏实实的搜讨钻研，而好高骛远，专去从事于宏观的探讨，那等于没有坚牢精密的部件而硬要拼凑为航空飞机，是不会不失败的。”① 欲求准确地研究和论述历史，一方面，要求在正确理论指导之下，力求把握历史发展的大局和全局，以统驭大量的局部研究；另一方面，也要力求掌握尽可能多的准确的历史细节知识，两者缺一不可。如果依凭想象，信口开河，虽也能做到历史任人说，似可自成一家之言，却难以经受推敲和反证。

且以唐宋史而论，若用马克思主义的基本观点研究，就有三条根本性的大局或全局。第一，唐宋是以租佃制为主的农业社会，实行手工生产。第二，唐宋是实行专制主义中央集权的等级授职制的国家。尽管也出现唐五代军阀割据，但仍是次要的。第三，思想文化界中占统治地位的是专制主义的意识形态和文化专制主义。以上三条看似老生常谈，但是，如果脱离或反背大局而行“创新”，就可能画虎不成反类犬。

所谓唐宋变革论，热闹了好一阵。但只有掌握了上述三条，才能较为确切地把握唐宋时代各种变化的幅度大小和分寸。若与春秋和战国时代的变化相较，当然算不上中华古史上的大变革时期。

近年来，现代社会提出所谓幸福指数的概念。有人立即套用到宋代，说是“幸福的宋朝人”，“宋朝普通人的幸福指数高”，个人实际治宋史约四十余年，真是闻所未闻之论。

宋朝是农业社会，大多数人口，即普通人，自然是农民。考量宋代农民的生活水平，无疑有两项基本的情况：一是手工生产的水平毕竟还是低下的，个体生产难以抵御天灾人祸；二是在以

---

① 《谈谈有关宋史研究的几个问题》，载《邓广铭全集》第 7 卷，第 70—71 页，河北教育出版社，2005 年。

租佃制为主的社会里，贫富差别很大，而农民是处在社会底层的被剥削、被统治阶级。以上两条自然是最基本、最粗浅，也是最起码的古经济学和古经济史常识。人们常引用司马光的一段文字：“四民之中，惟农最苦。农夫寒耕热耘，沾体涂足，戴星而作，戴星而息。蚕妇育蚕治茧，绩麻纺纬，缕缕而积之，寸寸而成之，其勤极矣。而又水、旱、霜、雹、蝗、蜮间为之灾，幸而收成，则公私之债交争互夺，谷未离场，帛未下机，已非己有矣。农夫蚕妇所食者糠籺而不足，所衣者绨褐而不完。”① 又何以说得上是幸福指数高呢？今天看来，盐是最普通的调味品。但在中国古代相当长的时期内，由于官府专营，盐价昂贵，一直有相当比例的平民“困于淡食”的记录。② 更有甚者，如宋徽宗括“公田”，以餍私欲，“敛取无艺，百姓失业，流丐者众。风谕诸邑，催索租逋，急于星火。确山令刘愿前后杖下，决死良民千余人”③。这又是在死亡线上挣扎不得，人命贱如蝼蚁，又谈得上什么幸福指数！

即使到了工业革命后的机器生产时代，在马克思写《资本论》和恩格斯写《英国工人阶级状况》时，一方面是日不落帝国最为辉煌的时期，其机器生产创造了全世界头等的生产力；另一方面却是工人阶级的贫困，居住、卫生条件极坏，根本不能安全生产，且工人每天工作长达十多个小时，许多工人死亡，如此等等。如果近代产业工人阶级幸福指数高，又怎么会有“起来，饥寒交迫的奴隶”的怒吼？

又如在历史研究中将 20 世纪 90 年代以后提出的“粮食安全”概念套用于中国古代。我在一封信中不得不做出答复：“用现代的

① 《司马文正公传家集》卷 48《乞省览农民封事札子》。

② 《说论集》卷 1《上哲宗论江湖阙盐》。

③ 《历代名臣奏议》卷 182，《庄简集》卷 9《论王子献等札子》。

概念套用宋代，其实是有差别的。宋代当然是当时世界上最高度发展的农业社会，但用今日的眼光看来，生产水平还是十分低下。在各种天灾人祸下，官府根本没有能力保证不饿死人的。不妨查看一下灾年死人的记录。如果一定要用'粮食安全'的概念，则是必须保证官僚和军事机构的粮食供应，不可欠缺。否则，政权就无以维持。宋朝大部分时间财政拮据，特别是为保证军粮，颇费心机，但也必须竭泽而渔，而不管农民死活。这有大量的史料为证。当然，依国家的公共事务管理职能，也有救济等问题，这是次要的。救灾能否成功，一是官府是否有足够的粮储，二是地方官是否得力。特别在宋徽宗时，财政形成中央吃地方、皇室吃中央的情况。南宋时地方财政更加拮据，各地是否有足够的粮储，更成大问题。救灾必然伴随腐败，大部分官员肯定做得差，只有很少量清明的官员做得好，就在史籍中传为美谈。这应是一个基本性的认识。"

北宋的苏舜钦有诗描写灾荒年景的惨状："去年水后旱，田亩不及犁。冬温晚得雪，宿麦生者稀。前去固无望，即日已苦饥。老稚满田野，斫掘寻凫茈。此物近亦尽，卷耳共所资。昔云能驱风，充腹理不疑。今乃有毒疠，肠胃生疮痍。十有七八死，当路横其尸。犬彘咋其骨，乌鸢啄其皮。胡为残良民，令此鸟兽肥。"① 此诗描写的惨状，令人触目惊心，然而在宋代的农业社会中，却并非是罕见的例外。由于生产水平的差异，今天的"粮食安全"概念和规范，肯定是与古代，包括宋代的史实脱节的。

马克思主义强调，经济是基础，研究历史，讲述历史，不能不首先从经济史开始，对于以往人们说史，往往限于政治和文化史，当然是个革命性的改变。这其实是个浅显的道理，并为现实

① 《苏学士文集》卷2《城南感怀呈永叔》。

生活所证实，日益为人们所承认。即使到中国近代，一些名家治史，还是不甚注重经济史。例外的是陶希圣先生，他热衷于重新研究中华古经济史，创导了食货学派，将先秦到唐的经济史做了许多有价值的整理。1949年后，史界重视对经济史的研究，是正确的，但排斥制度史等研究，又是错误的。不料现在又反过来，很多人不重视经济史研究，说得重一点，则是对经济史的无视和无知。他们不懂得，政治史、军事史、经济史、制度史、文化史等其实具有综合性和整体性。例如，不懂经济史，就能将政治史研究做好吗?

我同一位研究生谈话，认为评价宋朝的兵器手工业不可能高，主要有三条：一是手工生产，至多是类似手工生产较为发达的分工颇细的水平；二是在官营手工业中，不可避免地存在着官吏与工匠之间的剥削与被剥削、奴役与被奴役的关系；三是在官营手工业中必有的腐败。以上三点当然不是我的发明，只是前辈的知识积累。我问他看过《资本论》相关手工业的章节否，回答是不知道。我说，在我们的大学时代，一般当然不可能通读《资本论》(也有个别学生通读)，老师们还是指点我们读《资本论》第一卷的第十一、十二、十三章，从手工协作到机器大工业，第二十四章原始积累，第三卷第四十七章地租。读了上述章节，就有了基础性的、正确的理论指导，对自己往后的治史大有裨益。现在居然连研究生都不知道，只能是一种退步。

在我们这一代人的青年时代，“以论带史”的口号曾流行一时，简直迷惑了我们这一代的许多人。“画鬼容易画人难”，前辈史家翁独健先生曾将“以论带史”喻之为“画鬼”，是有其深刻性的。恕我直言，所谓“士人成为政治主体”，“士大夫政治”，“皇帝与士大夫共治天下”，等等，是否也可以说是一种新的“以论带史”，即抽样作证?与前者的差别是不用马克思主义的词句，而是西方流行的社会精英论的中国化。其实，古文中的“士大夫”固然是中性名词，在一次讨论中，香港何冠环先生特别强调，英文中的“精英”，也同样是中性名词。但目前不少史家却是将士大夫，连同精英论变成了褒义词。在他们的笔下，似乎“士人成为政治主体”，专制政治就变得开明了，“士大夫政治”就成了中国古代良性政治的模式，如此等等。

按马克思主义阶级论，剥削和统治阶级的大多数，不可能是好东西，这是由其阶级地位决定的。北宋后期，按李新之说：“廉吏十一，贪吏十九。”① 古人常强调君子与小人之别，孙升说：“夫世之治乱，系乎君子、小人消长、内外而已。天下君子寡，而小人众，君子常患乎在外，而小人常患乎在内。是以自古及今，治世少，而乱世多也。”② 贾公望赋诗说：“正直士流少，倾邪朋类多。”③ 正是士大夫辈的常态，其大多数就是古代所谓小人。李纲说：“士大夫所养，以气为主，平时如虎，犹恐其临事之如鼠，况复伈伈伣伣，惟知佞柔，以媒富贵，自余何足观哉!”④ 的确，当时官场中就是弥漫着萎靡、卑怯、恋栈、贪婪、奢侈、虚诈之类只知谋身的鼠气。他在另一为宋高宗草拟的诏文中说：“士大夫奉公者少，营私者多，徇国者稀，谋身者众。”⑤ 宗泽上奏，批判南宋初的士大夫说：“今之士大夫，志气每下，议论卑陬，上者不过持禄保宠，下者不过便文自营。曾不能留心恻怛，为陛下思承

① 《历代名臣奏议》卷 43，《跨鳌集》卷 19《上皇帝万言书》。
② 《续资治通鉴长编》卷 394，元祐二年正月甲戌。
③ 《吴郡志》卷 12，《中吴纪闻》卷 5《贾表之》。
④ 《梁溪全集》卷 109《与梅和胜侍郎书》。
⑤ 《梁溪全集》卷 34《戒励士风诏》。

祖宗二百年大一统之基业为可惜。”① 他们身为士大夫，却是指斥士大夫大多数的所作所为。以上情况难道就不算当时的“士大夫政治”？至于所谓“宋朝官僚队伍的整体素质高”之类说法，就无须再讨论了。

翻开古史籍，大体符合儒家政治和道德伦理的良性政治模式，主要也就是少有瑕疵的“贞观之治”时期。唐人对本朝的太宗皇帝固然怀有虔诚的敬意，但宋儒程颐却指斥他“杀兄取位”，悖逆儒道。② 宋代的王安石与司马光，可谓士大夫中个人道德清白的典范。但王安石变法，人们讥之为“聚敛”③，是符合事实的。司马光上台，“密荐”同党为谏官，以求党同伐异，受到章惇指责，李纲就认为：“观子厚（章惇字）之言，可谓切当于理矣。”④ 在一些学者的心目中，政治良性，就归结为“士大夫政治”的成功，政治不良，就归结为“士大夫政治”的失败。即使将所谓的“士大夫政治”定格为中性名词，当然就无所谓成功或失败可言。在宋代，真要说“皇帝与士大夫共治天下”的典范，无非就是秦桧与史弥远专权时。朱熹说：“秦老（桧）是上大夫之小人，曹泳（秦桧亲信）是市井之小人。”⑤ 谁能说秦桧就不算士大夫？

在此不得不再次赘引马克思的话，“君主政体的原则总的说来就是轻视人，蔑视人，使人不成其为人”。“专制制度必然具有兽性，并且和人性是不相容的。兽的关系只能靠兽性来维持”。⑥ 一

---

① 《宗忠简公集》卷 1《乞回銮疏》（建炎二年三月，通前后表疏，系第十五次奏请），《历代名臣奏议》卷 85，《建炎以来系年要录》卷 14 建炎二年三月己亥。

② 《河南程氏遗书》卷 17。

③ 《忠肃集》卷 4《追讼吕诲疏》。

④ 《梁溪全集》卷 160《书章子厚事》。

⑤ 《朱子语类》卷 131。

⑥ 《马克思恩格斯全集》第 1 卷，第 411、414 页。

针见血的批判，对于我们了解和研究中国古代政治史，其实具有根本性的指导意义。宋朝对士大夫，确是比其他朝代宽厚和优养，但对待百姓，则总的还是兽性原则。经济上的刻剥，史料过多，自不必论。如前述“确山令刘愿前后杖下，决死良民千余人”。又如宋哲宗时，“开封民有因醉狂语者”，宰相章惇“请论如指斥乘舆法，上特贷死。惇再取旨不已，自是妄言者莫不诛死，然虽多杀不禁也”。① 随意草菅人命，难道不算兽性?

说中国古代是专制政治，固属老生常谈，却是根本性的大局。说来说去，按马克思主义的史观，专制政治的常态，难道不正是不良政治。即使是比专制政治高一档次的民主政治，也有相当比例的不良政治，更何况是专制政治。但欲摆脱此种老生常谈，另立所谓“士大夫政治”之“创新”，以图证明中国古代政治另有较为进步和开明的所谓“士大夫政治”，到底是治史的进步，抑或退步？只怕值得人们讨论和深思。

以上所谈，都属治史的宏观方面。我近年常说，不想当大师的研究生，不是好的研究生。但事实上，人各有志，不可勉强。按目前的状况，如若确是怀有当顶尖史家的强烈愿望者，个人的两条建议似值得他们重视。一是马克思主义不能不学，更不能不用。依个人体会，如马克思主义的阶级论，及由此派生之国家与法的理论，依矛盾统一律的辩证思维，思考问题，要两点论，而不是一点论，考虑万事万物的一极，就须考虑与之对应或对立的另一极，区分表象与本质、支流与主流、个性与共性等，对治史尤其有用。二是经济史至少不能不懂。正如一位先生教导学生，不搞经济史，要吃大亏。当然，说不说在我，不说是我的不对，而听不听由人。

① 《皇朝编年纲目备要》卷 26 建中靖国元年二月。

再从微观方面说，在人文、社会诸学科，中华古史无疑是专业性最强，对基本训练要求最高。尽可能多地、准确地掌握历史细节知识，是一辈子的事，也是个无底洞。尽管任何高明的史家，也做不到对任何历史细节知识无所不知，一网打尽，而随着研究的拓展和深入，正常情况应是觉得自己不懂者愈来愈多，而非愈来愈少。

现代对中华古史的重新研究，经历了约百年的发展，从微观上说，已积累了一套必须遵循的规矩。如史讳、年代、地理、职官、版本目录、古汉语训诂等整套基本功，还有各个朝代的词汇、称谓、风俗之类，治史者学力不足，功夫不够，必然会出现硬伤。

作家的癖好是编故事。我过去以为报告文学就是纪实，同历史传记大致相似，只是富有文学气息，实则不然。作家们写文化名人传记，就会按其癖好，编造不少虚构的故事。我曾看了几部作家的手稿，由于缺乏历史素养，出现不少离奇的虚构。诸如元代施耐庵时使用银圆、王安石与人饮龙井茶、宋代的大内称紫禁城之类。至于称呼更是摭拾目前戏曲和流行历史电视剧的现成套路，哪个朝代都可通用，根本不懂得各个时代前后称谓有很大变化，不能乱用。在史家看来，自然都是要不得的硬伤。后来我慢慢发现，至少部分作家对此类硬伤其实不当一回事。这还是小事，虚构历史故事则是迎合某些人篡改历史的需求，用前引张政烺师的话，当然是“亵渎历史学”。

即使就史学界而论，目前至少在某种程度上，也是胡乱说史成风。“奏折”是清代专有的词汇，“太监”是明清专有的阉人词汇，居然可以随意用来说汉史。在赵武灵王“胡服骑射”之前，华夏人是有马不会骑，只是用马驾车，然而电视历史片上，居然出现此前周王和楚王骑马的镜头。岳飞背上刺字“尽忠报国”，按《说岳》小说说成“精忠报国”。完颜兀术则按《说岳》小说称金冗术。如此之类，不胜枚举。个人实在不愿看什么电视历史片，看了往往只能生气，只想看点自然科学片、军事技术片之类。

人到晚年，才开始计划抽出时间补课，一是争取通读《资本论》，二是争取通读先秦典籍。记得有一回，一家报纸向我采访国学。我说惭愧，自己不通先秦典籍，不够谈国学的资格。

不料我在读前辈学者杨伯峻先生《论语译注》时，竟发现两处硬伤。一是第 79 页说："南宋的贾似道才改为五斗一斛，一石两斛。"其实，南宋时用五斗斛已相当普遍。如宋孝宗提问："十石米有多寡?"韩世忠子韩彦古回答："万合千升百斗廿斛。"① 唐《太平广记》卷 132《方山开》中已有"五斗斛"的记录。二是第 224 页注文："都饿病了，爬不起床来。"按春秋时坐（跪坐）卧两用的卧具主要是席，床较少，也是坐卧两用。此处是沿用了自宋以降的卧具用床的习俗。如果改成"都饿病了，无力从卧具上爬起来"，就准确了。

我们这一代治史者，先天不足，后天失调，在掌握历史细节知识方面，肯定与前辈优秀史家存在着不可弥补的差距。杨伯峻先生的国学根底肯定比我深厚得多，尚且出硬伤，何况是我。自己虽年近八旬，写史学作品，还是如临深渊，如履薄冰，如入地雷阵，生怕自己留下挂彩的硬伤，闹笑话，而事实上却是错误不断。

年过七十，方才明白一个道理，世上无完美无缺的学者，也无完美无缺的作品，当然那些精美绝伦的古代短诗之类例外。对拙作《尽忠报国——岳飞新传》和《宋高宗传——荒淫无道》两部书，目前已出第五和第三版。曾在《尽忠报国——岳飞新传》第三版说明中写道："希望增订本成为我有生之年尽可能完善的定

① 《说郛》卷 7《苇航纪谈》。

稿。”结果却是在第四版中，又与另一传记共做了约百余处修改。所谓“尽可能完善”，就根本说不上。不料得新书数日，即发现仍有不妥。如《岳飞新传——尽忠报国》第四版第 35 页，说宗泽“积储了足供半年食用的粮草”，再查史料，应将“草”更正为“食”。《宋高宗传——荒淫无道》第三版第 42 页说，“同知枢密院事张悫”说：“如泽之忠义，若得数人，天下定矣!”所用史料是《建炎以来系年要录》卷 7 建炎元年七月丁未的记事，时张悫为同知枢密院事。然而今查《中兴小纪》卷 2 和《皇朝中兴纪事本末》卷 3，则为建炎元年十二月丙辰朔的记事，时张悫升任中书侍郎。事实上，两处记载都并无确切时间，故应将“同知枢密院事张悫”改为“执政张悫”，方才较为准确。

久而久之，我养成一个习惯，凡出一部新书，即取一本作为工作本，以便发现问题，就随时在其上和电子稿中做修改或补充，以求差强人意。

目前吹牛风炽盛，一些人恨不能将自己的学问吹到天上，学界根本上缺乏认真的学术批评。其实，我好、你好、他好的结果，是大家都无长进；反之，我有错误、你有缺点、他有问题的结果，倒会有共同的提高。面子和学问何者为重，谁也不会说前者为重。前辈学者陈垣先生提出“学术为公器”的理念。① 若真是“学术为公器”，大家以追求事物的真理和真谛为意，就不会有面子的顾虑。然而事实上却知之易，为之极难。我不敢要求他人如何，只能在公开场合，包括口头上和书面上多谈自己的错误，这总不会犯他人之所忌吧。

已届风烛残年，愈发感觉，在目前的大气候下，求得中华史

① 参见《北京师范大学学报》2014 年第 6 期张麋弓先生《“学术为公器”理念与“学术报国”之道》。

学之脚踏实地的进步，极为不易。但此篇文字，对于真正渴望自己学识长进者，似多少会有点帮助。当然肯定会有不同意见者，也衷心欢迎批评和指正。

五、别开生面的《史通》研究之作读后联想

中国古文明素以史学发达著称，谈到名家，一般就说是两司马和一班。依我个人的偏见，应当说是两司马、一班和一刘，刘就是刘知幾。记得还在大学时代，老师辈提及中国古代的史学理论作家，一般就说有刘知幾、郑樵和章学诚。依我个人之见，只怕郑樵和章学诚还不足以与刘知幾相提并论。

郑樵的《通志》可取者只是二十略中的一部分，又如他主张"会通之义""会通之道"①，已如史家们所论述，不能说他对史学没有贡献，但贡献也确实不算大。仅就"会通"而言，其实还不如司马迁早已提出的"究天人之际，通古今之变"② 更为深刻，更有哲理。使我特别反感者，是郑樵的人品。他主要生活在南宋初，在政治上投靠秦桧父子，其文集《夹漈遗稿》卷2《献皇帝书》，即上宋高宗书，卷3《上宰相书》，即上秦桧书，将荒淫无道的皇帝赞为亘古未有的圣君，把人莫予毒的权相尊为继周孔之业的真儒，确是达到了极其肉麻的程度，哪怕稍有一点自尊心，

---

① 《通志·总序》。

② 《汉书》卷62《司马迁传》。

也是难以落笔的。郑樵的史学理论和成就，显然无法与刘知幾相提并论。

章学诚与刘知幾生活在两个差别颇大的时代。刘知幾生活在盛唐，当华夏文明如日中天之际，而独领史学理论之风骚，为当时世界上之文化巨人而无疑。章学诚却处于西欧文明超越和压倒华夏文明之时，虽在史学理论有所建树，却只怕是当时世界上之文化矮子了，至少也无法进入当时世界上文化巨人之列。

记得个人大学刚毕业，就买了部《史通通释》，一气读完，也非常喜欢其对仗工整、精巧而华丽的骈文，感觉到一种文字美的享受。自己想接着通读章学诚的《文史通义》，只觉文字无味，难以卒读。两次试图通读，都告中辍。这次又重新检来了叶瑛先生的《文史通义校注》，翻了一遍，还是没有改变原先的印象和感受。《文史通义》当然并非单纯是谈史学理论的专著。人们提出章学诚诸如"六经皆史"等①贡献，但总的看来，此书虽然针砭性颇强，却还是在流传二千余年的儒经圈内考虑问题，陈词旧调颇多。《文史通义》是章学诚在不同时期所写，原来就没有著书的完整性和系统性，只是最终将此类札记式文字编辑成书，类似目前的论文集。相比之下，《史通》一书却有其史学理论的系统性和完整性、史学批评的深刻性，并且明显地表现了思想解放的锋芒。

近代以降，在古史辨思潮和考古学发展的推动下，确认了夏商周三代是古华夏族发展水平较低的时代，已成史界的普通常识，这是进化的史观。然而直到晚清，中国古代传统史学在儒家释经的影响下，普遍礼赞尧舜，膜拜三代，认为今不如古，是退化的

① 《文史通义》卷1《易教上》。正如人们早已指出，明代王守仁即有《王文成全书》卷1《传习录》上即有"五经亦史"之说。更早的，如刘知幾也将《尚书》和《春秋》作为史学的两家。

史观。尽管有时代史料的限制，刘知幾却能在根本上否认尧舜和三代是圣明的黄金时代，表现了他十分超前的卓识，极为不易。

王嘉川先生著《清前〈史通〉学研究》，2013 年由社会科学文献出版社出版。此书不仅对自清代之前所有对《史通》一书的研究和议论下了极大的功力，网罗俱尽，也联系和援引了清人和近代的许多解读和研究，一并论述。此书无疑是下了前人或他人未下的细密功夫，也并不是简单地介绍清代以前对《史通》的研究和评论，而是融入了作者本人的体会和史观。拜读之后，总的感觉是四个字——别开生面。在此之前，根本未曾设想会有人写此书；拜读之后，则又觉得此书不能不写，也写得扎实而成功。此书内容丰富而充实，可以研讨的论题和联想不少，在此只谈三点读后的联想。

（一）古人将“道德文章”并提，甚至提出“必先道德而后文学”①，或是“先道德而后文艺”②。此处的“文学”或“文艺”的词义与今不同，在此不必做什么解释。近年来的治史实践，使我逐渐体会到两者绝非无关，人品必定影响学问。其实，这方面的问题绝不是时移世易，古今有异，而只能是古今一揆者。大凡治学，包括治史，无非是为探究事物的真理或真谛，不能蔽于势与利。如果有趋炎附势之心，长着一双势利眼，就必定会影响学问。东晋大诗人陶渊明在《归去来辞》中，终于大彻大悟：“既自以心为形役，奚惆怅而独悲。悟已往之不谏，知来者之可追。实迷途其未远，觉今是而昨非。”③ 然而世上学人熙来攘往，又有多少人

① 《全唐文》卷 518 梁肃《常州刺史独孤及集后序》。

② 宋濂：《文宪集》卷 25《凝熙先生闻人公行状》；王祎：《王忠文集》卷 24《凝熙先生闻人公墓表》。

③ 《陶渊明集》卷 5。

得此觉悟呢？又有多少人“以心为形役”而甘之如饴呢？

其他不论，就以古代两部伟大的史学名著《史记》和《史通》而言，所以取得公认的成就，被视为中华古史学不朽的经典，都是与两位作者的人品有直接关联。王春瑜先生在一次电话中说，史学家没有点正义感，是搞不好历史的。大凡自人类进入文明时代，即阶级社会后，社会不可能没有黑暗、罪恶之类，而按照事物发展的辩证规律，也不可能没有良知、正义之类。两位中国古代史家，并无随波逐流之心，更无吮痈舐痔之志，而是愤世嫉俗，秉笔直书，这也许是他们成功的关键所在。

司马迁承受惨痛的宫刑后，方才看透了世道和人生，明白自己的身份原来只是“固主上所戏弄，倡优畜之，流俗之所轻也”，“乃欲引节，斯不亦远乎！”① 他的《太史公书》与其说是呕心沥血之作，更不如说是血泪之作。没有惨痛的宫刑，又何以成就《史记》之伟大？

按刘知幾自述，“韦、武弄权，母媪预政，士有附丽之者，起家而绾朱紫，予以无所傅会，取摈当时”。“小人道长，纲纪日坏，仕于其间，忽忽不乐”。自己“少小从仕，早蹑通班”，“守兹介直，不附奸回，遂使官若土牛，弃同刍狗”。② 他直面唐高宗和武则天以来残酷的统治阶级政争，对此显然十分厌恶和鄙视。推而广之，就宁愿相信《竹书纪年》等记载，将尧、舜、禹、汤、文、武等儒家称颂的圣人，都视为争权夺利之小人。此说引起历代儒学卫道士们的憎恶和批判，如清人浦起龙所评论：“显斥古圣，罪无辞矣。”③ 其实正是从反面证明了刘知幾的思想解放和远见卓

① 《汉书》卷62《司马迁传》。

② 《史通通释》卷20《忤时》。

③ 《史通通释》卷13《疑古》。

识。从最近山西陶寺城址和陕西石峁城址考古发现看，不仅是夏商周三代，过去认为纯属传说的尧舜时代，可能也已进入阶级社会，而《竹书纪年》“舜放尧于平阳，益为启所诛”[①] 等记载，似非空穴来风，可能比儒家的传言近于史实。刘知幾对《史通》能否传之后世，悲愤和感恸之情，溢于言表：“将恐此书与粪土同捐，烟烬俱灭，后之识者无得而观。此予所以抚卷涟洏，泪尽而继之以血也。”[②]《史通》同样是呕心沥血之作，血泪之作。毫无疑问，“守兹介直，不附奸回”，愤世嫉俗，成就了《史通》的伟大。

客观而公正的历史记载和研究，是维系社会良知和正义的重要舆论力量，亦非其他学科所能取代，至少是史学的重要功能之一。欲实践客观而公正的历史记载和研究，就必须有史家的良知和正义感，这是治史基础性和根本性的前提。一千三百年前，刘知幾提出并规范了“直书”和“曲笔”，“烈士殉名，壮夫重气，宁为兰摧玉折，不为瓦砾长存”[③]，此为刘知幾在一千三百年前掷地铿锵的心声，至今仍有巨大的现实意义，烛照着中华史学发展的正道。当然，随波逐流之辈，吮痈舐痔之徒，势与利迷了心窍，而自以为得计者，自不足以语此。

人生道路，自然各行其是，不必相强。但是，一千三百年前的刘知幾，也确是为今日的中华史家树立了一个有正义感、不受势与利所诱所胁的榜样。再说一点联系现实的题内话，就个人的接触，如张政烺师那样的纯学者，其学问之广博，固然非我们这些后辈所能望其项背。张先生当然也有他合理的私利，但只要谈

① 《史通通释》卷 13《疑古》所引。
② 《史通通释》卷 10《自叙》。
③ 《史通通释》卷 7《直书》《曲笔》。

及学问，就从来只知道按学问的需求说与做，至于势与利的考量，则从未牵连和掺杂到他的学术思考之中，这成了他数十年如一日的习惯，而不知有他。近代公认的大学问家陈垣先生提出“学术为公器”的理念①，张政烺先生从不对学生辈有何说教，至少不曾对我说过类似的话，但他的一生确是老老实实履践此种理念，故在我的脑海里就有了一个真切的、活生生的榜样。人们可以各行其是，但榜样还是有客观需要的，有了规矩，才能成方圆。

（二）人类史上出过多少高明的思想家、学问家、科学家等，但却不可能出现哪怕是一个完美的思想家、学问家、科学家。其故非他，任何一个高明的思想家、学问家、科学家，总是受自己的时代，甚至个人思路等局限，在取得公认的巨大成就的同时，总会有其缺陷和局限。除了少量精美绝伦的短诗外，任何鸿篇巨制的文字绝不可能是完美无缺的，并且随着时间的推移，后人可能对其缺陷和局限看得越发清楚。任何好的、高明的学者、学说和论著，若一旦被偶像化和宗教化，只能是其悲剧。就中国古典史学而论，堪称史家绝笔的《史记》《史通》《通鉴》等都是如此，史界已有不少论著指摘它们的缺陷和局限。

《清前〈史通〉学研究》的一大优长，就是既赞颂《史通》，却又不将《史通》作为批评不得的偶像。正如此书第 129 页说：“《史通》的观点，无论是宏观之论，还是对古来史书的具体评判，也并非完全是正确之论，因而后世学者们也不断对其观点进行辩难纠谬、订讹规过的工作。”以下只说个人较有体会的三点。

1. 刘知幾论治史有才、学、识三长，已为治中国史者所熟知。此书第 425 页说，明朝的“詹景凤则言简意赅地指出：‘该核

① 参见《北京师范大学学报》2014 年第 6 期张㮚弓先生《“学术为公器”理念与“学术报国”之道》。

在学，删取在识，宣叙在才。’对三个概念的内涵及其表现给予了明确定位。在他看来，‘才’主要是侧重史家的文笔表达能力，史家有‘才’，则其书在表述方面就会流畅通达而无滞碍；‘学’主要是侧重史书的内容方面，史家有‘学’，则其书内容赅博、翔实而又准确；‘识’主要是侧重史家的历史见识方面，史家有‘识’，则其书就会取舍得当、主次分明、轻重得体、褒贬适当。我们不能不说，詹景凤对‘史才三长’的阐释，是比较准确精到的”。应当承认，詹景凤对刘知幾之说确实有了进一步的阐释和提高。

但古人的阐释并非到此为止，此书第431—435页又介绍了明朝胡应麟的说法，“在他看来，只有‘三长’而无此‘二善’，并不足以称其为史家”，“二善”是指“公心”和“直笔”。“胡应麟或许是误解了刘知幾的‘史识’论。不过，胡应麟的创获，并不在于提出了公心、直笔这两个范畴，而是在于他敏锐地注意到了史家心术（即公心与否）与直笔的关系”。“胡应麟以公心和直笔互为补充，互相发明，从两个方面共同制约和规范着史家的品德修养与撰著态度，这就比刘知幾单纯讨论‘好是正直，善恶必书’及直书与曲笔更为丰富和深入，进一步拓展了讨论的广度和深度。因此，‘二善’论的加入，无疑是对刘知幾‘史家三长论’的重要补充和发展”。依我个人的体会，胡应麟的“公心”说，与前引近代陈垣先生提出“学术为公器”的理念，至少是相通和相近的。

总结以上刘知幾“直书”和胡应麟的“二善”，用现代语说，治史须做到客观而公正，公正当然是史家主观方面的。

2. 关于历史记录繁简的讨论。此书第435—438页详细论述“胡应麟对刘知幾史书繁简论的发挥”。说“刘知幾力主史书‘文尚简要，语恶烦芜’”①，而“以‘妄载’和‘缺书’与否，作为

① 《史通通释》卷3《表历》。

考察史书记事繁简的两个基本原则”。胡应麟则强调“繁简‘各有攸当’，要具体问题具体分析，不可一概而论”。

依现代史学的发展看来，除了客观和公正之外，详赡似可说是历史记录和研究的第三要旨。史实是一种客观存在，但通过人的大脑和手，予以记录和研究，就必须经由记录和研究者思维的过滤。除去有意掩盖真相，故作曲笔外，记录和研究者的视界和思维可能会存在局限和缺陷，他们可能看到历史变迁的某些问题和方面，又忽略了某些问题和方面。经常存在此类情况，当代人认为不重要，而不予记录；而后世人觉得重要，却又在史料中找不到前人的相关记录。故力求详赡而不简略，就是十分必要的。例如相传是孔子编写的《春秋》，古来固然视为神圣的儒家经典，王安石却敢说是“断烂朝报”。① 今人看来，此说甚当，有史料价值的当然还是《左传》，其好处正在于记述远比《春秋》详细。当然，中国古人从来讲究惜墨如金，“文尚简要，语恶烦芜”是正确的，避免短话长说，也十分重要。但总的说来，还是可依司马光提出的“宁失于繁，毋失于略”② 的原则。

3. 通史和断代史、国别史。关于《史记》和《汉书》之优劣，历来众说纷纭，莫衷一是。刘知幾在《史通》卷1《六家》中将儒家经典《尚书》和《春秋》也作为史学的两家，另外四家则是《左传》《国语》《史记》和《汉书》。他的结论是“所可祖述者，唯《左氏》及《汉书》二家而已”。人们认为他褒《汉书》而抑《史记》，倒不一定。由于史料一般五六十年后，不可能再生，故自《史记》以后，就不可能再有好的、超越断代记述的通史。

① 王安石“断烂朝报”一语，最早见于苏辙《春秋集解引》和《斐然集》卷25《先公行状》。

② 《司马文正公传家集》卷63《答范梦得》。

唯一成功者，也只有刘知幾之后的司马光《资治通鉴》一书而已。故刘知幾认为，人们能够“祖述者”就是“《左氏》及《汉书》二家而已”，都是断代史。

显然，刘知幾对司马迁一句重要的话，即前引的“究天人之际，通古今之变”，没有做到足够的重视，这当然是其视界的不足。司马迁是站在当时汉代人的知识水平上说此。如果站在今天人类的知识水平上重新解读，就是要了解人类与自然、宇宙的关系，通晓上百万年人类史，特别是六千年文明史的演变，将来甚至会扩展为进一步了解外太空类地行星的智慧生物史，这是何等宏大的治史气魄！

中华古史太长，史料太丰富，现代人治中国史不能不分断代，但治断代史的缺陷也是明显的客观存在。目前发明的中国古籍电脑软件，大大有助于人们做贯通中华史的研究。然而按司马迁提出的治史标准，即使是贯通中国史，当然还是远远不够的。

但是，要实践司马迁倡议的治史总体格局，其难度就不必说了。光是人类文明史上自古巴比伦文、古埃及文以下的数十种重要的文字，当代的任何个人就无力全部通晓。前人不敢想象，而已成现实的有中国古籍电脑软件，目前还处于初级水平，很不完善。未来科学的发展，也可能会发明快速掌握任何种类语言的科学手段，如同在电脑中复制文件那样，将任何种类的语言直接输入人的大脑，这也许可以解决这个令现代史家苦恼的问题。

尽管如此，人们治史仍应胸怀司马迁倡议的治史总体格局，尽管做不到，也须有此眼界，往这个方向努力。

（三）由古及今，研究和论述《史通》，当然是为了寻求当代中国史学的进步。决不能说今人事事处处都强于古人，但今天的史家毕竟是站在现代人类知识的水平上，其总体学识自应远胜于司马迁、班固、刘知幾和司马光。单纯地研究和学习中国古代史学经典，从中吸取营养，也不可能完全解决今日中国史学发展所面临的复杂问题。

看过一篇文章，说西方近代自然科学的勃兴，非常得益于科学共同体的创建和发展，深受启发。今日史学的发展毕竟远离了司马迁、班固、刘知幾和司马光的时代，与他们不同者，是客观上存在着一个人数愈来愈多的史学共同体。史学的发展其实已不是封闭式、个体式的，而是开放式、集团式的。任何人只要参加史学研究，就意味着他已加入了史学共同体。学问的传承绝不是单线延续或“只此一家，别无分店”的手工艺，也不是朱熹所拟定，而又与事实有所不合的宋代理学道统。任何个人的学问，当然应有自己的独创，却又离不开前辈老师、同辈和后辈的学问的教益和滋养。史学的进步，愈来愈趋向于共同体的整体性进步，后退亦复如此。史学共同体与史家个人之间，自然存在着复杂的关系。特别是有一定名声的学者，不论从好的或坏的方面，肯定会对史学共同体的进步与后退产生较大的影响。

按照科学共同体的概念，先从我们这代人说起。从1949年到1966年的中国大学生，一般称为五六十年代大学生，是一个特殊群体，粗略估算其总人数，肯定还不足如今每年招收大学生之半。个人当然也是这个群体中的一员。这个群体的特点，是经历了不应有的磨难，其专业学习又经历了不应有的严重冲击。待到“文革”结束，百废待举，这个专业知识缺失太多的群体，又勉为其难地支撑着中华民族发展教科文等重任。但是，这个群体所特有的痛苦、辛酸和奋斗，现在大致成了过去式，“访旧半为鬼”，很多活着的人也已停止工作或丧失工作能力。个人尚可维持工作，算是十分幸运的。

就缩小到五六十年代大学毕业的治史者而言，个人一直是承认我们这代人“先天不足，后天失调”的事实，并且多次强调，热切期望史界一代不如一代的情况到我们这一代终结，往后应是一代胜于一代。近年来，个人也多次说，与张政烺师相比，说自己是四分之一瓶醋，肯定还是过高抬举了自己的学问。不能说自己尚未入门，也正因为入了门，便知天高地厚了。

然而我们这一代人也有其优势，就是比较能熟悉和运用马克思主义的基本原理治史。依个人体会，如马克思主义的阶级论，及由此派生之国家与法的理论，依矛盾统一律的辩证思维，思考问题，要两点论，而不是一点论，考虑万事万物的一极，就须考虑与之对应或对立的另一极，区分表象与本质、支流与主流、个性与共性等，对研究历史尤其有用。但依个人的治史实践，马克思主义自有当前其他学说无可取代的优长。

但事物总是有两个方面，从另一方面看，一些自称信仰唯物史观的史家，其实却是脱离了“学术为公器”的正轨，以利己主义的心态，兼以实用主义的手段，对待马克思主义所阐发的真理和真谛。他们尽管也堪称熟读马克思主义的著作，然而他们的马克思主义知识，恰好成了其曲学阿世的工具。此种情况自另当别论。

以下不得不对当前中国史学共同体和史学发展的某些负面情况，谈点也许是错误或偏颇的看法。就客观环境而论，工作条件确是比 1949 年前已经成名成家的前辈史家要好，然而从负面看，诸如趋炎附势风、拼抢名位风、空头主编风、剽窃风、浮躁风、吹牛风等之炽盛，又蛊惑人心，严重冲击着史学的正常发展。

史学基本训练差，成了一个必须要关注的问题。我看了不少博士论文、博士后报告及新出的专著。最感头疼的有三条。一是标点符号不准确，逗号和顿号不易区分，所引史料的引号与句号、逗号搭配乱了套。曾与张泽咸先生谈及此事，他感觉奇怪，说这应是上大学时就解决了的。二是当年的文字改革某种程度上造成的对汉文化的破坏，在电脑中繁简体字一转换，错别字一大堆，这是将原来繁体字胡乱归并的必然恶果。有位先生感叹说，凡六十岁以下，繁简体转换造成的错别字就难于识别。这成了当前必须认真解决的史学基本功。三是凡难读的古文，标点往往出错，原因在于读不懂。但另一方面，却有若干治史者不知天高地厚，自视甚高。例如，明清之前不能称太监，只能称宦官，而如宋时太监即大监，是另一种官称；清之前不能称奏折，只能称奏议等；清人为避孔子名讳，创“邱”字，故在清之前的古籍中见到“邱”字，必须改正为“丘”。诸如此类，表明因基本训练差，其才学尚在史学殿堂外徘徊，又如何能登堂入室，更遑论当什么名家、大家之类。

现代的高科技产物，如飞机、火箭等，要求每个部件绝对精密，只要有一个小螺丝钉不合格，或组装不合规范，就会招致失败和灾难。在社会和人文诸学科中，自然以史学的基本训练要求最高和最难。组成历史作品的每条史料当然不能随便拿来就用，须经过史家头脑的校勘、考证等过滤，甚至须精细到一个字和一个标点。如“宣和间，西、南用兵”，“西”与“南”之间不加顿号，就错。最近有幸参加修订《辽史》标点本的部分审读。前辈陈述先生对《辽史》整理所下的深功夫，自不待论，刘浦江先生又对此书进一步下了水滴石穿式的功夫，使校点水平上了一层楼，极为不易，个人从中也得到一些教益。辽朝有个乙室己部族。在古文中，“己”“已”和“巳”不分，而今人则须分辨。原标点本作“乙室巳”，我注意到刘浦江先生改为“乙室己”，就打电话向契丹文专家刘凤翥同学请教。他说，按近年契丹文的解读，读音应以“己”为准。挂完电话，我当即打开电脑和《辽朝军制稿》《点滴编》的书本，将自己相关作品中的原“乙室巳”一律更正为“乙室己”。治史除了宏观方面的史识外，还必须有微观方面一个字和一个标点的认真，力求引证的每条史料都经得住推敲，而决不允许马虎和随便。

中国古籍电脑软件的出现和发展，自然是史学研究手段的一次革命。研究中国古典文学的一个重要的基本功，就是文学典故。我敬服邓广铭师，他著《稼轩词编年笺注》，表明他既具备史学功力，也具备文学典故的功力，这固然也可借助于《佩文韵府》等工具书，而后一种功力是我个人基本上不具备者。但中国古籍电脑软件的出现，就使文学典故至少变得容易，并不一定需要有天长日久的学问积蓄。已故的漆侠大学长，他有学力可以研究中国古代思想史，研究宋学，这在于他对先秦典籍至少绝不生疏。相比之下，我确实没有胆气研究什么思想史，因为自己对先秦典籍基本上处于无知状态。关于中国古代思想史，我过去只写了一篇谈宋朝尊孟的敲边鼓文章。但自己也不甘心，近年来，勉为其难地写了两篇谈宇宙、说阴阳的文字，篇幅不长，而费力极大，又全仗中国古籍电脑软件的帮助。写完之后，自己深深地感叹，依个人这点相当单薄的学力，尚可为此，那些拥有深厚功力的前辈，真有他们梦想不到的古籍电脑软件之助，则肯定是中华古史研究的任何选题也难不倒，纵横驰骋，无不如意了。

但中国古籍电脑软件的出现，则又使不少人懒于通读若干必读史籍。如有志于当中国史学大家、大师者，唯有通读前四史和《通鉴》，通晓先秦典籍，才算是过了两道入门的关卡。不能遍读辽、宋、金三史，《宋会要》《文献通考》《续资治通鉴长编》《建炎以来系年要录》《三朝北盟会编》八部书（《宋史·天文志》等除外），肯定当不成宋史大家。不能通读《明实录》，肯定当不成明史大家。不能下此苦功，企图走捷径，而又欲以名家自许，无非是自欺欺人。

与1966年之前的史界相比，另有两个相当显著的现象，一是官迷，二是学术活动家，这当然与前述各种歪风相关。关于官迷问题，个人已写过一点，不再重复。“文革”刚结束，就发现我身边有位很有才华的学长，他追求的是满天飞，再也静不下心来做学问。成果寥寥，恰与“文革”后期数年的成果形成对照。孱弱的身体又经不住折腾，不幸早逝。又偶尔遇着一位先生，颇有名气，随便交谈，方知他连清人《四库全书》篡改古书的常识竟是前所未闻。一位编辑偶然对我说，某人欲为其父编全集，我说：“他是个活动家，不是学问家，不能指望他坐下来，静心整理父亲的遗著。你如果真要编，就只能靠自己出力。”事后，那位编辑对我说：“所料一点不差。”学术活动家的特点，无非是热衷于在各种场合中显示身份，风光体面，如此等等，事实上并不渴求在学识上不断长进。个人已年过七五，目前仍然每天工作四至六小时，并无星期六、日休息的规矩。一些年富力强的活动家，只怕就难以长期忍受此种单调、枯燥而又寂寞的生活。但并非所有的拥有相当学术身份的人都是如此。有的学者年富力强，完全可以当学术活动家，但他们十分珍惜工作时间，对于各种活动，能减则减，能砍则砍。作为史学共同体的一员，适量的学术活动是必需的，当然不宜过多过滥。按个人的治史经验，任何历史人物必须经得起反面揭发。现代记载发达，不实事求是的褒扬和吹嘘，不可能持久。有的人被吹成圣文神武，却不堪一揭，到头来还是镜花水月，竹篮提水。按“学术为公器”的理念，对任何学者揭短，是好事，有利于学术的发展，这是普通常识。然而学术活动家们往往虚名之下，其实难副，自然不能承受。

人们都知道龟兔赛跑的寓言。如若将治史比喻为人生长跑的话，龟兔赛跑是完全不恰当的，参赛者都是快足健兔。按正常的生理规律，理应是由学步到慢行，再逐步进入快跑的佳境，然后是年老力衰，速度不断减慢，最终则是丧失体能而退场。最近，个人常感叹《诗经·大雅·荡》“靡不有初，鲜克有终”这句话。能够以最大的努力和毅力，坚持以尽可能的高速度跑到人生终点，看来比率不大。有的一度领先的快足健兔，中途退场或休憩，如此之类，而事实上成为学术竞争的落伍者。

个人曾提出学术大师的两条标准：第一，其学问确实在同时的众人之上，而为众所公认；第二，他能够开创方向性的正确的学术新路。例如中国近六七十年间，并无真正意义上的史学大师，但在贫弱的近代中国，却反而出现了无可争辩的、真正意义上的史学大师。如何对待这些大师，如今出现了一种偶像化，甚至宗教化的倾向，这其实并不有利于史学的进展。个人一直真诚地祝愿在 21 世纪，中国史学和宋史界能够人才辈出，群星灿烂，出现名副其实的史学大师。但单纯的祝愿是不可能解决任何问题的，需要的是对未能出现史学大师的情况有深入的思考和反省，如何衡量前辈大师们的优长和不足，又如何看待当代史界的各种问题和教训，长处和短处，择善而从，朝正确的方向努力。

择善而从，朝正确的方向努力其实也并不容易做到。依个人之偏见，如以士大夫群体精英论取代马克思主义的阶级论，皇帝与士大夫共治天下，目前已风靡到史界以外，这算不算是择善而从，正确方向呢？又如有人引进了时髦的顶层设计、分权制衡之类，说是古代皇帝的权力也受限制，是创新的真知灼见呢，还是根本没有看透专制政治的本质呢？

伟大的、悠久的中华文明，确是走在复兴路上，其中当然也包括史学的复兴。重寻子长史笔旧，尽摭知幾箴言新，对复兴伟大的中华史学，当然有重要的现实意义。热切地盼望华夏大地出现名副其实的史学大师，引领伟大的、悠久的中华史学走向复兴和新的繁荣。

追记：此文刚大致完工，就传来刘浦江先生的噩耗。万万想不到，目前尚在阅读的修订《辽史》标点本稿，竟成遗著！个人近年对此类消息已相当麻木，反正他人的今天，就是自己的明天。然而这个消息却使我倍感哀痛，这不仅是白发人送黑发人，更痛心于少了一位正当年富力强，本可大有作为，而又孜孜于学问的同行。依我粗浅的观察，目前像刘浦江先生那样，不惮烦劳，真能最大限度地将时间和精力投入学问者，只怕比率不高，真是难能可贵。哀哉！痛哉！

六、浅谈中国古代权大于法的主流政治传统

我在拙作《中国古代主流政治传统浅谈——以宋代为中心》中，列举了“草菅人命”等十五条，最后说：“以上列举的中国古代主流政治传统肯定是不完全的，但也不会遗漏太多。”① 笔者个人的考虑总会有不周全之处，近年来方认识到，权大于法，无疑也是中国古代一项重要的主流政治传统。尽管此文所列的十五条中也稍有涉及，但另写一篇补充的专文，实有必要。

法律是一把双刃剑，一方面，固然体现了统治阶级的意志；另一方面，为着统治阶级的长远和整体利益，也必然限制了统治阶级的某些胡作非为。制定法律是一回事，而实际执行又是另一回事。统治阶级为了自身利益而制定法律，统治阶级中的大部分人又为自己私利而破坏法律。从人类的历史演进看来，有法比无法无疑是一个重大进步。然而更关键的问题，也自然在于执法。

中国古人对遵守法纪的重要性，并非没有认识。如宋代杨万里说，“法不必行，不如无法”②，“有法而不用，不如无法”③，

---

① 王曾瑜：《丝毫编》，第13页，河北大学出版社，2009年。

② 《诚斋集》卷87《治原》中。

③ 《诚斋集》卷89《刑法》下。

“为国者，以法从人，不若以人从法。以人从法，则公道行，而私欲止；以法从人，则公道止，而私欲行。私欲一行，士夫争夺之门所以四辟而不可禁，胥吏受赇之渊所以百孔而不可窒也”①。元朝史官撰写《金史》卷90赞说：“守法不贰，斯真吏矣。巧者舞文以乱法，窒者执一而弗通，此皆吏道之自失者也。”明初苏伯衡说：“国之所恃，法焉耳矣。其立与立，其废与废，故一日不可无之。然法立而不行，谓之亵法；法立而不奉，谓之玩法；法立而不遵，谓之悖法。悖法、玩法，其责在下；亵法，其责在上。有法而亵，与无法同；有法而玩，与无法同；有法而悖，与无法同。”②

古时有“屈法申恩”或“枉法申恩”之说。如《梁书》卷20《陈伯之传》载丘迟致陈伯之信中说：“夫迷涂知反，往哲是与；不远而复，先典攸高。主上屈法申恩，吞舟是漏。将军松柏不翦，亲戚安居；高台未倾，爱妾尚在。悠悠尔心，亦何可述。”《隋书》卷80《兰陵公主传》记载兰陵公主对隋炀帝说：“先帝以妾适于柳家，今其有罪，妾当从坐，不愿陛下屈法申恩。”《南齐书》卷53《良政传》开头说，齐“明帝（萧鸾）自在布衣，晓达吏事，君临亿兆，专务刀笔，未尝枉法申恩，守宰以之肃震”。“屈法申恩”或“枉法申恩”，其实都是反映在专制主义中央集权的等级授职制下人治的特征，法律没有严肃性，而权力可以压倒和破坏法律。

法律若没有尊严与严肃性，就必然出现玩侮法制的情况。上自皇帝、大臣、中央和地方官员，下至基层吏胥，都将玩侮法律视若家常便饭。诸如“玩法”“奸法”“侮法”“坏法”“乱法”“悖

① 《诚斋集》卷69《论吏部恩泽之敝札子》。

② 《苏平仲文集》卷4《黄氏家范序》。

法”“亵法”“慢法”之类，史不绝书。《三国志》卷15《贾逵传》记载，魏文帝时，贾逵说：“今长吏慢法，盗贼公行，州知而不纠，天下复何取正乎?”《梁书》卷2《武帝纪》载其诏说：“玩法惰官，动成逋弛，罚以常科，终未惩革。”宋太宗时，官员“祖吉、王淮皆侮法受赃。吉既伏诛，家且籍没，而淮以参知政事沔之弟，止杖于私室，仍领濠州定远主簿。用法重轻如此”①。宋高宗宠幸的医官王继先，“怙宠奸法，帝亦知之”②，却予以纵容和包庇。元代王恽《弹周咬儿罗魏子等事状》说：“体察得某人处心残忍，悖法乱行，以重为轻，当出复入。”③ 明嘉靖时，孙绪记载“京师有十可笑之说，如曰一可笑，侍郎打的尚书叫，二可笑，四年进士坐上轿之类。凡十事，大抵讥张聪、桂萼躁进无耻，招权坏法耳”④。诸如此类，不必枚举。

法律没有尊严与严肃性的关键，正如作为今存法家主要经典的《韩非子·有度》中所强调：“以法治国，举措而已矣。法不阿贵，绳不挠曲。法之所加，智者弗能辞，勇者弗敢争。刑过不避大臣，赏善不遗匹夫。”韩非虽提倡专制，却仍主张“大臣”和“匹夫”在法律面前的平等。但在事实上，古代不可能有“大臣”和“匹夫”在法律面前平等的事。清朝雍正帝《世宗宪皇帝上谕八旗》卷4雍正四年十月十六日说：“王公犯法，与庶民同罪。”不过是说说而已，根本不值得治史者认真对待。被公认为中国古代法律范本的《唐律疏议》，就明确规定了人们在法律上的不平等，贵族和官员犯法，有“议、请、减、赎”的特权。⑤

---

① 《宋朝诸臣奏议》卷44陈瓘《上徽宗论星变》。

② 《宋史》卷470《王继先传》。

③ 《秋涧先生大全文集》卷86。

④ 《沙溪集》卷12《无用闲谈》。

⑤ 《唐律疏议》卷2。

因中国古代的专制主义中央集权是根本体制，故若干今人的宋代法律著作，都强调了“皇帝是凌驾于法律之上的最大特权者”①，“皇帝的最高司法权，不受法律约束”②。在此似需弄清楚人治与法治的观念差别。依个人的简单化理解，法治是法大于权，而人治则是权大于法。

在若干法制史或宋史著作中，强调宋朝重视或实行法治，并且援引宋人的说法为证。例如南宋陈亮说，“汉，任人者也；唐，人法并行者也；本朝，任法者也”。“今日之法可谓密矣。举天下一听于法，而贤智不得以展布四体，奸宄亦不得以自肆其所欲为，其得失亦略相当矣”。③ 叶適说，“国家因唐、五季之极弊”，“欲专大利而无受其大害，遂废人而用法，废官而用吏，禁防纤悉，特与古异”。④ 与某些朝代相比，宋朝比较重视法律，应有一定道理，但稍为对照史实，宋朝就根本没有达到“一听于法”，“废人而用法，废官而用吏”的地步。其实，只要皇帝可以凌驾于法律之上，或拥有最高的司法权，就根本不可能有什么法治。

以下不妨就以宋代的史实为例证。与宋朝其他皇帝相比，宋太祖无疑是最高明者。他对贪赃处罚很严，不少贪官尽管贪污钱物不太多，仍受弃市的重刑，即在闹市执行死刑，暴尸街头，以警戒贪官。但是，他又利用皇权宽恕了一些罪大恶极的官员。大将王全斌等平后蜀，却胡作非为，宋太祖“以全斌等新有功，不欲付之狱吏，令中书门下追（王）仁赡及全斌、（崔）彦进与讼者质证。凡所取受、隐没，共为钱六十四万四千八百余贯，而蜀宫

① 郭东旭：《宋代法制研究》，第 5 页，河北大学出版社，1997 年。

② 王云海等：《宋代司法制度》，第 18 页，河南大学出版社，1992 年。

③ 《陈亮集》（增订本）卷 11《人法》。

④ 《水心别集》卷 10《始议二》。

珍宝及外府他藏不著籍者，又不与焉。并按以擅克削兵士装钱，杀降致寇之由，全斌、仁赡、彦进皆具伏”。光是可以计算的赃钱已达六十四万余贯，还有其他各种罪行。“于是百官定议，全斌等罪当大辟，请准律处分”。宋太祖却法外开恩，“特赦之”。等到平定南唐后，又恢复王全斌的节度使官衔，说：“抑卿数年，为朕立法。”① 他要立什么法？法治乎？人治乎？

再看宋代最大的岳飞冤狱。这是宋高宗主持的，而秦桧与张俊也是主谋。关于张俊在枢密院私设刑堂，迫害张宪，《三朝北盟会编》卷 206 有如下一段记事：

> 俊令就行府取勘，王应求请枢密院职级严师孟、令〔史〕刘兴仁推勘。师孟、兴仁以枢密院吏无推勘法，恐坏乱祖宗之制，力辞。俊从之，遂命应求推勘，狱成，送大理寺。

枢密院吏严师孟和刘兴仁看来还有起码的良知，他们企图抬出“坏乱祖宗之制”制止冤狱，但逼供心切的张俊，又哪里顾得什么“祖宗之制”的“坏乱”，就改命其心腹王应求对张宪用严刑逼供。此外，关于岳飞本人的冤狱，《鄂国金佗续编》卷 21《鄂王传》说：

> 国朝著令，劾轻罪，因得重罪，原之，盖不欲求情于事外也。

所谓“国朝著令”，用宋人另一种说法，就是“祖宗成宪”②，

① 《宋史》卷 255《王全斌传》，《续资治通鉴长编》卷 8 乾德五年正月壬子、癸丑。
② 《宋史》卷 378《卫肤敏传》。

这当然具有神圣性。然而秦桧、万俟卨等却是在罪名“无验”①的情况下，仍是不断横生枝节，辗转推求，罗织新的罪名，非置岳飞于死地不可，又哪里管得什么“国朝著令”。由此可见，宋人固然将所谓祖宗之法视为神圣，实际上却与现代很多贪官对待马克思主义在本质上颇为相似，至多只有程度上轻重的差别。

最终上报宋高宗的刑部、大理寺状中的量刑，与宋高宗的判决有重大差别。诚如巨焕武先生所说：“岳飞狱案的一干人犯，其定谳竟然没有一人系依从大理寺的议拟和刑部、大理寺的共同看详，而一一法外加刑。”②

卷入岳飞诏狱案者共计九人，刑部、大理寺状的意图，实际上即是秦桧和万俟卨的意图，将岳飞和张宪判重刑，其他岳雲、于鹏、孙革、王处仁、蒋世雄、和尚泽一和智浹七人判轻刑。如岳雲虽量刑为徒刑，其实只是“追一官，罚铜二十斤入官，勒停”。于鹏、孙革、王处仁、蒋世雄的量刑也相类似，在追官、罚铜之后“勒停”，勒停只是革职。智浹作为“七品官子孙”，依律只是罚铜，只有泽一无“官当”。宋时罚铜“每斤一百二十文足”③。按刑部、大理寺的拟刑，他们的罚、赎铜折钱都在十贯以下，数量不大。宋高宗的判决，将岳雲由徒刑超越流刑，定为斩刑，而于鹏、孙革、王处仁、蒋世雄由徒刑升格为流刑，并由“勒停”升格为“除名”。④

特别是岳飞本人的处置。据宋太祖传下秘密“誓碑”，规定“不得杀士大夫及上书言事人”，“子孙有渝此誓者，天必殛之”。

---

① 《宋史》卷380《何铸传》。

② 《大陆杂志史学丛书》第5辑第3册《岳飞狱案与宋代的法律》。

③ 《庆元条法事类》卷76《罚赎》。

④ 《建炎以来朝野杂记》乙集卷12《岳少保诬证断案》。

宋太祖誓约在北宋历代执行得相当严格，如卢多逊和丁谓图谋皇位，也仅流放了事。① 岳飞身为执政大臣，即使真有图谋不轨之罪，也可免死，然而宋高宗却在罪名“无验”的情况下，非要将他处死。整个冤狱是“任法”，“一听于法”乎？在杀害岳飞的问题上，宋太祖的誓约，又对宋高宗有何约束力？

秦桧至少也是南宋初的特大贪污犯之一。等到秦桧死后，宋高宗下决心在朝廷清除秦党，但当莫濛上奏说：“秦桧、秦熺、郑时中、丁禩受（张）子华所赂，计直皆数千缗。”皇帝“诏并免追究”。② 免于追究者当然并非仅是此项贿赂。数千贯当然不是小数，按南宋前半期两浙一带的田价，杭州为每宋亩 5 贯③，1000 贯即相当于 200 宋亩。但这在秦桧的全部贪污收入中却是微不足道的。其养子秦熺已赋闲，因而逍遥法外。如前所述，另一个与秦桧勾结的巨恶——倍受皇帝恩宠的医官王继先，还有一批宦官，也得到宋高宗的有力保护，其详情从略。④

据南宋法令：“诸水旱，监司、帅守奏闻不实或隐蔽者，并以违制论。”⑤ 当时“严、衢、信、处、婺、建等州皆大水，士民溺者数万，（秦）桧隐而不奏。有闻言者，必罪之”⑥。发生水灾，依据自汉代以来的解释，是五行中的水失其性，如天子不用有德者等，就要闹水灾，因此秦桧就十分忌讳报灾，而且施展淫威，要加罪于报灾情、说实话的官员。

---

① 《古今说海》本和《说郛》弓 39 陆游《避暑漫抄》，《挥麈后录》卷 1。

② 《要录》卷 176 绍兴二十七年二月丁未。

③ 参见程民生《宋代物价研究》，第 16 页，人民出版社，2008 年。

④ 参见拙作《城狐社鼠——宋高宗时的宦官与医官王继先》，《岳飞和南宋前期政治与军事研究》，河南大学出版社，2005 年。

⑤ 《庆元条法事类》卷 4《上书奏事》。

⑥ 《三朝北盟会编》卷 220《中兴姓氏录》。

康熙和乾隆帝固然被若干清史研究者吹捧过甚，但按旧史的标准，总的说来，都算是“明君”。“康熙皇帝对贪官污吏一向痛心疾首”，“可是，他对于索额图与明珠，却网开一面”，“索、明二人既是最大的贪官，又可作为他的得力助手，康熙帝在不妨碍其集中皇权的前提下，选择了两人的后一方面，容忍了前一方面。上述做法，并非康熙帝所独有，在乾隆帝身上也表现得十分突出。如他惩贪杀了大批高官，但对乾隆朝最大的贪官和珅，却百般庇护”①。被某些史家过誉为“盛世”的清代康雍乾时，其实贪污问题一直十分严重。相比之下，康熙帝和乾隆帝对贪官的处置，与前述的宋太祖处于同等水平。

一些学者对人治和法治的概念似乎有些模糊，其关键只怕在于对中华专制主义的本质没有看透，对于专制条件下人治的必然性缺乏清醒估计。权大于法的后果则是权必乱法、法必阿贵。在权大于法、权必乱法、法必阿贵的基本点上，宋朝与历朝没有，也不可能有本质的差异。

在中国古代，并非没有一些贤明的官员，力图维护法律的尊严。历史上也有若干记载。如唐柳公绰“行部至邓，县吏有纳贿、舞文二人，同系狱。县令以公绰素持法，谓必杀贪者。公绰判曰：‘赃吏犯法，法在；奸吏坏法，法亡。’诛舞文者”②。宋陈希亮“徙知雩都，老吏曹腆侮法，以希亮年少，易之。希亮视事，首得其罪。腆叩头出血，愿自新，希亮戒而舍之，卒为善吏”③。但总的看来，他们的努力不可能扭转权必乱法、法必阿贵的整体情况。

① 杨珍：《盛世初叶（1683—1712年）的皇权政治——对明珠晚年的个案分析》，《清史论丛》1999年号。

② 《新唐书》卷163《柳公绰传》，《旧唐书》卷165《柳公绰传》。

③ 《宋史》卷298《陈希亮传》。“雩都”，原作“鄠县”，据标点本校勘记〔五〕改。

人们研究中国古代的法律史，对法律条文的变迁，下了许多功夫，当然是必要的、可贵的。但是，更重要的方面似乎还是司法实践。然而在专制主义中央集权的人治条件下，司法腐败似乎不可能不成为是中国古代法律史研究的中心问题。笔者过去对司法腐败问题认识不足，注意不够，近年来才予以关注。前述《中国古代主流政治传统浅谈——以宋代为中心》，司法腐败列为第十五条。另有《王曾瑜说辽宋夏金》第 136 页[①]，将司法腐败列为宋代农民的五大公害。拙作《回眸中国古代地方政治的贪腐与黑暗》，也专设司法腐败一小节。[②] 虽然说了一点，但自然说不上有什么系统的、深入的、细致的研究。当然，在研究时，又不可能不受到史料的限制。大致看来，宋、明、清代的相关史料肯定胜过其他朝代。

总之，研究、反省和批判中国古代权大于法的主流政治传统，不仅有助于研究和理解古史，对于建设当代民主和法治社会，也具有重要的现实意义。中华民族只能按马克思主义著名的巴黎公社原则，沿着民主和法治的轨道，方能走向光辉的未来。

（原载《史学集刊》2014 年第 6 期）

---

① 上海科学技术文献出版社，2009 年。

② 载《纤微编》第 63—66 页，河北大学出版社，2011 年。

七、五代辽宋金元的“指斥乘舆”罪

“指斥乘舆”罪，且不说一般人，就是从事中华古史专业者，只怕也有相当比例的生疏。但如果换一句现代语，“骂皇帝”，大家就都会懂得。明朝高拱解释说：“乘舆，谓天子也，不敢言天子，故言乘舆也。”① 谁要骂皇帝，就算犯了弥天大罪，但也只能称为“指斥乘舆”，即指斥了皇帝的座车，避讳用“皇帝”一词，以示“皇帝”一词的神圣性。宋朝张浚也解释说：“自古言涉不顺，谓之指斥乘舆，事涉不逊，谓之震惊宫阙。是以见君辂马，必加礼而致恭，盖不如是，无以肃名分，杜僭乱也。”②

从古代史籍中搜索，尽管早在秦汉时代就已确立了帝制，但直到840年后的唐朝，才在《唐律疏议》中对“指斥乘舆”罪做了法律上的规定。当然，唐律源于隋《开皇律》，但《开皇律》已佚亡。《唐律疏议》卷1《十恶》，确定如今人常说的“十恶不赦”罪。“六曰大不敬”，其中就包括“指斥乘舆，情理切害”。但疏议又对此做了法律规范和说明，“若使无心怨天”，“不入十恶之条”，“盖欲原其本情，广恩慎罚”。同书卷10规定，“诸指斥乘舆，情

① 《本语》卷6。

② 《朱文公文集》卷95上张浚行状。

理切害者斩”。“指斥谓言议乘舆，原情及理，俱有切害者斩”。“非切害者徒二年，谓语虽指斥乘舆，而情理非切害者，处徒二年”。同书卷23又规定：“知指斥乘舆及妖言不告者，各减本罪五等。官司承告，不即掩捕，经半日者，各与不告罪同。”宋理学家程颢对“情理切害”有所解释，说：“旧言指斥乘舆，言理恶者死。今改曰情理，亦非也。”① 从上引法律条文看，对“指斥乘舆”罪的处置是极其严厉的。

若追溯“大不敬”的刑名由来。《史记》卷96《申屠嘉列传》载，他劾奏汉文帝倖臣邓通：“夫朝廷者，高皇帝之朝廷也。通小臣，戏殿上，大不敬，当斩。吏今行斩之！”同卷《魏相列传》记载，因“大不敬”罪，“长史以下皆坐死，或下蚕室”。《汉书》卷89《黄霸传》说：“夏侯胜非议诏书，大不敬，霸阿从，不举劾，皆下廷尉，系狱，当死。”《后汉书》卷60下《蔡邕传》载，“下（蔡）邕、（蔡）质于洛阳狱，劾以仇怨奉公，议害大臣，大不敬，弃市”。经吕强营救，“有诏减死一等，与家属髡钳，徙朔方，不得以赦令除”。汉律源自秦律，故大致可以判断，在秦汉时，已有“大不敬”“当死”“弃市”的刑名，但还没有唐律那样细致的规定。

自晋朝以下，历代都有“大不敬，弃市”的刑名，② 在此不必赘述。《隋书》卷25《刑法志》记载，北齐河清三年（公元564年），定《齐律》，“又列重罪十条，一曰反逆，二曰大逆，三曰叛，四曰降，五曰恶逆，六曰不道，七曰不敬，八曰不孝，九曰

---

① 《河南程氏外书》卷10。

② 《晋书》卷50《庾旉传》、卷61《周嵩传》，《梁书》卷16《王亮传》、卷53《伏暅传》，《魏书》卷77《辛雄传》，《北齐书》卷47《宋游道传》，《北史》卷42《刘逖传》。

不义，十曰内乱。其犯此十者，不在八议论赎之限”。北周保定三年（公元563年），定《大律》，“立十恶之目，而重恶逆不道、大不敬、不孝、不义、内乱之罪。凡恶逆，肆之三日”。隋律则“又置十恶之条，多采后齐之制，而颇有损益。一曰谋反，二曰谋大逆，三曰谋叛，四曰恶逆，五曰不道，六曰大不敬，七曰不孝，八曰不睦，九曰不义，十曰内乱。犯十恶及故杀人狱成者，虽会赦，犹除名”。这就是前述唐律“十恶”之所本。

按照马克思主义的基本观点，法律无非是在社会经济基础之上的上层建筑之一，“经济关系反映为法原则”，“又对经济基础发生反作用”。① “在历史进程中，掠夺者都认为需要通过他们自己硬性规定的法律，来赋予他们凭暴力得到的原始权利以某种社会稳定性”。② 法律必须维护阶级社会的阶级统治秩序，体现统治阶级的意志，这是颠扑不破的真理。当然，由于国家的公权力是从原始社会的公共事务管理转化而来，部分法律也有管理公共事务规则的功能。这与前者是互相融合和渗透的，一般并不互相排斥。

就“指斥乘舆”罪的制定而论，它无非是服务于进一步强化皇权，并将此种功能推进到了极致，其阶级性和专制性极为鲜明。故“指斥乘舆”的罪名也必然被后代所继承。宋人因避宋太祖祖父赵敬名讳，在《宋刑统》卷1中，将“大不敬”罪改成“大不恭”罪。《元史》卷102《刑法志》照抄《唐律疏议》，其“十恶”之六“大不敬”中，就有“指斥乘舆，情理切害”。同书卷104《刑法志·大恶》规定：“诸指斥乘舆者，非特恩，必坐之。诸妄撰词曲，诬人以犯上恶言者，处死。诸职官辄指斥诏旨乱言者，虽会赦，仍除名不叙。”在中国古代史料中，有时也略去“乘舆”

---

① 《马克思恩格斯选集》第4卷，第484页，人民出版社，1972年。

② 《马克思恩格斯选集》第2卷，第451页，人民出版社，1972年。

两字，简称为“指斥”罪。“指斥”罪的范围较宽，不一定全是“指斥乘舆”。

五代是武夫横行的时代，皇帝的权威下降。军阀安重荣上表晋高祖石敬瑭，“其表数千言，大抵指斥高祖称臣奉表，罄中国珍异，贡献契丹，凌虐汉人，竟无厌足”。但晋高祖无法给他治罪，“忧其变也，遂幸邺都，以诏谕之，凡有十焉”。[①] 后周时，得南唐“蜡丸书来上。多斥周过恶以为言”，周世宗大怒，责备南唐使者孙晟，说：“晟来使我，言（李）景畏吾神武，愿得北面称臣，保无二心，安得此指斥之言乎？”将孙晟“及其从者二百余人，皆杀之”。[②] 后周时，赵守微“本村民，因献策，擢拾遗，有妻复娶，又言涉指斥，坐决杖配流”，但没有处死，而御史中丞边归谠对周世宗说：“陛下何不决杀赵守微！”[③] 但处事颇能决断的周世宗仍未采纳，大约赵守微虽是“言涉指斥”，而没有确实的“情理切害”证据。

辽朝法律的制定，当然参照唐律。辽太宗天显七年（公元932年），“林牙迪离毕指斥乘舆，囚之”[④]。辽圣宗统和十二年（公元994年），辽圣宗“诏契丹人犯十恶者，依汉律”[⑤]。太平八年（公元1028年），“枢密使、魏王耶律斜轸孙妇阿聒指斥乘舆，其孙骨欲为之隐，事觉，乃并坐之，仍籍其家”[⑥]。可知辽朝确是沿用唐律之“十恶”和“指斥乘舆”罪。辽朝末年，在金朝的攻击下，燕王耶律淳自立为帝，他死后，辽天祚帝下诏，历数耶律

① 《旧五代史》卷98《安重荣传》。
② 《新五代史》卷33《孙晟传》。
③ 《宋史》卷262《边归谠传》。
④ 《辽史》卷3《太宗纪》。
⑤ 《辽史》卷13《圣宗纪》、卷61《刑法志》。
⑥ 《辽史》卷17《圣宗纪》。

淳罪状，其中有“僭称帝号，私授天官，指斥乘舆，伪造符宝，轻发文字，肆赦改元”等罪。①

宋太祖时，丁德裕在西川，“奏转运使、礼部郎中李铉尝醉酒，言涉指斥。上怒，驿召铉下御史，案之。铉言德裕在蜀日，屡以事请求，多拒之，皆有状。御史以闻，太祖悟，止坐铉酒失，责授左赞善大夫”②。开宝二年（公元969年），丁德裕奏张延通“尝对众言涉指斥，且多不法事”，又指张屿为同党。“太祖怒，即收延通、张屿及王班下御史台，鞫之，延通等引伏。太祖始欲舍之，及引问，延通抗对不逊，遂斩之。屿、班并内臣王仁吉并杖脊，屿配流沙门岛，班许州，仁吉西窑务。”③

宋太宗发动政变，篡位成功，于太平兴国七年（公元982年），举办亲弟秦王赵廷美狱案。其中有阎密“恣横不法，言多指斥”，予以处斩。④此案又牵连宰相卢多逊，宋太宗亲自下诏说他“包藏奸宄，窥伺君亲，指斥乘舆，交结藩邸，大逆不道，非所宜言”，但并不处死，而是“配流崖州”。⑤太平兴国八年（公元983年），宋太宗“斩孟州进士张两。两试吏部，不合格，纵酒大骂于街衢中，言涉指斥，游徼吏捕以闻。上怒，故抵于法，同保九辈永不得赴举，州长吏罚一季俸”⑥。此次狱案甚至株连同保的举人，罚他们“永不得赴举”，连孟州知州也“罚一季俸”，足见宋太宗的盛怒，完全是法外加罚。他又下制书，说其宠臣弭德超

① 《会编》卷9。
② 《宋史》卷274《丁德裕传》，《长编》卷10开宝二年十二月己亥。
③ 《宋史》卷274《张延通传》，《长编》卷10开宝二年十月癸卯。
④ 《宋史》卷244《赵廷美传》，《长编》卷23太平兴国七年四月丁丑。
⑤ 《宋史》卷264《卢多逊传》。
⑥ 《长编》卷24太平兴国八年三月乙酉。

“诟骂同列，指斥朕躬，为臣若斯，于法何道”，“配琼州，禁锢”①，但没有处死。宋太宗宠信侯莫陈利用，后“京西转运副使宋沆籍利用家，得书数纸，言皆指斥切害，悉以进上。太宗怒，令中使脔杀之，已而复遣使，贷其死。乘疾置至新安，马旋泞而踣，出泞换马，比追及之，已为前使诛矣”②。宋太宗实行特务政治，柴禹锡和赵镕“尝遣吏卒变服，散之京城察事。卒乘醉，与卖书人韩玉斗殴，不胜，因诬玉言涉指斥。禹锡等遽以闻，玉坐抵法。太宗寻知其冤”。③ 在此件冤案中，韩玉显然被处死。至道时，郑元辅“诣检上书，告（赵）自化漏泄禁中语，及指斥非所宜言等事。太宗初甚骇，命（宦官）王继恩就御史府鞫之，皆无状，斩元辅于都市”④。

宋仁宗时，刘敞“纠察在京刑狱，营卒桑达等醉斗，指斥乘舆。皇城使捕送开封，弃达市。敞移府，问何以不经审讯，府报曰：‘近例，凡圣旨及中书、枢密所鞫狱，皆不虑问。’敞奏请一准近格，枢密院不肯行，敞力争之，诏以其章下府，著为令”⑤。

宋神宗熙宁三年（公元1070年），“皇城使、开州团练使沈惟恭除名，琼州安置，进士孙棐处死。惟恭，贵妃沈氏之弟，故宰相伦之孙。棐，开封人，惟恭门下客也。惟恭以干请恩泽不得志，觖望，尝为棐言：‘皇子生，必不久。’语涉咒诅，又假他人指斥乘舆之言以语棐。棐希惟恭意，每见，辄诋时事，亦尝指斥乘舆。后又诈为司马光陈五事章疏，以示惟恭，词极不逊。惟恭转以示

① 《宋会要》职官78之2—3。

② 《宋史》卷470《侯莫陈利用传》，《长编》卷29端拱元年三月乙亥。

③ 《宋史》卷268《赵镕传》。

④ 《宋史》卷461《赵自化传》。

⑤ 《宋史》卷319《刘敞传》，《长编》卷190嘉祐四年七月庚申，《彭城集》卷35《故朝散大夫给事中集贤院学士权判南京留司御史台刘公行状》。

人。四方馆归司官张泽得之，以示閤门使李评，评奏之，故败。棐既伏诛，馀传写人皆释罪”[①]。此处所谓“进士”，其实只是文士。熙宁八年（公元 1075 年），“沂州民朱唐告前余姚主簿李逢谋反，提点刑狱王庭筠言其无迹，但谤讟，语涉指斥及妄说休咎，请编配”。宋神宗特别派遣官员按治，“庭筠惧，自缢死。逢辞连宗室、秀州团练使世居、医官刘育等，河中府观察推官徐革，诏捕系（御史）台狱”。“狱具，赐世居死，李逢、刘育及徐革并凌迟处死，将作监主簿张靖、武进士郝士宣皆腰斩，司天监学生秦彪、百姓李士宁杖脊，并湖南编管。余连逮者追官、落职。世居子孙贷死，除名，削属籍。旧勘鞫官吏并劾罪”，此案还“腰斩进士（文士）李侗”等。李逢谋反案是当时的一件大案，也并非仅是“指斥乘舆”罪，而株连颇众。[②]

元丰四年（公元 1081 年），宋神宗“诏前追官勒停人越州山阴县主簿、太原府教授余行之陵迟处死”。“行之以废黜怨望，妄造符谶，指斥乘舆，言极切害”。“行之既伏诛，因赦其妻、子”。[③] 元丰六年（公元 1083 年），宋神宗“诏泾原路京东第八将梁用、副将赵潜各罚铜二十斤，坐部卒常斌（或作‘赟’）指斥乘舆，语切害，不可录奏，经略司以闻故也”[④]。梁用和赵潜仅属不上报，也受处分，而常斌大约处死。

宋哲宗元祐时，围绕前任宰相蔡确的车盖亭诗案，其实是纯属捕风捉影的冤案，但谏官们，特别是刘安世，“谓其指斥乘舆，

① 《长编》卷 211 熙宁三年五月庚戌，《宋会要》职官 65 之 32。

② 《宋史》卷 200《刑法志》，《长编》卷 259 熙宁八年正月庚戌，卷 261 熙宁八年三月甲午，卷 263 熙宁八年闰四月壬子，卷 264 熙宁八年五月甲子、丁卯、丁丑。

③ 《长编》卷 312 元丰四年四月壬申。

④ 《长编》卷 335 元丰六年五月乙未，《宋会要》职官 66 之 23。

犯大不敬”[1]，而御史台官员等主张从轻，最后高太后将蔡确流放广南新州。王岩叟所写蔡确责词，也诟责他“曾不反思，尚兹归怨，形于指斥，播在歌谣，托深意以厚诬，包祸心而莫测”[2]。

绍圣四年（公元1097年），“田嗣宗坐指斥，抵死”[3]。此人为中书侍郎李清臣“姑之子”，李清臣也因此罢政。[4] 元符二年（公元1099年），“熙河帅种朴败死”，宋哲宗“为之震骇，遂复弃鄯州。关中由此大困，开封民有因醉狂语者”，宰相章惇“请论如指斥乘舆法，上特贷死。惇再取旨不已，自是妄言者莫不诛死，然虽多杀不禁也”。[5] 章惇的秉性还是相当残忍，这是他掌政后期，“取旨不已”，以“指斥乘舆”罪滥杀无辜。

宋徽宗即位之初，其弟宋神宗十三子赵似，“以王府史语言指斥，送大理寺验治，似上表待罪”。左司谏江公望上谏奏，结果邓铎因曾自写“随龙人、三班借职邓铎”，“伏诛，蔡邸不挂吏议”。但宋徽宗仍“颇以狱词平反太过，盖法官（按：指吴师礼）不肯以指斥切害之罪罪之也”。[6] 宋制，皇帝登基后，“凡东宫僚吏一概超迁，谓之随龙”。[7] 邓铎自称“随龙人”，表明他有意参加宋哲宗死后的帝位争夺，但也确实说不上是什么“指斥乘舆，情理切害”。

崇宁元年（公元1102年），宋徽宗重新镇压反变法派，为钳

---

① 《宋史》卷345《刘安世传》。

② 《长编》卷427元祐四年五月辛巳。

③ 《皇朝编年纲目备要》卷24绍圣四年正月。

④ 《宋宰辅编年录校补》卷10，《东都事略》卷96《李清臣传》。

⑤ 《皇朝编年纲目备要》卷26建中靖国元年二月。

⑥ 《宋史》卷246《赵似传》、卷346《江公望传》、卷347《吴师礼传》，《东都事略》卷100《江公望传》，《皇朝编年纲目备要》卷26建中靖国元年七月。

⑦ 《司马文正公传家集》卷38《言郭昭选札子》。

制舆论，下令“禁羁置人入京，及诸色人妄议宗庙，指斥乘舆，并许人告，赏钱三千贯，白身与三班借职，有官人转两官”①。

政和元年（公元1111年）到三年（公元1113年），“以泰州李彪作殿试策题及答，语言指斥乘舆及嘲讪大臣等罪”，宰相张商英“以事在赦前，令开封府一面断放”，张商英责授崇信军节度副使后，又进一步贬责为汝州团练副使。② 北宋晚期，执政安惇之子安郊“坐指斥诛”，因他有“有不欲立上之语，后为族人所告”。③

宣和六年（公元1124年）和七年（公元1125年），开封出了两件奇案。宋徽宗“御楼观灯”，“从六宫于其上，以观天府之断决者。帘幕深密，下无由知。众中忽有人跃出，墨色布衣，若寺僧童行状，以手画帘，出指斥语。执于观下，帝怒甚，令中使传旨治之，箠掠乱下，又加炮烙，询其谁何，略不一语，亦无痛楚之状。又断其足筋，俄施刀脔，血肉狼籍。帝大不悦，为罢一夕之欢，竟不得其何人，付狱尽之”。另一次“都城东门外鬻菜夫至宣德门下，忽若迷罔，释荷檐向门戟手，出悖骂语，且曰：‘太祖皇帝、神宗皇帝使我来道，尚宜速改也。’逻卒捕之，下开封狱，一夕方省，则不知向者所为者，乃于狱中尽之”。所谓“悖骂语”，乃是“汝坏吾社稷矣!”④ 以上两案其实都是反映民众对时政的憎恶。

宋钦宗在位的短暂时间内，教坊乐人司文政以“伏阙上书，无理狂悖”，“其言指斥”，“圣旨处斩”，“号令榜于市”。⑤

---

① 《皇朝编年纲目备要》卷26崇宁元年五月。

② 《宋会要》职官68之29，《宋宰辅编年录校补》卷12。

③ 《宋史》卷471《安惇传》，《会编》卷2，《夷坚支景》卷6《富陵朱真人》。

④ 《宋史》卷65《五行志》，《皇朝编年纲目备要》卷29宣和六年正月。

⑤ 《会编》卷66。

宋高宗登基之初，追究伪楚张邦昌的罪责，说有宫女华国靖恭夫人李氏以养女侍奉张邦昌，并对他“有语指斥乘舆”。宋高宗将张邦昌处死，另“有旨，李氏杖脊，降配〔车〕营务下〔名〕为妻”①。

陈东是北宋末年的太学生，曾领导数万人伏阙上书的爱国群众运动，因听到李纲罢相的消息，立即上书，“论李纲不可罢，黄潜善、汪伯彦不可用，乞亲征，邀请二帝”，又指责宋高宗“不当即大位，将来渊圣皇帝归来，不知何以处”。② 另有士人欧阳澈也上书，“极诋用事者”，并且“语侵宫掖”，指责宋高宗“宫禁宠乐”③，无非是批评皇帝沉湎女色、宠信宦官之类。宋高宗恼羞成怒，遂将两人处死，其罪名也无非是“指斥”。④

建炎时，向大猷“受金人伪命，知青州，其出榜文，多指斥，有反状明白”，无非是讥斥宋高宗的无道，皇帝下诏，“前知滨州向大猷为臣不忠，屡为叛逆，移文指斥，罪状深重，可令越州领赴市曹处斩”。⑤ 大将曲端曾题诗说：“不向关中兴事业，却来江上泛渔舟。”后被张浚诬以“指斥乘舆”罪而处死⑥，这当然是一件冤案。绍兴八年（公元1138年），宋高宗“诏内侍罗亶窜海岛，

---

① 《梁溪全集》卷176《建炎进退志总叙》、卷180《建炎时政记》李氏或作承华夫人。

② 《挥麈后录》卷9，《会编》卷113，《要录》卷8建炎元年八月壬午。

③ 《欧阳修撰集》卷7和《宋陈少阳先生文集》卷8许翰《哀词》，《要录》卷8建炎元年八月壬午，《宋史》卷473《黄潜善传》。

④ 《梁溪全集》卷112《怀泽与吴元中别幅》说，“颖川（陈东）极论二人（黄潜善、汪伯彦），以谓必误中兴，遂置极法”，“颖川之书，〔甚〕明白激切，初无指斥之语。但论此二人，中其要害，故下毒手，以绝来者”。按李纲只怕未必看到陈东上书原文，但反映陈东和欧阳澈的罪名确是“指斥”。

⑤ 《会编》卷131，《要录》卷29建炎三年十一月乙丑。

⑥ 《宋史》卷369《曲端传》，《齐东野语》卷15《曲壮闵本末》作“不向关中图事业，却来江上泛扁舟”，有“图”“扁”两字不同。

永不放还。亶为景灵宫干办官，有营卒章青告其语言指斥”，“刑寺拟私罪徒，勒停”，可知指斥之语肯定不属“情理切害”。宋高宗却说：“亶素凶悖不逞，无可恕者，当窜海岛。”① 于法外加刑。

在抗金名将岳飞的冤狱中，据传言，绍兴十一年（公元1141年），岳飞得知张俊、韩世忠等军在淮西战败后，悲愤的心情再也难以克制，自上一年他被迫班师后，一句郁结半年有余的心声夺口而出：“国家了不得也，官家又不修德！”又岳飞曾说：“我三十二岁上建节，自古少有。”此语被引申和篡改为“自言与太祖俱以三十岁为节度使”。这两句话都被定为“指斥乘舆”的弥天大罪②，为其“莫须有”的罪名之一。

在绍兴和议后的黑暗年代，“指斥乘舆”罪风靡一时，成为发生此罪案例相当密集的时期，这主要是对宋高宗屈辱和议的诟病和非议。太学生张伯麟在壁上题写：“夫差！尔忘越王之杀而父乎!”用春秋时代的典故，讥斥宋高宗向杀父之仇屈膝，被判“杖脊，刺配吉阳军（治今海南崖城）”。与他同案的宦官白锷也“出言指斥”，被“特刺面，配万安军（治今海南万宁）”。③ 绍兴二十一年（公元1151年）十一月，“斩有荫人惠俊，以指斥乘舆，法寺鞫实，故有是命”④。无品武官“进义副尉刘允中弃市，以上书希求恩赏，指斥乘舆，及谤讪朝廷，法〔寺〕鞫实，故抵于法”⑤。“临安府径山能仁禅院僧陆清言决脊杖二十，刺面，配广南远恶州军牢城，以清言撰造偈颂，蛊惑士庶，至有指斥语言，

---

① 《要录》卷119绍兴八年五月戊戌。

② 《鄂国金佗稡编》卷24《张宪辨》，《建炎以来朝野杂记》乙集卷12《岳少保诬证断案》，《挥麈录馀话》卷2。

③ 《要录》卷151绍兴十四年六月丙申，《宋史》卷473《秦桧传》。

④ 《要录》卷162绍兴二十一年十一月庚戌。

⑤ 《要录》卷162绍兴二十一年十一月丁巳。

于法应绞，特贷之”[①]。这还算是皇恩宽贷者。绍兴二十三年（公元1153年），宦官“入内东头供奉官裴咏除名，琼州编管，永不放还。咏往盱眙，抚谕北使，私市北货，寻被拘收。心怀怨望，有指斥语，法当绞，特贷之”[②]。这又是皇恩宽贷的一例。福州长溪县文士黄友龙在临安府余杭县“听读”期间，“醉酒作闹，语言指斥”，也是犯了骂皇帝的大罪，被“杖脊，刺配广南远恶州牢城收管”，服厢军的苦役。[③] 绍兴二十五年（公元1155年），小武官王世雄“作诗有指斥语”，被判“追毁出身以来告敕文字，除名，勒停，决脊杖二十，不刺面，配邕州牢城收管”，服厢军的苦役。[④] 以上只是最简单的记录，而他们“指斥语”的具体内容，则为官史所掩覆。当时秦桧“矫诬”，“无罪可状，不过曰谤讪，曰指斥，曰怨望，曰立党沽名，甚则曰有无君心”[⑤]。如对付参知政事李光，秦桧“令臣僚诬言其指斥之罪，遂责授建宁军节度副使，藤州安置”，又再三贬责。[⑥]

不仅是皇帝，秦桧依靠金人撑腰，当上了宋高宗无法罢免的宰相，权势几乎等同于皇帝。有官员吴元美作《夏二子传》，“夏二子，谓蝇、蚊也”，居然被定为“指斥国家及讪毁大臣，以快私忿，法当死”，虽纯属捕风捉影的影射文章，宋高宗算是特予宽贷，改为“除名，容州编管”。[⑦] 一时之间，“讪毁大臣”也成了可怕的刑名。

---

① 《宋会要》刑法6之32，《要录》卷162绍兴二十一年十二月戊子。
② 《要录》卷164绍兴二十三年六月丙戌，《宋史》卷473《秦桧传》。
③ 《要录》卷165绍兴二十三年闰十二月癸巳，《宋史》卷473《秦桧传》。
④ 《要录》卷168绍兴二十五年六月戊戌，《宋会要》刑法6之33。
⑤ 《宋史》卷473《秦桧传》。
⑥ 《宋宰辅编年录校补》卷15。
⑦ 《要录》卷161绍兴二十年九月甲申。

金朝法律的制定，"兼采隋、唐之制，参辽、宋之法"①，也继承了"大不敬"中的"指斥乘舆"罪。金朝统治阶级内争激烈而残忍，屡次出现"指斥乘舆"罪的案例。金熙宗"屡杀大臣，(完颜) 宗敏忧之，谓海陵 (完颜亮) 曰：'主上喜残杀，而国家事重，奈何?'宗敏言时，适左右无人，海陵将以此为指斥，构害之，自念无证不可发，乃止"②。金海陵王时，金太祖长女完颜兀鲁的丈夫徒单斜也，有妾名忽挞，她上告"兀鲁语涉怨望，且指斥"，金海陵王"使萧裕鞫之，左验皆不敢言，遂杀兀鲁，而杖斜也，免其官"。③ 参与金海陵王篡位活动的完颜秉德，后来被告"谋反有状"，"秉德妻尝指斥主上，语皆不顺。及秉德与 (完颜) 宗本相别时，指斥尤甚"等，金海陵王"杀秉德"。④ 金世宗即位之初，完颜按荅海和完颜燕京兄弟据广宁府，"拒弗受"，完颜燕京"亦登谯楼，与使者语，指斥不逊"。后金世宗"释按荅海，乃诛燕京"。⑤ 金朝季年，在金宣宗兴定时，"御史台奏 (蒲察) 移剌都在军中，买沙覆道，盗用官银，矫制收禁书，指斥銮舆"等，"坐是诛"。⑥ 金哀宗亡国前夕，丞相完颜赛不之子完颜按春投降蒙古，"从攻京师 (开封)，曹王 (完颜讹可) 出质，朝臣及近卫有从出者，按春极口大骂，以至指斥"，后完颜按春逃归金朝，被"擒捕，斩之狱中"。⑦

元朝的《元典章》卷41《诸恶》中有"大不敬"条目，但无

---

① 《金史》卷45《刑志》。

② 《金史》卷69《宗敏传》。

③ 《金史》卷77《亨传》、卷120《徒单恭传》。

④ 《金史》卷132《秉德传》《乌带传》。

⑤ 《金史》卷73《按荅海传》。

⑥ 《金史》卷104《蒲察移剌都传》。

⑦ 《金史》卷113《完颜赛不传》。

“指斥乘舆”罪的实例。元世祖至元十六年（公元1279年），宋“合州安抚使王立以城降”，但“东川行院遂言，立久抗王师，尝指斥宪宗（蒙哥），宜杀之”，“降臣李谅亦讼立前杀其妻、子，有其财物。遂诏杀立，籍其家资偿谅”。但因“安西王具立降附本末来上”，元世祖又“即召立入觐，命为潼川路安抚使、知合州事”。① 就此案的处理而言，元世祖并未将王立“指斥宪宗”看得很重。元文宗天历二年（公元1329年）八月，“四川囊加台以指斥乘舆，坐大不道，弃市”②。元顺帝时，彻里帖木儿“尝指斥武宗为那壁，那壁者，犹谓之彼也”，连同其他罪名，“诏贬彻里帖木儿于南安，人皆快之，久之，卒于贬所”。③ 由此可见，元朝虽沿用“指斥乘舆”罪，但量刑并不十分严格。

纵观五代辽宋金元官史中所载的“指斥乘舆”罪，显然有三个特点。第一，史书一般不记录“指斥乘舆”的具体内容和语言。上引岳飞“国家了不得也，官家又不修德”的话，官史同样并无记录，而是岳飞孙岳珂从狱案中摘录出来的。官史所以不记录，无非是为掩盖皇帝的秽行、劣迹和罪恶。第二，“指斥乘舆”罪的量刑轻重，并不一律。除了是否真有“情理切害”之外，主要还是在古代人治条件下，“皇帝是凌驾于法律之上的最大特权者”④，“皇帝的最高司法权，不受法律约束”⑤，皇帝愿意怎么判刑，就怎么判刑。不论判刑结果如何，“指斥乘舆”罪量刑之残酷，则没有任何疑义。第三，官史上对“指斥乘舆”罪显然有明显的疏漏，如前引宋哲宗时，章惇“再取旨不已”，对开封百姓以“指斥乘

① 《元史》卷10《世祖纪》。
② 《元史》卷33《文宗纪》。
③ 《元史》卷142《彻里帖木儿传》。
④ 郭东旭：《宋代法制研究》，第5页，河北大学出版社，1997年。
⑤ 王云海等：《宋代司法制度》，第18页，河南大学出版社，1992年。

舆”罪判处死刑者，又不知有多少人，却并未留下统计数。无辜百姓因没有文化，不懂法律，而触犯“指斥乘舆”罪者，就不可胜数了。

然而即使在专制主义意识笼罩一切的社会和政治环境下，宋代还有少量怀抱良知的士大夫，他们反对草菅人命的“指斥乘舆”罪，其理论武器则是先王之道。

北宋人王回说：“指斥乘舆，臣民之大禁，至死者斩，而旁知不告者，犹得徒一年半，所以申天子之尊于海内，使虽遐逖幽陋之俗，犹无敢窃言讪侮者。然《书》称商、周之盛，王闻小人怨詈，乃皇自恭德，不以风俗既美，而臣民俨然戴上，不待刑也。则此律所禁，盖出于秦汉之苛耳。”[①] 他对“指斥乘舆”罪持批判态度，认为不过是“秦汉之苛”，不合《尚书》中强调的先王之道。宋徽宗即位之初，龚夬上奏说，章惇在宋哲宗亲政后，“编类臣寮章疏，择其切直不讳之言，与夫陈乱世以讽今者，谓之讪上，谓之指斥。臣观《书》，见禹戒舜曰：‘无若丹朱傲，惟慢游是好。’周公戒成王曰，无若商王纣。丹朱，尧不肖子；纣，商之无道君。禹以尧不肖子戒舜，周公以商无道君戒成王，亦可谓之讪上乎？亦可谓之指斥乎？”[②]

南宋爱国儒学家胡寅在《尚书·无逸》“厥或告之，曰：‘小人怨汝詈汝。’则皇自敬德，厥愆，曰：‘朕之愆。’允若时不啻不敢含怒”这段话的传注中，更明确说：“蔡京继之，专以朋党一言，禁锢忠臣义士，或谓之诋诬宗庙，或谓之怨讟父兄，或谓之指斥乘舆，或谓之谤讪朝政。行之二十年，天下之士不仕则已，

① 《皇朝文鉴》卷129王回书判。

② 《历代名臣奏议》卷180龚夬奏。《宋史全文续资治通鉴》卷14元符三年七月壬申载丰稷和陈师锡也有类似议论。

仕则必习为导谀，相师佞媚，歌功颂德，如恐不及。防民之口甚于防川。”① 他特别引用了周厉王“监谤”，而“防民之口甚于防川”的古语，指出设立“指斥乘舆”罪的后果，无非是营造“习为导谀，相师佞媚，歌功颂德”的恶劣政治环境。

谏官陈渊说：“昔之治世，工诵箴谏，大夫规诲，士传言，庶人谤。夫谤犹不废也，非直不废而已，舜之求言，乃立谤木②，是使人谤己也。而周公之戒成王曰：‘小人怨汝詈汝。’则皇自敬德，是又不禁人之詈己也。由是言之，后世所谓谤讪之刑，指斥之诛，岂古之道哉！”③ 范浚也有相类似的议论：“臣闻古者天子听政，使公卿、列士献诗以讽，近臣尽规，亲戚补察，下至瞽矇、百工、商旅、庶人，皆得以进谏传言，非议其上，而莫之罪。盖以为腹诽之愤，甚于指斥；目语之讥，切于面谤，与其壅天下之言以自欺，不若用天下之言以自治。传曰：‘防民之口甚于防川。’”④ 另一诤臣彭龟年说：“夫所谓小人怨汝詈汝者，乃后世指斥乘舆之类，其犯上渎尊，与抗疏陈〔讥〕者，盖不可同年而语矣。而四君（按：指商中宗太戊、高宗武丁、祖甲和周文王）闻之，反取之以为德，任之以为愆，然则怒安从而生哉？”⑤

综合以上议论，大致有三条。第一，按儒家仁义思想，反对以“指斥乘舆”罪草菅人命，滥杀无辜，认为“指斥乘舆”罪只

① 《斐然集》卷22《无逸传》。

② 《后汉书》卷54《杨震传》：“臣闻尧、舜之世，谏鼓、谤木，立之于朝。”唐章怀太子李贤注：“《帝王纪》曰：‘尧置敢谏之鼓，舜立诽谤之木。’”宋叶庭珪《海录碎事》卷10下《谤木》引汉应劭之说：“谤木，今桥梁两边板是也。古人以书政治得失。”此应为传说。

③ 《历代名臣奏议》卷200陈渊奏，《默堂集》卷14《求谏》（其二）。

④ 《范香溪先生文集》卷11《策略》。

⑤ 《历代名臣奏议》卷206彭龟年奏，《止堂集》卷2《论群臣进言当酌是非早赐处分疏》。

是秦汉苛法，不合先王之道。第二，认为君主受“谤”是正常情况，不足大惊小怪。如果百姓怨王詈王，君主不但不应给百姓加罪，还须反躬自责，省愆念咎。第三，舜“立谤木”，“使人谤己”，而周厉王“监谤”，却“防民之口甚于防川”，为后世树立了正反两种典型。这其实又是如何对待舆论批评的重大问题。彭龟年特别强调：“言路通塞，天下治乱系焉。言路通，则虽乱易治也；言路塞，则虽治易乱也。”① 他将“言路通塞”的问题和效应说得非常透彻。笔者曾将彭龟年此言向若干史界同行转述，他们都认为这个八百年前的古人的见解相当高明，应当作为警诫后世的名言。

尽管有“指斥乘舆”罪的设置，但据《册府元龟》卷102《招谏》记载，唐太宗对侍臣说：“隋帝性多猜忌，上下情不相达，斯岂致治之理乎？朕今推赤心以相付，亦望公辈以直心相向，纵有指斥深切，无忧逆忤。”表现了中华古史第一英主的大度。“指斥乘舆”罪的量刑，自然有很大的伸缩余地。臣僚进谏诤直言，稍为激烈一点，就会涉及“指斥乘舆”之罪。故北宋崔鶠就指出：“微言者坐以刺讥，直谏者陷以指斥，以杜天下之言，掩滔天之罪，谓之奸可也。”② 陈惇修《唐史断》也议论说：“既以谏诤为职，则不居此职者，皆不得而谏也。有所谏则曰‘侵官’，有所谏则曰‘犯分’，语及天子者则曰‘指斥乘舆’，言关廊庙者则曰‘诽谤朝政’。所以然者，盖由谏官之有定职故也。”③ 认为臣僚若欲对皇帝进谏，就有可能触犯“指斥乘舆”罪，是不合理的。陈

① 《历代名臣奏议》卷206彭龟年奏。

② 《宋史》卷356《崔鶠传》。

③ 引自《山堂群书考索》续集卷36《台谏·古者谏官无定员后世谏官有常职》，注中原作“陈伯厚《唐史》”，文渊阁《四库全书》本作“《唐史断》”疑是。《宋史》卷203《艺文志》载有“陈惇修《唐史断》二十卷”，伯厚应是其字。

耆卿说："小大廷绅，慷慨激烈，争言时政，或以为指斥太过，臣曰未害也。惟圣主为能受尽言，言之是，可为国家福，言之非，可为国家贺。贺者，非贺其言之已甚，贺其言之虽甚，而上之人能来之，且容之也。虽然，其甚者宜容也，其切且当者，不当止于能容。"① 也表达了同样的看法。宗室赵必愿也对宋理宗说："毋使人臣以指斥怀疑，毋致陛下以厌言得谤。"②

清朝汪由敦评论说："明代奏章，多伤过激。指斥乘舆，则癸、辛再见；弹击大吏，则共、鲧比肩。迹其事实，初不尽然，但取沽名，颇伤直道。"③ 清朝皇帝的专制淫威，更甚于明朝，也缺少像明朝那样的诤臣，在汪由敦的眼里，明朝诤臣的直言，就成了"指斥乘舆"罪，以奴才自命的清朝臣僚，就绝不可能有此类稍为激烈的言辞。

宋真宗时，"有百姓争财，以状投匦，其语有比上德为桀、纣者"。宋真宗"令宫中录所诉之事，付有司根治，而匿其状"，说："百姓意在争财，其实无它，若并其状付有司，非惟所诉之事不得其直，必须先按其指斥乘舆之罪，百姓无知，亦可怜也。"理学家杨时为此评论说："祖宗慈仁如此，《书》曰：'小人怨汝詈汝，则皇自敬德。'祖宗分明有此气象，天下安得而不治。"④ 南宋人俞德邻也对此事评论说："《书》曰：'小人怨汝詈汝，则皇自敬德。'真庙有焉。"⑤ 又天禧时，官员陈靖上奏中有"必是不经圣览"之语，大理寺"以为指斥乘舆"。宋真宗下诏，说陈靖"受诬于吏

① 《历代名臣奏议》卷59陈耆卿奏，《篔窗集》卷4《代上请用人听言札子》。

② 《宋史》卷413《赵必愿传》。

③ 《松泉集》卷20《史裁蠡说》。

④ 《龟山先生全集》卷13《语录·馀杭所闻》。

⑤ 《佩韦斋集》卷17《辑闻》。

议”，“非汝瑕疵，宜从洗涤”。[①] 宋真宗虽然算不上好皇帝，当时也根本说不上“天下安得而不治”，但处理此类事，还是表现了一定的肚量。

宋仁宗时，官员王益柔“作《傲歌》，语涉指斥，欲下御史按罪”。宰相杜衍“谓罗织狱今起都下矣，执不可”。[②] 据说他的诗中有“醉卧北极遣帝扶，周公孔子驱为奴”等语，可能还有其他近乎“指斥”的语言，一些臣僚认为“罪当诛”，“仁宗大怒，即令中官捕捉”[③]，但在杜衍、韩琦等力辩后，最终还是没有加刑。

宋神宗时，吕希道“为开封府推官，民有相詈，激语近讪上，无悖慢情，尹及同僚皆欲以指斥抵法”。吕希道“力争，请上闻，神宗果笑曰：‘小人无知，灼非本情。’释之”。[④]

宋宁宗庆元初，中书舍人邓驲上奏追述绍熙时事：“布衣余古上书狂悖，若以指斥之罪坐之，诚不为过，太上皇帝（宋光宗）始者震怒，降旨编管，已而臣寮论奏，竟从宽典。”[⑤]

以上所引的古人开明议论和若干皇帝的“宽典”，其实都不可能超脱专制思维的囚笼。与中国古老的开明的政治伦理根本不同者，则是人类文明史上先进的马克思主义著名的巴黎公社原则。“用等级授职制去代替普选制是根本违背公社的精神的。”[⑥]

应当实事求是地承认，中华民族是一个受专制思想和文化影响很深的民族，至今仍有很沉重的专制主义包袱。要清除专制思想，任重而道远。但唯有将古老的专制主义包袱扔进太平洋，中

① 《宋会要》刑法 3 之 16。
② 《东都事略》卷 56《杜衍传》。
③ 《宋宰辅编年录校补》卷 5，《朱子语类》卷 129 首句作“欹倒太极遣帝扶”。
④ 《范太史集》卷 42《左中散大夫守少府监吕公墓志铭》。
⑤ 《续编两朝纲目备要》卷 4 庆元元年四月庚申。
⑥ 《马克思恩格斯选集》第 2 卷，第 376 页，人民出版社，1972 年。

华民族方得以成为一个伟大的、真正具备理性的现代民族。拙作只是从论证“指斥乘舆”罪的方面，做一点正本清源的工作。

（原载《程应镠先生百年诞辰纪念文集》，上海古籍出版社，2016 年）

八、也谈辽宰相的南、北与左、右问题

中国古代的官制变化，大致由简趋繁，又由繁趋简，而辽与宋神宗元丰改制前的官制，同属最为繁杂的阶段。辽朝官制虽繁，但史料尚不及宋朝百分之一，元朝史官在并不清楚辽朝官制的前提下，胡乱编纂《辽史·百官志》，结果是真假混杂，似是而非，难以分辨，令治史者如堕五里雾中。今人研究辽官制，因史料稀缺，不能不带有猜想的成分。本文也只能作为一种猜想，愚者千虑，或有一得。

由于史料的局限，今人难以了解从契丹族原有的北、南宰相制演变为北、南官宰相制的过程，而转变完成之后，南面官的宰相与原契丹旧制的南宰相又混淆不清，在史料中不易判明。这与当时契丹语的汉译不规范和汉语的歧译也有很大关系。从今存辽朝墓志可以看到，同一契丹词确有两种或更多的汉语歧译。如果只依据汉语的不同歧译名词，作循名责实式的研究，似会进入误区。邓广铭先生指导杨若薇先生撰写的专著《契丹王朝政治军事制度研究》① 论证了北、南皮室军即是左、右皮室军，给人以很

---

① 中国社会科学出版社，1991年。

大启发。依史料中“左”即是北，而“右”即是南，可能会破解若干谜团。

一般认为，辽朝实行北、南面两套官制，北面官处置契丹等各游牧民族事务，南面官处置汉、渤海等各农耕民族事务。“辽俗东向而尚左，御帐东向”①，这与中原汉族皇帝面南而坐不同。在契丹皇帝面前，臣僚们列队，北面官即是左，南面官即是右，北面官重于南面官。在地方行政管理系统上，游牧民族实行部族制，而汉人、渤海人等实行州县制，分别隶属于中央的北、南面官僚机构。

但是，北、南面两套官制显然不是辽朝建国之初即已形成。辽朝的枢密使是从五代后唐学来的。辽世宗在天禄元年（公元947年），“始置北院枢密使，以（耶律）安抟为之”，又以“高勋为南院枢密使”。② 后来辽人说，“国制，以契丹、汉人分北、南院枢密治之”，“一国二枢密，所以风俗不同”。③ 不妨说，设北、南枢密院是建立两套官制之始。李锡厚先生认为：“北、南面官两个系统的形成，是世宗即位后的事。”④

再说宰相制度的演变。契丹人建立辽朝之前，已有宰相。辽太祖耶律阿保机称帝时，即有“北宰相萧辖剌、南宰相耶律欧里思率群臣上尊号曰天皇帝，后曰地皇后”。他称帝第四年，“以后兄萧敌鲁为北府宰相。后族为相自此始”。⑤ 神册六年（公元921年），辽太祖“以皇弟苏为南府宰相”，“宗室为南府宰相自此

---

① 《辽史》卷45《百官志》。

② 《辽史》卷5《世宗纪》。

③ 《辽史》卷81《萧孝忠传》。

④ 《中国政治制度通史》第7卷，第78页，人民出版社，1993年。

⑤ 《辽史》卷1《太祖纪》。

始”。[①] 长期以来，辽朝的北、南宰相一直由契丹人萧和耶律两姓选拔，这是辽朝用人的世族世选。打破此种制度，看来是在辽景宗时，乾亨元年（公元 979 年）以前，汉人室昉破例地“拜枢密使，兼北府宰相”[②]。此后，一些汉人也被任用为宰相。

古文中的“部族”，有时即是指今人所称的部落。但辽的部族，则是游牧民族的行政单位，固然与不同民族有关，而辽廷完全可以重新编组。辽太祖时设十八部，辽圣宗时设三十四部，隶属“北府凡二十八部”，“南府凡一十六部”。[③] 所谓“北府”和“南府”一般认为就是指北、南宰相府。《萧孝恭墓志铭》开头就说：“北朝大辽国南宰相府所官（管）初鲁得部族。”[④] 据《辽史》卷 33《营卫志》，“初鲁得”应是“楮特”之汉文歧译。北、南宰相最初应是分管各游牧部族。

然而辽朝领土的扩张，又将属于农耕民族的东北渤海人和燕云汉人并入。辽太祖天显元年（公元 926 年）灭渤海国，最初的统治方式，只是另设东丹国，以太子耶律倍（图欲）为国王，“建元甘露”，设置左大相、右大相、左次相、右次相四名及百官，“一用汉法”。[⑤] 大致到辽穆宗时，辽朝再没有任命东丹王。辽圣宗即位之初，“下诏谕三京左、右相，左、右平章事，副留守判官”等。[⑥]

---

① 《辽史》卷 2《太祖纪》。

② 《辽史》卷 79《室昉传》。

③ 《辽史》卷 35《兵卫志》。按此志说法与《辽史》卷 33《营卫志》有出入，据陈述先生在标点本注中考证，北府“凡三十二部”，南府“凡十五部”。2016 年新标点本第 471 页注〔五〕、472 页注〔十〕另做具体统计。

④ 刘凤翥、唐彩兰、青格勒：《辽上京地区出土的辽代碑刻汇编》，第 293 页，社会科学文献出版社，2009 年。

⑤ 《辽史》卷 72《义宗倍传》。

⑥ 《辽史》卷 10《圣宗纪》。

客观上确实需要对农耕民族有不同的统治方式，这是辽朝建立南面官制度的前提。打破旧制，而汉人可以出任北、南宰相，应当被看成是建立北、南面两套官制完成的某种标志。北、南面两套官制的确立，大致可判断在辽景宗至圣宗时。北、南宰相职责发生重大改变，北宰相改为管辖游牧各部族，而南宰相改为管辖汉人和渤海人。辽圣宗时有“左夷离毕”“右夷离毕”“左林牙”“右林牙”等。夷离毕相当于汉语的副相参知政事，但专门掌管刑法；林牙相当于汉语的翰林学士。“左”即是北面官，而“右”即是南面官。此类官名也同样可以作为北、南面两套官制完成的标志。从民族方面说，契丹人和奚人可以任南面官，汉人和渤海人也可以任北面官。

一些学者认为，辽朝的北、南面官中，北、南宰相是北面官，而左、右丞相则是南面官，共计有四个宰相。或以为北、南宰相府都分左、右宰相。① 除了依据《辽史·百官志》外，《三朝北盟会编》卷 21 史愿《亡辽录》也提供了证据。其说为“汉官左、右相，参知政事”云云。

但宋使余靖记载得非常清楚：“契丹之官，领番中职事者，皆异服，谓之契丹官，枢密、宰臣则曰北枢密、北宰相；领燕中职事者，虽国人亦汉服，谓之汉官，执政者则曰南宰相、南枢密。”② 余靖的出使是在辽兴宗重熙十二年（公元 1043 年）至十四年（公元 1045 年），系辽朝的北、南面官制定型期。

《全辽文》卷 8《耶律宗允墓志铭》说，在辽道宗“清宁初”，耶律宗允“拜南宰相，斯则我朝所置元辅也，位在丞相之上”。据

① 如林荣贵先生《从房山石经题记论辽代选相任使之沿革》，《辽金史论集》第 47 页，上海古籍出版社，1987 年。

② 《武溪集》卷 18《契丹官仪》。

此，似乎宰相与丞相是两等。但《辽上京地区出土的辽代碑刻汇编》第77页《萧仅墓志铭》载，萧仅“高祖讳撒刺，授左丞相，守太傅，弼大圣皇帝变家为国之真相也”。这是说辽太祖时的“左丞相”萧撒刺。当时尚无南面官，“左丞相”分明就是契丹族的北宰相之汉语歧译。《萧袍鲁墓志铭》说，其曾祖父萧割辇为“北宰相，金印紫绶，首居丞相之尊”，也说明丞相和宰相其实并无等级差别，只是汉语歧译而已。

由此可见，史书上一般使用“北府宰相”“北宰相”和“南府宰相”“南宰相”，但也有使用“左丞相”和“右丞相”，其实，“北府宰相”“北宰相”即是“左丞相”，而“南府宰相”“南宰相”即是“右丞相”。因为在东向而坐的皇帝面前，北宰相站立北方，即左面，故北宰相就是左宰相，而南宰相站立南方，即右面，故南宰相就是右宰相。汉人杜防两次担任辽兴宗的“南府宰相”，一次担任辽道宗的“右丞相”,① 即是三次任南宰相。张俭两次出任“左丞相”②，应即是两次出任北宰相。辽朝举行“册皇太后仪”时，有“北府宰相押册”，“丞相、亲王”等参加典礼，却无南宰相。辽圣宗册皇太后时，“宰相押册”，“丞相上殿”。③ 当时北宰相是室昉，南宰相是（耶律?）解领。此处的“丞相”应理解为南宰相。

《辽史》卷17《圣宗纪》、卷80《张俭传》和《考古》1980年第5期张俭墓志铭载，太平六年（公元1026年），“以大同军节度使张俭入为南院枢密使”，拜左丞相。辽圣宗死，作为顾命大臣。《辽史》卷18《兴宗纪》载，在辽兴宗即位之初，“因诏写北府宰

---

① 《辽史》卷86《杜防传》。

② 《辽史》卷80《张俭传》，《考古》1980年第5期张俭墓志铭。

③ 《辽史》卷52《礼志》、卷54《乐志》。

相萧孝先、南府宰相萧孝穆像于御容殿”。“宰臣吕德懋薨”。当时张俭仍为左丞相。《契丹国志》卷7太平二年（公元1022年）辽圣宗闻宋真宗死，对“宰臣吕德懋”云云。《辽史》卷16《圣宗纪》同年也有“宰臣吕德懋”的记载。可知当时宰相有四员。若按以上论析，则当时的北宰相，即左丞相应是萧孝先和张俭，而南宰相，即右丞相似应是萧孝穆和吕德懋。

但是，韩绍芳“重熙间参知政事，加兼侍中”①，《辽史》卷18《兴宗纪》重熙七年（公元1038年）十二月则称“宰臣韩绍芳加侍中”，可知辽朝也可称参知政事为“宰臣”。我们也不能看见“宰臣”一词，即认为必是宰相，故吕德懋也无法确定必是宰相。再如“兴宗、道宗朝宰相、守太尉、兼侍中”刘六符②，《辽史》卷86《刘六符传》说：“六符还，加同中书、门下平章事”，其实似为虚衔。《辽史》卷18《兴宗纪》重熙七年记载他任参知政事，他使宋归来后，重熙十二年（公元1043年），时为三司使。可知所谓“宰相”，其实应是称参知政事为宰臣。

《辽史》卷20《兴宗纪》重熙十六年（公元1047年）：“南府宰相杜防、韩绍荣奏事有误，各以大杖决之。”此处南府宰相有两人，依我的理解，即是指南面官的宰相，而不是指北面官的南府宰相。

唐后半期到五代，原来的三省长官侍中、中书令、尚书令等普遍成为虚衔，而同中书、门下平章事（简称同平章事或平章事）或为宰相，或为虚衔。陈振先生认为：“北宋前期的宰相制度，是

---

① 《辽史》卷74《韩绍芳传》。

② 《全辽文》卷10《悟空大德发塔铭》。

以侍中和同平章事为正宰相，而以同平章事为主。”①

王滔韬先生《辽朝南面宰相制度研究》② 引《全辽文》卷 10《王师儒墓志铭》载，寿昌六年（公元 1100 年），“会南宋谢登位人使至，无何，宥曹书吏误以‘宝’字加之，由是累及公与门下郑相颛、中书韩相资让，同日削平章事，仍罢枢密、中书省职”。《辽史》卷 26《道宗纪》也载此事：“以有司案牍书宋帝（徽宗）‘嗣位’为‘登宝位’，诏夺宰相郑颛以下官，出颛知兴中府事，韩资让为崇义军节度使，御史中丞韩君义为广顺军节度使。”卷 74《韩资让传》则说他“寿隆（昌）初，拜中书侍郎、平章事”云云。韩资让外任宜州知州，韩君义外任懿州知州。王滔韬先生据此推论，辽朝的南面宰相，门下相就是门下侍郎，同中书、门下平章事，中书相就是中书侍郎，同中书、门下平章事。笔者同意此说。但显然是出现北、南面官制之后的情况，而不可能适用于此前。

辽朝继承唐五代的传统，但将中书省改名政事省。原唐朝三省长官侍中、中书令、尚书令等一般都成辽官虚衔。辽太宗天显五年（公元 930 年），“以龙化州节度使刘居言同中书、门下平章事”③，此显然是虚衔。会同时，张励“改右仆射，兼门下侍郎、平章事”④。这至多可能是后来南面宰相的雏形。辽景宗末年，“加（上京留守）除室同政事、门下平章事”⑤，这也是虚衔。辽圣宗即位之初，“同政事、门下平章事萧道宁领本部军驻南京”。

① 陈振先生《关于北宋前期的宰相制度》，载《宋代社会政治论稿》第 33 页，上海人民出版社，2007 年。学者对此说或有不同意见。

② 载《社会科学辑刊》2002 年第 4 期。

③ 《辽史》卷 3《太宗纪》。

④ 《辽史》卷 76《张励传》。《辽史》卷 4《太宗纪》作大同元年。

⑤ 《辽史》卷 9《景宗纪》。

萧道宁是“国舅”,[①] 其所统的军队应是国舅部族军。故同政事、门下平章事同样可以作为显示尊位的虚衔。通过此类事例可知，拥有同政事、门下平章事的头衔未必就是南宰相。

梁颖在大安二年（公元1086年）的头衔为“推忠同德功臣，崇禄大夫，行刑部尚书，兼门下侍郎，中书、门下平章事，监修国史，知枢密院事，上护军”[②]。《辽史》卷24《道宗纪》大康七年（公元1081年）十一月载有“宰相梁颖”，大安二年五月，“宰相梁颖出知兴中府事”。另据《辽史》卷24、卷25《道宗纪》载，大安元年（公元1085年），“以王绩为南府宰相”，三年，“南府宰相王绩薨”。可知梁颖和王绩同为南府宰相，王绩应为中书相。

本文只是依据残缺不全的史料提出问题，而没有能力做较圆满的考证，仅供学者们讨论和商榷之用。

（原载《隋唐辽宋金元史论丛》第4辑）

---

① 《辽史》卷10《圣宗纪》。

② 《全辽文》卷9《齐毂等造经题记》，又见《文史》2011年第1辑杨卫东先生《辽朝梁颖墓志铭考释》所附梁颖墓志铭。

九、宋朝的贡士

——兼评士大夫群体精英论

目前古士大夫似乎成了一些史学家热切关注的对象，士大夫群体精英论成了史学研究的热点。

关于宋代士大夫的名称，笔者已依据陈亮之说，分成“乡士大夫”和“卿士大夫”两词①，用以区别有无官位。在此需要适当地做些量的估算。就“卿士大夫”，即科举出身，即“有出身”的文官而论，嘉定六年（公元1213年），吏部所管“四选名籍”38 864员，其中吏部尚书左选“有出身”975员，侍郎左选“有出身”4325员，② 合计5300员。估计宋代的“卿士大夫”大致就是五千人上下。此类人中，“廉吏十一，贪吏十九”③，十官九贪。若非如此，岳飞“文臣不爱钱，武臣不惜命，天下当太平”④ 的名言，岂不成了无的放矢？

“乡士大夫”的人数显然要比“卿士大夫”多得多，其中包括

---

① 《陈亮集》（增订本）卷35《陈性之墓碑铭》《方元卿墓志铭》。

② 《建炎以来朝野杂记》乙集卷14《嘉定四选总数》。

③ 《历代名臣奏议》卷43，《跨鳌集》卷19《上皇帝万言书》。

④ 《朱子语类》卷112。

贡士、参加科考的“业进士”等。[①] 太学生，广义也可说是三学生，包括律学生、宗学生、武学生等，至少部分武学生也不能视为武夫，还有城乡的穷教书的、隐士之类。如著名的儒学家邵雍，最初在宋朝纪传体国史中“列之隐逸”。[②]

针对士大夫群体精英论，张邦炜先生的《不必美化赵宋王朝——宋代顶峰论献疑》一文[③]，在网上点击率甚高。“其八，‘贪利禄而不贪道义’”“其九，鱼龙混杂，良莠不齐”，都论述了宋代士大夫的实际情况。笔者也发表了《宋朝的官户》[④]《绍兴和议与士人气节》[⑤]《中国古代的士大夫、士风和名节浅谈》《三学生、京学生与宋朝政治》《唐宋变革论通信》[⑥] 等文，以及《王曾瑜说辽宋夏金》之《多元化士风的主流》[⑦]。本文接续前列文字，主要论述宋代“乡士大夫”中之贡士。

科举制从诞生之日起就不可能是单纯的取士考试制度，而必然对社会生活的各方面产生重要的影响。依个人之见，科举制的主要社会历史效应有两条。一是重组统治阶级的队伍，使统治阶级经常换血，保持了阶级成员的流动性，“贫富无定势，田宅无定主”[⑧]，“骤盛忽衰，亦不可常”[⑨]，“富民大家保数世而不失者抑几

---

① 参见龚延明先生《宋代及第进士之鉴别》，载《中国古代职官科举研究》，中华书局，2006 年。

② 《宋史》卷 427《道学传》序。

③ 载《江西文史》2011 年第 2 辑。

④ 载《涓埃编》，河北大学出版社，2008 年。

⑤ 载《丝毫编》，河北大学出版社，2009 年。

⑥ 载《纤微编》，河北大学出版社，2011 年。

⑦ 上海科学技术文献出版社，2009 年。

⑧ 《袁氏世范》卷 3《富家置产当存仁心》。

⑨ 《古今考》卷 18 方回附论。

何人”[①]。二是在宋代实现了经学、教育与科举三位一体，这对之后中华文明的落伍产生严重影响，无异于画地为牢，作茧自缚。

本文多少涉及了前一方面的问题，写作时参考了李弘祺先生的《宋代的举人》[②]、程民生先生的《论宋代科举户籍制》[③]、许怀林先生的《南宋科举“义约”考述》、裴淑姬先生的《论宋代科举解额的实施与地区分配》[④]、林岩先生的《宋代举子赴考的旅费问题》[⑤] 等文。以下对贡士分六个方面加以论述，最后另加余论，进一步讨论士大夫群体精英论。

（一）贡士和举人词义的变化

贡士之名，起源甚早，在乡举里选和九品中正制时代，已有此名。到出现科举制后，又继续沿用。

《汉书》卷6《武帝纪》元朔元年（公元前128年）：“古者，诸侯贡士，壹适谓之好德，再适谓之贤贤，三适谓之有功，乃加九锡；不贡士，壹则黜爵，再则黜地，三则黜爵地毕矣。”《后汉书》卷3《章帝纪》建初元年（公元76年）：“每寻前世举人贡士，或起畎亩，不系阀阅。”

《魏书》卷66《崔亮传》说：“殷周以乡塾贡士，两汉由州郡荐才，魏晋因循，又置中正。谛观在昔，莫不审举，虽未尽美，

① 《宋会要》职官79之28。

② 载《国际宋史研讨会论文集》，台北：“中国文化大学”，1988年。

③ 载《宋代人口问题考察》，河南人民出版社，2013年。

④ 载《浙江学刊》2000年第3期。

⑤ 载《中华文史论丛》2012年第4期。

足应十收六、七。”所谓“殷周以乡塾贡士”是邈远的事，但“两汉由州郡荐才”，到魏晋实行九品中正制，都是将贡士作为荐士。但贡士自身并不是名词，不作为身份性的称呼。

据《隋书》卷1《高祖纪》，《北史》卷11《隋本纪》上，开皇七年（公元587年）“制诸州岁贡三人”。卷24《食货志》开皇十二年（公元592年），“又令尚书，以其事策问四方贡士，竟无长算”。关于科举制创设于何时，存在争议。从一般说法看来，当时的贡士尚是沿袭九品中正制，而非科举的贡士。真正重要的变化，是贡士已经成为身份性的名词。

《新唐书》卷44《选举志》载，唐高宗“上元二年（公元675年），加试贡士《老子》策”。《通典》卷15载：“大唐贡士之法，多循隋制。上郡岁三人，中郡二人，下郡一人，有才能者无常数。其常贡之科有秀才，有明经，有进士，有明法，有书，有算。”当时的贡士已是科举制下的身份性的名词。

《新五代史》卷54《李愚传》说，后唐时，李愚建议“州县贡士作乡饮酒礼，时以其迂阔，不用”。

《续资治通鉴长编》卷16开宝八年（公元975年）：“是岁，诏贡士之下第者，特免将来请解，许直诣贡部。”以上自唐迄宋的三条史料，表明贡士虽沿用旧名，却是旧瓶中装了新酒，与隋以前的贡士差别甚大。

举人也有类似的情况。《汉书》卷90《严延年传》说：“延年坐选举不实，贬秩，笑曰：‘后敢复有举人者矣！’”此处的举人不是名词。

《北齐书》卷41《鲜于世荣传》载：“寻有敕令，与吏部尚书袁聿修在尚书省检试举人。”此处的举人虽是名词，却不是身份性的专有名词。

《隋书》卷2《高祖纪》开皇十八年（公元598年），“诏京官五品已上，总管、刺史，以志行修谨、清平幹济二科举人”。《隋书》卷3《炀帝纪》大业三年（公元607年）诏：“文武有职事者，五品已上，宜依令十科举人。”当时大致已实行科举制，但两处的举人都不是名词。

《旧唐书》卷4《高宗纪》显庆四年（公元659年）：“上亲策试举人，凡九百人，惟郭侍封、张九龄五人居上第。”至此，举人方成为科举制下身份性的名词。

《旧五代史》卷40《明宗纪》天成四年（公元929年）七月，“中书奏：‘今后新及第举人，有曾授正官及御署者，欲约前任资序，与除一官。’从之”。举人一词沿用到宋代，就更为普遍。

（二）宋代贡士的各种称呼

宋时的称谓往往须博得对方的喜欢，就高而不就低。如尽管宋徽宗时设最高武阶太尉，但官位不高的武人，照样可以尊称“太尉”。没有取得进士身份者可称“进士”，没有取得举人资格者可称“举人”。在科举制下，举人、贡士等名词，无非表明他们有参加省试的资格，但宋代举人一词的含义有时更宽泛，没有参加省试的资格者，可称举人，甚至连仅参加解试而落第者，也可称举人。如《吕氏杂记》卷上说：“皇祐年前，举人看谒，皆用封状，面签所谒爵，其中细书云：‘乡贡进士姓某名某，谨捧状诣客次，祇候某官，伏惟尊慈，俯赐鉴念，谨启，月日，乡贡进士姓某启’未得解者，称‘应乡贡进士举’。四、五年来，止用名纸，又不论曾预荐与不曾预荐，皆单称进士。”故宋代史料中或专用

“得解举人”[1]，以示贡士与没有参加省试的资格者的举人的区别。宋代的贡士有多种称呼，今可列举如下。

1. 举人。开封“二相公庙在城西内城脚下，举人入京者，必往谒祈梦，率以钱置左右童子手中，云最有神灵”。此处的举人当然是指贡士，二相公相传是孔子弟子子游与子夏。[2]《挥麈后录》卷9载金人委派“沂州进士刘偲”，向楚州守将赵立劝降，被赵立烧死。《建炎以来系年要录》卷33建炎四年五月乙丑作“沂州举人刘偲”。刘偲其实就是贡士。

2. 举子。《类说》卷26《黄居难》：“有举子好为诗章，每通名刺云：‘乡贡进士黄居难，字乐地。’欲比白居易字乐天也。”可知唐代已有此称呼。《演繁露续集》卷2《举子称习进士》：“举子前此许挟书，至祥符，止许带《礼部韵》。景祐五年，举人见，有落解经生唐突，自此遂只许解元见。”

3. 贡举人。《宋会要》选举3之7：“景德元年（公元1004年）九月十七日，令御史台谕馆阁、台、省官，有以简札贡举人姓名嘱请者，即密以闻，当加严断。其隐匿不言，因事彰露，亦当重行朝典。”

4. 得解举人。《续资治通鉴长编》卷92天禧二年十一月甲戌：“命翰林学士钱惟演、盛度，枢密直学士王曙，龙图阁待制李虚己、李行简于秘阁再考定开封府得解举人试卷。”

5. 解举人。《续资治通鉴长编》卷228熙宁四年十一月丁酉：“解举人免丁役。”

6. 发解举人。《宋会要》选举2之15，知枢密院事、宣抚处置使张浚奏：“选官就成州锁院，类试陕西路发解举人，考到合格

① 《宋会要》食货25之21。

② 《夷坚乙志》卷19《二相公庙》，《梁溪漫志》卷10《二相公庙乞梦》。

周模等一十三人。”同书选举 6 之 2 也称“开禧三年发解举人”。

7. 取解举人。《宋会要》选举 3 之 5 载宋太宗诏：“应取解举人限来年三月一日已前到京，其未取解者许至秋取解。”

8. 贡进士。《景文集》卷 45《南阳集序》说，“南阳赵叔灵”，“名湘，淳化中贡进士，未试，而春官已题其警句于都堂之壁。俄中第，调庐江尉”。

9. 乡贡进士。《新五代史》卷 54《李琪传》说，五代后梁到后唐时，李琪“既贵，乃刻牙版为金字，曰‘前乡贡进士李琪’，常置之坐侧”。此处是指科举及第。《续资治通鉴长编》卷 17 开宝九年十一月乙亥：“沈继宗及乡贡进士卢雍并为水部员外郎。”卢雍是卢多逊之子，此处是指贡士。

10. 漕贡进士。《烛湖集》卷 11《编修石公行状》说石斗文有“四女，长适乡贡进士丁用中，次适漕贡进士周宗元，次适进士杜光朝，幼未行”。三女婿的所谓“进士”，其实只是指习进士业者。《黄氏日抄》卷 97《赵奉议墓志铭》说，宗室赵汝潧之次子为“漕贡进士”，即转运司解试合格者。

11. 宾贡进士。这是指高丽等国的贡进士。《宋朝事实类苑》卷 40《高丽使先状》引《渑水燕谈录》：“高丽，海外诸夷中最好儒学，祖宗已来，数有宾贡进士登第者。”“宾贡进士”，《渑水燕谈录》卷 9 作“宾客贡士”。

12. 得解进士。《续资治通鉴长编》卷 43 咸平元年十月“癸丑，命修《太祖实录》官钱若水等，覆考开封府得解进士试卷。故事，京府解十人已上，谓之等甲，非文业优赡，有名称者不取”。

13. 乡贡学究。《忠肃集》卷 9《家庙记》：“伯兄乡贡学究允恭，率其子乡贡进士延年，自乡里亦奔讣而至。”

乡试合格的头名贡士则称解元。《类说》卷 48《群见》说：

“旧制，天下贡举人到阙，皆入对，谓之群见。班列纷错，有司患之。近岁止令解元入见，向数百人。”

解元又可称解头和举首。《续资治通鉴长编》卷121宝元元年（公元1038年）“二月戊辰朔，诏天下贡举人自今止令逐州解头入见。时举人群见，进止多不如仪，而民有缑化隆、高惟志者，又辄阑入殿庭，献封事也”。邵彦“试于乡，为举首，一上，中治平四年进士第”①。李巨源“由举首，擢进士第，文名盛于一时”②。《夷坚支甲》卷5《汤省元》载，“潭州秋试”，“举首则王颜，次为欧阳问”，汤璹“以第三名中选”。

（三）解试与免解

宋代要取得参加省试的贡士资格，最密切相关者就是解试和解额，本节先说解试。五代周世宗时，窦仪“请行指挥及罪发解试官、监官等。其诸科举人，若合解不解，不合解而解者，监官、试官为首罪，勒停见任；举送长官，闻奏取裁。监官、试官如受赂，请今后并准枉法赃论。及今后进士，如有倩人述作文字应举者，许人告言，送本处色役，永不得仕进。同保人知者殿四举，不知者殿两举。受倩者如见任官停任，选人殿三选，举人殿五举，诸色人量事科罪”，得到批准。③ 这是针对当时解试的弊病采取的严厉措施，也反映了解试中作弊的严重程度。

① 《京口耆旧传》卷3。
② 《京口耆旧传》卷9。
③ 《文献通考》卷30。

《朝野类要》卷2《解试》说：

依额取人，荐名于朝廷，谓之乡贡。若从来无学籍者，经营请举，则必费力。如曾赴混补，则犹庶几于科举也。此系本州及第出身官主文考校。

关于"混补"，《朝野类要》卷2《混补》说："天下士人不限有无学籍，皆得赴试，本经一场中者，入上庠。"所谓"上庠"，就是太学。"太学补弟子员，故例，每三岁科举后，朝廷差官锁院，凡四方举人皆得就试，取合格者补入之，谓之混补。淳熙后，朝议以就试者多，欲为之限制，乃立待补之法。诸路漕司及州军皆以解试终场人数为准，每百人而取六人，许赴补试，率〔以〕开院后十日揭榜。然远方士人多不就试，则为他人取其公据代之，冒滥滋甚。庆元中，遂罢之。嘉泰二年（公元1202年），复行混补，就试者至三万七千余人，分六场，十八日引试云。"① 参加太学混补的士大夫竟达三万七千余人，这是因为太学的解试等有优惠。

宋朝的解试有各种类型，如有府、州、军的解试，另有所谓漕试、国子监试等。② 其中以府、州、军的解试为主。

关于漕试，即各路转运司解试。宋仁宗宝元时，礼部贡院上奏："锁厅举人见任者，自来止于邻近州军取解，不曾立定解额。昨者逐州并于举人额外解发，朝廷例皆收试，遂降敕旨，不得于额外解发。本院看详，逐州试官多以亲戚举人送邻州取解，妨占本土孤寒举人解额，遂送转运司别差考试，每十人解三人为额。

① 《建炎以来朝野杂记》甲集卷13《太学补试》，《文献通考》卷42。

② 《建炎以来朝野杂记》甲集卷13《国子监解试》。

今来却将锁厅人于本州额内解发，妨占本土孤寒，深未便允。乞送锁厅人于转运司考试，别立一项解发。”宋仁宗“诏两制详定”，翰林学士丁度等奏：“锁厅人今后在京于别试所，在外于转运司差官，与亲戚举人同试，十人解三人，不及十人与二人，五人已下与一人，余并依亲戚发解例施行。”得到批准。① 由此可见，漕试的设置，主要是为了各府州军的试官回避，以及现任无科举出身官员参加科考的锁厅试而设。《朝野类要》卷2《漕试》说：“转运司承集本路见任官，牒送到随侍子弟及五服内亲，如州府解试法。但漕司员额颇宽容也，系选差本路官主文考校。”② 故又称牒试。

解试作为省试和殿试的准备，就不可能像省试那样隆重。南宋晚期《黄氏日抄》卷78绍兴府《试院晓谕榜》记载：

> 赴解试便当视如赴省试。省试拂明待门，寂然无哗；解试或夜半喧呼，先索其气。此以解、省二其心，而未能如省试自重也，今即请自重如省试。省试入门徐行，彼此礼逊；解试或排门填拥，相蹴至颠。此以解、省二其心，而未能如省试自重也，今即请自重如省试。省试见题就位，即刻操笔，往往未午了卷；解试或杂聚帘前，或纷走廊庑，不觉日西，至夜方窘。此亦以解、省二其心，而未能如省试自重也，今

---

① 《长编》卷125宝元二年闰十二月庚寅。《涑水记闻》卷3：“先朝时，锁厅举进士者，时有一人，以为奇异。试不中者，皆有责罚，为私罪。其后诏文官听应两举，武官一举，不中者不获罚。景祐四年，锁厅人最盛，开封府投牒者至数百人，国子监及诸州者不在焉。是时，陈尧佐为宰相，韩亿为枢密副使，既而解榜出，尧佐子博古为解元，亿子孙四人皆无落者。众议喧然，作《河满子》以嘲之，流闻达于禁中。殿中侍御史萧定基时掌誊录，因奏事，上问《河满子》之词，定基因诵之。”反映了锁厅试之不公。

② 参见《建炎以来朝野杂记》甲集卷13《诸路解试》。

即请自重如省试。赴解试如赴省试，则赴解试即赴省试，气象雍裕，有开必先，万里修程，于兹发轫。其谨之哉！其念之哉！他或市井游手、村鄙富民，尚敢不悛，自有法在。

关于解试，宋朝有各种各样具体的规定，有些且是临时性的。

解试的科目以及封弥、誊录之类，与省试、殿试并无区别。《夷坚支乙》卷2《邵武试院》记载："淳熙十三年（公元1186年）秋八月，邵武解试。十五夜，誊录院遗火，举子文卷亦多被焚爇。明日，入试者相率共治群胥，帘内亦令捕捉，皆奔迹隐处，或跧伏梁上，至夜不敢喘。"解试及格后，地方官也设鹿鸣宴。"绍熙三年（公元1192年）秋，信州解试揭榜毕，当作鹿鸣燕，以享随计之士。郡守王道夫（王自中）择用九月二十九日开筵。"①

按宋朝"祖宗旧制，诸路州、军科场并以八月五日锁院，惟福建去京师地远，先期用七月，川、广尤远，又用六月"。宋高宗绍兴二十四年（公元1154年），"诏太学及诸路并以中秋日引试，惟四川则悉用三月十五日焉"②。宋孝宗淳熙时，范成大出任四川制置使，"解试取士，以四月五日锁院，后十日引试"。"请避盛暑，递先一月，皆著为令"。③

宋真宗大中祥符时，"令礼部贡院录诸州发解试题进内。上将亲试贡士，虑其重复故也。自是用为常例"④。各府州军的解试试题须一律呈交皇帝，成为常例。

科举考试固然要求公平和平等，但解试弊端不少。周必大说：

① 《夷坚支丁》卷7《信州鹿鸣燕》。

② 《建炎以来朝野杂记》甲集卷13《诸路同日解试》。

③ 《周益国文忠公集·平园续稿》卷22《资政殿大学士赠银青光禄大夫范公（成大）神道碑》。

④ 《长编》卷77大中祥符五年二月壬戌。

"惟解试聚一州一路举人，动以千万计，方能否未辨，真赝杂进之时，考校可谓至难，事体可谓至重，而去取之际，专在一夫，何其略也。且以一州言之，三千人就试，共解三十人，而所差试官止于六人，则是每员合考校试卷五百副，取合格者五名。当监试分卷子之时，初无差等。假令甲房程文偶然优异，而所取不过五人，乙房程文偶然平凡，亦必足五人之数。幸与不幸，系乎临时。又况所差之官，间有昏耄废学、挟私自用者，则其卤莽又可知矣。"①

宋度宗咸淳时，"先是，州郡乡贡未有覆试，会言者谓冒滥之弊，惟在乡贡，遂命漕臣及帅守于解试揭晓之前，点差有出身倅贰或幕官专充覆试。尽一日，命题考校，解名多者，斟酌分日。但能行文不谬，说理优通，觉非假手，即取，非才不通，就与驳放"②。到亡国前，宋朝又建立了解试的覆试制度。

关于宗室解试，《演繁露续集》卷2《宗子取解取应额》说："绍兴十五年（公元1145年）十一月，臣寮札子：'昨来国子监申请行在宗室并赴监试，如外任及宫庙并赴漕试，其监试有官锁厅，七人取三人；无官应举，七人取四人；无官袒免亲取应，文理通者为合格，不限人数。惟赴运司试，所取之数与进士一同，非所以奖进宗子。乞除行在宗子依见法外，诸路宗子，不以有官、无官，如愿试行在，应举、锁厅并依熙宁旧制，许赴监试，请解赴省。如不愿前来，依见行崇宁贡举法行。'"宋宁宗嘉定时规定："宗学解试依太学例取放，每举附国子监发解所，异题别考。"宋理宗"端平元年（公元1234年），命宗子锁厅应举解试，凡在外州军，或寄居，或见任、随侍，及见寓行在就试者，各召知识官

① 《周益国文忠公集·奏议》卷8《论解试试官》。

② 《宋史》卷156《选举志》。

委保正身，国子监取其宗子出身、训名、生长左验，以凭保收试，仍于试卷家状内具保官职位、姓名，以防欺诈”①。总的说来，宗室参加解试，显然优待于一般举子。

士人要取得贡士资格，一般必须过解试关，但也有特免解试，而可参加省试的情况，当然也就具备了贡士资格。事实上，经常会有某些获得免解资格的贡士参加省试。宋朝“进士旧无免解之条”，宋真宗咸平二年（公元999年）诏“天下贡举人应三举者，今岁并免取解”，此为宋朝免解制度之始。② 宋仁宗庆历初德音规定，陕西“本路进士再举，诸科三举，及曾经御试者免解”③。又庆历四年（公元1044年）郊礼时，为特别优待作为赵氏祖坟所在地的保州，规定“保州举人旧系南省下第者，特免取解，新取解者，于旧额上增解二分”④。至和时，“定州乡贡进士赵肃上《兵民总论》十卷，诏特免将来文解，省试虽不合格，令贡院特以名闻”⑤。

宋神宗元丰时，太学“三舍”有“推恩注官，免省试，免解试之制”⑥。南宋绍兴和议后，围绕着“皇太后回銮”的一场闹剧，一时“献赋颂者千余人，而文理可采者仅四百人”，盛况空前。宋高宗大悦，特“诏有官人进一官，进士免文解一次”。⑦ 此处的进士也不是指登科的进士，而是指准备参加解试的文士。绍兴初，“诏婺源县进士胡学海免文解一次。学海上书论事，上令赴

---

① 《宋史》卷157《选举志》。

② 《长编》卷44咸平二年五月丙戌，《燕翼诒谋录》卷1作“六月丙戌”，时间应以前者为准。

③ 《长编》卷131庆历元年四月乙巳。

④ 《长编》卷153庆历四年十一月壬午。

⑤ 《长编》卷178至和二年正月庚辰。

⑥ 《宋史》卷165《职官志》。

⑦ 《会编》卷223，《要录》卷147绍兴十二年十一月己亥。

都堂审察，而有是命”[1]。胡学海只能免解试一次，说明不能终身当贡士。绍兴五年（公元 1135 年），“诏临安府曾得解举人，特免文解一次，以诸生援绍兴明堂赦恩有请也”[2]。为“优恤淮北士民之来归者”，“举人免文解一次”。[3]

“免省试”，简称“免省”，即可径自参加殿试。绍兴五年（公元 1135 年），张浚都督府奏：“免解进士闻人耆招到（杨么）水寨张百通、杨奴、杨寿，兼本贯（郑州）系今上皇帝封收旧镇，拜表称贺，合该免省恩例。今乞将招安功赏、拜表恩例一并推恩。”宋高宗“特与补下州文学”。[4]

“免文解”一般是一次，但在个别情况下，甚至可当终身贡士，即永远有参加省试的资格。宋宁宗时，王应辰和王应申都“通免文解三次”[5]，是指前后总计，共免解试三次，尚非永免文解。又如绍兴时，“进士朱昉应诏上书，谓地震咎由失信。中书后省奏，其言明切，有补治道。诏永免文解，仍赐帛三十匹。昉，无锡人也”[6]。婺州文士施谔进献《中兴颂》和《行都赋》各一首，《绍兴雅》十篇，歌颂绍兴和议，宋高宗“诏永免文解”[7]。

免解试可称“免解”。《朝野类要》卷 2《免解》：“在学及格，或遇特恩。”小部分太学生免解，成为常制。宋神宗熙宁八年（公元 1075 年），“太学安惇等已升上舍，皆特免解。其自发解者，即免礼部试。时三舍未有推恩定法，故特降命也”。元丰二年（公元

---

① 《要录》卷 43 绍兴元年三月辛亥。
② 《要录》卷 85 绍兴五年二月乙未。
③ 《要录》卷 91 绍兴五年七月戊子。
④ 《宋会要》职官 62 之 9，《要录》卷 91 绍兴五年七月丙戌。
⑤ 《粤西文载》卷 68，《乾隆广西通志》卷 84。
⑥ 《要录》卷 106 绍兴六年十一月辛卯。
⑦ 《要录》卷 156 绍兴十七年十二月癸卯。

1079年)，“颁学令”，“上舍生百人”，“上舍分三等：俱优为上，一优一平为中，俱平，若一优一否为下。上等命以官，中等免礼部试，下等免解”。[①] 宋哲宗绍圣时，“诏太学生悉用元丰制推恩。上等即注官者，岁毋过二人；免礼部试者，每举五人而止；免解试者，二十人而止。仍计数对除省试发解额”[②]。实际上就等于太学生占了二十名解额。故宋时还有“太学免解进士”的专门称呼。[③]《癸辛杂识》后集《成均旧规》记载的是南宋晚期的太学生解额，“太学解试与舍试无相干。太学十人取三人，若参未满年，七人取一人，系不满年太学生”。也有直接做官，其“解褐舍法，下等上舍先免解，后免省，待三年后，到殿（试）[④]。中等上舍径到殿，或特旨径行解褐。释褐恩数成而优者。谓之状元”。甚至可以免于省试，直接参加殿试，意味着进士身份在握，这当然是十分优待的。

当然，免解的特恩并非限于太学生。如宋真宗景德时，戚纶与礼部贡院上奏：“西川、广南旧取解举人，并许免解。”[⑤] 天禧时，“诏以西京奉安祖容圣（圣容），河南府旧举人特免将来文解”[⑥]。宋仁宗景祐时，“录唐李氏宗属”，“免解者五人”。[⑦] 庆历七年（公元1047年）南郊赦：“应举人曾经先朝取解，南省下第内进士，前后实应五举以上，诸科七举以上，并与免将来

① 《文献通考》卷42。

② 《宋史》卷157《选举志》，《文献通考》卷42。

③ 《檆溪居士集》卷12《邓司理墓志铭》，《止斋先生文集》卷50《族叔国任墓志铭》，《蒙斋集》卷18《县尉杨君太孺人何氏墓志铭》。

④ 《朝野类要》卷2《免省》：“（太学）上舍试，取中在省试前，即免省，赴殿。”

⑤ 《长编》卷60景德二年七月丙子。

⑥ 《宋会要》选举15之2。

⑦ 《长编》卷120景祐四年六月丁亥。

文解。”①

与免解相应，通过解试者则可称“正解”。如宋度宗咸淳七年（公元1271年）省试，“二月初一日、初二日、初三日，引试大学、诸州军正解、免解诗赋、论、策三场。二月初六日、初七日、初八日，引试大学、诸州军正解、免解经义、论、策三场”②。免解试者可称“免解进士”③“免解举人”④ 等。

但总的看来，一次或永远免解者，在贡士中应占少数。大中祥符元年（公元1008年）殿试后，“合格进士、诸科八百九十一人。免解一百八十六人，又学究二十二人得四通，三史五人一通，并准格落下，诏特奏名”⑤。当时享受特奏名优惠的免解试者竟达一百八十六人，尽管仍是少数，而在贡士中还是占相当比例。

（四）解额

《景定建康志》卷32介绍建康府的解额说，“晋元帝初，制扬州岁举二人”。“宋制，丹阳郡岁举二人”。“隋制，蒋州岁贡三人。唐制，昇州岁贡三人”。“本朝中兴初，建康府解额一十名。绍兴二十六年，增为一十一名”。“端平元年，守臣奏以建康行阙之重，请比临安府恩例，特与增添解额。八月十日，奉圣旨，建康府解额特增两名，共以一十三名为额”。由此可见，所谓解额，即使在

① 《宋会要》选举15之13—14。
② 《隐居通议》卷31。
③ 《宋会要》选举14之21。
④ 《长编》卷408元祐三年二月乙巳。
⑤ 《长编》卷68大中祥符元年三月庚辰。

乡举里选和九品中正制时代，各地贡士已有规定的名额，但并不以考试作为录取的标准。然而到了科举时代，要取得贡士资格，就须通过解试。

与解试密切相关者，是各州军有固定的贡士解额，即解试合格者有人数限制，贡士数不能超过解额。宋仁宗嘉祐时，规定"诸州解试额多，而中程少者，不必足额"[①]，又"增江、浙、福建、川、广诸州军解额，凡一百三十五人"[②]。

解额与科考的科目有关，也随着科目的变化而改变。宋仁宗嘉祐时，规定"应天下进士、诸科解额各减半，明经别试，而系诸科解名，无诸科处，许解一人。开封府进士二百一十人，诸科一百六十人，国子监进士一百人，诸科十五人，明经各一十人，并为定额"[③]。后来宋神宗熙宁时，取消诸科，其解额当然也随之取消。但到宋哲宗元祐更化时，又恢复诸科，重新立定诸科解额。后又在开封府另"置广文馆解额"。《元祐贡举敕》规定："进士解额，开封府一百人，国子生四十人，其诸科依旧条，开封府二百四十人。"礼部"乞将诸科量留四十人解额外，其余二百人并开封府进士及国子生，共为三百四十人，发解广文馆生员"，后又将"本府诸科二百人并国子生四十人，共为二百四十人解额，并拨属广文馆"。[④]

相对固定的解额，其弊病是录取贡士的比率不均。宋神宗元丰末，陆佃说："诸路州军解额多寡，极有不均。如京东、西、陕西、河东、河北五路多是五六人辄取一人，而川、浙、福建、江

---

① 《长编》卷186嘉祐二年十二月戊申。

② 《长编》卷191嘉祐五年二月丙寅。

③ 《长编》卷187嘉祐三年三月辛巳。

④ 《长编》卷474元祐七年六月甲子。

南往往至五六十人取一人。窃缘士人之盛，无如川、浙、福建、江南，今解名极少，不无遗才；其京东等路荐送之数太宽，滥得者众。”①

《永乐大典》卷 20308《天下第一》，引温革《琐碎录》说，“陕右兵、福建秀才、大江以南士大夫”，“皆为天下第一，它处虽效之，终不及”。大致自宋以降，福建人一直注重读书，故有“福建秀才”“天下第一”之说。赵汝愚谈论南宋福州的情况，甚为典型：“本州今次科场所纳家保状，计一万六千余人，他州军未有其比，而解额只六十二人，系二百七十方解一人。”②

南宋后期，瑞州高安人姚勉说：“某之乡邦解额素狭，终场共三千人，而贡之仅数八，六经而缺其二，诗赋二千余人，而取其四。以是人才多困。瑞距临江止九十里，临江贡士三十二人，多瑞三倍。端平初，天下增贡士额，江西诸郡，袁首增其二，洪继增其三，瑞独不能请。每岁大比，惟有四散溢出，而试于诸路耳。瑞之士所以为甚可悯也。”③

由于录取比率不均，于是士人们就纷纷设法，争取到录取比率高的地区或部门参加解试。宋真宗景德二年（公元 1005 年）戚纶与礼部说，“今岁诸道进士仅三千人，诸科万余人。其中文理纰缪，经义十否、九否者甚众”，建议“诸色举人各归本贯取解，不得寄应及权买田产立户”。④

金君卿说：“窃原士之所以轻去州郡，而乐趋府、监者，大抵以近年州郡立定解额，多不均一。及开封府、国子监素无定额，

---

① 《陶山集》卷 4《乞添川浙福建江南等路进士解名札子》。

② 《历代名臣奏议》卷 169。

③ 《雪坡舍人集》卷 28《与蔡中岳书》。

④ 《长编》卷 60 景德二年七月丙子。

比之外郡稍宽，故外郡解额少处，竞奔凑京师。及府、监举人保明行实，约束未尽，致有冒名之弊。臣今以诸郡应举人数计之，有十人解一名处，有二十人及三十人已上解一名处，又况每岁人数多少不定，若只限以旧额，实见不均。”①

宋神宗时，苏颂说：“天下州郡举子既以本处人多，解额少，往往竞赴京师，旋求户贯，乡举之弊，无甚于此。虽朝廷加以峻文，而终不能禁止者，盖以开封府举人不多，解额动以数百人，适所以招徕之，而使其冒法。”②

南宋朱熹说：“虽有乡举，而其取人之额不均，又设太学利诱之一涂，监试、漕试，附试诈冒之捷径，以启其奔趋流浪之意。”“夫所以必均诸州之解额者，今之士子不安于乡举，而争趋太学试者，以其本州解额窄而试者多，太学则解额阔而试者少。本州只有解试一路，太学则兼有舍选之捷径，又可以智巧而经营也。所以今日倡为混补之说者，多是温、福、处、婺之人，而他州不与焉。非此数州之人独多躁竞，而他州之人无不廉退也，乃其势驱之，有不得不然者耳。”③

叶適说：“解额一定，多者冒滥，少者陆沈，奔走射利，丧其初心。”“何谓解额一定为一害？百人解一，承平之时、酌中之法也。其时闽、浙之士少以应书，而为解之额狭矣。今江、淮之间，或至以仅能识字成文者充数；而闽、浙之士，其茂异颖发者，乃困于额少，而不以与选。奔走四方，或求门客，或冒亲戚，或趁籴纳。夫士之为学，其精至于性命之际，而其用在于进退出处之间，然后朝廷资其才力，以任天下之重。今也以利诱之于前，而

① 《历代名臣奏议》卷165。

② 《历代名臣奏议》卷166。

③ 《朱文公文集》卷69《学校贡举私议》。

以法限之于后，假冒干请，无所不为。然则以其有是士之可取也，而取之，此其义理之当然者耳；则解额之狭于彼者，何不通之，使与宽者均乎？”①

曹彦约说：“科举之弊，莫甚于牒试，而牒试之弊，莫甚于作伪。盖解额之有广狭，士子之有众寡，广而寡者，固已安其分，则狭而众者，必思所以为之计。朝廷以承平日久，士子日盛，设为牒试之法，宽其进取之门，末节细故，未暇深察。于是改乡里以就他人之贯，改三族以认他人之亲，甚者改其父祖，改其姓氏，若得若失，尚未可知，而欺君之迹，已昭昭不可掩矣。今国子监牒试，其弊尚少，某不知其本末，未敢遽议。惟是漕试之弊，积习既久，士大夫互相欺诈，恬不为怪，败坏士子心术，莫甚于此。”②

刘宰建议说：“一曰罢漕司之牒而增解额，二曰罢太学之补试而用乡贡。今之牒试，凡曰避亲，曰随侍，曰门客，鲜非伪冒者，而贩鬻者居其半。士大夫皆知之，而不忍绝廉之者，正以解额不均之故。故莫若罢漕台之牒试，而增其额于诸州。取开禧三年诸州所申终场人为准（果欲行此，宜密而速），每三百人取一人。顾今天下士子多，而解额窄者，莫甚于温、福二州。且如福州终场万八千人，合解九十名，旧额五十四名，与增三十六名。温州终场八千人，合解四十名，旧额十七名，与增二十三名。他州准此，人多额窄，则增之，人少额宽，则仍之。度所增不过数州而已。自温、福之外，所增不过三数人。”③

上列议论都是针对各地解额不均而发的，也反映太学之优惠，

① 《水心别集》卷12《法度总论》三、卷13《科举》。

② 《昌谷集》卷11《论牒试札子》。

③ 《漫塘文集》卷13《上钱丞相论罢漕试太学补试札子》。

及国子监试、漕试之弊。程民生先生的《论宋代科举户籍制》，就专门论述了士大夫为争取科考资格和及第，假冒户籍成了当时相当普遍的社会问题。这与目前的异地高考有某些相似之处。按古代道德伦理，“奔走射利”，“假冒干请，无所不为”，“改乡里以就他人之贯，改三族以认他人之亲，甚者改其父祖，改其姓氏”之类，当然是不光彩、不道德的事。这也说明，所谓科考有助于提高士大夫的社会责任感等说法，是不符合史实的，没有道理的。从总体上看，科考绝不可能提高士大夫的道德水准。

此类假冒户籍等行为，“虽朝廷加以峻文，而终不能禁止者”。宋仁宗天圣时，上封者言：“今岁开封府举进士者至千九百余人，多妄冒户籍。”皇帝下诏：“举人有开封府户籍七年以上，不居他处者，听取解。虽无户籍，亦不曾占名他州者，先经所属投牒，察访行实，召京朝官二人保之，违犯，则保官以违制论。其外州寄应者，悉令还本贯，与理旧举场第。若行赂而妄冒乡贯三代者，以违制失论，不以荫赎。”① 针对举子们在开封“旋置田土，妄召保官，寄立户名，罔冒乡县”的情况，宋廷规定：“举人如有户籍及七年以上，见居本处，即许投状；未及七年，不居本贯者，不在收接之限。”② 这是对居住年限的限制规定。

庆历元年（公元1041年），“开封府进士缘外州举人冒贯乡户，致本府人解送全少。其进士两举者，令召命官三人并本县官吏委保，听直赴省试。外州解额，令有司勘会，特与增添”③。庆历四年（公元1044年）规定，“进士、诸科举人每三人为一保”，除了保官外，又实行互保制，“所保之事有七”，其第五条就是

① 《长编》卷108天圣七年十一月癸酉。
② 《宋会要》选举15之7—8。
③ 《长编》卷134庆历元年十一月丙寅。

“籍非本土，假户冒名”。[①]《朝野类要》卷2《保头》说：“举人三举终场者，得为解试保头。”但依三人中有一人为保头的比例估计，不可能所有的保头都是“举人三举终场者”。

元丰二年（公元1079年），“诏自今解发进士，太学以五百人，开封府以百人为额”。按照“旧制，开封三百三十五人，国子监百六十人。熙宁八年，合为一，以解额通取。至是复分，而太学生数多，故损开封解额以益之”[②]。后又改为“开封府解额并拨属太学，其国子生解额，以太学分数取人”[③]。宋哲宗初，又“还开封府解额百人”[④]。这反映了开封府与国子监解试的分分合合。绍圣时，或“以国子监解额，许开封府举人就试。盖士人有且养且耕者，私计多不能入太学，又他处无户贯，即不得应举”[⑤]。

宋哲宗时，“先是，开封解额稍优，四方士子多冒畿县户，又隶太学，不及一年，不该解试者亦往往冒户。礼部按旧制，凡试国子监者，先补中广文馆生，乃投牒求试”。在宋代，参加录取比例较高的漕试、国子监试或太学试，是乡士大夫辈争取当贡士的重要门路。宋徽宗崇宁时，规定“外官子弟亲戚，许入学一年，给牒至太学，用国子生额解试”[⑥]。

宋高宗绍兴二十四年（公元1154年）正月“初诏郡国同以中秋日试举人。旧诸州皆自选日举士，故士子或有就数州取解者，至是始禁之”[⑦]。这是利用各地乡试的时间差，而伪冒乡贯，争取

① 《宋会要》选举3之23—25，15之12。
② 《长编》卷301元丰二年十二月戊戌。
③ 《长编》卷310元丰三年十二月庚午。
④ 《长编》卷361元丰八年十一月甲辰。
⑤ 《长编》卷514元符元年八月癸酉。
⑥ 《宋史》卷157《选举志》。
⑦ 《要录》卷166绍兴二十四年正月癸酉。

多参加若干次解试。

宋孝宗乾道时，臣僚言："科举之制，州郡解额狭，而举子多，漕司解，其数颇宽。士取应者往往舍乡贯，而图漕牒。至于冒亲戚，诈户籍，而不之恤。且牒试之法，川、广之士用此可也，而福建则密迩王都，亦复漕试。见任官用此可也，而待阙、得替官一年内亦许牒试。本宗有服亲用此可也，而中表、缌麻之亲亦许牒试。或宛转请求，或通问嘱托，至有待阙、得替官一人，而牒十余名者。欲乞申严诈冒之禁，其见行条法，候今举既毕，付之有司，重详损益，立为中制。"宋孝宗虽批准此奏①，实际上也未能有何变革。

到宋光宗退位前，"革两川牒试弊"。"牒试者，旧制以守、倅及考试官同、异姓有服亲，大功已上婚姻之家，与守、倅门客皆引嫌，赴本路转运司别试。若帅臣、部使者亲属、门客则赴邻路，率七人而取一人。绍兴后，牒试猥多，东、西两川尤甚。议者以为滥。于是成都路以八十三人，潼川路以八十人为额。然此弊特两川为然，若夔、利路与东南诸漕司，则解额不过三数人而已。是夏，王溉自成都转运判官召还，入见，极言两路冒亲诡贯之弊，乞各存十人外，均与本路诸州。从之，仍各以二十人为额。丘崈时为制置使，复请每路止存十二人，若就试者少，则以二十人而取一人。奏可。旧例，命官锁印赴漕试者，与避亲举人同试。王巽泽为益漕，始令分场，以革假手之弊，于是四蜀皆然。"②

陈傅良说："今夫立朝自厘务职事官，皆得以亲族子弟，牒国子监补解试，及监司、帅臣苟非在川、广二千里外，即子弟无收试之所。每遇大比，无所附着，稍知谨畏者大率无故而殿一举，

① 《宋史全文续资治通鉴》卷 24 乾道元年六月丙午。

② 《续编两朝纲目备要》卷 3 绍熙五年夏。

不然，则为谬巧迁就，以避贡举条制。”①

以上各种记录，无非是说明，在宋朝的腐败政治下，尽管明令禁止，并采取各种限制规定，却难革解试冒滥之弊。

关于宋朝各州军的解额及其变化，裴淑姬先生的《论宋代科举解额的实施与地区分配》已做了初步的整理。

（五）贡士的人数

中唐韩愈的《送权秀才序》说：“愈常观于皇都，每年贡士至千余人，或与之游，或得其文，若权生者，百无一二焉。”② 另一记载也说：“每年贡士，常仅千人。”③ 与唐相比，宋朝的贡士数约为其十至十五倍。这与宋代印刷术发展、教育大为普及是分不开的。

咸平五年（公元 1002 年），“贡举人集阙下者万四千五百六十二人”，当年录取进士和九经、诸科共 219 人或 218 人。④ 大中祥符四年（公元 1011 年），“今岁诸处解到并免解进士仅三千人，诸科万余人”⑤。宋仁宗嘉祐时，“四年一贡举，四方士子客京师，

① 《止斋先生文集》卷 26《请对札子》二。

② 《全唐文》卷 556。

③ 《全唐文》卷 966《请更定三考奏改并及第人数奏》（太和九年十二月，中书门下）。

④ 《长编》卷 51 咸平五年三月己未作进士 38 人，九经和诸科 181 人。《文献通考》卷 32 作进士 38 人，诸科 180 人。

⑤ 《宋会要》选举 14 之 21。

以待试者六七千人”①。宣和六年（公元1124年），“礼部试进士万五千人，诏特增百人额，正奏名赐第者八百余人，因上书献颂，直令赴试者殆百人”②。当年因“上书献颂”而免解者近百人。

沈括《梦溪笔谈》卷9说：“旧制，天下贡举人到阙，悉皆入对，数不下三千人，谓之群见。远方士皆未知朝廷仪范，班列纷错，有司不能绳勒……嘉祐中，予忝在解头，别为一班，最为前列。目见班中，唯从前一两行，稍应拜起之节，自余亦终不成班缀而罢，每为阁门之累。常言殿庭中班列不可整齐者，唯有三色，谓举人、蕃人、骆驼。”他所说的三千人可能是指贡进士，而不包括诸科举人。但能拜见皇帝，当然也算是一种殊恩和优礼。

以登科者一般约每榜500人计，约只占贡士总数的二十至三十分之一。据嘉定六年（公元1213年）统计，当时吏部尚书和侍郎左选所管“有出身”的官员为5300员③，故可估计当时的贡士数约有10万至15万人。依官方统计，嘉定十一年（公元1218年）户数为12 669 684户④，贡士户约占总户数的百分之一。

宋太祖时的登科人数，甚至还比唐与五代少，大多是数人至十多人。宋太宗即位，登科者猛增至数百人。南宋虽然丧失了三分之一土地，人口的下降也相当明显，但登科的人数却仍大体维持北宋的旧额。故自宋太宗以降，估计贡士数一般约有10万至15万人，连同其家庭成员，就会有数十万人，这当然是个有相当人数的社会集团。

---

① 《长编》卷186嘉祐二年十二月戊申。

② 《宋史》卷155《选举志》，《文献通考》卷31。

③ 《建炎以来朝野杂记》乙集卷14《嘉定四选总数》。

④ 《宋史》卷85《地理志》。

(六) 贡士的社会地位

现代人懂得，教育的功能是多种多样的。但在中国古代，自从出现科举制以后，中国人就将教育的功能简单地、狭隘地与仕途相联系。杨时说："使世无科举，足以取荣利，则父不以诏其子，而士不以学也。"① 南宋谚语说："世无科举，人不教子；朝无利禄，士不读书。"② 北宋王安石科举改革固然有一定理由，但从此就开始了单纯以经学取士的科举之路，从而完成了经学、教育和科举三位一体的紧密结合。

就科举制本身而言，宋朝的贡士一般只能有参加一次省试和殿试的资格。宋真宗咸平二年（公元 999 年）开始实行免解，规定"天下贡举人应三举者，今岁并免取解"。"若三举连中则是九年，三举不连中则有二三十年者"。③ 由此可见，从某种意义上，也可说贡士的身份是由某年秋的解试到翌年春的省试和殿试期间，待省试和殿试黜落后，就不再具有贡士的身份。如果再要参加另一次省试和殿试，就必须再参加一次解试，除非是受到免解的优待。但就社会身份而论，贡士的身份却是一榜定终身，不论以后有无参加省试和殿试的资格，一律称贡士。关于宋朝贡士的社会地位，今分述于下。

1. 特殊的贡士授官。讨论贡士的社会地位，首先还应从士大

---

① 《龟山先生全集》卷 18《答吴敦智》。
② 《拙斋文集》卷 9《答黄晦叔仙尉》。
③ 《长编》卷 44 咸平二年五月丙戌，《燕翼诒谋录》卷 1。

夫参加科举的目标出发，即是否享有做官特权的问题。宋时并非没有贡士授官的特例。如宋仁宗时，著名的学者“乡贡进士胡瑗试校书郎”①。“益州乡贡进士房庶为试校书郎，庶，成都人，宋祁尝上所著《乐书补亡》二卷，田况自蜀还，亦言其知音”②。理学家程颐名落孙山，不愿再从事科考，后“乡贡进士程颐为汝州团练推官，充西京国子监教授，以门下侍郎司马光、尚书左丞吕公著及西京留守韩绛荐其学行，故有是命”③。从今存史料看，贡士授官往往出自名卿的荐举。

《癸辛杂识》后集《成均旧规》记载，南宋晚期的“太学解试，都魁虽不升舍，将来在第，亦许升甲，部注教官”，则属太学解元在科举及第后之“升甲”与“部注”的优惠。

此外，据《建炎以来朝野杂记》乙集卷14《乾道淳熙裁损任子法》和《七色补官人奏荐法》说：“非泛补官者，谓臣僚奏补异姓缌麻以上亲，及尝得解人娶宗室女，补文资之类。”此法限于贡士娶赵氏宗室女，可“补文资”。

在南宋初十分困窘的时代，建炎时，宋高宗在扬州，“有司不为国家长虑却顾徒以苟悦一时举人，将入助教人并依下州文学，特理选限，固已不胜其滥矣。绍兴二年，乃复再援此例，益启侥幸”④。“入助教人”本是进纳授官，理应“不理选限”⑤，如今仅因为他们参加科举，成了“举人”，就改为“特理选限”，即可以参与铨选注官，故遂成“侥幸”。

---

① 《长编》卷119景祐三年九月壬辰。

② 《长编》卷171皇祐三年十二月甲辰。

③ 《长编》卷361元丰八年十一月丁巳。

④ 《要录》卷91绍兴五年七月戊子。

⑤ 《朝野类要》卷3《进纳》。助教为宋时常用的卖官名目，参见《宋朝卖官述略》，载《点滴编》，河北大学出版社，2010年。

宋神宗即位之初下诏："自来豪富之民及官员子弟、门客、举人等依倚兵官，倖此边事，托名效用，欲求恩赏。"① 此处的"举人"当然也可包括贡士，他们通过边疆军事，"托名效用"，争取入仕，当然此类情况不可能当文官。以上列举的若干特例，正说明贡士一般不能授官。

2. 特奏名。李弘祺先生特别强调了贡士有特奏名的入仕优惠，这是不错的。《云麓漫钞》卷10说："国朝进士累举不第者，限年许赴特奏名，号为恩科。"《朝野类要》卷2《恩科》说："年高而到省多次，特奏名，其魁亦赐同出身，而次甲则得文学之名。俟赦文内于铨试或于铨注，即授权尉之类。亦有虽年及而未愿就恩科，亦从便，仍旧赴省。"

宋太祖开宝三年（公元970年）科考，"诏礼部贡院阅进士、诸科十五举以上，曾经终场者，以名闻"。"得司马浦等六十三人"。"复取十五举未经终场者四十三人，并赐出身。仍诏自今勿得为例"。② 从北宋建国到开宝三年为止，共有十一举，五代后周三举，十五举就延伸到五代后唐清泰时，历时三十五年。但在事实上，此例一开，就不可收煞。宋太祖诏说："贡士司马浦等一百六人，困顿风尘，潦倒场屋，学固不讲，业亦难专，非有特恩，终成遐弃，宜各赐本科出身。""自是士之潦倒不第者，皆觊觎一官，老死不止。"③ 宋神宗"元丰间，特奏名陛试，有老生七十许岁，于试卷内书云：'臣老矣，不能为文也，伏愿陛下万岁万万岁！'既闻，上嘉其诚，特给初品官，食俸终其身"④。虽为特例，

① 《宋会要》兵18之3。
② 《长编》卷11开宝三年三月壬寅朔、甲辰、庚戌。
③ 《燕翼诒谋录》卷1。
④ 《萍洲可谈》卷1。

却真切地反映了特奏名的特征。

大凡宋朝贡士能多次参加省试，即使名落孙山，就有可能享受“恩科”，即特奏名的优惠，作为入仕之途。但贡士要享受特奏名的待遇，也大致要熬上十多年，以至几十年。“闽人韩南老就恩科，有来议亲者，韩以一绝示之：读尽文书一百担，老来方得一青衫。媒人却问余年纪，四十年前三十三。”① 这个故事就反映了终老科场而得恩科者的辛酸。又“平江潘择可，崇宁五年，以舍法贡入京，未至，夜梦衣褐，挽车三十辆。其弟端夫衣绿，随其后。至政和三年，择可以上舍释褐。后三十年，端夫始就恩科。乃悟挽车三十者，三十载也”②。更有《夷坚支甲》卷 7《姚迪功》的故事：

> 建昌新城姚叟，政和三舍法行，时为军学生。尝谒梦于神，以卜穷达，梦已著公服，设香案于所居门外，谢恩。觉而不晓其旨。或云老生当受恩科，而不及赴者，例门赐敕牒，以为诸州助教。于是怃然自念曰：“岂吾旦夕预贡选，而蹉跎不第，至于特奏名乎?”已而累举不登籍，遂束书归，绝意荣路。绍兴己卯，皇太后庆八十，霈泽锡类，姚以孙思贤获乡荐，得迪功郎。实只命于家门，距昔者之梦恰五十年，方验。

这是五十年而得特奏名的事例。

另需特别指出，特奏名入仕者在官场一般只算“无出身”，不能与进士等“有出身”相比。范仲淹说：“南省特奏名人得杂出

---

① 《清波杂志》卷 7。

② 《睽车志》卷 2。

身，试衔斋郎等。”[1] 可知特奏名人一般不算有出身。南宋初的记载，“特奉（奏）名自来常格，第一等第一名赐同进士出身，第二名、第三名并赐学究出身”。此后还有特奏名人“赐进士出身”。[2] 但“第一等第一名赐同进士出身”或“进士出身”者，仍算有出身。按宋宁宗嘉定时的官员出身统计，如“恩科”与“武举”“童子科”出身者，都不算“有出身”。[3] “特奏第五等人，皆以为诸州助教。士人晚境至此，亦疲矣。然犹或至于纳敕不愿受者，辞其名而冀其禄也。又市井、巫、医、祝、卜、技艺之流，孰不以助教自名。士人役役于科目，而与之无别，宜其不乐闻也”。[4] 宋时助教的官位，往往用以授出资买官者，可知特奏名出身者在官场之地位，无奈之下，也只能与宋人看不起的“市井、巫、医、祝、卜、技艺之流”为伍。宋孝宗时还规定：“特奏名出身之人，如有偶授破格八品差遣，或循至八品上，须落权，注正官差遣，方始理为官户。”[5]

宋仁宗时，“凡十三贡举，官进士四千五百七十人，诸科四千九百五十四人，特奏名四千九百八十七人”[6]。特奏名出身者约居进士与诸科出身者之半。另据嘉定六年（公元 1213 年）统计，当时吏部侍郎左选所管“恩科”出身官员计 5065 员[7]，比“有出身”者略少。但因“恩科”出身卑微，故嘉定时自“京官”以上，归吏部尚书左选管辖者，竟一员也没有。当时“恩科”出身官员，

---

① 《范文正公奏议》下《奏策试方略等人各与缘边差遣事》。
② 《宋会要》选举 8 之 2—3。
③ 《建炎以来朝野杂记》乙集卷 14《嘉定四选总数》。
④ 《独醒杂志》卷 2。
⑤ 《宋会要》食货 6 之 9。
⑥ 《玉海》卷 116《宋朝登科记》。
⑦ 《建炎以来朝野杂记》乙集卷 14《嘉定四选总数》。

只归吏部侍郎左选管辖，官位都限于“幕职州县官”，即自从八品承直郎以下的选人。[1] 然而依此数字，贡士中获得特奏名者，仍约占其总数的二三十分之一。

但“此曹〔多〕日暮途远，而罕砥砺者”[2]。苏轼与孙觉、孔文仲共同上奏说：

> 恩榜得官之人，布在州县，例皆垂老，别无进望，惟务黩货，以为归计，贪冒不职，十人而九。朝廷所放恩榜几千人矣，何曾见一人能自奋励，有闻于时，而残民败官者不可胜数。

> 臣（孙）觉见备员吏部，亲见其害。阙每一出，争者至一二十人，虽川、广、福建烟瘴之地，不问日月远近，〔惟〕欲争先注授。臣窃怪之，阴以访问，以为授官之后，即请雇钱，多者至五七十千。又既授远阙，许先借料钱，远者许借三月，又得四十余千。以贪惏无知之人，又以衰老，到官之后，望其持廉奉法，尽公治民，不可得也。[3]

叶適也评论说：“一预乡贡，老不成名，以官锡之，既不择贤，又不信艺，徒曰恩泽，官曹充满，人才败坏。”[4] 由此看来，特奏名出身者往往是贪墨无耻之辈。此类贪官的共同心态大致是

---

① 关于吏部尚书左选和侍郎左选的管辖范围，参见《宋史》卷158《选举志》、卷162、卷168、卷169《职官志》。幕职州县官见苗书梅先生《宋代官员选任和管理制度》第415页列表，河南大学出版社，1996年。

② 《铁围山从谈》卷2。

③ 《东坡七集·东坡奏议》卷4《论特奏名》，《长编》卷408元祐三年二月乙巳。

④ 《水心别集》卷12《法度总论》三。

科场命运不济，熬了数十年，好不容易捞了个卑微的官位，在世之日无多，此时不贪，更待何时。对于所谓科考有助于提高士大夫的社会责任感等说法，绝大多数特奏名出身者的贪墨，是又一反证。

特奏名中的一个特殊人物是秦桧的党羽董德元。靖康元年（公元 1126 年），他“乡举第一”①。《夷坚三志》己卷 7《善谑诗词》载，他最初“举场不利”，曾作《柳梢青》词说：“满腹文章，满头霜雪，满面埃尘。直至如今，别无收拾，只有清贫。功名已是因循，最恼恨，张巡、李巡。几个明年，几番好运，只是瞒人。”抒发其胸中的不平和苦闷。董德元“累举不第，用特恩得州助教，贫甚，无以自养，乃从富人家书馆”②。虽然以特奏名入仕，当州助教，仍“无以自养”，须为富人教书。绍兴十八年（公元 1148 年）科考时，他已五十三岁，“该免举特奏名，赴廷试，以文学除官，还乡里，后赴转运司请解，省、殿试考中第一人，盖前所未有也”③。其策文歌颂宋高宗的对金政策，考官“奏德元第一”，“以上三人皆系有官”，于是由王佐当状元，董德元为第一甲第二名。④ 他后来当上参知政事，助纣为虐。⑤

当然，特奏名官“亦时得遗才”⑥，不能说是一概贪墨，而绝无例外。宋神宗时，有李觌“以特奏名推恩，尉吉州太和县”，时

① 《周益国文忠公集·杂著述》卷 4《闲居录》。

② 《夷坚支景》卷 5《董参政》。

③ 《宋宰辅编年录校补》卷 16。

④ 《要录》卷 157 绍兴十八年四月庚寅，《建炎以来朝野杂记》甲集卷 13《锁厅人不为状元》。

⑤ 参见《秦桧独相期间“柔佞易制”的执政群》，载《丝毫编》，河北大学出版社，2009 年。

⑥ 《铁围山从谈》卷 2。

太和知县黄庭坚赠诗说："乃兄自是文章伯，之子今为矍铄翁。"[①]看来还是个被黄庭坚看重的文士。

3. 摄官。宋朝贡士可以授官的特例是广南的摄官。《云麓漫钞》卷3说："海外数州每阙守，帅司或差衙校摄州郡。"宋太祖开宝时，邕州知州范旻言："岭外十州，风土甚恶，县镇津口，税赋失额，州主、令、佐，皆是衙前职名及土人补置，因无廪禄，非此色人不易久住。"[②] 可知当时摄官尚未差贡士。宋仁宗初诏："广南东、西路仍旧差补摄官，以曾摄人充，每司各留二十五人。如少人，取进士曾应两举，诸科三举者充。"大约即是开始由贡士充摄官。宋神宗熙宁时规定，"广南东、西路转运司每二年一次，以本路两举进士合差摄者，先定月日，差官三两员，考试公案五道，该涉刑名五、七件，分作五场"。"仍契勘二年合用摄官人数为额，以通数多者为合格"。[③] 后广南西路转运司"请摄官通十分为率，长史、文学七分，进士二分，特恩补摄者一分，候正额有阙，以次差补"，得到批准。[④] 南宋时，"二广得解士人，许赴漕（转运）司试摄，以阙员为额。缀名者，漕司给公据，服绿参南选，出而莅民矣。今律所谓假版官是也。摄官有三等：一、待次摄官，二、正额摄官，三、解发摄官。待次历两任无过，漕司再给公据印纸，为正额。又两任无过，漕司解发吏部，补迪功郎，自是通行仕路矣"。"二广士子少年得举，即可补摄，数年而受真命"，"有官至正郎而任数子者"。但摄官"始以五十员为额"，到

① 《能改斋漫录》卷11《文章伯矍铄翁》，《宋史》卷444《黄庭坚传》。

② 《宋会要》职官48之94。

③ 《宋会要》职官62之40—41。

④ 《长编》卷254熙宁七年七月癸卯。

宋孝宗时“减为三十员”。[①] 在宋朝数万名官员中，摄官的比例很小。[②]

自宋以降，金朝有的举人或可当吏。[③] 金朝吏的地位高于宋，吏升为官不难。元仁宗延祐二年（公元 1315 年）四月，“赐会试下第举人七十以上从七流官致仕，六十以上府、州教授，余并授山长、学正，后勿援例”。但后来还是援例。[④] 明清的举人相当于宋朝的贡士，也可称贡士，[⑤] 是终身制。明朝有了举人的资格，就可以授官。明隆庆时，高拱说，“今布列中外，自州县正官而上，大较皆科目之人。而科目分数，进士居其三，举人居其七”。“国初进士、举人并用，其以举人登八座，为名臣者，难以一、二计。厥后进士偏重，而举人甚轻，至于今则极矣”。[⑥] 如“司马恂，字恂如，浙江山阴人。正统末，由举人擢刑科给事中，累迁少詹事。宪宗立，命兼国子祭酒，卒，赠礼部左侍郎”[⑦]。再如严嵩子严世蕃卖官，“举人潘鸿业以二千二百金得知州”[⑧]。明朝马文升上奏说：“切见今之守令，由进士、举人出身者往往多得其

---

① 《岭外代答》卷 4《摄官》。

② 据《建炎以来朝野杂记》乙集卷 14《嘉定四选总数》，当时吏部所管 38864 名官员中，仅有侍郎左选的摄官 28 名。

③ 《金史》卷 53《选举志》、卷 97《李完传》、卷 104《纳坦谋嘉传》。

④ 《元史》卷 25《仁宗纪》。又《元史》卷 81《选举志》载，泰定时，也有类似优待。《元史》卷 41《顺帝纪》至正三年：“监察御史成遵等言：‘可用终场下第举人充学正、山长，国学生会试不中者，与终场举人同。’”卷 46《顺帝纪》至正二十三年：“诏授江南下第及后期举人为路、府、州儒学教授。”

⑤ 《名臣经济录》卷 18 王琼《论官制三》：“是以进士未必皆优于举人，举人未必皆优于贡士，进士、举人、贡士之外，未必无奇才异能之士。”此处的贡士大约相当于贡生，但按明人使用“贡士”的一般词义，仍相当于宋之贡士。

⑥ 《御选明臣奏议》卷 29《议处科目人才疏》。

⑦ 《明史》卷 152《司马恂传》。

⑧ 《明史》卷 210《邹应龙传》。

人，由监生除授者鲜有能称其职。”① 清朝沿袭明制。雍正皇帝说：“文职官员内除捐纳出身，而年老庸劣者外，其由进士、举人正途出身人员，自幼读书，初选知县，即以才力不及革退，亦为可悯。”② 将举人作为入仕的“正途”。

由此看来，宋朝的贡士即使可由特恩、特奏名或摄官入仕，比率仍然颇少，却是开了后代贡士入仕之先河。自宋以降，贡士的入仕之途呈不断拓宽之势。

4. 贡士的特殊身份。《朝野类要》卷 1《大朝会》：“本朝礼制，有元日大朝会，如古之诸侯述职也。凡监司、帅守悉赴，正旦大宴，乡贡进士亦预焉。”《宋史》卷 114《礼志》和《政和五礼新仪》卷首规定，“州军贡士之〔日〕”，行“乡饮之礼”，“上舍生当贡者，与州之群老为众宾”。这些都表明贡士具有不同于民庶的身份。宋真宗大中祥符时，“亳州父老、道释、举人三千三百〔六十人〕③ 诣阙”，请求宋真宗“朝谒太清宫”。④ 这也表明了举人有某种特殊的社会地位。

宋朝沿用唐律，官员犯罪，有“议、请、减”的赎罪法。⑤《燕翼诒谋录》卷 2 说：

> 旧制，士人与编氓等。大中祥符五年二月，诏贡举人曾与省试，公罪听收赎，而所赎止于公罪徒，其后私罪杖亦许

① 《马端肃奏议》卷 2《巡抚事》。

② 《世宗宪皇帝上谕内阁》卷 2 康熙六十一年十二月初七日。

③ 此处更改据汤勤福、王跃先生《宋史礼志辨证》第 343 页考证，上海三联书店，2012 年。

④ 《宋史》卷 104《礼志》。

⑤ 《宋刑统》卷 2。

赎论。①

这表明贡士在刑法上不与“编氓等”，但与品官仍有重大差别，只有“公罪徒”和“私罪杖”“许赎”。品官多种多样的“议、请、减”特权，即非贡士所能比拟。

此外，贡士还可免部分差役，即吏役。《续资治通鉴长编》卷228熙宁四年十一月丁酉：“解举人免丁役。”《宋史》卷178《食货志》和《文献通考》卷13记载：“太学生及得解及经省试者，虽无限田，许募人充役。”《宋会要》食货12之8载绍兴三年（公元1133年）规定，“得解及应免解人”等“并侍丁本身并免丁役”。此类所谓“丁役”就是指差役，而非人们通常所说的中国古代的劳役。《宋会要》食货14之30—31载：

> （绍兴）十九年八月十二日，宗正寺丞、兼权尚书司封员外郎王葆言：“国家役法，应女户、单丁与夫得解举人、太学生并免丁役。顷缘议者历陈丁役之弊，遂有募人充役指挥。送纳杂流之人，物力高强，虽系单丁，自应雇募。且女户而无子孙，或有子孙而年幼弱，使当力役之事，则公私所费必倍。……得解举人名已登于天府，是有可贵之资也，今乃同籍于役人，则非所以贵之也。太学生身已隶于上庠，是有可肄之道也，今乃心累于执役，则非所以肄之也。”

这说明贡士免差役，也显示其特殊身份。

宋时“吏人不得单呼士人姓名，须称某人省元”②。《夷坚支

① 又见《长编》卷77大中祥符五年二月庚戌，《文献通考》卷30。

② 《黄氏日抄》卷78《词诉约束》。

甲》卷4《黄文明》载，“崇仁士子黄文明、吴如松二人相与友善，皆获乡荐”。黄文明做梦，“遇黄衣走卒持官文书来追逮，取视之，其上有黄文明、吴如松姓名，相顾愠怒，谓州县不应无故呼举人，又斥诲（侮）如此”。

山西师范大学戏曲文物研究所编《宋金元戏曲文物图论》[①]第130—131页载有山西沁县的宋碑《威胜军关帝侯新庙记》，是由“乡贡进士李汉杰记，进士王汝翼书”。贡士们参与此类地方上的公共事务，也应是宋代社会的常见现象，同样反映其特殊身份。

南宋中期黄榦《勉斋先生黄文肃公文集》卷32《申制置司行下安庆府催包砌城壁事》：“去冬商议包砌城身，遂再委请到赵判院、陈将仕、陈宣教、三张宣教、二王宣教、胡宣教、向学宾、蒋解元、梁解元共十二员，各分认百二十丈，专一监视包砌。”其中两名解元与某些官员一样，负责安庆府修城的“监视包砌”。上引记载虽然零星，却都显示了贡士的特殊身份。

5. 贡士的阶级成分。马克思主义的阶级论强调了社会人群的阶级区分，不能说是将纷繁复杂的社会结构包举无遗，却是抓住了人类文明社会结构的根本和核心问题。按照过去一般的惯例，是在阶级大分类之下再区分阶层的小分类。马克思主义阶级论最根本的实质问题，是强调阶级之间的经济剥削和政治压迫，这是人类文明史的科学提炼和总结。自人类进入文明时代迄今，一直是阶级社会。《共产党宣言》说，“在过去的各个历史时代，我们几乎到处都可以看到社会完全划分为各个不同的等级，看到由各种社会地位构成的多级的阶梯”。“几乎在每一个阶级内部又有各种独特的等第”。“资产阶级时代，却有一个特点，它使阶级对立简单化了”，“整个社会分裂为两大相互直接对立的阶级：资产阶

① 山西人民出版社，1987年。

级和无产阶级”。[①] 贡士当然是在宋代社会中由科举制所造就的一个独特的等第，或可说是社会集团。古代各阶级之中自然有各种《共产党宣言》中所谓“等第”，问题在于应当用阶级分析，方能提高研究质量，说明古代社会的根本问题。

宋代是以租佃制为主的农业社会。耕地是最重要的财富，而拥有大量耕地者一般必然采用租佃制，而成为地主阶级。科举制造就的贡士身份，从词义上说，自然与拥有耕地的多少无关，但“豪右往往多有官荫及得解进士”[②]。“豪右”大多可说是地主阶级，在宋朝户籍中，应当归入乡村和坊郭上户。南宋中期，朱熹在南康军救灾，“进士（贡士）张邦献赈济过米五千石，合补（文官从九品）迪功郎，待补太学生黄澄赈济过米五千石，合补迪功郎”[③]。此外，他在浙东救灾，“婺州金华县进士（贡士）陈夔献米二千五百石”，“婺州浦江县进士郑良裔献米二千石”，“婺州东阳县进士贾大圭献米二千石”，“处州缙云县进士詹玠献米二千五百石”，分别授官迪功郎和上州文学。[④] 此类记载都显示了贡士们的地主阶级成分，他们拥有大量余粮，虽然科考无望，却可通过进纳的途径买官。

宋代因印刷术的发展，教育较唐代大为普及，识字率大为提高，但也不能估计过高。宋代“农家十月乃遣子入学，谓之冬学。所读《杂字》《百家姓》之类，谓之村书”[⑤]。著名诗人陆游的一首诗说：

---

① 《马克思恩格斯选集》第1卷，第250—251页，人民出版社，1972年。
② 《宋会要》食货21之6。
③ 《朱文公文集》卷16《缴纳南康任满合奏禀事件状》二。
④ 《朱文公文集》卷17《乞推赏献助人状》。
⑤ 《剑南诗稿》卷25《秋日郊居》（其七）。

三冬暂就儒生学，千耦还从父老耕。识字粗堪供赋役，不须辛苦慕公卿。①

农家子弟读冬学，念村书，是为识一些字，“粗堪供赋役，不须辛苦慕公卿”。但地主或大商就不同，他们不惜工本，教其子弟读书，正如廖寅先生所指出，是为由富族转变为士族，“入仕是富族的终极目标”。“科举考试需要巨大的投入，普通农民很难负担得起”，“首先成为富族，然后再投资于文教，使自己士人化”。“富族向士族转化需要付出巨大的代价”。“很多士族从富族转化而来”。② 按科举制下的宋代的时尚观念，正如黄震说：“人若不曾读书，虽田连阡陌，家资巨万，亦只与耕种负贩者同是一等齐民。”③ 依个人之见，如果通过乡试而取得贡士的身份，大致就算是士族了，当然，这也并不等同于很少量的名门望族。在科举制的引导和作用下，光是富，即拥有大量田产和其他财富，还不足以造就家族的强势，而必须读书，争取科考及第，才能使家族拥有强势。故前引“豪右往往多有官荫及得解进士”之语，是准确地反映了宋代社会的统治和剥削阶级状况，而不可忽视。

盐、酒等都是宋朝的禁榷物资，也是盈利丰厚的买卖。关于贡士贩盐，宋徽宗崇宁初有禁令，规定“见任及停闲命官、有荫子弟、得解举人与本州县公人之家，并不得作铺户，与客人用钞请盐。违者徒二年，官司知情，与同罪。许人告，赏钱一百贯。勘会前项逐色人若自用钞请盐贩卖，或接买停塌盐钞转卖，尤当

① 《剑南诗稿》卷1《观村童戏溪上》。

② 《宋代两湖地区民间强势力量与地域秩序》第13、19页，人民出版社，2011年。

③ 《黄氏日抄》卷78《又晓谕假手代笔榜》。

禁止”[1]。后又稍加改变，“所有得解举人，若使令家人或幹当人以用钱本，一面兴贩”，可“听许，其举人本身即依元降指挥，不得干预”。[2] 关于卖酒，宋孝宗时，臣僚奏：“天下坊场败阙者甚多，暗失财赋，不可胜纪。尝究其弊，盖买扑坊场，抵当用本，动以万计，非豪右之家不能办，而豪右往往多有官荫及得解进士，依条不许买扑。”于是宋廷废除此项禁令。[3] 此类记载表明，贡士们以其丰厚的资财，也往往从事盐、酒等商业活动。宋廷关于禁或不禁贡士等从事盐、酒等商业经营，处于两难的境地，不禁可能影响财政收入，而禁也可能影响财政收入，再三权衡，还是两害相权取其轻。

贡士们也参与粮食投机买卖。宋神宗时，商人王震等言：“熙河路入中刍粮，多是闲官、举人及四方浮浪之人结籴，有经年方输到，或以物折纳，类皆伍次轻弱，久之不能结绝。”[4]

宋朝的揽户，乃是承揽赋税并从中渔利者。揽户又名“揽纳人”[5]“揽子”[6]，在北宋仁宗时已有记载。揽户的成分比较复杂，有“大驵侩、仕家子”[7]“举人、伎术、道僧、公吏人”[8]等。揽户承揽赋税，主要是“胥吏与揽子互为弊幸”，“揽子以重价取诸民户，而以半赂胥吏”。[9] 自北宋中期以降，揽户在社会经济生活中的作用愈来愈大，其实是宋代社会的黑势力。“举人”们也有不

① 《宋会要》食货 25 之 15。
② 《宋会要》食货 25 之 21。
③ 《宋会要》食货 21 之 6。
④ 《长编》卷 271 熙宁八年十二月己酉。
⑤ 《宋会要》食货 40 之 16。
⑥ 《止斋先生文集》卷 44《桂阳军劝农文》。
⑦ 《豫章黄先生文集》卷 15《曹侯善政颂》。
⑧ 《宋会要》方域 15 之 28。
⑨ 《宋会要》食货 68 之 17。

少充当揽户。此类零星记载，都反映了大多数贡士实际的经济地位。

社会现象总是复杂的，从史料上看，不可能将贡士划为清一色的富裕地主阶级，其中也有清苦的贡士，他们甚至连赴京赶考的旅费也难以支付。于是就产生了宋代的贡士庄和义约。

南宋后期欧阳守道说，贡士贫者，“常厄于就试之费，礼部、国子监学在京师，四方之士有不远数千里试焉，近且俭者，旅费不下三万，不能俭者，不论远者，或倍，或再倍也。士十七八无常产，居家养亲，不给旦夕，而使茫然远行，售文于一试。试礼部得官，犹可言也。试国子监学，补诸生，释褐未可期”①。按贡士赶考，“近且俭者，旅费不下三万”，即需三十贯，如以南宋后期田价折计，约已相当于一至一宋亩半的田，② 至于“不远数千里试焉”，而路费不节俭者，则是笔很可观的开支。即使是占田不广的中小地主，也不易支付，故“裹粮资费，贫则未免资人，介则必至鬻产”③。

关于科举义约和贡士庄的性质，正如许怀林先生所说：“义约与贡士庄，有相同的济贫助考功效，也有它们的区别，不是同一事项。义约属于士人民间的自由邀集，贡士庄由官府主持，置备官有的田产，属官有性质；义约所集资金量少，且有明显的暂时性。贡士庄财产比较雄厚，有田庄经营，也很稳定；义约只由一人主持一届之事，而贡士庄归官学操办，受州县监督。”④

南宋贡士庄和义约相当普遍地出现和发展，表明了贡士阶级

---

① 《巽斋文集》卷12《送刘季清赴补序》。

② 参见程民生先生《宋代物价研究》第22—25页，人民出版社，2008年。

③ 《同治泰和县志》卷9周有德《南宫义举记》。

④ 《南宋科举“义约”考述》稿。

成分的复杂性。事实上也确有清苦的贡士，赴京赶考，需要资助。南宋姚勉代人作序说，在江西路瑞州，“已酉（淳祐九年，公元1249年）辄倡义为约以奉之。是年赋四人，皆在约。明年，予侥幸偕约，中人擢第掌籍，而试别头者亦第，赋四而第者三焉”①。

贡士庄则“置田立庄，积其租入，易镪而藏之，三岁则发焉，而等第均送君子”②。江西路“他县贡各有庄，庐陵独无有”，设贡士庄后，“岁得米三千斛有奇”，最终“所增通为米六千一百斛有奇”。③ 可知设贡士庄之普遍。南宋贡士庄为继学田之后，另一种与学校、科举相关的官田。镇江府的贡士庄在“端平间，有没官田，在丹徒县长乐乡上塘村，岁收十九石九斗有奇，钱十八贯有奇，麦八石三升有奇”④。这是民间原先已有的货币租，转化为贡士庄租。庆元府的贡士庄为宋度宗时所置，“以邑民张氏争诉立嗣”，“以其家产业五分之一”充，其地租除米、谷、小麦、乌豆外，还有“租钱四十六贯十八界”。⑤ 福建路邵武军置贡士庄，以“旧楮三万二千，买田七百余秤，积三岁之入，可得万楮”⑥，楮是纸币。汀州的贡士庄中，兴贤庄“每年钱三十一贯零四十足，十七界会三十九贯”，万桂庄“每年收到钱一百二十九贯四百三十九文，内十八界会六十一贯八百文”，上杭县的兰省庄“每年收见钱二十一贯文足”。⑦ 以上三例也应是沿用民间的货币租。贡士赴京的消费，货币自然便于实物。

---

① 《雪坡舍人集》卷38《词赋义约序》。

② 《巽斋文集》卷13《吉州吉水县贡士庄记》。

③ 《巽斋文集》卷16《庐陵贡士庄记》，《文山先生全集》卷9《吉州州学贡士庄记》。

④ 《至顺镇江志》卷11。

⑤ 《大德昌国州图志》卷2、卷3。

⑥ 《后村先生大全集》卷90《记·邵武军军学贡士庄》。

⑦ 《永乐大典》卷7892《临汀志》。

中国古代的儒学，特别强调“教化”，其实教化的作用甚微，古今中外的史实表明，对剥削和统治阶级的大多数，乃至绝大多数而言，只能是利欲熏心，见利忘义，他们不可能遵守好的道德规范。《勉斋先生黄文肃公文集》卷 39《张运属兄弟互诉墓田》说：“今张解元丑诋运干，而运干痛讼解元，曾不略思吾二人者，自祖而观，本是一气，今乃相诋毁如此。”两人是族属相近的亲戚，为了争田产，“相诋毁如此”，可见宋代贡士们道德沦丧的一斑。又如《名公书判清明集》卷 12《贡士奸污》判决，犯奸污罪的王桂，“系犯私罪徒，乡举不免，且从轻典，送学夏楚二十，仍令屏出院，毋贻岳麓之羞”。看来他还在岳麓书院学习。

科考的绝对要求是公平和公正，但作弊从来是科考必然的伴随。宋太宗至道时，孙何说：“今士子名为乡举，其实自媒，投贽于郡府之门，关节于公卿之第。”① 宋高宗绍兴时，有记载反映“浙漕举人有势家行赂，假手滥名者”②。实际上贡士中必然有相当比例，是通过各种不正当的作弊等手段而得者。

《名公书判清明集》卷 12《举人豪横虐民取财·检法书拟》记载：“谭一夔，豪民之倾险者也，冒受官资，诈称制属，交结同党为羽翼，蓄养无赖为爪牙，夸张声势，凌压善民，流毒一方，不可殚述。或撰造公事，恐吓夺人之山地；或把握民讼，暗中骗取其资财；或高抬制司盐价，诱人赎买，逼迫捉搏，准折其田宅；或与人交易，契一入手，则契面钱抵捱不肯尽还；或作合子文字，贷之钱物，则利上纽利，准折产业以还。骗业及于妻家，索租及于官地，即此推之，他可知矣。近年以假手请本州文解，如虎而翼，声焰愈张，被害愈众。”谭一夔是一方恶霸，“假手请本州文

① 《长编》卷 42 至道三年九月壬午。

② 《宋史》卷 156《选举志》。

解”，则表明他通过作弊，而获得贡士的资格后，“声焰愈张，被害愈众”。这是贡士作为恶霸的一例。

梁庚尧先生著有《豪横与长者：南宋官户与士人居乡的两种形象》。① 若以马克思主义的阶级论加以分析，则只能是以“豪横”为主流。《贵耳集》卷下说：“富家大室多是为富不仁。”高斯得说：“为富者多，为仁者少。”② 这是阶级社会的基本事实。

但绝不是说，贡士中就绝对无好人。“福州宁德人李舒长”，“偕乡里五人，补试京师，共雇一仆，曰陈四。仆愿而朴，多迟钝不及事。四人者日日呵责，惟李不然，且时与酒钱慰恤之”。③ 看来贡士李舒长为人还是相当宽厚的。

南宋初，正值危难之秋，一位崇尚气节的名士王廷珪，曾为周姓解元“赴岳侯军”，写下两首绝句，抒发从军的壮心：

> 将军欲〔办〕斩楼兰，子欲从之路非艰。十万奇才并剑客，会看谈笑定天山。

> 书生投笔未封侯，拔剑聊为万里游。燕颔果能飞食肉，要令豹尾出兜鍪。④

当时，爱国文士们应时代之需，毅然到岳飞军中效力，也成为一种风尚。针对宋高宗和秦桧的降金乞和，“常州宜兴县进士吴师古”因“得胡铨封事，锓木而传之”。经宋廷查究后，“送袁州

---

① 《宋代社会经济史论集》，台北：允晨文化实业股份有限公司，1997 年。

② 《耻堂存稿》卷 4《永州续惠仓记》。

③ 《夷坚甲志》卷 18《李舒长仆》。

④ 《卢溪文集》卷 21《送周解元赴岳侯军二绝句》。

(治今江西宜春)编管,永不得应举”,后死于“罪籍”。[1] 吴师古当然是一名贡士。绍兴末,“和州进士”何宋英长篇上书,对宋高宗个人做了尖锐的抨击,说他“偷安独乐”,“结胡虏之好,罢天下之兵,诛大将而挫忠臣之锐,窜元戎而销壮士之心”。“臣闻父母之仇不与共戴天,兄弟之仇不与同履地,陛下曾念父母兄弟之仇乎?”“自旷古来,未有受辱如朝廷也!未有忍辱如陛下也!”[2]

宋高宗和秦桧为首的南宋降金集团,对异论采取了各种压制和摧残手段,其中有美其名曰“听读”者。据《宋宰辅编年录校补》卷16载:

> 桧当国,有进士上书献策,或忤其意,有置之死地,轻者亦送外州军学听读。虽为听读,当职官亦挂意防守。必送之厢司,与编管人无异,为士者甚苦之。

此处的“进士”,即是指贡士。

南宋末年,文天祥督府刘钦“字敬德,吉州贡士,素有志气,好功名,上下今古,健于议论”,“竟死乱兵中。同时死者,鞠华叔、颜斯立、颜起岩,皆郡之英俊,能为时立事功者”。[3]

大致自秦汉以降的中国古代爱国主义,似可说是以儒家的节义观为基本内涵,其中当然也有忠君思想。当祖国和民族处于危难之际,儒家的节义观在少数宋朝贡士身上起了作用,树立了爱国正气。这无疑是一笔重要的中华古道德文化的精神财富。当然,

---

① 《要录》卷126绍兴九年二月乙亥,《宋史》卷374《胡铨传》,《历代名臣奏议》卷306胡铨奏。

② 《会编》卷227,《要录》卷190绍兴三十一年六月。何宋英或作何廷英,《要录》称何宋英为“布衣”。

③ 《文山先生全集》卷16《刘钦贡元第一百一十二》。

也有根本以儒家的节义观为弃物者，如前述沂州贡士刘偲为金人向楚州守将赵立劝降，即是一例。

在宋代的历史条件下，贡士作为一个社会集团，鱼龙混杂，鱼甚多，而龙甚少，势不可免。如理学家程颐那样的贡士，心高气傲，省试落第，就不愿再赴科考，自然是其中的佼佼者。又如爱国大诗人陆游，他是两浙路的漕贡解元，却在殿试时，因秦桧泄私愤，压制抗金舆论，而被黜落，后来以荫补入仕。

（七）评士大夫群体精英论

人类文明社会都是阶级社会，阶级之间存在着剥削和压迫。这是马克思主义的真理，完全符合人类文明史的客观实际。

前引“为富者多，为仁者少”之说，确是阶级社会的基本现象，这是由统治和剥削阶级的阶级地位决定的。1980 年，中国宋史研究会成立会上，朱家源先生和我提交了《宋朝的官户》一文，文中的一个重要论点为：“两宋三百余年间，官户中自然也涌现出不少有作为的人才，他们曾对历史的进步做出了贡献。但就其主体和大多数人而言，作为形势户，即地主阶级当权派的上层，无疑是一个寄生的腐朽的阶层。”① 记得我最初只强调官户的寄生性与腐朽性，朱先生加上了某些官户也对历史的进步做出贡献。这就是两点论，比一点论全面。与会者对此论点并无异议，因为此说在当时是普通的历史常识。最后，邓广铭、程应镠等先生将此文列入《宋史研究论文集·中华文史论丛增刊》的第一篇。

---

① 《涓埃编》第 341 页，河北大学出版社，2008 年。

然而十年河东，十年河西。近年来，史学界从中国大陆以外引进了精英论，具体到古史，就是士大夫群体精英论，已基本上取代了马克思主义的阶级论。依个人有限的接触，受此影响，甚至在有的学子的心目中，古“士大夫”一词简直就成了崇高的褒词。其实，只要稍稍翻看点古籍，“士大夫”一词当然只是古人的一个中性名词。如朱熹就说：“秦老（桧）是上大夫之小人，曹泳（秦桧亲信）是市井之小人。”[①] 谁能说秦桧就不算士大夫？他按宋朝制度，作为科举出身的文官，当然是标准的士大夫。除了前引宋人“廉吏十一，贪吏十九”之说，包拯说：“官吏至众，黩货暴政，十有六七。”[②] 王安石也说，“故今官大者往往交赂遗，营资产，以负贪污之毁；官小者贩鬻、乞丐，无所不为”。“今以一路数千里之间，能推行朝廷之法令，知其所缓急，而一切能使民以修其职事者甚少，而不才苟简贪鄙之人，至不可胜数”。[③] 卿士大夫中，既然贪官占大多数，又如何称得上什么精英？

以下对某些士大夫群体精英论的论点谈些个人的看法。

本文开头指出，科举制的重要社会历史效应之一，就是重组统治阶级的队伍，使统治阶级经常换血，保持了阶级成员的流动性，“朝为田舍郎，暮登天子堂”[④]。但统治阶级经常换血，绝不可能带来政治的清明。那种认为科举制可以“激发或加深”士大夫的“责任感”，使官场有流动的空气，带来了生机勃勃、富有活

① 《朱子语类》131。

② 《包拯集》卷2《请先用举到官》。

③ 《王文公文集》卷1《上皇帝万言书》。

④ 元杂剧《尉迟恭单鞭夺槊》第二折。廖寅先生《宋代两湖地区民间强势力量与地域社会》第23页注3引《元本琵琶记校注》卷1《第九出·新进士宴杏园》，他说：“《琵琶记》的前身是宋代戏文《赵贞女蔡二郎》，因此，《琵琶记》更多反映的是宋代的社会现实。”按元朝科举制不发达，此说有理。

力的环境，此类说法并不符合史实。众所周知，宋代的官场是死气沉沉的。如《邓广铭全集》第1卷《北宋政治改革家王安石》第32页说：“当时的官绅士大夫阶层中人，却都已养成了一种袭故蹈常的风习，因循苟且，不求有功，但求无过。”第78页说：“贯穿于其中（王安石《本朝百年无事札子》）的一个批评意见，则是无处不在的那种因循、疲沓、苟且度日的委靡气局。”邓先生的论断当然是契合宋代史实，而无可辩驳者。

因史料的局限，今人已不可能对宋代所有科举出身的文官原来的阶级出身做出完整的统计和调查了。但这并不重要，不管原先的阶级出身如何，一旦从被剥削、被压迫的地位改变为统治的、剥削的地位，真正起关键作用的，正是专制主义中央集权的等级授职制，这是个陈陈相因、深不可测的贪墨大染缸，对官场的贪廉清浊真正起着决定性的作用。随着阶级地位的改变，经过等级授职制这个大染缸的洗礼，大多数士大夫肯定沦为因知书而更善于琢磨和精通歪理者，必然成为贪官，十官九贪。盛行科举制的宋、明、清三代，其最终败亡的关键因素，还不是官场的贪腐？尤其是明末，尽管崇祯帝力图挽回危局，但贪腐的发展已臻不偾不止的地步。

有的学者过于强调官员的文化水平，似乎文化水平高，贪腐就会少些，官员素质就会高些。称“宋朝官僚队伍的整体素质高”，当然不合史实。其实，文化水平与行政能力固然有关，却并非就是一回事。学者们的科学文化素养大致高于很多官员，而行政能力却一般不如。上引此说只是重复了在宋代文官政治下，科举出身的士大夫表现优越感的议论。其实，文化水准与贪腐并非决然成反比。除文化、行政能力外，官员素质的一个重要指标，当然是官德。在此需要有一基本估计，即在阶级社会，剥削和统治阶级中真正知书而达理者，总是很少数。

与前说相应者，还有所谓科举制下新型士大夫的崛起，这是有别于魏晋南北朝以至隋唐的世代高门的士族精英。他们认为，宋代科举制严密、公正，促进了社会的有序流动，使得当时一些被称为“寒俊”的人物能够崛起，形成新的士人群体。他们多出自清贫的家庭，通过自己的奋斗脱颖而出。宋代与士大夫共治天下，士人成为政治主体，皇帝与士大夫共治天下是古代一种良性政治模式。他们提出的士大夫政治的概念，是指士大夫为主体的政治形态。宋代士大夫政治是士大夫阶层在当时特定的条件下，通过其行动而创造的。

对于所谓科考有助于提高士大夫的社会责任感等说法，正好用陆九渊的话作答，“今人只读书，便是为利。如取解后，又要得官；得官后，又要改官。自少至老，自顶至踵，无非为利”①；“终日从事者，虽曰圣贤之书，而要其志之所乡，则有与圣贤背而驰者矣。推而上之，则又惟官资崇卑、禄廪厚薄是计，岂能悉心力于国事民隐，以无负于任使之者哉！”② 大多数，乃至绝大多数举子，唯利是图，利欲熏心，还有何社会责任感可言。举子们经常接触儒家经典，即“圣贤之书”，但真正受圣贤之道教化者又有多少人？

通过科考而跻身仕途的士大夫，与魏晋南北朝以至隋唐的世代簪缨的门阀士族确有某些非本质的区别。请注意“非本质”这个用语，因为他们都是剥削和统治阶级，这才是涉及本质的界定。科举制若以隋文帝开皇十五年（公元 595 年）考秀才算起，到宋太祖开宝八年（公元 975 年），长达 380 年。到了宋代，一定还要说是“新型士大夫的崛起”，似可商榷。当然，还可用另一种说

① 《朱子语类》卷 119。

② 《象山先生全集》卷 23《白鹿洞书院论语讲义》。

法，即从宋太宗即位的太平兴国二年（公元977年）算起，不仅科考及第的人数较前增加了一二十倍，并且取消了以往从科举及第到正式授官为时颇长的过渡期，改为及第后直接授官。这是科举制自创始后的一大划时代变革。似也可以此年为界，而使用“新型士大夫”一词。然而笔者考察问题的基本点，则是宋代卿士大夫大多是贪官，是否有必要区分什么旧型贪官和新型贪官呢？其实，所谓新型士大夫的崛起之说，无非是一种对宋代士大夫的赞词而已，依个人之见，只怕还是不用为宜。前述的秦桧党羽董德元，就是一个“寒俊”人物崛起的典型。

《续资治通鉴长编》卷221熙宁四年三月戊子载宋神宗与文彦博的谈话：“上曰：‘更张法制，于士大夫诚多不悦，然于百姓何所不便？’彦博曰：‘为与士大夫治天下，非与百姓治天下也。’”“治天下”的原文与误引为“共治天下”，虽仅多一字，而差别极大。文彦博的意思是皇帝必须依靠士大夫治天下，与“有出身”的文臣共治天下，这与《晋书》卷98《王敦传》所说东晋时的“王与马，共天下”，完全不是同一概念。北宋是皇帝加强集权的时代，岂容士大夫分享最高权力。

汉宣帝说：“庶民所以安其田里，而亡叹息愁恨之心者，政平讼理也。与我共此者，其唯良二千石乎！”① 此语被后人引申为：“昔汉宣有云，与我共治天下者，其惟良二千石乎！”② 三国时，曹操下令说：“自古受命及中兴之君，曷尝不得贤人君子，与之共治天下者乎！”③ 以上所引“共治天下”的两例，其实与文彦博之说相同，而与今人所谓皇帝与士大夫共治天下，士大夫政治的概

① 《汉书》卷89《循吏传》。
② 《晋书》卷69《刘波传》。
③ 《三国志》卷1《武帝纪》。

念，显然有别。后者强调的是士人成为政治主体。

士大夫为“政治主体”的概念似宜慎用。在北宋宰相中，权威最著的应数王安石和司马光。王安石从任参知政事到宰相之前期，宋神宗确是对他言听计从，两人有争议，往往是王安石说服皇帝。但这并不影响宋神宗的最高权力和最终的决定权。王安石推行变法，必须有皇权的支撑。司马光从出任门下侍郎，升宰相，再到死，仅一年有余，高太后对他确是十分尊重。但他废除部分新法，也必须有高太后的权力支撑。两人都说不上是与皇帝、皇太后分享最高权力。至于蔡京，宋徽宗对他无疑是召之则来，挥之即去。如果一定要使用皇帝与士大夫共治天下、士大夫政治的概念，南宋时尚可称是宋高宗与秦桧，宋宁宗、理宗与史弥远共治天下，但总不能算是好的政治模式吧。如果一定要说什么士大夫政治，似可说基本上是在专制主义中央集权的等级授职制之下，文官的贪腐政治。

对中国古代秦汉以降的政治体制，治史者过去常用专制主义中央集权一词，这是科学和准确的定性。笔者依据马克思主义总结巴黎公社的学说，补充为专制主义中央集权的等级授职制，以求成为一个更加完整、更加科学、更加准确的定性。这是中国古代秦汉以降的古政治史的根本和核心问题。笔者注意到，一些史家的论著避免使用此类“旧论”，而以士大夫政治、皇帝与士大夫共治天下是古代一种良性政治模式等概念作为创新。科学的生命当然是创新，但关键在于新论应比旧论好，比旧论优胜。田馀庆先生说：“要注意排除反证，没有反证的问题是简单问题，复杂问题往往有反证。反证必须在我们的考虑之中。”① 可谓是治史之金玉良言。其实，一些史家在提出此类新论前，是否需要自己先进

① 胡宝国：《虚实之间》第3页，社会科学文献出版社，2011年。

行反证？

马克思主义治史，特别注重历史上最普遍、最常见、最一般的现象，将其与个别、少见、特殊的现象区别对待，不能只见树木，不见森林。论析复杂的历史现象，应持两点论，特别应学会如何抓住事物的主流与本质。前引包拯、王安石等说，正是反映宋代士大夫最普遍、最常见、最一般的情况。当然，并不排除有少量深受儒家好的教义和良知影响的，真正意义上的士大夫精英的存在。在两宋三百余年间，光从绝对数量上看，此类士大夫也可说是“不少”，但在全体士大夫中，却比例很小。

本文介绍宋朝的贡士，作为宋朝士大夫的重要组成部分，尽管相关史料贫乏，但也反映了以上两方面的情况。如能持此两点论，可能会对宋代士大夫有正确的认识和估计。若将很少量真正是精英的士大夫，放大为宋代士大夫的普遍、常见与一般情况，以偏概全，就不能不与史实相悖，而掩盖了大多数，乃至绝大多数士大夫是贪官的基本史实。在他们的笔下，似往往未涉及上述基本史实。总之，他们似乎是以精英论的美好设想，去改塑中国古士大夫、科举制与专制腐败政治。这只怕是个研究误区，麻烦的是不少青年学子也被引入了误区。于是不分青红皂白地赞颂作为剥削和统治阶级的古士大夫，已成史界的一种时髦新潮。

笔者考虑再三，在一窝蜂式的古士大夫的赞歌中，是否至少也须有另一种声音。笔者曾多次不无遗憾地指出，自己是不得已而卷入对士大夫群体精英论的讨论，其实，这只怕是降低水平的讨论，而不是提高水平的讨论。因为在马克思主义阶级论指导之下，中国大陆史界早已明确的问题，似本无再议的必要，但如今却不得不议。这绝不是对某些学者有什么私人嫌隙，有意与他们作对。但对马克思主义阶级论与精英论的是是非非，理应采取鲜明的立场和态度，而不应含糊与包容。

笔者注意到，一些史家避免使用地主阶级，如改用“富民”“富裕阶层”之类。其实，在中国古代农业社会，基本财富就是耕地。特别是宋明清三代留下的大量史料，都证明租佃关系是最基本的经济关系，社会的主体阶级当然是农民与地主阶级。这也是废弃马克思主义阶级论的一种表现方式。

“精英论无非是服务于剥削和统治阶级，为之美化；而马克思主义的阶级论却是服务于广大的被剥削和被统治阶级，为之谋解放，这大致是两者的根本区别和分歧。”① 事实上，剥削和统治阶级是欢迎精英论的。他们以精英自居，认为广大的被剥削和被统治阶级理应服从精英的剥削和统治，是天经地义的。他们决然反对和抵制马克思主义的阶级论，因为此种理论将他们置于历史理性审判的被告席上。

马克思主义的阶级论固然是旧论，而士大夫群体精英论也已在海外流传已久，并非新论。只是在对外开放后，某些学者为了与所谓国际接轨，采取拿来主义，自觉新鲜而已。但马克思主义的阶级论经历了古今中外的史实检验，至今仍是一种先进的学说。抛弃马克思主义的阶级论，而皈依精英论，似非是中国史学的进步，而是后退。还是笔者近年常说的一句话，兼容并包，择善而从。至于以何者为善，择取什么，这当然只能取决于每个史学研究者本人的判断。再重复说一句，剥削和统治阶级是欢迎精英论的，而倡导精英论，不论主观意识如何，客观上决然是为剥削和统治阶级服务的。但真正的科学并不需要剥削和统治阶级的鲜花和掌声。

以上作为论述宋朝贡士的余论，似非多余的话。当然，笔者

① 《中国古代的士大夫、士风和名节浅谈——以宋朝的士大夫为中心》，载《纤微编》第 78 页，河北大学出版社，2011 年。

既已提出争论，就应衷心欢迎大家的讨论、批评和教正。笔者会本着有错必认、知错必改的态度，对待自己的错误。

（原载《首都师范大学学报》2014 年第 1 期）

一〇、宋朝礼制研究的重大进展

在二十年前左右，宋朝礼制的研究似乎尚未进入人们的视野。20 世纪 80 年代，邓广铭师主持撰写百科全书《宋史》的特长条，笔者也参与此项工作，其制度部分介绍了宋朝的官制、军制、法律和科举，却没有礼制。礼制不仅是中国古代典章制度研究的一个不应缺略的组成部分，也是古代文化史不应缺略的组成部分，对古代的社会生活产生深刻的影响。梁满仓先生将古礼区分和概括为“礼学、礼制、礼俗、礼行”①，此四者必然是有联系，又有区分。其中礼制是制度性的，其理论依据当然是礼学，而付诸实践又形成礼俗和礼行。

中华古称礼仪之邦，对礼十分重视，《荀子·成相》说：“治之经，礼与刑。”大致在商和周时，统治者的治国观念是所谓“礼不下庶人，刑不上大夫”②。《论语·为政》说：“殷因于夏礼，所损益，可知也；周因于殷礼，所损益，可知也。”《春秋公羊传注疏》隐公五年注引《明堂位》说：“周公治天下六年，朝诸侯于明堂，制礼作乐。”乐也是礼典的组成部分。礼乐在商周的典章制度

---

① 《魏晋南北朝五礼制度考论》第 1 页，社会科学文献出版社，2009 年。

② 《礼记·曲礼上》。

中居于重要地位，《论语·颜渊》说："克己复礼为仁。"从考古发现推测，商和周的礼制的原始细节状况，固然与古儒之说不完全一致。就周礼的核心理念而论，正是要通过各种繁文缛节，建立分封制下的和谐的统治等级秩序。按马克思主义的基本观点，所谓"礼"，无非是一种上层建筑，是为夏、商和西周阶级社会的经济基础服务的。自春秋时代开始，如汉人应劭认为："周室陵迟，礼崩乐坏。"① 以礼乐作为首要的典章制度的时代结束了。自秦汉以下，在历朝的典章制度中，礼制的地位无疑是降低了，但仍有其重要性，故后人又说："夫礼，国之大典，兆民所日用。"② 自秦汉以下的古"正史"，又都将《礼志》《乐志》《仪卫志》《舆服志》之类作为介绍一个朝代制度的重要部分。

近年来，中华古史的礼制研究取得了相当大的进展，例如梁满仓先生对魏晋南北朝的礼制研究，吴丽娱先生对唐朝的礼制研究，就有相当高的造诣。梁满仓先生将古礼区分和概括为"礼学、礼制、礼俗、礼行"。相形之下，宋朝礼制的研究，是处于落后状态。就我个人而论，对宋朝礼制可以说是无知的。20 世纪因工作需要，曾经校点了《宋会要辑稿》礼类的某些部分，方粗知其中的甘苦，不能读通诸如《周礼》《仪礼》等古籍，就根本无法进行历代礼制的研究，然而自己对先秦的古籍却是外行。从今人研究的角度看来，宋朝礼制研究的基本史料，也应包括《宋史》的《乐志》《仪卫志》《舆服志》等，又必然涉及古代天文、历法、音乐、服饰等方面的知识，确是有相当大的难度。

蒙汤勤福先生赠他与王志跃先生合著的《宋史礼志辨证》（上海三联书店 2012 年出版），我尚未阅读就有一种如获至宝之感，

① 《风俗通义》卷 6《声音》，有的版本或作"礼乐崩坏"。

② 《魏书》卷 108 之 4《礼志》。

希望给自己一个学习和补课的机会。但是，一部 120 万字的大作，且不论作者们如何辛苦撰写，就是要通读一遍，也颇费时日。我才读了 260 页，就产生了应当为此书写一书评的强烈愿望。

《宋史礼志辨证》一书对《宋史·礼志》下了极大的功力。龚延明先生《宋史职官志补正》等是选《宋史志》有问题的部分进行考辨，而此书正如其《编写体例》所说，是“将《宋史·礼志》逐条罗列”，而广泛网罗十分丰富的各种史料，对各书的详略、异同和正误，尽可能进行详密的考证，因而将《宋史·礼志》做了相当全面而彻底的考订和整理。此书的难能可贵之处，在于不仅订正《宋史·礼志》的失误，且对其他各书的失误也进行了订正。此书无疑是宋朝礼制研究的一个重大进展，是近年来少见的学术分量十分厚重的成功之作，从而在根本上扭转了对宋朝礼制研究的落后状态。自此以往，不仅是研究宋朝礼制，就是使用《宋史·礼志》的史料，也必须利用此书的研究和考证成果，不利用岂非是傻瓜。编纂此类作品的绝对要求就是严谨细致，不惮繁难，肯下笨功夫、死功夫、苦功夫和真功夫，此书对目前浮躁的学风而论，确是一剂良药。

我特别感到，作者的治史态度是非常严谨的，决不轻下断语。如第 123 页说：“目前尚未查到真宗时宣祖配享神州地祇的相关根据，待考。”类似的实例很多，不必枚举。许多考证也是非常精当。如第 147 页说：“《太常因革礼》《辑稿》《玉海》《通考》等均载吴操之称‘郊应在立春后’，《宋志》则为‘应在立春前’。考《隋书》：‘天监三年，左丞吴操之启称：传云：启蛰而郊。郊应在立春之后。’故《宋志》误。”类似的实例也不胜枚举。

至于此书对其他相应的史籍，特别是未经标点整理的《宋会要辑稿》礼类，也做了大量精细的考校工作，就更值得称道。我边读边想，自己当年校点的《宋会要辑稿》礼类未在手头，如果拿出来与此书对照，应是失校颇多的。如第 438—439 页共校正了《宋会要辑稿》四处错字或脱字，第 472 页校正了三处错字。第 1018—1019 页校出“李成之”当作“李承之”。至于针对其他已校点之史籍，如第 310—311 页“大致可断定《长编》将‘千四百九十三人’乙倒为‘四千一百九十三人’，为误”。第 429 页说《建炎以来朝野杂记》“‘宜无以异’当为‘疑无以异’”。此书第 640 页说，《文献通考》卷 76《郊社考》“错误颇多，‘景贶节’，当为‘宁贶节’之误，‘政和四年’当为‘政和六年’之误”。今查《文献通考》2011 年版之中华书局标点本第 2359 页，此处失校。第 728 页“《通考》‘李璋’当是‘李玮’之误”，今查同书第 7023 页，亦为失校。第 750 页引《通考》文字，末尾为“扇开，偃麾（两字原脱）”，今查同书第 3297 页，“偃麾”两字未补。第 774 页引《通考》文字“诏晏（原作‘宴’）朝唤仗”，今查同书 3276 页，亦失校。第 1002 页说，“《通考》称‘两省’与《宋志》不同”，“《通考》‘两省’前脱漏‘大’字”。今查同书 3894 页，亦失校。第 1005 页说“可断定《通考》‘大宗丞’为误”，今查同书 3897 页，亦失校。

在肯定此书重大成就的同时，也应提出一些讨论或失误的问题，仅供参考。

1. 史源问题。记得多少年前，梁太济师兄有一番精彩的谈话，他认为，过去，人们普遍的说法，是《宋史》诸志采自宋人所编的历代国史。邓广铭先生另立新说，说《宋史》诸志也直接采自《文献通考》。其实，无论《宋史》诸志还是《文献通考》的史源主要都是宋历代国史。故光是根据《宋史》诸志的文字与某书，包括《文献通考》全同，也不能认为就是取材于某书，因为今人已经看不到宋历代国史礼志的原文。元季修《宋史》的工作十分仓促而粗糙，根本不容史官辈博览群书，博采而精考。笔者已经指出，元朝史官对宋历代国史的加工主要有二：一是删削宋朝官史中的“虏”“夷狄”之类侮辱性的名词；二是对宋朝官史中有关宋元战争的记录也多所删削，以隐讳不少蒙古军失利的史实。① 有一个特别的实例，是《文献通考》卷 30《选举考》在太平兴国三年九月“进士加论一首”的记事后，马端临说：“按《选举志》言，是年试进士，始加论一首，然考《登科记》所载，建隆以来，逐科试士皆是一赋、一诗、一论，凡三题，非始于是年也。”今查《宋史》卷 155《选举志》同年记事，文字与《通考》所录《三朝国史·选举志》大致相同，而单单削去了“进士加论一首”的内容。可知《宋史·选举志》此段文字，并未简单照抄宋《三朝国史·选举志》，无疑是参照了马端临之说。

2. 20 世纪的文字改革，给中华古史的研究造成一定的困扰。电脑软件的繁简体字转换，笑料层出不穷。如浙江的“莫干山”，在香港的出版物中，误为“莫乾山”。电视剧中“范先生”误为“範先生”。目前生米已煮成熟饭，我曾撰文，建议对不适当归并的文字恢复原状。但得不到相关人员的重视，也是在意料之中的。因为受浮躁学风的影响，一些管理文教的人员，本身就缺乏文化素养，这已是不争的事实。问题在于他们往往自我感觉良好，不注意提高自己的文化素养。但对目前的青年史学工作者而论，如何准确使用繁体字写作，识别繁简体字转换造成的错别字，就成了一项不可或缺的基本功，应当引起高度重视。

此书中也存在一些因繁简体字转换造成的错别字。如第 47 页“‘勤於治政’之‘於’，《宋志》不加区分，於、于混用”。按在古文中，此两字是可以通用的。问题倒是近代白话文中，是用

① 参见《辽宋金史料介绍》，《纤微编》第 621—622 页，河北大学出版社，2011 年。

“於”，而不能用“于”，如“關於”不能写成“關于”。第 5 页两处“很不係统”“比较係统”，“係”当作“系”。第 195 页引史料“明统係以诒燕谋之永”，此处的“係”也当作“系”。第 203 页“《长编》亦载，係于‘元丰四年十月’”，“《通考》係于元丰三年当误”。此处的“係”当作“繫”。类似“繫”误作“係”的情况还有一些，在此不逐一列举。第 207 页引《续资治通鉴长编》“分撰狱渎並历代帝王新庙碑”，此处之“並”，原文作“并”。按宋代文献中“并”往往作今“与”“和”之义，而“並”一般作“並且”之义，两字并不通用。第 519 页“《宋志》将吕公绰的两次上奏及礼院所言进行剪並”，“並”当作“併”。第 539、540 页有四处，将“并州”误作“並州”。第 211 页两处“採石”，当作“采石”。第 263 页“故仍恢復慶曆之制”，第 630 页“据笔者反復查考”，“復”当作“複”。第 317 页两处将曹彦约的《昌谷集》误作《昌穀集》。第 394 页“《宋志》‘南宫適’”，应为“南宫适”，此处音括，古时本有此字，因杜撰简化字，造成了错乱。第 1090 页“权监察御史里行”，“里行”当作“裏行”。

3. 此书第 86 页说：“古籍中‘丘’‘邱’不分，常混用。”我已撰文指出：“避讳的改字，应当更正，例如宋代有雍丘县，有的作品引清人改字的《续资治通鉴长编》，成了‘雍邱’，当然是需要更正的。记得‘邱’字的来历，我还是在上大学时，得之于课堂上，可惜已记不得是哪位老师传授。”① 在清朝之前的古籍中，当然并无“邱”字，问题是清人编录古籍，就依清讳改动了“丘”字，如《续资治通鉴长编》《建炎以来系年要录》《宋会要辑稿》等都大量改为“邱”，也有未改者。但中华书局标点本《续资治通

① 《谈谈中国古代史料的标点与校勘及其他问题》，《纤微编》第 610 页，河北大学出版社，2011 年。

鉴长编》等亦沿用“邱”的清讳，而不加更正，是其失误。在清朝以前出现“邱”字，本可径改，然而甚至有些今人，就是在清以前的史学作品中沿用清讳，出了笑话。①

4. 此书第 394 页说：“《宋志》载‘周敦颐’，《绍熙州县释奠图》载‘周惇颐’，‘敦’与‘惇’，两者古籍均混称。”按笔者在《河南程氏家族研究》一文中已考证，在周惇颐身后近一百二十年，因避宋光宗赵惇名讳，宋人将“周惇颐”改为“周敦颐”。元人修《宋史》，乃因袭之。②

5. 标点的不规范，近年来似乎成了文章的公害。不准确的标点，其实是与写错别字同等的。但是，有些博士论文，甚至有一定名声的作者的出版物，错误的标点很多，简直看不下去，在某种意义上可说是浮躁学风的反映，因为有的人并非不会使用准确的标点，只是不精心撰写，粗制滥造。至于有的博士生，确实是不会准确地使用标点。此书的少部分篇幅也存在错误标点的问题。例如第 300 页“贞（原作‘正’。）”，括号内的句号可删。类似情况不少。第 291 页末段“《淳熙三山志》载”之下使用冒号是对的，但一段引文本应在引号前使用句号而结句，此书却在引号后错误地使用了逗号，而“《景定建康志》载”之下，也是同样使用了引号后的逗号。如“某人说，‘引文’，这意味着‘引文’。”的标点格式，即若某人说之下不是整段引文，而是分段，也可能夹杂作者本人的一些话，就应在某人说之下使用逗号，而最末的句号应在引号之后。此种标点格式，我们在大学时代就懂得了，但

---

① 如中国社会科学院学部委员陈高华先生在他所写的《元代文化史》（广东教育出版社，2009 年）部分中，第 126 页有“回纥邱墟万里疆”，第 527 页两处称“柯丹邱”。当然，此书还有另外一些缺失，在此不必赘述。

② 《锱铢编》第 298 页，河北大学出版社，2006 年。

目前不少博士生却不懂。这当然也是个基本训练问题，决不可轻视，切望引起青年学者的重视。

6. 使用了不好的版本。如此书第 245 页引《宋史全文续资治通鉴》卷 32“端拱（误，当作‘平’）元年”四月“壬午”条说：“京湖制臣以北国完颜守绪函骨等奉致阙下。”其中“北国”，第 909 页也同样引用。据台北文海出版社《宋史资料萃编》第二集影印明刊本《宋史全文续资治通鉴》，当作“虏酋”。此处显然是来源于清《四库全书》本之篡改文字，使用黑龙江人民出版社之标点本不当。第 737 页“张耒《柯山集》载开封人刘充娶宗室女补右班殿”，按当改用《四部丛刊》本《张右史文集》卷 59，“殿”之下脱“直”字。

7. 校点不当。第 653—654 页，《宋史・礼志》校点本作“以次歇空，进奉、押衙次交州”。作者引《宋会要辑稿》礼 45 之 6，校出《宋志》“进奉、押衙”后脱“军将”，这是不够的，当改补为“以次歇空〔座〕，进奉押衙、〔军将〕次交州”。“座”字不补入，读不通，而“进奉”之后不当有顿号。按此为沿用五代军阀制下衙前之旧，军将属衙前最低一级。

8. 错字。如第 183 页、250 页“赵玄郎”，“郎”字误，应是“赵玄朗”。第 220 页“稻、梁”，当作“稻、粱”。第 303 页“五于苑”，当作“五于菟”。第 499—500 页两处、第 761 页一处“都虞侯”，当作“都虞候”。第 665 页“‘宝岐殿’实误”，应作“‘宝政殿’实误”。第 811 页“庶幾聞茸老疾者”，“聞”字原书看不清，但应是“闒”，“茸”应作“茸”。第 846 页“侯擡擔床絕”，“侯長春殿諸司排當有備”，“侯”当作“候”。第 894 页末行“侯潮门”，“侯”亦当作“候”。

9. 古文错误标点。第 175 页，“伏请，以莞席代”云云，“伏请”下之逗号应删。第 180 页“朕萬幾餘間，黜諸儒臆説”，当作

“朕萬幾餘，間黜諸儒臆説”。第 258 页“前期，遣官”云云，“期”字下逗号可删。第 310 页“寻以乾元文明二殿災”，“乾元”之下应有顿号。第 328 页末“親從、卒”，当删顿号，其实下页第 3 行亦作“親從卒”。第 361 页“以五行相尅制，亦合于”云云，当作“以五行相尅，制亦合于”。第 447 页“受命之君，以议礼制典为重，继体之君以承志遵法为美，先帝”云云，当作“受命之君，以议礼制典为重；继体之君，以承志遵法为美。先帝”。第 649 页“实殊荣观耀，于私门足为庆事”，当作“实殊荣观，耀于私门，足为庆事”。“或戚重自处或轻率自便”，应加逗号，“或戚重自处，或轻率自便”。“率皆相仍轻掷，赐以为雅厚”，当作“率皆相仍，轻掷赐以为雅厚”。第 659 页“侍卫亲军、马步军都虞侯、指挥使韩令坤已下”。按“亲军”之下不当有顿号，“侯”当作“候”。第 670 页“尚食典御，奉御进食”，逗号当作顿号。第 677 页“殿前马、步军司取旨”，当作“殿前、马、步军司取旨”，加一顿号。第 688 页 2 行“客省閤门使、副、”，当作“客省、閤门使、副、”，或可在“副”字后改逗号。第 799 页“客省引进、閤门副使”，“客省”后亦当加顿号。第 812 页“详定内外群官诸司使副、供奉官殿直”，当作“内外群官，诸司使、副、供奉官、殿直”。第 837 页末行至下页“中書舍人，統軍，防禦、團練使，刺史”，此处“统军”后的逗号应删，当作“統軍防禦、團練使、刺史”，是指带兵的防御使、团练使和刺史，原《宋史》标点本理解有误。第 897 页“并统领将官三员执弓、枪带、刀斧、军器”，当作“并统领、将官三员，执弓、枪，带刀斧、军器”。将官即是正将、副将和准备将。第 1037 页末行“知枢密院、同知院事副使”，当作“知枢密院、同知院事、副使”。第 1095 页“况徐邈范宣之说”，当作“况徐邈、范宣之说”。

10. 其他错误。第 83 页说：“据《辑稿》原文则为‘入内内侍省、内侍省押班’；‘内侍省押班’可简称为‘押班’，故需在‘入内内侍省押班’之‘押班’前加顿号，即可区分为两级官职。”按此处不是加一顿号即可了结，而是应在《宋史·礼志》原文中，据《宋会要辑稿》补入“、内侍省”三字，再加一顿号方可，不是“内侍省押班”可简称押班。第191—192页引南宋绍兴时记载，却说“《宋朝诸臣奏议》未收录王普之奏”。按此书为北宋奏议，自然不收录。第912页“点校本‘帝雅不好弋猎’不成文意，‘雅’字后当用逗号”。按，雅在此处作“平素”之义，《宋史》点校本似无误。第913页“帝雅，不好弋猎”，加逗号似不当。第942页“《宋志》载‘财八月矣’”，而他书为“‘纔八月矣’，故《宋志》误”，按古文中“财”与“纔”可通用，故《宋志》不误。

11. 有的似可做进一步考证。如此书第760—762页引《宋史·礼志》的“垂拱殿起居”和《文献通考》卷107的“长春殿常朝”大段文字，其中有“三班使臣”一词，此为元丰改制前的通称。据《宋史》卷85《地理志》，垂拱殿“旧名长春，明道元年改”。故《文献通考》似应抄自宋初《三朝国史·礼志》，而《宋史·礼志》似应抄自较晚的《两朝国史·礼志》，两处文字反映了宋初武臣地位尚高。说“《政和五礼新仪》（卷140《紫宸殿望参仪》）甚详”，似不够，此书不仅反映了北宋后期的官制已无“三班使臣”等，且武臣地位也明显地降低了。第907页末行《政和五礼新仪》引文有“管勾、降王、使臣”，应删去两个顿号，作“管勾降王使臣”。宋时使臣作为低品武官，经常与其职务联用，如缉捕使臣、押纲使臣之类。《政和五礼新仪》作“管勾”，而《宋史·礼志》的相应文字作“管幹降王使臣”，乃避宋高宗御讳而改，故《宋史·礼志》文字似应抄自南宋的《四朝国史·礼志》。

最后应当特别申明，以上所列举的问题，就全书而论，当然只是白璧之瑕。笔者愿借此机会，向汤勤福和王志跃先生的艰苦而扎实的劳动，表示由衷的敬佩之意。

（本文蒙常玉芝先生提出宝贵意见，并进行修正，谨致谢忱。原载《历史学评论》第1卷）

一一、宋代儒学的阴阳论初探

据现代的研究，早在先秦时代，《周易》讲阴阳，是朴素的辩证法；《洪范》说五行，是原始的唯物论。两者都是华夏族对宇宙哲理和物质结构的天才的探讨。战国邹衍将此二说混合，得到后人长期沿用。如宋人司马光《易总论》说："《易》者阴阳之变也，五行之化也。"其实《周易》中并无"五行"。吴曾《能改斋漫录》卷 5《五行无绝理》说："且五行本乎阴阳，使世一日而无阴阳，其可乎？则五行决无绝之之理。"

《庄子·天下》早已对儒家经典总结说："《诗》以道志，《书》以道事，《礼》以道行，《乐》以道和，《易》以道阴阳，《春秋》以道名分。"到了宋代，程颐《易序》概括说："《易》所以定吉凶，而生大业。故《易》者，阴阳之道也；卦者，阴阳之物也；爻者，阴阳之动也。"《朱子语类》卷 101 说："阴阳升降便是《易》。《易》者，阴阳是也。"他们对《周易》基本理论的概括，比司马光准确。

按现代学者的研究，中国先秦时代谈论辩证法最多的，应是《周易》和《老子》，而《周易》的辩证法主要就体现在阴阳的概念上。由于阴阳是中国古典哲学重要的、特有的概念，在外文中并无相应的词汇可供意译，所以阴阳一词译成外文，就只能音译。

如今早已进入基本粒子等时代，五行说就过于浅陋了。但阴阳说还不能认为是绝对的过时。阴阳是中医的理论基石之一，此说并无人体解剖学的基础，也无法使用人体解剖学加以验证。但中医的理论，欲保持人体的健康，就须求得阴阳之平衡，阴阳失调，就是病体。这对人类健康仍然是有用的。

阴阳的概念与矛盾统一律有相似和相通之处，但也难以用后者完全包容和取代。例如水之北为阳，水之南为阴，山之北为阴，山之南为阳，就无法纳入矛盾统一律中。《孙子·行军篇》说："凡军好高而恶下，贵阳而贱阴，养生而处实，军无百疾，是谓必胜。丘陵堤防，必处其阳，而右背之。此兵之利，地之助也。"《地形篇》强调"通形者，先居高阳，利粮道，以战则利"。"险形者，我先居之，必居高阳以待敌；若敌先居之，引而去之，勿从也"。[①] 此两处所使用的阴阳概念，就与矛盾统一律并无相似和相通之处。

古人很早就懂得，天地间的万事万物，一般都有对应或对立的两极，这在老子的《道德经》中，阐述尤为充分。阴阳一词，似乎就总括和表达了这种观念。其四十二章说："万物负阴而抱阳，冲气以为和。"宋程大昌《易原》卷4对此语的解释说："夫且负且抱，是二之相交者也。负抱之中有和焉，则万物之所从为物也。"

《河南程氏遗书》卷11载程颢说，"天地万物之理，无独必有对"。"万物莫不有对，一阴一阳，一善一恶，阳长则阴消，善增则恶减。斯理也，推之其远乎？人只要知此耳"。《朱子语类》卷72引申说："天下事那件无对来，阴与阳对，动与静对，一物便

① 吴九龙、杨炳安、吴如嵩、穆志超、黄朴民：《孙子校释》，军事科学出版社，1990年。

与一理对。君可谓尊矣，便与民为对。”《近思录》卷1注引朱熹说：“阴与阳对，动与静对，以至屈伸、消长、左右、上下，或以类而对，或以反而对。反覆推之，未有兀然无对而孤立者。程子谓惟道无对，然以形而上、下论之，亦未尝不有对也。”王安石则有时使用“对”，有时使用“耦”。① 《王文公文集》卷25《洪范传》则进一步说：“耦之中又有耦焉。”都反映了宋儒对事物必有两极的认识。

阴阳一词，在古时应用非常广泛，除了儒学外，且不说本土的道教，就是本无阴阳概念的印度佛教，经历中土化后，也使用阴阳的概念。除传统中医广泛使用阴阳的概念外，农学、算学、兵法、武术、天文历法、音乐、篆刻等，也都使用。下至占卜、讲求风水者，又称阴阳家。至于儒学家们对阴阳的理解和解释，其实却是各说各的。我曾建议一些学者，能否写一部古代的阴阳学，从众多的论说中，区分其迷信的、荒诞的糟粕，提炼其中科学的、合理的精华。这对于研究、发扬和宣传中华文明，就似非一件不足挂齿的事。然而言事易，行事难，在浩如烟海的古籍中，谈阴说阳，几乎是俯拾皆是，面对如此庞大而浩繁的信息量，要做出科学的梳理，难度极大。

如果缩小研究范围，仅就宋代儒学的阴阳论做点初步梳理的尝试，渐及其他，可能还是一个研究的出路和办法。我早就承认，不通先秦典籍，是个人治史的重大缺陷之一，对中国古代思想史的知识也相当欠缺。研究宋儒的阴阳论，确是在啃苦果。本文肯定会有缺陷。虽然也请教一些学者，力求弥补，发表后仍应恳请行家们多加批评和指正。

---

① 《宋学的发展和演变》第十章，《漆侠全集》第6卷，第290—292、363—367页，河北大学出版社，2008年。

（一）对“一阴一阳之谓道”的解释

《周易·系辞上》说：“一阴一阳之谓道。”此语很有概括性，却又提供了人们做不同的解释的余地。宋代儒者围绕着阴阳是什么，各有各的解释，甚至同一人的解释，也可能自相矛盾。

北宋刘牧《易数钩隐图遗论九事·太皞氏授龙马负图第一·论上》说：“乾坤为阴阳造化之主。”以上的解释，是将阴阳作为乾坤变化之道。

胡瑗《周易口义·系辞上》说：“夫天本在上，地本在下，及夫天气下降，地气上腾，阳极则变而为阴，阴极则反而为阳。阳刚而阴柔，阴消而阳伏，刚柔互相切摩，更相变化，然后万物之理得矣。”“大始者，是阴阳始判，万物未生之时也。乾者，天之用也。夫乾以天阳之气在于上，故万物莫不始其气而生，莫不假其气而成，得其生者，春英、夏华、秋实、冬藏，承其气而成者，则胎生、卵化、蠕飞、动跃。是乾知大始，起于无形。而入于有形也。”“是一阴一阳，互相推荡，天覆而地载，日照而月临，所以谓之道也。”《周易口义·说卦》说：“大《易》之道，既以尽天地万物生成之性命。是以立天之道曰阴与阳，其地能承受天之气，而生成万物。”《周易口义》卷5《颐》说：“天地以阴、阳二气，流布于四时，发而为日月风霆，散而为雨露霜雪，使蠢动万类，皆遂其性，而安其所，此天地所以能养于万物者也。”《周易口义》卷9《归妹》说：“夫天地之道，阳气下降，阴气上升，阴阳交通，二气相感，然后万物生。若其二气不相交感，则万物孰由兴发而生成也。”《周易口义》卷10《涣》说：“以形言之，谓之天；

以气言之，谓之阴阳；以主宰言之，谓之（上）帝。”以天帝为阴阳的主宰，当然是一种唯心主义的解释。他时或将阴阳理解为“气”，即物质，而时或将阴阳视为“立天之道”。

刘敞《公是集》卷38《重黎绝地天通论》说：“昔天地之始判也，清者在上，浊者在下，在上谓之阳，在下谓之阴，其已久矣。然而书独曰‘重黎绝地天通’，何哉？曰：凡天地者，名也；清浊者，体也；阴阳者，气也。是虽人物而有上下之异，然其治乃反在人。人者，天地之心也，故人道治，则天地适其位，清浊安其常，阴阳辨其序；人道不治，则上下交乱矣，其名虽不变，其体虽不杂，其气虽不改，然其政扰矣。”他也是将阴阳作为“气”，即物质。

李觏《直讲李先生文集》卷4《删定〈易〉图序论·论一》说：“夫物以阴、阳二气之会，而后有象，象而后有形。象者，胚胎是也；形者，耳、目、鼻、口、手、足是也。”“天降阳，地出阴，阴阳合而生五行，此理甚明白。”他同样将阴阳理解为“气”，即物质。

《正统道藏》载彭耜《道德真经集注》卷13引王安石《老子注》说：“一阴一阳之谓道，而阴阳之中有冲气，冲气生于道。道者，天也，万物所自生，故为天下母。”同书卷2引王安石《老子注》说，“道有体有用。体者，元气之不动；用者，冲气运行天地之间。其冲气至虚而一”，“盖冲气为元气所生”。如前所述，“冲气”一词来自《老子》，但王安石将元气与冲气作为对应的两种气，与阴阳同为物质。《龟山先生全集》卷7《王氏〈字说辨〉》引王安石之说：“有阴有阳，新故相除者，天也。”宋儒一般都承认阴阳是有变化的，但其变化大多数人认为是循环论，可见本文前后所引；而王安石却提出阴阳变化是“新故相除”，则是在宋儒的阴阳论中，也是古代思想史上的卓识。

司马光《温公易说》卷1说:“阳非阴则不成,阴非阳则不生。阴阳之道,表里相承,阴胜则消,阳胜则亢,是故乾坤以阴居阳,以阳居阴,不皆为咎也。”《司马文正公传家集》卷61《答李大卿(孝基)书》说:“一阴一阳之谓道,然变而通之,未始不由乎中和也。阴阳之道,在天为寒燠雨旸,在国为礼乐刑赏,在心为刚柔缓急,在身为饥饱寒热,此皆天人之所以存,日用而不可免者也。”“故阴阳者,弓矢也;中和者,质的也。弓矢不可偏废,而质的不可远离。”同书卷62《答韩秉国书》说:“自有天地以来,阳极则阴生,阴极则阳生,动极则静,静极则动,盛极则衰,衰极则盛,否极则泰,泰极则否,若循环之无端,万物莫不由之,故曰一阴一阳之谓道,此皆天地之心。”他将阴阳说成是“天地之心”,自然也是一种唯心主义的解释,却认为阴阳是天地变化之道。

苏轼《东坡易传》卷7说:“阴阳果何物哉?虽有娄旷之聪明,未有得其彷佛者也。阴阳交,然后生物,物生,然后有象,象立而阴阳隐矣。凡可见者,皆物也,非阴阳也。然谓阴阳为无有,可乎?虽至愚知其不然也。……圣人知道之难言也,故借阴阳以言之,曰一阴一阳之谓道,一阴一阳者,阴阳未交,而物未生之谓也。喻道之似,莫密于此者矣。”苏轼认为,“阴阳未交,而物未生”,“阴阳交,然后生物,物生,然后有象”。将阴阳视为“生物”,即产生事物之主宰,如今看来,反而没有什么道理。他又继续说:“阳一交而生物,其始为水,水者,有无之际也,始离于无,而入于有矣。老子识之,故其言曰:‘上善若水。’又曰:‘水几于道。’”正如漆侠先生所说:“苏轼把水看做老子哲学有无之际的一个界限,把水看做宇宙万物生成过程中原生物质或者最初的第一种物质，这种看法在中国哲学思想发展史上是较为突出的。”① 《东坡易传》卷 8 说：“阴阳，二物也。其合也，未尝不杂；其分也，乾道成男，坤道成女，未尝杂也。故曰‘阴阳合德，而刚柔有体’。阴阳合德，故杂；刚柔有体，故不越。”此处又将阴阳作为“二物”。

《栾城先生遗言》记载其弟苏辙说：“易曰：‘一阴一阳之谓道。’坡公以为阴阳未交。公以坡公所说为未允。公曰：‘阴阳未交，元气也，非道也；政如云，一龙一蛇之谓道也，谓之龙亦可，谓之蛇亦可。’”他与其兄的解释正好相反，说阴阳是“元气”，即原始的、无法凭肉眼观察的物质，而“非道”，即非乾坤变化之道。

周敦颐尽管并不使用“宇宙”一词，而《太极图》却有其宇宙生成的模式，“无极而太极也，太极动而生阳，动极而静，静而生阴。静极复动，一动一静，互为其根，分阴分阳，两仪立焉”。“阳变阴合，而生水、火、木、金、土也”。此说与《周易》稍异，其实却是不做细致的、个别的自然现象观察，仅凭借想象，就不费气力地构筑其宇宙生成的模式。

邵雍《皇极经世书》卷 11《观物篇五十一》说：“物之大者，无若天地，然而亦有所尽也。天之大，阴阳尽之矣；地之大，刚柔尽之矣。阴阳尽而四时成焉，刚柔尽而四维成焉。夫四时、四维者，天地至大之谓也。”卷 12《观物篇五十七》说：“天与人相为表里，天有阴阳，人有邪正。”卷 13《观物外篇上》说：“太极既分，两仪立矣。阳下交于阴，阴上交于阳，四象生矣。阳交于阴，阴交于阳，而生天之四象；刚交于柔，柔交于刚，而生地之四象，于是八卦成矣。”“一气分而阴阳判，得阳之多者为天，得

① 《宋学的发展和演变》第十四章，《漆侠全集》第 6 卷，第 396 页。

阴之多者为地，是故阴阳半而形质具焉，阴阳偏而性情分焉。”“无极之前，阴含阳也；有象之后，阳分阴也。阴为阳之母，阳为阴之父。”“阴阳之中各有天、地、人，天、地、人之中各有阴阳，故参天两地而倚数也。”此说与前说“天之大，阴阳尽之矣”，“天有阴阳”，显然自相矛盾。前说仅将阴阳局限于“天”的范畴，而后说则包括了“天、地、人”。同书卷14《观物外篇下》说：“万物各有太极、两仪、四象、八卦之次，亦有古今之象。阴阳分而生二仪，二仪交而生四象，四象交而生八卦，八卦交而生万物。”其实是重复《周易·系辞上》“《易》有太极，是生两仪，两仪生四象，四象生八卦”之说。又说，“一阴一阳之谓道，道无声无形，不可得而见者也。故假道路之道而为名，人之有行，必由乎道。一阴一阳，天地之道也，物由是而生，由是而成者也”。“自下而上谓之升，自上而下谓之降。升者，生也；降者，消也。故阳生于下，而阴生于上，是以万物皆反生。阴生阳，阳生阴，阴复生阳，阳复生阴，是以循环而无穷也”。邵雍的宇宙生成模式尽管与周敦颐不同，但仅凭借想象，而不费气力地构筑，是其共同点。但总的看来，他是将阴阳视为“天、地、人”的变化之道，而“无声无形，不可得而见”，这是有某种科学内涵的。

张载《正蒙·神化篇》说：“气有阴阳，推行有渐为化，合一不测为神。”其《太和篇》说：“造化所成，无一物相肖者，以是知万物虽多，其实〔无〕一物无无（后一‘无’字疑衍，似应移前）阴阳者，以是知天地变化，二端而已。”他至少在某些场合将阴阳视为物质，其《大易篇》说：“阴阳，气也。”其《乾称篇》说：“太虚者，气之体。气有阴阳，屈伸相感之无穷，故神之应也无穷；其散无数，故神之应也无数。”《横渠易说·系辞上》说：“一阴一阳不可以形器拘，故谓之道。”“运于无形之谓道，形而下者不足以言之”，则认为阴阳“无形”，综合以上说法，则是无形的物质。

《河南程氏遗书》卷 11 载程颢说："一阴一阳之谓道。阴阳亦形而下者也，而曰道者，惟此语截得上下最分明，元来只此是道，要在人默而识之也。"谓之"形而下"，当然就是"器"，即物质。此书卷 15 也载程颢说："离了阴阳更无道，所以阴阳者是道也。阴阳，气也，气是形而下者，道是形而上者，形而上者则是密也。"他将阴阳理解为"气"，即物质。另一处说："一阴一阳之谓道，此理固深，说则无可说。所以阴阳者道，既曰气，则便是二，言开阖，已是感，既二则便有感。所以开阖者道，开阖便是阴阳。老氏言虚而生气，非也。阴阳开阖，本无先后，不可道今日有阴，明日有阳。如人有形影，盖形影一时，不可言今日有形，明日有影，有便齐有。"《河南程氏遗书》卷 15 的上引两段话，原是作为"伊川先生语"，但又说"或云明道先生语"，我是对照二程其他说法，推断为程颢之说。《河南程氏粹言》卷 1《论道篇》说得更明确："离阴阳则无道。阴阳，气也，形而下也；道，太虚也，形而上也。"此书卷 2《天地篇》说："老氏言虚能生气，非也。阴阳之开阖相因，无有先也，无有后也。可谓今日有阳，而后明日有阴；则亦可谓今日有形，而后明日有影也。"以上两段看来也应是程颢之说。

《河南程氏遗书》卷 3 载程颐说："一阴一阳之谓道，道非阴阳也，所以一阴一阳，道也，如一阖一辟谓之变。"此书卷 18 说："盖天地间无一物无阴阳。"《河南程氏经说》卷 1《易说·系辞》说："《易》之准道，无有形体。道者，一阴一阳也，动静无端，阴阳无始。"程颐《易序》说："所以'《易》有太极，是生两仪'。太极者，道也；两仪者，阴阳也。阴阳，一道也；太极，无极也。"程颐却将阴阳理解为"无有形体"的"道"，不是物质，而有别于张载、程颢，与邵雍相同。"动静无端，阴阳无始"也隐含着宇宙无始无终的概念，尽管未曾使用“宇宙”一词，也无古人早已提出的宇宙即时间与空间的科学概念。《河南程氏粹言》卷2《天地篇》说：“动极则阳形也。是故钻木戛竹，皆可以得火。夫二物者，未尝有火也，以动而取之故也。击石火出亦然。惟金不可以得火，至阴之精也。然轧磨既极，则亦能热矣。阳未尝无也。”此段话估计可能是程颐所说，含有将阴阳理解为“无有形体”的“道”之意。但是，《周易程氏传》卷3又说：“阴阳二气，相感相应而和合，是相与也。”则又是将阴阳解释为“气”。

南宋朱熹《周易本义》卷3对“一阴一阳之谓道”的解释是“阴阳迭运者，气也，其理则所谓道”。《朱子语类》卷1说：“有是理，后生是气，自一阴一阳之谓道推来，此性自有仁义。”卷74说：“一阴一阳之谓道。阴阳是气，不是道，所以为阴阳者，乃道也。若只言阴阳之谓道，则阴阳是道。今曰一阴一阳，则是所以循环者，乃道也。一阖一辟谓之变，亦然。”他认为阴阳是“气”，即物质，而不是其运行规律，即道。又说：“此与一阖一辟谓之变相似。阴阳非道也，一阴又一阳，循环不已，乃道也。只说一阴一阳，便见得阴阳往来循环不已之意，此理即道也。”“《易》说一阴一阳之谓道，这便兼理与气而言。阴阳，气也，一阴一阳，则是理矣。”“一阴一阳之谓道，太极也。”卷94记载：“问：‘一阴一阳之谓道，是太极否？’曰：‘阴阳只是阴阳，道是太极。’”“太极动而生阳，静而生阴，非是动而后有阳，静而后有阴，截然为两段，先有此而后有彼也。只太极之动便是阳，静便是阴，方其动时，则不见静，方其静时，则不见动。然动而生阳，亦只是且从此说起。阳动以上更有在。程子所谓‘动静无端，阴阳无始’，于此可见。”卷98说：“阴阳即气也，岂阴阳之外，又复有游气。所谓游气者，指其所以赋与万物。一物各得一个性命，便有一个形质，皆此气合而成之也。”《文公易说》卷1说：

“一阴阳，道也；阴阳，器也。”《朱子语类》卷 99 又进一步解释说：“盖阴阳虽是器，而与道初不相离耳。道与器岂各是一物乎!”他将阴阳作为“气”和“器”，视为无形的物质，而太极才是体现阴阳变化之“道”，虽是另立一说，如今看来，反而距离科学的认识更远。

后熊刚大注《性理群书句解》卷 17 继承朱熹之说：“阴阳，气也，然气非理不行，所以使阴阳之运转，盖有理以为之主，所谓道也。”

陈亮虽然与朱熹有争议，然而据《陈亮集》（增订本）卷 27《与徐彦才大谏（良能）》书信中说：“夫阴阳之气，阖辟往来，间不容息。”“此天地盈虚消息之理，阳极必阴，阴极必阳，迭相为主，而不可穷也。”他也认为阴阳是“气”。

叶適《水心别集》卷 5《易》说：“夫天、地、水、火、雷、风、山、泽，此八物者，一气之所役，阴阳之所分，其始为造，其卒为化。”这段话代表了叶適对物质世界的认识，八种物质其实都是气，而由阴阳为之区分。尽管如此，阴阳到底是什么，叶適也说得不明确。

杨万里《诚斋易传》卷 1 说：“其阴阳未形之初乎，肇而一谓之元，一而二谓之气，运而无息，谓之道，融而无偏，谓之和。”卷 17 说：“元气浑沦，阴阳未分，是谓太极。”“盖太极者，一气之太初也，极之为言，至也。”“《易》之道，何道也？天地而已矣。天地之道，何道也？一阴一阳而已矣。阴阳未分，谓之太极，太极既分，谓之阴阳。其为天地之道一也。舍阴阳，以求太极者，无太极；舍太极，以求天地者，无天地。天地可一息而无阴阳乎，阴阳可一息而不动静乎？”他的说法有自相矛盾之处，也间或将阴阳归之为天地的运行之道，而非物质。

程大昌《易原》卷 4《因明失得》之说，也相类似，“《易》

生于一，立于两，故一出而两见，两见而一藏也”。“其曰一阴一阳之谓道者，是两之可以出变者也。又曰一阖一辟之谓变，是两之终能成变者也。用此求之，凡其相错、相杂、相得、相易、相薄、相摩、相荡、相推、相感、相攻、相取、相逮、相悖者，莫非以两为体，而形见乎相交之地也”。他将阴阳作为“成变”之道，变而成“形”。

陆九渊《象山先生全集》卷2《与朱元晦》专门对朱熹之说提出反驳，“《易》之《大传》曰：‘形而上者谓之道。’又曰：‘一阴一阳之谓道。’一阴一阳已是形而上者，况太极乎？晓文义者举知之矣，自有《大传》，至今几年，未闻有错认太极别为一物者”。“前书举《大传》‘一阴一阳之谓道’，‘形而上者谓之道’两句，以见粗识文义者，亦知一阴一阳即是形而上者，必不至错认太极别为一物”。“《易》之为道，一阴一阳而已，先后、始终、动静、晦明、上下、进退、往来、阖辟、盈虚、消长、尊卑、贵贱、表里、隐显、向背、顺逆、存亡、得丧、出入、行藏，何适而非一阴一阳哉？奇偶相寻，变化无穷”。“今顾以阴阳为非道，而直谓之形器，其孰为昧于道器之分哉？”他特别反对朱熹沿用周敦颐《太极图》之说，“太极”“上面加‘无极’字，正是叠床上之床”，“无极”之词来源于《老子》一书，他说“直将‘无’字搭在上面，正是老氏之学”，而不是儒学。同书卷35《荆州日录》说：“一阴一阳之谓道，乃泛言天地万物皆具此阴阳也。”朱陆论争的一个重要方面，就是对无极、太极和阴阳的不同解释。今天看来，陆九渊的解释无疑比朱熹更接近科学。

朱陆之后，宋儒也有对“一阴一阳之谓道”做出解释者，但少有新意，在此不必赘引。作为朱门最大高足的黄榦，其《勉斋先生黄文肃公文集》卷11《复杨志仁书》说：“明道（程颢）云：‘天下之物，无独必有对。’若只生一，则是独也。一阴一阳之谓道，道何尝在一之先？而又何尝有一而后有道哉？《易》有太极，易即阴阳也。太极何尝在阴阳之先？是生两仪。何尝生一而后生二？尝窃谓太极不可名状，因阴阳而后见。一动一静，一昼一夜，以至于一生一死，一呼一吸，无往而非二也。因阴阳之二，而反以求之太极，所以为阴阳者，亦不出于二也。如是则二者道之体也，非其本体之二，何以使末流无往不二哉？”他对“无独必有对”的哲理做了发挥，实际上颠覆了周敦颐太极生阴阳之说。

（二）对“阴阳不测之谓神”的解释

《周易·系辞上》说：“阴阳不测之谓神。”宋以前的解释一般是指变化无穷，人类无法究知。

胡瑗《周易口义·系辞上》解释说：“夫万物之生，皆由天地阴阳之功，以生成之。然生成之道，周而复始，极而复生，不言而信，不疾而行，以至变化之理，及究其生育之形，不可得而知也。”其中“周而复始”的循环论，宋人并非只有他持此论，如前引司马光“若循环之无端，万物莫不由之”之类，都是如此。这当然不合今人所知的宇宙进化规律，事物的演进是由简单到复杂，从低级到高级，绝非简单的循环重复。如前所述，王安石的阴阳“新故相除”，比他们都高明。

司马光《温公易说》卷5《系辞上》说得十分简单：“可测则不为神。”

苏轼《东坡易传》卷7解释说：“生生之极，则易成矣。成则惟人之所用。以数用之，谓之占；以道用之，谓之事。夫岂惟是将天下莫不用之用，极而不倦者，其惟神乎！故终之曰阴阳不测之谓神，使阴阳而可测，则其用废矣。”“使数不差，道不穷者，其惟神乎！故曰极数知来之谓占，变通之谓事，阴阳不测之谓神，而此二者亦各以神终之。”

方闻一《大易粹言》卷 66 引程颐之说：“推数可以知来，物通变不穷，事之理也。天下之有不离乎阴阳，惟神也，莫知其乡，不测其为刚柔动静也。”

杨万里《诚斋易传》卷 17 说：“阴阳不测，至幽至神。无仪无象，太极是也。有仪则幽者著，而有仪则矣，阴阳是也；有象则阴阳之著者形，而有物象矣，五行是也。”

南宋魏了翁《周易要义》卷 7 上的解释：“阴阳不测之谓神。神也者，变化之极妙万物，而为言不可以形诘者也，故曰阴阳不测。”

事实上，依人类目前的知识水平，对于宇宙间万事万物的认识，有已知、未知和不可知三类。随着科学的发展，人类的认识必然会不断深化，许多未知者可以变成可知者，但也永远不能保证对一切事物都决然可知，总是会有不可知的一类。

记得在大学时代，上马克思主义哲学课，教师强调宇宙间的一切事物决然可知，着力批判认识上的不可知论，这当然是曲解马克思主义的。恩格斯在《反杜林论》中早已指出：“认识就其本性而言，或者对漫长的世代系列来说是相对的而且必然是逐步趋于完善的，或者就像在天体演化学、地质学和人类历史中一样，由于历史材料不足，甚至永远是有缺陷的、不完善的。”① 这当然是大约一百三十年前的科学认识水平，然而在人类对宇宙、对地球史和人类史的知识大为进步的今天，却仍然如此。

宗教是人类社会的一种重要的社会现象，对社会和历史进程

① 《马克思恩格斯选集》第 3 卷，第 130 页，人民出版社，1972 年。

产生重大影响。关于宗教起源，笔者并无什么研究，但无疑是与人类在认识上的不可知有很深的关联。在中国古代的自然科学水平下，将“阴阳不测”归之为“神”，即冥冥之中另有主宰，这当然是唯心主义的解释，而古儒者一般都势不可免。

（三）对“立天之道曰阴与阳”的解释

《周易·说卦》说：“立天之道曰阴与阳，立地之道曰柔与刚，立人之道曰仁与义。兼三才而两之，故《易》六画而成卦。分阴分阳，迭用柔刚，故《易》六位而成章。”

胡瑗《周易口义·说卦》解释说：“言大《易》之道，既以尽天地万物生成之性命，是以立天之道曰阴与阳，其地能承受天之气，而生成万物，是以立地之道曰柔与刚，言其天地阴阳、刚柔二气上下交感，而成刚柔之理也。”

苏轼《东坡易传》卷 9《说卦传》照抄被认为是伪书的《子夏易传》卷 9，说：“是以立天之道曰阴与阳，立地之道曰柔与刚，立人之道曰仁与义，兼三才而两之，故易六画而成卦，分阴分阳，迭用柔刚，故易六位而成章。天地定位，山泽通气，雷风相薄，水火不相射。八卦相错，数往者顺，知来者逆，是故易逆数也。”将阴阳仅仅局限为“立天之道”，而与“立地之道”“立人之道”并列，当然是有缺陷的。

张载《横渠易说·说卦》说：“一物而两体〔者〕，其太极之谓欤？阴阳，天道，象之成也；刚柔，地道，法之效也；仁义，人道，性之立也。三才两之，莫不有乾坤之道也。《易》一物而合三才，天、地、人一，阴阳其气，刚柔其形，仁义其性。”《正蒙·大易篇》又说："阴阳，气也，而谓之天；刚柔，质也，而谓之地。仁义，德也，而谓之人。"也将阴阳局限于"天道"或"气"。

张根《吴园周易解》卷9《说卦解》之说相类似："所谓性者，何也？三才之道而已。三才之道，在天则为阴与阳，天统元气故也；在地则为柔与刚，地统元形故也；在人则为仁与义，人统元识故也。"此说也将阴阳列入"天统元气"，而不包括地与人。

但司马光《温公易说》卷6《说卦》之解释有所不同，司马光说："三才者，天阳也，地阴也，人者，阴阳之中也。以物言之，则阳也，阴也，太极也；以事言之，则始也，壮也，究也；以位言之，则下也，中也，上也。三才之中，复有阴阳焉。"他实际上抛弃了《周易》将阴阳单纯作为"立天之道"的说法。

华镇《云溪居士集》卷19《聪明论》的解释则前进了一步："致聪明之美者，何也？天地之至粹，阴阳之大本也。立天之道曰阴与阳，气之阴阳也；立地之道曰柔与刚，材之阴阳也；立人之道曰仁与义，性之阴阳也。即散殊而定之，则万物之微，莫不有阴而有阳，而况于三才乎！然而非阴阳之至也即始，判而言之，则至阳为天，至阴为地，冲气为人。数始于一，一为奇，奇者，阳也，其类属于天。天一生水，则水者，天之至粹，而阳之大本也。一生二，二为耦，耦者，阴也。其类属于地，地二生火，则火者，地之至粹，而阴之大本也。水、火二物，得天地之至粹，为阴阳之大本。"他实际上也抛弃了《周易》将阴阳单纯作为"立天之道"的说法，而认为三道都是阴阳，"万物之微，莫不有阴而有阳，而况于三才乎！""水、火二物，得天地之至粹，为阴阳之大本"，又将有形之水与火作为"阴阳之大本"。这与前引苏轼单纯将水作为原生物质不同。但是，无论是五行，或提取其中的水与火，时至宋代，已都说不上是对物理的进一步探讨。

其他如李復《潏水集》卷4《答曹鉴秀才书》说："万物芸芸，皆出于阴阳，岂有能外阴阳者欤!"储泳《祛疑说·鬼神之理》："盖天地之间，惟阴阳耳。天地者，阴阳之祖也。神者，天之阳精，鬼者，地之阴气。阴阳者，天地之妙用；鬼神者，阴阳之变化。"陈淳《北溪字义》卷下《鬼神》说："天地间，无物不具阴阳，阴阳无所不在，则鬼神亦无所不有。"其可取之处都是将阴阳不限于"立天之道"。

南宋朱震《汉上易传》卷9《说卦传》解释说："《易》有太极、太虚也。阴阳者，太虚聚而有气也；柔刚者，气聚而有体也。仁义根于太虚，见于气体，而动于知觉者也。自万物一源观之，谓之性，自禀赋观之，谓之命，自通天、地、人观之，谓之理，三者一也。"他将"阴阳"归结为"太虚聚而有气也"，当然并无道理。

陆九渊《象山先生全集》卷1《与赵监》说："道塞宇宙，非有所隐遁，在天曰阴阳，在地曰柔刚，在人曰仁义。"此处沿用《周易》，而与本文前引其说有矛盾。

张栻《南轩易说》卷1说："爰自大极既判，乃生两仪者，在天为阴阳，在地为柔刚，在人为仁义。虽曰阴阳，不可指为阴阳；虽曰柔刚，不可指为柔刚；虽曰仁义，不可指为仁义。乃仪则具存，而有对代者也。"他认为"两仪"即是事物的两极，或两方面，而阴阳只是天之"两仪"，也并无道理。

（四）阳奇阴偶

《周易·系辞下》说："阳卦多阴，阴卦多阳，其故何也？阳卦奇，阴卦耦。其德行何也？阳一君而二民，君子之道也。阴二君而一民，小人之道也。”

胡瑗《周易口义·系辞上》说：“天是纯阳，故为奇而称九，地是纯阴，故为偶而称十。是奇偶之数，以分阴阳之象。故阳数奇者，一、三、五、七、九是也；阴数偶者，二、四、六、八、十是也。故天地奇偶之大数。”

司马光《温公易说》卷6《系辞下》解释说：“阳一君而二民，以寡御众；阴二君而一民，无常心。”

苏轼《东坡易传》卷8《系辞传下》说：“阳卦以阳为君，阴卦以阴为君，其曰‘阴二君而一民’，何也？曰：阳宜为君者也，阴宜为民者也，以民道而任君事，此所以为小人也。”

但“阳卦奇，阴卦耦”又演化为汉代《白虎通德论》卷9《嫁娶》之说，“阳奇阴偶”，“阳数奇”，“阴数偶”。

欧阳修《欧阳文忠公全集》卷18《易或问》：“夫奇耦，阴阳之数也；阴阳，天地之正气也。二气升降，有进退而无老少。”此处的正气似也应作物质理解。

吕陶《净德集》卷15《易论》分上、中、下。其《易论上》说：“易始于一，一生二，二生三，三也者两之，则六，三之，则九，九者为奇，而六者为偶，则阴阳之始，而象数之本也。”

邵雍《伊川击壤集》卷18《阴阳吟》：“阳行一，阴行二，一主天，二主地，天行六，地行四，四主形，六主气。”

《河南程氏遗书》卷19载程颐之说：“先儒以六为老阴，八为少阴，固不是。介甫（王安石）以为进君子，而退小人，则是圣人旋安排义理也。此且定阴阳之数，岂便说得义理？九六只是取纯阴、纯阳，惟六为纯阴，只取《河图》数见之，过六则一阳生，至八便不是纯阴。”

苏辙《栾城应诏集》卷4《易论》：“揲蓍之法曰：挂一归奇，

三揲之余，而以四数之，得九而以为老阳，得八而以为少阴，得七而以为少阳，得六而以为老阴。然而阴阳之所以为老少者，不在乎七、八、九、六也，七、八、九、六徒以为识焉耳。老者，阴阳之纯也；少者，阴阳之杂而不纯者也。阳数皆奇，而阴数皆偶。故乾以一为之爻，而坤以二。天下之物以少为主，故乾之子皆二，阴而坤之女皆二。阳老、阴老，阳者（按：‘阳’字疑衍，‘老’之下可删逗号），乾坤是也。少阴、少阳者，乾坤之子是也。”

北宋至南宋初的李光《读易详说》卷1说：“阳奇阴偶，奇实而偶虚。”

朱震《汉上易传序》说：“一、三、五，阳也；二、四、六，阴也。天地相函，坎离相交，谓之位。七、八者，阴阳之稚；六、九者，阴阳之究。稚不变也，究则变焉，谓之策。七、八、九、六，或得或失，杂而成文，谓之爻。”

董楷《周易传义附录》卷10上引朱熹与弟子问答：“问：‘阳奇阴偶，就天地之实形上看，如何见得？’曰：‘大生是浑沦，无所不包，广生是广阔，能容受得那天之气，专直则只是一物直去，翕辟则是两个翕则合辟，则开此奇偶之形也。’”真德秀《西山读书记》卷38《天地之道》也引朱熹之说：“此言天地之数，阳奇阴偶，即所谓河图者也。”

《南轩易说》卷2：“乾阳物，其数为奇；坤阴物，其数为耦。阳奇阴耦以示之。”

魏了翁《周易要义》卷7下说：“此所以成变化而行鬼神者，言此阳奇阴偶之数，成就其变化。言变化以此阴阳而成，故云成变化也。”

将阴阳归结为奇数与偶数，当然不是《周易》的原旨；而将数字分阴阳，却是中国古代阴阳论的一个重要范畴，特别用于占卜。古人称“数奇不偶”①，将数字归之为人的命运乖蹇，这又纯属迷信。

（五）阴阳的范畴

中国古代使用阴阳的范围极广，一般都是反映事物的两极。前引所谓“天地万物之理，无独必有对”的说法，往往囊括在阴阳的概念之中。今依宋儒的各种说法，列举如下。

张咏认为，“公事有阴阳”，“凡百公事，未着字前，则属阳，阳主生也，通变由之；着字后属阴，阴主刑也，刑贵正名，名不可改”。② 其说专指刑法上的“阳主生”，“阴主刑”。

胡瑗《周易口义·系辞上》说：“阳刚阴柔。”

刘敞《公是集》卷38《易本论》说：“阳尊阴卑，尊者专其位，卑者不敢专其位，必寄之于其冲，以求就阳也。”这是“阳尊阴卑”。同书卷38《重黎绝地天通论》说：“昔天地之始判也，清者在上，浊者在下，在上谓之阳，在下谓之阴，其已久矣。”则是阳清阴浊、阳上阴下。

周敦颐《太极图说》：“阳变阴合。”此处的“变”似应有变化、分裂等义，而“合”似应有结合等义。

苏轼《东坡易传》卷4：“阳为正。”此处的“正”似应有正面等义。与此相对，阴也似应有负面等义。

程颐《周易程氏传》卷4说：“阳上阴下，得尊卑之正。”与

---

① 《溪堂集》卷9《江居士墓志铭》。

② 《张乖崖集》卷12《语录》。

刘敞所说相同。《河南程氏遗书》卷 2 下：“背在上故为阳，胸在下故为阴。”同书卷 18 说：“魂只是阳，魄只是阴。魂气归于天，体魄归于地是也。如道家三魂、七魄之说妄尔。”其实，所谓阴魂阴魄之说也同样是“妄尔”。

南宋方闻一《大易粹言》卷 65《系辞上一》引程颐《经说》：“阳动阴静，各有其常，则刚柔判矣。”则是“阳动阴静”。

邵雍《皇极经世书》卷 14：“阳主辟而出，阴主翕而入。”

《宋史》卷 70《律历志》：“阳加阴减。”

南宋叶庭珪《海录碎事》卷 2《阴阳门》：“阴闭阳开。”

曾慥《类说》卷 37《阴阳寒热》：“阴静阳躁，阳生阴长，阳发阴藏，阳化气，阴成形。”

林栗《周易经传集解》卷 33：“昼者，阳也，夜则阴也。”同书卷 6：“圣人以为阳升阴降，自然之理。”按“阳升阴降”早已有之，唐李鼎祚《周易集解》卷 1 引东汉荀爽之说：“御者，行也，阳升阴降，天道行也。”

冯椅《厚斋易学》卷 28 引“姚氏曰”：“阳左阴右。”

宋末元初俞琰《周易集说》卷 4：“国与王皆指五，阳明阴暗，九五，阳昼光明之象也。”则为“阳明阴暗”。

朱熹《朱子语类》卷 98 说：“实与动，便是阳；虚与静，便是阴。”“阳是善，阴是恶，阳是强，阴是弱，阳便清明，阴便昏浊。大抵阴阳有主，对待而言之者，如阳是仁，阴是义之类。”

陆九渊《象山先生全集》卷 2《与朱元晦》二说：“《易》之为道，一阴一阳而已，先后、始终、动静、晦明、上下、进退、往来、阖辟、盈虚、消长、尊卑、贵贱、表里、隐显、向背、顺逆、存亡、得丧、出入、行藏，何适而非一阴一阳哉？奇偶相寻，变化无穷。”

如前所述，一切事物对应的两极，应是古人产生阴阳观念之源。但是，在当时的自然科学水平下，表述阴阳的范畴又主要限于社会和政治，而对自然现象的分析，却难以有重要的新突破。据上引史料，相形之下，对阴阳的范畴表述得较为丰富的宋儒还是陆九渊。

（六）以阴阳解释自然现象

宋儒有若干以阴阳解释自然现象的言论，今列举于下。

前引胡瑗《周易口义·系辞上》说："夫乾以天阳之气在于上，故万物莫不始其气而生，莫不假其气而成，得其生者，春英、夏华、秋实、冬藏，承其气而成者，则胎生、卵化、蠕飞、动跃。"《周易口义》卷5《颐》说："天地以阴、阳二气，流布于四时，发而为日月风霆，散而为雨露霜雪，使蠢动万类，皆遂其性，而安其所，此天地所以能养于万物者也。"《周易口义》卷7《夬》："雨者，阴阳和合之所致也。"《周易口义》卷9《丰》又说："雷电者，皆阴阳二气相击而成也。"《周易口义·系辞上》："雷者，阴阳二气相激搏，则其声为雷。"

叶清臣上奏谈论地震说："天以阳动，君之道也；地以阴静，臣之道也。天动地静，主尊臣卑，易此则乱，地为之震。"① 胥偃说："地震，阴之盛。今朝廷政令，不专上出，而后宫外戚恩泽日蕃，此阳不胜阴之效也。"② 苏舜钦《地动联句》说："万灵困阴

① 《宋史》卷295《叶清臣传》。
② 《宋史》卷294《胥偃传》。

戚，百植嗟阳衰。”“念此大灾患，必由政瑕疵。”① 此类地震说，所谓天人感应，在中国古代相当流行，在科学昌明的今天，自然属迷信。

王安石《王文公文集》卷 25《洪范传》说：“北方阴极而生寒，寒生水，南方阳极而生热，热生火。故水润而火炎。水下而火上。东方阳动以散而生风，风生木，木者，阳中也，故能变，能变故曲直。西方阴止以收而生燥，燥生金，金者，阴中也，故能化，能化故从革。中央阴阳交而生湿，湿生土，土者，阴阳冲气之所生也，故发之而为稼，敛之而为穑。”卷 30《易泛论》说：“月几望，阴盛而不亢也。云，阴上也。雨，阴阳应也。霜，阴刚之微也。坚冰，阴刚而疑阳也。膏，阳之泽也。血，阴之伤也。”“须，柔而附刚者也，阳物之饰也。”“穴，阴之宅也。在穴，动物在阴之小者也。”“泣血，阴之忧也。”“二簋，阴象也。门，阴象也。户，阳象也。”《周易义海撮要》卷 4 转引王安石之说：“凡不得阴阳之中而所偏者，皆谓之疾。以阴处阴而承乘，皆阴，所谓疾也。偏乎阴者，资之以阳，则其疾损而有喜矣。柔之弊。常失之缓。故遄乃无咎。”

邵雍《皇极经世书》卷 14《观物外篇下》说：“阳主舒长，阴主惨急。日入盈度，阴从于阳，日入缩度，阳从于阴。”谢采伯《密斋笔记》卷 2 另作发挥说：“男阳也，阳则明，明则理无不通。阳主舒，主嘘，舒且嘘则财有所施。阳主生，生则物无往而不爱。男子者，皆阳之象也。女阴也，阴则晦，晦则理有所蔽。阴主惨，主吸，惨且吸则财有所靳。阴主杀，杀则物无往而能爱。妇人者，皆阴之象也。”

---

① 《苏学士文集》卷 5。

张载《正蒙·叁两篇》说："地纯阴，凝聚于中；天浮阳，运旋于外，此天地之常体也。"又说："阴阳之精，互藏其宅，则各得其所安。故日月之形，万古不变。若阴阳之气，则循环迭至，聚散相荡，升降相求，絪缊相揉，盖相兼相制，欲一之而不能。此其所以屈伸无方，运行不息，莫或使之。不曰性命之理，谓之何哉?""阳之德主于遂，阴之德主于闭。""阴性凝聚，阳性发散。阴聚之，阳必散之，其势均散。阳为阴累，则相持为雨而降；阴为阳得，则飘扬为云而升。故云物班布太虚者，阴为风驱，敛聚而未散者也。凡阴气凝聚，阳在内者不得出，则奋击而为雷霆。阳在外者不得入，则周旋不舍，而为风。其聚有远近虚实，故雷风有小大暴缓，和而散，则为霜雪雨露，不和而散，则为戾气曀霾。阴常散缓，受交于阳，则风雨调，寒暑正。"

程颐《周易程氏传》卷 1 说："云雷之兴，阴阳始交也。""阴阳交而和，则相固而成雨。二气不和，阳尚往而上，故不成雨。盖自我阴方之气先倡，故不和而不能成雨，其功施未行也。"同书卷 2 说："雷者，阴阳相薄而成声，当阳之微，未能发也。雷在地中，阳始复之时也。阳始生于下而甚微，安静而后能长。"这是用阴阳论分析云、雷和雨。又说："为卦，一阳生于五阴之下，阴极而阳复也。岁十月，阴盛既极，冬至则一阳复生于地中，故为复也。"这是用阴阳论分析四季。《河南程氏遗书》卷 2 上说："冬至一阳生，却须斗寒，正如欲晓而反暗也。阴阳之际，亦不可截然不相接，厮侵过便是道理。天地之间，如是者极多。""早梅冬至已前，发方一阳未生，然则发生者何也？其荣其枯，此万物一个阴阳升降大节也。然逐枝自有一个荣枯，分限不齐，此各有一乾坤也。""阴阳于天地间，虽无截然为阴为阳之理，须去参错，然一个升降生杀之分，不可无也。"将气候的变化归之阴阳，这是古人早有的说法。但此处则强调阴阳的升降有一个缓变的过程，而非截然分明。同书卷2下说："电者，阴阳相轧，雷者，阴阳相击也。轧者如石相磨而火光出者，电便有雷击者是也。"这是对雷电的解释，但无以分辨是程颢还是程颐之说，与前引《周易程氏传》稍异。《河南程氏粹言》卷2《天地篇》说："动极则阳形也。是故钻木戛竹，皆可以得火。夫二物者，未尝有火也，以动而取之故也。击石火出亦然。惟金不可以得火，至阴之精也。然轧磨既极，则亦能热矣。阳未尝无也。"也是同样意思。《河南程氏遗书》卷11说："月不受日光，故食。不受日光者，月正相当，阴盛亢阳也。鼓者所以助阳。"认为月蚀是"阴盛亢阳"。同书卷18说："人之有寤寐，犹天之有昼夜，阴阳动静、阖辟之理也。如寤寐，须顺阴阳始得。"这是以阴阳解释睡和醒。又说："钻木取火，人谓火生于木，非也。两木相戛。用力极则阳生。今以石相轧，便有火出，非特木也。"又说："雹是阴阳相搏之气，乃是沴气。圣人在上无雹，虽有不为灾。虽不为灾，沴气自在。"程颐解释自然现象，又掺杂到人事，说什么"圣人在上无雹"，当然全无道理。《河南程氏粹言》卷2《天地篇》说："日月之为物，阴阳发见之尤盛者也。"这是用阴阳解释日月。

《说郛》**号**23王逵《蠡海录》："飞禽为阳，皆食果穀，得天阳之气也；走兽为阴，皆食刍藁，得地阴之气也。"

魏了翁《经外杂抄》卷2："夫言人之阴阳，则外为阳，内为阴。言人身之阴阳，则背为阳，腹为阴。言藏府中，则藏阴府阳。故背为阳，阳中之阳心也，背为阳，阳中之阴肺也；腹为阴，阴中之阴肾也，腹为阴，阴中之阳肝也，腹为阴，阴中之至阴脾也。"这不过是照抄传统的中医理论而已。

以上所引宋儒对阴阳解释自然现象的基本缺点是缺乏实证，这确是暴露了中国传统哲学的弱点。中国古代缺乏理论科学实验的思维和传统，哲人们大都无兴趣对自然界进行细微的观察和研究，一般满足于凭空想象，从某些抽象概念出发而立论。只有个别学者，例如目前被人们尊崇为科学家的沈括，还有兴趣对自然界进行细微的观察和研究。但他此种思维在古代不占主要地位。如今看来，上引宋儒以阴阳解释自然现象就说不上有科学价值。

应当特别指出，中国古代长期流行所谓天人感应论，把自然界的天灾、星变等都和人君的政事联系起来。天人感应论又与阴阳论有密切关系。如《宋史》卷 321《吕诲传》载他上奏宋仁宗说：“雨淫、地震，阴盛之沴，固有冥符。近者宗室之中，讹言事露，流传四方，人心骇惑。”李觏《直讲李先生文集》卷 18《安民策第五》说：“水旱疠疫之来，阴阳之不和也。”《河南程氏文集》卷 5 程颐《为家君应诏上英宗皇帝书》说：“臣闻水旱之沴，由阴阳之不和；阴阳不和，系政事之所致。”“民心和而阴阳顺，无水旱虫螟之灾，虽有之，不能为害。”程颐《河南程氏经说》卷 4 说：“桓弑君而立，逆天理，乱人伦，天地之气为之缪戾，水旱凶灾，乃其宜也。”此类都属古人的老生常谈，宋儒也并无新发明。从今人的科学常识来看，当然是荒诞无稽的。

小　结

通过以上几节的论述，从目前的自然科学和哲学知识来看，“阴阳不测之谓神”和“立天之道曰阴与阳”就没有什么意义，阳奇阴偶则更多是神秘主义的迷信，以阴阳解释自然现象，也无实证基础。但关于阴阳是什么、阴阳的范畴包括什么这些研究，仍值得今人重视。从前引宋人的说法看，无非有三类，一为阴阳是物质，二为阴阳是“天地之心”，三为阴阳是天、地、人的变化之道。今天看来，唯有第三类近于科学，这是值得今人珍视者。至于阴阳的范畴，一些宋儒并不将阴阳限于“立天之道”，如程颐说：“盖天地间无一物无阴阳。”

如前所述，宋儒阴阳论中值得看重者，似应是王安石的阴阳变化是“新故相除”论，还有陆九渊反对将阴阳理解为“形器”，“今顾以阴阳为非道，而直谓之形器，其孰为昧于道器之分哉?”他对阴阳范畴的表述也较为丰富。作者已经指出：“中国自战国时产生的‘四方上下曰宇’‘往古来今曰宙’的观念，到了宋代的陆九渊，才使‘宇宙’观念的哲学化水平提高了一大步。”[①] 在宋儒的诸多阴阳论中，有成就者只怕就是此两家。

（原载《宋代文化研究》第 21 辑，2014 年）

① 参见《从古“宇宙”词义谈古人的宇宙观》，载《纤微编》第 127 页，河北大学出版社，2011 年。

一二、关于王安石变法的采访

（一）“均输法”究竟是怎么回事？是解决运输问题，还是解决贸易问题？此法之前，京城的物质供给是怎样保障的？东南六路发运司所发运的物资是地方政府无偿上供来的，还是有偿采购来的？运到京城后是无偿调拨，还是转手卖给批发商人？这些问题不搞清楚，就不能理解“均输法”的实质。

我猜测，原来的情况是东南六路发运司只管运输各地方政府采购来的物资，运到京城后，按采购价卖给批发商。后来发现批发商挣了大钱，而国家地方政府支出的采购费用和发运司在京城销售货物所得的收入之间不能平衡，于是推出“均输法”。均输法的实质是改变了东南六路发运司的职能，将其由一个物资运输机构变成了商业交易机构。所谓“徙贵就贱，用近易远”，“变易蓄卖，以待上令”，就是允许他们按照合适的市场价格，随时随地买卖自己发运的货物，发运司可以随时随地挣钱，是否如此？

那么所谓“远方有倍蓰之输，中都有半价之鬻”，“便转输，省劳苦，去重敛、宽农民”等，都是冠冕堂皇的幌子，不是变法的真正理由，这种说法可否成立？

（二）如果将发运司的职能由单一的物资运输转为带有就地交易职能的机构，那么“市易法”就是“均输法”的配套法律了。

我理解：市易务就是发运司的销售部和批发门市部。市易务的出现，夺了原有的批发商的饭碗，零售商只能从市易务进货，也就是说，通过“均输法”和“市易法”建立起一个集采购、运输、销售为一体的国有大型商业公司，垄断了全国各地的商贸交易，这才导致了司马光“与民争利”的批评。是否如此？

（三）“青苗法”可否理解为创办“国营金融机构”？此前这块儿是由民间资本承担职能的。

（四）如果上述比附成立，那么，司马光与王安石之争，是否可以理解为“自由主义”经济学与“国家主义”经济学之争？其实，国家控制商业和金融业的手段一直就有，宋代的茶叶、酒、盐、铁都是国家专营的，只不过原来是国家特许经营，政府只发许可证或批文挣钱，王安石等人改为政府直接做交易了，这种改变的利与弊何在？“政府特许”和“政府直接经营”两者之间的差别及各自的优缺点是什么？

（五）所谓“抑兼并”可能也只是一个冠冕堂皇的幌子，综观变法的全部法令，并没有平分土地或调整土地的举措或效果，变法时打击了一些民营商业企业，甚至使其没生意可做，但未必打击的是大商人（国有商业总量是大了，但原来的批发商的经营收入未必比零售商多），就算打击的是大商人，那么这些在城里混不下去的商人如果拿钱到农村去买地的话，岂不是加剧了农村土地的集中？

（六）中国历代的劳役制度是怎样的？在北宋和五代以前，政府劳役是否付钱雇人？司马光废法之后，是否又重新恢复“免役法”的做法？此后的南宋、元、明、清似乎官府用人却得用钱，是否与“免役法”的作用一样？

答：（一）首先应当明确，王安石所处的是以手工劳动为基础的农业社会，以自然经济为主，当时农业作为主要产业，以租佃制为主。但如今已是机器生产的工业和信息化社会，以商品经济为主。现代资本主义经济学的许多概念，无法生搬硬套于古代。

宋代商品经济的水平确实比唐代提高，但也须有清醒的估计。最明显的，是其财政收入以贯（钱币，又有铜钱和铁钱之别）、石（粮食）、匹（绢帛、麻布或用“端”的长度单位）、两（丝绵）等混通计算，而不可能完全折合钱币。用现代的财政观念来看，岂不是一笔糊涂账？这正代表了宋代商品经济的发展水平。

北宋定都开封，而财赋主要仰仗东南地区，汴河和运河是经济命脉。组织东南大宗物资财赋供应的执行机构是发运司。大宗物资财赋的来源，相当大的比例还是征收赋税而得，但也有相当比例收购的成分。但当时所谓“和籴”与“和买”大多并非是平价收购，在许多场合下是低价强制收购。征收赋税又包括“折变”，如本应征收米，而临时改变为征收钱。此类都加重了农民的负担。均输法绝不是要将物资运输机构变成商业交易机构，其意图只是灵活变通，适度扩大收购的比例。如果执行得当，确可减轻人民负担、减少官府的支出，但却完全仰仗于发运使等人的个人能力。但从目前遗存的史料看来，东南人民的折变等负担没有减轻。

（二）均输法和市易法并不是什么配套措施。为执行市易法而设置的市易司和各地市易务，主要是一种官营商业和借贷机构，但又征收市例钱和免行钱的赋税。官营商业和借贷资本其实是起了压制和摧残私人资本的作用。在当时的社会历史条件下，是不可取的。

（三）青苗法有借贷的外貌，其实是向农民征收一笔所谓青苗息钱的新税。最初的陕西路青苗借贷没有收息之说，“出息二分”即使在青苗令中也未规定，是在执行时加派于农民的。

（四）宋代“政府特许”和“政府直接经营”两者之间虽可灵活变通，但基本的前提却是使官府得到更多的经济收入，从另一角度看，自然是对百姓的刻剥不断加重。宋朝从盐、茶、酒的专卖制度中获得极大盈利，成为财政收入的重要部分。其最甚者，如高价配卖食盐，强征盐钱，而给苦恶之盐，或根本不给盐。无论何人当政，在这些方面都不能让利于民。其故非他，整个庞大的官僚军事机构，在相当程度上须依赖盐、茶、酒利维持，否则，就会国将不国。可知难于比较“政府特许”和“政府直接经营”何者较好。

（五）市易法也打击了大商人，但中小商人受害更烈。所谓摧制兼并，不过是增设新税而施放的烟幕。宋代的商人同前代一样，“以末（工商业）致财，用本（农业）守之”①，工商业有风险，保险的还是买田当地主。当时商人兼地主的记载不少。无论是在城里混不混得下去，一般都会投资于农田的。

（六）宋代的役可分夫役、职役和兵役。劳役称夫役或工役，历代更多是称徭役。宋代的职役又称吏役、吏徭、差徭、徭役等，特别是徭役一词，易于同劳役混淆。其实，吏役大体包括乡村基层政权头目和州县衙门公吏，与夫役显然有别。吏役实行轮差，则谓之差役，实行雇募，则谓之雇役。王安石的免役法，就是针对职役而言的，不是指广大民众所服的夫役。宋朝原则上实行募兵制，但乡兵，即民兵，仍大多实行强征，却不脱离生产，这是兵役。免役法名义上实行雇役，即向广大编户齐民征收役钱，用于雇募乡村基层政权头目和州县衙门公吏，实际上却是差役与雇役兼行，对相当比例的服职役者并未支付雇钱。

王安石变法确实涉及许多方面的复杂问题，故人们的看法不

① 《史记》卷129《货殖列传》。

一致，需要做更深入的研讨。但王安石与司马光作为两个对立的人物，却也有其共同点，即人品很好，对方无可指责。王安石当政时，只是要推行变法，排斥反变法派，但并无残酷斗争、无情打击之意。司马光只比王安石晚死四个月。他对王安石的评价是“文章节义过人处甚多，但性不晓事，而喜遂非，致忠直疏远，谗佞辐辏，败坏百度，以至于此。今方矫其失，革其弊，不幸介甫（王安石字）谢世，反覆之徒必诋毁百端。光意以谓朝廷特宜优加厚礼，以振起浮薄之风”①，表明他只是反对浮薄之风，并无将王安石贬得一无是处之意。

（原载《天下》2011年第1辑）

① 《司马文正公传家集》卷63《与吕晦叔第二简》。

一三、宋徽宗时的诸局所钱物

本文对北宋财政体制，从三司和内藏到御前钱物、朝廷钱物、诸局所钱物、户部钱物的演变脉络做了梳理。特别对宋徽宗时所谓“丰、亨、豫、大”之说，诸局所钱物及其罪恶，做了较深入的论述。指出统治和剥削阶级是奢靡之风的根源，特别在专制主义中央集权的等级授职制的背景下，最高权力既然缺乏有效监督，奢靡之风就有重复发作的必然性。

历史上不难见到有不少热闹一时、昙花一现的现象，随着时过境迁，又很快被淡化，以致很快被忘却。由于史料的残缺，以致治史者虽然寻寻觅觅，却又难以再现其场景，如宋徽宗时的诸局所，就可归入此类。尽管如此，不少历史上热闹一时、昙花一现的现象，却仍然值得人们回味，可以由此探索若干历史的哲理。河北大学硕士生王海鹏女士曾撰写《宋徽宗时期的诸局所研究》，对此课题做了初步探索，本文在写作时做了参考。

北宋末年，据《宋会要》食货56之39，宋钦宗靖康元年（公元1126年）六月十七日，户部言：

> 臣寮奏：“天下财用，岁入有常，理当会见大数，合归于一，以制盈缓虚急之宜，而量入以为出。比年以来，有御前

钱物、朝廷钱物、诸局所钱物、户部钱物，其讲画裒敛，取索支用，各不相照，以致暗相侵夺，公私受〔弊〕。丰耗不能相补，出入无以检察，天下常赋多为禁中私财，支用取足，不恤有司之上溢下漏，而民力困重。”

此奏当然是对宋徽宗时财政的回顾和批评，反映了当时的财政竟有“御前钱物、朝廷钱物、诸局所钱物、户部钱物”四个系统。“天下常赋多为禁中私财”，则是反映了宋徽宗破坏北宋的财政体制，竭天下以自奉。《宋史》卷179《食货志》说：

是时，天下财用岁入有御前钱物、朝廷钱物、户部钱物，其措置裒敛，取索支用，各不相知。天下财赋多为禁中私财，上溢下漏，而民重困。言者请令户部周知大数，而不失盈虚缓急之宜。上至宫禁所须，下逮吏卒廪饩，一切付之有司，格以法度，示天下以至公。诏可。

此条记载综合了前引臣寮奏，却删略了“诸局所钱物”。《宋史》卷179《食货志》又说：“（蔡）京又专用‘丰、亨、豫、大’之说，谀悦帝意，始广茶利，岁以一百万缗进御，以京城所主之。其后又有应奉司、御前生活所、营缮所、苏杭造作局、御前人船所，其名杂出，大率争以奇侈为功。岁运花石纲，一石之费，民间至用三十万缗。奸吏旁缘，牟取无艺，民不胜弊，用度日繁。”同卷还另引当时宇文粹中奏说：“近年诸局务、应奉等司截拨上供，而繁富路分一岁所入，亦不敷额。”

《宋史》卷22《徽宗纪》载，宣和七年（公元1125年）十二月，当金军南侵时，宋徽宗“罢浙江诸路花石纲，延福宫、西城租课及内外制造局”，“罢道官，罢大晟府、行幸局，西城及诸局所管缗钱，尽付有司”。《宋史》卷179《食货志》，《续资治通鉴长编纪事本末》卷146，《宋会要》职官4之35，《三朝北盟会编》卷25，《宋大诏令集》卷184《罢茶盐立额应奉司江浙置局花石纲西城租课等诏》有更详记载。其具体日期有异，梁太济、包伟民先生在《宋史食货志补正》第483页①已有考证。但宋徽宗此次还只是部分撤销诸局所，裁削其钱物，更彻底的则是在宋钦宗即位之初。

《三朝北盟会编》卷28靖康元年正月六日记载：

> 诏："方今军兴，应内外官司、局、所，除留后苑作制造御前生活所，② 应副道君太上皇帝外，其余一切依熙丰法，〔合〕罢者并罢，钱物并归左藏库送纳。〔令〕三省、枢密院条〔具〕以闻。"凡罢五十余所。

此诏是盛极一时的诸局所钱物的终结，"并归左藏库"，"〔令〕三省、枢密院条〔具〕以闻"，则是将诸局所钱物并归户部和太府寺掌管，改为户部钱物。③《三朝北盟会编》说诸局所共计五十多个，而《宋史》卷23《钦宗纪》则称"罢内外官司、局、所一百五处，止留后苑，以奉龙德宫（宋徽宗退位后居处）"。同书卷165《职官志》同。《靖康要录笺注》卷1靖康元年正月三日也作

---

① 杭州大学出版社，1994年。

② 在"制造御前生活所"之前，衍"御前"两字，据《靖康要录笺注》卷1靖康元年正月三日记载删去。《宋会要》职官1之44—45、27之26无"制造御前生活所"，盖用"后苑作"简称。

③ 《宋史》卷163，卷165《职官志》明确记载，户部之下的金部六案，第一"曰左藏"。元丰改制后，太府寺掌管内藏库、左藏库、元丰库等，但"储于内藏者，以待非常之用；颁于左藏者，以供经常之费"。故太府寺所辖左藏库最终归金部领导。

“由是凡一百五处皆罢之”。《皇宋十朝纲要校正》卷19作“省内外官司、局、务一百五处”。《宋会要》职官1之44—45，27之26亦作“凡一百五处皆罢之”。此诏日期应为三日，今以《靖康要录笺注》作者王智勇先生在此书第81页考证为准。

在此需要简单说一点北宋财政体制的演变。北宋立国百年间，是三司理财，而内藏库归皇帝个人支配。因三司财政在大部分时间内捉襟见肘，而由皇帝动用内库补贴。宋神宗时，另设司农寺作为新法理财机构，遂形成了三司与司农寺两套平行财政系统。但元丰改制后，司农寺钱物归户部右曹，而三司大部分职能归户部左曹。[①]

《山堂群书考索》后集卷64引蔡絛《国史后补》[②] 说：

> 元丰库、大观库者，皆谓之朝廷库务。国家沿袭唐、五代之制，财用尽付三司，有自来矣。及熙宁初，议改法，因取财利之柄寖归宰相。及元丰官制行，既无三司，而为户部。户部岁入之额凡四百余万缗，是独昔日三司之一事而已。三司昔时所应入者，则或在朝廷。既在朝廷，此所以立元丰库也。况又当崇、观之间，鲁公（蔡京）前后措置，所入元丰库，若香药、犀、象、粗细物货、珠、玉、金、帛不知纪极矣。元丰库之制，虽天子不可得而用，倘有所用，必有司具数上之朝廷，宰执聚议，同上奏陈，降圣旨下库，始可支拨。况宰执议论或有所不同者，盖日前行之甚严如此也。大观库者，其制同元丰，然大观库独贮天下坑冶，所以终始未尝动，

① 参见拙作《北宋的司农寺》，载《锱铢编》，河北大学出版社，2006年。

② 原作“蔡絛《史补》”，盖省略书名，据《遂初堂书目》，当作《国史后补》。蔡絛为蔡京子。

又不若元丰库时有支用也。大观库既贮坑冶金银及细软、香药等物。大观东库，大观本一库，所以有谓之大观东库者，以又有大观西库故也。大观西库，鲁公以昔日所铸当十钱之精致靳之，故以大观西库独贮钱而已。

元丰时的司农寺与户部右曹钱物显然不能理解为朝廷钱物，但元丰库、大观库等，“虽天子不可得而用，倘有所用，必有司具数上之朝廷，宰执聚议，同上奏陈，降圣旨下库，始可支拨”，就不属皇帝私财的内藏，而应属朝廷钱物。可知在北宋中央财政体制中，朝廷钱物和户部钱物系统的分设，大致应始于元丰改制和元丰库的设立。当然，元丰库的钱财还是源于调拨司农寺和户部右曹钱物的“积剩”。[①] 《建炎以来朝野杂记》甲集卷17《内藏库》说：

仁宗后，西北事起，大率多取给于内藏。神宗用王荆公（安石）计，凡摘山、煮海、坑冶、榷货、户绝、没纳之财，与常平、免役、坊场、河渡、禁军阙额、地利之资，悉归朝廷。元丰元年，更内藏库名，凡三十二库，每库以诗一字目之。五年，又取苗、役羡财，为元丰库，直隶朝廷，在内藏之外。（《长编》载，元丰库殿即崇政殿库。按崇政殿库乃内藏库也，本在讲武殿后，讲武后改为崇政。元丰库在太府寺南。）元祐初，宣仁共政，吕正愍公（大防）又建元祐库，以备封桩，皆号朝廷库务。徽宗崇、观后，则大观东、西等库、西城所，无虑皆天子私藏，而版曹告竭矣。

---

① 《宋会要》食货52之14。

此说与《国史后补》的差别，是将“大观东、西等库”也作为“天子私藏”。至于其中说及的“西城所”，留待后面再说。政和时记载，朝廷支拨大观库、元丰库等，“每年应副户部钱共三百万贯”①。可知大观库和元丰库尚非“天子私藏”，应属朝廷钱物。

史料表明，诸局所的设置并非始于宋徽宗时，但到宋徽宗时，方成为在内藏之外另一直属皇帝的财政系统。

例如制造御前生活所的机构还是设置在宋神宗熙宁时。熙宁八年（公元1075年），军器监奏，“惟是在京上等人〔匠〕并差在御前生活所，以此有妨制造”。“御前生活所不系本监统辖，乞自朝廷取索人数比较”。宋神宗批示中说：“今且于其中比较军器监与御前生活所所造鞍辔，军器监每副二百六十一工八分七厘九毫九丝，御前生活所六工六分四厘五毫六丝。”御史蔡承禧上奏：“开封府准杂买务牒，送赤石子行人郭文德状，一行人赴府行遣，为不供应御前生活所须索羖䍽羊毛长一尺，一千斤。开封府虽称市中无此羊毛，牒还本所。”② 估计御前生活所应是制造皇宫所需各种器物，并非限于兵器。又如“后苑作制造御前生活所翻样打造缬帛，盖自元丰初置，以为行军之号，又为卫士之衣，以辨其奸诈”③。元符三年（公元1100年）二月，刚即位的宋徽宗“诏太常少卿孙杰同内侍李〔悫〕，驱磨（郝）随、（刘）友端等所领后苑〔作制〕造御前生活所、翰林书艺局，〔制〕造御前生活所修万寿观本命等殿所收支官物。仍令〔悫〕先诣逐处，封锁见在官物簿历，及拘收干系人。盖此三所，前后所费尤不赀”④。郝随为

① 《宋会要》食货51之39—40。
② 《长编》卷264熙宁八年五月丁丑。
③ 《宋会要》刑法2之60。
④ 《皇朝编年纲目备要》卷25。

宋哲宗宠幸之宦官。[1] 到南宋高宗时记载，“拱卫大夫、同州观察使胡㦸，大阉杨戬妻侄也”。“㦸用戬恩泽补授，数年之间，共转一十九官，任后苑作制造御前生活所及主管御前事务，盗取恩赏，人所切齿”。[2] 可知宋徽宗时，御前生活所全称为后苑作制造御前生活所，也可简称后苑作。

宋徽宗即位之初，侈心未开，较为节俭。崇宁元年（公元1102年）五月，提举后苑修造所言：“内中殿宇修造，合用金箔五十六万七千片。”宋徽宗说：“用金箔以饰土木，一经靡坏，不可复收，甚亡谓也。其请支金箔内臣，令内侍省重行责罚。”[3] 提举后苑修造所是另一个所，可能是宋哲宗时就已设立。

但到崇宁二年（公元1103年），“立殿中监六尚局，北司之盛自此始”。“入内押班郝随复以修内司进用，于是始缮修大内及诸司屋宇，并创修景灵宫、元符等十一殿及殿中监，兴作之事纷然而起”。[4]

“时承平既久，帑庾盈溢”，宋徽宗“尝大宴，出玉盏、玉卮示辅臣”，说：“先帝作一小台，财数尺，上封者甚众，朕甚畏其言。此器已就久矣，倘人言复兴，久当莫辨。”蔡京说：“事苟当于理，多言不足畏也。陛下当享天下之奉，区区玉器，何足计哉!”[5] 台谏官黄葆光陈时弊：“士论翕然，而蔡京怒其异己，密白帝，请降御笔云：‘当丰、亨、豫、大之时，为衰乱减损之计。’”[6]

---

① 《宋朝诸臣奏议》卷63任伯雨《上徽宗论郝随特许复官》，《宋史》卷471《章惇传》。

② 《要录》卷77绍兴四年六月癸未。

③ 《皇朝编年纲目备要》卷25元符三年二月。

④ 《皇宋十朝纲要校正》卷16。

⑤ 《宋史》卷472《蔡京传》。

⑥ 《宋史》卷179《食货志》、卷348《黄葆光传》。

按《周易》中的“丰”和“豫”是卦名。《周易·下经》：“丰：亨，王假之。”唐孔颖达疏说：“丰者，多大之名，盈足之义，财多德大，故谓之为‘丰’。德大则无所不容，财多则无所不齐。无所拥碍谓之为‘亨’，故曰‘丰，亨’。‘王假之’者，假，至也，丰亨之道，王之所尚，非有王者之德，不能至之，故曰‘王假之’也。”《周易·上经》：“由豫，大有得。”《象》曰：“‘由豫，大有得’，志大行也。”孔颖达疏说：“处豫之时，居动之始，独体阳爻，为众阴之所从，莫不由之以得其豫，故云‘由豫’也。‘大有得’者，众阴皆归，是大有所得。”

“丰、亨、豫、大”是蔡京创此说，又由宋徽宗以御笔之威颁发。这是典型的歪曲儒经先王之道，却使皇帝奢靡的生活享受变得天经地义，名正言顺，而不得非议。《朱子语类》卷73说：“崇宁中，群臣创为‘丰、亨、豫、大’之说，当时某论某人曰：‘当丰、亨、豫、大之时，而为因陋就简之说。’君臣上下，动以此借口，于是安意肆志，无所不为，而大祸起矣！”此处的“因陋就简之说”，可能朱熹记忆不确，应以前引“衰乱减损之计”为准。①启迪皇帝侈心者，自然绝非蔡京一人。②

北宋的宫廷开支固然侈靡，但一直没有赤字，故常能以内藏补贴三司财用。宋真宗时，装神弄鬼，崇尚道教，耗费巨大，但

① 《历代名臣奏议》卷63载南宋末高斯得奏，作“政和间，谏官黄葆光上疏，请裁抑省吏，朝廷方为施行，忽降御笔手诏云：‘于丰、亨、豫、大之时，为五季衰乱裁损之计’”。按《新安志》卷8《进士题名》，黄葆光赐进士出身于政和元年，则其任监察御史、左司谏当在“政和间”。但朱熹说在“崇宁中，群臣创为‘丰、亨、豫、大’之说”，据《宋史》卷472《蔡京传》，蔡京应在崇宁时早有此说，但他请以此说降御笔，则应在政和时。

② 参见杨小敏先生《蔡京、蔡卞与北宋晚期政局研究》第八章，中国社会科学出版社，2012年。

司马光说："屡行大礼，东封西祀，广修宫观，而财用有余。"[1]看来主要是花费三司的钱物，而宫廷开支似无大幅度提升，却已"上下始困于财矣"[2]。此后的宋仁宗、英宗、神宗、哲宗四代大体如此。宫廷开支真正大幅度的剧增和超支正是在宋徽宗时。

宋徽宗时的宫廷开支之大增，如今已无法做细致的估算，但很重要的有两笔。一是进行规模空前的宫殿、后苑、艮岳等建设，穷侈极丽，挥霍民脂民膏，用之如泥沙不惜。[3] 二是宋徽宗酷嗜女色，大大扩充后宫，"五、七日必御一处女，得御一次，即畀位号，续幸一次，进一阶。退位后，出宫女六千人"，其总数"盖以万计"。[4] 宫女的剧增，必然相应增加宦官，宋神宗"元丰初"，"内臣五百八十六"，而到宋徽宗"宣、政间"，内侍"动以千数矣"。[5] 宫女和宦官都须按品级领取俸禄，大批宫女纷纷"畀位号"，"进一阶"不绝，意味着俸禄支出须增数倍，甚至数十百倍。[6] 故后来宋高宗就吸取其父的教训，非常吝于给宫女"畀位号"。按宋神宗即位初年说："宫中一私身之奉，有及八十千者，嫁一公主，至费七十万缗，沈贵妃料钱，月八百缗。"[7] 优养庞大的宫女和宦官群，当然是浩大的宫廷开支。

宋徽宗时的宫廷开支，已根本不是原有的御前钱物收入所能

---

① 《司马文正公传家集》卷 25《论财利疏》。

② 《宋史》卷 179《食货志》。

③ 参见周宝珠先生《宋代东京研究》第 38—44、507—517 页，河南大学出版社，1992 年。

④ 《靖康稗史笺证·青宫译语》，《鸡肋编》卷下，《靖康要录笺注》卷 8 靖康元年六月十六日。

⑤ 《泊宅编》卷 10，《燕翼诒谋录》卷 5。

⑥ 参见《中国俸禄制度史》第六章"两宋俸禄制度"，第一节"皇室、宫廷俸禄"，此章由杨果先生执笔，武汉大学出版社，1996 年。

⑦ 《宋史》卷 179《食货志》。

维持，故用另外的名目，创设诸局所钱物，乃势在必行。这是宋朝财政的一个短暂的非常时期，就是御前钱物不仅不能补贴朝廷钱物和户部钱物，反而需要另立名目，从朝廷钱物和户部钱物中挖出一部分，补贴宫廷开支，或是直接拨付御前钱物，或是另用诸局所钱物的名义。在整个宋朝，唯有徽宗朝的部分时间是如此的财政例外期。

前引两个诸局所的统计数字，一为“五十余所”，一为“一百五处”，出入甚大，但其中另有“内外官司”，又应在诸局所之外，故直属皇帝的御前诸局所到底有多少，已不可能有确切的统计。今只能从残存的史料中做些搜掘工作，而开列于下：

1. 后苑作制造御前生活所。制造御前生活所前已引证。崇宁五年（公元1106年）正月，“诏后苑作制造御前生活所限一季结局”①。当时应已加上“后苑作”三字。但到大观三年（公元1109年）三月，宋徽宗下“御笔，复制造御前生活所”②。大观时，“内侍杨戬提举后苑作有劳”，宋徽宗打算“除节度使”，宰相张商英反对。但到政和四年（公元1114年），终于升此高官。③ 政和五年（公元1115年）十月二十三日诏：“大名府天庆观殿宇，令大名府路安抚使姚祐修建，转运司应副什物，令后苑依（作）制造御前生活所制造。”④ 这当然是尊崇道教的特例。

2. 提举后苑修造所。此机构前已引证。

3. 明金局。“明金”的词义，应是指一种金的装饰，如有“朱

---

① 《皇宋十朝纲要校正》卷16。

② 《皇宋十朝纲要校正》卷17。

③ 《皇朝编年纲目备要》卷27大观四年十一月、卷28政和四年五月。

④ 《宋会要》礼5之19。

漆明金龙床”①，“列铁石方响，用明金彩画架子，双垂流苏”②，“制造到明金供具”③，“合用神位四位，元系御笔明金青字，出雕木缕金五彩装莲花戏龙座，黄纱明金罩子”④ 等记载。宋仁宗庆历诏中，禁“内廷后宫以下毋得衣销金、贴金、缕金、间金、蹙金、圈金、解金、剔金、陷金、明金、泥金、楞金、背金、阑金、盘金、织金、线金、捻金等服”⑤，可知宋时金加工分得很细。《三朝北盟会编》卷 52 说：“童贯始为殿头，元符末，主杭州之明金局。蔡京时被责在焉，贯能媚事人，且深奉蔡京。”《宋史》卷 468《童贯传》记载：“徽宗立，置明金局于杭，贯以供奉官主之，始与蔡京游。”“元符末”即是宋徽宗登基时。但《皇宋十朝纲要校正》卷 16 和《皇朝编年纲目备要》卷 26 作崇宁元年（公元 1102 年）三月，“始命入内供奉官童贯至杭州，制造御前生活”，时间差隔两年。《宋史》卷 472《蔡京传》说：“童贯以供奉官诣三吴，访书画奇巧，留杭累月，京与游，不舍昼夜。凡所画屏幛、扇带之属，贯日以达禁中。”明金局的任务是“制造御前生活”，但也可兼顾为宋徽宗“访书画奇巧”⑥，可能是他新设的一个局所。

4. 京城所。顾名思义，京城所应是修缮开封城的机构。宋神宗熙宁八年（公元 1075 年），“诏废马监兵五千人，其以二千人置

① 《东京梦华录》卷 7《三月一日开金明池琼林苑》。

② 《梦粱录》卷 3《宰执亲王南班百官入内上寿赐宴》。

③ 《宋会要》职官 4 之 30。

④ 《文献通考》卷 74《郊社考》。

⑤ 《文献通考》卷 114《王礼考》，《长编》卷 136 庆历二年五月戊辰。

⑥ 方诚峰先生《北宋晚期的政治体制与政治文化》（北京大学出版社，2015 年）第 191—192 页，考证了“明金”之词义，对本文提出批评，谨致谢忱，今将此段文字做了修订。

广固四指挥，专隶修完京城所，于京城四隅置营”[1]。元丰元年（公元1078年），“诏提辖修京城所于广固军士内选及等者，给群牧司马，教习武艺。俟有精熟，引见，填配管城武骑、白马宁朔指挥阙额”[2]。广固为一支厢兵的番号，“隶修治京城所”[3]，此制到宋徽宗时不变。[4] 其全称应为“提辖修完京城所”[5]，后又“改提辖为提举”[6]。但京城所也是营利机构，如有“房廊岁入钱”[7]等。宋神宗时，有宦官宋用臣提辖修完京城所[8]。宋哲宗时，又有宦官“蓝从熙提举京城所”[9]。

建中靖国元年（公元1101年）规定，“应在京官私出卖空名度牒、紫衣，并赴提举京城所申卖，私下不得交易”，“可自来年令尚书祠部于岁给数内，支拨九百九道，与京城所，充增到钱二十万贯之数”。[10] 可知京城所的经费增二十万贯，来自出售度牒。

《宋史》卷179《食货志》说：“（蔡）京又专用‘丰、亨、豫、大’之说，谀悦帝意，始广茶利，岁以一百万缗进御，以京城所主之。”一百万贯茶利，原来应拨归户部下辖的金部榷易案[11]，却截拨为皇帝私财，又别出心裁，不划归内藏库，另命完全不相干的京城所主管。按《宋史》卷184《食货志》和《文献

① 《长编》卷268熙宁八年九月丙寅。

② 《长编》卷287元丰元年闰正月戊寅。

③ 《宋史》卷189《兵志》。

④ 《东京梦华录》卷1《东都外城》。

⑤ 《长编》卷293元丰元年十月丁卯。

⑥ 《长编》卷310元丰三年十二月癸未。

⑦ 《长编》卷300元丰二年九月丙子、卷356元丰八年五月乙未、卷359元丰八年九月乙未。

⑧ 《长编》卷310元丰三年十二月癸未。

⑨ 《宋史》卷186《食货志》。

⑩ 《宋会要》职官13之22—23。

⑪ 《宋史》卷163《职官志》。

通考》卷18所述："大观三年（公元1109年），计（江、淮）七路一岁之息一百二十五万一千九百余缗，榷货务再岁一百十有八万五千余缗。（蔡）京专用是以舞智固权，自是岁以百万缗输京师所，供私奉，掊息滋厚，盗贩公行，民滋病矣。"此处作"京师所"，即京城所。史称蔡京"用故省吏魏伯刍提举榷货务，令作泛料关子（一作'料次关子'）百万缗进，徽宗大喜，持以示左右曰：'此太师所与我奉料也。'擢伯刍至徽猷阁待制。"①

大观三年六月，宋徽宗"诏水磨茶场仍隶京城所，悉依旧法"。政和二年（公元1112年）八月，"罢水磨茶法，以其事归尚书省"，"罢京城所主管七路茶"。② 可知京城所管理江、淮七路的茶利，为期四年。南宋时记载提及有"政和都茶场法"③，都茶场原为蔡京改变茶法所设，故又称"蔡京都茶场法"④。又"政和间，朝廷遣七路茶盐使，因命访察荆湖南、北"⑤。宋徽宗宣和末方下诏，"罢都茶场，依旧归朝廷"⑥。可知虽然罢京城所的茶利，不过是换一个机构而已，茶利仍旧直属御前，但当时的都茶场是否也由宦官管辖，已无从考证。

在宋徽宗下诏罢诸局所钱物后，京城所居然又"取内降御宝指挥"，将"共三十四处上件园地"，"占夺私用"。⑦ 宋钦宗时，侍御史胡舜陟奏，说宦官李彀曾"提举京城所"，"拘占店宅物业，

---

① 《东都事略》卷101《蔡京传》，《皇朝编年纲目备要》卷26崇宁二年四月。"泛料关子"，《宋史》卷472《蔡京传》作"料次钱券"，同义，但前者是原始名词。

② 《皇宋十朝纲要校正》卷17，《宋史》卷184《食货志》。

③ 《要录》卷18建炎二年十一月庚子。

④ 《宋史》卷184《食货志》。

⑤ 《苕溪集》卷50《宋故左中奉大夫致仕文安县开国男食邑三百户王公墓志铭》。

⑥ 《续资治通鉴长编纪事本末》卷146《内禅》，《宋史》卷179《食货志》。

⑦ 《宋会要》食货56之40。

沮上皇罪己之诏”①，可知李彀也有相当权势，为非作歹。当时仍“有内侍领京城所陈良弼”说：“京城楼橹，创修百未及一二。”② 南宋初，“汴河决口有至百步者，塞之，工久未讫，干涸月余，纲运不通，南京及京师皆乏粮。责都水使者陈求道等，命提举京师所陈良弼同措置。越两旬，水复旧，纲运沓至，两京粮乃足”③。

5. 苏杭造作局等。其全名可能是御前苏杭造作局。崇宁四年（公元 1105 年）九月，“诏两浙转运司差开江兵士，牵驾杭州造作局御前生活物色舟，杨戬始用事”④。大宦官杨戬即由杭州造作局起家。

苏、杭“二州置局，造作器用，曲尽其巧，牙、角、犀、玉、金、银、竹、藤，装画糊抹，雕刻织绣。诸色匠人日役数千，而财物所须，悉科于民，民力困重。上尝罢之。谄谀人犹责其工程，进奉不绝，未几复置”。宣和三年（公元 1121 年）正月，“罢苏杭造作局”⑤。另一说则为宣和元年（公元 1119 年）十二月，“罢苏、杭、温、湖等州造作局”⑥。则是造作局又扩大至温、湖两州，但规模大约不如前两州。可能是宣和元年罢后复置，到宣和三年再罢。然而到宣和五年（公元 1121 年）五月，却仍有“杭州

---

① 《靖康要录笺注》卷 15 靖康二年正月四日。

② 《梁溪全集》卷 171《靖康传信录》。

③ 《宋史》卷 175《食货志》。按，《食货志》将此事系于“靖康初”，系误，参见《宋史食货志补正》第 281 页，《宋史》卷 448《陈求道传》，《梁溪全集》卷 175《建炎进退志总叙》、卷 180《建炎时政记》。

④ 《皇宋十朝纲要校正》卷 16，《皇朝编年纲目备要》卷 26 崇宁元年三月所附记事。

⑤ 《皇朝编年纲目备要》卷 29，《宋史》卷 22《徽宗纪》。

⑥ 《皇宋十朝纲要校正》卷 18。但此书同卷宣和三年正月仍有“罢苏杭造作局”的记载。

造作局见有送下生活”的记载①，可知说罢而未罢。

“苏杭局每物必十倍其费，以其一供奉，余悉饷权幸，为己私，穷之则火其籍，如苏州一日焚官物八十万。”② 史称侍御史石公弼曾“论苏杭造作局上供之盛，差船役夫骚扰之弊”，因而得罪蔡京③，其实是引发宋徽宗的不满，所以不再让他当御史。宣和二年（公元1120年）爆发方腊之乱，“方腊家有漆园，时造作局多科须，诸县抑配，而两浙皆苦花石纲之扰。腊以妖术诱之，数日之间，〔啸〕聚响应者至数万人，遂以诛朱勔为名”④。可知时人将花石纲、造作局、应奉局等视为一体，尽管后两个机构各有分工。

6. 应奉局、应奉司。在史书中，两者名称时有混淆。崇宁四年（公元1105年）十一月，“以朱勔领应奉局及花石纲于苏州”⑤。应奉局“指取内帑，如囊中物，每取以数十百万计，延福宫、艮岳成，奇卉异植，充牣其中”。朱勔权势甚盛，“东南部刺史、郡守多出其门，徐铸、应安道、王仲闳等济其恶，竭县官经常以为奉。所贡物，豪夺渔取于民，毛发不少偿。士民家一石一木稍堪玩，即领健卒直入其家，用黄封表识，未即取，使护视之，微不谨，即被以大不恭罪。及发行，必彻屋抉墙以出。人不幸有一物小异，共指为不祥，唯恐芟夷之不速。民预是役者，中家悉破产，或鬻卖子女，以供其须。斸山辇石，程督峭惨，虽在江湖不测之渊，百计取之，必出乃止。尝得太湖石，高四丈，载以巨

① 《宋会要》职官4之30—31。

② 《浮溪集》卷24《朝散大夫直龙图阁张公行状》。

③ 《东都事略》卷105《石公弼传》，《宋史》卷348《石公弼传》。

④ 《皇朝编年纲目备要》卷29，《独醒杂志》卷7。

⑤ 陈桱：《通鉴续编》卷11。虽为元人之作，应有所据。

舰，役夫数千人，所经州县，有拆水门、桥梁，凿城垣以过者”①。后李光劾奏朱勔说：

勔肆奸恶，逾二十年，专以奇技淫巧，荧惑朝廷。花石之供，毒流海宇，竭百姓膏血，罄州县帑藏。一门之内，建节、正任；厮役姻亲，悉补官爵。权倾中外，浊乱朝纲，名为应奉御前，其实尽入私室。钱穀出入，不许驱磨，计其奸赃，擢发莫数。②

宣和二年（公元1120年）爆发方腊之乱。宋徽宗“始大惊”，“谕（童）贯使作诏，罢应奉局”。③

然而到宣和三年（公元1121年）闰五月，在镇压方腊之变后，“复应奉司，命王黼及内侍梁师成领之”，“仍令黼总领于外，梁师成总领于内”。④“初，方腊之乱，黼承上意，罢苏杭造作局及诸所局，而内侍复以言动黼，黼大悔悟，且惧失权势。乃乞创应奉局于私第，而自领之。”⑤歪理说三分，他上奏说：“士大夫怀奸弗享，损抑应奉等，意在动摇政事，妄为讥谤，失臣子之恭。”⑥又对人说：“此以中官领供应者不一，凡物既不可考核，而搔扰已倍多，故总以一司。”⑦

---

① 《宋史》卷470《朱勔传》，又见《云麓漫钞》卷7，《说郛》弓68张淏《艮岳记》。

② 《历代名臣奏议》卷182，《靖康要录笺注》卷4靖康元年三月十八日。

③ 《宋史》卷468《童贯传》。

④ 《宋史》卷22《徽宗纪》，《皇宋十朝纲要校正》卷18。

⑤ 《皇朝编年纲目备要》卷29。

⑥ 《宋会要》职官4之28。

⑦ 《龟山先生全集》卷36《周宪之墓志铭》。

史称“宣和以后，王黼专主应奉，掊剥横赋，以羡为功。岭南、川蜀农民陂罚钱、罢学制学事司赡学钱，皆归应奉司，所入虽多，国用日匮”。宣和四年（公元1122年），“令诸路近岁所增（商）税钱，悉归应奉司”①，“充御前支用”②。应奉司所掌钱物，看来与经制钱和南宋的总制钱相似，至少有相当比例是来自细琐的苛捐杂税或财政收入的“窠名”的截拨，如另有“湖、常、温、秀州无额上供钱”，应奉司“措置算请盐钞上每贯量收工墨钱等一十文”，“应奉增收一分税钱，两浙路钞旁定帖息钱，磨出失收带纳酒钱，湖、常、温、秀州四色钱，明、越州湖田钱”，应奉司“措置拘拨头子等钱，出卖铁炭钱，淮南路添酒钱，隆、兖州铜铸到钱”等。③ 按当时规定，接管京城所茶利的“都茶场隶属应奉司”④。

王黼以首相之尊，即“以太宰而行应奉司”⑤，兼提领应奉司，管理皇帝的私财，“号为享上”⑥。在制度上确是创造，并且变本加厉，将原来专设于苏州，索取东南财物，扩大到全国，“以为当受四海九州之奉”⑦。宦官梁师成号为“隐相”，王黼“父事梁师成，称为‘恩府先生’”，可知应奉司地位之隆。“中外名钱，皆许擅用，竭天下财力以供费。官吏承望风旨，凡四方水土珍异之物，悉苛取于民，进帝所者不能什一，余皆入其家。”⑧

---

① 《宋史》卷179、卷186《食货志》。
② 《宋会要》食货17之31。
③ 《宋会要》职官4之34。
④ 《宋会要》食货32之15。
⑤ 《渭南文集》卷5《条对状》。
⑥ 《伊洛渊源录》卷10杨时墓志铭。
⑦ 《鹤山先生大全文集》卷109《师友雅言》。
⑧ 《宋史》卷468《梁师成传》、卷470《王黼传》。

宣和六年（公元 1124 年）王黼罢相后，十一月，“罢应奉司”①。

7. 提举淮南、两浙路御前人船所。《续资治通鉴长编纪事本末》卷 128《花石纲》政和七年（公元 1117 年）七月乙未条说：“提举淮南、两浙路御前人船所条具合行事件，仍乞比附直达纲条令，及遵用见管押花石并御前物色前后所得指挥，并从之。”其注说：“蔡絛《（国）史（后）补》云，蔡京始作提举人船所，但不记月日，因诏旨载提举人船所申请画一，在七月九日，始掇取附见，须考详之。”此注引蔡絛之说：“崇宁中，始命官访古图牒，宫中独观书临字，却去华丽之饰，玩味竹石而已。使命伯氏（按：指蔡攸），俾朱勔密取江、浙花石。其初得小黄杨木三株，以黄帕覆之而进也。上大喜异，然其后岁不过一二贡，贡不过五七物。大观末，朱勔始归隶童贯，而所进已盈舟而载。伯氏亦自命使臣采以献焉。俱未甚也。政和初，鲁公（蔡京）被召，上戏伯氏，须土宜进。遂得橄榄一小株，杂诸草木进之。当时以为珍。其后又有使臣王永从②、士人俞辋③应奉，皆隶伯氏。每花石至，动数十舟，号成纲矣。盛章守姑苏，及归，作开封府尹，亦主进奉。然勔之纲为最，延福宫、艮岳诸山皆仰之。政和四年以后，东南监司、郡守，二广市舶，率有应奉，多主伯氏。至六、七年间，则又不待旨，但进物，至计会诸阉人，阉人亦争取以献焉，天下乃大骚然矣。大率太湖、灵璧、慈谿、武康诸石，二浙花竹、杂

① 《宋史》卷 22《徽宗纪》，《皇宋十朝纲要校正》卷 18 作“罢应奉局”。

② 《靖康要录笺注》卷 5 靖康元年四月十日诏：“王永从、吴浒、杨邦直皆系骚扰东南之人，臣僚累有章疏。永从降授秉义郎致仕，吴浒、杨邦直并除名，勒停，送诸州编管，日下押出门。”

③ 《要录》卷 44 绍兴元年五月癸亥作“俞赒”，“朝议大夫俞赒卒。赒，钱塘人，宣、政间，以应奉故，屡为部使者，靖康初乃废”。

木、海错，福建异花、荔子、龙眼、橄榄，海南椰实，湖湘竹木、文竹，江南诸果，登、莱、淄、沂海错、文石，二广、四川异花、奇果。贡大者，越海渡江，毁桥梁，凿城郭而至，植之皆生成。异味珍苞，率以健步捷足，虽万里，用四、三日即达，色香未变也。政和七年，鲁公亦尝具奏：'陛下无声色犬马之奉，所尚者山林竹石，乃人之弃物。惧有司奉行过当，因至骚扰，愿节其浮滥，而惩戒之。'乃作提举人船所，命巨阉邓文诰领焉。时鲁公有囊备东封船艘，得二千余艘，广济兵士有四指挥，因又增置，作牵驾人，遂尽与之。令每岁会所用花石，从前御前降下，使系应奉人，始如数得贡，自馀监司、郡守等，不许妄进。上又诏不许用粮纲若坐船，及役百姓。仍戒伐人坟冢，毁室庐，或加黄封帕蒙人园圃花木，凡十余事，批付鲁公。曰系进奉，独令朱勔、伯氏、王永从、俞䎘、陆渐、应安道①六人听旨，他悉罢之，由是稍戢。其后不二岁，天下争献复如故，而又增提举人船所，进奉花石。纲运所过，州县莫敢谁何，殆至劫掠，遂为大患。后鲁公奏罢。然未久王黼当国，乃置应奉司，而自领之，仍不以是何官司钱物，皆许支用。宰相既自领，遂竭天下财赋，四方监司、郡守，凡尺寸之地，入口之味，莫不贡献。中外以为言，然黼持以自若也，只令朱勔等七人管买物色。自政和六年四月九日至宣和元年十二月十七日，乃罢提举人船所。"蔡絛所写，当然美化其父蔡京，但此段文字无疑是今存的原始记录，其实已说明提举淮南、两浙路御前人船所设置于政和六年（公元 1116 年）四月九日。

《皇朝编年纲目备要》卷 28 政和七年七月记事："置提举御前人船所。"其后记述乃删略《国史后补》的部分文字，《文献通考》

① 参见《靖康要录笺注》卷 4 靖康元年三月十八日许翰劾奏，卷 8 靖康元年六月十九日，《宋会要》职官 69 之 25，《容斋续笔》卷 15《紫阁山村诗》。

卷22所载则更为简略，而今标点本中的“慈口溪”，“口”字系衍，应删。提举御前淮南、两浙路人船所的设置，当然与花石纲密切相关，其初衷原为减轻民间的负担和骚扰，但正如《皇朝编年纲目备要》所承认，“不两岁，愈甚于旧”。

宦官邓文诰为初任提举御前淮浙人船所，其后任中又有宦官王珣。①《宋史》卷381《程瑀传》记载：“先是，使者往返江、浙间，调挽舟夫甚扰，有诏禁止。提举人舡王珣画别敕，遇风逆水涩，许调夫。瑀渡淮，见民丁挽舟如故，遂劾珣，珣反奏瑀违御笔。诏命淮南提举潘良贵核实。良贵奏珣言非是。”《胡澹庵先生文集》卷23程瑀墓志铭说：“先是，人使往来淮、浙，类起丁夫挽船，县卒千人，或水溢，多溺死者，浸淫上闻，有诏禁止。而提举人船王珣不悦，画别敕，许遇风不顺，或水涩趁潮，起夫率挽。中书舍人孙公傅封还，徽宗大怒，以散官安置。给事中许公翰驳奏责傅太重，〔复〕落职，宫观。及公渡淮、〔浙〕，过复如往日。即谕县令：‘已有御笔，禁止〔役〕民，不遵守，何邪?’令曰：‘漕、提举约束俱尔，其敢违乎!’遂约（刘）士元列奏，士元畏珣，不敢涉笔。公独衔以闻，俄报所〔劾〕漕及令皆放罢取勘。”② 两处记载虽稍异，但其共同点：第一，“王珣画别敕，遇风逆水涩，许调夫”，乃是以皇帝的名义强制调发“民丁挽舟”，而根本不顾百姓死活；第二，孙傅和许翰论奏此事，“徽宗大怒”，反而将两人贬责。

《浮溪集》卷24《朝散大夫直龙图阁张公行状》载：“会御前人船所占留直达纲船，公（张根）以上供期迫，乞还之，且因起

① 《靖康要录笺注》卷4靖康元年三月二十三日：“（曾）纡，故相布之子，因谄事内臣王珣，进职赐带。”可知王珣为宦官。

② 以《新安文献志》卷78程瑀墓志铭参校。

发竹石，上言：‘本路一竹之费，无虑五十缗，他路犹不止此。今不以充苑囿，而入诸臣之家，民力之奉，将安所涯。愿示休息之期，以厚天下。’”《宋史》卷356《张根传》则作“寻以花石纲拘占漕舟，官买一竹，至费五十缗，而多入诸臣之家，因力陈其弊，益忤权幸”，而“责监信州酒”。《续资治通鉴长编纪事本末》卷128重和元年四月乙卯的记载大致相同，补充了宋徽宗御笔：“淮南转运使张根轻躁妄言，落职，监信州酒税。”张根是李纲的岳父。

宣和元年（公元1119年）十二月，“罢提举人船所”①。

8. 御前官物局。此应为宣和三年（公元1121年）复应奉司后新设的机构。宣和五年（公元1123年），宋徽宗御笔规定，“装发御前官物局制造到御前及乾华殿等处生活，并非泛取索官物”，由两浙路都转运使王復“专一应奉人船，依限交装津发，不得违误”②，充分反映了宋徽宗在方腊之乱刚结束后就故态复萌。

9. 营缮所。其全名可能是御前营缮所。“政和末，又置营缮所，亦为公田。久之，后苑、营缮所公田皆并于西城所。”③ 宣和五年（公元1123年），“诏罢营缮所，归将作监”④。史称“时内侍张佑主营缮所，亦效后苑公田所为，取足无算。及（杨）戬死，而公田、营缮事皆并入西城所”⑤。营缮所设置于“政和末”，由宦官张佑主管，其所掌财源则是所谓“公田”，留待下面叙述。

10. 延福宫西城管所。一般称西城所，其全名可能是御前延

① 《皇宋十朝纲要校正》卷18。

② 《宋会要》职官4之30。

③ 《宋史》卷174《食货志》，《文献通考》卷7。

④ 《宋史》卷165《职官志》。

⑤ 《皇朝编年纲目备要》卷28政和六年十二月。

福宫西城管所。延福宫是政和时在皇城北所建的新宫。① 宋徽宗“召内侍童贯、杨戬、贾详、何䜣、蓝从熙，讽以禁中逼窄之状。五人听命，乃尽徙内酒坊诸司，又迁二僧寺并军营于他所。五人者既有分地，因各出新意，故号延福五位”②。宋徽宗说自己“禁中逼窄”，无非是宫女数量大增所致。《宋史》卷174《食货志》说：

是时，内外之费浸以不给。中官杨戬主后苑作，有言汝州地可为稻田者，因用其言，置务掌之，号稻田务。复行于府畿，易名公田。南暨襄、唐，西及渑池，北逾大河，民田有溢于初券步亩者，辄使输公田钱。政和末，又置营缮所，亦为公田。久之，后苑、营缮所公田皆并于西城所。尽山东、河朔天荒逃田与河堤退滩租税举入焉，皆内侍主其事。所括为田三万四千三百余顷，民输公田钱外，正税不复能输。

上引记载可参见梁太济、包伟民先生《宋史食货志补正》第165—166页考证，在此不予重复。《宋史》卷468《杨戬传》说：

有胥吏杜公才者，献策于戬，立法索民田契。自甲之乙，乙之丙，展转究寻，至无可证，则度地所出，增立赋租。始于汝州，浸淫于京东、西、淮西北，括废堤、弃堰、荒山、退滩及大河淤流之处，皆勒民主佃。额一定后，虽冲荡回复，不可减，号为西城所。〔梁〕山泺，古巨野泽，绵亘数百里，济、郓数州，赖其蒲鱼之利，立租算船纳直，犯者盗执之。

① 参见《宋代东京研究》第41—44页。

② 《皇朝编年纲目备要》卷28政和四年八月，《容斋三笔》卷13《政和宫室》。

一邑率于常赋外，增租钱至十余万缗，水旱蠲税，此不得免。擢公才为观察使。宣和三年，戬死，赠太师、吴国公，而李彦继其职。

彦天资狠愎，密与王黼表里，置局汝州，临事愈剧。凡民间美田，使他人投牒告陈，皆指为天荒，虽执印券，皆不省。鲁山阖县尽括为公田，焚民故券，使田主输租，佃本业，诉者辄加威刑，致死者千万。公田既无二税。转运使亦不为奏除。悉均诸别州。京西提举官及京东州县吏刘寄、任辉彦、李士渔、王浒、毛孝立、王随、江惇、吕坯、钱棫、宋宪皆助彦为虐，如奴事主，民不胜忿痛。……当时谓朱勔结怨于东南，李彦结怨于西北。

参照其他记载，此处的“淮西北”当为“河东、北”之误。《皇朝编年纲目备要》卷28政和六年十二月记载则称为公田所：

创公田所。京西旧多旷土，宝元、康定间，特轻其赋，募民垦辟，地无遗利。政和初，始议增税，民已不能支。未几，后苑作使臣杜公才献言，汝州有地，可为稻田，乃置稻田务。主以内侍杨戬，皆按民契券，而以乐尺打量其赢，则拘入官，而创立租课，谓之公田钱。是岁，始改为公田所，而又并河东、北三路皆括之。于是大扰，农民困敝，仅能输公田钱，而正税不充矣。时内侍张佑主营缮所，亦效后苑公田所为，取足无算。及戬死，而公田、营缮事皆并入西城所，以内侍李彦主之，其纵暴病民，又甚于前矣。

在“内外之费浸以不给”的情势下，杨戬听从胥吏杜公才之建议，在京东、京西路和河北、河东路设置所谓“公田”，而其主管机构则由后苑作、营缮所、公田所，而最终“皆并入西城所”。至于何以取名延福宫西城管所，因史料残缺，难以考证。《挥麈后录》卷2和卷11说：

祖宗开国以来，西北兵革既定，故宽其赋役，民间生业，每三亩之地，止收一亩之税，缘此公私富庶，人不思乱。政和间，谋利之臣建议，以为彼处减匿税赋，乃创置一司，号西城所。命内侍李彦主治之，尽行根刷拘催，专供御前支用。州县官吏无却顾之心，竭泽而渔，急如星火。其推行为尤者，京东漕臣王宓、刘寄是也。人不堪命，遂皆去而为盗。

绍兴初，经从严陵（严州），邢铃辖招饭，时老珰赵舜辅在焉。坐间，邢、赵相语云：“颇记吾曹同在延福宫时事否?”赵唯唯，因叩其事，邢云：“一日，梁师成、谭稹坐于延福宫门下，二人实从。主管西城所李彦者过门，下马致礼于谭、梁，甚恭，既去，谭谓梁：早来闻玉音否？可畏哉！赵问梁何言，答云：适见李彦于榻前纳西城所羡馀三百万缗，上顾彦云：李彦，李彦，莫教做弄一火大贼来，斫却你头，后怎奈何?”不数年，彦果以横敛被诛。

延福宫西城管所搜刮的公田钱奉献宋徽宗，仅一次即达“三百万缗”，“专供御前支用”。李彦“密交王黼，相为表里。其在京东、西也，以西城所为名，恣行凶暴。凡民间美田，使之投牒陈告，皆指为民荒，竟有无故而被谴责者，亦不可数”①。“李彦括

① 《靖康要录笺注》卷10靖康元年八月十一日。

公田，以黠吏告讦，籍郏城、舞阳隐田数千顷，民诣府诉者八百户”①。按宋朝行政体制，在各路设有转运司等监司，直接对朝廷负责。李彦凭恃宋徽宗和王黼的威势，又压在京东、京西等的监司头上，监司长官和州县官对他“如奴事主”。后李光上奏弹劾说：

（京东、西）两路最为李彦信任，陈献利便，创立租税，忍于害民，为国敛怨，侥冒赏典，转官除职之人，其尤甚者，京东则有王子献、吕峄、毛孝立，京西则有刘寄、任徽彦、李端愿。子献为京东转运使，将梁山泺城田租收入西城所，辟置孝立、峄为属官，遍诣州县，自济、兖、郓、濮、兴仁、广济等处，为之骚然。迫胁官吏，抑勒细民，有不承佃者，便枷项送狱，人人惴恐，莫保性命。蒲、鱼、荷、芡之利，皆日计月课，纤悉无遗。遂致泺傍之人，无所衣食，强者结集为寇盗，弱者转徙乎沟壑。……寄、徽彦、端愿或自白身，或由小官，为李彦汲引。将唐、邓、汝、蔡四州九县，取民间税地，谓之公田，敛取无艺，百姓失业，流丐者众。风谕诸邑，催索租逋，急于星火。确山令刘愿前后杖下，决死良民千余人。②

以上各种记载提供的李彦帮凶，名单或异，计有杜公才、王宓、刘寄、任辉彦、李士渔、王浒、毛孝立、王随、江惇、吕坯、钱棫、宋宪、王子献、李端愿、刘愿等。其中任徽彦和任辉彦，

① 《宋史》卷445《叶梦得传》。

② 《历代名臣奏议》卷182，《庄简集》卷9《论王子献等札子》。

任彦辉，吕坯和吕岖，李士渔和李士涣，[1] 都应是同一人。宋代另有一些延福宫西城管所虐民记载[2]，在此不备录。

宣和三年（公元 1121 年）九月，应奉司奏："准延福宫西城管所状申：'契勘诸路州县起纳租钱，甚为縻费、脚乘，除破钱数。且如舞阳县起纳万贯，不下脚钱六百贯。本所近计置收买船二只，价钱一千二百贯，可以二运充填船价，甚为省便。今来沿流官司及无图之辈，循习搔扰，稍涉不顺，百端阻节，罗织篙、稍入官拘系，妨阻行运。欲乞令本所关报所属，止绝施行。'"又奏："兼契勘王子献起纳济、郓二州租钱，于广济河行运，从来多被官司船纲在前于岸下系泊，不敢趱运，动经阻留旬日。及诸路州县陆运车乘，亦皆如此阻滞。若以旗、牌书写'御前钱物'纲船、车乘，必无留滞。"宋徽宗"诏依，付应奉司照会"[3]。反映出即使在官物运输中，也存在着黑吃黑，以致延福宫西城管所必须抬出"御前"的"旗、牌"。

宣和七年（公元 1125 年），到金军攻宋时，宇文虚中"列出宫人，斥乘舆服御物，罢应奉司，罢西城所，罢六尚局，罢大晟府，内臣寄资等十余事于所草诏"，宋徽宗也只得首肯。[4]

11. 采石所。其全名可能是御前采石所。相关史料很少，如《宋大诏令集》卷 184 宣和七年十二月十九日《罢茶盐立额应奉司

① 此名单可参见《宋会要》职官 69 之 25—27，《容斋续笔》卷 15《紫阁山村诗》。

② 参见《容斋续笔》卷 15《紫阁山村诗》，《过庭录》，《海陵集》卷 23《葛文康公神道碑》，《罗鄂州小集》卷 6《显谟阁学士程迈传》，《梅溪先生后集》卷 29《赠少保王公墓志》。

③ 《宋会要》职官 4 之 29—30。

④ 《会编》卷 214 宇文虚中行状。《续资治通鉴长编纪事本末》卷 146《内禅》注载，此叙事"据宇文粹中《承训录》"。

江浙置局花石纲西城租课等诏》宣布："应奉司江、浙路置局及花石纲等，诸路非从上供抛降物色，延福宫西城租课，内外修造、诸路采斫木植制造局、所并罢。"看来采石所应是"内外修造、诸路采斫木植制造局、所"之一。《续资治通鉴长编纪事本末》卷146作"罢大晟府，罢教乐所，罢教坊额外人，罢行幸局，罢采石所，罢待诏额外人，罢都茶场，依旧归朝廷"。此外，《可书》记载："宣和间，置教乐所、行幸局、采石所、应奉司，皆以执政、内侍主之。至靖康初，道君降诏悉罢。"此处的"靖康初"系误，应为"宣和末"。

12. 行幸局。《宋史》卷352《曹辅传》记载，"自政和后，帝多微行，乘小轿子，数内臣导从。置行幸局，局中以帝出日，谓之有排当，次日未还，则传旨称疮痍，不坐朝。始，民间犹未知，及蔡京谢表有'轻车小辇，七赐临幸'，自是邸报闻四方，而臣僚阿顺，莫敢言"，而曹辅能上奏劝告，亦属不易。① 看来行幸局是个专门准备和服侍宋徽宗出宫"微行"的机构，也是历代皇朝中少见的荒唐，"次日未还"，证明他确是在妓院之类夜宿。行幸局撤销后，仍记载有"曾在行幸局祗应人"②，他们当然是在宦官辈的管辖下。

13. 教乐所。《宋史》卷129《乐志》说："（宣和）七年十二月，金人败盟，分兵两道入。诏革弊事，废诸局。于〔是〕大晟府及教乐所、教坊额外人并罢。"后南宋仍置教乐所，看来是个供宋徽宗欣赏音乐、歌舞、杂剧的机构。

14. 大晟府。北宋设有此音乐机构。《宋史》卷129《乐志》载蔡絛奏，"政和初，命大晟府改用大晟律，其声下唐乐已两律"

① 又见《宋史全文续资治通鉴》14宣和元年十二月引《秀水闲居录》。

② 《靖康要录笺注》卷15靖康二年正月十三日，《会编》卷74。

云云。同书卷 142《乐志》说："政和三年五月，诏：'比以大晟乐播之教坊，嘉与天下共之，可以所进乐颁之天下。'八月，尚书省言：'大晟府宴乐已拨归教坊，所有诸府从来习学之人，元降指挥，令就大晟府教习，今当并就教坊习学。'从之。四年正月，礼部奏：'教坊乐春或用商声，孟或用季律，甚失四时之序。乞以大晟府十二月所定声律，令教坊阅习，仍令秘书省撰词。'"但宋徽宗时的大晟府显然十分铺张浪费，故在宣和末废罢。

15. 后苑书艺局。据《宋史》卷 179《食货志》说，宣和七年（公元 1125 年），宋徽宗下令，"后苑书艺局等月省十九万缗，岁可省二百二十万"①。当时有翰林书艺局，与后苑书艺局是否是同一机构，尚不清楚。但《东京梦华录》卷 1《内诸司》开列有翰林书艺局，非无可能。政和七年（公元 1117 年），提举东南九路坑冶徐禋奏："太平瑞应，史不绝书。令部内山泽、坑冶，若获希世珍物及古宝器，请赴书艺局上进。"② 大宦官梁师成"慧黠，习文法。稍知书，初隶贾详书艺局，详死，得领睿思殿文字外库，主出外，传道上旨。政和间，得君贵幸"③。贾详当然也是宦官，可知后苑书艺局的设置肯定在政和前。《东京梦华录》卷 8《六月六日崔府君生日二十四日神保观神生日》记载，六月"二十三日，御前献送后苑作与书艺局等处制造戏玩，如球杖、弹弓、弋射之具，鞍辔、衔勒、樊笼之类，悉皆精巧"，可知书艺局也是为皇帝"制造戏玩"。后太学生陈东上书宋钦宗，抨击梁师成说："又创置北司，以聚不急之务，专领书艺局，擅建官吏，剩立工徒，以进

---

① 《宋史》卷 157《选举志》。

② 《宋史》卷 185《食货志》、卷 352《王安中传》。

③ 《宋史》卷 468《梁师成传》。

市井游手无赖之辈，滥恩横赐，糜费百端。”① 可知贾详之后，由梁师成“专领”，也显示了后苑书艺局地位之高。《文献通考》卷160引蔡絛《国史后补》之说，政和时，宋徽宗“遂尽收（牧马）田，以赐诸苑囿及道宫，若复（后）苑八作、书艺局、艮岳、撷芳园、上清宝箓宫、龙德太一宫、祐神观，各一千或八百顷”，以牧田租充后苑书艺局之类的经费。依此类推，如撷芳园、上清宝箓宫、龙德太一宫、祐神观等，无非都是由宦官们分别管理的诸局所钱物。

宋钦宗即位，御史中丞许翰抨击说：“宫观、池苑营缮之功，后苑书艺局、文字（书?）库所与之赏，淫朋比德，各从其类。”② 宋钦宗“诏吏部考核滥赏”，其中就包括“后苑书艺局、文书库等之赏”。③

16. 文书库。清朝《石渠宝笈》卷32载有“宋王希孟《千里江山图》”，其中附有蔡京所写记文：“政和三年闰四月一日赐。希孟年十八岁，昔在画学，为生徒，召入禁中文书库，数以画献，未甚工。上知其性可教，遂诲谕之，亲授其法，不逾半岁，乃以此图进。上嘉之，因以赐臣京。”其靡费情况可见上引记载。

17. 补完御前书籍所。《挥麈前录》卷1载：“宣和初，蔡攸提举秘书省，建言置补完御前书籍所，再访天下异书，以资校对。以侍臣拾人为参详官，余为校勘，又以进士白衣充检阅者数人，及年，皆命以官。”

18. 御前军器所。崇宁二年（公元1103年），在军器监之外，

① 《会编》卷32，《宋陈少阳先生文集》卷1《登闻检院三上钦宗皇帝书》。

② 《历代名臣奏议》卷141。

③ 《皇朝编年纲目备要》卷30靖康元年四月。

又设置都大提举制造军器所，简称都大军器所。① 南宋人追忆说：“昨在京已有御前军器所，就军器监置局，别差提举官，以内侍领之，更不属工部。”② 所谓御前军器所，应是更名。大观二年（公元1108年）八月，提举御前军器所奏：“乞如崇宁五年指挥，下诸路买牛角四十万只，筋十万斤。”得到批准。③ 《东京梦华录》卷1《外诸司》称“万全”为“造军器所”，但又另有“军器所”，按“万全”为制造兵器的厢兵番号。南宋时沿用旧制，以万全兵隶属御前军器所。④ 御前军器所为重复的机构，应由宦官管辖。

19. 御前弓马子弟所。宋徽宗时，在“崇政殿阅弓马所子弟武伎，引强如格，各命以官”⑤。他“驾登宝津楼，诸军百戏呈于楼下”，有“诸班直、常入祗候、子弟所呈马骑”。⑥ 当时还制定了《弓马所格法》，以作比试武技的规范，沿用到南宋。⑦ 刘珏后给宋钦宗上奏批评说：“教子弟既有其所，又彻而新之，长入祗候之班，势若可缓，亟而成之，此营缮之开端也。”⑧ 宋使马扩向金人夸耀射技，说“如在京则有子弟所、长入祗候、诸班直”等，“乃武艺精壮之人”。⑨ 他将子弟所置于诸班直之上，也足见子弟所出身者的地位。后金军攻打开封时，宋钦宗募“武学有方略智

---

① 《皇朝编年纲目备要》卷26崇宁二年十月。《宋史》卷197《兵志》作“都大提举内外制造军器所”，多“内外”两字。

② 《宋会要》职官16之8。

③ 《宋史》卷197《兵志》。

④ 《宋史》卷194《兵志》。

⑤ 《挥麈录馀话》卷1，《忠惠集》卷4《子弟所呈试弓马推恩制》。

⑥ 《东京梦华录》卷7《驾登宝津楼诸军呈百戏》。

⑦ 《要录》卷13建炎二年二月乙亥，《历代名臣奏议》卷189张守奏。

⑧ 《宋史》卷378《刘珏传》。

⑨ 《会编》卷4《茆斋自叙》。

谋，及曾充弓马所子弟”，“赴亲征行营司”。[①] 南宋时，又“复置御前弓马子弟所”[②]。由于北宋史料中找不到“御前弓马子弟所”一词，只有简称，今据南宋记载，方得恢复全称。估计此机构也应由宦官管辖。虽然也是炫耀盛世，却对强兵不起作用。

综上所述，第一，诸局所的设置和废罢靡常，也并非都是宋徽宗时新设。前引宋钦宗废罢的“一百五处”，包括了其他“内外官司”，当然不能理解为其全数，但在此前，部分局所也已废罢。故今人对诸局所已不可能有全面统计。第二，诸局所之间，财政不相统一，各行其道，根本没有统一管理。王黼恢复应奉司，表面理由就是统一诸局所财政，却根本做不到。第三，诸局所一般由宦官掌管，朱勔掌管应奉局则是例外。“当是时，御笔既行，互相抵排，都邑内外，无所适从。群臣有司，大惧得罪，必得宦人领之，则可入奏，缓急有所主。故诸司、务、局争奏，乞中官提领。是后大小百司，上下之权，悉由阉寺。”[③] 第四，诸局所的财源，堪称五花八门，但主要无非是两类：一是前述“截拨上供”，致使“繁富路分一岁所入，亦不敷额”，特别明显者就是应奉局和应奉司；二是新设苛征，如延福宫西城管所的公田钱。

统治和剥削阶级的重要特征之一，无非是骄奢淫逸，这也必然是社会上奢靡之风的根源。但古代广大的被统治和被剥削阶级，只能是菲衣恶食、饥啼寒号，挣扎在死亡线上，他们与奢靡之风是无缘的。

尽管是黑暗统治，但对于剥肤椎髓式的搜刮，穷奢极侈的享受，却仍有一些儒臣提出异议或谏劝，进行抵制，除前述黄葆光、

---

① 《宋史》卷193《兵志》。

② 《宋史》卷34《孝宗纪》乾道六年七月。

③ 《铁围山丛谈》卷6。

曹辅、石公弼、张根、孙傅、许翰、程瑀等人外，又如“御史陈过庭乞尽罢以御前使唤为名冗官，京西转运使张汝霖请罢进西〔京〕花果。帝既纳，（王）黼复露章劾之，两人皆徙远郡”①。另一说为方腊变乱后，时任御史中丞的陈过庭上劾奏说：“致寇者蔡京，养寇者王黼，窜二人，则寇自平。又朱勔父子本刑徐小人，交结权近，窃取名器，罪恶盈积，宜昭正典刑，以谢天下。”由此“大与权贵迕”，而遭贬黜。② 他们当然不可能力挽狂澜，但在那个昏天黑地的时代，也显示了儒臣的气节，因而难能可贵。

古代儒家经典也有提倡奢靡的言论，如《尚书·洪范》：“惟辟作福，惟辟作威，惟辟玉食。”强调君主可以作威作福。但占主导地位，并且被后代儒者尊崇者，正是强调节俭，如《尚书·大禹谟》说：“克勤于邦，克俭于家，不自满假，惟汝贤。”《论语·述而》说：“饭疏食，饮水，曲肱而枕之，乐亦在其中矣。不义而富且贵，于我如浮云。”“奢则不孙，俭则固。与其不孙也，宁固。”《孟子·滕文公上》说：“贤君必恭俭礼下，取于民有制。”《孟子·离娄上》进一步解释说：“恭者不侮人，俭者不夺人。”

“丰、亨、豫、大”之说的可恶而可恨之处，正是将奢靡之风变得名正言顺，并且作为伪造盛世的借口、装饰盛世的护符，而将恭俭贬斥“为衰乱减损之计”。宋徽宗夸耀国家处于盛世，他在御制《艮岳记》中说，“昔我艺祖，拨乱造邦”，“且使后世子孙，世世修德，为万世不拔之基”，“祖功宗德”，“社稷流长”，“足以跨周轶汉”。志得意满的心态，跃然纸上。词臣奉命进谀诗说：“四海熙熙万物和，太平廊庙只赓歌。”③ 正如后来陈过庭的评论：

① 《宋史》卷 470《王黼传》，《东都事略》卷 106《王黼传》。

② 《宋史》卷 353《陈过庭传》。

③ 《挥麈后录》卷 2。

“怀奸营私，招权纳货，致使奸赃之吏，布满天下。凡于古无所稽考，于经无所依据，则必曰自我作古。台谏敢有论列，有司敢有申明，则必曰规摇时政。竭民力，耗国用，以博虚名，则必曰此三代甚盛之举也。崇俭约，抑浮冗，以图实效，则必曰此五代镌削之计也。每建一议，立一法，未见是非利害，必立严禁，不得干与。又立重赏，许人告讦。大臣坐视，而不敢言，黎庶怀愤，而无所诉，监司、守令观望风指，惟恐奉行之缓。”① 真可谓盗亦有道，诡辩与文过饰非，何患无术，其落脚点则无非是以百姓为鱼肉。

史实表明，宋徽宗尽管侈心极重，也明知自己与诸局所的所作所为，无非是厉民虐政，如前引他警告李彦说：“莫教做弄一火大贼来，斫却你头。”有时迫于形势，也曾打算对诸局所稍作裁损。但王黼、众宦官等却不断地对皇帝的侈心推波助澜，不仅欲裁损而不能，反而变本加厉。所谓“名为应奉御前，其实尽入私室”，虽非“尽入私室”，王黼、众宦官等也必须利用诸局所谋取私利。他们重设应奉司，“四方水土珍异之物，悉苛取于民，进帝所者不能什一，馀皆入其家”。至于所谓“徽宗患其扰，屡禁止之，然覆出为恶，不能绝也”②，乃是宋朝臣僚为皇帝文过饰非之词，其实彼此无非是狼狈为奸，同恶相济。追求“丰、亨、豫、大”的排场和享受的背后，正是千百万劳动大众的血泪。只管自己享受，哪顾百姓死活。光是确山县令刘愿就“决死良民千余人!”直到最终，宋徽宗诏中才被迫承认：“比年以来，宽大之诏数下，裁省之令屡行。然奸吏玩法，而众听未孚；有司便文，而实惠不至。盖缘任用非人，过听妄议，兴作事端，蠹耗邦财。

① 《靖康要录笺注》卷5靖康元年四月二十九日。

② 《容斋续笔》卷15《紫阁山村诗》。

〔假〕享上之名，〔济〕营私之欲，渔夺百姓，无所不至。”① 其实还是不痛不痒，不足以表其罪恶之万一。然而在宣和时，却有士人于“畿北马铺中”题诗讥刺说：花已栽成愁叹本，石仍砌出乱亡基。如今应奉归真宰，论道经邦付与谁?②

时过境迁，“丰、亨、豫、大”的自我吹嘘，盛极一时的诸局所，竟转瞬间都成了宋皇朝耻辱的、痛苦的象征，故南宋一些爱国士大夫谈论此事，莫不痛心疾首，以致宋代士大夫辈的笔下很少提及，连诸局所的名目和清单，也成了永远的历史谜团。

在中国历史上，吹嘘盛世，大兴奢靡之风的事层出不穷。如隋炀帝自夸“华盛”，规定洛阳“卖菜者亦借以龙须席。胡客或过酒食店，悉令邀延就坐，醉饱而散，不取其直，给之曰：‘中国丰饶，酒食例不取直。’胡客皆惊叹。其黠者颇觉之，见以缯帛缠树，曰：‘中国亦有贫者，衣不盖形，何如以此物与之，缠树何为?’市人惭不能答”③。在专制主义中央集权的等级授职制的背景下，最高权力既然缺乏有效监督，就有其必然性，所以才会不断地重复发作，值得人们深思和深省。

（原载《北京大学学报》2014 年第 2 期）

---

① 《宋大诏令集》卷 184《罢茶盐立额应奉司江浙置局花石纲西城租课等诏》，《宋会要》职官 4 之 35。

② 《曲洧旧闻》卷 8。

③ 《资治通鉴》卷 181 大业六年。

一四、宋徽宗时的宦官群

宋朝宦寺之炽盛，自然比不上东汉、唐、明诸朝，而短促的秦朝也有赵高，却亦非其他朝代可比。就宋朝各代而论，宦寺之炽盛，主要是在宋徽宗和宋高宗两代。宋高宗吸取了父亲的教训，不令宦官统兵，又有意压低其官位，尽管如此，宦官势力也比其他各代炽盛。关于宋高宗时的宦官，笔者已有专文①，在此专谈宋徽宗时的宦官。无论是蔡京、王黼、朱勔、高俅、蔡攸等官员，还是宦官群，都是祸国的蠹贼，害民的大憝。宋徽宗时的宦官政治，自然是当时的黑暗贪腐政治的重要组成部分。

宋徽宗时的宦官群的特点，可说是官位高、权势盛、作恶多。

北宋宦官有离开皇宫外任，参与军事的制度。但到宋太宗时，就出现了宦官统兵。宦官王继恩在平王小波、李顺变乱时，“命为剑南两川招安使”，为大军的统帅，“军事委其制置，不从中覆”，即授以全权。王继恩在宋太宗“烛影斧声”中即位时，扮演了重要角色，故“宠遇莫比”，在西川作威作福。② 尽管如此，宋太宗

---

① 参见《城狐社鼠——宋高宗时的宦官与医官王继先》，载《岳飞和南宋前期政治与军事研究》，河南大学出版社，2005 年。

② 《宋史》卷 466《王继恩传》。

对王继恩的官位限制颇严，“继恩有平贼功，中书建议，欲以为宣徽使”，宋太宗不允，只在宦官官阶的昭宣使之上，特设宣政使，“为宣政使、顺州防御使”。① 按后来的元祐令，“昭宣使正六品”②，估计宣政使与之相同③，官位不高。

宋神宗时，又重用宦官李宪和王中正主持对西夏的战事。两人挟天子的威风，气焰虽盛，却出师无功，虚报战绩，声名狼藉。④ 但李宪的最高官位是“景福殿使、武信军（节度观察）留后”⑤。《建炎以来朝野杂记》甲集卷12《宦官节度使》说：“真庙以来，宦者官虽尊，止于遥郡承宣使而已。宣、政间，始除童贯、杨戬、梁师成、谭稹、李彀（縠）、梁方平等十许人。靖康初政，皆贬夺之。”武信军节度观察留后即是政和后的遥郡承宣使，按元祐令，“景福殿使从五品”，南宋官品相同。⑥

节度使为从二品⑦，宋时被称为武将之“极致”⑧，尽管宋朝军政腐败，但武将能荣获此荣誉虚衔者，毕竟寥寥可数。唯有宋徽宗时，方滥授大批宦官以节度使，而大多又与军功无关，仅在于他们能满足皇帝的侈心，并赢得了皇帝欢心而已。按宋朝“故事，内臣不拜节度使”，蔡京“乃谓降旨有边功者，毋用故事，盖

---

① 《长编》卷36淳化五年八月甲午。

② 《职官分纪》卷44。

③ 《宋史》卷168《职官志》载南宋官品，宣政使即为正六品。

④ 《宋史》卷467《李宪传》《王中正传》，《长编》卷312元丰四年四月癸酉、卷313元丰四年六月壬午，《铁围山丛谈》卷6。

⑤ 《长编》卷327元丰五年六月乙卯。

⑥ 《职官分纪》卷44，《宋史》卷168《职官志》。

⑦ 《宋会要》职官8之3—4。

⑧ 《宋史》卷474《贾似道传》。

为贯地”。[1] 大观二年（公元1108年）童贯升节度使[2]，尚可说是军功。大观时，“内侍杨戬提举后苑作有劳”，宋徽宗打算“除节度使”，宰相张商英反对。但到政和四年（公元1114年），终于升此高官，就根本不是军功。[3] 蔡京任相，首“擢童贯领节度使，其后杨戬、蓝从熙、谭稹、梁师成皆踵之。凡〔内侍〕寄资，一切转行，祖宗之法荡然无余矣”[4]。他又能歪理说十分：“缮郊庙，建明堂，铸九鼎，治大河，制礼作乐，皆大勋劳，岂减边功耶!”[5]

童贯初任武康军节度使后，“改镇威武、宁江”，“更武信、武宁、护国、河东、山南东道、剑南东川等九镇”[6]，另有记载又“易镇”奉宁军和镇洮军[7]，可能是十一镇。其上的加衔先后有检校司空[8]、检校司徒[9]、检校少傅、检校少师[10]、太尉[11]、开府仪同三司[12]，直至太保[13]、太傅[14]、太师[15]，封徐、豫两国公[16]，广

① 《家世旧闻》下。
② 《宋史》卷20《徽宗纪》。
③ 《皇朝编年纲目备要》卷27大观四年十一月、卷28政和四年五月。
④ 《宋史》卷472《蔡京传》，《皇朝编年纲目备要》卷27大观二年正月。
⑤ 《家世旧闻》下。
⑥ 《宋史》卷468《童贯传》，《东都事略》卷121《童贯传》。
⑦ 《桯史》卷4《叶少蕴内制》。
⑧ 《宋史》卷20《徽宗纪》载，在大观二年五月，即建节后四个月。
⑨ 《桯史》卷4《叶少蕴内制》。
⑩ 《宋宰辅编年录校补》卷12。
⑪ 《宋史》卷21《徽宗纪》载，为政和二年十二月。
⑫ 《宋史》卷21《徽宗纪》载，为政和六年九月。
⑬ 《宋史》卷21《徽宗纪》载，为重和元年八月。
⑭ 《宋史》卷22《徽宗纪》载，为宣和元年七月。
⑮ 《宋史》卷22《徽宗纪》载，为宣和三年八月。
⑯ 《宋史》卷22《徽宗纪》载，为宣和五年五月。

阳郡王[1]，并且由签书枢密院事升至权领枢密院事、领枢密院事。“时人称蔡京为公相[2]，因称（童）贯为媪相。”[3]“缙绅无耻者皆出其门”，“至以蔡京为比”。[4] 北宋后期至南宋前期，官拜太师仅蔡京、郑绅、童贯和秦桧四人。[5] 梁师成“拜节度使，加中太一、神霄宫使，历护国、镇东、河东三节度，至检校太傅，遂拜太尉、开府仪同三司，换节淮南”。他号为“隐相”，王黼“父事梁师成，称‘恩府先生’”。[6] 宦官统兵到宋徽宗时，也发展到顶点，宦官童贯、谭稹和梁方平都出任军事统帅，而童贯以宦官而升任枢密院长官，成为最高军事长官，在宋朝亦是绝无仅有。“童贯为太师，领枢密院，视宰相，（梁）师成为开府，亦视宰相。”[7]《宋名臣言行录》别集上卷4《叶梦得》载其说：

> 自童贯用事，天下之权，半分于宦者。今则梁师成、杨戬等数十辈踵贯而起，宰执用舍，多出此曹。

王称在《东都事略》卷120《宦者传》评论说：

---

① 《宋史》卷22《徽宗纪》载，为宣和七年六月，《皇朝编年纲目备要》卷29。

② 关于蔡京称“公相”，《萍洲可谈》卷1记载：“祖宗故事，宰相呼相公。节度使带开府仪同三司，元丰官制前，带同中书、门下平章事，亦呼相公，谓之使相。三公正真相之任，呼公相。尚书改令厅为公相厅。蔡京首以太师为公相，其子攸自淮康军节度使除开府仪同三司，遂父呼公相，子呼相公。时传京父子入侍曲宴，上云：‘相公公相子。’京对云：‘人主主人翁。’际遇之盛如此。”

③ 《宋史》卷468《童贯传》，《老学庵笔记》卷4。

④ 《能改斋漫录》卷12《打破筒泼了菜》。

⑤ 《宋史》卷161《职官志》，《却扫编》卷中。

⑥ 《宋史》卷468《梁师成传》、卷470《王黼传》。

⑦ 《皇朝编年纲目备要》卷29宣和四年正月。

自李宪节制诸将于西边，而童贯因之，以握兵秉。徽宗既宠用贯，而梁师成坐筹帷幄，文武二柄归此两人，宰相特奉行文书而已。内而百司，悉以宦者兼领，外而诸路，则有廉访承受之官。宦者之势盛矣。小人之耆利无耻者，争趋其门，反以所得为荣者，可胜数哉！

又《东都事略》卷121《童贯传》评论说：

宦者之职，本以服役扫洒，主通内外之禁，而时君世主必狎而亲之，故虽宠任之笃，则亦无有命以旄钺者。自一童贯领节制，而踵之者数人，位三师而为公孤者，亦相继焉，盖自古未有也。

陆游《老学庵笔记》卷3将童贯的官位与前朝宦官对比，说：

赵高为中丞相，龚澄枢为内太师，犹稍与外庭异。童贯真为太师、领枢密院，振古所无。

宦官官位之隆，竟位极人臣，甚至高于多数宰相；而宋徽宗破坏限制宦官官位和势力的祖宗之法，如此慷慨地、荒唐地滥授宦官名器，简直令人不可思议。《皇朝编年纲目备要》卷29宣和四年正月记事也评论说：

家臣为师傅，于义尤悖。贯以领枢密，日与宰相同班，进呈毕，即自屏后入内，复易窄衫，与群阉为伍。出则为大臣，当体貌之礼，入则为近侍，执使令之役，古所未有也。

《老学庵笔记》卷3又说：

宣和中，百司庶府悉有内侍官为承受，实专其事，长贰皆取决焉。梁师成为秘书省承受，坐于长贰之上。所不置承受者，三省、密院、学士院而已。

这是一条重要的史料，人们以往对此条史料似重视不够。如后所述，贾详在政和时已是临时机构议礼局承受官，看来“百司庶府悉有内侍官为承受”，也并非仅是在“宣和中”，大约有一个发展过程。参对前引王称“内而百司，悉以宦者兼领”之说，证明了宋徽宗时的官制有一尽管短暂却重大的变更，宦官辈以“承受”的身份“实专其事”，成了朝廷百司的太上皇，而百司的“长贰皆取决焉”，意味着宦官辈近乎全面掌控了中央百司。宦官辈纷纷出任中央百司承受，也为后面分述重要宦官的仕历和事迹所证实。由此可见，宋徽宗时的宦寺之炽盛，与东汉后期、唐朝中后期或明朝中后期相比，其实也相差无几。但有一明显的特点，即宦寺之权只能是皇权的附庸或延伸，宋徽宗和宋钦宗要处置如童贯、梁师成等，也并不费力。蔡絛《铁围山丛谈》卷6说：

本朝宦者之盛，莫盛于宣和间。其源〔由〕嘉祐、元丰，著于元祐，而元丰时有李宪者，则已节制陕右诸将，议臣如邓中司润甫力止其渐，不可，宪遂用事矣。至元祐又以垂帘者久，故其徒得与闻政机，关通廊庙，且争事名誉。有陈衍者迹状既露，后又撼〔天〕子。太上惧，多以邸中旧宝带赂之，得稍止。及亲政，而竟杀之焉。然势已张，若禁网则具在也。及崇宁初，上与鲁公（蔡京）弗能戒，于是开寄班法，因寖任事。大观后，遂有官至皇城使，官达者至引进、客省矣。至外廷，旧规余风则犹尚存也。时士大夫自繇公辅而进，耻从此徒，亦罕敢交通。及政和三、四年，繇上自揽权纲，政归九重，而后皆以御笔从事，于是宦者乃出，无复自顾藉，祖宗垂裕之模荡矣。盖自崇宁既踵元丰任李宪故事，命童贯监王厚军，下青唐，后贯因尽攘取陕右兵权。鲁公再从东南召，复相而力遏之，朝廷降诏，差方劭察访（陕西）五路，然遏之不得，更反折角。政和末，遂寖领枢筦，擅武柄，主庙算，而梁师成者则坐筹帷幄，其事任类古辅政者。一时宰相、执政悉出其门，如中书、门下徒奉行文书。于是国家将相之任、文武二道，咸归此二人。因公立党伍，甚于水火。又当是时，御笔既行，互相抵排，都邑内外，无所适从。群臣有司，大惧得罪，必得宦人领之，则可入奏，缓急有所主。故诸司、务、局争奏，乞中官提领。是后大小百司，上下之权，悉由阉寺。外路则有廉访使者，或置承受官，于是天下一听，而纪律大紊矣。宣和之初暨中间，宦人有至太保、少保，节度使、正使承宣、观察者比比焉。朝廷贵臣，亦皆由其门，遂不复有庙堂。士大夫始尽向之，朝班禁近咸更相指〔曰〕："此立里（按：指童贯）客也，此木脚（按：指梁师成）客也。"反以为荣，而争趋羡之，能自饬励者无几矣。鲁公则居家悔叹，每至啜泣。而上亦觉其难制，始杀冯浩，又杀王尧臣，若杨十承宣、小李使皆死不明，连划数人。然势已成，未睹其益。而群阉既惧，思脱祸无术，则愈事燕游，用蛊上心，冀免夫朝夕。识者深忧，且疑有萧墙之变，汉唐之事，了在目前。俄祸自外来，大敌适破，都人愤泄，立杀至啖之，骨血无遗余矣。

蔡絛的记事固然有美化其父蔡京的成分，但此段记事还是勾勒了宋徽宗时宦官势力不断扩张的大致过程。“大小百司，上下之权，悉繇阉寺”，可与前引陆游之说互相印证。当时作恶者当然不仅是大宦官，还有不可忽略的小宦官。故在陈东伏阙上书时，愤怒的民众“殴击内侍，盖缘平居细民受虐之深，积怨之久，〔以至于是〕”①，往后又“立杀至啖之，骨血无遗余”。

为了叙述方便，须将宋徽宗时的重要宦官，特别是他们的仕历和事迹逐一介绍于下，由于史料缺乏，大多数人无法连缀成有头有尾的简历，只能有多少史料，就写多少。

1. 郝随。宋神宗元丰时，“内臣郝随赍到御前札子，添造紧丝等机法一十五色”②。郝随为宋哲宗时的亲信宦官。宋哲宗即位的元丰八年（公元 1085 年），西头供奉官郝随出任某路走马承受。③ 宫人刘氏“初为御侍，明艳冠后庭，且多才艺”，深得宋哲宗宠爱。“时孟后位中宫，后不循列妾礼，且阴造奇语以售谤，内侍郝随、刘友端为之用。孟后既废，后竟代焉。”在制造冤狱的过程中，侍御史董敦逸“秉笔疑未下，郝随等以言胁之。敦逸畏祸及己，乃以奏牍上”④。宰相章惇“结中官郝随为助，欲追废宣仁后”，他“迎合郝随，劝哲宗起掖庭秘狱，托以左道”，将孟后“废居瑶华宫”。⑤ 史称他“专制，结内侍郝随，以固权宠，刘友端助之”⑥，“深结中人蓝从熙、郝随、刘友端以自助”⑦。郝随在

---

① 《会编》卷 41，以《宋宰辅编年录校补》卷 13 校。

② 《净德集》卷 4《奉使回奏十事状》。

③ 《长编》卷 361 元丰八年十一月壬寅。

④ 《宋史》卷 243《哲宗昭慈圣献孟皇后传》《昭怀刘皇后传》、卷 355《董敦逸传》，《续资治通鉴长编纪事本末》卷 113《废后附》，《独醒杂志》卷 5。

⑤ 《宋史》卷 471《章惇传》，《长编》卷 495 元符元年三月戊午，《宋会要》职官 67 之 19。

⑥ 《长编》卷 515 元符二年九月丁未，《宋会要》礼 53 之 5。

⑦ 《皇朝编年纲目备要》卷 26 建中靖国元年二月。

废孟后、立刘氏的过程中确是起了特殊作用。“郝随尝取宣仁所衣后服，以披元符（刘氏）”，宋哲宗“见之，甚骇，却笑云：‘不知称否?’”① 元符二年（公元1099年），“以尝随龙，示优恩”，供备库使郝随等“各特进秩一等”②，“迁遥（郡）刺（史），更与减三年磨勘”③。当时“修内司役兵、工匠多为御药郝随所抽差，拘留于后苑作下”，宦官都知梁从政“尝乞差御药管勾，诏差郝随，虽受宣已数年，而今不曾赴修内司管勾”④。

元符三年（公元1100年）正月，宋哲宗“诏差〔勾〕当御药院郝随同修内司及宫闱令检视太庙室殿，有损漏去处，如法修造”⑤。宋徽宗即位，“诏闭月台，罢遣延春阁、后苑、宫门亲从官四十人。皆绍圣后郝随、刘友端等所创也”⑥。二月，“斥内侍郝随、刘友端”⑦。但很快将名声极坏的郝随召回，胡昭“元符末，应诏上封事，言不起用元祐贤辅佐，而先召还内侍郝随，非所以视天下也”⑧。《摛文堂集》卷5《延福宫使奉国军节度观察留后郝随可依旧知入内内侍省事制》则记载了召回郝随时的官位：

> 朕于左右近臣，任无重轻，必惟审择。矧禁省之长，冠于内司，典领至隆，擢授宜遴。具官某材资敏济，心术疏通，陈力宫廷，积有劳勚。朕用眷录，召复旧班。惟三代盛时，侍御之选，罔非正人，出入起居，资其承弼。今朕命尔总护

① 《挥麈后录》卷1。
② 《长编》卷506元符二年二月丙子。
③ 《长编》卷515元符二年九月庚子朔。
④ 《长编》卷510元符二年五月戊辰。
⑤ 《宋会要》礼15之13。
⑥ 《长编》卷520元符三年正月乙酉。
⑦ 《皇朝编年纲目备要》卷25，《宋会要》职官36之20。
⑧ 《斐然集》卷26《儒林郎胡君墓志铭》。

厥官，期绍前修，无俾专美。

郝随的官位是带内侍官衔从五品①的遥郡节度观察留后，差遣为知入内内侍省事，当然是宦官的头领。次年，即建中靖国元年（公元1101年），陈次升《谠论集》卷5《奏弹内侍郝随》说：

臣风闻有旨，特复内臣郝随三官。臣窃惟哲宗皇帝天资纯粹，德性高明，而随是时隶籍宫庭，给事左右，务为机巧，以荡其心，造作非义，以惑其听，窃弄威福，无敢谁何。陛下临御之初，首先责降，以示好恶。诏命之下，颇快舆议。今方逾年，特复三官，未审何耶？且刑罚者，先王非得已而用之，罚一将劝百也。今随之过恶尤着，天下之所共知，前日之责，人人尚以为轻。今日复官，又如此其遽，既屈公议，又戾国法，何以弹压奸凶？

《宋朝诸臣奏议》卷63任伯雨《上徽宗论郝随特许复官》说：

臣伏见进奏院报，郝随特许复官，中外闻之，莫不骇叹。窃以亏哲宗盛德，起哲宗侈心者，随也。月台、玉虚之作，穷奢极侈，殚工尽巧，以粪土用邦财，以寇仇用民力。不经有司，擅自支费，因缘为奸，干没无限，以至内帑珠金，率意取之，并无归着。此天下之所知，陛下在潜邸之所目击也。陛下即位，灼见时事，罢缮修之役，略侈靡之观，天下闻之，莫不鼓舞。方且薄责，未正典刑，命有司驱磨支用之费，珠

① 从五品依《职官分纪》卷44引元祐令，《宋史》卷168《职官志》所载南宋官品。

金之数；而有司小人，不能上体陛下恭俭恤物之意，一切观望，略不根究。人人闻之，莫不扼腕。今日却遂叙用，是国家帑藏，可以私取；朝廷典刑，可以人废。

当时命郝随与将作监许幾“同管勾京城所”，按官位“杂压”次序，许幾“居随上”，“随大恚，不肯入局，泣诉于上”，而宋徽宗居然同意为他“改差遣”。[①] 崇宁元年（公元 1102 年），在蔡京得到重用前，据《历代名臣奏议》卷 180 载龚夬论奏：“谏官、御史自四月以后，弹奏（蔡）京罪，并未蒙施行。今京内侍郝随、刘佶[②]辈，为之颊舌，外结（向）宗回、宗良等，为之肘腋，以成自安之计。”可知蔡京与郝随的勾结。“郝随调蔡京再废（孟）后。”[③] 崇宁二年（公元 1103 年），“入内押班郝随复以修内司进用，于是始缮修大内及诸司屋宇，并创修景灵宫、元符等十一殿及殿中监，兴作之事纷然而起”[④]。但到崇宁三年（公元 1104 年），延福宫使、奉国军节度观察留后、知入内省事郝随不知何故，竟被编入元祐党籍，“落职，提举醴泉观”[⑤]。

总的看来，郝随可说是从宋哲宗到宋徽宗时的宦官政治过渡人物，其作恶主要还是在前朝，且先后与章惇、蔡京相勾结。顺便说一句，元人修《宋史》，将章惇、吕惠卿等列入《奸臣传》，显然是不妥的。但章惇也决非没有可訾议之处，例如与郝随、刘友端勾结，当然是其劣迹。郝随官至内客省使、奉国节度观察留后，死后还赠谥荣恪。大观三年（公元 1109 年）十月，追赠开府

① 《家世旧闻》上。

② 刘佶名疑误，不可能犯宋徽宗御讳。

③ 《宋史》卷 243《哲宗昭慈圣献孟皇后传》。

④ 《皇宋十朝纲要校正》卷 16。

⑤ 《续资治通鉴长编纪事本末》卷 122《禁元祐党人下》。

仪同三司。[①]

2. 刘友端。宋神宗元丰三年（公元 1080 年），“以入内高班刘友端充照管按阅”“河北第十二将军马”。[②] 翌年，“差入内东头供奉官宋鼎臣、高品刘友端充承受，兼监视案阅”河北、河东和陕西三路民兵。[③] 元丰七年（公元 1084 年），宋神宗“差内侍刘友端”往陕西，“支散茶药及喝赐银绢”。[④]

宋哲宗即位的元丰八年（公元 1085 年），殿头刘友端出任某路走马承受。[⑤] 绍圣四年（公元 1097 年），“入内东头供奉官、勾当御药院刘友端共管勾修盖”皇帝北郊的建筑。[⑥] 因皇宫救火“有劳”，刘友端“转一资”，“更与减三年磨勘”。[⑦] 以上宦官官阶，高班为从九品，高品和殿头为正九品，而入内东头供奉官为从八品。[⑧] 元符元年（公元 1098 年），刘友端又参与修建南郊青城等建筑。[⑨] 刘友端也参与废孟后、立刘后事件，与章惇“相表里”。[⑩] 刘友端修建宫廷，与郝随建闭月台、延春阁等，“承极殿后有水心殿，地势极窄，〔所营宫室〕，友端等造作奇巧”。“侈丽

① 《宋会要》礼 58 之 91—92，仪制 13 之 2。

② 《长编》卷 309 元丰三年闰九月戊戌。

③ 《长编》卷 314 元丰四年七月甲辰，《宋会要》兵 1 之 9。

④ 《长编》卷 349 元丰七年十月己丑。

⑤ 《长编》卷 361 元丰八年十一月壬寅。

⑥ 《长编》卷 487 绍圣四年五月丙辰。

⑦ 《长编》卷 489 绍圣四年七月戊辰。

⑧ 《宋史》卷 168《职官志》。参见龚延明先生《宋代官制辞典》第 698 页，中华书局，1997 年；李昌宪先生《宋朝官品令与合班之制复原研究》第 51 页，上海古籍出版社，2013 年。

⑨ 《长编》卷 499 元符元年六月癸巳。

⑩ 《长编》卷 515 元符二年九月丁未，《宋史》卷 243《昭怀刘皇后传》、卷 471《章惇传》，《皇朝编年纲目备要》卷 25 元符二年九月，《宋会要》礼 53 之 5，《吕氏杂记》卷下，《挥麈后录》卷 1。

可惊，柱梁椽榱，皆作花卉龙凤之类，涂以金翠，环绕其上，去梁柱皆数寸，若飞动状”。“友端尝作一屏风，至用象牙二百株。后苑作计料，一物用金百两，却取千两，以九百两为备。诸皆类此”。①

元符三年（公元1100年）二月，宋徽宗“诏太常少卿孙杰同内侍李〔悫〕，驱磨（郝）随、（刘）友端等所领后苑〔作制〕造御前生活所、翰林书艺局，〔制〕造御前生活所修万寿观本命等殿，所收支官物。仍令〔悫〕先诣逐处封锁见在官物簿历，及拘收干系人。盖此三所，前后所费尤不赀”，“斥内侍郝随、刘友端”。②

崇宁时，因蒋猷论奏，“于是内侍刘友端等皆降官，因命大书公疏，揭之内侍省，其徒皆侧目”③。另一说蒋猷“廉得内侍省刘友端等违擅事，复论杨戬、童贯不宜受上赏，上力护之”④。

政和三年（公元1113年）十一月，宋徽宗祀昊天上帝作记，其中提及“侍臣刘友端、张佑”⑤。可知他后来仍复进用，但似也不算得宠。

3. 蓝从熙。宋神宗熙宁十年（公元1077年），“仙韶院火”，“殿头蓝从熙以下八人各罚铜二十斤”。⑥ 元丰五年（公元1082年），内西头供奉官蓝从熙升一官。⑦

---

① 《皇朝编年纲目备要》卷25元符三年二月，《长编》卷520元符三年正月乙酉。

② 《皇朝编年纲目备要》卷25元符三年二月，《宋会要》职官36之20。

③ 《浮溪集》卷27《徽猷阁直学士左宣奉大夫致仕赠特进显谟阁直学士蒋公墓志铭》。

④ 《延祐四明志》卷4《蒋猷》。

⑤ 《宋会要》礼28之18。

⑥ 《长编》卷281熙宁十年三月辛酉。

⑦ 《长编》卷331元丰五年十一月甲午。

宋哲宗绍圣四年（公元1097年），因皇宫救火“有劳”，入内押班蓝从熙等“各与使额上转一官”，“除宣庆使”。[①] 蓝从熙提举京城所，“奏乞复行导洛司事”。[②] 元符二年（公元1099年），“以尝随龙，示优恩”，宣政使、端州团练使、入内押班蓝从熙升宣庆使，再升景福殿使（从五品），又先后升邵州防御使和密州观察使。[③] 时章惇“深结中人蓝从熙、郝随、刘友端以自助”[④]。

元符三年（公元1100年），宋徽宗即位，入内内侍省押班蓝从熙为都大管勾山陵事[⑤]，负责宋哲宗葬事。

大观二年（公元1108年），宋徽宗皇后王氏死，“知入内内侍省蓝从熙监修园陵”[⑥]。

政和三年（公元1113年）十一月，宋徽宗“诏通直（侍）大夫、保宁军节度观察留后、知入内内侍省蓝从熙特与落通侍大夫，依旧保宁军节度观察留后，罢知入内内侍省，除直睿思殿。及今后余人不得援例”[⑦]。他政和三年的加官，已与节度使仅差一阶。宋徽宗“召内侍童贯、杨戬、贾详、何䜣、蓝从熙，讽以禁中逼窄之状。五人听命，乃尽徙内酒坊诸司，又迁二僧寺并军营于他所。五人者既有分地，因各出新意，故号延福五位”[⑧]。“此政和

① 《长编》卷489绍圣四年七月戊辰。

② 《长编》卷490绍圣四年八月庚子，《宋史》卷186《食货志》。

③ 《长编》卷506元符二年二月丙子、卷515元符二年九月庚子朔、卷516元符二年闰九月乙亥。

④ 《皇朝编年纲目备要》卷26建中靖国元年二月。

⑤ 《长编》卷520元符三年正月庚辰；《宋会要》礼29之68，37之14。

⑥ 《宋会要》礼34之4。

⑦ 《宋会要》职官36之22。

⑧ 《会编》卷52，《皇朝编年纲目备要》卷28政和四年八月，《容斋三笔》卷13《政和宫室》。

三年事也”①。

政和五年（公元1115年）十一月，宋徽宗下御笔：“昨曾降诏，以非缘制礼作乐，开拓一路，内侍臣僚不持节钺。比以蓝从熙领冬祀坛壝斋宫事，已降旨与节度使，亦缘礼祀。深虑今后以他事，援以为例，可令三省、枢密院遵守前诏，仍许执奏。”② 在下不为例的许诺下，宋徽宗本人就不断地破例。

政和时，宋徽宗还“令蓝从熙差人前去洛口，调节水势，须管常及一丈，不得有妨漕运”③。

重和元年（公元1118年）六月，宋徽宗下令治金水河，“命蓝从熙、孟揆等增堤岸，置桥、槽、坝、闸，浚澄水，道水入内”④。

但此后蓝从熙宦运不佳。《宋史》卷322《吴择仁传》载，在杨戬得势后，吴择仁被杨戬“中以事，出为显谟阁直学士，知熙州，从（徙）永兴军，走马承受蓝从熙言其擅改茶法，夺职，免”。其具体时间大约是在宣和时。可知当时的蓝从熙已降为永兴军路走马承受，不复重用。

4. 童贯（1054—1126）。《宋史》卷468和《东都事略》卷121有传。有关童贯的史料太多，只能择其要者，按时间顺序简介之。童贯出生于“皇祐六年三月初五日卯时”⑤，即宋仁宗改元至和前。他字道夫，一说道辅，开封人。其父童湜“雅好藏画”，故他对翰墨有相当素养，也能画“山林泉石”之类，⑥ 这也应是

① 《旧闻证误》卷3。

② 《宋会要》职官38之3。

③ 《宋会要》方域16之18。

④ 《宋史》卷94《河渠志》。

⑤ 《鸡肋编》卷上。

⑥ 《会编》卷52《中兴姓氏奸邪录》，《宣和画谱》卷12《童贯》。

受宋徽宗宠爱的一个因素。“童贯彪形燕颔，亦略有髭，瞻视炯炯，颇不类宦人，项下一片皮骨如铁。”① “黑肥，躯干极大。”②

童贯“少为内侍”，“禁中谓宫女得幸者为房院”，“贯自中官为房院时，给事阁内”，后“出为登州巡检，颇有材干”。③ 他“本出李宪之门”④，看来也是在陕西对西夏的战事中学到一些军事知识和经验。《三朝北盟会编》卷52说：“童贯始为殿头，元符末，主杭州之明金局。蔡京时被责在焉，贯能媚事人，且深奉蔡京。”《宋史》卷468《童贯传》记载：“徽宗立，置明金局于杭，贯以供奉官主之，始与蔡京游。”“元符末”即是宋徽宗登基时。但《皇宋十朝纲要校正》卷16和《皇朝编年纲目备要》卷26作崇宁元年（公元1102年）三月，“始命入内供奉官童贯至杭州，制造御前生活”，时间差隔两年。《宋史》卷472《蔡京传》说：“童贯以供奉官诣三吴，访书画奇巧，留杭累月，京与游，不舍昼夜。凡所画屏幛、扇带之属，贯日以达禁中。”《家世旧闻》下则记载宦官邵成章的揭发，“中宫遣贯诣天竺，祷观音求嗣”，与蔡京相交后，告知自己的使命，蔡京感叹说：“朝廷乃如此不应付耶！国家府库如山如海，皆上物也！”童贯回京后，“大播此语，于是宫人、近习，人人恨不得蔡内翰即日为相矣”。

王厚奉命开边，“内客省使（从五品）童贯偕往”⑤。崇宁二年（公元1103年）二月，童贯任熙河兰会路勾当公事。⑥ 十二月，“〔立〕措置边事司，〔以〕王厚及内侍童贯领之”，蔡京保奏

① 《铁围山丛谈》卷3，《会编》卷52。

② 《玉照新志》卷3。

③ 《会编》卷52《中兴姓氏奸邪录》，《家世旧闻》下。

④ 《皇朝编年纲目备要》卷28宣和元年六月，《宋史》卷468《童贯传》。

⑤ 《宋史》卷328《王厚传》。

⑥ 《宋会要》食货30之33，兵9之5。

说“西事当得信臣，有童贯者，虽年少，奇才也”。“童贯顷十使陕右，审五路利害与诸将之能否为甚”。他“大力荐之，遂用李宪故事，命贯为监军，专切往来〔勾〕当”。[①]

崇宁三年（公元1104年）五月，童贯因复鄯州和廓州，由景福殿使、襄州观察使升延福宫使（从五品）、定武军节度观察留后。[②] 应当承认，童贯的最初升迁，并非就没有军功。

崇宁四年（公元1105年）正月，“以内侍童贯为熙河兰湟、秦凤路经略安抚制置使”[③]。“先是，蔡京请以童贯为帅，蔡卞沮止之，京密请不已。内批除贯熙河帅、兼节制秦凤。京又检元丰李宪例，与枢密同呈。卞于上前作色曰：‘内臣为帅，非盛世事。贯闻臣此言，必不喜，然朝廷事体可惜。’”而“京与执政吴居厚、张康国、邓洵武群噪之，卞乃求去”。[④] 看来蔡卞还是有点岳父王安石的清高风度，而童贯的超升自然与蔡京密切相关。[⑤] 宋朝的传统当然是猜忌和贬抑武将，到宋徽宗更发展到顶点，其标志主要就是宦官统兵。他“握兵柄而西，翕张威福，见者皆旅拜”，唯有种师道“长揖而已”。[⑥] 种师道是当时公认有谋略的大将，却也必须屈居童贯之下。另有武将何灌“见童贯不拜，贯憾焉”[⑦]。但大多数武将自然是服从童贯的淫威。如武将姚古“虽本将家，其实畏懦，素无战功，所以登坛持节者，唯以名马、宝货

---

① 《皇朝编年纲目备要》卷26，《家世旧闻》下。

② 《皇朝编年纲目备要》卷27说：“内臣转行两使留后始此。”系误，宋神宗时已有李宪前例。

③ 《宋史》卷20《徽宗纪》。

④ 《皇朝编年纲目备要》卷27，《宋史》卷472《蔡卞传》。

⑤ 参见杨小敏先生《蔡京、蔡卞与北宋晚期政局研究》第379—385页，中国社会科学出版社，2012年。

⑥ 《宋史》卷335《种师道传》。

⑦ 《宋史》卷357《何灌传》。

鬻于童贯之门，滥被恩赏”①。“姚平仲者，古之子，屡立战功”，“为童贯所抑”。② 他“负气不少屈，贯不悦，抑其赏”③。另有边帅刘仲武则忍气吞声，童贯“掩其功，仲武亦不自言”④。岂但武将，童贯“用事时，州县官皆迎肩舆，望尘而拜”。桑景询“独不屈，坐罪循州羁管”。⑤ “童贯使陕西，士大夫入谒者，皆拜庭下”。长安县令冯子修独“长揖而入。贯怒，奏子修莅建神霄宫，不时兴作，夺官”。⑥

大观二年（公元 1108 年）正月，童贯升从二品武康军节度使。五月，“以复洮州功”，“加童贯检校司空，仍宣抚”，易节镇奉宁军节度使，“贯由此恃功，稍专军政，选置将吏，皆取中旨，不复关朝廷”，“浸咈（蔡）京意”。⑦ “自童贯用事陕西已来，财用费出，不复驱磨，因得侵盗蠹耗。”⑧

从专制帝君的角度，宋徽宗对其宠臣，包括蔡京、童贯、王黼之流并非就没有猜忌。前引《铁围山丛谈》卷 6 说：“鲁公（蔡京）再从东南召，复相（时为政和二年）而力遏之，朝廷降诏，差方劭⑨察访（陕西）五路，然遏之不得，更反折角。”《东都事略》卷 121《童贯传》的记述较详：“论者疏贯六事，选方劭以察

① 《靖康要录笺注》卷 8 靖康元年六月二十七日。
② 《梁溪全集》卷 172《靖康传信录》。
③ 《渭南文集》卷 23《姚平仲小传》，《宾退录》卷 8。
④ 《宋史》卷 350《刘仲武传》。
⑤ 《要录》卷 12 建炎二年正月戊戌，《会编》卷 115《中兴遗史》。
⑥ 《要录》卷 96 绍兴五年。
⑦ 《皇朝编年纲目备要》卷 27，《宋史》卷 468《童贯传》。
⑧ 《宋会要》食货 64 之 75。
⑨ 《忠惠集》卷 3 有《毛友方劭除监察御史制》。有关方劭的记载颇少，但《宋史》卷 157《选举志》载政和七年，毛友已任给事中。《容斋续笔》卷 4《禁天高之称》，“政和中”，“毛友龙但名友”，亦可推知方劭出任的时间。

访廉之。贯密伺劭动静，先得以白于徽宗。及劭入奏，每一事，徽宗随折之曰：‘卿不知，是事乃朕处分也。’劭因尽暴贯恶，贯益衔之，以它事中劭。劭竟得罪，终身不复起。”[①]

政和元年（公元 1111 年），熙河兰湟、秦凤路经略宣抚使，措置陕西、河东路边事童贯上奏，建议行均籴之法。[②]

政和五年（公元 1115 年）二月，“以童贯领（陕西）六路边事”，“以奉承殿前处分边防司为名”。[③] 九月，童贯官衔为太尉、武信军节度使、充中太一宫使、奉承御前处分边防。[④]

政和六年（公元 1116 年）正月，“以童贯为陕西、两河（河东?）宣抚”[⑤]，即负责整个北方边防。二月，童贯任签书枢密院事。[⑥]

政和七年（公元 1117 年）三月，“以童贯权领枢密院事”，十二月，又落“权”字，升领枢密院。[⑦] “童贯之始入枢府也，官已为开府仪同三司，而但以为权签书枢密院、河西北面房公事。顷之，乃进称权领，盖以谓所掌止边防一事，且姑使为之而已。又数月，乃正称领枢密院事，自是不复改。”[⑧] “自童贯以领枢密院事为宣抚使，既主兵权，又掌兵籍、虎符，始坏祖宗之法”[⑨]，这

---

① 又见《会编》卷 52。

② 《宋会要》食货 41 之 22。

③ 《宋史》卷 21《徽宗纪》，《皇朝编年纲目备要》卷 28。

④ 《宋会要》选举 29 之 6。

⑤ 《皇朝编年纲目备要》卷 28。“两河”，《宋史》卷 21《徽宗纪》作“河北”，系误。《宋会要》职官 41 之 19—20 作“河东”，但翌年即为“陕西、河东、河北路宣抚使”。参见高纪春先生《〈宋史〉本纪考证》，河北大学出版社，2000 年。

⑥ 《宋宰辅编年录校补》卷 12。

⑦ 《宋史》卷 21《徽宗纪》，《皇朝编年纲目备要》卷 28。

⑧ 《却扫编》卷上。

⑨ 《宋宰辅编年录校补》卷 13，《宋史》卷 162《职官志》。

当然是出自宋徽宗的恩宠。当年六月，童贯加检校少傅、威武军节度使。①

重和元年（公元 1118 年）八月，“以进筑夏国三城赏”，童贯“特授太保”，移镇“河东节度使”，由成国公“改封泾国公”。②

宣和元年（公元 1119 年）三月，童贯迫令大将刘法出战，宋大军被西夏军歼灭于统安城。童贯却“更以捷闻，百官入贺，议者切齿，而不敢言”③，“童贯为宣抚，引属户，至有为节度使者。旧弓箭手皆徙居新边，禁军逃亡者许改刺别军，又择诸路精兵刺胜捷军以自卫。夏人纳款，而边备、军法自贯坏矣”④。李纲说，当时军队竟“阙额三分之一，失于招填”⑤。童贯“自将兵筑靖夏、制戎、伏羌等城，穷讨深入，凡六、七年，至宣和末，馈饷空乏，鄜延至不能支旬月”⑥。

宣和三年（公元 1121 年）正月至四月，童贯与谭稹统兵平方腊之变。就军事实力而言，这并非是困难的事，但却又增强了童贯的政治资本。十月，“童贯复领陕西、两河宣抚”⑦。

童贯自政和初出使辽朝，被辽天祚帝“所辱”⑧，“辽之君臣相顾窃笑，已有南朝无人之讥”⑨。故他一直主张联合金朝，对辽

① 《续资治通鉴长编纪事本末》卷 125《明堂》政和七年六月己未。

② 《宋会要》职官 1 之 2。

③ 《皇朝编年纲目备要》卷 28，《宋史》卷 22《徽宗纪》、卷 468《童贯传》，参见李华瑞先生《宋夏关系史》“第六章 11、统安城之战”，河北人民出版社，1998 年。

④ 《皇朝编年纲目备要》卷 28 宣和元年六月。

⑤ 《梁溪全集》卷 61《乞募兵札子》。

⑥ 《宋史》卷 175《食货志》。

⑦ 《皇朝编年纲目备要》卷 29。

⑧ 《要录》卷 1。

⑨ 《真文忠公文集》卷 5《江东奏论边事状》，《皇朝编年纲目备要》卷 28 政和元年九月。

用兵，宋徽宗遂有“北讨之意”①。宣和四年（公元1122年）四月，童贯由“陕西、河东、河北路宣抚使”改“河北、河东路宣抚使”。② 五月、六月和十月，童贯与蔡攸两次统大军攻辽，居然被辽朝的残兵杀败，充分暴露了宋军之无能。当时用兵，“童贯唯以一老吏李宗振参决帷幄，军政一以委之，幕客拱手备员而已”③。但因后来向金朝出钱买得燕山府等六州，又居然成了童贯等的功劳。关于此次战事，不少官员都提出反对意见。如史称沈积中在“宣和中，知真定府，上疏论不可取燕山。童贯恶之，夺其职”④，其实当然出于宋徽宗之命令。

在相当时间内，围绕着宋徽宗图谋废立太子，即后来的宋钦宗，宠臣们分成两派。王黼“与童贯力谋，数以诗进，显结郓邸和焉。尝密语上曰：‘臣屡令术者推东宫，命不久矣’”⑤。他居然能明目张胆地、毫无忌讳地对宋徽宗诅咒皇太子，说他将不久于人世，也足见宋徽宗与其长子的关系疏远到了何等程度。童贯也“数摇东宫，力主郓邸，与蔡攸俱奉诏，结郓邸为兄弟”⑥。宋徽宗居然特命一个宦官与自己的儿子结为兄弟，而两人年龄竟相差四十七岁⑦，这按古代的政治伦理标准，无疑是一件咄咄怪事。蔡攸、童贯、王黼等力主伐辽，还准备请郓王出任元帅。他们原先估计辽朝只剩燕云一隅之地，一旦出兵，便如探囊取物，而郓

---

① 《会编》卷1《北征纪实》。

② 《宋会要》职官41之20。

③ 《会编》卷17钟邦直《行程录》。《龟山先生全集》卷36《周宪之墓志铭》：“李宗振本曹州一胥吏也，致位承宣使，为贯腹心，货赂公行，由是赏罚不明，将士解体。”

④ 《要录》卷28建炎三年九月辛未。

⑤ 《会编》卷31，《瓮牖闲评》卷8所载，乃梁师成为此语。

⑥ 《会编》卷52。

⑦ 郓王赵楷年龄据《靖康稗史笺证·开封府状》。

王则完全可以坐享其成，获得一笔重大的政治资本。但结果却是事与愿违，郓王赵楷因此也没当成元帅。①

宣和五年（公元1123年）七月，宋徽宗命童贯致仕，“在枢府逾六年而罢”，同时“起复谭稹为河北、河东、燕山府路宣抚使”②，这表明皇帝对童贯的权势仍有戒心。

宣和六年（公元1124年）八月，因金人占蔚州等地，谭稹“坐是贬”③，“落太尉，罢宣抚使。童贯落致仕，领枢密院代之”④。这表明在宋徽宗眼里，童贯竟仍是主持边防的唯一人选。“自童贯握兵以来，选将必先其家奴，其他皆以贿进，货赂公行，其门如市。”⑤“宣和以来，宦者童贯弄兵，蔡攸并窃枢柄，边帅大率皆小人，以贿赂用之，军政尽废，非徒士卒骄惰不可用，且零落尽矣。金虏大举南牧，不复可以支持。”⑥“自童贯、高俅主兵以来”，使“教阅训练之事尽废”，“军政大坏”。⑦宋人称“本朝之兵，自童贯、高俅等坏之”，“蔡京、王黼坏文，高俅、童贯坏武”。⑧就军事而论，宋徽宗的家业，无疑败在两人之手。然而宋徽宗却为两人“御书阁名”，“童贯曰‘褒功’，高俅曰‘风云庆会’”⑨，真是一个黑白颠倒的时代！

---

① 《宋史》卷246《郓王楷传》。

② 《宋史》卷22《徽宗纪》，《皇朝编年纲目备要》卷29，《宋宰辅编年录校补》卷12。

③ 《要录》卷1。

④ 《宋史》卷22《徽宗纪》，《皇朝编年纲目备要》卷29，《宋宰辅编年录校补》卷12，《宋会要》职官41之20。

⑤ 《靖康要录笺注》卷7靖康元年六月三日。

⑥ 《会编》卷140《秀水闲居录》。

⑦ 《梁溪全集》卷62《乞修军政札子》，《真文忠公文集》卷5《江东奏论边事状》。

⑧ 《历代名臣奏议》卷223张守奏，《宋名臣言行录》续集卷2《吴敏》。

⑨ 《挥麈后录》卷7。

宣和七年（公元 1125 年）六月、九月，在金军灭辽后，宋徽宗封童贯广阳郡王，复任宣抚使，全权负责北方边防。时人作讽刺诗说："长乐坡头十万戈，碧油幢下一婆婆。今朝始觉为奴贵，夜听元戎报五更也啰。"① 十二月，面对金军的进攻，童贯"忧懑不知所为"，只能从太原府逃回开封城。② 当年末至翌年初，童贯"奔入都，钦宗已受禅，下诏亲征，以贯为东京留守。贯不受命，而奉上皇南巡"③。他不仅未受处分，居然还"赞徽宗南巡，仓皇扈从，载其帑衔舳"。宋徽宗"方过桥之时，卫士攀望上皇车驾，失声号恸。童贯遂令胜捷亲兵挽弓射之，卫士中矢而踣，自桥坠淮者凡百余人"④。原来他"创胜捷军，极诸军之选，每禁军一指挥所选止一二人或四三人，皆人物魁梧，武骑超绝者，才得五千余人"⑤，作为亲兵。当宋徽宗南逃时，"童贯以胜捷兵三千扈从渡河，以如维扬。高俅以禁卫三千留泗上，控扼淮津"⑥。

靖康元年（公元 1125 年），宋钦宗自去冬即位，先后贬窜与诛杀童贯、王黼、蔡攸等人，表面理由是祸国殃民，其实也有报复之意，"此数人尝欲废立，钦宗平日不平之故也"⑦。张澂奉命往南雄州诛杀，"恐其闻而引决，则不及明正典刑。乃先遣亲事官一人，驰往见贯"，哄骗他说："主上与大臣熟议，以有威望，习

---

① 《可书》。

② 《宋史》卷 22《徽宗纪》、卷 371《宇文虚中传》，《皇朝编年纲目备要》卷 29。

③ 《宋史》卷 468《童贯传》，《独醒杂志》卷 9。

④ 《东都事略》卷 121《童贯传》，《宋陈少阳先生文集》卷 1《登闻检院三上钦宗皇帝书》。

⑤ 《琬琰集删存》卷 1《韩忠武王世忠中兴佐命定国元勋之碑》。《太平治迹统类》卷 30 为"凡九千人"。《东都事略》卷 121《童贯传》作"招伉健少年万人，号胜捷军，以为亲兵"。

⑥ 《梁溪全集》卷 172《靖康传信录》。

⑦ 《朱子语类》卷 101《杨中立》。

边事，无如大王者，故有此命。”童贯“乃大喜，顾左右曰：‘又却是少我不得’”，不料翌日竟被处死。① 这也是恶贯满盈前的一则笑料。

若干官员并非不论奏童贯，除前述的方劭外，如许景衡“论其贪缪不可用者数十事”②。陈禾也“抗疏劾贯”，“力陈汉、唐之祸，不可不戒”。③ 胡執在“政和中”，“言蔡京误国，童贯、梁师成等不当用事，坐夺官，舒州编管”④。钱即“力诋童贯，贬永州团练副使，永州安置”⑤。沈积中“知真定府，力陈不可取燕山”，“童贯深恶其言，奏差积中所仇，置狱根究，文致其罪，遂至追夺”。⑥ 周武仲“宣和末，为御史中丞，坐论童贯事，责黄州安置”。还有一段荒唐之至的笑料，当宣和末，宋徽宗重新命致仕的童贯“宣抚三路，贯偃蹇顾避，出不逊语，上再三敦谕，乃曰：‘臣昔平燕之时，惟不能深取信于陛下，致使周某乘间攻臣。今若周某仍任言路。臣终不能成功’”⑦。宋徽宗便立即罢免了周武仲。民谚则说：“打破筒（童），泼了菜（蔡），便是人间好世界。”⑧ “京师童谣曰：‘杀了穜蒿割了菜，吃了羔儿荷叶在。’说者谓指童贯、蔡京、高俅三人及（何）执中也。”⑨ “布衣贱士”安尧臣也在重和时上书谏劝对辽用兵，他对童贯做了相当深入的揭发：

---

① 《老学庵笔记》卷 3，《挥麈后录》卷 3。

② 《宋史》卷 363《许景衡传》。

③ 《宋史》卷 363《陈禾传》，《挥麈录馀话》卷 1。

④ 《要录》卷 106 绍兴六年十月辛亥。

⑤ 《宋名臣言行录》续集卷 2《钱即》。

⑥ 《北海集》卷 2《沈积中可特追复资政殿学士还旧官与合得致仕恩泽制》。

⑦ 《要录》卷 6 建炎元年六月甲子，《龟山先生全集》卷 36《周宪之墓志铭》，《攻媿集》卷 72《跋周尚书武仲诗轴》。

⑧ 《能改斋漫录》卷 12《打破筒泼了菜》。

⑨ 《独醒杂志》卷 9，《东南纪闻》卷 1。

谨按贯起自卑微，本无知谋，陛下付以兵柄，俾掌典机密。自出师陕右，已弥岁禩，专以欺君罔上为心，虚立城砦，妄奏边捷，以为己功。汲引群小，易置将吏，以植私党。交通馈遗，鬻卖官爵，超躐除授，紊乱典常。有自选调，不由荐举，而改京秩者；有自行伍，不用资格，而得防（御使）、团（练使）者；有放逐田里，不应甄叙，而擢登清禁者；有托儒为奸，懵不知书，而任以兰省者；或陵德鲜礼，不通世务，徒以家累亿金，望尘下拜，公行贿赂，而致身青云者比比皆是；或养骄恃势，不知古今，徒以门高阀阅，摇尾乞怜，侥幸请托，而立登要津者，纷纷接踵。一时鲜廉寡耻之人，争相慕悦，侵渔百姓，奉其所欲，惟恐居后。兵戍战士，冒石伤弓，生有金帛之赐，死有褒赠之荣。自法权归贯，纷更殆尽，战伤之卒秋毫无所得，死者又诬以逃亡之罪。赏罚不明，兵气委靡，凯还未歌，书品已崇。庖人、厩卒、扫门、执鞭之隶，冒功奏赏，有驯致节钺者，名器一何轻哉！山西劲卒，贯尽选为亲兵，实自卫也。方战伐之际，它兵躬行阵之劳；班师之后，亲兵冒无功之赏，意果安在？此天下所共憾，而陛下恬然不顾也。贯为将帅，每得内帑金帛，以济军需，悉充私藏，乃立军期之法，取偿于州县。依势作威，倚法肆贪，暴征横敛，民不堪命。将士为之解体，贯方且意气洋洋，自为得计。凶焰勃然，台谏之臣，间有刚毅不回之士，爱君忧国，一言议及，则中以危法，遂使天下不敢言而敢怒，归怨陛下矣。①

---

① 《会编》卷 2。《玉照新志》卷 1 亦载此上书，文字稍异。《会编》卷 39，《靖康要录笺注》卷 3 靖康元年二月二十六日所载孙觌劾奏，其实应有部分文字乃节略安尧臣的上书。

程唐“本成都富人，方其欲事童贯，大雪中，乞怜于贯之门媪，因得见于庭下。贯与杌子，坐于其侧，饮以卮酒，若饲奴仆然，唐不耻也。因献浑金佛〔罗汉〕像一堂，得为成都府路茶马。唐既出贯门下，遂遣二使臣创第于贯之宅前，尽蓄珍奇玩好之物，伺贯意旨，即以献纳。贯尝筑一堂，生日落成，唐为制锦绣〔帟〕幕、地衣，一仿堂之大小、高下、曲折，因为寿而献焉。凡所费，悉出官帑，茶马司侵盗之弊，实自唐始”①，此亦仅为其贪腐之一例。“时（宣）州方建神霄宫，忠翊郎徐正德护宫门戟幡，由京师来，自谓童贯门人。守畏权势，礼之如王人，倨益甚，郊迓数里外，称疾不得见。”② 一个小武官，竟可对知州摆足威风。仅此一则笑话，也足见其一时权势之煊赫。童贯在北宋晚期贪腐政治中当然占有相当的份额，政和时，童贯招待奉诏为其造豪宅的贾说，命“一卒持二物，若宝盖璎珞状”，“视之，皆真珠也”。“酒食行凡三，每一行，易一卓，凡果楪、酒杯之属，初以银，次金，又次以玉，其制作奇绝，目所未睹”。③《却扫编》卷上说：“童贯既败，籍其家资，得剂成理中丸几千斤，它物称是。此与胡椒八百斛者，亦何异邪!”

宋徽宗对童贯固然也存有戒心，如命方劭调查他，及命童贯“致仕”等，但总的来说，对他极其荒唐的倚信和恩宠，肯定是超过了蔡京和王黼。如陕西战事和攻辽的失败竟成了大功，教童贯与郓王赵楷结为兄弟之类，也足以表现这个天才艺术家治国之昏聩和荒唐，并且助成了童贯的气焰和罪恶。他的一套巴结之术显然相当成功，“后庭自妃嫔而下及内侍，无大小，致饷无虚月，凡

① 《要录》卷75绍兴四年四月癸未，《会编》卷158。

② 《云庄集》卷5《右中散大夫提举台州崇道观强公行状》。

③ 《挥麈后录》卷8。

上左右，交口称誉一词，宠煽赫然”[1]，这无疑是宋徽宗宠眷不衰的重要因素。

今存的宋时记载，一般都是谴责童贯的，但《宣和画谱》卷12《童贯》却说他“性简重寡言，而御下宽厚，有度量，能容，喜愠不形于色。然能节制兵戎，率有纪律”。“贯策功湟、鄯与夫西鄙，拔城而俘馘夷丑，体貌镇重，不严而威，凡进逷（退?）赏罚，初不见运动之迹，故莫得以窥之。贯独宽惠慈厚，人率归心，至号为著脚赦书，盖言其所至推恕，有恩惠以及物也”。这正好代表了其败露前的奉承之辞，也反映他并非毫无小廉曲谨的掩饰，却仍令人深思。古今中外，颠倒黑白的虚美之辞，岂非车载斗量!

5. 童师敏。童贯养子。大观四年（公元1110年），宋徽宗“诏西上阁门使、荣州防御使童师敏为病寻医，可特与见任官转出，差提点醴泉观”[2]。

政和二年（公元1112年），童师敏为四方馆使、荣州防御使，奉命召蔡京入朝。[3] 四方馆使与西上阁门使同为正六品，但高两官。当年，“有燕人马植来归，上遣承受童师敏赍御笔，但书‘马植’二字”，向蔡京“传旨询问可纳否”。[4]

政和四年（公元1114年），中卫大夫童师敏奏：“东南州郡例阙厢军，凡有役使，并是和雇。若令诸郡守臣并提刑司措置招填，庶可省费。”得到批准。[5] 中卫大夫为从五品，估计此处应是遥郡升转，而省略了“荣州防御使”一类官衔。

---

① 《东都事略》卷121《童贯传》，《宋宰辅编年录校补》卷12，《皇朝编年纲目备要》卷30。

② 《宋会要》职官77之26。

③ 《挥麈录馀话》卷1。

④ 《会编》卷1蔡絛《北征纪实》，《宋宰辅编年录校补》卷12。

⑤ 《宋史》卷193《兵志》。

政和五年（公元 1115 年），童师敏官衔为通侍大夫、保康军节度观察留后、直睿思殿①，出任明堂承受。②

《陶朱新录》记载："内侍童师敏，贯之养子也，为太师蔡京府承受。每有奏请，传达御前。政和六年（公元 1116 年）春，师敏从驾，过延福宴饮。是日，不果到府第，以状申白京，京以绝句答之云：'闻说群花烂漫开，知君醉赏不能来。临风对酒空惆怅，不得相从把一杯。'后十余日，上召辅臣曲宴焉。"当时宦官当承受，甚至扩大到蔡京府第。据前引记载，至少在政和二年时，童师敏已任蔡京府承受。当年，宋徽宗差赵霖到平江府考察水利，"仍差童师敏充承受奏报文字"③。

6. 杨戬（？—1121）。《宋史》卷 468 有传。杨戬祖父杨若拙曾任皇城副使，祖母谢氏。④

崇宁四年（公元 1105 年）九月，"诏两浙转运司差开江兵士，牵驾杭州造作局御前生活物色舟，杨戬始用事"⑤。史称杨戬"自崇宁后，日有宠，知入内内侍省，立明堂，铸鼎鼐，起大晟府、龙德宫，皆为提举"⑥。

大观二年（公元 1108 年）六月，杨戬"落通仕（侍）大夫，除正任节度观察留后"⑦。《摛文堂集》卷 8 载有"景福殿使、明州观察使杨戬亲堂侄茂实"荫补三班借职的制词，依官名高下，

---

① 《竹隐畸士集》卷 17 韩粹彦行状。

② 《续资治通鉴长编纪事本末》卷 125《明堂》政和五年八月壬子，《皇朝编年纲目备要》卷 28 政和五年八月。

③ 《吴郡志》卷 19。

④ 《宋会要》仪制 10 之 18。

⑤ 《皇宋十朝纲要校正》卷 16，《皇朝编年纲目备要》卷 26 崇宁元年三月所附记事。

⑥ 《宋史》卷 468《杨戬传》。

⑦ 《宋会要》乐 3 之 27。

估计在大观二年前。

政和三年（公元 1113 年），宋徽宗宠爱的刘妃死，“制造册宝，造神主，差保静军节度观察留后、直睿思殿杨戬”。在道教玉清和阳宫奉安神像，杨戬充都大主管官，实职差遣为提举龙德宫、直睿思殿。①

大观时，“内侍杨戬提举后苑作有劳”，宋徽宗打算“除节度使”，宰相张商英反对。但到政和四年（公元 1114 年）五月，终于升彰化军节度使。当年，其实职差遣为提举龙德宫、直睿思殿、同提举大晟府。② 他“首建期门行幸事，以固其权，势与梁师成埒。历镇安、清海、镇东三镇，由检校少保至太傅”③。“杨戬建节，公（蒋猷）言：‘祖宗时未尝有此，昨童贯首隳旧制，当时士论已不平。’帝曰：‘有非常之功，则有非常之赏。童贯有战功多，不可以人而废。’公徐曰：‘杨戬何功?’帝曰：‘自朕即位以来，制作礼乐皆〔出〕其手，亦非小劳。’公曰：‘事塞其源，则人无觖望。若夫攀缘辗转，人人有意外之得，则所谓非常者，反为常。’”杨戬建节后，宋徽宗又对蒋猷说：“官爵得之易，则名器卑，诚如卿言。然杨戬之命已行，当为卿杜来者。”“因诏三省御史台当遵守弹劾”④，但在人治的条件下，就根本不可能杜绝宦官们的建节。如前所述，杨戬是政和时“延福五位”之一。“苑吏有持茶券，至为钱三百万者，以杨戬旨意，迫取甚急”，比部员外郎

① 《宋会要》礼 34 之 14，礼 51 之 14，仪制 3 之 43—44，职官 56 之 42。

② 《宋会要》礼 5 之 3。

③ 《皇朝编年纲目备要》卷 27 大观四年十一月、卷 28 政和四年五月，《宋会要》职官 38 之 3，《宋史》卷 351《张商英传》、卷 468《杨戬传》。

④ 《浮溪集》卷 27《徽猷阁直学士左宣奉大夫致仕赠特进显谟阁直学士蒋公墓志铭》。

梅执礼“一阅，知其妄，欲白之，长贰疑不敢，乃独列上，果诈也”。① “卖珠人居民货，久不返，度事急，匿宦官杨戬第”。开封知府吴择仁“迹取之，窜于远。戬中以事”，使他外任。②

时“内外之费浸以不给。中官杨戬主后苑作”，杨戬听从胥吏杜公才之建议，在京东、京西路和河北、河东路设置所谓“公田”，而其主管机构则由后苑作、营缮所、公田所，而最终“皆并入西城所”③，对北方人民造成极大的危害。京西提举常平刘寄“括部内，得常平钱五十万缗，请籴粳米，输后苑以媚（杨）戬。戬委其属持御笔来，责以（颍昌府）米样如苏州”。知府叶梦得“上疏，极论颍昌地力与东南异，愿随品色，不报。时旁郡纠民输镪，就籴京师，怨声载道，独颍昌赖梦得，得免”。④

杨戬“谋撼东宫”⑤。《浮溪集》卷24程振神道碑载：“宣和中，上皇崇道家之说，公至东宫，渊圣问焉，公对甚悉，其略曰：‘周公作《鸱鸮》之诗，孔子以为知道，其言不过迨天之未阴雨，绸缪牖户而已。老子著《道经》，亦曰：为之于未有，治之于未乱。盖老氏与孔子合者如此。今不固根本于无事之时，而徒事目前土木之工，非二圣人之意也。’他日，渊圣为太上皇道之。太上皇颇欲去健羡，疏左右近习之臣。而杨戬方兴龙德、太乙之役，惧不得肆，因谗家令杨冯，将辅太子，幸非常。上皇震怒，执杨

① 《宋史》卷357《梅执礼传》。

② 《宋史》卷322《吴择仁传》。

③ 《宋史》卷174《食货志》、卷468《杨戬传》，《皇朝编年纲目备要》卷28政和六年十二月。

④ 《宋史》卷445《叶梦得传》。

⑤ 《宋史》卷468《杨戬传》，《会编》卷32，《宋陈少阳先生文集》卷1《登闻检院三上钦宗皇帝书》。

诛之，而渊圣之言亦废。”[1] 从宋徽宗亲自下令诛杀杨冯的事件来看，皇太子的地位确是岌岌可危。

宣和三年（公元 1121 年），杨戬“胸腹溃折而死”[2]，宋徽宗追赠太师、吴国公。[3] 胡悈为“大阉杨戬妻侄也”。“悈用戬恩泽补授，数年之间，共转一十九官，任后苑作制造御前生活所及主管御前事务，盗取恩赏，人所切齿”。[4]

靖康元年（公元 1125 年），臣僚上奏，说“杨戬之家尚拥万金之产”，“伏乞早正杨戬籍没之典”。宋钦宗下令，“杨戬家财令开封府拘收”。[5]

靖康二年（公元 1126 年）二月，宋钦宗出质至金营，开封城中“拆毁高俅、杨戬第宅，出卖柴薪”[6]。

7. 贾详。有关贾详的记载很少，但肯定是“大阉”。大观四年（公元 1110 年），贾详任议礼局承受，因“编修《礼书》了毕”，“展两官”。[7]

如前所述，贾详是政和时“延福五位”之一。[8] 后来极有权势的梁师成，“初隶贾详（后苑）书艺局，详死”，方得露头角。[9] 按蔡京在政和二年（公元 1112 年）所写的太清楼记，记述四名宦官当时的官位：“内客省使、保大军节度观察留后、带御器械臣谭

---

① 《宋史》卷 357《程振传》所载稍略。

② 《夷坚支丁》卷 1《杨戬毁寺》。

③ 《宋史》卷 468《杨戬传》。

④ 《要录》卷 77 绍兴四年六月癸未。

⑤ 《靖康要录笺注》卷 8 靖康元年六月二十七日。

⑥ 《会编》卷 78。

⑦ 《宋会要》职官 5 之 22。

⑧ 《会编》卷 52，《皇朝编年纲目备要》卷 28 政和四年八月，《容斋三笔》卷 13《政和宫室》。

⑨ 《宋史》卷 468《梁师成传》，《会编》卷 32。

积，同知入内内侍省事臣杨戬，内客省使、保康军节度观察留后、带御器械臣贾祥（详），引进使、晋州管内观察使、勾当内东门司臣梁师成等伍人。”①

政和三年（公元 1113 年），宋徽宗赏“参照官制格目了毕”，“三经进书凡九百余册”，“承受官贾详回授与五服内白身亲恩泽一名”。②

政和四年（公元 1114 年）六月，宋徽宗《太清楼特晏记》中有正五品“通侍大夫、保康军节度观察留后臣贾管勾上石”③，即负责石刻。估计贾详后也可能升任节度使。

8. 何䜣。史乘或作何忻。《摛文堂集》卷 7 有“入内左藏库副使何䜣”“转两官”，“入内文思使何䜣”“转一官”的制词。如前所述，何䜣为“大阉”，是政和时“延福五位”之一。“内侍何忻以宿州灵壁县山石进御前”④，可知他也是以花石取悦宋徽宗者。

宋徽宗有一刘妃，“本酒保家女，初事崇恩宫。宫罢，出居宦者何䜣家。内侍杨戬誉其美，复召入”。受宠的刘贵妃“以同姓，养为女，遂有宠”，“政和四年，加贵妃”。“妃囚何䜣家，䜣遇妃不礼焉。及得志，遂陷䜣以罪”⑤，“凡䜣之党悉陷而杀之”⑥。前引蔡京太清楼记只写了四名宦官的官位和姓名，却说是“伍人”，估计另一人即是何䜣，概是在他得罪后有意删略。

① 《挥麈录余话》卷 1。

② 《宋会要》职官 56 之 41。

③ 《水东日记》卷 25 引宋徽宗《太清楼特晏记》。

④ 《皇朝编年纲目备要》卷 29 宣和三年二月，此条记事为追述，并非发生于当时。

⑤ 《宋史》卷 243《刘贵妃传》，《东都事略》卷 14《明节皇后刘氏传》。

⑥ 《瓮牖闲评》卷 8 说此为蔡絛《国史后补》所载。

《铁围山丛谈》卷6说，“政和以还，侍从大臣多奴事诸珰”，“最彰著者”就有“盛尹章事何䜣”，“章则与䜣捧药而进”。按“盛章守姑苏，及归，作开封府尹，亦主进奉”。[①] 其任开封尹，大致是在政和五年（公元1115年）前后。[②] 许翰在政和时上奏说：“盛章落职，差提举南京鸿庆宫，襄州居住。何䜣落职，差提举亳州明道宫，本处居住者。”“章之凶险，根于天资”，是个劣迹昭彰的贪官，“今何䜣坐与交通，已徙它州，而盛章重有奸邪，倨傲不恭之罪，乃独归安其第，均为斥逐，重轻不伦”。[③]

宣和元年（公元1119年），宋徽宗“责武成军节度使、提举亳州明道宫何〔䜣〕为昭化军节度副使，鼎州安置，宣奉大夫、提举南京鸿庆宫盛章为单州团练副使，筠州安置，以〔䜣〕交私庭臣，奸状暴列，章泄漏省语，慢上残下，背公立私，故黜之”[④]。这应是因许翰上奏而改变处分。可知何䜣亦官至节度使。刘贵妃固然有意坑陷何䜣，而贪官盛章谄媚何䜣，双方勾结，也绝非冤枉。

9. 梁师成（？—1126）。《宋史》卷468和《东都事略》卷121有传。梁师成，字守道，开封人，“慧黠，习文法。稍知书，初隶贾详书艺局，详死，得领睿思殿文字外库，主出外，传道上旨。政和间，得君贵幸”[⑤]。他又与童贯“结为姻家”[⑥]。梁师成因出身卑微，就冒充名人后代。“始自言母本文潞公（彦博）侍儿”，“或告以师成貌美，类韩魏公（琦），因又称韩公子。久之，有老

① 《续资治通鉴长编纪事本末》卷128注引蔡絛《国史后补》。
② 《宋会要》瑞异1之22—23，崇儒2之28，刑法6之59。
③ 《历代名臣奏议》卷180，《襄陵文集》卷4《缴盛章词头札子》。
④ 《宋会要》职官69之3。
⑤ 《宋史》卷468《梁师成传》，《东都事略》卷121《梁师成传》，《会编》卷32。
⑥ 《会编》卷32，《宋陈少阳先生文集》卷1《登闻检院三上钦宗皇帝书》。

女医官言：‘苏内翰（轼）有妾，出外舍生子，为中书梁氏所乞。’师成于是又尽变其说，自谓真苏氏子。每侍上言及公，辄曰先臣，闻者莫不笑之”。①

大观三年（公元1109年）殿试，梁师成“亦窜名进士籍中，在第一甲第十一”②。历代宦官科举及第，应是仅有的一例。他“以文学自命，尤自矜为诗，因进诗”，宋徽宗“称善”，③ 确是十分赏识其文采。他后来在御制《艮岳记》中称“师成博雅忠荩，思精志巧，多才可属”④。陈东说他“以直济妄，以廉济贪，大佞似圣，大诈似忠者”⑤，看来他确有一套使皇帝宠信的手段。后来李彦“括民田于京东、西，所至倨坐堂上，监司、郡守不敢抗礼。有言于帝。师成适在旁，抗声曰：‘王人虽微，序于诸侯之上，〔此《春秋》法也〕，岂足为过！’言者惧而止。师成貌若不能言，然阴贼险鸷，遇间即发”⑥。李彦对各地监司、郡守们颐指气使，本来完全是败坏宋时的礼法和制度，而梁师成却能歪理说十分，足见其“阴贼险鸷”。《独醒杂志》卷2记载：

> 徽宗尝内宴，顾问梁师成曰：“先王乐以天下，忧以天下。今西北既宾服，天下幸无事，朕因得游宴耳。”师成对曰：“臣闻圣人先天下之忧而忧，后天下之乐而乐。”上问蔡京曰：“师成之言何如？”京曰：“乐不可极尔！”上喜曰：“京

① 《家世旧闻》下。

② 《皇朝编年纲目备要》卷27。《宋史》卷468《梁师成传》和《东都事略》卷121《梁师成传》则作“政和间”，“窜名进士籍中”，时间较晚。

③ 《寓简》卷10。

④ 《挥麈后录》卷2。

⑤ 《会编》卷32，《宋陈少阳先生文集》卷1《登闻检院三上钦宗皇帝书》。

⑥ 《宋史》卷468《梁师成传》，《东都事略》卷121《梁师成传》，《宋陈少阳先生文集》卷1《登闻检院上钦宗皇帝书》。

之言是也!”

这也同样是歪理说十分的实例。如前所述，当政和二年（公元1114年），梁师成的官位尚低于谭稹、贾详等人，为从五品的引进使、晋州管内观察使、勾当内东门司。

政和四年（公元1114年）六月，梁师成的官位已升为正五品的“通侍大夫”①，后官至“兴德军节度观察留后、直睿思殿”②。今存有一份《梁师成〔节度〕观察留后制》，其中说：

具官某被服儒术，敏而有文，砥砺廉隅，柔而能整。始者进止有度，得于践修；已而劳谦用光，信其忠力。其畀后务，以旌乃庸。③

此类虚美之词，却也反映了他所以得到宋徽宗宠信的一些手段。政和五年（公元1115年）八月，宋徽宗建明堂，梁师成为都监。④

宦官在政和时有所谓“延福五位”，梁师成尚是“延福五位”中贾详的属下，其权势大致是在宣和时后来居上。

政和七年（公元1117年），“梁师成为检校少保、兴德军节度使”⑤。

① 《水东日记》卷25引宋徽宗《太清楼特晏记》。

② 《竹隐畸士集》卷17韩粹彦行状，《续资治通鉴长编纪事本末》卷125《明堂》政和五年八月壬子。

③ 《忠惠集》卷4。按此集作者翟汝文尚是个正直之士，史载他能顶撞梁师成，此制词疑掺入。

④ 《皇朝编年纲目备要》卷28。

⑤ 《续资治通鉴长编纪事本末》卷125《明堂》政和七年六月己未。

宣和二年（公元 1120 年）六月，宋徽宗诏“持服人、前检校太傅、河东节度使、中太一宫使、直保和殿、明堂提举、兼在京神霄玉清万寿宫副使、安定郡开国公、食邑三千八百户、食实封一千三百户梁师成可〔特〕起复”①，可知他父或母死，皇帝却令违制起复。十月，“以河东节度使梁师成为太尉”。宋徽宗“留意礼乐、符瑞事，师成特以颖悟，善逢迎，〔贾〕恩宠，上实以隶人蓄之。凡御笔号令，皆主于师成。于是入处殿中，多择善书吏，习仿奎书，杂诏旨以出，外庭莫能辨。阴窃用人之柄，权势熏灼，一时嗜进之徒争先赴趋之”②。其中包括苏轼之子苏过，范祖禹之子范温，“出入梁师成之门，以父事之。然以其父名在（党）籍中，亦不得官职。师成自谓东坡遗腹子”，待苏过“如亲兄弟”。③两个大名士之子，为势利所屈，也只能觍颜“父事”被士大夫辈嗤之为阉腐刑余之人。他号为“隐相”，应有三方面的含义。一是“帝本以隶人畜之，命入处殿中。凡御书号令，皆出其手，多择善书吏，习仿帝书，杂诏旨以出，外廷莫能辨”④，将自己的旨意也冒充御笔。二是“阴窃用人之柄”⑤。宋徽宗“每进用一宰相、大臣以及侍从之官，师成必收其功，以归诸己。故宰相、大臣秉持国政，必惟师成之命是从”⑥。宰执大臣的进退，在某种程度上竟操控于其手。王黼拜相，由少宰升太宰，他“厚结内侍梁师成辈，多荐引之者”。“宣和初，师成荐为少宰，惟谄佞师成，凡事行其

① 《宋会要》职官 77 之 11。

② 《宋史》卷 22《徽宗纪》，《皇朝编年纲目备要》卷 29。

③ 《朱子语类》卷 130。

④ 《宋史》卷 468《梁师成传》，《东都事略》卷 121《梁师成传》。

⑤ 《东都事略》卷 121《梁师成传》。

⑥ 《会编》卷 32，《宋陈少阳先生文集》卷 1《登闻检院三上钦宗皇帝书》。

意而已”。① “梁师成从中秉权，故使黼相表里，一旦恩数仪物有逾于蔡京矣”。② “遂行宰相事，俾王黼在外表里之，内为关决”。③三是如前引《老学庵笔记》卷3所说，当时“百司庶府悉有内侍官为承受，实专其事”，此类宦官其实是听命于梁师成。故宋时记载甚至说：“宣和间，内侍梁师成得幸，贵震一时，虽蔡京、童贯皆出其下。”④

宣和三年（公元1121年）闰五月，在镇压方腊之变后，“复应奉司，命王黼及内侍梁师成领之”，“仍令黼总领于外，梁师成总领于内”。⑤

宣和四年（公元1122年）正月，梁师成升开府仪同三司。⑥三月，宋徽宗命梁师成“总领重缉”太学舍。⑦ 九月，宋徽宗“诏检校太傅、开府仪同三司梁师成就都亭驿设听（厅），押赐金国人使御筵”⑧。

宣和五年（公元1123年）七月，梁师成升少保。⑨

宣和六年（公元1124年）初夏，“策进士八百余人，闻其中百余人皆以献颂上书为名，特赴廷试，率多（梁）师成之力。尽是富商豪子，〔先〕曾进纳及非泛补授官职，士大夫不齿之人，或白身不足应进士举者，闻每名献〔师成〕钱七八千缗，师成便为

---

① 《会编》卷31《中兴姓氏奸邪录》。

② 《会编》卷31。

③ 《会编》卷32。

④ 《宋名臣言行录》后集卷12《刘安世》。

⑤ 《宋史》卷22《徽宗纪》，《皇宋十朝纲要校正》卷18，《宋会要》职官4之28。

⑥ 《宋史》卷22《徽宗纪》，《宋会要》职官77之12。

⑦ 《宋会要》职官28之22。

⑧ 《宋会要》礼45之16。

⑨ 《宋史》卷22《徽宗纪》。

奏请特赴廷试之命。师成所〔荐〕既众，即又传令张〔补〕等将上。其他权幸遂相效以贾利，师成实启之。每遇赐名唱第之日，师成必在上侧，临时奏请，妄有升降，以乱公道。在廷之士往往解体，国家选举之法为师成坏乱，几至扫地”①。“其小史曹组、储宏者亦登第，而宏执厮养之役如初”②。甚至号称公道取士的科举，也成了梁师成卖官的领域。宋徽宗发现梁师成与王黼“连墙，穿便门往来”，“始悟其交结状”，“黼眷顿熄”，“乃拔白时中、李邦彦共政，以分其权”，于十一月令王黼致仕。③ 但李邦彦“喜闾阎鄙猥事，自号为李浪子。大观二年释褐，第一人及第，善事内侍，故内侍多荐之。累迁中书舍人、翰林学士，阿谀梁师成”。“师成荐其人才，美风姿”。后升尚书左丞，“王黼为相，与邦彦不协，邦彦阴结蔡攸及诸内侍，俾谮黼，罢之”。“拜少宰。惟以谄佞取容，略无建明。喜讴善谑，尤能市井鄙俚之语。每以鄙俚之语缀成小词，无赖子得之，喧传里巷。邦彦尝自言：‘赏尽天下花，踢尽天下球，做尽天下官。’而都人亦呼邦彦为浪子宰相”。④“徽宗末年，阴约阉寺之奸，稍诛数人，以杀其势。（朱）勔因得入其訾，力排梁师成，浸为徽宗所亲倚”⑤，而梁师成虽“由是益

---

① 《宋史》卷22《徽宗纪》，《会编》卷32，《宋陈少阳先生文集》卷1《登闻检院三上钦宗皇帝书》。

② 《东都事略》卷121《梁师成传》，《太平治迹统类》卷27。《宋史》卷374《曹勋传》：“父组，宣和中，以阁门宣赞舍人，为睿思殿应制，以占对开敏得幸。”曹组实际上以武官为宋徽宗文学侍从，参见《挥麈后录》卷2。另据《要录》卷46绍兴元年八月壬辰，储宏后以“武节郎致仕”。可知两人登第后，却仍用武官衔。按《曹勋传》，曹勋亦沿用此例。

③ 《宋史》卷22《徽宗纪》、卷470《王黼传》，《东都事略》卷106《王黼传》，《诚斋集》卷69《己酉自筠州赴行在奏事十月初三日上殿第二札子》。

④ 《会编》卷28《幼老春秋》。

⑤ 《宋史》卷468《梁师成传》，《东都事略》卷106《朱勔传》，《会编》卷31。

绌”①，却仍有相当权势。

梁师成虽与王黼等过从甚密，而一说为“郓王楷宠盛，有动摇东宫意，师成能力保护”②，但另一说又为“太上（宋徽宗）尝谕大臣，始内禅时，师成独沮异”③。《东都事略》卷121《梁师成传》说：“初，钦宗在东宫，郓王楷颇有夺嫡意。或言师成独保护太子。钦宗受内禅，靖康初，徽宗东巡，旧人多从行。独师成以旧恩留京师。”太学生陈东上书，专门揭发梁师成：“陛下谦逊之际，闻数贼密请郓王〔皆〕来到殿上，而师成实为谋始。此意安在？比至事定，自知失计，乃争言曰：‘太上之志，我实成之；吴敏之策，我实授之；定策之功，我实有之。’人臣要君，莫此为甚。天下共知数贼〔之心〕，久欲不利于陛下，方陛下在东宫时，各怀异意，欲伺间隙。于是杨戬亦同其谋。”④ 看来梁师成比童贯、王黼、蔡攸等狡猾，表面上对时为太子的宋钦宗“保护”，故宋钦宗即位之始，对他仍有好感，“师成以旧恩留京师”。宋钦宗醒悟后，将梁师成贬黜。“行次八角镇，缢杀之，以暴死闻，籍其家。”⑤ 一说“师成知不免，遂自杀”⑥。

10. 谭稹。宋哲宗绍圣四年（公元1097年），因皇宫救火“有劳”，“内品谭稹”“减二年磨勘”。⑦

大观二年（公元1108年）三月，宋徽宗遣谭稹使舒、江、

① 《宋史》卷468《梁师成传》，《东都事略》卷121《梁师成传》。

② 《宋史》卷468《梁师成传》。

③ 《会编》卷32陈东上书，《中兴遗史》，《清波杂志》卷6。

④ 《会编》卷32，《宋陈少阳先生文集》卷1《登闻检院三上钦宗皇帝书》。

⑤ 《宋史》卷468《梁师成传》。

⑥ 《会编》卷32《中兴遗史》。

⑦ 《长编》卷489绍圣四年七月戊辰。

滁、扬等州。[①]“谭稹之初用事也，亦熙河兰会路承受而已，既而为勾当公事。”[②]

政和二年（公元1114年），如前所述，谭稹已官至内客省使、保大军节度观察留后、带御器械。谭稹“献玄圭，其制：两旁刻十二山，若古山尊，上锐下方，上有雷雨之文，下无瑑饰，外黑内赤，中一小好，可容指，其长尺有二寸”[③]。他出使后，上奏认为：“淮南三转般仓不可不复，乞自泗州为始，次及真、楚。”[④]

宋朝宗室赵令畤“坐交通”被贬黜的苏轼，“罚金，已而附内侍谭稹以进”[⑤]。《宋史》卷322《吴择仁传》记载，吴择仁任开封府太康知县，“中贵人谭稹奴犯法，按致于理。稹羞恚造谮，徽宗召户部郎中宋乔年往鞫。乔年，伉吏也，疾驱至。候者惶遽入白，择仁著衣冠坐庑下。乔年虑囚擿隐，剔抉帑庾出入，不能得毫毛罪，乃归传舍”。可知谭稹的权势日盛。

政和六年（公元1116年）七月，因《神宗日历》成书，宋徽宗给谭稹升官，“回授有官有服亲”[⑥]。宋徽宗“有意图北方，遣谭稹衔命访诸帅，韩粹彦、洪中孚皆力云不可”，而薛嗣昌“乃润饰谍词，以开边隙”。[⑦]

重和元年（公元1118年）六月，宋徽宗诏，“协忠大夫谭稹奉使淮西，自冬徂夏，渠魁生致，余党殆尽”，“宜除通侍大夫、

① 《皇朝编年纲目备要》卷27大观二年三月。

② 《靖康要录笺注》卷4靖康元年三月三十日，《会编》卷44，《宋朝诸臣奏议》卷63余应求《上钦宗论中人预军政之渐》。

③ 《宋史》卷151《舆服志》。

④ 《宋史》卷175《食货志》，《皇朝编年纲目备要》卷27崇宁三年九月。

⑤ 《宋史》卷244《赵令畤传》。

⑥ 《宋会要》运历1之18。

⑦ 《宋史》卷328《薛嗣昌传》，《会编》卷19，《新安志》卷7《洪尚书》。

同知入内内侍省”。①

宣和二年（公元 1120 年）十二月，谭稹为威武军承宣使②、两浙制置使，与童贯统兵镇压方腊之变。“自童贯握兵以来，选将必先其家奴，其他皆以贿进，货赂公行，其门如市。至谭稹主兵，悉效贯所为”，“所过州必荐土物”。③ 福建提点刑狱公事俞向“奴事谭稹，至于厨传之事，皆躬自监视”④。

宣和三年（公元 1121 年）八月，因平定方腊变乱，谭稹升常德军节度使。

宣和四年（公元 1122 年）五月，谭稹起复，升太尉，改“武信军节度使，充宝箓宫使、在京神霄玉清万寿宫副使、直睿思殿”⑤。十一月，宋徽宗“赐金国人使宴于都亭驿，诏太尉谭稹押筵”⑥。

宣和五年（公元 1123 年）七月，宋徽宗“诏起复武信军节度使谭稹为检校少保，河北、河东、燕山府路宣抚使”。十一月，又加检校少傅。⑦ 谭稹“初无异能，但梁师成党。童贯致仕，故师成、（王）黼引稹以为河东宣抚副使，实代贯事”⑧。

宣和六年（公元 1124 年）八月，因金人占蔚州等地，谭稹

---

① 《宋会要》兵 12 之 19—20。

② 《古今合璧事类备要》后集卷 63《承宣使》。

③ 《靖康要录笺注》卷 7 靖康元年六月三日，《夷坚志补》卷 10《魏十二嫂》。

④ 《靖康要录笺注》卷 7 靖康元年六月四日。

⑤ 《宋史》卷 22《徽宗纪》，《宋会要》职官 77 之 12。

⑥ 《宋会要》礼 45 之 16。

⑦ 《宋史》卷 22《徽宗纪》，《会编》卷 18，《皇朝编年纲目备要》卷 29，《宋会要》职官 41 之 20。

⑧ 《会编》卷 19《北征纪实》、卷 468《梁师成传》。

“坐是贬”[①]，“落太尉，罢宣抚使”[②]。“贬顺昌军节度副使”[③]。

靖康元年（公元 1126 年）九月，谭稹移韶州安置。[④]

11. 梁方平（？—1126）。宣和六年（公元 1124 年），“河北、山东盗起，命内侍梁方平讨之”[⑤]。梁方平也官至节度使。

宣和七年（公元 1125 年）末和靖康元年（公元 1126 年）初，金军南侵，宋钦宗“悉出禁旅”，将二万七千精兵委付梁方平，防守濬州。宇文虚中说：“内臣主兵，恐将兵不附。欲更差人为大将，而梁方平副之。”宋钦宗说：“何灌（武将）见作管军，可令团结京城二万人，同守濬州。”仍令梁方平为主帅。梁方平“日与其徒纵饮，探报不明，御敌无备，洎及贼至，乃始奔骇，至桥南，纵火而遁”，于正月“单骑遁归”开封城。但宰相李邦彦方“主和议，忌李纲主战”，当时“方革去权阉提举城壁”，他却“如梁方平等又尽复之”。守城的李纲得报，“有告梁方平欲为贼内应者”，就“召至帐中，执之，以付御史台推治。凡内侍之守城者皆罢”，建议皇帝予以“黜责”。二月，因臣僚论奏，宋钦宗将他处斩。[⑥]

12. 李彦（？—1126）。宣和三年（公元 1121 年），杨戬死，李彦接替主持延福宫西城管所，在京东、京西以至河北、河东路

---

① 《宋会要》职官 41 之 20，《要录》卷 1。

② 《宋史》卷 22《徽宗纪》，《皇朝编年纲目备要》卷 29。

③ 《会编》卷 19。

④ 《靖康要录笺注》卷 11 靖康元年九月十三日。

⑤ 《宋史》卷 22《徽宗纪》。

⑥ 《宋史》卷 23《钦宗纪》、卷 357《何灌传》、卷 364《韩世忠传》、卷 428《杨时传》，《靖康要录笺注》卷 1 靖康元年正月二十八日余应求奏、卷 3 靖康元年二月二十三日，《会编》卷 26、卷 33《靖康遗录》、卷 42、卷 53《靖康小雅》、卷 214 宇文虚中行状，《要录》卷 1，《历代名臣奏议》卷 90 吕颐浩奏，《梁溪全集》卷 51《乞黜责梁方平许佃札子》、卷 171、卷 172《靖康传信录》。梁方平的节度使军名，《钦宗纪》作“威武军节度使”，《要录》作“武泰军节度使”。

强征所谓“公田钱”。

如前所述，李彦“括民田于京东、西，所至倨坐堂上，监司、郡守不敢抗礼”。有人向宋徽宗反映，却得到梁师成的庇护。他“密交王黼，相为表里。其在京东、西也，以西城所为名，恣行凶暴。凡民间美田，使之投牒陈告，皆指为民荒，竟有无故而被谴责者，亦不可数”①。“李彦括公田，以黠吏告讦，籍郏城、舞阳隐田数千顷，民诣府诉者八百户”②。“敛取无艺，百姓失业，流丐者众。风谕诸邑，催索租逋，急于星火。确山令刘愿前后杖下，决死良民千余人”③。据《宋史》卷468《杨戬传》，《宋会要》职官69之25—27，《靖康要录笺证》卷10靖康元年八月十一日，《历代名臣奏议》卷182李光奏，《容斋续笔》卷15《紫阁山村诗》等记载，当时在京东、京西等地助李彦虐民的地方官有杜公才、王宓、刘寄、任辉彦、李士渔、王浒、毛孝立、王随、江惇、吕坯、钱棫、宋宪、王子献、李端愿、刘愿等人。以上所列人员当然并不完全。又如前宰相蔡确之子蔡庄，“守颍昌，奴事李彦，无所不至”④。

至于对李彦尚能有所抵制者，如“颍昌府钤辖范寥不应副李彦取竹，遂以寥将苏轼诗文墨迹模勒上石，为十恶大不恭，奏朝廷，必特勒停”⑤。“宦者李彦奉使至”，济南知府翁彦深“待之如旧仪。彦大怒”，竟能设法使他赋闲，而“提举南京鸿庆宫”。⑥

宋徽宗并非完全不知道“公田”对民间造成的危害，延福宫

---

① 《靖康要录笺注》卷10靖康元年八月十一日。

② 《宋史》卷445《叶梦得传》。

③ 《历代名臣奏议》卷182，《庄简集》卷9《论王子献等札子》。

④ 《要录》卷15建炎二年五月癸丑。

⑤ 《靖康要录笺注》卷10靖康元年八月十一日。

⑥ 《斐然集》卷26《右朝奉大夫集英殿修撰翁公神道碑》。

西城管所搜刮的公田钱奉献宋徽宗，仅一次即达“三百万缗”，宋徽宗当时也当面告诫说：“李彦，李彦，莫教做弄一火大贼来，斫却你头，后怎奈何?”① 但为了自己的享受和挥霍，又不愿取消“公田”。

宣和七年（公元 1125 年）四月，翊卫大夫、安德军承宣使、直睿思殿李彦奏递铺事宜。② 李彦“据有西城所钱物”，宣和七年（公元 1125 年），“发钱数千万，往淮、浙买米，运至〔东京〕，以规厚利”。在金军南侵的形势下，宋徽宗才不得不“诏罢西城所钱，令以其钱付之有司”。李彦“尚欲强占，不肯交割。及至交割，所存无几”。③

靖康元年（公元 1126 年）正月，宋钦宗“赐翊卫大夫、安德军承宣使李彦死，并籍其家”④。

李彦在宦官群中的地位并不高，为从五品遥郡承宣使，距离从二品的节度使还有好多品级，但作恶甚烈，民愤极大。太学生陈东上书，提出“六贼”的概念⑤，并非天下仅此六贼，而是选其罪恶最大者，其中三人是宦官，即童贯、梁师成和李彦。

13. 李彀。字志道，南宋初，以避宋高宗御讳，以字行。他为宦官李宪“养子”⑥，故李宪给宋神宗奏中称“臣男彀”⑦。

宋神宗元丰元年（公元 1078 年），因吐蕃族董毡归附宋朝，入内高品李彀奏：“编排赐董〔毡〕字改译）等物，乞下所属供赴

---

① 《挥麈后录》卷 11。

② 《宋会要》方域 10 之 39。

③ 《宋陈少阳先生文集》卷 1《登闻检院上钦宗皇帝书》。

④ 《宋史》卷 23《钦宗纪》、卷 200《刑法志》作拱卫大夫，低两阶。

⑤ 《宋史》卷 455《陈东传》。

⑥ 《要录》卷 11 建炎元年十二月庚午。

⑦ 《长编》卷 341 元丰六年十一月己巳。

资善堂编排。”得到批准。①

元丰五年（公元 1082 年），宋神宗批示，李宪“如欲搬家，即速具奏，当令李彀津遣以往”②，这当然反映了李彀为其养子的特殊身份。

宋哲宗元丰八年（公元 1086 年）四月，李彀因即位赦升迁。③

元符元年（公元 1098 年），李彀时为入内供奉官、勾当内东门司。④

元符二年（公元 1099 年）九月，入内供奉官李彀前去熙州，处理青唐吐蕃“迎降”事宜。⑤ 吐蕃族边厮波结等授官并赏赐，令李彀“一就管押赴阙”，“又令李彀因便犒设将士，及密切勘会阵亡人数闻奏”。李彀上奏，提出“乞早令王赡归湟州，焚毁青唐巢穴”等建议。⑥

元符三年（公元 1100 年）正月，宋徽宗即位，李彀押吐蕃族官员“赴阙”，“止令留在京西听旨”。⑦

李彀“凶悍惨酷，尤于虎狼，冒于货贿，恣为不法。与童贯、谭积、梁方平辈，世号为十恶。昔置东庄、北宅，穷奢极侈，令翟祐之等盗官筏巨材，以营堂室，厮役兵匠，计工数万。又磨河堤，取水为池，又盗官玉，令陈宗妙等造带及器物。强买人户刘

---

① 《长编》卷 291 元丰元年八月己酉。

② 《长编》卷 330 元丰五年十月辛酉。

③ 《长编》卷 354 元丰八年四月辛未。

④ 《长编》卷 501 元符元年八月癸卯。

⑤ 《宋会要》蕃夷 6 之 33—34。

⑥ 《长编》卷 516 元符二年闰九月癸酉，卷 517 元符二年十月丁巳，卷 518 元符二年十一月癸酉、乙亥、辛巳、甲午，卷 519 元符二年十二月乙卯。吐蕃族人名为清人改译，今据《曾公遗录》卷 8 改。

⑦ 《长编》卷 520 元符三年正月丙戌。

宗愿屋产，而低偿其值。于军器所前后盗用官钱，不计其数。其甚则窃弄权柄，自作威福，上皇（宋徽宗）御笔放逐使臣史义，毂辄追还。以一时私怨，勒停翟通，责降晁敏中等，人皆侧目，恐遭毒螫”。宋徽宗“以其罪大，尝尽褫其官，尽没其别业”。[①] 李心传《旧闻证误》卷 3 则说“延福五位”有李穀，即李毂。

宣和五年（公元 1123 年）八月，“检校少保、安德军节度使、醴泉观使李毂责授岳阳军节度副使致仕，以言者论其子雍乞析居，而毂遂逐之，不以为子，慈孝两失故也”。其养子李雍“追毁出身以来文字，放归田里”。[②]

但李毂旋即复官，“宣和末，为检校少保、庆远军节度、醴泉观使、直保和殿”[③]。

宋钦宗靖康时，“朝廷专委李毂开撩城濠，日役万人”[④]。杨时上奏说：“伏见梁平、李毂之徒皆持权自若，气焰复炽，未识陛下亦尝察其所以然否乎?”“李毂尝管干京城，监造军器，奸欺侵蠹，无所不至。近兴复濠之役，调夫数万，减克口食，残虐百端，役夫至于殍踣逃亡，亦不可胜计。近在国门之外，陛下其亦闻之乎? 至于直下元丰库取珠子，及送亲事官于开封府处斩之类，并不经由三省。”[⑤] 可知李毂当时仍飞扬跋扈。《宝真斋法书赞》卷 2《钦宗皇帝御押内藏御笔》载有皇帝手诏说：“内藏库支钱一万贯，付李毂，充应副道君皇后修造使用。”侍御史胡舜陟弹劾宰相唐恪说：“恪之智虑，但长于交纳内侍百（卢?）端。”“比召李毂至中书议事，闻毂之言，徐以手握毂之带曰：‘至道处置，安有错者!’

① 《靖康要录笺注》卷 6 靖康元年五月七日胡舜陟奏。

② 《宋会要》职官 69 之 12—13。

③ 《要录》卷 11 建炎元年十二月庚午。

④ 《历代名臣奏议》卷 223 李光奏。

⑤ 《宋朝诸臣奏议》卷 63《上钦宗论不可复近奄人》（系第二状）。

谄奉百端，吏皆鄙笑。”①

东路金军第二次南侵，“屯刘家寺”，“初，窑官李彀典治兵械，秋末，上命彀阅兵刘家寺。彀因取兵器、炮坐、炮石置寺中，不知数目。至是尽为贼用，京城震恐”。宋钦宗遂将李彀“除名，勒停”。②

建炎元年（公元1127年）十二月，李彀“复内客省使、保庆军承宣使、添差入内内侍省都知”，右谏议大夫卫肤敏弹奏说：“志道在上皇朝，用事最久。其弄权怙宠，势可炙手，一时达官贵人，多出其门，挠法害政，以乱天下。其恶不在童贯、谭稹、梁师成之下，今纵未能窜逐，奈何用赦复之。”于是宋高宗“亟寝其命”。③

14. 王仍。重和元年（公元1118年），“秋雨，广武埽危急，诏内侍王仍相度措置”④。

宣和二年（公元1120年）八月，因“开修广武直河”，“保和殿学士、银青光禄大夫孟昌龄，兴德军节度使王仍各转一官，回授”⑤，可知王仍亦官至节度使。孟昌龄、孟揆父子负责水利工程二十年，“妄设堤防之功，多张稍桩之数，穷极民力，聚敛金钱，籍以为资，结交权要”，而依仗“王仍为心腹奥主”。⑥

靖康时，胡舜陟奏历数宋徽宗时宦官罪恶，说“其他营求声色，创造游宴，更新侈靡，市花木、禽兽，以荧惑人主之心术者，

① 《靖康要录笺注》卷13靖康元年闰十一月一日。
② 《靖康要录笺注》卷13靖康元年闰十一月二日、九日。
③ 《要录》卷11建炎元年十二月庚午。
④ 《宋史》卷93《河渠志》。
⑤ 《宋会要》方域15之29。
⑥ 《靖康要录笺注》卷3靖康元年二月二十六日。

如王仍、张见道、邓文诰之徒，不可悉举”①。胡安国上奏说：“内侍王仍、张见道、邓文诰辄怀诡计，图欲离间两宫，边防动静，妄意传播，转相耸动，将以遂其奸志，此而不除，后必贻患。而陛下未欲施行，止令觉察。”建议皇帝“断在不疑”，“编置远方”。② 虽称“三人遂黜”③，看来仍是留在开封城。

金军破开封城后，王仍等投敌，“内侍王仍辈曲奉金帅，指其所在而取之，真珠、水晶绣帘，珠翠步障，红牙〔大〕柜，龙麝，沉香，乐器，犀、玉雕镂屏榻，古书，珍画，络绎于路”④。被胡安国等人不幸而言中。

15. 邓文诰。宋伯友“谐附近习，为大理卿，而内侍邓文诰为大理〔承受〕，伯友倾身事文诰如奴，刑狱出入，惟所颐〔指〕，而文诰用之为爪牙，以快私忿，刑多枉滥，人甚冤之”⑤。

政和六年（公元 1116 年），“巨阉邓文诰”为初任提举御前淮、浙人船所。⑥

宣和元年（公元 1119 年）正月，金朝使者李善庆到开封，“诏蔡京、童贯及邓文诰见之”⑦。南宋时，人称当时破坏旧制，“阁门、客省、四方馆以内侍邓文诰提举，而不隶台察”⑧。

---

① 《靖康要录笺注》卷 15 靖康二年正月四日。

② 《历代名臣奏议》卷 182。

③ 《斐然集》卷 25《先公行状》。

④ 《要录》卷 2 建炎元年二月丙子，《会编》卷 79、卷 81《朝野佥言》、卷 97《朝野佥言》。

⑤ 《靖康要录笺注》卷 12 靖康元年十一月八日。“承受”原作“参受”，据文义改。按此为胡舜陟劾奏，估计邓文诰作大理寺承受当在提举御前淮浙人船所之前。

⑥ 《续资治通鉴长编纪事本末》卷 128《花石纲》政和七年七月乙未蔡絛《（国）史（后）补》。

⑦ 《会编》卷 3，《皇朝编年纲目备要》卷 28。

⑧ 《要录》卷 70 绍兴三年十一月乙丑，《宋会要》职官 17 之 20。

邓洵仁在大观四年至政和三年任尚书右丞，而他“暮年，又与内侍邓文诰通家往来，谓同谱系”[①]，足见邓文诰的权势。

如前引胡安国奏，邓文诰到靖康时，仍有权势，故“离间两宫”等，被胡安国论奏而黜落。

16. 张见道（1091？—?）。如前引胡安国奏，张见道到靖康时，仍有权势，故“离间两宫”等，被胡安国论奏。四月，到南方逃难的宋徽宗回到开封，居龙德宫。宋钦宗按“耿南仲建议，尽屏其左右。于是内侍陈思恭、萧道、李琮、张见道十人并行贬黜，不许入门，敢留者斩”[②]。

宋高宗绍兴四年（公元1134年），“武德大夫、秀州防御使致仕张见道落致仕，主管江州太平观”[③]。说明张见道重新起用。

绍兴十八年（公元1148年）五月，“宣庆使、清远军承宣使、入内内侍省押班张见道为景福殿使，以从幸太一宫，特推恩也”[④]。宋高宗宠信的宦官张去为是“内侍张见道养子”[⑤]。七月，“入内内侍省押班张见道升延福宫使。见道与其养子内侍省押班去为并为景福殿使，去为请以解带一官，回授见道”。宋高宗“许之”。[⑥]

绍兴二十八年（公元1158年）七月，“差实录院都大提举诸司张见道”充“安奉《徽宗实录》”“都大主管官”。[⑦] 八月，“延福宫使、清远军承宣使、入内内侍省押班张见道落阶官，提举万

① 《要录》卷90绍兴五年六月丙寅。
② 《会编》卷45。
③ 《要录》卷73绍兴四年二月戊戌。
④ 《要录》卷157绍兴十八年五月戊辰。
⑤ 《宋史》卷469《张去为传》。
⑥ 《要录》卷158绍兴十八年七月甲戌。
⑦ 《宋会要》职官18之63。

寿观，免奉朝请”①。

绍兴三十一年（公元1161年），宋金再战，“内侍张见道、富民裴氏相继献金钱，如诏旨”。张见道于十一月“致仕”。② 看来此人寿命颇长，如以古代七十致仕计算，则应生于宋哲宗元祐六年。其得到宋高宗宠信，又与张去为被宠信有关。

乾道八年（公元1172年）十二月，“保康军承宣使致仕”张见道“赠庆远军节度使”，另“谥温恪”。③

17. 王珣。政和时，王珣任提举御前淮、浙人船所。“先是，人使往来淮、浙，类起丁夫挽船，县卒千人，或水溢，多溺死者，浸淫上闻，有诏禁止。而提举人船王珣不悦，画别敕，许遇风不顺，或水涩趁潮，起夫率挽。”孙傅和许翰论奏此事，“徽宗大怒”，反而将两人贬责。④

曾布之子曾纡“因谄事内臣王珣，进职赐带”⑤。可知王珣也有相当权势。

18. 张佑。宋神宗熙宁七年（公元1074年），王韶进行复熙河之役，张佑任走马承受。⑥

《摛文堂集》卷7有《入内内庭承制张佑入内左藏库使王佑各转一官制》，应即是此人。

政和时，“内侍张佑主营缮所，亦效后苑公田所为，取足无

① 《要录》卷180绍兴二十八年八月辛丑。

② 《要录》卷194绍兴三十一年十一月辛未、辛巳。

③ 《宋会要》礼58之107，仪制13之4。

④ 《宋史》卷381《程瑀传》，《胡澹庵先生文集》卷23程瑀墓志铭。

⑤ 《靖康要录笺注》卷4靖康元年三月二十三日。

⑥ 《长编》卷251熙宁七年三月乙丑、卷253熙宁七年五月壬子，《宋会要》兵18之5。

算”①。“内侍张佑董葺太庙，僭求赏”，梅执礼“皆驳奏弗行”。②政和三年（公元1113年）十一月，宋徽宗祀昊天上帝作记，其中提及“侍臣刘友端、张佑”③。

19. 杨球。《宋史》卷472《蔡京传》说，北宋“至熙宁间，有内降手诏，不由中书、门下共议，盖大臣有阴从中而为之者。至京则又患言者议己，故作御笔密进，而丐徽宗亲书以降，谓之御笔手诏，违者以违制坐之。事无巨细，皆托而行，至有不类帝札者，群下皆莫敢言。繇是贵戚、近臣争相请求，至使中人杨球代书，号曰‘书杨’”。此处说杨球是“中人”，当然是宦官，但以下的记述又或称杨球是“睿思殿文字外库使臣”，即小武官。

南宋岳珂追述说：“谨按蔡絛《国史后补》曰：‘内降自祖宗来有之，但作圣旨行下。崇宁有亲笔，乃称御笔。大观四年夏，始诏违御笔，以违制论。（政和）六年春，凡御笔颇不类上字。宣和改元后，内降则又时时作吏体，非宫人笔札。鲁公（蔡京）因奏曰：陛下号令，何可由师成体，外人书？上曰：宫人作字，旧样不佳，朕教之，今其书颇类男子，良可嘉。卿盖误矣。其后始通知，今（令）睿思殿文字外库使臣若杨球等掌之，张补④等点检小阉三四。人主出纳，用宝以付外，处之于宣和殿之后廊，但谓之东廊，即其所也。实梁师成统之焉。又降御笔曰：诸御笔，承受官司住滞一时，杖一百，一日徒一年，一月加一等，罪止流三千里。又诏违御笔，以大不恭论，不以赦降去官原减。是后凡进拟入者，必祷补、球辈，使点窜讹舛，内外相关，而上但谓外

① 《皇朝编年纲目备要》卷28政和六年十二月。

② 《宋史》卷357《梅执礼传》。

③ 《宋会要》礼28之18。

④ 据《要录》卷18建炎二年十二月丁巳，翁“挺素无行检，事伶人张补及梁师成。师成父没，挺与秦湛辈缟素延客，自称义孙”。则张补为伶人，非宦官。

廷不知也。’臣固尝疑其书之妄，既得此帖，参以臣家天笔之藏，盖昭乎其不类也。杨球、张补之迹，蔡京、梁师成之罪著矣。”①

南宋刘克庄《进故事》说：“我朝家法最善，虽一熏笼之微，必由朝廷出令，列圣相承，莫之有改。其后老蔡用事，患同列异议，始请细札以行之。初犹处分大事，既而俯及细微，后不胜多，至使小臣杨球、张补代书，谓之东廊御笔，汔成祸乱。”②

牟子才追述说：“御笔始于政和四年（公元1114年），初焉杨球之代书，终焉流弊之滋炽。或称诏，或称御笔手诏，或用御宝，或用长印，或有金填红刻，旨挥由中而出，不在于中书、门下之旨也。当时三省但奉行御笔而已。”③

《容斋随笔》记载，亳州人曹组，字元宠，“宣和初，召入宫，见于玉华阁。徽宗顾曰：‘汝是曹组耶?’即以《回波词》对曰：‘只臣便是曹组，会道闲言长语，写字不及杨球，爱钱过于张补。’帝大笑。球、补皆当时供奉者，因以讥之”。如前所述，曹组原为梁师成“小吏”，虽参加科考登第，“官止班行”，即小武官。④

按上引记载，则杨球写字仿宋徽宗笔迹，号称“书杨”，“东廊御笔”，大致是在政和到宣和时。杨球和张补假冒御笔，其实是受蔡京和梁师成的唆使。杨球和张补也从中渔利，固不待言，按前述梁师成事迹，假冒御笔者当不止杨球和张补两人。

宋钦宗靖康元年（公元1126年）正月，宋钦宗下御笔，将包

---

① 《宝真斋法书赞》卷2《徽宗皇帝诸阁支降御笔》。

② 《历代名臣奏议》卷151。

③ 《历代名臣奏议》卷311。

④ 《名贤氏族言行类稿》卷19曹姓引《容轩随笔》。据同书卷17钱姓引《容轩随笔》，应即是《容斋随笔》。今传世《容斋随笔》佚此条记事。关于曹组户贯，《宋史》卷379《曹勋传》说是颍昌府阳翟县人。

括娼优李师师和杨球、张补等“逐人家财籍没”。[1]

20. 李琮。李琮“娶童贯女”，“尝给事”宋高宗的“藩邸”。他在“宣和间，倚贯声势，罪恶不可具言。常奉使东南，淮、浙骚动”[2]。

宣和四年（公元 1122 年），金使乌歇到开封，宋徽宗命“中使李琮、童师礼就班荆馆押赐御筵”[3]。

如前所述，宋钦宗在靖康元年（公元 1126 年）四月，为防止宦官挑拨与宋徽宗的关系，下令“内侍陈思恭、萧道、李琮、张见道十人并行贬黜，不许入门，敢留者斩”。

宋高宗绍兴七年（公元 1137 年），命“右武大夫、兴州防御使李琮落致仕，与宫观”，“以尝给事藩邸，故复起之”，遭右司谏王缙论奏而罢。[4]

21. 梁平。政和六年（公元 1116 年），拱卫大夫、康州防御使、直睿思殿梁平等奏真腊国进奉事。[5]

政和七年（公元 1117 年）六月，勾当街道司曾绚和都大总领梁平“并降两官，勒停，仍展三期序，以私置枷棒，栲缚人兵故也”[6]。

宣和六年（公元 1124 年），“是时，内侍梁平先总领左藏库，朝廷恶其擅权不法，罢平总领。平无所发怒，因以偿怨，虽大理寺两次定作杖罪，并令退换，又令梁平核实，遂皆坐（薛昌宋）

① 《靖康要录笺注》卷 1 靖康元年正月十二日。
② 《要录》卷 108 绍兴七年正月戊寅，《宋会要》职官 77 之 67 作“李淙”。
③ 《会编》卷 9。
④ 《要录》卷 108 绍兴七年正月戊寅，《宋会要》职官 77 之 67。
⑤ 《宋会要》蕃夷 3 之 4。
⑥ 《宋会要》职官 68 之 38。

违御笔之罪”①。

宋钦宗靖康时，李纲上奏说：“今早御药梁平等宣押赴祥曦殿起居，从驾至宁德宫。”② 杨时上奏说：“伏见梁平、李彀之徒皆持权自若，气焰复炽，未识陛下亦尝察其所以然否乎？臣谨按梁平尝为大理寺、开封府承受，结为阴狱，杀无罪之人不可数计，罪盈恶贯，人所切齿，陛下之所知。今复处之御药院，果何意邪？”③

金军破开封城后，“郑宽之、梁平、王孝傑、王宗沔自城中出”，被金人“禁押”。④ 梁平、王仍等降敌，宋徽宗“平时好玩珍宝，有司及军前莫能知也。内侍梁平、王仍辈曲奉金人，指所在而取之。珍珠、水晶帘，绣珠翠步障，红牙大匮，龙麝，沉香，乐器，犀、玉雕镂屏榻，古书画，珍珠络绎于路，又取皇帝殿白玉之宝十四”，都由梁平等人帮助金人掠取。⑤

22. 邓珪。政和六年（公元 1116 年），宋朝对西夏战事中，“修复湟州古骨龙、会州清水城并毕工”，走马承受邓珪“转一官”。⑥

宣和四年（公元 1122 年），宋军征辽，邓珪任监军。⑦

金军南侵，邓珪任承宣使，“传宣河北，为虏所得，降之，用

---

① 文渊阁《四库全书》本《毗陵集》卷 9《辨正薛昌宋违御笔罪名状》。

② 《会编》卷 45。《梁溪全集》卷 45《乞罢知枢密院事除外任宫观第四札子》作“梁方平”，系误。如正文所述，时梁方平已处死。

③ 《宋朝诸臣奏议》卷 63《上钦宗论不可复近奄人》（系第二状）。

④ 《靖康稗史笺证·南征录汇》。

⑤ 《会编》卷 79，卷 97《朝野佥言》。《朝野佥言》原作“梁方平”，系误，如正文所述，时梁方平已处死。按，《全宋笔记》本《朝野佥言》文字甚少，无上引记载，而未辑录《会编》所载。

⑥ 《宋会要》方域 8 之 24。

⑦ 《会编》卷 10，《宋会要》兵 8 之 16。

事虏中，教令呼索”。一说邓珪任北宋“国信所提举”。“邓珪尝称妃嫔、帝姬之美”，金人“令邓珪率内侍百余人，入城监守后妃、帝姬、诸王妃”，“邓珪又押送宫眷七百余人至青城、刘家寺”金营。“邓珪付来亲王妃目，的是二十八位”。“邓珪传奉国相令旨，福金（茂德帝姬）是皇子夫人位号，应送皇子寨中”。金军向围城中索取金银、珍宝、女子等，“皆内侍邓珪之谋也”。邓珪又乘机中饱私囊，金人得知后，“怪怒，差人赍锄镢入城，斸取内侍邓珪及教坊人所窖金银”。①

故《靖康小雅》说：“太上之朝，宦官被恩宠，至深厚，一旦祸变之来，往往为身谋，如邓珪、梁许（平?）、王孝竭（傑?）、李植之徒，又助贼为虐。”②

23. 李遘。金军破开封后，宦官李遘“献黑漆皮马甲二万副，太祖平唐火箭二万只，金汁火炮样、四胜弩”③。

24. 冯浩。宋徽宗宠信的道士王仔昔“视巨阉若奴仆”，后被杀，“陷仔昔者，中官冯浩为力”。④

重和元年（公元1118年）闰九月，因编修《崇宁日历》，“承受官、拱卫大夫、康州防御使、直睿思殿冯浩”“转一官”。⑤

宣和二年（公元1120年）正月，“致仕冯浩追毁出身以来文字，除名，勒停，枷项送永州编管，以臣僚论其凶暴奸恶，死有

① 《会编》卷77、卷78，《靖康要录笺注》卷15靖康二年正月二十六日、二月五日，《要录》卷4建炎元年四月辛酉，《靖康稗史笺证·开封府状》《靖康稗史笺证·南征录汇》。按，邓珪如《宋史》卷23《钦宗纪》，《要录》卷2建炎元年二月丁卯等记载或作邓述，应为同一人。

② 《会编》卷69。

③ 《会编》卷97《朝野佥言》。

④ 《铁围山丛谈》卷5，《宋史》卷462《王仔昔传》。

⑤ 《宋会要》运历1之18。

余责故也”[①]。如前引蔡絛《铁围山丛谈》卷 6 说，冯浩和另一宦官王尧臣都被宋徽宗处死。

25. 石如冈。“内侍石如冈素凶悍”，吴敏《内禅记》说：“上皇厚蓄如冈以自卫。”[②] 靖康元年（公元 1126 年），宋钦宗命李纲迎请宋徽宗回开封，“内侍石如冈畏罪，不肯从道君还京”[③]。李光论奏随宋徽宗南逃的宦官说：“如邓珙者传播诏书，以惑众听。如刘奭者妄议朝政，不循分守。如徐霁者朋附道流，凶恶稔著。如董舜贤者，李琮、梁师彦之阴怀反侧，任钧、冯彦[④]、石如冈之素著凶豪，凡此数人皆工谗善佞，小人之桀黠者也。自知过失既多，畏陛下之严，恐一旦有所不容，是以日夜窥觇，构间百端，不可不虑。”[⑤] 看来随宋徽宗南逃的宦官，尚有一大批“小人之桀黠者”。其中任钧在南宋时仍有记载。[⑥]

26. 黄经臣（？—1126）。宋哲宗元丰八年（公元 1086 年）四月，黄经臣因即位赦升迁。[⑦]

绍圣四年（公元 1097 年）七月，因救火“有劳”，宋哲宗批示黄经臣“与减二年磨勘”。[⑧]

元符二年（公元 1099 年）闰九月，差入内供奉官黄经臣前去

---

① 《宋会要》职官 69 之 5。

② 《要录》卷 6 建炎元年六月丁亥。

③ 《皇朝编年纲目备要》卷 30 靖康元年三月。

④ 《梁溪全集》卷 83《奉迎录》载，宋徽宗要求“如冯彦等，只乞留龙德宫祗应”。

⑤ 《庄简集》卷八《论内臣邓珙等状》。

⑥ 《要录》卷 48 绍兴元年十月壬申。

⑦ 《长编》卷 354 元丰八年四月辛未。

⑧ 《长编》卷 489 绍圣四年七月戊辰。

熙州，处理青唐吐蕃瞎征朝见事宜。①

建中靖国元年（公元1111年），宋徽宗“遣御药黄经臣至二相所传宣”，“二相”即韩忠彦和曾布。②

大观二年（公元1108年）宋徽宗皇后王氏死，知入内内侍省黄经臣为园陵按行使。③

名臣陈瓘陷入冤狱，黄经臣“莅鞫”，却同情陈瓘。④

大观四年（公元1110年），知枢密院事郑居中罢官，乃因郑贵妃“用宦官黄经臣策，以外戚秉政辞”⑤。

“时童贯权益张，与黄经臣胥用事，御史中丞卢航表里为奸，搢绅侧目”，殿中侍御史陈禾论奏。⑥ 政和二年（公元1112年）五月、六月，宋徽宗“责内客省使、建雄军节度观察留后、知入内内侍省事、直睿思殿黄经臣为右卫将军致仕，任便居住，以言者论其力排绍述，倾摇国是，欲复元祐之旧故也”。另有“内侍李石、王寀”，也因“与黄经臣表里，倡为纷更之议”，因而“罢职，石提举亳州明道宫，寀提举西京崇福宫”，同受处分者还有枢密都承旨曹蒙。⑦ 看来黄经臣也一度受宋徽宗的信用，但又因政见不合而被罢黜。

政和三年（公元1113年），尚书右丞邓洵仁罢，“以臣僚论列

① 《长编》卷516元符二年闰九月癸酉。吐蕃族人名为清人改译，今据《宋史》卷492《瞎征传》改。

② 《挥麈后录》卷1。

③ 《宋会要》礼34之4。

④ 《宋史》卷345《陈瓘传》，《曲洧旧闻》卷8，《古今事文类聚》前集卷31《为子所累》。

⑤ 《宋史》卷243《郑皇后传》、卷351《郑居中传》，《宋宰辅编年录校补》卷12。

⑥ 《宋史》卷363《陈禾传》，《挥麈录馀话》卷1。

⑦ 《宋会要》职官68之25。

洵仁缔交黄经臣”[①]。

靖康元年（公元 1126 年）三月，李纲与黄经臣同去迎接宋徽宗回开封。[②] 闰十一月，金军攻破开封城，“焚通津门”，保德军承宣使黄经臣“望阙再拜，大恸，跃入火中死”[③]。

27. 邵成章。《宋史》卷 469 有传。在北宋末昏天黑地的宦官政治中，倒并非全无君子。关于邵九章，笔者在《城狐社鼠——宋高宗时的宦官与医官王继先》[④] 中已有涉及。邵成章“字茂文，一字天素，开封人也。少为内侍，博通经史，性特谅直，诸内侍皆不喜之，常出之于外”[⑤]。

元丰八年（公元 1085 年），宋神宗弥留之际，高太后密令小宦官为年幼的宋哲宗“制袍一领”，“或曰小黄门即邵成章也”。[⑥]

“宣和初”，邵成章“为淮南路廉访使者”。[⑦] 他对陆游父陆宰感叹说：“童贯、梁师成辈，以家奴为公师，虽自古大乱之世，亦不至是。”他“又指其颈曰：‘成章辈不幸自幼为内臣，他时必随例斫头矣！’”并且向陆宰揭露童贯、梁师成等的劣迹。[⑧]

宣和二年（公元 1120 年）至三年，邵成章“条奏宣抚使童贯五十罪[⑨]，中外大骇。贯请上皇移成章为河北路廉访使者，亦不

① 《宋宰辅编年录校补》卷 12，《宋会要》职官 78 之 33。

② 《梁溪全集》卷 44《具奏到陈留见道君太上皇帝札子》。

③ 《靖康要录笺注》卷 13 靖康元年闰十一月二十五日，《会编》卷 69。

④ 参见《岳飞和南宋前期政治与军事研究》第 579—580 页，河南大学出版社，2005 年。

⑤ 《会编》卷 128。

⑥ 《曲洧旧闻》卷 2。

⑦ 《会编》卷 128。

⑧ 《家世旧闻》下。

⑨ 关于邵成章劾奏童贯的年代，据《会编》卷 52《中兴姓氏奸邪录》。

加罪”①。

宋钦宗“即位，内侍用事者多贬罢，超擢成章入内知（知入内）内侍省事，赐梁师成宅以居。时军民一岁两杀内侍，皆知成章忠贤，独不加害”②。五月，陈公辅上奏论宦官说：“窃闻近来稍稍复用事，如卢公裔、王若冲、邵成章之徒是已。”③

靖康二年（公元 1127 年）正月，宋钦宗被金人扣押在青城，“御批令王若冲、邵〔成章〕卫护皇太子赴宣德门议事”④。北宋亡国后，邵成章留在开封城。建炎元年（公元 1127 年）四月，隆祐太后“命内侍邵成章、王究管押乘舆、服御、御辇、仪仗至南京”应天府，准备宋高宗登基。⑤ 六月，右相李纲到南京应天府，宋高宗“诏干办御药院邵成章宣押，赴都堂视事”⑥。

建炎二年（公元 1128 年），邵成章“上疏条具（黄）潜善、（汪）伯彦之罪，且曰必误国”，“上怒，送成章吉州编管”。⑦ 另有“干办内东门司王嗣昌送吏部，坐与邵成章为死党，好大言议国政故也”⑧。

建炎三年（公元 1129 年），经历维扬逃难和苗刘之变后，宋高宗对放逐邵成章也有些悔意，“召之，诸内侍忌其忠直，遂谮之

① 《会编》卷 128。

② 《会编》卷 128。

③ 《宋朝诸臣奏议》卷 63 陈公辅《上钦宗论宦人蛊惑人主》。

④ 《靖康要录笺注》卷 15 靖康二年正月十日，《会编》卷 74，《要录》卷 1 建炎元年正月庚子，《宋史》卷 469《邵成章传》。

⑤ 《会编》卷 101《（建炎）中兴日历》，《要录》卷 4 建炎元年四月丙戌，《宋史》卷 469《邵成章传》。

⑥ 《会编》卷 104，《要录》卷 6 建炎元年六月己未朔，《梁溪全集》卷 174《建炎进退志总叙》。

⑦ 《会编》卷 115、卷 128，《要录》卷 12 建炎二年正月辛丑、卷 22 建炎三年四月，《宋史》卷 469《邵成章传》。

⑧ 《要录》卷 16 建炎二年七月戊子。

曰：‘邵九伯若来，陛下无欢乐矣！’乃使居于洪州”。后金军攻破洪州，胁迫邵成章投降，邵成章坚决不从。金人“不忍杀，复遗之金帛，俄以病卒”。[①]

28. 王若冲。政和五年（公元1115年），宋钦宗时为皇太子，王若冲等任管勾左、右春坊事。[②]

宣和六年（公元1124年），王若冲任淮南路廉访使者。[③]

靖康元年（公元1126年）二月，宋钦宗与城下金东路军议和，出银犒军，命提点官内侍王若冲“监出银”。[④] 五月，陈公辅上奏论宦官说：“窃闻近来稍稍复用事，如卢公裔、王若冲、邵成章之徒是已。”[⑤] 闰十一月，侍御史胡舜陟弹劾宰相唐恪说：“恪之智虑，但长于交纳内侍百（卢?）端，王若冲与为密友。”[⑥] 十二月，时金军已破开封城，宋钦宗将库藏金银宝货缴纳金军，“提举官内侍王若冲同官吏役禁军津般，三日不绝”[⑦]。

靖康二年（公元1127年）正月，宋钦宗被金人扣押在青城，“御批令王若冲、邵〔成章〕卫护皇太子赴宣德门议事”[⑧]。

后王若冲随徽、钦二帝一起被俘北上，蔡鞗与他著《北狩行录》。[⑨]

29. 卢公裔。靖康元年（公元1126年），卢公裔任河东、河

---

① 《会编》卷128，《要录》卷22建炎三年四月、卷29建炎三年十一月戊午，《宋史》卷469《邵成章传》。

② 《宋会要》职官7之24，《靖康要录笺注》卷1。

③ 《宋会要》职官41之133—134。

④ 《会编》卷36。

⑤ 《宋朝诸臣奏议》卷63陈公辅《上钦宗论宦人蛊惑人主》。

⑥ 《靖康要录笺注》卷13靖康元年闰十一月一日。

⑦ 《会编》卷71。

⑧ 《靖康要录笺注》卷15靖康二年正月十日，《会编》卷74。

⑨ 《会编》卷211《北狩行录》，《文献通考》卷197。

北制置使司承受，余应求建议罢随军承受。[1] 五月，陈公辅上奏论宦官说：“窃闻近来稍稍复用事，如卢公裔、王若冲、邵成章之徒是已。”[2]

绍兴五年（公元 1135 年），卢公裔“致仕在蜀中，乞依昨降指挥赴行在”。宋高宗说：“此人极不平稳，靖康劫寨之事，公裔之谋为多。今若使归内侍省，必侵预外事，不若与外任宫观。”[3]

30. 白锷。大致自政和六年（公元 1116 年）后，童贯“宣抚永兴”时，“走马承受白锷恃贯，不报师期，朝廷止从薄责”。李弥大“缴奏，以为边报不至，非朝廷福。锷坐除名”。[4]

金军南侵，白锷被俘，随宋高宗母韦氏到东北。绍兴十二年（公元 1142 年），又随韦后南归。

绍兴十三年（公元 1143 年），白锷“宣言”秦桧“燮理乖缪”，说出使金朝回归的洪皓“名闻华夷，顾不用”。御史中丞詹大方遂出面弹击，说洪皓与白锷“为刎颈交”。白锷“馆客”张伯麟在太学壁上题写：“夫差！尔忘越王之杀而父乎!”用春秋时代的典故讥斥宋高宗。白锷以指斥乘舆，即骂皇帝之罪，“特刺面”，流放海南岛。[5]

按前文列举重要宦官的仕历和事迹，残存的史料显然不足以反映宋徽宗时炙手可热的宦官群的全貌。北宋末除了所谓“六贼”外，前述当时宦官中尚有所谓“十恶”，到底哪些人为“十恶”，

---

① 《宋朝诸臣奏议》卷 63 余应求《上钦宗乞罢随军承受》。

② 《宋朝诸臣奏议》卷 63 陈公辅《上钦宗论宦人蛊惑人主》。

③ 《要录》卷 91 绍兴五年七月庚辰。

④ 《宋史》卷 382《李弥大传》。

⑤ 《会编》卷 221 洪皓行状，《要录》卷 151 绍兴十四年六月丙申，《宋史》卷 373《洪皓传》、卷 473《秦桧传》，《盘洲文集》卷 74《先君述》，《独醒杂志》卷 5。

今存史料中只剩下童贯、谭稹、梁方平和李彀四人。按古人君子与小人的区分看，当然也不能说宦官中全无君子，但绝大多数是小人，也绝无可疑。

宋徽宗时的政治，可以概括为奢靡之风太盛，贪腐之行太滥，而厉民之政太甚，三者都与宦官政治密切相关。

《曲洧旧闻》卷7记录当时名酒："内臣家：童贯宣抚褒功，又光忠。梁开府嘉义，杨开府美诚。"杨戬曾"戒其徒曰：'汝辈不可令天子罢修造，我所得恩泽及财物，皆缘修造'"。① 这是对属下说了实话。不诱发宋徽宗的侈心，宦官辈又何以从中牟利？《可书》记载："徽宗幸迎祥池，见栏槛间丑石，顾问内侍杨戬曰：'何处得之？'戬云：'价钱三百万，是戬买来。'伶人焦德进曰：'犹自〔似〕戬〔也〕。'上大笑。"光是为皇帝买一块石头，就达三千贯，也不知是否是实价。《夷坚支乙》卷5《杨戬馆客》记载，"杨戬贵盛时，尝往郑州上冢，挈家而西，其姬妾留京师者犹数十辈。中门、大门悉加扃锁，但壁隙装轮盘，传致食物，监护牢甚"。有一馆客设法与姬妾私通。杨戬得知此事，就将此人阉割。童贯"服食逼乘舆，金宝充私室"，"亲兵环列第舍，持兵呵卫，僭拟宫省。一时〔啖〕利乐祸之人，趋附成市，侯王柄臣，多出其门，厮台贱役，自承宣使而下凡数百人，庖夫、厩兵，亦官至防（御使）、团（练使）、刺史"。② "自童贯、谭稹之流统兵，乘时射利，预乞空名告敕宣札，任意书填"，"爵赏失实，名器〔寖〕轻，人不加劝"。③ 他"奉使陕西、两浙，每一状所荐不下数十人，既无考第，又无举主，端坐州县，且未尝亲战阵之事，

① 《宋朝诸臣奏议》卷63陈公辅《上钦宗论宦人蛊惑人主》。

② 《东都事略》卷121《童贯传》，《宋宰辅编年录校补》卷12。

③ 《宋会要》刑法2之104。

不因苞苴馈送，必其仆隶与之为地，遂例得改合入官”①。陈东说梁师成“又创置北司，以聚不急之务。专领书艺局，滥建官吏，剩立工徒，以进市井游手无赖之辈，滥恩横赐，縻费百端。京师土木之工，穷奢极侈，往往师成实董其事，因盗偷官钱，不知纪极”。②

蔡絛《铁围山丛谈》卷6说：“政和以还，侍从大臣多奴事诸珰，而取富贵。其倡始者首有王丞相黼事梁师成，俄则盛尹章事何忻，宋八座昇事王仍，后又有王右辖安中亦事师成，此最彰著者。宣和以降，则士大夫悉归之内寺之门矣。黼则呼师成为‘恩府先生’，每父事之。安中在翰苑，凡草师成麻制，必极力作为好辞美句，褒颂功德，时人谓之王内相上梁师成启事。章则与忻捧药而进，昇对人呼王仍为‘王爷’。”甚至连王仍这个权势不是最大的宦官，也成了文臣们趋奉的对象。“梁师成提举中秘书，凡文士希进者，必称门生，宰相且然。”③ 朱熹在《答赵昌甫》的信中说，“近世”“吕居仁（本中）之不答梁师成，盖绝无而仅有之，为可贵也”④。从史料中看，能在梁师成面前维持自尊心者，倒并非仅吕本中一人，却也寥寥无几。

后来当岳飞幕僚的朱梦说，在政和时上书批评时政，说“方今之弊有三：入仕之源太浊，不急之务太繁，宦寺之权太盛”。宦官辈“委任华重，名动四方，营构私第，强夺民产，名园甲舍，雄冠京华，卖官鬻爵，货赂公行，人不敢言，道路以目。盖以位高而不可抑，势大而不可制也。在汉、唐之世，骨鲠之士交章上

① 《宋会要》职官71之29。

② 《会编》卷32，《宋陈少阳先生文集》卷1《登闻检院三上钦宗皇帝书》。

③ 《裴然集》卷26《右朝奉大夫集英殿修撰翁公神道碑》。

④ 《朱文公文集》卷54。

疏，力争于朝，虽死不顾，尚不能夺其权，而沮其势，况默默而不敢言者乎”？“入仕之源太浊者，盖缘宦寺之权太甚。何则？入其门者，必骤升朝列，靡有资限，鲜廉寡耻，争趋竞进。寻常小人，阿谀依附，以致名节之士高飞远引，耻居其列，畏（猥）浊如泥者有之。如此则仕进之源无时而可清也。不急之务太繁者，亦缘宦寺之权太盛。何则？领职之官托亲近以为威权，假出入以为祸福，徒知榷货之务，岁入千万，殊不知四方府库日以殚竭，止欲求媚圣意，轻摇上心。今年以何第可修，明年以若苑可葺，兴工董役，以春继秋，伐木空山，运土塞路，农民失业，曾不加恤，耗国蠹财，莫甚于此。如此则〔营缮〕之局无时可已也。”①宣和二年（公元1120年）五月，宋徽宗因“布衣朱梦说上书，论宦寺权太重，编管池州”②。

在中国专制主义中央集权的等级授职制下的历朝贪腐黑暗政治中，宋徽宗时的政治自然是典型之一。《朱子语类》卷127记载：“今看著徽宗朝事，更无一著下得是。古之大国之君犹有一二著下得是，而大势不可支吾。那时更无一小著下得是。使无虏人之猖獗，亦不能安。以当时之势，不知有伊、吕之才，能转得否？恐也不可转。”朱熹只是就当时的政治措置而论，用马克思主义的观点看，中国历朝专制主义中央集权的等级授职制的体制，当贪腐积累到极致，必然会从量变转向质变，国势如同到了雪崩的尽头，不偾不止，就是“有伊、吕之才”，“也不可转”。面对着被贪腐之风浸淫而糜烂的国家政权，任何主观上欲励精图治者，如明朝末年的崇祯帝、杨嗣昌等，在根本上也不可能拿出什么修补之术、挽救之方。更何况是宋徽宗君臣，又错认为是他们醉生梦死

① 《会编》卷160。

② 《宋史》卷22《徽宗纪》。

般及时行乐、恣意享受的大好时机。与前朝相比，宋徽宗朝遗存的史料更为丰富。欲较为细致和深入地论述当时的贪腐黑暗政治，单单为宋徽宗个人画像肯定是不够的，而必须画一张百丑图或群魔图，其中应有蔡京、王黼、蔡攸等文官，朱勔、高俅等武官，林灵素等道官，还有各地、各部门的贪官。本文所述的宦官群，当然也是百丑图或群魔图中的一个重要的细部。

一五、宋徽宗时的奸臣群

记得笔者在《文史知识》2006年第6期发表了《宋史研究要点》，此文后编入论文集《丝毫编》。文中说："宋朝政治史研究，目前尚未改变北宋哲宗和徽宗两朝，南宋自孝宗朝以后较为薄弱的状态。"[1] 此种情况，已有所改进。例如杨小敏先生著有《蔡京、蔡卞与北宋晚期政局研究》[2]，就是一部相当深入的论述宋徽宗朝政治、经济等方面的专著。

笔者写了《宋徽宗时的诸局所钱物》[3]，似乎就不容不继续写《宋徽宗时的宦官群》，等此文完稿，犹觉意犹未尽，又不由不再写此文。其故非他，欲较为细致和深入地论述宋徽宗在位时的贪腐黑暗政治，仅为宋徽宗个人画像肯定是不够的，而必须画一张百丑图或群魔图。百丑图或群魔图中，除了宦官群之外，另须有一批重要的奸臣群、道官群和各地、各部门成千上万的贪官群。

本文只介绍宋徽宗时的奸臣群。本文所用"奸臣"一词的标准，大致是指有权势，对中枢军政有重要作用，而又作恶多端者。

---

① 《丝毫编》第620页，河北大学出版社，2009年。

② 中国社会科学出版社，2012年。

③ 《北京大学学报》2014年第2期，今已编入本书。

宋徽宗刚即位，李新上书说："廉吏十一，贪吏十九。"① 这主要还是指宋哲宗时的情况，但宋徽宗时，各地和各部门刻剥厉民的贪官的比例肯定更高。宋钦宗时，御史中丞许翰劾奏说："伏见保和殿大学士孟昌龄、延康殿学士孟扬、龙图直学士孟揆父子，相继领水衡职二十年，过恶山积。妄设堤防之功，多张稍桩之数，穷极民力，聚敛金钱，籍以为资，结交权要。内侍王仍为心腹奥主。"② 孟昌龄虽为正三品文职③，但仍属一个部门的官员。又李光上奏，列举一批地方贪官，有"自徐铸、蒋彝为常平司官，何渐为茶马司官，张琬、徐惕、燕瑛为市舶官，应安道、朱彦美、王子献、王复为转运司官，胡直孺、卢宗原为发运使，王仲闳、胡邃为提点刑狱，宋晦为香盐官，刘寄、吕峄、毛孝立为盐司属官，天下财赋尽归权幸之家，小人乘时，无复忌惮"④。又如奉承延福宫西城管所的地方官，有"其尤甚者，京东则有王子献、吕峄、毛孝立，京西则有刘寄、任徽彦、李端愿。子献为京东转运使，将梁山泺城田租收入西城所，辟置孝立、峄为属官，遍诣州县，自济、兖、郓、濮、兴仁、广济等处，为之骚然。迫胁官吏，抑勒细民，有不承佃者，便枷项送狱，人人惴恐，莫保性命。蒲、鱼、荷、芡之利，皆日计月课，纤悉无遗"。"确山令刘愿前后杖下，决死良民千余人"。⑤ 正如陈过庭所说："奸赃之吏，布满天下。"⑥ 各地和各部门成千上万的贪赃官，他们对百姓剥肤锥髓、草菅人命等罪恶，不属本文的介绍范围。

---

① 《历代名臣奏议》卷43，《跨鳌集》卷19《上皇帝万言书》。
② 《靖康要录笺注》卷3靖康元年二月二十六日。
③ 《宋史》卷168《职官志》。
④ 《历代名臣奏议》卷270，《庄简集》卷8《论制国用札子》。
⑤ 《历代名臣奏议》卷182李光奏，《庄简集》卷9《论王子献等札子》。
⑥ 《靖康要录笺注》卷5靖康元年四月二十九日。

据《皇宋十朝纲要》卷15，《宋宰辅编年录校补》和《宋史》卷212《宰辅年表》统计，宋徽宗朝的宰相级官员共有13人，即章惇、韩忠彦、曾布、蔡京、赵挺之、何执中、张商英、郑居中、刘正夫、余深、王黼、白时中和李邦彦。执政级官员除去升任宰相者外，共有33人，即蔡卞、黄履、李清臣、蒋之奇、安焘、范纯礼、陆佃、章楶、许将、温益、安惇、吴居厚、张康国、邓洵武、刘逵、梁子美、朱谔、徐处仁、林摅、管师仁、薛昂、侯蒙、邓洵仁、王襄、童贯、冯熙载、范致虚、张邦昌、王安中、赵野、蔡攸、宇文粹中和蔡懋。章惇、曾布、蔡卞、黄履、李清臣、安焘、许将、蒋之奇是宋哲宗朝旧臣，其中如章惇遭贬窜。韩忠彦是韩琦之子，宋徽宗初即位任相，很快罢免。范纯礼是范仲淹之子，前宰相范纯仁之弟，在建中靖国时获短期任用。章楶与章惇同宗，是有名的统兵文臣，在对西夏战争中立功，在宋徽宗初任同知枢密院，执政一年。蔡卞是王安石的爱婿，蔡京之弟，但他的政治作用主要是在宋哲宗朝，而本人也有较为清高的一面，与其兄不同。① 陆佃是王安石弟子，南宋爱国诗人陆游的祖父，声誉较好，但政治上不起多少作用。冯熙载、宇文粹中和蔡懋《宋史》无传。总的说来，宋徽宗朝的宰执大多是阘茸庸碌之辈，政治上的作用不大，执政辈又往往没什么权势，但对当时的贪腐政治也多少有点推波助澜的作用。例如身为尚书右丞、左丞和门下侍郎的薛昂，虽然位至执政高官，却献媚蔡京，“举家为京讳”，甚至自己偶尔念了“京”字，“即自批其口”。②

用上述“奸臣”的标准衡量，则宋徽宗朝的宰相有蔡京和王

---

① 参见杨小敏先生《蔡京、蔡卞与北宋晚期政局研究》第379—385页。

② 《齐东野语》卷4《避讳》，《说郛》弓37《闲燕常谈》，《宋史》卷352《薛昂传》。《宋史》本传无薛昂字，据《闲燕常谈》，薛昂字肇明。

黼两人，执政也仅蔡攸一人。按宋朝官制，朱勔、高俅等当然属武官。朱勔不属武将，自不待言。高俅其实亦非严格意义的军人，倒是宋徽宗重用不知兵者渎乱军政的象征。但就权势和祸害而论，朱勔和高俅当然胜过那些阘茸庸碌之宰执。今将宋徽宗朝的几个奸臣分述于下。

1. 蔡京（1047—1126）。由于杨小敏先生著有《蔡京、蔡卞与北宋晚期政局研究》，在此不须赘述。须要指出的是，后著名的爱国运动领袖、太学生提出“六贼”的概念，即蔡京、梁师成、李彦、朱勔、王黼和童贯①，此概念用于宋徽宗朝，不能说完全确切，例如大宦官杨戬当时已死。但蔡京作为“六贼”之首，却是当之无愧的。

2. 蔡攸（1077—1126）。字居安，“熙宁十年丁巳三月三十日寅时”生②，福建路兴化军仙游县人。他为蔡京长子。蔡攸妻宋氏，为宰相宋庠曾孙女，宋乔年之女。③

蔡攸“幼慧，其叔父卞，荆公（王安石）婿也。卞携攸见公。一日，公与客论及《字说》，攸立其膝下，回首问曰：‘不知相公所解之字，为复是解苍颉字；为复是解李斯字。’〔公〕不能答，拊其顶曰：‘你无良，你无良’”④。

蔡攸不是进士出身。蔡絛《国史后补》说：“元符初，官裁造院。上为端邸时，每退朝，出内北门，伯氏（蔡攸）适来趋院，必下马，拱立门首，以俟上过而后退。上询为何人，左右曰：‘蔡承旨衙内也。’由是上心善之，其后常以为言。”⑤“及即位，记其

---

① 《宋史》卷455《陈东传》。

② 《鸡肋编》卷上。

③ 《宋史》卷356《宋乔年传》，《要录》卷48绍兴元年十月甲子朔。

④ 《诚斋集》卷114《诗说》。

⑤ 《会编》卷56。

人，遂有宠。崇宁三年（公元 1104 年），自鸿胪丞赐进士出身，除秘书郎。”当时蔡攸官为通直郎，而“特赐”进士出身的理由是“上殿应对详明，该博儒雅”①。由此可见，蔡攸是由荫补入仕，后赐进士出身。宋朝官场十分重视出身，不知他是否参加了科考，如果参加，也肯定是落第者。在蔡京任相的前后，宋徽宗时有元符三年（公元 1100 年）和崇宁二年（公元 1103 年）两次殿试。蔡攸正好是在第二次殿试的下一年赐进士出身。南宋第一个权相秦桧可以在科考中作弊，让养子秦熺和孙子秦埙中举，蔡京与秦桧相比，其权势显然还有相当大的差距。蔡京当然是个十分聪明且文化造诣颇高的士人，但有其父未必有其子，蔡攸虽然聪明，却不好学，故史称他“懵不知学，士论不与”②，“擢自贵游，初无学术”③。

政和三年（公元 1113 年），宋徽宗宠爱的刘妃死，其园陵“监护官差龙图阁学士、兼侍读蔡攸”④。十一月，蔡攸的官衔为龙图阁直学士、提举醴泉观、兼侍读、编修《国朝会要》、详定《九域图志》、编类御笔、礼制局详议官。⑤

《山堂先生群书考索》前集卷 17 说：“蔡攸所修《国朝会要》，除将熙宁十年以前章得象、王珪所修重加删润外，其自元丰至政和止，修得帝系、后妃、吉礼三门。攸所修吉礼缘当时议论好恶不同，妄有删改，以迎时好。”《玉海》卷 54《梁谥法》说：“政和修定谥法八十卷，蔡攸等修定，为六家沿革统论一卷，参照六

---

① 《宋史》卷 472《蔡攸传》，《宋会要》选举 9 之 14。《东都事略》卷 101《蔡攸传》所述大致相同，唯没有介绍赐进士出身。

② 《宋史》卷 472《蔡攸传》。

③ 《靖康要录笺注》卷 3 靖康元年二月二十六日。

④ 《宋会要》礼 34 之 14，又礼 2 之 36 载蔡攸翌年官衔同。

⑤ 《清波杂志》卷 11。

家二十六卷，看详六家三十五卷，增立谥法十卷，又合是三者，著为定谥，为修定谥法六卷，总目二卷，合八十卷，上之。”以上的作品当然是由蔡攸负责，而非他个人所作。

政和五年（公元 1115 年）四月，“置宣和殿学士”，首命蔡攸。[①]《萍洲可谈》卷 1 说：“宣和殿[②]，燕殿也，中贵人官高者皆直宣和殿。始置学士，命蔡攸；置直学士，命蔡翛、蔡鯈；置待制，命蔡絛；后又置大学士，命蔡攸。自盛章、王革、高佑皆相继为学士，班秩比延康殿学士为加优。凡外除，则换延康，盖宣和职亲地近，非他比。己亥岁（宣和元年），改保和殿。”后“蔡攸之子衡，为保和殿学士”。[③] 宣和殿学士之类简直是为蔡京的儿子们所设。《续资治通鉴长编纪事本末》卷 125《明堂》政和五年八月壬子载：“于是内出明堂小样于崇政殿，集百官宣示，命太师、鲁国公蔡京为明堂使，宣和殿学士蔡攸讨论指画制度，显谟阁待制蔡鯈、蔡翛、殿中监宋昪参详，兴德军留后梁师成为都监，保康军留后童师敏为承受。”又为蔡京父子所包揽。

政和六年（公元 1116 年），宣和殿学士、礼制局详议官蔡攸上奏，讨论祭祀礼制。[④]

政和七年（公元 1117 年），“以明堂成，推赏”，“宣和殿学士、朝议大夫蔡攸为宣和殿大学士，官叙、班联、恩数、请给人数等，并依资政殿大学士例施行”[⑤]，其“俸赐、礼秩，悉视见任

① 《皇朝编年纲目备要》卷 28，《宋大诏令集》卷 164《置宣和殿学士御笔》。

② 《宋会要》职官 7 之 10：“宣和殿，初建自绍圣中。”

③ 《夷坚甲志》卷 11《蔡衡食鲙》。

④ 《宋会要》礼 14 之 67。

⑤ 《续资治通鉴长编纪事本末》卷 125《明堂》政和七年六月己未，《宋会要》职官 7 之 10。

二府”①。八月，宣和殿大学士蔡攸奏：“庄、列、亢桑、文子，皆著书，以传后世，有唐号为经，并列藏室。国朝始加庄、列南华、冲虚之号，以其书入国子学，而亢桑子、文子未闻颁行。乞取其书，于秘书省精加雠定，列于国子之籍，与庄、列并行。”得到宋徽宗批准。②

重和元年（公元 1118 年），宣和殿大学士、中奉大夫、上清宝箓宫使、兼神霄玉清万寿宫副使、兼侍读、编修蔡攸进呈乐谱，奏请大晟府“镂板颁行”。他又因进《崇宁日历》而推恩。③ 自重和到宣和初，蔡攸“提举大晟府，不喜佗人预乐。有士人田为者，善琵琶，无行，攸乃奏为大晟府典乐”④。

《挥麈前录》卷 1 载：“宣和初，蔡攸提举秘书省，建言置补完御前书籍所，再访天下异书，以资校对。以侍臣拾人为参详官，余为校勘，又以进士白衣充检阅者数人，及年，皆命以官。”

值得玩味者，是蔡攸“懵不知学，士论不与”，却偏与著述文字打交道，而获晋升。原来他另有一套取得宋徽宗宠信之术。史称蔡攸“柔佞谄谀，自幼出入宫禁，与内侍无异，专为优伶之态。上晏饮，或丙夜乃出”。“其家为复道曲河，暗通禁中，邀上每私幸其第，连夜不止”。⑤ “与王黼得预宫中秘戏，或侍曲宴，则短衫窄裤，涂抹青红，杂倡优侏儒，多道市井淫媟谑浪语，以蛊帝心”⑥。他“为俳优鄙贱之事，淫言媟语，巧发应机，怪服异装，

① 《却扫编》卷中。

② 《续资治通鉴长编纪事本末》卷 127《道学》政和七年八月丙辰，《宋会要》崇儒 4 之 10。

③ 《宋会要》乐 4 之 1—2，运历 1 之 18。

④ 《宋史》卷 129《乐志》。

⑤ 《会编》卷 56《中兴姓氏奸邪录》。

⑥ 《宋史》卷 472《蔡攸传》。

俳谄献笑，出入禁闼，游处宫闱，冒男女合避之嫌，犯君臣至严之分”①。由此也足见宋徽宗的荒唐。按中国古代的儒家义理，蔡攸自然完全丧失了士人应有的颜面，说明他的献媚之术，比其父更加低级，也更加无耻。但蔡攸虽“懵不知学”，却智商颇高，宋徽宗“赐曲宴，因语之曰：‘相公公相子。’盖是时京为太师，号公相。攸即对曰：‘人主主人翁。’其善为谐给如此”②。

为了迎合宋徽宗迷信道教，蔡攸还“独倡为异闻，谓有珠星璧月，跨凤乘龙，天书云篆之符，与方士林灵素之徒争证神变事。于是神霄玉清之祠遍天下，咎端自攸兴矣”③。蔡攸“上《诸州选试道职法》：其业以《黄帝内经》《道德经》为大经，《庄子》《列子》为小经。提学司访求精通道经者，不问已命、未仕，皆审验以闻。其业儒而能慕从道教者听。每路于见任官内选有学术者二人，为幹官，分诣诸州检察教习。《内经》《道德经》置博士，《圣济经》兼讲。道徒升贡，悉如文士，初入官，补志士，道职赐褐服，艺能高出其徒者，得推恩。道徒术业精退，州守贰有考课殿最罪法”④。

当时设置蠹国害民的花石纲，蔡攸也有一份罪恶。蔡絛《国史后补》承认，宋徽宗“命伯氏（蔡攸），俾朱勔密取江、浙花石”，“伯氏亦自命使臣采以献焉”。“鲁公（蔡京）被召，上戏伯氏，须土宜进。遂得橄榄一小株，杂诸草木进之”，“其后又有使臣王永从、士人俞辋应奉，皆隶伯氏”。“政和四年以后，东南监司、郡守，二广市舶，率有应奉，多主伯氏”，后宋徽宗的“进

① 《会编》卷47，《靖康要录笺注》卷6靖康元年五月八日。

② 《老学庵笔记》卷10。

③ 《宋史》卷472《蔡攸传》，《东都事略》卷101《蔡攸传》。

④ 《宋史》卷157《选举志》。参见《宋大诏令集》卷224《天下学校诸生添治内经等御笔手诏》《改定道阶等御笔手诏》。

奉，独令朱勔、伯氏、王永从、俞锎、陆渐、应安道六人听旨，他悉罢之”。[①] 方轸上书说：“蔡攸者，垂髫一顽童耳，京遣攸日与陛下游从嬉戏，必无文、武、尧、舜之道启沃陛下，惟以花栽怪石、笼禽槛兽，舟车相衔，不绝道路。今日所献者，则曰臣攸上进；明日所献者，则又曰臣攸上进。故欲愚陛下，使之不知天下治乱也。”宋徽宗竟将他流放岭外，饮恨而死。[②]

宣和元年（公元 1119 年）三月前，蔡攸已加衔淮康军节度使。九月，升开府仪同三司。[③]

蔡攸是蔡京的长子，原来为蔡京“所最爱”。[④] 政和后期，“帝将去京，先逐其党刘昺、刘焕等，使御史中丞王安中劾之。攸通籍禁庭，闻其事，亟请间百拜以恳，帝意遂解”[⑤]。《宋史》卷 352《王安中传》说，王安中“再疏京罪，上曰：‘本欲即行卿章，以近天宁节，俟过此，当为卿罢京。’京伺知之，大惧，其子攸日夕侍禁中，泣拜恳祈。上为迁安中翰林学士，又迁承旨。宣和元年，拜尚书右丞”。《宋史》卷 356《吴执中传》说：“初，蔡京忌张康国，故引执中居言路。执中先劾刘炳兄弟、宋乔年父子，皆京客也。”看来当时蔡京所遭遇的罢相危机，是蔡攸帮助渡过的。

但大致自宣和时，父子又反目了，“攸父子晚年争权相忌，至以茶汤相见，不交他语”[⑥]。“其后与京权势日相轧，浮薄者复间之，父子各立门户，遂为仇敌。攸别居赐第，尝诣京，京正与客语，使避之。攸甫入，遽起握父手，为胗视状，曰：‘大人脉势舒

---

① 《续资治通鉴长编纪事本末》卷 128《花石纲》政和七年七月乙未注。

② 《挥麈后录》卷 3。

③ 《宋会要》乐 4 之 2，《宋史》卷 22《徽宗纪》。

④ 《会编》卷 56《国史后补》。

⑤ 《宋史》卷 472《蔡攸传》，《东都事略》卷 101《蔡攸传》。

⑥ 《独醒杂志》卷 5。

缓，体中得无有不适乎？’京曰：‘无之。’攸曰：‘禁中方有公事。’即辞去。客窃窥见，以问京，京曰：‘君固不解此，此儿欲以为吾疾，而罢我也。’阅数日，京果致仕。以季弟絛钟爱于京，数请杀之，帝不许”①。宋徽宗给蔡攸“赐大第，与京门相对，权势尤重于京，故京复忌之。攸复谮京，使之致仕”②。宋徽宗命童贯和蔡攸向蔡京索取辞官表，蔡京“以事出不意，一时失措，酒行，自陈曰：‘京衰老宜去，而不忍遽乞身者，以上恩未报，此二公所知也。’时左右闻京并呼其子为‘公’，莫不窃笑”③。陈东称“攸之为人，骄淫狠傲，在家则无礼于其亲，在朝则无礼于其君，不忠不孝，天下响闻。闺门淫秽，复不可道，招权怙势，侵乱朝政”④。

除了父子对立以外，蔡攸所卷入的另一政治漩涡，就是宋徽宗打算废立太子，而另立所钟爱的三子郓王赵楷。童贯“数摇东宫，力主郓邸，与蔡攸俱奉诏，结郓邸为兄弟”⑤。宋徽宗居然特命宦官、大臣与自己的儿子结为兄弟，而彼此年龄竟分别相差四十七岁与二十四岁。⑥ 这按古代的政治伦理标准，无疑是一件咄咄怪事。围绕着保太子或拥护郓王，宠臣们分成两派。依今存史料看，力图扶保郓王的有童贯、王黼、杨戬等人，维护太子的有蔡京，而蔡攸的态度看来还不如童贯等人积极。

宣和四年（公元1122年）正月，因“明节（刘）皇后园陵毕

---

① 《宋史》卷472《蔡攸传》，《东都事略》卷101《蔡攸传》，《宾退录》卷5。

② 《会编》卷56《中兴姓氏奸邪录》。

③ 《清波别志》卷中，《曲洧旧闻》卷7。《宋史》卷472《蔡京传》所载稍异，说只是童贯一人向蔡京索取辞官表，“京泣曰：‘上何不容京数年，当有相谗谮者。’贯曰：‘不知也。’京不得已，以章授贯，帝命词臣代为作三表请去”。

④ 《会编》卷45，《宋陈少阳先生文集》卷2《辞诰命上皇帝书》。

⑤ 《会编》卷52。

⑥ 郓王赵楷年龄据《靖康稗史笺证·开封府状》。

赏”，“淮康军节度使、开府仪同三司蔡攸特授少保、镇海军节度使，依前开府仪同三司、直保和殿”。[①] 当时酝酿伐辽的事，“童贯初亦不敢领略，惟王黼、蔡攸将顺赞成之”[②]。或说“燕山招纳之举，多出于蔡攸”[③]。吴时说：“祖宗盟血未干，渝之必速乱。”蔡攸“闻之，以告王黼，黼怒，斥为腐儒”，吴时因此罢官。[④] 四月，童贯出任河北、河东宣抚使，“少保、镇海军节度使、开府仪同三司、上清宝箓宫使、直保和殿蔡攸副之”[⑤]，主持伐辽战争。在宋徽宗眼里，用兵就根本没有什么懂不懂军事的问题，故后来陈过庭评论蔡攸说：“以襦袴之资而当大位，以斗筲之器而握重兵。”[⑥] 李纲也说：“招权怙势，首为兵谋，以佞幸之姿，据师保之任，有如王黼、蔡攸者。”[⑦] 宋徽宗“语其父京曰：‘攸辞日，奏功成后，要问朕觅念四、五都知，其英气如此。’京但谢以‘小子无状’。二人乃上宠嫔，念四者，阎婕好也”[⑧]。因为蔡攸平日在宋宫厮混已熟，所以居然大胆向皇帝邀求两嫔。当时已处于无权状态的蔡京赠蔡攸诗说：“老惯人间不解愁，封书寄与泪横流。百年信誓当深念，三伏修涂好少休。目送旌旗如昨梦，身非帏幄

---

① 《宋会要》职官 1 之 3。
② 《挥麈后录》卷 4。
③ 《独醒杂志》卷 5。
④ 《宋史》卷 347《吴时传》。
⑤ 《宋会要》职官 41 之 20。
⑥ 《靖康要录笺注》卷 5 靖康元年四月二十九日。
⑦ 《梁溪全集》卷 42《上渊圣皇帝实封言事奏状》。
⑧ 《清波杂志》卷 2。

若为筹？缁衣堂下清风满，早早归来醉一瓯。”[①] 也反映了他对儿子出兵的忧虑。《朱子语类》卷 133 则评论说：“京作事都作两下：取燕有功，则其子在；无功，则渠不曾主。”蔡攸与童贯、王黼等力主伐辽，还准备请郓王出任元帅。他们原先估计辽朝只剩燕云一隅之地，一旦出兵，如探囊取物，而郓王则完全可以坐享其成，获得一笔重大的政治资本。但结果却是事与愿违，郓王因此也没当成元帅。[②]

当年三月，宋徽宗“诏幸秘书省，提举官蔡攸合推恩，特许回授男衎、術，并除右文殿修撰”[③]。关于蔡攸儿子们的加授，其说不一，一说为“以宣抚司结局及进书转官恩，回授二子，其子衎自待制迁杂学士，岂恩例所得一官可比”[④]。另一说为蔡攸“子蔡衞、蔡衎[⑤]皆自待制，以回授而迁直学士”，“名器之滥，有不可胜言者”。[⑥] 看来应以当年记事为准。不仅是蔡攸，其子蔡行“领殿中监”。[⑦] 且不说他的其他奢侈，其家酿名酒，宋伯仁《酒小史》记载的名酒就有“蔡攸棣花酒”。[⑧]

---

① 《会编》卷 7《北征纪实》。《独醒杂志》卷 5 所载文字有异：“老懒身心不自由，封书寄与泪横流。百年信誓当深念，三伏征涂盍少休。目送旌旗如昨梦，心存关塞起新愁。缁衣堂下清风满，早早归来醉一瓯。”《能改斋漫录》卷 10《蔡元长欲为张本》作“百年信誓宜坚守，六月行师合早归”。《朱子语类》卷 133 作“百年信约宜坚守，六月师徒早罢休”。

② 《宋史》卷 246《郓王楷传》。

③ 《宋会要》选举 33 之 36。

④ 《宋会要》职官 71 之 29。

⑤ 关于蔡攸诸子，《皇朝编年纲目备要》卷 28 宣和元年九月引蔡京所记，另有“臣行、臣徽、臣術”，但蔡徽和蔡術是否为蔡攸之子，尚不能确定。

⑥ 《宋会要》职官 36 之 122。

⑦ 《宋史》卷 472《蔡攸传》，《东都事略》卷 101《蔡攸传》，《皇朝编年纲目备要》卷 28 宣和元年九月，《铁围山丛谈》卷 6。

⑧ 《说郛》弓 94。

尽管伐辽兵败，宣和五年（公元1123年）五月，上清宝箓宫使，兼神霄玉清万寿宫使，兼侍读，河东、河北宣抚使蔡攸落直保和殿，依前少师、安远军节度使而领枢密院事，其制词居然还夸赞其军功。[①] 一个懵不知兵者，至此就成了宋徽宗朝最后一任最高的军事长官。

宣和六年（公元1124年），因财政困难，宋徽宗“诏蔡攸等就尚书省置讲议财利司，除茶法已有定制，馀并讲究条上。攸请内侍职掌，事干宫禁，应裁省者，委童贯取旨。时贯以广阳郡王领右府故也。于是不急之务、无名之费，悉议裁省”[②]。九月，白时中任太宰，李邦彦任少宰。据许翰说，李邦彦“初附梁师成、王黼，位执政，而蔡攸荐之为宰相”[③]。十一月，太宰王黼罢相，李邦彦“起复，与王黼不协，乃阴结蔡攸、梁师成等谗黼，罢之”[④]。当时蔡攸、梁师成等人又与李邦彦勾结，共同排挤了王黼。

宣和七年（公元1125年）六月，蔡攸升太保，封燕国公。[⑤] 他虽为枢密院之长，而官位却在太宰白时中、少宰李邦彦之上。“宣和间，王黼以太傅秉政，蔡攸以太保领枢密院，皆以真三公居位。未几，白、李二相拜太、少宰，遂诏二公班攸之下。其后黼罢相，复诏二相居攸上，犹用故事也”。此时蔡攸的官位可说是“不历真相而为相者”。[⑥] 史称“王黼罢政，帝欲大用攸，既而悔

① 《宋宰辅编年录校补》卷12。

② 《宋史》卷179《食货志》。

③ 《襄陵文集》卷4《论李邦彦札子》。

④ 《宋史》卷352《李邦彦传》，《会编》卷28《幼老春秋》。

⑤ 《宋宰辅编年录校补》卷12。

⑥ 《却扫编》卷下。

之，但进太保，徙封燕”①。十二月，金军开始南侵，“宣和以来，宦者童贯弄兵，蔡攸并窃枢柄，边帅大率皆小人，以贿赂用之，军政尽废，非徒士卒骄惰不可用，且零落尽矣。金虏大举南牧，不复可以支持”②。北宋军事的崩溃，蔡攸当然有一份重大罪责，“两边上章告急，且乞师，枢密蔡攸匿不进呈”③。

宋徽宗在万般无奈的情况下，决定传位给宋钦宗。《贵耳集》卷下记载，宋徽宗说：“边警如此，尽是蔡攸匿下，不令朕知。”“朕欲遣王黼、蔡攸等分守大河，尽籍内臣、贵戚、幸佞家财，抵备犒军。朕传位与皇太子。”“处置许多事，蔡攸尽道不是，只传位一事，靠要做他功劳。”蔡攸在传位时确是起了特别的作用，“帝欲内禅，亲书‘传位东宫’字，授李邦彦，邦彦却立，不敢承，遂以付攸。攸退，属其客给事中吴敏，议遂定”④。《续资治通鉴长编纪事本末》卷146《内禅》的记载只是说吴敏受命起草传位诏，“敏涕泣受诏，退俟庑下。宰执复奏事，上皇谓蔡攸曰：‘我平日性刚，不意小虏敢尔！’因握攸手，忽气塞不省，坠御床下”。但传位仍有曲折，“帝内禅，（何）灌领兵入卫。郓王楷至门，欲入，灌曰：‘大事已定，王何所受命而来?’导者惧而退”⑤。

后来臣僚弹劾吴敏奏中说：“一旦上皇除陛下以开封牧，攸知

① 《宋史》卷472《蔡攸传》。

② 《会编》卷140《秀水闲居录》。

③ 《靖康要录笺注》卷9靖康元年七月十日。

④ 《宋史》卷472《蔡攸传》，《东都事略》卷101《蔡攸传》，《朱子语类》卷130。但《宋史》卷352《吴敏传》、卷358《李纲传》，《梁溪全集》附录二李纲行状叙述传位事，均未涉及蔡攸。《宋陈少阳先生文集》卷1《登闻检院三上钦宗皇帝书》说：“上皇传位陛下，盖其圣志素定，非临时仓卒之谋。惟此数贼，实尝挠之，而蔡攸者沮遏尤力。赖上皇圣明独断，志莫之夺，赞襄之力，吴敏有焉。陛下谦逊之际，闻数贼密请郓王皆来至殿上，而师成实为谋始。”此为宫禁之外的传闻，不足为据。

⑤ 《宋史》卷357《何灌传》。

事势已定，又自度父子稔恶，平时邪曲，惮陛下之刚明，遂授其语于吴敏，俾之建白。攸又赞敏为门下侍郎，其虑患深矣。”宋钦宗亲下手诏，又特别说明此事，“忽降睿旨，建朕开封牧，乃用太宗故事。卿大夫知将内禅矣”。“是时，蔡攸领枢密院，自知罪恶贯盈，他日不免，乃引给事中吴敏，于宣制日入至玉华阁。玉华阁者，禁中深密之地，非外廷臣所得至处。又二十三日引敏连入。盖攸方经营江、浙之行，欲留腹心之士，置在京师，候伺动静，中外相应。其事诡秘，难使众知，故引敏入深密之地，与谋耳”。① 这说明尽管蔡攸最终向宋钦宗卖好，但宋钦宗并不领情。

靖康元年（公元 1126 年）正月，宋钦宗命“太保、领枢密院事蔡攸除恭谢行宫使”②。宋徽宗逃出开封城，“以正月三日夜，乘船出通津门，独蔡攸及内侍数人从。以舟行为缓，则乘肩舆。又以为缓，则于岸侧得小船乘载。是夜，行数百里，抵南都。馆于亳州宅中，市驴骡乘之。至符离，始登舟。及泗上，少憩。宇文粹中及童贯、高俅之徒始至”③。一说“蔡攸建请上皇为渡江之计”④。宋徽宗开始只带蔡攸随行，他到此地步，无疑仍对蔡攸十分倚信。蔡攸身为枢密院之长，却根本不管军事，只是策划并实施同宋徽宗南逃。有记载说：“金人长驱，将逼京师，独蔡攸得报，早先期治装，命宋唤为东南发运。唤，攸姻家也。假其护送，遂尽室而南，虽赀用给使，无不全济。”⑤

二月，“太保、领枢密院事蔡攸可特授太中大夫、提举亳州明

---

① 《会编》卷 54。

② 《靖康要录笺注》卷 1 靖康元年正月三日。

③ 《靖康要录笺注》卷 4 靖康元年三月十六日，《梁溪全集》卷 172《靖康传信录》。

④ 《靖康要录笺注》卷 11 靖康元年十月一日。

⑤ 《山房集》卷 8《杂记》。

道宫，以幽蓟之役，攸为宣抚使，邀功误国，造怨结祸，致言者论罪，故有是命”①。

七月，左正言程瑀上劾奏说：“蔡攸豺狼种类，固不可以人理责，考至其挟媚道以干权，操谲计以固宠，窃弄威福，招纳贿赂，蠹国害民，欺君罔上，略同厥父。至于位师傅之尊，躬俳优之贱，侮慢君父，污蔑宫庭，则厥父或未至是，盖死有余责矣。而燕山之役，以岁赂易空城，金寇之来，阖家南逝，名为扈从上皇，实背叛也。”②

宋钦宗前后贬责蔡攸“安置永州，连徙浔、雷”③，九月，宋钦宗“移蔡攸于万安军，寻与弟翛及朱勔皆赐死”④。当“徽宗南幸，攸假徽宗旨”，由其次弟蔡翛“守镇江，改资政殿大学士”。“流言至京师，谓将复辟于镇江”⑤，这当然触犯了宋钦宗的忌讳，他担心蔡攸和蔡翛拥立宋徽宗和郓王赵楷。“钦宗必欲诛之，命御史陈述即所在斩之”⑥，“且行，帝取诏批其尾曰：‘翛亦然。’”⑦“翛闻命曰：‘误国如此，死有余辜，又何憾焉！’乃饮药，而攸犹豫不能决。左右授以绳，攸乃自缢而死。”⑧

3. 王黼（1079—1126）。本名甫，字将明，开封府祥符县人。

---

① 《宋会要》职官69之20，78之33；《靖康要录笺注》卷3靖康元年二月二十六日。

② 《靖康要录笺注》卷9靖康元年七月十日，《会编》卷49。

③ 《宋史》卷472《蔡攸传》。

④ 《宋史》卷23《钦宗纪》。

⑤ 《宋史》卷472《蔡翛传》，《东都事略》卷101《蔡翛传》。

⑥ 《东都事略》卷101《蔡攸传》。

⑦ 《宋史》卷472《蔡翛传》，《东都事略》卷101《蔡翛传》，《朱子语类》卷130。

⑧ 《清波杂志》卷2。

“元丰二年己未十一月初二日卯时”生。[①]“美风姿，极便僻，面如傅粉，然须发与目中精色尽金黄，张口能自纳其拳。”[②]另一说为：“面洁白，若美妇人，而目精须发尽金黄，且豺声。”[③]其父王行可，曾知临泉县。[④]据王黼上奏自述：“臣家贫窭，幼而多病，臣父妾雷氏鞠臣，备极难苦。臣不幸，年二十有二，遽失所恃。终忧制，即窃科第。”[⑤]崇宁二年（公元1103年），王黼“登进士第”[⑥]。

王黼中进士后，“调相州司理参军。编修《九域图志》，何志同领局，喜其人，为父执中言之，荐擢校书郎，迁符宝郎、左司谏”[⑦]。何执中自大观三年（公元1109年）任相，可知王黼最初是得到何执中的提拔。

政和元年（公元1111年），“张商英在相位，浸失帝意，遣使以玉环赐蔡京于杭。黼觇知之，数条奏京所行政事，并击商英”[⑧]。王黼身为左司谏，弹劾张商英，自然是名正言顺的事。从此事开始，王黼就在官场中施展了纵横捭阖的各种手段。

政和二年（公元1112年）三月，奉议郎、左司谏王甫上奏，报告“参详补完《官制格目》”[⑨]。蔡京“复相，德其助己，除左

① 《鸡肋编》卷上。
② 《铁围山丛谈》卷3。
③ 《会编》卷31。
④ 《能改斋漫录》卷11《韩子苍咏太平宰相》。
⑤ 《宋会要》仪制10之18。
⑥ 《会编》卷31《中兴姓氏奸邪录》。
⑦ 《宋史》卷470《王黼传》，《东都事略》卷106《王黼传》。
⑧ 《宋史》卷470《王黼传》，《东都事略》卷106《王黼传》。
⑨ 《宋会要》职官56之31—32。

谏议大夫、给事中、御史中丞”①。

御史中丞的官位已很高。《皇宋十朝纲要校正》卷15载宋徽宗朝御史中丞，即有王甫。政和三年（公元1113年）正月，御史中丞王甫奏，“臣顷奉诏，参详《官制格目》”云云。②

王黼“因执中进，乃欲去执中，使京颛国，遂疏其二十罪，不听。俄兼侍读，进翰林学士。京与郑居中不合，黼复内交居中。京怒，徙为户部尚书”③。

政和四年（公元1114年）正月，户部尚书王黼奏吏部侍郎右选事宜。④ 九月，户部尚书王黼上奏，谈处理诸路“积欠”。⑤ 蔡京将王黼改任户部尚书的原意，是“大农方乏，将以邦用不给为之罪”。但王黼有他的智计，“诸班禁旅赉犒不如朝，诣左藏鼓噪。黼闻之，即诸军揭大榜，期以某月某日，众读榜，皆散。京计不行”⑥。

政和五年（公元1115年）正月，宋徽宗“以户部尚书、兼侍读王甫知贡举”⑦。此后改官，二月，翰林学士、兼侍读王甫等上奏贡举事宜。⑧ 九月，宋徽宗“诏翰林学士王甫赐名黼”⑨。

政和六年（公元1116年）四月，翰林学士、朝散郎、知制诰、兼侍读王黼上奏，请求回授其母雷氏，宋徽宗“诏依所乞，

---

① 《宋史》卷470《王黼传》，《东都事略》卷106《王黼传》。两传称“自校书至是财两岁”，即使自大观四年至政和二年，依古代记年，亦应为三年。

② 《宋会要》职官17之26。

③ 《宋史》卷470《王黼传》，《东都事略》卷106《王黼传》。

④ 《宋会要》选举25之14。

⑤ 《宋会要》食货51之42—43。

⑥ 《宋史》卷470《王黼传》，《东都事略》卷106《王黼传》。

⑦ 《宋会要》选举1之14。

⑧ 《宋会要》选举4之9。

⑨ 《宋会要》职官6之53。

仍免回授，雷氏赠硕人”①。十月，宋徽宗诏“前翰林学士承旨、朝请郎、知制〔诰〕王黼起复，除宣和殿学士、提举宝箓宫”②。史称他“遭父忧，阅五月，起复宣和殿学士，赐第昭德坊。故门下侍郎许将宅在左，黼父事梁师成，称为恩府先生，倚其声焰，逼许氏夺之，白昼逐将家，道路愤叹”③。

政和七年（公元1117年）三月，“起复宣和殿学士、提举宝箓宫、兼侍讲、修国史王黼奏乞终丧”，宋徽宗“诏不允，毋复重陈”。④

重和元年（公元1118年）正月，宋徽宗“以翰林学士承旨王黼为尚书左丞”，开始当上执政官。九月，升中书侍郎。⑤

宣和元年（公元1119年），王黼“拜特进、少宰。由通议大夫超八阶，宋朝命相未有前比也”⑥。

宣和二年（公元1120年）十一月，余深罢太宰，特进、少宰、兼中书侍郎王黼特授少保、太宰、兼门下侍郎。⑦他至此升为首相。他“宣和初入居宰路，弊事悉举，减吏禄，并冗官，以积财用，罢诸局，澄滥赏，以绝侥幸。虽蔡氏之盛，犹为之敛衽”⑧，旨在一反蔡京所为，诸如此类，甚至“四方翕然称贤

① 《宋会要》仪制10之18。此条记事为“四月十四日”，其前一条记事为政和“四年正月二十八日”。《宋会要》的记载有原始性，在王甫政和五年改名王黼前，一概用王甫，参对本文所引前后记载，“四月十四日”之上应脱“六年”。

② 《宋会要》职官77之8。

③ 《宋史》卷470《王黼传》，《东都事略》卷106《王黼传》，《宋会要》方域4之23。

④ 《宋会要》职官77之8。

⑤ 《宋史》卷21《徽宗纪》。

⑥ 《宋史》卷470《王黼传》，《容斋三笔》卷7《赵丞相除拜》。

⑦ 《宋宰辅编年录校补》卷12，《宋会要》职官1之3。

⑧ 《五总志》。《宋史》卷470《王黼传》也有类似记载。

相”[1]。

宣和三年（公元1121年），在镇压方腊之变后，五月，“陈过庭、张汝霖以乞罢御前使唤及岁进花果，为王黼所劾，并窜贬”[2]。闰五月，“复应奉司，命王黼及内侍梁师成领之”，“仍令黼总领于外，梁师成总领于内”。[3] “初，方腊之乱，黼承上意，罢苏杭造作局及诸所局，而内侍复以言动黼，黼大悔悟，且惧失权势。乃乞创应奉局于私第，而自领之”。他“夺上供纲，为应奉之用”。[4] “上供纲卒尽为所夺，漕运不至者殆数月”[5]，这对依赖漕运的开封城，当然是十分严重的事态。然而王黼的上奏却振振有词：“士大夫怀奸弗享，损抑应奉等，意在动摇政事，妄为讥谤，失臣子之恭。”[6] 又对人说：“此以中官领供应者不一，凡物既不可考核，而搔扰已倍多，故总以一司。”[7] 史称“宣和以后，王黼专主应奉，掊剥横赋，以羡为功”[8]，“充御前支用”[9]，“其扰又甚于花石”[10]。设应奉司，以求专门奉承宋徽宗的侈心。然而在实际上，“四方珍异，悉入于二人之家，而入尚方者才什一”[11]。王黼“初领应奉司”，刘汲“对客辄诋之。黼闻，奏谪监蓬州税”[12]，贬为最低贱的监当官。“置应奉司于其家，四方珍贡，皆

① 《宋史》卷470《王黼传》。
② 《宋史》卷22《徽宗纪》。
③ 《宋史》卷22《徽宗纪》，《皇宋十朝纲要校正》卷18。
④ 《皇朝编年纲目备要》卷29。
⑤ 《东都事略》卷108《唐恪传》。
⑥ 《宋会要》职官4之28。
⑦ 《龟山先生全集》卷36《周宪之墓志铭》。
⑧ 《宋史》卷179《食货志》。
⑨ 《宋会要》食货17之31。
⑩ 《曲洧旧闻》卷8。
⑪ 《宋宰辅编年录校补》卷12。
⑫ 《宋史》卷448《刘汲传》。

由黼以进奉，而多半隐盗于家。”① “仍不以是何官司钱物，皆许支用。宰相既自领，遂竭天下财赋，四方监司、郡守，凡尺寸之地，入口之味，莫不贡献。中外以为言，然黼持以自若也，只令朱勔等七人管买物色。”② 故后来监察御史余应求说：“近年用事之臣，欺君妄上，专权怙宠，蠹财害民，坏法败国，奢侈过制，赇贿不法者，蔡京始之，王黼终之。”③ 这是十分中肯的评论。时有士人在“畿北马铺中”题诗讥刺说：

> 花已栽成愁叹本，石仍砌出乱亡基。如今应奉归真宰，论道经邦付与谁?④

当年九月，因平方腊，王黼特授少傅。⑤

宣和四年（公元 1122 年）六月，王黼升少师。⑥

宣和五年（公元 1123 年）五月，王黼升太傅，“总治三省事”⑦。

元人修《宋史·佞幸传》，其中大抵都不是正规的科举出身，唯一的例外则是王黼。说王黼“身为三公，位元宰，至陪扈曲宴，亲为俳优鄙贱之役，以献笑取悦”。如前所述，这是他与蔡攸取宠的共同之点。“同蔡攸每罢朝出省，时时乘宫中小舆，召入禁中，为谈笑，或涂抹粉墨，作优戏，多道市井淫言媟语，以媚惑上听。

① 《会编》卷 31《中兴姓氏奸邪录》。

② 《续资治通鉴长编纪事本末》卷 128《花石纲》政和七年七月乙未注。

③ 《靖康要录笺注》卷 4 靖康元年三月二十八日。

④ 《曲洧旧闻》卷 8。

⑤ 《宋会要》职官 1 之 3。

⑥ 《宋史》卷 22《徽宗纪》。

⑦ 《宋史》卷 22《徽宗纪》。

时因谑浪中以谮人，辄无不中。”[①] “内庭曲宴，出女乐以娱群臣；大臣入侍，饰朱粉以供戏笑。于是荒嬉无度，而朝政大坏矣。”[②]王黼列入《佞幸传》，而蔡攸却未列入《佞幸传》，当然是宋元修史者的失误。

王黼的躐升自然与梁师成有极大关系。梁师成号为“隐相”，王黼“父事梁师成，称‘恩府先生’”[③]。“宣和初，师成荐为少宰，惟谄佞师成，凡事行其意而已”[④]。“梁师成从中秉权，故使黼相表里，一旦恩数仪物有逾于蔡京矣”[⑤]。王黼“以太宰领应奉司，又方事燕云，立经抚房于中书，独专之，他执政皆不得预”[⑥]，“将枢密院应于边路务军事，尽隶所置经抚房施行，枢密院不得预”[⑦]。他确是继蔡京之后，宋徽宗朝第二个有权势的宰相。“自崇宁以来，蔡京当国，王黼继之”，“三十年间，曾为侍从官已上，未有不因阿附大臣，交结权贵而得之者”。[⑧] 宦官李彦主持延福宫西城管所，在京东、京西以至河北、河东路“恣行凶暴”，造成极大祸害，而“密交王黼，相为表里”。[⑨]

王黼卷入的内争政治漩涡，就是拥戴宋徽宗钟爱的三子郓王赵楷，图谋废太子。他“与童贯力谋，数以诗进，显结郓邸和焉。尝密语上曰：‘臣屡令术者推东宫，命不久矣’”[⑩]。他甚至敢于

① 《会编》卷 31。
② 《真文忠公文集》卷 5《江东奏论边事状》。
③ 《宋史》卷 468《梁师成传》，卷 470《王黼传》。
④ 《会编》卷 31《中兴姓氏奸邪录》。
⑤ 《会编》卷 31。
⑥ 《宋史》卷 357《李熙靖传》。
⑦ 《会编》卷 10《茅斋自叙》。
⑧ 《要录》卷 90 绍兴五年六月丙寅。
⑨ 《靖康要录笺注》卷 10 靖康元年八月十一日。
⑩ 《会编》卷 31，《瓮牖闲评》卷 8 所载，乃梁师成为此语。

毫无忌讳地对宋徽宗诅咒皇太子，说他将不久于人世，也足见宋徽宗与其长子的关系疏远到了何等程度。

宋徽宗迷信道教，王黼当然予以迎合。他撰《宣和殿圣记》说："岁在丁酉（政和七年），皇帝乃悟本长生大帝君。"他与皇帝宠信的道官，也互相勾结。①

王黼伙同蔡攸、童贯等，力主伐辽，"为兼弱攻昧之言，以动上心"②。对于许多反对此举的臣僚，王黼都予以无情排挤。宣和四年（公元1122年）九月，"朝散郎宋昭上书谏北伐，王黼大恶之，诏除名、勒停，广南编管"③。种师道主张接受辽使的和好建议，"王黼怒，责为右卫将军致仕"④。吴时说："祖宗盟血未干，渝之必速乱。"王黼"斥为腐儒"。⑤ 倪涛说："天下久平，士不习战，军储又屈，毋轻议，以诒后患。"王黼发怒，说："君敢沮军事耶!""于是言者论其鼓唱撰造，贬监朝城县酒税，再徙茶陵船场。"⑥ 他们还准备请郓王出任元帅。他们原先估计辽朝只剩燕云一隅之地，一旦出兵，便如探囊取物，而郓王则完全可以坐享其成，获得一笔重大的政治资本。但结果却是事与愿违，郓王赵楷因此也当不成元帅。⑦

因宋朝向金朝买得燕地几座空城，而财用根本不支，王黼又建议向全国征收免夫钱。免夫钱为北宋末一笔临时性的重税，而其税额却各书记载不同。《宋史》卷175《食货志》说：

① 《续资治通鉴长编纪事本末》卷127《道学》政和六年十月甲申。
② 《会编》卷1《邓洵武家传》。
③ 《宋史》卷22《徽宗纪》。
④ 《宋史》卷335《种师道传》。
⑤ 《宋史》卷347《吴时传》。
⑥ 《宋史》卷444《倪涛传》。
⑦ 《宋史》卷246《郓王楷传》。

王黼建议，乃下诏曰：“大兵之后，非假诸路民力，其克有济？谕民，国事所当竭力，天下并输免夫钱，夫二十千，淮、浙、江、湖、岭、蜀夫三十千。”凡得一千七百余万缗，河北群盗因是大起。

《三朝北盟会编》卷31蔡絛《北征纪实》说：

燕地号沃壤，用兵既久，加金人残毁，桑柘、生具为之一空。我得之，仅三年，曾无斗粟尺帛之助……虽黼当权时，内外帑藏及齐、赵、晋、代民力皆已告竭焉。上不乐，垂〔以〕罢黼。黼患失，遂作免夫之令，因得少办。其议以为燕山之役，天下应起夫，今免其调发，独令计口多寡，尽出免夫钱，违期限者斩。天下所得免夫钱大凡六千二百余万缗，以三千万应副燕山，三千万桩管。然朝廷时时借用，及宣和七年春正月，唯六百万见在，余二千二百万有零，则莫知为何用，此实充应奉矣。

蔡絛《铁围山丛谈》卷1，《宋史》卷470《王黼传》，《东都事略》卷106《王黼传》、卷125附录《女真》，《水心别集》卷11《财总论二》，《历代名臣奏议》卷311牟子才奏的数字相同。《三朝北盟会编》卷31朱胜非《秀水闲居录》说：

宣和间，王黼急于财用，以燕山免夫为名，遍率天下，所得才二千万缗，而结怨四海矣。

《皇朝编年纲目备要》卷29宣和六年六月的数字相同。具体的数字难以核实，但似以蔡絛所说更为可信。免夫钱作为北宋末的一笔重赋，而“结怨四海”，则是肯定无疑的。《铁围山丛谈》卷 1 又说：“至宣和七年春，已用之，止余六百万缗尔，外二千二百余万缗，有司奏不知下落。此黼密以奉宴私者。盖自启北征，则省中创立一房，号经抚房。及告功，黼遽奏请，凡经抚房文籍尽取焚之，故不得而稽考也。”证明免夫钱的收支是一笔糊涂账，主要是王黼焚烧账籍，有意隐瞒真情。《宋史》卷 175《食货志》说“凡得一千七百余万缗”，当是贪官污吏从中渔利后政府的实际收入数。

宋徽宗给王黼以“御笔阁名”，“曰‘得贤治定’”①。但宋徽宗发现梁师成与王黼“连墙，穿便门往来”，“始悟其交结状”，“黼眷顿熄”，“乃拔白时中、李邦彦共政，以分其权”，李邦彦“与王黼不协，乃阴结蔡攸、梁师成等谗黼”。宣和六年（公元 1123 年）十一月，王黼罢相致仕。②

王黼“当国时，公然受贿赂，卖官鬻爵，至有定价，故当时为之语曰：‘三千索，直秘阁；五百贯，擢通判’”③。另一说为“公然卖官，取赃无厌。京师为之语曰：‘三百贯，直通判；五百索，直秘阁。’其无廉耻如此”④。成都人刘瀓“宣和末，献玉带于王黼，召对，赐进士出身，改京秩”⑤。燕瑛“括二广与南海之宝货香药，以赂王黼及群阉，自广漕除待制、宫观，自宫观为侍郎”⑥。其亲故自然更是滥授官爵，“其子闳孚作待制，造朝财十

① 《建炎以来朝野杂记》甲集卷 9《大臣赐书阁名》。

② 《宋史》卷 22《徽宗纪》、卷 352《李邦彦传》、卷 470《王黼传》，《东都事略》卷 106《王黼传》，《会编》卷 28《幼老春秋》，《宋宰辅编年录校补》卷 12，《诚斋集》卷 69《己酉自筠州赴行在奏事十月初三日上殿第二札子》。

③ 《曲洧旧闻》卷 10。

④ 《会编》卷 31《中兴姓氏奸邪录》。

⑤ 《要录》卷 87 绍兴五年三月丁丑。

⑥ 《靖康要录笺注》卷 8 靖康元年六月十五日。

四岁，都人目为猢狲待制”①。

宣和七年（公元 1125 年）岁末，宋徽宗“内禅，百僚入贺，上下咸有喜色，而黼面独若死灰”②。按《钦宗实录》记载：“王黼闻钦宗即位，震骇，亟入贺，钦宗先谕阁门，使勿纳。”③ 靖康元年（公元 1126 年）正月，宋钦宗“贬太傅致仕王黼为崇信军节度副使，安置永州”④。开封府奏：“本府捉事使臣韩膺等状：‘蒙差体究王黼所在。契勘王黼二十四日至雍丘县城南二十里永丰乡辅固村，为盗所杀，取到首级申报。’”⑤ 事实上，宋钦宗“以初即位，难于诛大臣，托言为盗所杀”⑥。“事下开封尹聂山，山遣武吏寻蹑，戕之民家，取其首以献”⑦。

关于王黼的豪侈，有不少记载。宋钦宗“籍王黼第，得金宝以亿万计。初，黼赐第于阊阖门外，周围数里，其正厅事以青铜瓦盖覆，宏丽壮伟。其后堂起高楼大阁，辉耀相对。又于后园聚花石为山，中为列肆、巷陌，俱与民间倡家相类。与李邦彦辈游宴其中，朋邪狎昵，无所不至。及至籍没，百姓争入剽掠，官不能禁，斩数人而后已”⑧。另一说则是“初赐第相国寺东，又赐第城西竹竿巷。穷极华侈，累奇石为山，高十余丈，便坐二十余处，种种不同。如螺钿阁子，即梁、柱、门、窗、什器，皆螺钿也。琴光、漆花、椤木、雕花、镶玉之数悉如此。第之西号西村，以

---

① 《老学庵笔记》卷 10。
② 《会编》卷 31。
③ 《瓮牖闲评》卷 8。
④ 《宋史》卷 23《钦宗纪》。
⑤ 《靖康要录笺注》卷 1 靖康元年正月二十五日。
⑥ 《宋史》卷 470《王黼传》。
⑦ 《皇朝编年纲目备要》卷 30。
⑧ 《会编》卷 31《靖康遗录》。

巧石作山径，诘屈往返数百步，间以竹篱茅舍为村落之状。都城相第乃有村名，识者以为不祥。黼侍妾甚众，有官封者十八人：八夫人、十宜人”①。他“于寝室置一榻，用金玉为屏，翠绮为帐，围以小榻数十，择美姬处之，名曰拥帐”②。“王黼库中黄雀鲊，自地积至栋，凡满三楹”③。他“尝置酒其第，夸示园池、妓妾之盛，有骄色”，梅执礼说：“公为宰相，当与天下同忧乐。今方腊流毒吴地，疮痍未息，是岂歌舞宴乐时乎?”他“又戒之以诗”。王黼“愧怒”，将原先还是相好的梅执礼贬黜。④ 宋钦宗特别下旨：“王黼家属特令任便居住，其咸平县坟地约三顷，苏州田产岁课约二千石，并特与给还。”⑤ 可知他光是在苏州的田产即有数千亩。《贵耳集》卷下记载：“王黼宅与一寺为邻，有一僧，每日在黼宅沟中流出雪色饭颗，漉出，洗净，晒干，不知几年，积成一囤。靖康城破，黼宅骨肉绝粮，此僧即用所收之饭，复用水淘蒸熟，送入黼宅，老幼赖之无饥。”

如果从中国古文化发展的角度着眼，也应当承认王黼的一份功劳。在宋代的金石学中，王黼有《宣和博古图录》传世，其中也著录“王黼曰”的考订。此书“最大的贡献在器物的分类和名称考订方面，这大约都是黄伯思的成绩”，“不相信经师们传授的旧说，却取征于坟墓里挖出来的古物，这在中古封建社会总算是一种了不起的精神”。“从宋以后直到现代，关于古铜器的名称都沿用《宣和博古图录》里所定的，虽然也有改正的（如敦、簋），

① 《会编》卷31《秀水闲居录》。
② 《清波别志》卷下。
③ 《曲洧旧闻》卷8。
④ 《宋史》卷357《梅执礼传》。
⑤ 《靖康要录笺注》卷5靖康元年四月十五日。

却为数很少”。[1] 当然，此书的撰写，也为迎合宋徽宗虚夸盛世、制礼作乐的政治需求。

4. 朱勔（1075—1126）。“熙宁八年乙卯十月二十六日申时”生[2]，苏州人。朱勔之父朱冲，原为“吴中常卖人，方言以微细物博易于乡市中自唱，曰常卖”[3]。他“本闾阎贱微，家贫落魄，佣于人，梗悍不驯，氐罪至徒。因亡之旁县，乞贷以求活。遇异人，以黑铁数条、方书一编授之，曰：‘毋久客此，将归大而家。’冲还里中，视故铁有光，鬻之，乃金也。以其资按所授方，设肆市药。未几，远近翕然称之，买者辐辏，家遂为富”[4]。陈东称朱勔“父子皆曾犯徒，杖脊”[5]，可知朱勔在年轻时，属市井恶少无赖一流。

大致在建中靖国元年（公元1101年），蔡京“居钱塘，过苏，欲建僧寺阁，会费巨万，僧言必欲集此缘，非朱冲不可。京以属郡守，郡守呼冲见京，京语故，冲愿独任。居数日，请京诣寺度地，至则大木数千章，积庭下，京大惊，阴器其能。明年召还，挟勔与俱，以其父子姓名属童贯，窜置军籍中，皆得官”[6]。故人们也说童贯“首荐朱勔”[7]。这是崇宁元年（公元1102年）以后的事。宋朝当然重视官场的出身，但朱冲和朱勔由童贯“窜置军籍中，皆得官”，故是武官出身。其实又与军事无关。当时的武官

① 张政烺：《中国考古学史讲义》，《张政烺文史论集》，第346—347页，中华书局，2004年。

② 《鸡肋编》卷上。

③ 《云麓漫钞》卷7。

④ 《东都事略》卷106《朱勔传》。《宋史》卷470《朱勔传》记载较略。

⑤ 《宋陈少阳先生文集》卷1《登闻检院上钦宗皇帝书》。

⑥ 《宋史》卷470《朱勔传》，《东都事略》卷106《朱勔传》。

⑦ 《会编》卷50，卷52。

汇集了各种出身，而相当比例根本不是军人。《旧闻证误》卷3说："崇宁五年冬末，朱勔始进黄杨木三本。按二年，朱冲以献花石，得三班奉职，不应以五年为始。"这是朱冲和朱勔父子发迹的初始。

崇宁和大观时，宋徽宗"颇垂意花石，（蔡）京讽勔语其父，密取浙中珍异以进。初致黄杨三本，帝嘉之。后岁岁增加。然岁率不过再三贡。贡物裁五七品"①。蔡絛《国史后补》所载稍异，说："崇宁中，始命官访古图牒，宫中独观书临字，却去华丽之饰，玩味竹石而已。使命伯氏（按：指蔡攸），俾朱勔密取江、浙花石。其初得小黄杨木三株，以黄帕覆之而进也。上大喜异，然其后岁不过一二贡，贡不过五七物。大观末，朱勔始归隶童贯，而所进已盈舟而载。"② 朱勔得以躐升，无非就是因虐民的花石纲而得宋徽宗宠幸。

"朱勔于太湖取巨石，高广数丈，载以大舟，挽以千夫，凿河断桥，毁堰拆闸，数月方至京师，赐号昭功庆成神运石"。"勔缘此授节度使"。宣和五年（公元1123年）六月十三日甲午，"朱勔自承宣使为节度使"，"官其四仆，皆承节郎及金带"。③ 可知朱勔虽以花石纲取悦于宋徽宗，而升迁不快，与他人相比，官位也不算高，至此才到了从二品的节度使。《宋史》卷470《朱勔传》和《东都事略》卷106《朱勔传》则说他"累迁合州防御使"，"历随州观察使、庆远军承宣使。燕山奏功，进拜宁远军节度使、醴泉观使"。李纲后来在奏中说："臣顷在枢密院，见童贯推燕山赏案，

① 《宋史》卷470《朱勔传》，《东都事略》卷106《朱勔传》。

② 《续资治通鉴长编纪事本末》卷128《花石纲》政和七年七月乙未。

③ 《续资治通鉴长编纪事本末》卷128《万岁山》宣和六年九月庚寅注，《吴郡志》卷29，《泊宅编》卷中。

沓及于朱勔父子并其婿，如知秀州周审言，皆未尝从军。”① 所谓“燕山奏功”，与朱勔何干，而只是宋徽宗愿借此晋升其官位而已。宰相郑居中“力争不可，至郁愤而死”②。

朱勔“固宠二十年，第舍拟〔宫〕省，名园别墅甲吴郡，服膳器用〔拟〕玉食，而华致过之。舆台贱隶腰金累使，〔充〕牣其门”③。“其居游园第悉拟宫禁，服食器用上僭乘舆，建御容殿于私家”④。朱勔“田至三十万亩”⑤，“田产跨连郡县，岁收租课十余万石，甲第名园，几半吴郡，皆夺士庶而有之。守令为用，莫敢谁何，人人衔冤，痛入骨髓”⑥。后李光劾奏说，朱勔“田园第宅，富拟王室，房缗日掠数百贯，租课岁收百万斛。曳绮罗者列屋，衣金紫者充庭。展南宅，以套司理院；拆北仓，以为养种园。监司经由，郡官朔望，例于门外下马，谓之朝谒”⑦。他所提供的田产数与前说有异。“朱勔家圃在（苏州）阊门内，植牡丹数千万本，以缯彩为幕，弥覆其上，每花身饰金为牌，记其名。”⑧

朱勔弟朱勣任阁门宣赞舍人，其子“朱汝贤系庆阳军承宣使，朱汝功系拱卫大夫、静江军承宣使，朱汝楫系拱卫大夫、华州观察使，朱汝翼系朝奉大夫、直龙图阁，朱汝舟系拱卫大夫、明州观察使”，另有朱勣子朱汝文为阁门宣赞舍人，朱汝明为“遥郡”荣州刺史。其中朱汝翼是文官，其他六人都是武官。其孙“阁门

---

① 《梁溪全集》卷62《乞置赏功司札子》。

② 《宋陈少阳先生文集》卷1《登闻检院上钦宗皇帝书》。

③ 《皇朝编年纲目备要》卷30。

④ 《靖康要录笺注》卷4靖康元年三月二十八日。

⑤ 《宋史》卷470《朱勔传》。

⑥ 《靖康要录笺注》卷4靖康元年三月二十八日，《玉照新志》卷3。

⑦ 《历代名臣奏议》卷182李光奏。

⑧ 《吴郡志》卷30，《中吴纪闻》卷6《朱氏盛衰》。

宣赞舍人朱绨、朱绎、朱约、朱绚、朱纬、朱绶，阁门祇候朱绰、朱绅”①。在宋朝的官场中，本来是以进士出身为清高，而看不起如同朱勔那样的浊流。但周审言却在政和时“登科第，而甘心婚朱勔之息”，“自平江府教授以进颂改官，〔夤〕缘迁转至朝议大夫”，“以选人进颂，改京官，累迁直徽猷阁、知秀州”。② 另一女婿为迪功郎马震。③

长期之内，朱勔因进奉花石纲，“怙权恃势，父子各立门户，声焰熏灼，贿赂纷纭成市，邪人秽夫，争候门下，肆狎昵，因以求剧职要官，躐进至侍从者，袂相属也。有不附己，即旋踵罢去。时谓东南为小朝廷”④。朱勔父子争相卖官。“崇宁以来，类多泛赏，如曰‘应奉有劳’‘献颂可采’‘职事修举’特受特转者，皆无事状可名，而直以与之”，朱勔等人“凡所请求，皆有定价，故不三五年，选人有至正郎或员外，带职小使臣至正、副使或入遥郡、横行者”。⑤ 按照宋制，阁门官本是武臣，即“右列清选”，“多以外戚、勋贵为之”。⑥ 然而到宋徽宗时，阁门官也被“卖以求财，朱勔父子所卖尤多，富商家子往往得之”。到宋徽宗末年，阁门官共有一百八十八人，“内免供职者（按：即挂虚名者）一百三员，冗滥之弊，莫此为甚”⑦。朱勔“与其子汝功、汝贤各立门户，招权鬻爵，上自侍从以至省寺，外则监司以至州县长吏、官属，由其父子以进者甚众，货赂公行，其门如市，废置予夺，易

① 《靖康要录笺注》卷 4 靖康元年三月十八日，《墨庄漫录》卷 5，《吴中旧事》，《宋会要》职官 69 之 20—21，《东都事略》卷 106《朱勔传》。

② 《要录》卷 116 绍兴七年闰十月甲戌，《宋会要》职官 70 之 19。

③ 《靖康要录笺注》卷 6 靖康元年五月五日。

④ 《东都事略》卷 106《朱勔传》。

⑤ 《宋史》卷 159《选举志》。

⑥ 《建炎以来朝野杂记》甲集卷 10《阁门》。

⑦ 《靖康要录笺注》卷 7 靖康元年五月二十五日。

若反掌”①。其家“补授使臣等计一百五十余员，多系本家亲戚及奴仆、勾当人、园子等”②。方腊军破杭州时，“客次有服金带者数十人，皆朱勔家奴也。时谚曰：‘金腰带，银腰带，赵家世界朱家坏’”③。此外，“其平江府并二浙诸州县，自通判以上，往往尽出勔门，气焰薰灼，无所不至”。“每遇朔望，门人、使臣罗列廷下、腰金者不下三数百人”。他事实上又私家“召募到花石纲人兵”，“收养亡命逃军至数千人”。④

东南的地方官都争相奉承巴结朱勔。“宣和间，朱勔挟花石进奉之名，以固宠规利。东南部使者、郡守多出其门，如徐铸、应安道、王仲闳辈济其恶。”⑤ 胡直孺“竭两浙与六路府库之财赋，以奉朱勔，由浙漕为发运，自发运知平江，赐金带，由平江再为发运使，自发运除侍郎”⑥。他“假托应奉，耗竭帑藏，丑秽之迹，中外所闻。知平江府，谄事朱勔，日三造其门。勔所欲为，无求不获，家畜声妓，专事媚悦，以图进用”，“吴人怨愤，目为朱家奴”。⑦ 另一先后任苏州知州和平江知府的盛章⑧，“纳交于朱勔父子之间，视国财如粪土，惟恐勔家大小之不富也；杀吴民于戏笑，惟恐勔家奴仆之不悦也”⑨。李伦是宰相李迪之孙，他“任大理卿日”，即“与朱汝贤为俦侣”，后任平江知府，则“平江府

---

① 《靖康要录笺注》卷4靖康元年三月二十八日。

② 《靖康要录笺注》卷6靖康元年五月五日。

③ 《老学庵笔记》卷1。

④ 《靖康要录笺注》卷4靖康元年三月十六日。

⑤ 《容斋续笔》卷15《紫阁山村诗》。

⑥ 《靖康要录笺注》卷8靖康元年六月十五日。

⑦ 《历代名臣奏议》卷182李光奏。

⑧ 《吴郡志》卷11，《正德姑苏志》卷39。据《宋史》卷88《地理志》，苏州政和三年升平江府。

⑨ 《靖康要录笺注》卷10靖康元年八月十一日。

事皆取决朱勔之家”。[①] 朱勔妻死，“葬汝翼母福国夫人，通判许操权府，率郡官朝服步从三十余里，众所骇闻”[②]。陆宗知平江府长洲县，“专一勾当朱勔家事，抑勒上户，为朱勔佃田，枷项承认，至破家荡产，犹监锢不已。良民子女稍有姿色者，必为勾致。田园膏腴者，竭力攘夺。以搜寻奇玩，而发人笼箧者有之，以访求古物，而掘人坟冢者有之”[③]。

在官员们争相奉承的潮流中，也有难能可贵的士人。大致在大观与政和时，李光“知平江府常熟县，朱勔父冲倚势暴横，光械治其家僮。冲怒，风部使者移令吴江，光不为屈”[④]。故人们称赞李光“能抗朱勔而去官”[⑤]。

宣和元年（公元1119年），“时朱勔以花石纲媚上，东南骚动，太学生邓肃进诗讽谏，诏放归田里”[⑥]。蔡京甚至力劝宋徽宗：“今不杀肃，恐浮言乱天下。”宋钦宗时为皇太子，说：“此忠臣也。”[⑦]

宣和二年（公元1120年），御史中丞陈过庭劾奏“朱勔父子，本刑馀小人，交结权近，窃取名器，罪恶盈积，宜昭正典刑，以谢天下”，结果反而因此罢官。[⑧]

---

① 《靖康要录笺注》卷5靖康元年四月十五日，《要录》卷6建炎元年六月己巳。

② 《历代名臣奏议》卷182李光奏。

③ 《靖康要录笺注》卷4靖康元年三月二十三日。

④ 《宋史》卷363《李光传》。

⑤ 《会编》卷191。

⑥ 《宋史》卷22《徽宗纪》。关于邓肃何时写花石诗，参见王兆鹏、陈为民先生《邓肃年谱》第4567—4570页考证，《宋人年谱丛刊》第7册，四川大学出版社，2003年。按，官史俱称邓肃被放逐在宣和元年十一月，王、陈二先生据以反对之理由是其父邓毂逝世而在家丁忧，但其逝世尚考订不出确切时间。

⑦ 《皇朝编年纲目备要》卷28宣和元年十一月。

⑧ 《宋史》卷353《陈过庭传》，《皇朝编年纲目备要》卷29。

宣和二年至三年，贾谭“知平江，嫉朱勔桡政，痛排诋之。勔切齿，因数中以应奏（奉）事”，后终于被罢官。[①] 葛胜仲在宣和时知湖州，“朱勔尝求鸂鶒、白雀之属”，他“拒之甚峻。勔衔公（葛胜仲）入骨，由是横加媒蘖，遂落职，提举江州太平观”[②]。贾公望“尝为郡通判。时朱勔父子鼎盛，奔竞者争趋其门。公望疾之，有诗云：‘倏忽向六十，萍蓬无奈何。丹心犹奋迅，白首分蹉跎。正直士流少，倾邪朋类多。阳光一销铄，不复见妖魔’”[③]。张承“知崑山县，值朱勔恣横之日，承与争论围田为民害，遂被罢黜”[④]。实际上，在目前被若干史家所称赞的古士大夫群体中，“正直士流少，倾邪朋类多”，正是其常态。

《东都事略》卷106《朱勔传》记载：

> 监司徐铸、王安道、王仲闳等济其恶，空竭县官经常，以为应奉，类以亿巨万计；而所贡之物，豪夺渔取，毛发不偿。诸民搜岩剔薮，幽隐不置（遗），一华一木，曾经黄封，护视不谨，则加大不恭罪。人有嘉木奇卉者，指为不祥，惟恐芟去之不速。民一与此役，中人之家悉破产，至卖鬻妻、子，以供其须。斸山辇石，程督惨峭，虽江湖不测之渊，力不可致者，百计出之，至名曰神运。遏截诸道运纲，旁罗贾舟，舟揭所贡，暴其上，连樯接橹，日夜不绝。篙工舵师，陵轹郡县，人以目，相谓不敢谁何。

① 《丹阳集》卷12《故显谟阁直学士魏公墓志铭》，《正德姑苏志》卷39。

② 《丹阳集》卷24《宋左宣奉大夫显谟阁待制致仕赠特进谥文康葛公行状》，《海陵集》卷23《葛文康公神道碑》。

③ 《吴郡志》卷12，《中吴纪闻》卷5《贾表之》。

④ 《斐然集》卷9《应诏荐监司郡守奏状》。

《宋史》卷468《梁师成传》所载也相类似。后许翰劾奏朱勔说：

勔肆奸恶，逾二十年，专以奇技淫巧，荧惑朝廷。花石之供，毒流海宇，竭百姓膏血，罄州县帑藏。一门之内，建节、正任；厮役姻亲，悉补官爵。权倾中外，浊乱朝政。名为应奉御前，其实般入私室，钱縠出入，不许驱磨，计其奸赃，擢发莫数。①

另有臣僚的劾奏说：

朱勔以凶悍之才，资剽刻之性，阴与蔡京结为死党。其在两浙也，托御前生活为名，恣为不法，交通宫禁，无复忌惮。初置局于平江，骚扰州县，惨虐良民，民不聊生，无所赴诉。于是方贼（方腊）因之而起，众十数万，以朝廷之灵，经时然后扑灭，其所杀伤，不可胜纪，两浙为之一空。勔于此时，已当枭首，以谢百姓，朝廷不惟不加诛戮，而任用之意，愈甚于前。天下闻之，莫不扼腕。勔之进奉也，强夺民物，高估其值，悉从官给，径以入己，而民户未尝得也。拘占诸路粮钞，以载花石之类，官舟即不能足，又取商贾之舟以继焉。一舟所载，不过松一株，或竹两竿，粮食、脚乘之费，数百倍于松竹矣。然所支者，朝廷之钱也；所以夺于民者，用朝廷之势也；所以般运者，朝廷之力也。是皆出于朝廷、民力，而独曰勔进〔奉〕者，岂不悖哉！朝廷不考其实，徒善其进奉之物，赏其进奉之名。于是建节，赐第，赐女乐，

① 《靖康要录笺注》卷4靖康元年三月十八日。

子孙皆得显官，利则归勔，怨归朝廷。凡今之所谓进奉者，率皆如此，甚可叹也。凡民间一花一竹，无不遭勔骚动，而所费百端，至于破产亡躯。故浙中人户以名花异草、珍禽奇兽为不祥之物，有则急掩之，民心盖亦可见。勔又阴窃国柄，进退士大夫，有识之士为朝廷寒心，而无耻贪冒之徒，竟出其门，至为侍从者多矣。①

此奏十分概括地综述了朱勔一生的罪恶。他原来一直作恶于东南，号称“东南小朝廷”。但到“徽宗末年，阴约阉寺之奸，稍诛数人，以杀其势。（朱）勔因得入其訾，力排梁师成，寖为徽宗所亲倚”②。宋徽宗“末年益亲任之，居中白事，传达上旨，大略如内侍，进见不避宫嫔”③。他又居然能排挤梁师成和王黼，进一步成了“权倾中外，浊乱朝政”的重要人物。“在京则以养种园为名，迁徙居民以为宅，所占官舟、兵级甚多，月费官粮，充其私用。”④

宣和末，因金军南侵，宋徽宗匆忙传位南逃，“童贯、蔡攸、朱勔护卫扈从车驾”⑤。东南原是朱勔的地盘，自然更有“扈从”的资格。他“率敛州县，为乘舆法物，邀请临幸”⑥。宋钦宗即位后，李纲上奏宋钦宗说，“以穿窬之质，挟奸雄之谋，作奇技淫巧，以荡上心，运花石竹木，以敛民怨，有如朱勔者”。“罪实比

① 《靖康要录笺注》卷 10 靖康元年八月十一日。
② 《宋史》卷 468《梁师成传》，《东都事略》卷 106《朱勔传》，《会编》卷 31。
③ 《宋史》卷 470《朱勔传》。
④ 《靖康要录笺注》卷 4 靖康元年三月二十八日。
⑤ 《会编》卷 27。
⑥ 《会编》卷 43 汪藻上宰执札子。

于四凶”。① 按中国古史传说，唐尧时，有驩兜、共工、鲧、三苗，称为四凶，被虞舜所放逐。

靖康元年（公元 1126 年）正月三日，宋钦宗令“宁远军节度使朱勔放归田里，续诏安置广南，藉没财产”②。太学生陈东上书，将朱勔置于“六贼”之列。③ 三月，宋钦宗下令“其应朱勔家召募到花石纲人兵，并拣填充厢、禁军，仍用拘收朱勔家财，先次支与招军例物。直取朱勔家资，拘收田宅”④。四月，“朱勔移韶州羁管”⑤，又“安置朱勔于循州”。九月，“赐死”。⑥

与其他奸臣、大宦官辈相比，朱勔的官位还不算很高，晚至宣和五年，方升从二品节度使，此后就一直未得升迁。然而他却完全可以肆无忌惮地横行东南，无所顾忌。这是中国古代宫廷政治中一种屡见不鲜的现象，尽管官场中十分讲究名分和等级，但有时官位低的权势完全可以胜过官位高的，官位高者反而须给官位低者拍马屁。宋高宗时的医官王继先和宦官群是一例，朱勔也是一例。他“于私家建神霄殿，乃安奉上皇（宋徽宗）御容于其中，恃此胁持上下，凡节朔，郡县吏与监司经由，皆朝拜于其家。人臣之家有朝拜之称，此何理也？”⑦ 朱勔“所衣锦袍，云前徽宗尝以手抚之，绣御手于袍上”⑧。他“尝预曲宴，徽宗亲握其臂，与语，勔遂以黄罗缠之，与人揖，此臂竟不举”⑨。关键还在于皇

---

① 《梁溪全集》卷 42《上渊圣皇帝实封言事奏状》。
② 《宋会要》职官 69 之 20。
③ 《会编》卷 32。
④ 《靖康要录笺注》卷 4 靖康元年三月十六日。
⑤ 《靖康要录笺注》卷 5 靖康元年四月十六日。
⑥ 《宋史》卷 23《钦宗纪》。
⑦ 《靖康要录笺注》卷 5 靖康元年四月十六日，《清波杂志》卷 2。
⑧ 《云麓漫钞》卷 7。
⑨ 《中吴纪闻》卷 6《朱氏盛衰》。

帝最高权力的恩宠，而朱勔也能十分纯熟地狐假虎威，滥用皇恩。朱勔“挟宠张甚，视州县蔑如，且中贵人缘勔，而使者冠盖相望，皆能祸福人于牙颊间。官吏无不倾身事之，至郡守亦有出其门者”①。

5. 高俅（？—1126）。关于高俅，何冠环先生著有《〈水浒传〉第一反派高俅事迹新考》②，已有详细考证。本节主要是从奸臣乱军的角度论述，力求将其事迹系年。

高俅《宋史》无传，开封人。他本是市井无赖，“数被杖责”③，他又是苏轼的“小史，笔札颇工”④，居然因善蹴鞠而受端王赵佶的宠爱。宋制，皇帝登基后，“凡东宫僚吏一概超迁，谓之随龙”⑤。赵佶登帝位后，高俅的官场出身就是“随龙人”⑥，并且是其中唯一受宠信而重用者。宋徽宗“欲显擢之”，就交付边帅刘仲武，让他在陕西混一点“边功”，“数年间建节，循至使相，遍历三衙者二十年，领殿前司职事”。“其侪类援以祈恩”，宋徽宗却说：“汝曹争如彼好脚迹邪!”⑦ 他其实亦非严格意义上的军人，倒是宋徽宗重用不知兵者渎乱军政的象征。无独有偶，宋宁宗时，韩侂胄信用吏胥出身的苏师旦，居然升安远军节度使，⑧ 让他居中负责开禧北伐的全局指挥，颇与高俅同类。高俅作为回报，则

---

① 《浮溪集》卷26《徽猷阁待制致仕赠少师谥僖简庄公墓志铭》。

② 《北宋武将研究》，中华书局，2003年。

③ 《忠愍集》卷1《再论高俅札子》。

④ 《挥麈后录》卷7。

⑤ 《司马文正公传家集》卷38《言郭昭选札子》。

⑥ 《皇朝编年纲目备要》卷29宣和四年四月。

⑦ 《宋朝南渡十将传》卷1《刘锜传》，《挥麈后录》卷7。

⑧ 《宋史》卷38《宁宗纪》开禧元年七月。据《齐东野语》卷3《诛韩本末》，苏师旦“本平江书佐，侂胄顷为钤辖日，尝以为笔吏，后依韩门”，也以宋宁宗“登极，窜名藩邸，用随龙恩得官，骤至贵显”。其随龙出身，颇与高俅相似。

荐举刘仲武之子刘锜，“特授阁门祗候”。[1]

崇宁四年（公元 1105 年）五月，宋徽宗命龙图阁直学士林摅为辽国回谢使，从五品的客省使[2]高俅为副使，出使辽朝。[3]

大观二年（公元 1108 年）十月，高俅时任侍卫步军都指挥使。[4]

政和元年（公元 1111 年）四月，高俅除侍卫马军副都指挥使。八月，即迁殿前副都指挥使。[5] 大观到政和时，“何执中居相位，时京师童谣曰：‘杀了穜蒿割了蔡，吃了羔儿荷叶在。’说者谓指童贯、蔡京、高俅三人及执中也”[6]。

政和七年（公元 1117 年）正月，时高俅的官衔为殿前都指挥使、奉国军节度使、渤海郡开国公，宋徽宗又“以殿前都指挥使高俅为太尉”，升至正二品。[7] 太尉为政和武官新制的“武阶之长，为真两府，盖比参政、枢密也”，已与二府长官平列。[8] 七月，太尉、殿前都指挥使高俅“奉御笔，恩数等并依执政言（按：‘言’字衍）例施行”[9]，宋徽宗特命他依执政待遇。

宣和三年（公元 1121 年）十一月，宋徽宗“诏太尉、奉国军

---

① 《宋史》卷 366《刘锜传》。

② 《职官分纪》卷 44。参见李昌宪先生《宋朝官品令与合班之制复原研究》第 50—52、93—94 页。

③ 《皇宋十朝纲要校正》卷 16。关于此次奉使，详见《北宋武将研究》第 529—530 页考证。

④ 《宋会要》职官 61 之 17。

⑤ 《景定建康志》卷 26《侍卫马军司》。

⑥ 《独醒杂志》卷 9，《东南纪闻》卷 1。

⑦ 《宋史》卷 21《徽宗纪》、卷 168《职官志》，《宋大诏令集》卷 102《高俅拜太尉制》。

⑧ 《朝野类要》卷 2《两府》，《云麓漫钞》卷 4。

⑨ 《宋会要》职官 32 之 8。

节度使、充殿前都指挥使高俅赐第”①。宋徽宗为高俅“御书阁名”，“曰‘风云庆会’”。②

宣和四年（公元1122年）五月，时高俅的官衔为太尉、奉国军节度使、充殿前都指挥使、兼（道教）神霄宫副使，宋徽宗“以高俅为开府仪同三司”，又升至从一品。其他官位也相应升格为“兼领殿前都指挥使职事、充神霄宫使”。③“旧制，殿帅早朝，退至殿门，于宰执閤子阶下相揖，卷帘二三尺，以为礼。俅以随龙人，不数年，至太尉，至是又加开府，恩比宰相。每遇王黼于路，则分道而行，传呼相揖，故事尽废矣”④，可知高俅当时的地位和声势。自北宋建国以来，按崇文抑武的家法，一直压低三衙长官的地位，而高俅竟然得此高位，实为史无前例。

“自童贯、高俅主兵以来”，使“教阅训练之事尽废”，“军政大坏”。⑤宋人称“本朝之兵，自童贯、高俅等坏之”⑥，“蔡京、王黼坏文，高俅、童贯坏武”⑦。宋军的“军储阙〔乏〕，衣粮不充，则教阅之法弛；人无顾惜，则姑息之心生。故弱者鬻食于市，强者负担于路。高俅坏之于内，童贯毙之于外，数十年间，不知其销折几何人”⑧。“高俅得用，军政遂弛，靖康末，卫士仅三万

① 《宋会要》方域4之23。

② 《挥麈后录》卷7。

③ 《宋史》卷22《徽宗纪》，《宋大诏令集》卷102《高俅除使相制》。

④ 《皇朝编年纲目备要》卷29为宣和四年四月，与《宋史》卷22《徽宗纪》时间稍异。

⑤ 《梁溪全集》卷62《乞修军政札子》，《真文忠公文集》卷5《江东奏论边事状》。

⑥ 《历代名臣奏议》卷223张守奏。

⑦ 《宋名臣言行录》续集卷2《吴敏》。

⑧ 《宋朝诸臣奏议》卷45王襄《上钦宗论彗星》。

人”①，这是各级军官吃空饷所造成的。李纲说，当时军队竟“阙额三分之一，失于招填”②。就军事而论，宋徽宗的家业，无疑败在两人之手。

高俅父高敦复也官至节度使，“兄伸自言业进士，直赴殿试，后登八座。子侄皆为郎，〔充正员〕，恩幸无比，极其富贵”③。“子尧康以回授，自遥郡转正任，尧辅以回授，自观察（使）而转承宣（使），名器之滥，有不可胜言者”④。

宣和七年（公元1125年）岁末，宋徽宗传位后南逃，“童贯与殿前都指挥使开封高俅继领胜捷军及禁卫三万五千人扈从”⑤。宋钦宗最初不肯接受帝位，经大臣们协商，“以王宗濋同管殿前司公事”，作为条件之一，王宗濋是“上母王皇后之亲属也”。⑥ 但王宗濋的头衔是主管殿前司公事和殿前副都指挥使。⑦ 高俅仍为殿司长官，却已根本不管京城的殿司军务，只顾南逃。另一方面，宋徽宗当然也需要高俅带兵护卫。

但李纲上奏宋钦宗说：“恃宠眷之私，擅威福之柄，招兵自卫，失禁旅之心，有如高俅者。罪实比于四凶。”⑧ 靖康元年（公元1126年）三、四月，殿前都指挥使、检校少傅、奉国军节度使、开府仪同三司高俅因“扈送上皇，宣劳既久，加检校太保，

---

① 《要录》卷5建炎元年五月丁酉。

② 《梁溪全集》卷61《乞募兵札子》。

③ 《挥麈后录》卷7。

④ 《宋会要》职官36之122。

⑤ 《要录》卷1。

⑥ 《续资治通鉴长编纪事本末》卷146《内禅》宣和七年十二月庚申，《会编》卷28，《要录》卷43绍兴元年三月丙午。

⑦ 《会编》卷28，《靖康要录笺注》卷11靖康元年九月十三日，《要录》卷1。

⑧ 《梁溪全集》卷42《上渊圣皇帝实封言事奏状》。

进封简国公”，为中太一宫使，[1] 表明高俅虽然罢军职退闲，而官位仍得到升迁。五月，“开府仪同三司高俅卒”[2]。按照制度，“皇帝合挂服举哀”，李若水上奏驳论说：

> 臣谨按俅以胥侩之才，事上皇于潜邸，夤缘遭遇，超躐显位，巧佞贪恩，讫无补报。属者金人渝盟，逼侵近境，所以不即奏功，正坐军政刓敝，士不贾勇。俅久握兵柄，实与童贯分内外之寄，厥罪惟均。贯已远窜，天下称快，而俅未就典刑，遽以讣闻。佥论谓当追褫官秩，示不终赦，而有司守常，乃复以缛礼加之，甚非所宜也。[3]

> 谨按俅以市井之流，尝充胥史之役，论其人则甚贱也。恃愚矜暴，数被杖责，考其素则甚凶也。事上皇三十年，朝夕左右，略无裨益，其事上则阿佞也。席宠饕荣，峻跻显官，子孙弟侄，或尘政府，玷从班，儿童被朱紫，媵妾享封号，膳奴厮卒，名杂仕流，其蒙恩则侥冒也。窃持兵柄，岁月滋久，抚恤无恩，训练无法，占役上军，修筑第宅，或借权贵，以缔私欢，军政不饬，若颓垣然。金人所以长驱郊甸者，盖度吾无以待之也，虽三尺之童，皆知童贯、高俅隳坏军政之过也。贯已窜矣，而俅可赦乎？按情定罪，当示鞭尸之辱；而反加之茂渥，大拂舆论。[4]

---

① 《宋会要》职官 54 之 12，《靖康要录笺注》卷 3 靖康元年三月五日、卷 5 靖康元年四月十六日。两书记载高俅加检校太保日期不同。

② 《宋史》卷 23《钦宗纪》。

③ 《忠愍集》卷 1《驳不当为高俅举挂札子》。

④ 《忠愍集》卷 1《再论高俅札子》。

宋钦宗于是下旨："高俅率领军兵，败坏纪律，累有言章，可与追降。子孙倖冒，亦与降等授官，以戒后来者。"时高俅子高尧卿任岳阳军承宣使，高尧辅任安国军承宣使，高尧唐任桂州观察使，宋钦宗十八日令"高俅追检校太保、开府仪同三司，尧卿、尧辅并与右武大夫，尧康与武功大夫，并遥郡刺史，余官追夺，诸孙特免"。臣僚为此上奏说：

高俅初由胥吏遭遇，夤缘幸会，致位使相、检校、三公，不思竭力图报，乃敢自恃昵幸，无所忌惮。身总军政，而侵夺军营，以广私第，多占禁军，以充力役。其所占募，多是技艺工匠，既供私役，复借〔权幸〕，军人能出钱贴助军匠者，与免教阅。凡私家修造，砖瓦、泥土之类，尽出军营。诸军请给既不以时，而俅率敛又多，无以存活，往往别营他业。虽禁军亦皆傲力取直，以苟衣食，全废教阅，曾不顾恤。夫出钱者既私令免教，无钱者又营生废教，所以前日缓急之际，人不知兵，无一可用。朝廷不免屈己夷狄，实俅恃宠营私所致。贪财误国之奸，不减蔡攸，偶有司失刑，遂免远窜，得终牖下。今来止追前官，不惟不足以厌公论，亦无以诫后来。

宋钦宗又令"高俅更追节度、简国公"①。在北宋末开封围城中，宋钦宗下令搜括金银等，献纳金军，而高俅兄高伸"寄藏金银于兄傑家，为婢所告"，于是"延康殿大学士高伸落职，〔左〕金吾〔卫〕大将军高傑降为左卫率府率"。②

---

① 《靖康要录笺注》卷7靖康元年五月二十一日。

② 《宋会要》职官69之30，《要录》卷1建炎元年正月壬辰，《会编》卷74。

靖康二年（公元1127年）二月，宋钦宗出质至金营，开封城中“拆毁高俅、杨戬第宅，出卖柴薪”①。

关于宋徽宗朝的政治，正如陈过庭评论说：“将相大臣同恶相济二十余年，所以至此，蔡京窃弄威福于前，王黼窃弄威福于后；蔡京、王黼败坏法度于内，童贯、蔡攸败坏法度于外，争权竞利，其初虽相为矛盾，至于包藏祸心，害民蠹国，则若合符节。”②

纵观宋徽宗时奸臣和大宦官辈的发迹史，很容易找到一个当时近乎全公开的规则，而并非潜规则：能够逢迎皇帝侈心者升迁，反之，不能逢迎皇帝侈心者降黜。当时很多宰执，大致都在不同程度和不同情况下，不能满足宋徽宗的侈心，故在政治上就没有多少作为。奢靡之风的风源正是来自统治和剥削阶级。王黼最初能够划革蔡京时的弊政，甚至有“贤相”之称，后“惧失权势。乃乞创应奉局于私第”，设免夫钱，遂得宋徽宗的宠信。奸臣和大宦官辈正是巧妙地利用皇帝的侈心，“托享上为名”③，而大肆贪污，“多半隐盗于家”④。

蔡京等奸臣既互相结党，又互相倾轧。尽管官场中一片乌烟瘴气，宋徽宗仍标榜要惩治腐败，针对官员们“受赇作弊”，“非法受财，嘱托公事”，“货赂公行，莫之能禁，外则监司守令，内则公卿大夫，讬公徇私，诛求百姓，公然窃取，略无畏惮”⑤，“士庶之间”的“侈靡之风”等情况，屡下禁令。⑥ 宋徽宗也处分

① 《会编》卷78。
② 《靖康要录笺注》卷5靖康元年四月十六日。
③ 《靖康要录笺注》卷5靖康元年四月二十九日。
④ 《会编》卷31《中兴姓氏奸邪录》。
⑤ 《宋会要》刑法2之51、59、92。
⑥ 《宋会要》刑法2之53。

了一批官员，如河北路转运副使李昌孺“廉声不闻”[①]，滁州知州唐恪“于邻郡营私第，搔动一方”[②]，贺希仲“任河北监司，凡所荐举，使其私仆干求百出”[③]，提点江南东路铸钱王阐“贪墨”，“巡历贾贩，盗取官钱”[④]，汪希旦“贪污不法，狼藉有声”，都被贬黜。[⑤] 但是，一批真正的大贪污犯，却备受青睐。宋徽宗排除一些官员和士人的检举和揭发，反而对他们恩赏有加；他们也放肆贪腐，根本不担心会受宋徽宗的制裁。因贪污而得利者甚众，而败露率极低，故装潢门面的禁约和惩罚，适足以助长贪贿之风，而成变本加厉之势。

臣僚分权，皇帝集权，地方分权，中央集权，这是对宋朝政治体制设计的准确概括。一些学者利用如今时髦的名词，如顶层设计、分权制衡之类，强调的是宋朝皇帝的权力也受到制约。其实，专制政治和政体就意味着最高权力可以不受法律和制度的约束，必然是人治，而非法治。有的学者提倡活的制度史，很好，从宋朝的法制上说，对最高权力确是有所限制的，但更重要的还是在权力的实际运作上。考察宋朝，以至中国自秦汉以降的古代专制政治和政体，最本质的问题无非是最高权力可以随心所欲地突破法律和制度的各种约束。不论各种法制，也包括宋朝视为十分神圣的先王之道和祖宗之法，皇帝愿意遵守就遵守，愿意违犯就违犯。若不能认识此点，似可说是对中国古代的专制政治和政体没有看透。诚如陈过庭的评论和描述：

---

① 《宋会要》职官69之9。
② 《宋会要》职官69之11。
③ 《宋会要》职官69之15。
④ 《宋会要》职官69之17。
⑤ 《宋会要》职官69之19。

> 怀奸营私，招权纳货，致使奸赃之吏，布满天下。凡于古无所稽考，于经无所依据，则必曰自我作古。台谏敢有论列，有司敢有申明，则必曰规摇时政。竭民力，耗国用，以博虚名，则必曰此三代甚盛之举也。崇俭约，抑浮冗，以图实效，则必曰此五代鎸削之计也。每建一议，立一法，未见是非利害，必立严禁，不得干与。又立重赏，许人告讦。大臣坐视，而不敢言，黎庶怀愤，而无所诉，监司、守令观望风指，惟恐奉行之缓。①

宋徽宗君臣大权在手，突破各种伦理上、法制上的约束，制造若干口实，又有何难？面对神圣的先王之道，则有“自我作古”的吹嘘；违犯祖宗限制宦官官位的旧规，就在下不为例的口实下，接连授予十多个宦官以节度使。有的学者援引若干片面的史料，认为宋朝重视和实行法治。与某些朝代相比，宋朝比较重视法律，法律和规制修订得相当完备而细密，似乎事事处处有法可依，有章可循，有例可援。然而宋徽宗对若干贪污犯行法，而让鼻子尖下的大贪污犯逍遥法外，又怎能说是法治？法治的前提必须是法大于权，若事实上是权大于法，不管法制修订得多么完备和细密，就决然不可能实现法治。

宋徽宗时一批奸臣和大宦官辈，尽管有很大的权势，却都离不开对皇权的依附，这与南宋时秦桧等四个权臣有别。史实表明，宋徽宗还是牢牢掌控着皇权，对这批奸臣和大宦官，欲用则用，欲罢则罢；这批奸臣和大宦官也只有迎合皇帝的侈心，小心侍候皇帝，方得保住权势。如宋徽宗一旦发现王黼与梁师成有勾结之迹象，就立即疏远，两人的权势也就随之消逝。南宋时，蔡京故

---

① 《靖康要录笺注》卷5靖康元年四月二十九日。

吏高拣对人感慨地说："看他秦太师，吾主人乃天下至缪汉也！"①说明蔡京等人还不够权臣的资格。在北宋晚期的奸臣和大宦官中，宋徽宗始终宠眷不衰者，也只有蔡攸、朱勔和高俅三人。

在中国专制主义中央集权的等级授职制下的历朝贪腐黑暗政治中，宋徽宗时的政治自然是典型之一。《朱子语类》卷127记载了朱熹的感慨："今看著徽宗朝事，更无一著下得是。古之大国之君犹有一二著下得是，而大势不可支吾。那时更无一小著下得是。使无虏人之猖獗，亦不能安。以当时之势，不知有伊、吕之才，能转得否？恐也不可转。"朱熹只是从当时的政治措置而论，用马克思主义的观点看，中国历朝专制主义中央集权的等级授职制的体制，当贪腐积累到极致，必然会从量变转向质变，国势如同到了雪崩的尽头，不偾不止，就是"有伊、吕之才"，"也不可转"。何况宋徽宗君臣又将国势错认为是醉生梦死般及时行乐、恣意享受的大好时机，"社稷流长"，"足以跨周轶汉"② 的盛世。北宋皇朝的覆亡，一小撮统治阶级自不必论，而极其可悲可痛者则是给普通百姓带来大灾难。

（原载《中华文史论丛》2015年第3期）

---

① 《老学庵笔记》卷8。

② 《挥麈后录》卷2。

一六、宋徽宗时的道士和道官群

宋朝耽溺道教的，主要是宋真宗和宋徽宗。宋徽宗的生平嗜好有三：一是女色，二是艺术，三是道教，三者都属极富极贵的有闲者的消遣和娱乐。他自称道君教主皇帝，不惜耗费巨资，在各地大造道观，扩充道士名额，设置道阶、道官、道职、道学等。他信用的著名道士和道官，也无疑成了当时的黑暗贪腐政治的重要组成部分。

关于宋徽宗崇尚道教的许多史实，金中枢先生的《论北宋末年之崇尚道教》① 等做了详细论述。本文的重点则是从当时黑暗贪腐政治的角度论述当时著名道士和道官。

据《宋大诏令集》卷 224《天下学校诸生添治内经等御笔手诏》和《改定道阶等御笔手诏》所载，宋徽宗于重和元年（公元 1118 年）八月和十月，专门设立道士的官品，继而设立道阶、道职和道官。共设道阶二十六等、道职（如文臣带贴职）十一等、道官十等，道阶和道职都有对应的文官。在学校中，新设自元士（正五品）到志士（从九品），共计十等，作为教官。道阶和道职都有对应的文官序列，如道官中最高的六字先生、太虚大夫，道

① 台湾“国立”编译馆《宋史研究集》第 7、8 辑。

职中最高的冲和殿侍晨，都相当于文官中正五品的中大夫。道官中最低的试守阙校仪金坛郎，相当于文官中从九品的迪功郎，道职中最低的凝神殿授经，相当于文官中从七品的承议郎。于是道士群就拥有文武官同样的各种阶、职、官、品之类，遂完全融入了官场。在此之前，宋徽宗对道士往往授以某先生、大师之类封号，或授以文官。考虑到重和前后的名分差异，故本文只能以道士和道官群为标题。

此外，又如蔡絛说："政和以后，道家者流始盛，羽士因援江南故事，林灵素等多赐号金门羽客，道士、居士者必锡以涂金银牌，上有天篆，咸使佩之，以为外饰。或被异宠，又得金牌焉。"① 陆游说："政和后，道士有赐玉方符者，其次则金方符，长七寸，阔四寸，面为符，背铸御书曰：'赐某人，奉以行教。有违天律，罪不汝贷。'结于当心，每斋醮则服之。会稽天宁万寿观有老道士卢浩真者，尝被金符之赐。""大抵当时道流滥恩，不可胜载，中更丧乱，史皆不得书。"② 金银牌和玉方符、金方符可能还不是一物两名。经历了北宋末到南宋初的大祸乱，许多道士和道官辈"滥恩"的情况，今存史籍多有残缺，本文只能尽可能做些介绍，也只能反映当时道士和道官介入黑暗贪腐政治的某些片断。

1. 刘混康。史称刘"混康有节行，颇为神宗所敬重"③。"其师祖朱自英以传箓著名"。宋真宗刘后临朝时，曾召到开封。④ 元丰时，刘混康已为"茅山观主"。⑤

---

① 《铁围山丛谈》卷 3。

② 《老学庵笔记》卷 9。

③ 《续资治通鉴长编纪事本末》卷 127《方士》。

④ 《家世旧闻》下。

⑤ 《夷坚支乙》卷 6《茅君山隐士》。

宋哲宗绍圣四年（公元1097年）六月，“诏江宁府敦遣茅山道士刘混康上京，住持上清储祥宫”。“九月一日给百千路费”。①

元符元年（公元1098年）七月，宋哲宗“诏刘混康茅山所居庵之旁，已营殿宇，可赐名元符观”②。

元符二年（公元1099年）闰九月，宋哲宗“诏上清储祥宫住持洞元通妙大师刘混康归茅山，从其请也”③。可知刘混康的发迹尚在宋哲宗时，已赐有“洞元通妙大师”之号。翌年，茅山“中峰石洞忽开”，刘混康认为“必有异”。④

宋徽宗“之初即位也，皇嗣未广，道士刘混康以法箓、符水出入禁中，建言宫城西北隅地协堪舆，倘形势加以少高，当有多男之祥。始命为数仞岗阜，已而后宫占熊不绝，上甚喜。于是崇信道教，土木之工兴矣。一时佞幸因而逢迎，遂竭国力，而经营之”⑤。刘混康的建议，对宋徽宗大兴土木产生重大影响。

蔡絛《国史后补》说，宋徽宗“嗣服之初，于释老好尚，未有适莫”，而刘混康“为上所听信，大诋佛氏”。崇宁二年（公元1103年）正月，宋徽宗“诏许茅山道士刘混康修建道观，仍令直奏灾福，无得隐匿”。三月，诏：“刘混康肃恭祀事，达于上境。自春以来，时雨未降，朕甚忧之。当体至怀，精加祷请。所建殿宇，赐名天宁万寿。”七月，宋徽宗“赐茅山道士洞元通妙大师刘混康号葆真观妙先生。江东转运判官席震为之请也”。⑥

崇宁五年（公元1106年）七月，宋徽宗令“葆真观妙先生刘

---

① 《长编》卷489绍圣四年六月丙申、卷491绍圣四年九月辛亥朔。

② 《长编》卷500元符元年七月己酉。

③ 《长编》卷516元符二年闰九月戊寅。

④ 《夷坚丁志》卷4《司命府丞》。

⑤ 《皇朝编年纲目备要》卷28政和七年十二月。

⑥ 《续资治通鉴长编纪事本末》卷127《方士》。

混康加号葆真观妙冲和先生”①。

《宋史》卷356《蒋静传》说，蒋静任江宁知府，“茅山道士刘混康以技进，赐号先生，其徒倚为奸利，夺民苇场，强市庐舍，词讼至府，吏观望，不敢治，静悉抵于法”。

政和时，“时道教之盛，自道士徐知常始赐号冲虚先生，徐守信赐虚静先生，刘混康赐葆真观妙冲和先生，后并赠太中大夫”②。

2. 魏汉津。《宋史》卷462有传。“本蜀黥卒也，自言师事唐仙人李良，号‘李八百’者，授以鼎乐之法。”③

崇宁时，蔡京引进刘昺，“擢昺大司乐，付以乐正。遂引蜀人魏汉津”，时“年九十余”。崇宁三年（公元1104年）正月，“铸九鼎，作大晟乐。昺撰《鼎书》《新乐书》，皆汉津妄出己意，而昺为缘饰”④。蔡京为之吹嘘，说魏汉津“所传乃黄帝、后、夔法”⑤。著名《乐书》的作者陈旸与魏汉津异论，“时论方右汉津，绌旸议”⑥。朱熹则说：“徽宗时，一黥卒魏汉津造《雅乐》一部，皆杜撰也。今太学上丁用者是此乐。”⑦

魏汉津任九鼎制造官，在开封城东南宣化门外的玉仙观铸造。崇宁四年（公元1105年）三月，“鼎成，赐号冲显处士。八月，大晟乐成，徽宗御大庆殿，受群臣朝贺，加汉津虚和冲显宝应先

① 《续资治通鉴长编纪事本末》卷127《方士》。

② 《皇朝编年纲目备要》卷28政和三年四月。

③ 《宋史》卷462《魏汉津传》。

④ 《宋史》卷356《刘昺传》；《皇朝编年纲目备要》卷27崇宁三年正月；《宋会要》乐2之31，3之24—25，5之18—19。魏汉津进用的年代，据汤勤福、王志跃先生《宋史礼志辨证》第360页考证。

⑤ 《家世旧闻》下。

⑥ 《宋史》卷432《陈旸传》。

⑦ 《朱子语类》卷92。

生，颁其乐书天下”[1]。宋徽宗又“授制造九鼎官魏汉津为虚和冲显宝应先生，秩比中散大夫（从五品），赐宅一区，田六十顷，银、绢各五百匹、两”[2]。其中一个小插曲，九鼎“各取九州之水土，常内鼎中”，“及上行礼至北方之宝鼎也，鼎忽漏水，流浸布地”，“漏乃旋止，故上深讶焉”，蔡京为此十分扫兴。[3]

崇宁五年（公元1106年）十二月，时已死去的魏汉津“以尝造九鼎，作大乐”，“特褒赠”从四品文官太中大夫，谥嘉晟侯。女婿张清也因此荫补武官三班借职。[4]

3. 徐知常。字子中，建阳人。“旧尝有痼疾，遇异人，得修炼之术，却药谢医，以至引年，白发红颜，真有所得”，“能诗，善属文，凡道儒典教与夫制作，无不该晓，脱略时辈，萧然老成，有士君子之风”。[5]“太学博士范致虚素与左街道录徐知常善，知常以符水出入元符后殿，致虚深结之。”[6]范致虚与徐知常“亦沾中表”。徐知常“出入温成张后家”。宋徽宗“践阼，内中张贤妃进御侍王氏，首见亲幸。张妃盖温成侄也。知常既因缘张门，知名禁中。又以符水有效于元符殿中。黄冠之盛自知常始”[7]。

孙觌撰《蔡京事迹》记载：“道教之兴，自左街道箓徐知常供元符皇后符水有验，被宠遇。”[8]故《宣和画谱》卷4《徐知常》

---

① 《宋史》卷462《魏汉津传》，《能改斋漫录》卷12《造九鼎》，《宋会要》礼51之22。

② 《续资治通鉴长编纪事本末》卷128《九鼎》。

③ 《铁围山丛谈》卷1。

④ 《宋史》卷462《魏汉津传》，《宋会要》仪制13之8，《摛文堂集》卷8《故太中大夫魏汉津亲女夫张清可三班借职制》。

⑤ 《宣和画谱》卷4《徐知常》。

⑥ 《宋史》卷472《蔡京传》，《朱子语类》卷130。

⑦ 《吕氏杂记》卷下。

⑧ 《续资治通鉴长编纪事本末》卷127《方士》。

虚美说，宋徽宗“方阐道教，首预选抡，校雠琅函玉笈之书，无不精确。居闲则鼓琴瀹茗以自娱，真方外之士，画神仙事迹，明其本末，位置有序，仙风道骨，飘飘凌云，盖善命意者也”。徐知常对宋徽宗崇信道教起了很大作用。

政和三年（公元 1113 年）三月，“左街道箓观妙元明〔冲〕真虚一大师徐知常特授冲（通？）虚先生”[①]。

徐知常向宋徽宗介绍了林灵素。[②]

4. 徐守信。宋哲宗元祐时，苏轼曾求徐守信写字，徐守信写了“泄慢堕地狱，祸及七祖翁”十字。他得到蔡京引荐，说“泰州徐神翁，能知前来物”，并引他给苏轼题字，说他“能嫉元祐人”[③]，因而得宋徽宗宠信。《说郛》弓 58 曾慥《集仙传》说：“徐守信，海陵人也。人称为神翁，徽宗召之。”如前所述，宋徽宗给徐守信赐号虚静先生。

5. 于仙姑。《懒真子》卷 5 说：“王元道尝言，陕西〔于〕仙姑传云，得道术，能不食，年约三十许，不知其实年也。陕西提刑阳翟李熙民逸老，正直刚毅人也。闻人所传，甚异，乃往清平军自验之。既见道貌高古，不觉心服。因曰：‘欲献茶一杯，可乎?’姑曰：‘不食茶久矣，今勉强一啜。’既食，少顷，垂两手出，玉雪如也。须臾，所食之茶从十指甲出，凝于地，色犹不变。逸老令就地刮取，且使尝之，香味如故，因大奇之。”《普济方》卷 116 载有“于仙姑搜风丹”及其成分。

《说郛》弓 58 曾慥《集仙传》说：“于仙姑，凤翔人也，徽宗召至。”大观元年（公元 1107 年）二月，宋徽宗命“凤翔府于仙

---

① 《续资治通鉴长编纪事本末》卷 127《方士》，《宋会要》崇儒 6 之 35。

② 《宋史》卷 462《林灵素传》。

③ 《家世旧闻》下。

姑授清（靖?）真冲妙先生”。四月，又诏“已差李瑰来御封香，往凤翔府太平宫等处道场，因就宣召于仙姑赴阙”。①

另有《陶朱新录》记载：“凤翔太守邵篪仲恭信事于仙姑，即于真人也。其人甚异，一日，本司干官汤东野沿檄自京回至凤翔境上，憩于村邸。忽见一妇人，携十六七女子，行于田野中，隐约似于真人，遂令虞候邀之。曰：‘未暇往见，恳到凤翔致意龙图。’谓邵公也。汤至府谒邵，道其事，邵曰：‘真人寝于某家，今数日未觉。’因同往视之，方酣睡室中，凝尘满席。又数日，真人睡起，邵询以野店所见，云：‘向有木筏提举在此，如龙图相待极厚，有一女久病，令某治之。某告以止数年人尔，亦不须医，俟数尽，待与将去一佳处。今闻〔数至〕，往〔践〕前言也。’又问将往何处，不答。自此声益著，后召赴阙，不肯往。宣和间，羽化于陕西。有《大洞真经》传于世，真人所行术也，《道藏》固有，但缺而不全。”

以上的片段记录确有道家神仙的色彩，也说明尽管宋徽宗重视，但于仙姑仍以化外人自居。

6. 虞仙姑。孙觌撰《蔡京事迹》记载：“虞仙姑者，年八十余，状貌如少艾，行大洞法。一日，徽庙诵《大洞经》，举首见有仙官侍立者。京尝具饭招仙姑，见大猫，指而问京曰：‘识之否？此章惇也。’意以讽京。京大不乐。上尝问仙姑致太平之期，答曰：‘当用贤人。’上曰：‘贤人谓谁？’答曰：‘范纯粹也。’上以语京，京曰：‘此元祐臣僚使之！’遂逐。于是士大夫争言虞仙姑亦入元祐党矣。”②

7. 王老志。《宋史》卷 462 有传。濮州临濮县人。“事亲以孝

① 《续资治通鉴长编纪事本末》卷 127《方士》，《宋会要》崇儒 6 之 34。

② 《续资治通鉴长编纪事本末》卷 127《方士》。

闻，幼曾为伯母吮疽。初，去为漕计吏，持心公平，能自守一，毫厘不受人贿，阅二十年。其后每往来市间，遇一丐人，见辄乞之钱。一旦，丐人自言：'我钟离生也。'因授之丹，老志服其丹，始大发狂，遂能逆知未来事。"① 故他自称"师钟离先生"②。"其居四面环以高墉，但开狗窦出入"，须匍匐出入。③

后来当翰林学士的强渊明，在宋哲宗"绍圣初，为教官，过濮，见老志。授之书，曰：'四皓明达。'且谓：'渊明必贵，而主是事时，吾亦与汝相见于帝阙矣'"④。

王老志曾说蔡京"必贵极人臣"，因而得到蔡京引进。⑤ 政和三年（公元 1113 年），"太仆卿王亶以其名闻，召至京师，馆于蔡京第"⑥。三月，宋徽宗"诏濮州王老志赐号安泊处士"，"遣兵部员外郎王亶召濮州处士王老志赴阙"。九月，又"诏封处士王老志为洞微先生"。⑦ 可知他出山，还是在魏汉津死后。

王老志"敢大言"，如曾对宋徽宗说："颇记老臣否?"宋徽宗遂依稀记得，"尝梦游帝所，有仙官赞拜者，其面目真老志也"⑧。蔡絛记载，宋徽宗宠爱的"贵妃刘氏薨，追谥为明达皇后，其制书果（强）渊明视草，始悟'四皓'者，赐号也。时太仆卿王亶荐之，召老志馆于鲁公（蔡京）赐第。上遣使询明达事，老志曰：'明达后乃上真紫虚元君。'且能传道元君语以白上，而上语亦遣

① 《铁围山丛谈》卷 5。

② 《避暑录话》卷上。

③ 《夷坚乙志》卷 10《王先生》。

④ 《铁围山丛谈》卷 5。

⑤ 《家世旧闻》下。

⑥ 《宋史》卷 462《王老志传》。

⑦ 《续资治通鉴长编纪事本末》卷 127《方士》，《宋会要》崇儒 6 之 30、选举 34 之 50。

⑧ 《家世旧闻》下。

白元君。事甚伙，然颇迂怪。一日，乔贵妃使〔问〕老志，曰：‘元君昔日与吾善，今念之乎？’明旦，老志密封一书进，上开读，乃前岁中秋二妃侍上燕好之语。乔贵妃得之大恸，此亦异也”①。

宋徽宗时，“凡天神降临事，盖发端于王老志”②。“郊天，而天神为出，夏祭方泽，而地祇为应，皆老志先时奏，而启发之”③。“朝士多从求书，初若不可解，后卒应者十八九，故其门如市”④。孙觌撰《蔡京事迹》记载：“徽庙尝梦被召，如在藩邸时见老君坐殿上，仪卫如王者，谕上曰：‘汝以宿命，当兴吾教。’上受命而出。梦觉，记其事。是年十一月冬祀，老志亦从之。上在太庙小次中，老志曰：‘陛下昔梦尚记之乎？时臣在帝旁也。’黎明，车辂出南薰门，天神降于空中，议者谓老志所为也。道教之盛，则自此始。”⑤

王“老志日一食，独汤饼四两，冬夏衣一袭。后云见师，责以受罗縠之服，且处富贵，不知厌足。凡有衣六七袭，悉封还鲁公（蔡京）”⑥。政和四年（公元1114年）正月，“洞微先生王老志加号观妙明真洞微先生”。王老志“乞归，留之不得”。十月，“归濮而死”，“赐金以葬，赠正议大夫”。⑦ 王老志在开封活动其实仅一年多。

8. 王仔昔。《宋史》卷462有传，洪州人。⑧《清波杂志》卷3记载：“时又有王仔昔者，初馆于蔡京第。属大旱，徽宗焦心祷

① 《铁围山丛谈》卷5。

② 《皇朝编年纲目备要》卷28重和元年十月。

③ 《铁围山丛谈》卷5。

④ 《宋史》卷462《王老志传》。

⑤ 《续资治通鉴长编纪事本末》卷127《方士》。

⑥ 《铁围山丛谈》卷5。

⑦ 《续资治通鉴长编纪事本末》卷127《方士》，《宋史》卷462《王老志传》。

⑧ 《避暑录话》卷上作“王资息”，“淮甸间人”。

雨，每遣中使持一幅素纸，求仔昔书，皆为祷雨也。一日，中使再持纸至，仔昔忽书一小符，仍札其左云：‘焚符，汤沃而洗之。’中使大惧，不肯受，曰：‘上祷雨，今得此，大谬矣。’仔昔怒曰：‘第持去!’上得之，骇异，盖上默祷为宠嫔赤目者，因一沃而愈。”

政和五年（公元1115年）十月，宋徽宗“以嵩山道人王仔昔为冲隐处士”①。

政和六年（公元1116年），宋徽宗“用方士王仔昔议，定鼎阁于天章阁，自九成宫徙九鼎，奉安之”②。宋徽宗“方乡神仙之事，蔡京引方士王仔昔，以妖术见，朝臣戚里夤缘关通”。王安中“疏请自今招延山林道术之事，当责所属保任，宣召出入，必令察视其所经由，仍申严臣庶往还之禁”。③

《铁围山丛谈》卷5说：“小王先生仔昔者，豫章人也。始自言遇许逊真君，授以《大洞隐书》，豁落七元之法，能知人祸福。老志死后，仔昔来都下。上知之，召令踵老志事，寓于鲁公（蔡京）赐第。大抵巧发奇中，道人腹中委曲，其神怪过老志，逆知如见。又自言昼见星，事多不及载。诏封通妙先生。然鲁公寖不乐，因从容奏曰：‘臣位轴臣辅政，而家养方士，且甚迂怪，非宜。’上甚然之，乃徙之于上清宝箓宫。仔昔建议，九鼎神器，不可藏于外，于是诏〔纳〕鼎于大内。其后宫人有为道士，亦居宝箓宫者，以奸事疑似发，因逐仔昔。仔昔性傲，又少戆。上常以客礼待仔昔，故仔昔视巨阉若奴仆，又欲使群道士皆师己。及林灵素出，众乃使道士孙密觉发其语不逊，下开封狱杀之。陷仔昔

① 《宋史》卷21《徽宗纪》。

② 《宋史》卷104《礼志》，《铁围山丛谈》卷1，《容斋三笔》卷13《十八鼎》。

③ 《宋史》卷352《王安中传》。

者，中官冯浩为力。仔昔未得罪时，先以书示其徒曰：‘上蔡遇冤。’仔昔死甫四年，而冯浩以罪窜，适行至上蔡县，上命杀之焉。”

政和七年（公元1117年）十二月，宋徽宗“下方士王仔昔狱，杀之”①。王仔昔之死，也反映了道士之间及与宦官群之间的倾轧。

9. 刘栋。或作刘楝。② 一说他为淄川，即淄州人，常“布裘缁巾，诈为愚懵无知之状，养母甚孝”③。另有《能改斋漫录》卷12《神霄乐郁罗萧台》记载，“栋字守翁，棣州人。初以八行举，遇可韩司丈人，授以景虚玉阳钟法”。他自称“师韩君文”④。

政和六年（公元1116年），宣和殿学士蔡攸上奏说：“贡士刘栋铸鼎牲，以祀圣寿。”⑤ 宋徽宗下诏：“访闻棣州士人刘栋蔬食葆神，虚心契道，人之隐奥，洞然照知，处方书符，每有应验。可令敦遣赴尚书省审验外，于上清宝箓宫安下，仍给路费、驿券、递马，无令失所。”⑥

政和七年（公元1117年）二月，刘栋以棣州贡士的身份上奏：“伏蒙圣恩，以臣本州并提举司保举四行闻奏，特授将仕郎。臣昨忽遇九天益算韩真人，授以景灵玉阳神应钟法。仰祝圣寿，若臣苟官爵，即负师言。伏望特垂矜察，所有敕命，乞赐追寝。”宋徽宗“诏依所乞，赐紫衣道服”。⑦

① 《通鉴续编》卷12。

② 《老学庵笔记》卷9。

③ 《续墨客挥犀》卷4《诈为愚懵无知之状》。

④ 《避暑录话》卷上。

⑤ 《宋会要》礼14之74。

⑥ 《续资治通鉴长编纪事本末》卷127《方士》，《宋会要》选举34之50。

⑦ 《续资治通鉴长编纪事本末》卷127《方士》。

刘栋“上其所遇韩真人丹，以献天子。其状如蜡，以手指揭取而服之。翌日，则又生，无穷也”。宋徽宗说：“汝师锡汝长年丹，而朕夺之，非朕志也。”便“当帘前还之”。①

宋徽宗“依其说。命铸钟十二，召九天。范金随律，月成一钟。排黄麾仗。奉安于宝箓宫。钟备成，授通直郎”。“林灵素建议，依仿宫商角徵羽，别定五声，制神霄乐。刘栋密奏：‘臣民事物，皆可有二。至于宫声，岂有二哉。’徽宗感悦，嘉其爱君，即除中散大夫、直龙图阁，栋辞不受”②。蔡絛记载，宋徽宗“又为作韩君丈人观于其乡郡，而使栋领之，仍系籍于道流，封先生。方神降及废释氏，栋亦预焉。然栋颇涉猎儒书，慕李泌之为人，晚为利所夺，不能自还也”③。今存许翰《襄陵文集》卷3尚保存一段《刘栋敕》，其中说：

> 尔褎然来对便殿，有异闻焉，朕甚嘉之。顾赏锡以先生之号，而辞不受。今其所去，宜视厥秩，以宠其行。内联延阁之华，外总殊廷之秘，并为异数，往服休荣。

重和元年（公元1118年）三月，宋徽宗又“召刘栋赴阙”。闰九月，宋徽宗以“通直郎、管勾棣州韩君丈人观刘栋为守静先生，视中大夫。栋不受”④。

10. 程若虚。政和三年（公元1113年）十月，宋徽宗下御

---

① 《铁围山丛谈》卷1。

② 《能改斋漫录》卷12《神霄乐郁罗萧台》。

③ 《续资治通鉴长编纪事本末》卷127《方士》。

④ 《续资治通鉴长编纪事本末》卷127《方士》，《宋会要》崇儒6之35。

笔："元观法师程若虚封宝箓先生。"[①]

11. 林灵素。《宋史》卷462和《宾退录》卷1有传。温州人，字通叟[②]，"初名灵噩，字岁昌，家世寒微，慕远游。至蜀，从赵昇道人数载。赵卒，得其书，秘藏之。由是善妖术，辅以五雷法，往来宿、亳、淮、泗间，乞食诸寺"[③]。或说"少从浮屠学，苦其师笞骂，去为道士"[④]。他"善作墨竹"，到了元代，"湖州玄妙观有石刻一枝尚存"。[⑤]

政和三年（公元1113年），林灵素"至京师，寓东太一宫。徽宗梦赴东华帝君召，游神霄宫。觉而异之，敕道录徐知常访神霄事迹。知常素不晓，告假，或告曰：'道堂有温州林道士，累言神霄，亦作《神霄诗》，题壁间。'知常得之，大惊，以闻。召见，上问有何术，对曰：'臣上知天宫，中识人间，下知地府。'上视灵噩风貌如旧识，赐名灵素"[⑥]。

林灵素对宋徽宗大肆吹嘘说："天有九霄，而神霄为最高，其治曰府。神霄玉清王者，上帝之长子，主南方，号长生大帝君，陛下是也。既下降于世，其弟号清华帝君者，主东方，摄领之。己乃府仙卿，曰褚慧，亦下降佐帝君之治。"他"又谓蔡京为左元仙伯，王黼为文华吏，盛章、王革为园苑宝华吏，郑居中、童贯及诸巨阉皆为之名。贵妃刘氏方有宠，曰九华玉真安妃"，"肖其

① 《续资治通鉴长编纪事本末》卷127《方士》，《宋会要》崇儒6之35作程若清。

② 《家世旧闻》下。

③ 《宾退录》卷1。

④ 《宋史》卷462《林灵素传》。

⑤ 《图绘宝鉴》卷3。

⑥ 《宾退录》卷1。

像于神霄帝君之左”。宋徽宗信之不疑。① “赐金牌，无时入内”②，“赏赉无算”③。

政和五年（公元1115年），宋徽宗“筑通真宫以居之”④。当年，又听信林灵素的话，建上清宝箓宫。“在景龙门东，对景辉门，既又作仁济、辅正二亭于宫前。命道士施民符药，徽宗时登皇城，下视之。又开景龙门，城上作复道，通宝箓宫，以便斋醮之路。徽宗数从复道上往来，是年十二月，始张灯于景龙门上下，名曰预赏。”⑤

林灵素建言：“佛教害道，今虽不可灭，合与改正。将佛刹改为宫观，释迦改为天尊，菩萨改为大士，罗汉改尊者，和尚改德士，皆留发顶冠执简。”⑥ 宋徽宗遂于政和三年（公元1113年）建玉清和阳宫，政和七年（公元1117年）五月，又改名玉清神霄宫。⑦ 当年二月，“会道士二千余人于上清宝箓宫，诏通真先生林灵素谕以帝君降临事”。又“改天下天宁万寿观为神霄玉清万寿宫”⑧，对民间造成极大的骚扰。各地神霄宫等大量兼并田产，“豪夺无涯”。如“西京以崇德院为宫，据其产一万二千亩，赁舍钱、园利钱又在其外”。两浙路“以系官田土拨赐，立定课租，召人佃种”。杭州神霄宫“添拨田共二十顷，于浙西逐州有管诸司堪

---

① 《宋史》卷243《刘贵妃传》、卷462《林灵素传》。

② 《宾退录》卷1。

③ 《宋史》卷462《林灵素传》。

④ 《宾退录》卷1。

⑤ 《宋史》卷85《地理志》。《皇朝编年纲目备要》卷28作政和六年二月，“上清宝箓宫成”。

⑥ 《宾退录》卷1。

⑦ 《宋史》卷21《徽宗纪》、卷85《地理志》。

⑧ 《宋史》卷21《徽宗纪》。

好田内标拨”，“如违，以大不恭论”，为祸甚烈。① 如后来的抗金名臣宗泽通判登州，因依法惩治横行不法的道士高延昭，宣和初，经林灵素谮诉，竟以“坐建神霄宫不虔，除名，编管”②。“既隆道教，故京城佛寺多废毁”③，佛寺改宫观计 691 区，僧尼改德士、女德者15 955人。④ 有人写词讽刺僧改道说，“冠儿戴，恁且休笑”，“古来少，葫芦上面生芝草”。⑤ 在大规模改佛寺的运动中，“襄州僧杜德宝毁体然香，有司观望灵素意，捕以闻”。官员王衣“阅之曰：‘律，自伤者杖而已。’灵素求内批，坐以害风教，窜流之”，并“停衣官”。⑥

当年四月，宋徽宗“讽道箓院上章，册己为教主道君皇帝”。下诏说：“朕乃上帝元子，为太霄帝君。悯中华被金狄之教，遂恳上帝，愿为人主，令天下归于正道。卿等可上表章，策朕为教主道君皇帝，止用于教门〔章疏〕。”⑦ 这其实也是林灵素的主意。

林灵素“被旨，修道书，改正诸家醮仪，校雠丹经灵篇，删修注解。每遇初七日，升座，座下皆宰执、百官、三衙、亲王、中贵，士俗观者如堵。讲说《三洞道经》”⑧。他“作符书，号《神霄录》，朝士争趋之”⑨。林灵素“翻译道书，杂以俚语嘲谑，朝野翕然信乡”，但也有官员程瑀表示不信。⑩ 他有时应是用一些

① 《宋会要》礼 5 之 4—5、16、23，食货 70 之 180；《老学庵笔记》卷 9。
② 《宋史》卷 22《徽宗纪》，《宗忠简公集》卷 7《遗事》。
③ 《夷坚支丁》卷 1《杨戬毁寺》。
④ 《湖海新闻夷坚续志》后集卷 1《崇兴道教》。
⑤ 《夷坚三志己》卷 7《善谑诗词》。
⑥ 《宋史》卷 377《王衣传》，《北海集》卷 35 王衣墓志铭。
⑦ 《宋史》卷 21《徽宗纪》，《皇朝编年纲目备要》卷 28。
⑧ 《宾退录》卷 1。
⑨ 《宋史》卷 382《曾幾传》。
⑩ 《胡澹庵先生文集》卷 23《龙图阁学士广平郡侯程公墓志铭》。

伶人魔术在装神弄鬼。① 又如他“阴募京师无赖数十人，曲背为伛，扶杖为盲，噤口为喑，曳足为跛。既噀水投符，则伛者伸背，盲者舍杖，喑者大呼，跛者疾走，或拜或泣，各言得疾二十年或三十年，一旦都除，欢声动地”②。为迎合宋徽宗迷信道教，蔡攸“独倡为异闻，谓有珠星璧月，跨凤乘龙，天书云篆之符，与方士林灵素之徒争证神变事”③。一时之间，“自三公辅臣以下，皆从灵素师授”，傅崧卿、曾幾、李纲“皆称疾，不往视”，傅崧卿因而“被谮，出为鄂州蒲圻县丞”④。岳州士曹参军事曹省“以直道忤林灵素，得罪久废”⑤。

重和元年（公元1118年）五月，宋徽宗以“通真达灵先生林灵素为通真达灵元妙先生”。九月，“金门羽客、通真达灵元妙先生、视中大夫林灵素”，“特授本品真官，免视法”⑥，林灵素“为幻不一，上每以‘聪明神仙’呼之。御笔赐玉真教主，神霄凝神殿侍宸，立两府班”⑦。另一说“擢至太中大夫、冲和殿侍晨（宸?），视两府”⑧，已与宰执辈平列，“又与宦官、近幸分党争敌”⑨。他“出入呵引，至与诸王争道，都人称曰道家两府”。“在京师四年，恣横愈不悛。道遇皇太子，弗敛避”，遂招致后为宋钦宗的“太子入诉”。同道之内也充满倾轧，“本与道士王允诚共为

---

① 《夷坚志补》卷20《神霄宫醮》。

② 《家世旧闻》下。

③ 《宋史》卷472《蔡攸传》，《东都事略》卷101《蔡攸传》。

④ 《宋史》卷382《曾幾传》，《渭南文集》卷32《曾文清公墓志铭》，《嘉泰会稽志》卷15《侍从·傅崧卿》。

⑤ 《昌谷集》卷18《梅坡孺人曹氏墓志铭》、卷19《曹次萧墓志铭》。

⑥ 《续资治通鉴长编纪事本末》卷127《方士》，《宋史》卷21《徽宗纪》。

⑦ 《宾退录》卷1。

⑧ 《清波杂志》卷3。

⑨ 《续资治通鉴长编纪事本末》卷127《方士》。

怪神，后忌其相轧，毒之死”①。另一道士王绎，“力诋林灵素，为所毒，呕血死”②。在宋神宗时立功西陲的王韶之子王寀，与亲戚工部尚书刘昺得罪了林灵素，林灵素对皇帝泣诉，加以陷害，结果“下寀大理，狱成，弃市，昺窜琼州”。③

林灵素常“跨一青牛，出入禁卫”④。宋徽宗“刻玉为‘降真召灵之宝’，自用之，而锡灵素涂金印文曰‘通真达灵之印’”，“锡赉至不可计”。林灵素有弟子姓丁，自称丁谓四世孙，宋徽宗居然将这个谋逆的大臣追赠为少保。“士大夫无耻者，日萃其门，所荐进皆即拔擢”⑤。如吕升卿之子吕源，“专以包苴交结权幸，为进身之资。初自常调，结林灵素、孟昌龄，而得监司”⑥。

林灵素“每设大斋，辄费缗钱数万，谓之千道会”，甚至宋徽宗也“设幄其侧，而灵素升高正坐，问者皆再拜以请。所言无殊异，时时杂捷给嘲诙，以资媟笑”。⑦“莫有君臣之礼矣。时道士有俸，每一斋施，动获数十万，每一宫观给田亦不下数百千顷，皆外蓄妻、子，置姬媵，以胶青刷鬓，美衣玉食者几二万人。一会殆费数万缗，贫下之人，多买青布幅巾以赴，日得一饫餐，而衬施钱三百，谓之千道会云”⑧。岳州有天庆观，“最号富饶，方道士林灵素居中用事，以其高弟主之，守贰奉承，颐指如意，其犯法夺民田，漫不敢省”⑨。登州道士高延昭“倚林灵素，凌蔑郡

① 《宋史》卷462《林灵素传》。
② 《避暑录话》卷上，《陶朱新录》。
③ 《宋史》卷328《王寀传》，《挥麈后录》卷3，两处记载情节有异。
④ 《独醒杂志》卷5。
⑤ 《家世旧闻》下。
⑥ 《浮溪集》卷1《奏论吕源除两浙转运使姜仲谦除转运副使不当状》。
⑦ 《宋史》卷462《林灵素传》。
⑧ 《皇朝编年纲目备要》卷28重和元年十月。
⑨ 《昌谷集》卷19《曹次萧墓志铭》。

邑”，“恃势犯法，无复以州县为意”，唯有宗泽敢于“穷治”。[1]尽管林灵素的威势煊赫一时，“有附之而得美官者，颇自矜骄”，也有人写“灵素画像诗”讽刺说：“当日先生在市廛，世人那识是神仙。只因学得飞升后，鸡犬相随也上天。”[2]

林灵素也曲意逢迎宋徽宗的侈心，有“饮酒玉骆驼，大四寸许，贮酒可容数升。香龟小如拳，类紫石而莹，每焚香，以龟口承之，烟尽入其中。两器固以黄蜡”，“去窒蜡，即驼出酒，龟吐香”。“或传林灵素所献也”。[3]

由于时为太子的宋钦宗“入诉”，引起宋徽宗的恼怒。林灵素自称有“役使五雷神之术”，间或为皇帝求雨，“取水一盂，仗剑禹步”作法。[4] 宣和元年（公元 1119 年），“都城大水，冒城将入。灵素与诸道士为法事，巡行徜徉于城上。役夫数千，争举梃，欲击杀之，灵素走而得免”[5]。九月，御史台上劾奏，说：“灵素妄改（议）迁都，妖惑圣聪，改除释教，毁谤大臣。”林灵素遂被迫“即时携衣被行出宫”。十一月，“与宫祠，温州居住”[6]，“以为太虚大夫，斥还故里”[7]。

宣和二年（公元 1120 年），林灵素“一日携所上表，见太守闾丘鄂（鹗?）[8]，乞与缴进，及与州官、亲党诀别而卒”[9]。

宋高宗即位后，“诏道士林灵素、郑知微、傅希烈家资，令

① 《宗忠简公集》卷 7《遗事》，《鲁斋王文宪公文集》卷 14《宗忠简公传》。
② 《藏一话腴》乙集卷下。
③ 《夷坚甲志》卷 1《酒驼香龟》。
④ 《夷坚丙志》卷 18《林灵素》。
⑤ 《续资治通鉴长编纪事本末》卷 127《方士》。
⑥ 《宾退录》卷 1。
⑦ 《宋史》卷 462《林灵素传》。
⑧ 《学海类编》本《宾退录》卷 1 作闾丘额，《乾隆浙江通志》卷 115 作闾丘鹗。
⑨ 《宾退录》卷 1。

温、处二州籍没”[1]。但温州林灵素“没官屋宇为元估价高，累榜无人承买”，后只能“减价出卖”。[2]

12. 张虚白。重和元年（公元1118年）五月，宋徽宗以“通元先生张虚白为通元冲妙先生”，并充校正《（黄帝）内经》参详官，表明他对医学至少较为精通。九月，“金门羽客、通元冲妙先生、视中奉大夫张虚白特授本品真官，免视法”[3]。神霄宫的陈设和道教帝君等排列，“其说皆出于林灵素、张虚白、刘楝”[4]。

《万姓统谱》卷39记载：“张虚白，邓州南阳人，通太乙六壬术，留心丹灶，遇真人，得秘诀。宋徽宗闻其名，召管太乙宫，恩赉无比。虚白官太虚大夫、金门羽客，出入禁中，终日论道，无一言及时事，曰：‘朝廷事，宰相在，非予所知也。’金人尤重之，以为神仙。忽一日，曰：‘某年月日，吾当他去。’至期果然。”

看来张虚白虽然受皇帝宠信，为人却颇为低调，不像林灵素那样猖狂。他本人死在金朝。

13. 郑知微。如前所述，今仅存宋高宗时“籍没”郑知微家资的记载，但肯定是宋徽宗时有权势的道士。

14. 傅希烈。如前所述，今仅存宋高宗时“籍没”傅希烈家资的记载，但肯定是宋徽宗时有权势的道士。

15. 王文则。《癸辛杂识》别集上《汴梁杂事》记载，“朝元宫虚皇台”，“内留品字三方素地，云是宣、政内醮时，徽庙立于中，林灵素、王文则居两傍也”。

---

① 《中兴小纪》卷1建炎元年六月丁卯，《皇朝中兴纪事本末》卷1下系于辛未日。

② 《宋会要》食货61之2。

③ 《续资治通鉴长编纪事本末》卷127《方士》，《宋史》卷21《徽宗纪》，《宋会要》崇儒4之11。

④ 《老学庵笔记》卷9。

16. 李思聪。政和元年（公元 1111 年）十月，宋徽宗“赐处州祥符宫道士、洞渊大师李思聪为玄妙先生”①。

17. 笪静之。政和三年（公元 1113 年）八月，宋徽宗“诏茅山元符万宁宫法箓道士笪静之特赠冲隐先生”②。

18. 刘知常。刘知常“襄阳人，其兄为襄阳县之胥魁。知常始生，皓首赭面，里俗谓之社公儿”。有所谓桐柏真人“授金丹之诀”。宋徽宗“闻其名，诏蘂珠殿侍宸，往襄阳寻访知常，与偕至京师，见于内殿，验其方术”，“赐以金冠、象简、绯袍、皂襈，号丹华处士，视朝散大夫”。③ 文官朝散大夫为从六品。④

宣和六年（公元 1124 年）十二月，宋徽宗“诏丹华处士刘知常不出有司，自炼丹金，造神霄宝轮四百九枚。所以州人列其性识高明，行义修洁，勤苦该博，通晓典故，精于属文，为诸生师表，而前辈诸公常所钦重”。予以召用。⑤

宣和七年（公元 1125 年）二月，宋徽宗“诏丹华广范崇真处士刘知常除金庭辅教先生。续诏知常特授金庭辅教元明先生，视中大夫”⑥。如前所述，相当于正五品的中大夫当然是道官中的最高品位。宋徽宗还“以方士刘知常所炼金轮，颁之天下神霄宫，名曰神霄宝轮，知常言其法以汞炼之成金，可镇分野兵饥之灾”⑦。

19. 刘厚。宣和七年（公元 1125 年）六月，宋徽宗“诏通妙

---

① 《宋会要》崇儒 6 之 34—35。
② 《宋会要》崇儒 6 之 35。
③ 《睽车志》卷 3。
④ 《宋史》卷 168《职官志》。
⑤ 《宋会要》崇儒 6 之 30。
⑥ 《宋会要》崇儒 6 之 35。
⑦ 《老学庵笔记》卷 9，《宋会要》礼 5 之 6，《睽车志》卷 3。

处士刘厚特补通妙真应先生，及与封赠父母一次，仍视中奉大夫”①。中奉大夫是文官中从五品，仅比中大夫低一阶。② 从以上刘知常和刘厚两例看来，即使在林灵素被贬斥后，直到退位前，宋徽宗仍笃信道教而不衰。

20. 何姓道姑。婺州义乌县人。“徽宗朝，赐号妙静炼练师。结庐葛仙峰下，平生不火食，惟饮酒，啖生果。为人言祸福死生，无毫厘差。每风日清和时，辄掩关独处。或于户外窃听之，但闻若二婴儿声，或歌或笑，往往至中夜方止，莫有能测者。年九十，正旦，自言四月八日当远行，果以是日坐逝。”③

以上有程若虚、郑知微、傅希烈、王文则、李思聪和笪静之六人，尽管都是煊赫一时，而今存史籍仅保留其姓名，而事迹竟全然缺佚。正如本文开头引陆游之说，“大抵当时道流滥恩，不可胜载，中更丧乱，史皆不得书”。

依前面的介绍，宋徽宗时的道士和道官群，也情况各不相同，有的只是讲求本人修炼，未必就对民间造成祸害，“凡天神降临事，盖发端于王老志，而极于林灵素。于是宦官、道士有所不快，必托为帝诰，则莫不如志”④。宋徽宗崇尚道教，始于道士辈装神弄鬼，进而大兴土木，劳民伤财，终则道士和道官群也成为一股重要的政治恶势力，祸害民间。《清波杂志》卷 3 说：“宣和崇尚道教，黄冠出入禁闼，号金门羽客，气焰赫然，林灵素为之宗主。”特别是在“林灵素为之宗主”之时。

《靖康要录》卷 5 靖康元年四月二十五日载臣僚上言说：

---

① 《宋会要》崇儒 6 之 36。

② 《宋史》卷 168，卷 169《职官志》。

③ 《渭南文集》卷 45《入蜀记》。

④ 《皇朝编年纲目备要》卷 28 重和元年十月。

仰惟太上皇帝崇奉道教，奖借羽流，尝降旨，立视官之法，宠以虚名。他事不容其比拟，圣意断可识矣。名品既定，侥幸渐萌，陈乞百端，遂同文阶入杂压，封赠其父母，奏补其亲属，身死有遗表恩泽，坐立与从官争席，其家得为官户，其亲得以用荫。且市井小人，仆夫贱隶，皆可披戴，所费不过百十缗，因缘请托，一为道官，恩数遂与士大夫无异。又有挟阴阳卜祝及诡怪诞妄之术，得先生、处士之名，官视正郎，恩数越于道流。其在外者，则绯袍、象简、冠带、鱼袋，出入州县，轩然自得。士人为之切齿。上皇察其有害无利，去年冬，尝诏罢道官，又诏道箓院道官品等一切指挥，并依元丰法，颇快天下之愤。

笔者在研究宋徽宗朝贪腐政治时，逐渐认识到，仅为宋徽宗个人画像肯定是不够的，而必须画一张百丑图或群魔图。百丑图或群魔图中，除了宦官群之外，另须有一批重要的奸臣群、道士和道官群，还有各地、各部门成千上万的贪官群。但相比较而言，在当时贪腐政治的总体罪恶中，道士和道官群的作用固然绝不可忽视，但与宦官群、奸臣群相比，其作用相对还是稍小一些，特别是在林灵素贬斥回温州之后，时距北宋亡国尚有八年。

（原载《华中国学》总5卷2016年1月）

一七、李纲的同道

《论语·卫灵公》说："君子矜而不争，群而不党。"古人一直将"党"作为贬义词。宋高宗说："二圣朝，党与之大者，惟蔡京，次即（李）纲也。"[①] 竟将李纲与祸国奸相蔡京相提并论。他又说："纲多掠世俗虚美，以此协比成朋，变白为黑，相附者争称之。"[②] 其实，北宋末，李纲第一次任尚书右丞，当执政官，"执政凡九月"[③]。南宋初，李纲任相，为时仅七十五天。在宋廷的根基是很浅的，又遇上各种干戈扰攘、焦头烂额的事，就是真要结党营私，也绝无足够的时间。但当李纲遭到攻击时，攻击者往往就以朋党为借口。如北宋末，臣僚说："其党张焘、冯檝、方元若、余应求、陈公辅之徒鼓惑众听，唱为伏阙之事，几至大变。"[④] 绍兴时，宰相吕颐浩说："纲之朋党与蔡京一体，靖康伏阙，荐纲者皆其党，陈公辅、张焘、余应求、程瑀鼓唱太学生，杀戮内侍，几作大变。"宋高宗说："伏阙事，倘再有，朕当令五

---

① 《要录》卷39建炎四年十一月壬寅。

② 《宋宰辅编年录校补》卷15。

③ 《宋宰辅编年录校补》卷13。

④ 《会编》卷55。

军收捕，尽诛之。”①

但纵观李纲的立身行事，由于他的坚定和忠诚，确有一些士大夫敬佩他，愿追随他同赴国难。李纲《梁溪全集》卷171《靖康传信录》说，他任亲征行营使，“亲征行营使置司于大晟府，辟参谋官、书写机宜、勾当公事、管勾文字、准备差遣、统制、统领、将领、准备差使等，择文武官处之。吏房、户房、兵房、工房选三省人吏处之。上赐银、绢、钱各一百万贯、两、匹”。但具体名单不详。

后宋廷又“以知枢密院李纲为宣抚使，督诸将救太原。又以资政殿学士刘韐为宣抚副使，中大夫、直秘阁范世雄为宣抚判官、兼参谋，徽猷阁待制、枢密院都承旨折彦质为宣抚司勾当公事。参议官四人：京畿提刑王以宁、（祠部）员外郎裴廪、直秘阁沈琯、宣议郎郭执中。主管机宜文字三员：枢密院编修官邹柄、田亘，朝奉郎韩瓘，〔勾当〕公事、主管文字官赵枏、赵戬、张叔献、陈汤求、梁泽民、张牧〔等数十人〕”②。“李纲之行，辟属官，多碌碌之人，然才者十得三四耳，亦未尝谙边事。刘韐、沈琯、王以宁、折彦质、裴廪以知兵称，其实能兵者谁也”③。李纲本人在绍兴时的书信中说：

> 靖康中，被命宣抚河北、河东两路，辟置官属，如范世雄充参谋官，郭执中、王以宁充参议官，田亘、韩瓘、邹柄、詹大和充机宜，梁泽民、赵枏、赵戬、张叔献、陈汤求充干办公事，张牧、黄锾、陶恢、张光等充准备差遣，不过十五

① 《要录》卷58绍兴二年九月庚辰。

② 《会编》卷61《北记》，《靖康要录笺注》卷14靖康元年十二月二十九日。

③ 《会编》卷56。

六人，其余皆因种师道之旧。惟以何大圭为主管文字。使掌表章。而大圭文人轻俊，馆中士夫多不喜之。造谤者遂有聚轻脱于河内之语，而议者今犹未释，是以一大圭而为众人之累也。①

此处已避宋高宗赵构御讳，故将勾当公事改为干办公事。

李纲建炎初任相，宋高宗“诏亲征行营副使司、河东宣抚使司官属见责降人朝奉郎方元若，奉议郎裴廪，直秘阁沈琯，朝奉大夫韩瓘、刘正彦，奉议郎张焘，承务郎邹柄，宣教郎何麒，从事郎何大圭、刘默、张牧等十七人并与差遣。元若，桐庐人，尝为秘书少监。廪，尝为鸿胪少卿。正彦，法子（法，政和间，为熙河经略使，死事）。焘，根子（根，德兴人，仕至直龙图阁）。大圭，无锡人，与焘皆尝为秘书省正字。柄，浩子（浩，晋陵人，建中中，吏部侍郎），尝为枢密院编修官。麒，青城人也。李纲之谪宁江也，元若等皆坐，累贬降，至是悉复之”②。两份名单不尽相同。当然，这些属官未必一定就能算他的同道。《朱子语类》卷131说：“李丞相不甚知人，所用多轻浮。”又说：“李伯纪（纲）丞相为宣抚使时，幕下宾客尽一时之秀，胡德辉（珵）、何晋之（大圭）、翁士特（挺）诸人，皆有文名，德辉尤蒙特顾。诸将每有禀议，正纷拏辨说之际，诸公必厉声曰：‘且听大丞相处分！’诸将遂无语。看来文士也是误人，盖真个能者，未必能言。文士虽未必能，却又口中说得，笔下写得，真足以动人闻听，多至败事者，此也。”这可能有部分道理，但决不能说，其幕僚都是轻浮无能之辈。此外，当时李纲并未任相，所谓“且听大丞相处分”，

① 《梁溪全集》卷117《与秦相公第一书别幅》。

② 《要录》卷6建炎元年六月庚午。

不确。

今将史籍上有记载的李纲同道分别介绍于后。

1. 许翰（？—1133）。字崧老，拱州襄邑县人。《宋史》卷363有传。许翰为元祐三年（公元1088年）进士。《邵氏闻见后录》卷30载，政和戊戌（八）年（重和元年），“当制舍人许翰以词太褒，得罪”。但较可信的记录，是他在宣和元年（公元1119年）召试中书舍人①，又任给事中。《铁围山丛谈》卷2载：“宣和岁己亥（元年）夏，都邑大水，莫知所繇来。向非城西索水之北有新筑堤，初架水之通宫苑者，偶横阻碍，且止，微此，一夕灌城，悉为鱼鳖矣。时给事中许翰崧老语鲁公（蔡京）：‘顷荧惑入天江，有谢中美者，谓后三年都邑必大水，今验矣。’”当时设提举淮南、两浙路御前人船所，专门为宋徽宗运输花石之类。据《胡澹庵先生文集》卷23程瑀墓志铭记载：“先是，人使往来淮、浙，类起丁夫挽船，县千人，或水溢，多溺死者，浸淫上闻，有诏禁止。而提举人船王琦不悦，画别敕，许遇风不顺，或水涩趁潮，起夫率挽。中书舍人孙公傅封还，徽宗大怒，以散官安置。给事中许公翰驳奏责傅太重，〔复〕落职，宫观。”但《宋史》本传的记载稍异：“高丽入贡，调民开运河，民间骚然。中书舍人孙傅论高丽于国无功，不宜兴大役，傅坐罢。翰谓傅不当黜。时相怒。落职，提举江州太平观。”《宋史》卷353《孙傅传》说：“宣和末，高丽入贡，使者所过，调夫治舟，骚然烦费。傅言：‘索民力，以妨农功，而于中国无丝毫之益。’宰相谓其所论同苏轼，奏贬蕲州安置。给事中许翰以为傅论议虽偶与轼合，意亦亡他，以职论事，而责之过矣，翰亦罢去。”两者的相同之处是“起丁夫挽船”，却不顾丁夫死活，孙傅和许翰出面反对而遭贬责。

① 《宋会要》仪制3之45。

靖康元年正月九日，宋钦宗发表“朝散大夫、提举江州太平观许翰除给事中”[1]。“时金人攻京师，甫退，翰造阙，即日赐对，除翰林学士，寻改御史中丞”[2]。金东路军在二月十日退兵[3]，而许翰在二月六日，出任翰林学士，八日，即出任御史中丞。[4] 看来许翰到开封正是在二月六日。按《宋宰辅编年录校补》卷 13 之说，是“李纲荐其忠直，召为御史中丞”，此说不一定可信。因为在此前二月一日，宋钦宗冒险决定夜袭金营失败。三日，又宣布罢免李纲和种师道的军务。五日，因太学生陈东率士民伏阙上书，又宣布李纲复职，但对李纲其实又心存疑忌，并迫不及待地与金军订立城下之盟。于是金军退师。到三月三日，任御史中丞尚不满一月的许翰升任同知枢密院事。[5]

许翰不顾兵临城下之危，毅然远道应召入城，表现了赴国难的精神。故一时深得宋钦宗的信用，予以快速和破格提拔。许翰任御史中丞和执政时，除了弹奏“蔡京、蔡攸、童贯之罪”[6] 外，也在国难当头之际，对当时若干重要问题和措置尽力表达自己的政见。史书记载：“翰时为御史中丞。先是，虏师北归，（种）师道见上，言：‘虏人不知兵，俟彼惰归，乘其过河半击之，决胜可也。’上不从。师道叹息，必为后害。寻罢为中太一宫使。翰累疏言师道不当罢，上曰：‘师道老矣，难用，当使卿见之。’翰见师道，言姚平仲城下用师之失，师道言：‘我众彼寡，但分兵诸寨，

① 《靖康要录笺注》卷 1 靖康元年正月九日。

② 《宋史》卷 363《许翰传》。

③ 《靖康要录笺注》卷 2 靖康元年二月十日，《梁溪全集》卷 172《靖康传信录》。

④ 《靖康要录笺注》卷 2 靖康元年二月六日、八日。

⑤ 《靖康要录笺注》卷 3 靖康元年三月三日。

⑥ 《宋宰辅编年录校补》卷 13。

控守要害，使粮道不通，可破矣。’翰叹息其言，复上此奏也。”①

许翰在奏中说：“臣伏见宣制，罢枢密使种师道，提举中太一宫。中外闻之，怅然失色。按师道名将，沉毅有谋，山西士卒人人信服。臣以台制，不得身见师道，然素闻其贤如此。自兵兴以来，臣所询访数十百人，皆言师道虽以老疾，智勇不衰；而独闻朝廷以为老无计策，不可复用，异于国人。……以古揆今，则师道之老而木讷，未当谓不可用也。今令师道复统河朔之师，委制阃外之重，将吏素服，士卒素信，夷狄素畏，易以成功，此上策也。处之枢府，选将将兵，威名方略，可以折冲，此次策也。今无故解其兵权，委之〔宫观〕，使士气消沮，民心疑惑，臣窃恨之。金贼此行，存亡所系，今〔使〕一大创，使失利〔而〕去，则中原可保，四夷可服。失此机会，则非特将来再举，必有不救之忧，臣恐西戎、南夷共知中国太弱，争图深入，为金贼之所为，我困于奔命，必不支矣。廷臣间愦愦不晓者，固不足道，至于近有识者，多能知之，然知之者莫肯力言，言之者莫肯疏奏，是又何也？〔知〕为身谋，畏执其咎，一有疏奏，形迹可按，不如容默，成败不与，鄙夫事君，自古而然。臣遭陛下休明之运，衔陛下知遇之恩，自顶至踵，已许国矣，又当言责，不敢不尽。”②

从迎击辽朝燕京残兵和救援太原时的两次败绩看来，种师道还算不上是真正拥有折冲御侮能力的将帅，但在北宋末，他无疑是唯一富于军事经验的执政。许翰上奏也表明了其见识和尽心国事，而非庸懦与唯知循默保身之辈。

---

① 《会编》卷33，《宋史》卷335《种师道传》、卷363《许翰传》，《朱子语类》卷130。

② 《襄陵文集》卷5《乞复用种师道疏》，《宋朝诸臣奏议》卷142《上钦宗乞复用种师道》，《会编》卷33。

其《论学校谤伤》说："臣闻万人所聚，必有公言。传曰：'防民之口，甚于防川。'川大决，而犯伤必多，是以监谤而衰周乱，禁言而强秦亡。""窃闻台臣论奏学校，谤伤宰相、中丞等事，臣恐陛下遂行其言，则将使忠鲠杜塞，讥毁不闻，朝廷蔽蒙，复如前日，此乱亡之机也，不可不审。"① 对陈东领导的伏阙上书爱国群众运动，宋钦宗无疑是将此视为厉阶，不能容忍其对他君主权威的挑战，李纲则陷于"疑其以军民胁己"② 的危难处境。许翰则是利用自己是局外人的身份，出面力挺爱国群众运动，申述其正义性，回击攻讦伏阙上书的各种歪论。

其《论战》说："臣伏见金狄退师以来，朝廷搢绅，上恬下嬉，幸于无事，恃以为安，而臣独窃终夜不寐，方以为忧。""夫一胜一负，兵家常势，要观大计如何尔。议者以姚平仲前日妄动小衄，以谓王师不可复用。传曰：'凡此蔡功，唯断乃成。'故愿陛下断之而已矣。"③

其《论三镇》说："方今若失三镇二十州之地，则天下之势已断，西北无河东，则陕西不可守；无河朔，则汴不可都。计不过谋渡江南。臣考永嘉渡江，能为东晋者，乃王导、谢安英贤相继，扶危救倾，仅能立国，而中原丘墟，遂陷胡貊。"④ 以上两论，都表明他在政治上的远见卓识，也反映其力主抗金的立场。

许翰对名儒胡安国相当赏识，据《斐然集》卷 25《先公行状》载："中丞许翰对曰：'臣虽未识，然闻其名久矣。自蔡京得政，士大夫无不入其笼络。超然远迹，不为所污，如胡某者有

① 《历代名臣奏议》卷 205，《襄陵文集》卷 6。
② 《朱子语类》卷 127。
③ 《历代名臣奏议》卷 231，《襄陵文集》卷 6。
④ 《历代名臣奏议》卷 231，《襄陵文集》卷 6。

几?’渊圣嗟异。”

在宋朝保守的文官政治体制下，用不知兵的文臣出任枢密院长贰，并往往成为升迁宰相前的一个梯级，已成定制和惯例。当时北宋所面对的关键问题，就是腐败得不堪一击的军队，至于如何御敌，事实上谁也不可能拿出强兵的速效良方。许翰虽然在政治上有见识，却同样是个不知兵的文臣，他虽主管军政，也不可能提出高明的御敌战略。

据李纲《靖康传信录》的自述：“余窃私忧之。惟兵事，枢密院可以专行，乃与许翰条具调发防秋之兵，大概有五：一曰系将兵，二曰不系将兵，三曰〔土〕兵，四曰民兵，五曰保甲。系将兵除已起发外，见在者十将，将以三千人为率，不过三万人。民兵，弓箭社、刀弩手之类是也，不过一万人。保甲，除河北、河东外，起于陕西，不过三万人。并见在河北、河东兵，通为二十万，以控制要害之地。将上，得旨颁行。然后关三省，其间犹有以为不须如此者。又乞降旨，在京许监察御史以上，在外监司、郡守、帅臣，各荐材武智略大、小使臣，枢密院籍记姓名，量材录用，上从之。又建议以谓在京马、步军十余万，隶于三衙，近年不复教阅，士卒骄惰，缓急用之，旋差将佐、统领，兵将不相识，难以责成功。乞自枢密院选差大、小使臣，分四壁教阅，因勒成部伍，以备缓急。上初可之。已而殿帅王宗濋等以为侵紊，非祖宗制，诏罢之。余然后窃叹，知事之难成也。”① 这是他与许翰的共同主张，虽说不上高明的军事部署，却还是受到荒唐的阻挠。

宋钦宗毁约之后，首要的问题是救援被围的河东首府太原。

关于种师中战死与许翰的关系，《三朝北盟会编》卷 47 载：

---

① 《梁溪全集》卷 173《靖康传信录》。

“河北制置使种师中军于真定，枢密许翰怒其不进，檄书一日六、七，至有‘逗遛玩敌’之语，且责必解围太原赎罪。师中至平定军，乘胜复榆次诸县，屯于胡林，去榆次三十里。金人乘间来突，诸军以神臂弓射退之。师中欲取金银赏军，而辎重未至，故士心离散。初，师中约姚古、张灏两军俱进，师中屯于榆次之境，而古、灏不至。甲戌，金人娄宿悉兵来攻右军，右军先溃，前军亦奔，师中率麾下死战。自卯至巳，所余才百余人，身被数枪，裹疮力战，又一时而死之，年六十八。”

《宋史》卷335《种师中传》也持此说：“时粘罕避暑云中，留兵分就畜牧，觇者以为将遁，告诸朝。〔同〕知枢密院许翰信之，数遣使，督师中出战，且责以逗挠。师中叹曰：‘逗挠，兵家大戮也。吾结发从军，今老矣，忍受此为罪乎！’即日办严，约古及张灏俱进，辎重赏犒之物，皆不暇从行。五月，抵寿阳之石坑，为金人所袭。五战三胜，回趋榆次，去大原百里，而古、灏失期不至，兵饥甚。敌知之，悉众攻，右军溃，而前军亦奔。师中独以麾下死战，自卯至巳，士卒发神臂弓，射退金兵，而赏赉不及，皆愤怨散去，所留者才百人。师中身被四创，力疾斗死。师中老成持重，为时名将，诸军自是气夺。”

种师中战死是在五月。六月三日，宋钦宗“诏以知枢密院事李纲为河北、河东路宣抚使。时种师中初殁，种师道以病告归，谋所以代师道者，乃诏纲宣抚两路，督将士解围”①。李纲作为文臣，本不知兵，当金军兵临开封城下，他能挺身而出，部署守城战，已经不易。但当宋军初次救援太原失败后，与李纲嫌隙甚深的耿南仲乘机进言：“欲援太原，非纲不可。”宋钦宗立即任命李纲为宣抚使。显然，当时的宋军守城尚可，而根本不可能在野战

① 《靖康要录笺注》卷7靖康元年六月三日。

中与金军较量，李纲也确无能力指挥援太原的战役。当时台谏官陈过庭、陈公辅、余应求等都看穿了耿南仲等人的用心，出面劝说宋钦宗。李纲本人也有自知之明，“再拜力辞”，说自己“且误国事，死不足以塞责”。宋钦宗却听信谗言，为之震怒。宰执中唯一志同道合的同知枢密院事许翰，只能为李纲写了“杜邮”两字，引用秦将白起被赐死的典故。李纲至此不得不就任出行①，但其出行也当然不可能保住太原城。

《三朝北盟会编》卷 40 朱胜非《秀水闲居录》说：“虏既退，上遣兵十余万，援太原，以纲为宣抚使，固辞不行，至以告身纳榻前，上怒甚，事叵测。签书密院许翰与纲皆蔡京交党也。翰执政，纲颇有力。密书‘杜邮’二字以寄纲，纲即日承命。迁延久之，仅能渡河，居覃怀，去太原七百里，遥制军事，多失机会。大将种师中世家宿将，黜其言不听，师溃，种师中战没，国兵自是不能复振矣。纲竟罢去，虏益无惮，再举犯阙，二圣北狩，呜呼！痛哉!”此说自然含有攻击李纲和许翰的意向，除许翰的差遣有误之外，此说并不实事求是，而种师中战死又在李纲受命援太原之前。李纲《梁溪全集》卷 173《靖康传信录》也承认此事：“或谓余曰：‘公知上所以遣行之意乎？此非为边事，乃欲缘此以去公，则都人无辞耳。公坚卧不起，谗者益得以行其说，上且怒，将有杜邮之赐，奈何?’余感其言，起受命。”他没有具体说出许翰的人名，情节也与其他记载不同。

因五月种师中战死，许翰在八月下旬罢官，“以延康殿学士出

① 《会编》卷 48、卷 66《靖康小录》，《梁溪全集》卷 173《靖康传信录》，《宋史》卷 352《耿南仲传》、卷 358《李纲传》、卷 379《陈公辅传》，《朱子语类》卷 130。

知亳州”[①]。《宋会要》职官78之34的记载，表明官方正式宣布的罢官理由，即是“督责种师中”。后臣僚上劾奏说：“同枢密院事许翰懦弱寡谋，而好谈兵，辄以逗挠不进，移文督责，令出师以赎过。师中素刚，不受迫促，翰从中制之，所不能堪，忘其万死，以决一战，卒至败绩。陛下虽已恤其尽忠，然师中含恨地下，而翰之罪曾未暴白，臣实痛之！使翰百辈在朝，何所云补，而失一师中，所系甚重。谨按翰终始蔡京之门，指天誓日，结为死党。陛下践阼之初，叨除御史中丞，未〔尝〕以一言及京、攸之恶，而与僚属议论，即委曲开谕，以一身庇之，又欲使其僚亦不复言。闻者莫不愤疾。首荐蔡氏族婿陈求道为台属，求道以告讦得罪，虽陛下灼见其奸，不复用，然士论尤为不平。躐迁枢府，艰难多事之时，移病谒告，累月不出。今者尚以延康秘职，出殿近藩。且翰在言路，则党恶庇奸以欺君，在枢府，则妄作生事以误国，迹其罪状，夫岂胜诛！伏望睿断，重赐窜斥，以为怀奸罔上之戒，少赎师中将士九泉之冤。”于是“奉圣旨，许翰落职，宫祠”[②]，任提举南京鸿庆宫之闲官。[③] 此奏当然有不实之词，例如对蔡京和蔡攸，许翰还是予以抨击。[④] 如前所述，他任御史中丞时，弹奏“蔡京、蔡攸、童贯之罪”。

但《朱子语类》卷130却认为：“种师中赴敌而死，则以为迫于许翰之令。不知二事俱有曲折。”“师中之死，亦非翰之故。按《中兴遗史》云：‘河北制置副使种师中军真定，进兵解太原围。去榆次三十里，金人乘间来突。师中欲取银赏军，而辎重未到，

① 《宋史》卷23《钦宗纪》、卷212《宰辅年表》，《宋宰辅编年录校补》卷13，具体日期稍异，见王瑞来先生的考证。

② 《靖康要录笺注》卷10靖康元年九月三日。

③ 《宋史》卷363《许翰传》。

④ 参见《历代名臣奏议》卷182，《襄陵文集》卷4《论李邦彦札子》。

故士心离散。又尝约姚古、张灏两军同进，二人不至。师中身被数创，裹创力战，又一时死之。朝廷议失律兵将，中军统制官王从道朝服而斩于马行市。’脱如所书，则翰不度事宜，移文督战，固为有罪。师中身为大将，握重兵，岂有见枢府一纸书，不量可否，遂忿然赴敌以死！此二事盖出于孙觌所纪，故多失实。”

宋钦宗在位仅一年多，其间宰执更换不少，然而在宋朝晚期专制腐败政治的养育下，往往都是斗筲小器，甚至如耿南仲等祸国殃民之辈。其中尚可勉力支撑危局者，除李纲和种师道之外，也只有许翰。另外如陈过庭和张叔夜，也能有殉国之志。宋钦宗逐走李纲和许翰，可谓有目无珠，到头来则是自己品尝苦果，当了三十年的俘虏。

南宋初，李纲拜相，援引许翰。其《建炎进退志总叙》说："其后许翰至，余荐之于上，谓翰外柔内刚，学行纯美，谋议明决，宜在左右，参与大政。上亦喜其论事，乃以为尚书右丞，然翰之来晚，不能有相助也。"① 许翰"与李纲最厚"，由李纲"力引之"②，为执政，但到朝廷不久，即遇李纲罢相，政治上根本无法施展其抱负，他说："纲忠义英发，舍之无以佐中兴。今纲罢，而留臣无益。""因力求去。"③

许翰所遇到另一件最使其伤心的事，则是陈东和欧阳澈被宋高宗杀害。据《宋陈少阳先生文集》卷8，文渊阁《四库全书》本《欧阳修撰集》卷7的许翰《哀词》说：

及纲罢相，翰犹缀班列奏事。一夕，见潜善独留甚久。

① 《梁溪全集》卷175。

② 《宋史》卷363《许翰传》，《宋宰辅编年录校补》卷14。

③ 《要录》卷8建炎元年八月乙亥，《宋史》卷363《许翰传》。

翌日，上顾潜善曰："昨夕二人已处之矣。"因泛言："欧阳澈书论朕宫禁宠乐，恶有此事。陈东书必欲留李纲，归曲朝廷。"翰茫然，初不知其端也。既罢〔朝〕，问潜善："上所处者何人？"曰："即〔后所指〕陈东、欧阳澈也。""处之如何，岂已逐之耶？"曰："斩之矣！"翰惊失色，潜善乃曰："今日方将论救，已不及矣。"因究其书何以不下政府，曰："独下潜善，故不得〔以〕相示。"是时伯彦、（张）悫皆不复问其本末，盖所与闻者也。伯彦等但称叹主上威神睿断。而潜善至堂，见应天府尹孟庾白事，独诘何以不关政府，而斩东等，微示愠色。盖潜善前留，本定此议，恶专其恶，故反推而远之也。

此条真实的原始记录，确证杀害陈东和欧阳澈的元凶就是宋高宗。此事给许翰以极大的精神刺激，他满怀悲愤，离开政府，说："吾与东皆争李纲者，今东戮于都市，吾在庙堂，可乎？"①他对皇帝的秉性是看透了，可说是痛心、伤心，兼之寒心到了极点。许翰此后的生活道路，就选择了苟全性命于乱世，再也不愿参政。《游宦纪闻》卷9载他一篇文章，简述了本人的流亡生涯和刻书的经历：

是岁建炎初元也。未几，被召行在，以书属家人而行。家入九江，复遇寇，而予舟焚，仪真携书尽亡。独《太玄》等，以家人奉之力，又免。去岁客分宁，邑人得予书，刻之，未卒，而豫章陷，负书奔浏阳。值乱兵入，尽弃其装，以书

① 《要录》卷8建炎元年八月丙戌，《宋宰辅编年录校补》卷14，《宋史》卷363《许翰传》。

夜度大光，保平江月余。狄陷岳阳，游骑至平江，复以书还分宁，刻书乃成。尚念世纷之未艾也，故属长老清公，藏诸黄龙经藏，因念经之几绝而仅存，艰虞若此，使学者知斯文之不坠，盖有天助，而哀予颠沛流离，万里保有之难也，而共振显之。天人之际，精感神昭，则必有和同无间，而福禄不量者矣。宋建炎四年秋，洞霄隐吏许翰记。

许翰自称“洞霄隐吏”，看来他晚年只能在道家虚无清净的精神世界中，时而研读和疏解儒经，无可奈何地消磨着雄心壮志。李纲《梁溪全集》卷18、卷22、卷23、卷28、卷30有与许翰唱和诗，卷110有与许翰的信，其中说他向许翰“时借《春秋集传》，又欲借《易》说”，“胡尘暗中原，河洛皆穹庐。衣冠竞南渡，故国靡复馀。襄陵大岳裔，亦尔困征涂。颠沛不忘道，呻吟曳长裾。如公巨川舟，岂止清庙瑚。〔愧〕吾正羁束，未能踵汉疏”。“粲粲襄陵翁，大岳几世孙？文章老益奇，于道见本原”。许翰《襄陵文集》卷9也有《答丞相李伯纪书》和《再答李丞相书》，互相切磋儒经。李纲也为许翰的作品撰文《书襄陵〈春秋集传〉后》和《书寄崧老〈易传〉后》。①

绍兴二年（公元1132年），他“避地岭南”，后宋高宗“召复资政殿学士、提举万寿观，辞不至”。② 绍兴三年（公元1133年）六月，许翰卒于吉州。③ 李纲为此写祭文与挽诗，深致哀痛之意：

---

① 《梁溪全集》卷163。标点本脱后一篇，今据文渊阁《四库全书》本。

② 《要录》卷53绍兴二年闰四月癸丑、卷58绍兴二年九月庚辰，《宋史》卷363《许翰传》。

③ 《要录》卷66绍兴三年六月戊子。《宋史》卷363《许翰传》说他死于五月。《梁溪全集》卷30《追和许崧老诗二篇》序说“崧老东归薨于虔”，“虔”字疑误。

夫子相知一纪前，定交握手自忘年。长松老鹤骨格古，粹玉精金操守坚。出入三朝昭大节，漂流万里正华颠。皇天不慭遗元老，空使苍生共黯然。

多闻直谅复疏通，近世交游少似公。盖代才名同贾谊，平生述作类扬雄。笔踪高古今那有，诗调清新老更工。知识年来凋丧尽，不堪洒泪落秋风。

我之识公，逾二十年。史馆同僚，饱闻绪言。枢府槐堂，两接官联。引身以退，归骑联翩。我谪湖外，公寓江边。邂逅相遇，庐山之樊。握手深谈，达旦不眠。我谪岭海，触冒瘴烟。与死为邻，鲛鳄垂涎。尺书屡及，夫岂相怜。迨其北归，喜见颜间。愿言相从，杖屦林泉。云何奄忽，朝露溘先。伤心涕零，《三友》[①] 之篇。[②]

他追述了彼此的交谊，高度评价了故交的经术和政治操守，称“忘年”，表明许翰的年龄比李纲大了不少。政和二年（公元1112年），李纲三十岁时，方科举登第，比许翰中举晚了二十四年。

许翰在经学上有造诣，著有《论语解》《春秋传》[③]《许崧老易传》《许崧老法言训诂》[④]《玄解》四卷、《玄历》一卷、《襄陵

① 许翰有诗《三友篇》，“平生我三友，四海吴李孙”。“忠臣泣庙社，志士伤丘园。欲持一寸胶，往澄九河浑”。三友是指吴敏、李纲和孙傅，载《梁溪全集》卷28《许崧老〈三友篇〉赠珪老》。

② 《梁溪全集》卷32《哭许崧老右丞二首》，卷165《祭许崧老文》。

③ 《宋史》卷363《许翰传》。《遂初堂书目》作“《许崧老论语训诂》”。

④ 《遂初堂书目》。

集》二十四卷，包括“《襄陵文集》二十二卷，诗二卷，行状一卷”①。今存《四库全书》本《襄陵文集》仅十二卷，为残本。《朱文公文集》卷37《答程泰之·当期》说：“诸家于八十一首，多有作拟震、离、兑、坎者，近世许翰始正其误。至立踦、嬴二赞，则正以七百二十九赞。”说明其《易》学成就得到重视。今有刘云军先生点校和辑佚《许翰集》（河北大学出版社，2014年）。

2. 陈公辅（1077—1142）。字国佐，两浙路台州临海县人。《宋史》卷379有传。“父正，为郡大吏。归老，居于城中慧日巷。时国佐在上庠。”② 政和三年（公元1113年），上舍及第，除承事郎，他与南宋执政陈与义、胡松年为同年。③ 他历任平江府教授等，累迁权应天府少尹，除秘书郎。

靖康初，“秘书省校书郎陈公辅论列太宰李邦彦、中书侍郎王孝迪、尚书左丞蔡懋，皆罢”④。三月，时“徽宗渡江未还，人情疑惧，公辅力陈父子之义，宜遣大臣迎奉。钦宗嘉之，擢为右（左）司谏”⑤。

李纲《梁溪全集》卷173《靖康传信录》载：“南仲忽起奏曰：‘臣适遇左司谏陈公辅于对班中，公辅乃二月五日李纲结构士民伏阙者，岂可处谏职，乞送御史台根治。’上及宰执皆愕然。余奏曰：‘臣适与南仲辨论于延和殿，实为国事，非有私意。而南仲衔臣之言，故有此奏。伏阙之事，陛下素所鉴察，臣不敢复有所

① 《文献通考》卷208、卷238，《郡斋读书志》卷5下。

② 《夷坚甲志》卷5《陈国佐》。

③ 《忠惠集》卷4《敕赐上舍及第第一人陈公辅除承事郎第二第三人胡松年陈与义并从事郎制》，参见《陈与义集》卷2《杂书示陈国佐胡元茂四首》、卷4《连雨不能出有怀同年陈国佐》。

④ 《会编》卷37。

⑤ 《宋史》卷379《陈公辅传》，《靖康要录笺注》卷4靖康元年三月十六日。

辨。但臣以非材，冒处枢辅，仰荷特达之知，未能有所补报。区区素志，欲俟贼骑出疆，道君銮舆还阙，然后求归田庐，臣之愿也。今南仲之言若此，臣岂敢留，愿以公辅事送有司，臣得乞身待罪。'上笑曰：'伏阙士庶以亿万计，如何结构？朕所洞知，卿不须如此。'"① 此段记事又载《靖康要录笺注》卷4靖康元年三月二十七日。可见所谓陈公辅煽动太学生伏阙上书运动，纯属耿南仲之流的造谣。宋钦宗话虽如此，其实是对李纲满怀猜忌。李纲针对耿南仲的谣诼，又专门上札子申辩："南仲指陈公辅，专以诋臣，何也？且陈公辅与臣，初昧平生，当日在与不在伏阙之中，臣不得而知也。若南仲果识公辅，知其首谋，当时诚以为非，自合实时奏劾，岂容今日，乃至因事上陈。兼公辅之为谏官，非臣荐引，亦初不与南仲事，而南仲欲以为去就，何也？"② 后绍兴时，李纲给陈公辅信中说："士大夫奔竞之风，兴讹造讪之态，尤甚于往日，变换白黑，颠倒是非，此风不除，实为中兴之害。愿公委曲明白，为上言之，所补非浅浅也。"③ 说陈公辅煽动太学生伏阙上书，固然是造谣，但他对此次爱国运动是明确持支持和肯定态度，他上奏说：

> 陛下临御之初，诏求直言，而太学诸生皆上封事。陛下不倦听览，又从而官之，如张炳、雷观是已。古者听纳之君，虽尧、舜、禹、汤不能过也。然诸生窃有疑焉，以谓陈东之书，远胜炳、观，陛下不官东，而官此二人，非唯诸生不平，炳与观亦固厚颜矣。臣窃思之，陛下必谓东不当伏阙上书，

---

① 此事亦载《宋史》卷358《李纲传》。

② 《梁溪全集》卷45《乞罢知枢密院〔除〕外任宫观第五札子》。

③ 《梁溪全集》卷128《与陈国佐司谏第一书》。

以致百姓纷乱。夫东固未尝与百姓期也。李纲之罢，东以忠义感奋，恐其言不能上闻，故率诸生伏阙争之，不谓是日百姓亦来。臣询之诸生，皆曰："方李邦彦等退朝，百姓皆诟骂，东与诸生力遏之。既而百姓喧哗，东皇恐忧惧，面若死灰，遽欲退避，而百姓遮拥，求出不得。"然则东岂有意率百姓为乱哉？臣观东非唯学问淹该，善论天下事，亦忠诚奋发之士。陛下若用之于朝，必能有为。①

耿南仲为倾陷李纲，就怂恿宋钦宗委任李纲主持救援太原。《三朝北盟会编》卷48《中兴遗史》载："御史中丞陈过庭、侍御史陈公辅皆言：'李纲儒者，不知军旅，将兵必败。'又言：'纲忠鲠异众，为大臣所陷，他日成功亦死，败事亦死，不宜遣纲。使纲出，衄则太原失守，贻忧近甸，祸生不测，非计之善。'"

《独醒杂志》卷7记载："张孝纯守太原，敌人攻城甚力，孝纯遣蜡丸求救者凡十有八。朝廷初遣种师中往援，师中兵败于榆次。复欲命李公伯纪为宣抚，帅师救之。伯纪辞以不知兵，朝廷不许。御史陈过庭率其属陈公辅等言曰：'李纲儒者，不习军旅。若师出再衄，则太原失守，遗忧近甸，祸实不测，非计之善也。'疏亦不报。既而解潜等果失利，孝纯以粮尽城陷。敌人长驱而来，无复后顾矣。"

六月十日，因陈公辅上奏，说"如李纲者，其忠勇虽可持，而刚愎自用，不无过咎，故同列不平，共相诬谮，陛下已疑之矣，今更出使将兵"。"纲何足惜，宗庙社稷存亡为可虑焉"。于是宋钦宗下"圣旨，左司谏陈公辅差监合州酒税务"②，被贬为监当官。

① 《宋朝诸臣奏议》卷19《上钦宗乞官陈东》。
② 《靖康要录笺注》卷8靖康元年六月十日。

可知宋钦宗在事实上是接受了陈公辅为李纲党羽之说。李纲《梁溪全集》卷 173《靖康传信录》也记载说：“台臣余应求、谏官陈公辅相继上言，余不当去朝廷，上皆谓为大臣游说，斥去之，乃无敢言者。”

太原失守之后，臣僚劾奏李纲说：“纲遂使其党张焘、冯檝、方元若、余应求、陈公辅之徒，鼓惑众听，唱为伏阙之事，几至大变。”“又使妄言无行之徒，如冯檝、陈公辅辈，称颂功德，奔走揄扬，以窃流俗之誉，遂率聋俗，叩阍喧噪，以劫持〔人〕主，成其私计，于是已罢而复用。推原其心，罪不容诛，为臣之义，可如是乎?”[①] 可知耿南仲的谣言，至此便弄假成真，成为牢不可破之说。《三朝北盟会编》卷 199 引朱胜非《秀水闲居录》说李纲“以所〔荐〕陈公辅为谏官。居顷之，议者谓靖康伏阙之变，乃公辅为纲谋，不当在言路。纲闻而惧，抗章丐罢”。此类说法无非都是摭拾耿南仲之唾余。如前所述，陈公辅出任谏官，也根本不是李纲援引。

南宋初，李纲任相，“承议郎陈公辅为尚书吏部员外郎，朝奉大夫程瑀行司勋员外郎，朝散郎余应求为考功员外郎”。“靖康中，三人为言事官，坐党附李纲，责监川、陕诸司商税，至是并召”。[②] 李纲《梁溪全集》卷 176《建炎进退志总叙》载：“余因奏上曰：‘靖康间，虽号为通言路，然台谏官如李光、陈公辅、余应求，议论鲠峭，皆远贬，其实塞之也。’乃纳札子，劝上以明恕尽人言，以恭俭足国用，以英果断大事，上皆嘉纳。”但陈公辅“未

① 《会编》卷 55、卷 56，《靖康要录笺注》卷 11 靖康元年十月一日。

② 《要录》卷 6 建炎元年六月丙寅，《梁溪全集》卷 178《建炎时政记》。

入而纲罢”，翌年，陈公辅方出任知南剑州①,“寻予宫观”赋闲。②

绍兴二年（公元1132年），李纲出任湖广宣抚使，“辟陈公辅充参谋官”不成，“既误其远来，又失旧任”，陈公辅“依旧宫祠”。③

绍兴六年（公元1136年），因范冲荐，“公辅学术高明，可居议论之地”，陈公辅被召入朝，任吏部员外郎，改左司谏。④ 八月五日，“诏〔左〕司谏陈公辅论奏，深得谏臣之体，可赐紫章服”，并“令尚书省将公辅奏疏修写成图，上之”。⑤

陈公辅关注和支持岳飞抗金，他在绍兴六年上奏说：“京西岳飞先已荡平汝、颍，既而连破商、虢，又取伊阳、长水，捷音五至，. 中外称快。”⑥ 绍兴七年，岳飞一度愤而辞职。宋高宗召见左司谏陈公辅时，隐瞒了自己在行营左护军归属问题上的反复无常，歪曲事实真相，指责岳飞骄横跋扈。陈公辅仔细回味皇帝说得不圆的谎话，感到岳飞勇于承担抗金重任，“要当以十万众横截虏境”，还是十分可取的。他的上奏其实是站在为岳飞辩护的立场，说“飞本粗人，凡事终少委曲”，“前此采诸人言，皆谓飞忠义可用，不应近日便敢如此。恐别无他意，只是所见有异”。⑦

绍兴六年秋冬，伪齐军虚张声势，发动进攻。对于庸将刘光世，“〔左〕司谏陈公辅劾其不守庐州”⑧。左相赵鼎在伪齐军的攻

---

① 《要录》卷16建炎二年六月甲寅朔。

② 《宋史》卷379《陈公辅传》。

③ 《梁溪全集》卷116《与吕相公第十一书别幅》。

④ 《要录》卷100绍兴六年四月壬寅、卷102绍兴六年六月壬戌、卷103绍兴六年七月己卯。

⑤ 《宋会要》舆服4之31、仪制6之23，《要录》卷104绍兴六年八月庚子。

⑥ 《鄂国金佗续编》卷30《论已破汝颖商虢伊阳长水乞豫防虏叛会合之计奏札》。

⑦ 《要录》卷110绍兴七年四月壬子。

⑧ 《要录》卷107绍兴六年十二月丙午，《宋史》卷369《刘光世传》。

势面前，表现得惊慌失措，“左司谏陈公辅因奏劾鼎”，导致罢相。①

当年冬，陈公辅上奏，称赞“嘉祐以前”的士风，说“自熙、丰以后，王安石之学著为定论，自成一家，使人同己。蔡京因之，挟绍述之说，于是士大夫靡靡党同，而风俗坏矣”。如今“在朝廷之臣，不能上体圣明，又复辄以私意，取程颐之说，谓之伊川学，相率而从之。是以趋时竞进、饰诈沽名之徒，翕然胥效，倡为大言，谓尧、舜、文、武之道传之仲尼，仲尼传之孟轲，孟轲传之程颐，颐死无传焉。狂言怪语，淫说鄙喻，曰此伊川之文也；幅巾大袖，高视阔步，曰此伊川之行也。能师伊川之文，行伊川之行，则为贤士大夫，舍此皆非也。臣谓使颐尚在，能了国家事乎？取颐之学，令学者师焉，非独营私植党，复有党同之弊，如蔡京之绍述，且将见浅俗僻陋之习，终至惑乱天下后世矣”②。陈公辅攻击道学，自然引起主张道学者的不满。《朱子语类》卷131说：“张魏公（浚）本与赵忠简（鼎）同心辅政。陈公辅排程氏，乃因赵公。赵公去。已而吕安老（祉）败，赵公复相。”

张浚力主将行在迁至建康府，陈公辅“亦劝上幸建康甚力”③，绍兴七年，宋高宗将行在迁建康。六月，陈公辅权礼部侍郎。④宋廷得到宋徽宗的死耗，陈公辅上奏：“今梓宫未还，庙社未定，疆土未复，臣窃意祖宗、上皇神灵所望于陛下者，必欲兴衰拨乱，恢复中原，迎还梓宫，归藏陵寝，以隆我宋无疆之业。若如议者之言，以陛下贵为天子，上皇北狩十有一年，未获天下

① 《要录》卷107绍兴六年十二月甲午朔，《建炎以来朝野杂记》乙集卷1《壬午内禅志》。

② 《要录》卷107绍兴六年十二月己未，《道命录》卷3《陈公辅论伊川之学惑乱天下乞屏绝》。

③ 《要录》卷108绍兴七年正月癸亥朔。

④ 《要录》卷111绍兴七年六月乙卯。

之养，今不幸而崩，且欲因明堂之礼，追配上帝，谓是足以尽人子之孝，则于陛下之志，恐亦小矣。”①

淮西之变后，张浚因此下台。陈公辅主张在“淮西军叛”之后，“正当镇静”，他对“回跸”临安，“深以为不可”，说“臣乡奏事，亲闻玉音，谓建康若不可居，临安又岂能保，坚断如此。但恐群臣主进者少，主退者多，则陛下不能无惑。更望陛下勿因小害而沮，则中兴之功可望”。② 赵鼎再相，他对去年陈公辅的弹劾耿耿在怀，对宋高宗说：“妒贤长恶，如赵霈、胡世将、周秘、陈公辅之徒，陛下能去之乎?”于是皇帝“为徙世将，而公辅等寻补外”，任提举江州太平观的闲官③，“寻知处州。升徽猷阁待制，乃提举太平观”④，或说“除敷文阁待制，再任”⑤。《东窗集》卷6有《敷文阁待制陈公辅转左朝请大夫致仕制》，可知他是以敷文阁待制而致仕者。他退休后，“自号定庵居士”。⑥

《夷坚志补》卷10《二吕丞相》载：“绍兴九年，吕忠穆公（颐浩）薨于天台，陈国佐侍郎为经营棺具。得于海上一富家，木极坚致。”看来他是退闲于家乡。

绍兴十年（公元1140年）正月，李纲病逝，左朝散大夫、充敷文阁待制、提举江州太平观陈公辅献挽诗三首说：“有心安社稷，无计避功名。忧国维知重，谋身只觉轻。”“材大古难用，功多忌更多。忠怀冲日月，谗口肆风波。”“当时偶同罪，平昔素相

---

① 《要录》卷110绍兴七年四月壬子，《宋史》卷101《礼志》。

② 《要录》卷114绍兴七年九月辛巳。

③ 《要录》卷114绍兴七年九月壬申、卷115绍兴七年十月丙申，《宋史》卷360《赵鼎传》、卷379《陈公辅传》。

④ 《要录》卷115绍兴七年十月庚子，《宋史》卷379《陈公辅传》。

⑤ 《宋名臣言行录》别集下卷5《陈公辅》。

⑥ 《嘉定赤城志》卷33《上舍两优释褐》。

知。天下指为党，我公终不疑。”① 立论精当，也表明了他与李纲的情谊始终不渝。

绍兴十二年（公元 1142 年）十月，时宋金屈辱和议已成定局，“徽猷阁待制、提举江州太平观陈公辅卒”②。或称“终于家，绍兴十一年也。享年六十有六”③。

据《宋名臣言行录》别集下卷 5《陈公辅》载，其为人“襟怀坦夷，无城府，待人遇物，一以至诚。自布衣风节已有可观，两居谏省，论事闿切，为人主所听信，视邪佞之士如仇，故媢禁者众”。他“与朋友交，初若淡薄，久而益亲。平居奉养，服饰肴醉无华侈之习，训家以俭素，不问产业。属纩之日，几不能具后事。其清德又如此”。

陈公辅著有文集二十卷④，《陈国佐奏议》十二卷⑤。《宋朝诸臣奏议》载其九奏，《历代名臣奏议》载其十一奏，其中九奏与前一书同。《三朝北盟会编》《靖康要录》和《建炎以来系年要录》亦载其奏。《鄂国金佗续编》卷 30 载有《论已破汝颍商虢伊阳长水乞豫防虏叛会合之计奏札》。《道命录》卷 3 载有《陈公辅论伊川之学惑乱天下乞屏绝》。《古灵集》卷 25 有陈公辅跋。《密斋笔记》卷 3 载陈公辅诗：“白发鬅鬙未得闲，有时览镜笑衰颜。逢人载酒宁辞醉，寓意题诗不用删。幸有鉴湖堪寄傲，直惭书殿尚通班。豁除簿领尘埃了，却上蓬莱看好山。”《州宅诗》：“万叠湖山烟水滨，朱门画戟间松筠。登临不踏红尘路，燕寝长居紫府春。昼静欲骖风外驾，夜寒疑是月中身。我惭白首方怀绂，犹得蓬莱

① 《梁溪全集》附录三。
② 《要录》卷 147 绍兴十二年十月癸亥。
③ 《宋名臣言行录》别集下卷 5《陈公辅》。
④ 《宋史》卷 379《陈公辅传》。
⑤ 《文献通考》卷 247。

作主人。”又《蓬莱阁归醉》：“蓬莱阁上醉归时，犹索芳樽步步随。啼鸟似来留翠佩，旁人笑为整花枝。腰间半亸黄金印，头上斜欹白接䍦。拍手向他宾从道，使君未老莫扶持。”

3. 余应求。江南东路饶州德兴县人。① 其父余安行“少笃学，年二十余，举进士甲科，遂挂冠去，学者号为石月先生”②。余应求为崇宁五年进士。③ 他“与李纲连姻”④，但大约是后来的事。

靖康元年（公元1126年）正月，秘书省校书郎余应求上奏，指陈了北宋末的弊政。⑤ 针对陈东领导的伏阙上书爱国群众运动，余应求上奏谏劝说：

> 近者太学生陈东首为忠言，献之阙下，皆国家大计，人所难言。奸佞恶之，肆为浮言，以误天听。学官承指，几欲屏斥，非赖圣明，献忠者身几危矣。太学正吴若数上书，议论不挠，言事者以为鼓唱诸生，是致朝廷亦行罢黜。如此则何以来天下之言?⑥

表明了他支持伏阙上书爱国群众运动的态度。余应求痛感当时士风和官风的败坏，上奏说：

> 人怀私意，士失常心，廉耻道丧，名节不立，谄谀相夸，

① 《要录》卷6建炎元年六月丙寅。

② 《要录》卷163绍兴二十二年七月丁巳。

③ 《乾隆江西通志》卷49。

④ 《要录》卷117绍兴七年十一月己亥。

⑤ 《靖康要录笺注》卷1靖康元年正月二十八日，《宋朝诸臣奏议》卷150《上钦宗条画利害》。《会编》卷32载监察御史余应求上书乞将相勿争私愤，早定和战之计，与此奏异，详见王智勇先生于《靖康要录笺注》第184—190页考证。

⑥ 《宋朝诸臣奏议》卷19《上钦宗乞官陈东还吴若旧职》。

诈诞成风。以全身保位为贤，以竭忠尽节为愚；以奔竞进取为能，以恬退自守为拙；以刻剥办事为有才，以重厚长者为无用；废直道而徇私情，背公家而任己恩；财贿交通于权门，侈靡滥溢于私室；憎廉洁为矫诈，恶正直为介僻；敢言者谓之狂妄，正论者谓之迂阔；奋不顾身者众必沮之，贤有才者则妒忌之。背君忘国，不啻路人，卑贱之态，甚于狗彘。礼教陵夷，风俗大坏，日益滋甚，莫可禁止。原其所以致此者，实用事大臣非其人，无以倡导之故也。[①]

其实，士风和官风的败坏，自然是源于专制政治和等级授职制自身。三月二日，余应求已任监察御史，上札子，言宋徽宗时动辄“降御笔”，与宦官利用御笔之弊。[②] 十二日，余应求上奏，论“方今名器冗滥而未清，仕进侥幸而未抑，诚宜大有划革，以新初政”[③]。“靖康中，监察御史余应求尝奏请，知阁门王植妄奏，以谓阁门与御史台互弹，不合属台察。夫互弹者，朝班失仪耳”[④]。对于北宋晚期的党争，他认为“太祖、太宗与熙宁、元祐、绍圣之所行者，皆祖宗法也，损益因革，不可偏废”[⑤]。他又对蔡京、童贯、蔡攸和朱勔进行弹劾，建议“大正典刑”。[⑥] 余应求又上奏，反对宦官参与军事，认为“自古中人预军政，未有不

① 《宋朝诸臣奏议》卷 24《上钦宗论风俗由大臣倡导》。

② 《靖康要录笺注》卷 3 靖康元年三月二日，《宋朝诸臣奏议》卷 23《上钦宗论御笔中旨》，《宋会要》职官 1 之 45。

③ 《靖康要录笺注》卷 3 靖康元年三月十二日，《宋朝诸臣奏议》卷 17《上钦宗论用人太易》。

④ 《宋会要》职官 17 之 20，《靖康要录笺注》卷 4 靖康元年三月二十二日。

⑤ 《靖康要录笺注》卷 4 靖康元年三月二十五日。

⑥ 《靖康要录笺注》卷 4 靖康元年三月二十八日。

为患者”①。

五月一日，余应求上奏，说“窃观今日之事，有不足虑者三，有未可喜者三，有可为深忧者二”，认为金人“后必为患，又将何以待之？此夷狄内侵，而边备未严为可虑者”。“奉圣旨，余应求特赐章服”。② 说明宋钦宗当时似乎还是信任他的。但时隔五天，到六日，宋钦宗又下旨说：“余应求言事，迎合大臣，可与外任河北知州差遣。范宗尹填见阙，日下供职。余应求日下出门。”③ 十日，余应求为此上奏说：

> 准尚书省札子，以臣言事，迎合大臣，与外任河北知州郡。续准敕，差权发遣卫州。寻具状奏闻，以罚未当罪，乞黜责。奉圣旨，所乞不行，疾速赴新任者。臣固当仰奉宽恩，即日就道，力自黾勉，以图报效。以臣愚区区尚有所言，冒昧自陈，惟陛下裁择。伏念臣一介寒士，宦中都十年，未尝萌意进取。爰自今春，虏骑犯阙，围闭月余，朝廷之上，讲和、用师之机两无所决，中外汹汹。臣以忠愤所激，忘其狂妄，乞对便殿，面陈讲和、用师之策，三镇不可割之利害。不谓狂〔言〕偶合圣意，特加开纳。后十余日，金寇既退，遽有风宪之除。臣自揣于政府大臣，无纤毫夤缘之助，必是陛下误以前日之言，为臣可用，首加亲擢。及受职，以职事对，面奉圣语云：“卿昨以校书郎论事，嘉其忠直，出自亲擢，非为大臣荐引。”则臣之遭遇陛下，可谓特达矣。在职逾

① 《靖康要录笺注》卷4靖康元年三月三十日，《宋朝诸臣奏议》卷63《上钦宗论中人预军政之渐》，《上钦宗乞罢随军承受》都作四月上奏，《宋会要》职官41之134—135作四月一日，差一日。《会编》卷44作三月二十八日。

② 《靖康要录笺注》卷6靖康元年五月一日。

③ 《靖康要录笺注》卷6靖康元年五月六日。

两月，凡九觐清光，每蒙戒饬，以耳目之司不得观望，假以词气，导之使言，则陛下之责臣不为不至矣。臣每思惟遇圣主，当可言之时如此，虽愚夫庸人，亦欲自竭忠直，以效拳拳，况如臣亲被识擢之尤深者乎！若顾望而言，揣合时事，以求售而希进取，则是臣之罪也。是以奋不顾身，知无不言，虽讥切清躬，牴牾大臣，有所不避。章数十上，言皆可复。今月五日，以急速事乞对，陈国家之大计，抑奸伪之已萌，语虽激切，而陛下无怒色，反复详款，至于移时。最后一章以养亲乞出，恳请再三，而陛下坚不许，则陛下之能听言，亦不愧于古之圣帝明王矣。臣退而自喜，田野愚儒，蒙被知遇，一至于此，虽魏徵之遇唐太宗，不足道也。甫更一日，而忠佞不同，谓臣迎合大臣，斥之外服，付以近郡。臣夙夜思度，圣恩虽厚，而于臣之罪，实为未称。夫迎合之语，固非臣之所敢辩，若陛下亲自用之，亲自弃之，臣复何憾！或者左右大臣于臣有不快，巧发微中，以投合陛下之意，使陛下一旦逐言事之臣，而臣受迎合之罪，此臣所以怀疑惧之心，欲止而终未能也。若当日所陈，误蒙听纳如此，则未可谓之迎合；若圣意以为迎合，则在所当谪，近地知州郡，非谪言者之故事。陛下新政，罚恶赏善，当明功罪，以厉搢绅。今臣有罪而不责，非所以戒狂妄也。欲望特赐黜责，以正罪罚。

于是宋钦宗又下旨："余应求怀奸观望，不可与河北郡，可送吏部，差远小监当。"① 可知问题是出在余应求五月五日的上奏上，今存有余应求针对诬陷李纲结党的上奏：

---

① 《靖康要录笺注》卷6靖康元年五月十日。

国家自元祐、绍圣以来，起朋党之论几四十年，然犹假政事之异同，以名之也。近岁尤甚，不问人之贤否功罪何如，凡为执政所引用者，皆指为某党，故有蔡党、王党之目，更相非毁，迭为进退，不复顾国家之大体，唯恐其党之不进也。又其甚者，蔡京一门，父兄子弟之间自分党与，果何理哉？此弊不除，为患甚大。……臣恐小人之党日盛，而君子独立寡助，朋党之祸又甚于前矣。伏惟陛下辨之于蚤，坏植散群，无使滋蔓，不胜幸甚。①

但此奏没有对李纲做指名道姓的辩护，是否即是五日上奏，就难以确定。如前所引李纲《靖康传信录》之说："台臣余应求、谏官陈公辅相继上言，余不当去朝廷，上皆以为大臣游说，斥去之，乃无敢言者。"余应求遂贬为"监达州茶场"。②

后陈公辅在六月上奏说："前日余应求以迎合大臣得罪，不知其所言何事。但见应求亲为陛下拔擢，每欲尽忠图报。若或希进，以为身谋，自当以佞媚之言，迎合陛下，何乃迎合大臣？人情皆谓其不然。今陛下又不出其所言，明著其罪，以释天下之疑，乃阴逐之，中外皆谓此大臣欲蔽塞言路耳。应求何足惜，臣恐无敢为陛下尽言，则大臣之忠邪，政事之臧否，人情之疾苦，国势之安危，不得复闻于上矣。所谓人主听言不审者，此也。"③ 李光也针对此事说："谏官、御史不稍假借，一言忤意，旋被斥逐，臣知陛下有拒谏之实矣。""陛下所谓亲除者，一举而得余应求，再举而得陈公辅，此二者，今乃迎合大臣，或为游说，例被斥逐，使

① 《宋朝诸臣奏议》卷 76《上钦宗论朋党宜辨之于早》。

② 《方舆胜览》卷 59《达州》。

③ 《靖康要录笺注》卷 8 靖康元年六月十日。

诚有之，是亲除之人岂足信任乎?”①

南宋建炎初，胡安国上奏感叹宋钦宗的失策，说：“余应求、李光以宪台得罪，陈公辅、程瑀以谏省去官，赵令衿以献书论事，黜送铨曹，潘良贵以奏对语侵，责司征市。于是臣庶结舌，而迷国误朝之语入矣。”② 直到南宋晚期，吴昌裔在《论今日病势六事状》中仍追述并感叹说，“靖康初，李纲以时望居省府，杨时以旧学居谏垣，许翰以耆德为中司，胡安国以经术为右掖，崔鶠、李光、余应求以直道为台谏，种师道、刘韐、宗泽以威重为将帅”，却不能挽救危亡。③ 牟子才上奏，说如今“方之崇、观、宣、靖诸臣，时望之伟，亦有如李纲者乎?”“直亮自许，亦有如崔鶠、李光、余应求者乎?”④ 足见宋人一直是将余应求作为忠于职守的台谏官的典型。

南宋时，余应求一直任地方官。建炎二年（公元1129年），“朝散郎余应求知岳州”⑤。绍兴五年（公元1135年），“左朝散大夫、新知信州余应求为江南西路提点刑狱公事。应求坐李纲累，久废，至是稍录之”⑥。李纲曾上奏，认为余应求“自到任以来，夙夜究心，同共协力措置，施设方略，遣兵杀获凶贼”⑦。绍兴七年（公元1137年）十一月，李纲罢江南西路安抚制置使后，江南

① 《历代名臣奏议》卷141，《庄简集》卷9《乞假借台谏委任大臣札子》。

② 《斐然集》卷25《先公行状》。《历代名臣奏议》卷141作宋钦宗时，胡安国任起居郎所奏，但奏中有“伏自南渡以来”之语，可知乃南宋时。参对《宋史》卷435《胡安国传》，可知《历代名臣奏议》有错简，此处其实应有两奏，前一奏亦为宋钦宗时任中书舍人所上，而非任起居郎时。

③ 《历代名臣奏议》卷100。

④ 《历代名臣奏议》卷311。

⑤ 《要录》卷16建炎二年六月甲寅朔。

⑥ 《要录》卷93绍兴五年九月己丑，《斐然集》卷13《余应求江西宪》。

⑦ 《梁溪全集》卷101《乞施行余应求张甯捕盗功效奏状》。

西路提点刑狱公事余应求“坐与李纲连姻”，也被弹劾罢官。① 按李纲岳父张根也是德兴人②，故余应求与李纲妻家有同乡关系。

绍兴九年（公元 1139 年），左朝散大夫余应求为福建路转运副使。③ 因“前知闽县李汝明赃污”，“时本路提、转黄积厚、陈楠、贺允中、余应求已代去，皆坐贬秩焉”。④ 绍兴二十一年（公元 1151 年）三月七日，“左朝议大夫余应求充别试所考试官”⑤。绍兴二十二年（公元 1152 年），“虔州军乱”，“守臣、左朝议大夫余应求之父安行年八十余矣，避乱坠堑死，应求遂以丁忧为辞而去。于是叛军据城自守”。⑥

由上引零星记载可知，尽管余应求在北宋末的直名甚著，到南宋时，反而没有多少政绩建树，特别是在反对降金的问题上，无甚表现，故在绍兴和议、秦桧专权之后，也未因主张抗金而受到罢黜、贬斥之类的政治打击。

4. 胡珵。字德辉，常州晋陵县人。《朱子语类》卷 102 将他列为杨时门人，“能诗文，墨隶皆精好”，号“苍梧先生”。⑦ 《龟山先生全集》卷 14 有《答胡德辉问》，记载了他们对儒学的讨论。他“学经术于龟山杨先生，学名节于元城刘先生（安世）”⑧。《朱子语类》卷 128 说：“崇观三舍法，蔡京所定。胡德辉（珵）尝作记。”

---

① 《要录》卷 117 绍兴七年十一月己亥。

② 《宋史》卷 356《张根传》。

③ 《要录》卷 132 绍兴九年九月丙午，《东窗集》卷 6《余应求除福建路转运副使郑侨年除浙西提举茶盐制》，《淳熙三山志》卷 7《盐仓》。

④ 《要录》卷 148 绍兴十三年闰四月戊戌。

⑤ 《宋会要》选举 20 之 10。

⑥ 《要录》卷 163 绍兴二十二年七月丁巳。

⑦ 《梁溪漫志》卷 3《元祐党人》。

⑧ 《诚斋集》卷 79《胡德辉苍梧集序》。

宣和三年（公元 1121 年），胡珵“举进士，调开德府仪曹掾，后迁至秘书正字。布衣陈东上书，攻六贼，言者谓珵尝润色其书”[①]。实际上参与了陈东领导的伏阙上书爱国群众运动。《朱子语类》卷 131 说：“李伯纪（纲）丞相为宣抚使时，幕下宾客尽一时之秀，胡德辉、何晋之、翁士特诸人，皆有文名，德辉尤蒙特顾。”

金军破开封城后，靖康二年（1127 年）正月，“枢密院编修官胡珵裁书上二元帅，其略言：‘优礼我寡君，则康王怀恩；恤惠我都城，则河北慕义。’凡千余言”[②]。

南宋初，李纲任相后，从九品迪功郎胡珵任秘书省正字。[③]李纲曾派胡珵劝说尚书右丞吕好问，主张惩处开封围城中之失节者，但吕好问有所异议。[④] 殿中侍御史张浚弹奏李纲罢相后，又于建炎二年（公元 1128 年）二月劾奏胡珵，说他“挟谄媚之姿，躬奸回之性，沾沾可鄙，自托李纲，服童仆之役，而出入其寝室，朝夕交结，阴中善良。逮纲遭逐，营为百计，密招群小，鼓唱浮言。陈东之书，珵实笔削，意欲使布衣草莱之士，挟天子进退大臣之权，一时哄然，几致召乱。按珵罪状，天地不容，愿褫夺官爵，投之荒裔，永为臣子立党不忠之戒”[⑤]。宋高宗为此下诏说：“秘书省正字胡珵交结权要，传导风指，讽谕狂生，扇摇国是，可特追所有官，勒停，送梧州编管。”[⑥] 将他流放到当时的岭南炎荒

① 元或明初《无锡县志》卷 3 上。

② 《靖康要录笺注》卷 15 靖康二年正月十三日，《会编》卷 74，《要录》卷 1 建炎元年正月癸卯。

③ 《要录》卷 6 建炎元年六月庚午。

④ 《东莱吕太史文集》卷 14《东莱公家传》。

⑤ 《要录》卷 13 建炎二年二月辛未。

⑥ 《要录》卷 13 建炎二年二月己卯，《鼠璞》卷上《陈东伏阙》。

之地，这是十分严厉的处分。

绍兴二年（公元 1132 年）三月，李光出任江东安抚大使，辟宗泽之子宗颖为参议官，迪功郎胡珵为主管机宜文字。①

绍兴五年（公元 1135 年）闰二月，左迪功郎胡珵等召试馆职。② 七月，秘书省正字胡珵兼史馆校勘。③

绍兴六年（公元 1136 年）九月，胡珵临时兼任行宫留守司主管机宜文字。④《朱子语类》卷 102 说，胡珵“及赵公（鼎）去位，张魏公（浚）独相，以为元祐未必全是，熙、丰未必全非”。其说与赵鼎尊元祐有异。

绍兴七年（公元 1137 年）七月，“秘书省正字、兼史馆校勘李弥正、胡珵”不愿参加修撰新的《神宗实录》，辞去史职。⑤ 赵鼎复相后，十月，“秘书省正字胡珵、李弥正复兼史馆校勘”，胡珵升校书郎。⑥

绍兴八年（公元 1138 年）三月，胡珵升著作佐郎。⑦ 六月，一批史官，包括胡珵，“上重修《哲宗皇帝实录》”一百五十卷。⑧ 九月，胡珵升著作郎。⑨ 十二月，胡珵与其他官员联名上奏，对宋高宗和秦桧降金乞和的行为提出抗议。⑩ 朱熹说：“诸公争和议时，先人（朱松）与胡德辉、范伯达（如圭）诸公同入文字，皆

---

① 《要录》卷 52 绍兴二年三月戊戌。
② 《要录》卷 86 绍兴五年闰二月壬申。
③ 《要录》卷 91 绍兴五年七月戊戌。
④ 《要录》卷 105 绍兴六年九月庚辰。
⑤ 《要录》卷 112 绍兴七年七月戊寅。
⑥ 《要录》卷 115 绍兴七年十月壬寅、丁巳。
⑦ 《要录》卷 118 绍兴八年三月辛丑。
⑧ 《要录》卷 120 绍兴八年六月癸亥。
⑨ 《要录》卷 122 绍兴八年九月己亥。
⑩ 《会编》卷 186，《要录》卷 124 绍兴八年十二月癸酉。

史院同寮也。”[①]

绍兴九年（公元 1139 年）三月，胡珵作为“赵鼎之党”，外任严州知州。[②] 他“先还毗陵（常州）待阙”，张扩写诗送行：“识君大梁城，才逸骥千里。相从十年后，志节老弥厉。”[③] 胡珵反对降金乞和，“以参政李公泰发（光）之客，见恶于秦丞相，坐废，饥寒困穷以死”[④]，“未赴而卒”[⑤]。

胡珵在北宋末的政治活动，表现了他的气节。南宋建炎初，他又再次积极追随李纲，受到很重的惩罚。他在赵鼎再相后，升迁较快，以至被指为“赵鼎之党”。但赵鼎当政晚期主和，而胡珵是主战的，他在绍兴八年的上书，反映了他一贯的政治立场。李纲说，“胡德辉文行识操，于今少见其比”，“其家贫甚”，[⑥] 对他极为赞许。胡珵著有《护道录》一卷，《苍梧杂志》[⑦] 和《苍梧集》。[⑧]《朱子语类》卷 91 做了摘录：“《苍梧杂志》载：‘背子近年方有，旧时无之。只汗衫袄子上便著公服。女人无背，只是大衣。命妇只有横帔、直帔之异尔。背子乃婢妾之服，以其在背后，故谓之背子。’”对宋时流行的衣服背子做了说明。

5. 张焘（1093—1167）。字子公，江南东路饶州德兴县人。《宋史》卷 382 有传，《周益国文忠公集·平园续稿》卷 21 有神道碑，《三朝北盟会编》卷 248 有其行状片断。张焘乃官宦之家出

① 《朱文公文集》卷 38《答李季章（壁）》。

② 《要录》卷 127 绍兴九年三月己丑。

③ 《东窗集》卷 1《送胡德辉礼部知严州先还毗陵待阙》。

④ 《诚斋集》卷 79《胡德辉苍梧集序》。

⑤ 元或明初《无锡县志》卷 3 上。

⑥ 《梁溪全集》卷 121《与吕安老龙图书》。

⑦ 《宋史》卷 203《艺文志》，《遂初堂书目》。元末明初《元锡县志》卷 3 上作《护道录》。

⑧ 《诚斋集》卷 80《胡德辉苍梧集序》。

身，其父张根，《宋史》卷356有传，张焘为长子。[①] 他“政和八年（即重和元年，公元1118年）进士第三人，尝为辟雍录、秘书省正字”，为“李纲之妻弟”。[②]

“李纲为亲征行营使，辟焘入幕。纲贬，亲知坐累者十七人，焘亦贬。”[③] 如前所述，臣僚劾奏李纲说：“纲遂使其党张焘、冯檝、方元若、余应求、陈公辅之徒，鼓惑众听，唱为伏阙之事，几至大变。”[④] 将张焘指为李纲一党。

南宋初，因李纲拜相，张焘等“并与差遣”。[⑤] 通判常州，改通判湖州。[⑥] 建炎三年（公元1129年）苗刘之变时，“遣奉议郎、通判湖州张焘赍诏书，抚谕江、浙，焘不受”，参与宋高宗复辟活动。复辟后，张焘又上书，指陈时弊。[⑦]

绍兴二年（公元1132年），张焘由“吕颐浩荐”，任司封员外郎。[⑧] 右相秦桧置修政局，司勋员外郎张焘建议复置御营司等。[⑨] 六月，升起居舍人。[⑩] 八月，他上奏建议加强对金情报工作[⑪]，旋

---

① 《梁溪全集》卷170《宋故龙图阁张公夫人黄氏墓志铭》，《浮溪集》卷24《朝散大夫直龙图阁张公行状》。

② 《宋史》卷382《张焘传》，《靖康要录笺注》卷6靖康元年五月九日，《梁溪全集》卷118《与秦相公第十书别幅》。

③ 《宋史》卷382《张焘传》。

④ 《会编》卷55，《靖康要录笺注》卷11靖康元年十月一日。

⑤ 《要录》卷6建炎元年六月庚午。

⑥ 《周益国文忠公集·平园续稿》卷21张焘神道碑，《梁溪全集》卷20《张子公再得湖倅因书寄之》。

⑦ 《要录》卷21建炎三年三月己丑、乙巳，卷22建炎三年四月戊午；《会编》卷128；《宋史》卷382《张焘传》；《周益国文忠公集·平园续稿》卷21张焘神道碑。

⑧ 《要录》卷52绍兴二年三月癸巳，《宋史》卷382《张焘传》作司勋员外郎，参见标点本《宋史》第11779页注〔三〕。

⑨ 《要录》卷54绍兴二年五月丙戌。

⑩ 《要录》卷55绍兴二年六月戊申。

⑪ 《要录》卷57绍兴二年八月庚寅。

即“坐秦桧党，为吕颐浩所斥”，“落职与宫观”。[①] 看来他当时尚与秦桧关系较近。李纲在给秦桧信中也说：“妻弟张焘，蒙陶镕记注之选，非相公以人材为意，汲引寒畯，何以得此，第深感服。”[②]

绍兴六年（公元1136年）七月，“直显谟阁、提点（举）台州崇道观张焘守起居郎”[③]。九月，兼权给事中。[④] 绍兴七年二月，又升中书舍人。[⑤] 庸将刘光世罢官后，因淮西行营左护军的指挥权归属问题发生政治风波。张焘向右相张浚进言，表示反对委派文官、兵部尚书、都督府参谋军事吕祉掌军，说：“祉书生，不更军旅，何得轻付。”但张浚不听劝告[⑥]，后淮西爆发兵变，证实了张焘之先见。张焘劾奏宦官王鉴“遣使臣储毅市王安石家田之在宣城、芜湖者，号曰御庄，因冒占腴田，大为奸利”[⑦]。但在淮西之变前，张焘因反对张浚兄张滉特赐进士出身，为集英殿修撰、提举江州太平观而赋闲。[⑧]

绍兴八年（公元1138年）五月，“集英殿修撰、提举台州崇道观张焘试尚书兵部侍郎”；六月，“寻权吏部尚书”；十一月，又

① 《要录》卷57绍兴二年八月壬子。

② 《梁溪全集》卷118《与秦相公第十书别幅》。

③ 《要录》卷103绍兴六年七月癸酉。

④ 《要录》卷105绍兴六年九月乙亥。

⑤ 《要录》卷109绍兴七年二月丁巳。

⑥ 《要录》卷111绍兴七年六月戊申，《宋史》卷382《张焘传》。

⑦ 《要录》卷112绍兴七年七月壬申，《周益国文忠公集·平园续稿》卷21张焘神道碑。

⑧ 《要录》卷113绍兴七年八月癸巳，《宋史》卷382《张焘传》，《周益国文忠公集·平园续稿》卷21张焘神道碑。关于张焘之宫观官名，参见标点本《宋史》第11779页注〔四〕，但此注考证似尚可商榷，今据《要录》和《宋史》本传。

兼史馆修撰。① 张焘挺身而出，与一些抗战派共同反对对金屈辱和议，具体事迹在《荒淫无道宋高宗》一书中已有介绍，在此从略。张焘神道碑说，秦桧“素厚公，命楼炤问疾，许直翰苑，公曰：‘今日进退在我，迁官则在他人，某惟有去耳！’秦语人曰：‘张子公守正，官职不能动也’”②。如果说，张焘与秦桧过去尚有交情，至此就完全分道扬镳。

绍兴九年（公元 1139 年），由于金朝暂时归宋河南之地，因范如圭的提醒，宋高宗命张焘与皇叔、同判大宗正事赵士㒟为祗谒陵寝使，同去朝拜八陵。返回临安后，张焘便上奏说：

> 臣窃惟国家遭百六之灾，致夷虏肆蛇豕之毒，祸流海宇，上及山陵。臣猥被使命，恭修祇谒之事，至于柏城恸哭。深惟虏罪，义难戴天，虽穷诛极讨，殄灭之，未足以雪此耻，而复此仇也。
>
> 恭惟陛下圣孝天性，岂胜痛愤之情，顾以梓宫、两宫之故，方且与和，未可遽言兵也。然祖宗在天之灵，震怒既久，岂容但已。异时躬行天讨，得无望于陛下乎？矧惟自古戡定祸乱，非武不可，狼子野心，不可保恃久矣。伏望睿慈仰思历圣责望之重，俯念亿兆祈向之切，益励将士，益修武备，夙兴夜寐，念兹在兹，以俟衅隙，起而应之，电扫风驱，云撤席卷，尽俘丑类，告功诸陵，使天下诵之，万世美之，如是然后尽天子之孝，而为子孙之责塞矣！

① 《要录》卷 119 绍兴八年五月壬寅、卷 123 绍兴八年十一月甲辰，《宋史》卷 382《张焘传》，《周益国文忠公集·平园续稿》卷 21 张焘神道碑。

② 《周益国文忠公集·平园续稿》卷 21 张焘神道碑，《宋名臣言行录》别集下卷 3《张焘》。

张焘陈词之痛切，确是已至无以复加的地步。如今看来，宋朝列祖列宗耗费民脂民膏的厚葬，本是无可称颂者。但在宋金敌对的场合，八陵的劫难，又成为宋朝廷的奇耻大辱。宋高宗一时也十分难堪，他又不得不发问说："诸陵寝如何?"张焘不再正面回复，只是说："万世不可忘此贼!"宋高宗只能报以十分窘迫的沉默。张焘针对自己此行所探到的金方动静，提出了一系列应变和备御之方，"切中时务"，史称"秦桧方主和议，惟恐少忤虏情，故事皆不行"。此说其实也无非是为宋高宗避讳之词。[①]

十月，"权吏部尚书、兼史馆修撰张焘充宝文阁学士、知成都府、兼本路安抚使"[②]。绍兴十年（公元 1140 年）三月，张焘至成都府，他在四川参与抗金战争的准备和谋划，有相当政绩，"在蜀四年"[③]。

绍兴十三年（公元 1143 年）九月，宋高宗"依所乞，提举江州太平观"，"自蜀归，卧家凡十有三年"。在宋高宗和秦桧厉行降金的政治下，"时旧人往往以异同得罪"，张焘只能"家居，绝口不言世事"，"追先志，斥俸馀，为义庄赡宗族，自号云山老人"。[④] 即使如此，在绍兴二十年（公元 1150 年）春，宋廷处置李光父子私史案，张焘等人因与李光"相知密熟，书札往来，委

---

① 《会编》卷 195，《要录》卷 129 绍兴九年六月己巳，《宋史》卷 382《张焘传》。

② 《会编》卷 197，《要录》卷 132 绍兴九年十月癸丑。《周益国文忠公集・平园续稿》卷 21 张焘神道碑作九月。

③ 《要录》卷 134 绍兴十年三月丙戌，《宋史》卷 382《张焘传》，《周益国文忠公集・平园续稿》卷 21 张焘神道碑。

④ 《要录》卷 150 绍兴十三年九月丁丑，《宋史》卷 382《张焘传》，《周益国文忠公集・平园续稿》卷 21 张焘神道碑。

曲存问，意光再用，更相荐引”，各降两官。[①]

秦桧死后，绍兴二十五年（公元1155年）十二月，“宝文阁学士张焘知建康府”[②]。绍兴二十八年（公元1158年）二月，“宝文阁学士、知建康府张焘升端明殿学士”[③]。按照宋制，端明殿学士的职名虽为虚衔，却是执政或接近执政级的高官。[④] 翌年六月，张焘任“提举万寿观、兼侍读，焘以衰病力辞，诏不允，仍给宽假将理”[⑤]。他乘机提醒皇帝，须戒备金人。[⑥] 十二月，“端明殿学士、提举万寿观、兼侍读张焘试吏部尚书”，他建议皇帝立皇储。[⑦] 金使施宜生原是福建路人，张焘“以‘首丘桑梓’动之”，他便向馆伴的张焘暗示金朝行将用兵。张焘向宋高宗密奏此事。[⑧]

绍兴三十年（公元1160年）正月，张焘“因对，论甲库萃工巧以荡上心，酤良酝以夺官课，教坊乐工，员数日增，俸给赐赉，耗费不赀，皆可罢”。当时宋高宗已处金军威逼之下，不得不予采

---

① 《要录》卷161绍兴二十年三月丙申，《宋会要》职官70之34—35，《庄简集》卷15《与胡邦衡书》。

② 《要录》卷170绍兴二十五年十二月己亥。

③ 《要录》卷179绍兴二十八年二月癸巳。

④ 《宋史》卷162《职官志》。

⑤ 《要录》卷182绍兴二十九年六月甲午。

⑥ 《周益国文忠公集·平园续稿》卷21张焘神道碑。

⑦ 《要录》卷183绍兴二十九年十二月丙寅，《宋史》卷382《张焘传》，《朱文公文集》卷21《史馆拟上政府札子》。

⑧ 《要录》卷183绍兴二十九年十二月丙子，《宋史》卷382《张焘传》，《周益国文忠公集·平园续稿》卷21张焘神道碑，《金史》卷79《施宜生传》，《耆旧续闻》卷6，《桯史》卷1《施宜生》，《密斋笔记》卷4，《朱子语类》卷133。参见《文史》第35辑刘浦江先生《书〈金史·施宜生传〉后》。

纳。[1] 二月，张焘“以衰疾力辞”，迁一官，充资政殿学士致仕。[2]

绍兴三十一年（公元1161年）八月，宋金战争已经逼近，宋高宗不得不起用“资政殿学士张焘落致仕，复知建康府”[3]。十月，张焘“始至本府视事。先是，建康居民惊移而去者十五六，及焘至，人情粗安”[4]。在危难之际，张焘作为一个有名望的抗金文臣，镇守要地，是起了作用。十一月，他向虞允文表示：“焘当以死守留钥，遑恤其他。”他支持虞允文抗金，并督促新任建康府都统制李显忠率军渡江。宋高宗又命张浚判建康府，而召张焘回朝。张焘“辞不至，改提举江州太平兴国宫”[5]。

绍兴三十二年（公元1162年），宋孝宗即位后，于十月命张焘任同知枢密院事，张焘“奏当今弊政，宜有所更张”[6]。隆兴元年（公元1163年）三月，张焘迁参知政事。他“以老病不拜，台谏交章留之，除资政殿大学士、提举万寿观、兼侍读”[7]。当时宋孝宗佞幸“龙大渊、曾觌用事，（陆）游为枢臣张焘言：‘觌、大渊招权植党，荧惑圣听，公及今不言，异日将不可去。’焘遽以闻，上诘语所自来，焘以游对。上怒，出通判建康府”。张焘“欲

---

① 《要录》卷184绍兴三十年正月丁酉，《宋史》卷382《张焘传》，《周益国文忠公集·平园续稿》卷21《张焘神道碑》。

② 《要录》卷184绍兴三十年二月丁卯，《宋史》卷382《张焘传》，《周益国文忠公集·平园续稿》卷21《张焘神道碑》。

③ 《会编》卷231，《要录》卷192绍兴三十一年八月壬戌，《宋史》卷382《张焘传》。

④ 《会编》卷236，《要录》卷193绍兴三十一年十月壬戌，《宋史》卷382《张焘传》。

⑤ 《会编》卷238，卷239《金人败盟记》，卷247，卷248张寿行状；《要录》卷194绍兴三十一年十一月壬申、甲戌、癸未，卷195绍兴三十一年十二月丁巳；《周益国文忠公集·平园续稿》卷21张焘神道碑。

⑥ 《宋宰辅编年录校补》卷17，《要录》卷200绍兴三十二年十二月戊辰。

⑦ 《宋宰辅编年录校补》卷17，《宋史》卷382《张焘传》。

与曾、龙决去就”，这是他下台的真正背景。[①] 乾道三年（公元1167年）九月卒，时年七十五。[②] 张焘“平生清修简静，颇喜大书，得颜鲁公笔法”[③]。

6. 程瑀（1087—1152）。字伯寓，饶州浮梁县人。《宋史》卷381有传，《胡澹庵先生文集》卷23有墓志铭。程瑀的祖父“以季女妻同邑臧氏，久而未字，公生，乃以嗣其姑。初为臧氏”。他就读太学，“累为优等”，曾寄诗与同乡说：“试问青山圆也未，不应久负壮图心。”程瑀应是在政和五年（公元1115年），“由（太学）上舍擢第一”，政和六年（公元1116年），为太学博士。“宣和元年（公元1119年），转宣教郎。二年（公元1120年），授提举京兆府等路学事，借五品服。陛辞，徽宗遽曰：‘卿不须行。’除秘书省校书郎，寻转奉议郎。丁臧氏父母忧，服除，除兵部员外郎，转承议郎。七年（公元1125年），高丽使回，充伴送使。”[④] 当年冬，金军南侵，“求可使者，瑀请往”[⑤]。

宋钦宗即位，靖康元年，与金东路军订城下之盟，命他与秦桧出使，两人奏云：“臣等但愿奉使讲和，未尝请割地。今和议已定，而割地则自有主议之人。”但他还是遵命与金使王汭到燕山

① 《宋史》卷395《陆游传》、卷470《曾觌传》，《建炎以来朝野杂记》乙集卷6《台谏给舍论龙曾事始末》，《孝宗黜龙曾本末》。

② 《宋宰辅编年录校补》卷17，《宋史》卷382《张焘传》，《周益国文忠公集·平园续稿》卷21张焘神道碑。

③ 《万姓统谱》卷39。

④ 《宋名臣言行录》别集下卷4《程瑀》，《胡澹庵先生文集》卷23《龙图阁学士广平郡侯程公墓志铭》，《能改斋漫录》卷11《祥瑞谶应》。

⑤ 《宋史》卷381《程瑀传》，《胡澹庵先生文集》卷23《龙图阁学士广平郡侯程公墓志铭》。

府，四月回朝。①

六月，程瑀任左正言。② 他上奏说："如余应求、陈公辅者，踪迹孤外，志操凛然，金寇在郊，京师震恐之时，抗章乞对，慷慨论事。〔仰〕蒙陛下延问开纳。寇过之后，擢为台谏。士大夫方庆言路得人，而应求等亦感激奋励，知无不言，正道少伸，邪人侧目。一旦论事稍涉嫌疑，陛下未能洞察，执政因而挤之，是何异蔡京所为哉！覆辙在前，不惮蹈之，亦可哀矣！"③ 后又上奏弹击宰执，说"耿南仲昏懦"。④ 七月，程瑀又上奏，针对宋廷招诱辽朝降金之耶律余睹重新叛金，说："臣恐猜疑不解，和好无成，使人徒往，厚礼虚辱，而兵革未有休期。边鄙或不抗拒，藉曰未遽渡河，则河朔重遭暴殄，可不念哉！"他还对蔡京和蔡攸父子上劾奏。⑤

但至七月二十九日，"左正言程瑀除屯田郎官"。八月七日，臣僚上奏，说："谨按新除屯田员外郎程瑀以琐琐之才，陛下亟擢台省，造膝之间，圣意优容，眷顾可谓厚矣。不思尽忠，以图报称，而交朋之私是重，君臣之义乃薄，究观操蕴，灼见朋附，此而不惩，何以示戒？伏望睿断，窜之远方。"宋钦宗下旨："程瑀送吏部，与远小监当，日下出门。"⑥ "添差漳州监税"，"居言责

---

① 《会编》卷33、卷43《靖康前录》，《宋史》卷381《程瑀传》，《胡澹庵先生文集》卷23《龙图阁学士广平郡侯程公墓志铭》。

② 《靖康要录笺注》卷7靖康元年六月六日，《胡澹庵先生文集》卷23《龙图阁学士广平郡侯程公墓志铭》作右正言，《宋史》卷381《程瑀传》作左正言。

③ 《宋朝诸臣奏议》卷55《上钦宗乞内中置籍录台谏章奏疏》，《靖康要录笺注》卷8靖康元年六月二十日。

④ 《靖康要录笺注》卷8靖康元年六月二十九日。

⑤ 《会编》卷49，《靖康要录笺注》卷9靖康元年七月九日、十日、十二日。

⑥ 《靖康要录笺注》卷10靖康元年七月二十九日、八月七日。

五十四日而罢”。[1] 程瑀罢官贬责还是因为太学生伏阙上书运动。

据《胡澹庵先生文集》卷23《龙图阁学士广平郡侯程公墓志铭》记载：

（钦宗）又问：“近日差李纲两路宣抚，外议如何?”公对曰：“外议固以为宜，然纲与大臣议论不同，闻命之日，再三辞免，盖虑中外不相应。今既统军北去，须赖圣明任之勿疑。”

钦宗曰：“二人（余应求、陈公辅）相与为党，向日伏阙，盖二人倡之。”公曰：“伏阙数千人，二臣时为馆职，恐不能鼓唱。”钦宗曰：“耿南仲亲见。”公曰：“臣闻方士庶伏阙，二人入局，为众要留，南仲宣谕圣旨之时，却得公辅转谕众人。”钦宗曰：“南仲殊不如此说。”公曰：“陛下既以南仲之言为然，便当以鼓唱伏阙罢斥，不当因其事，指为观望。且南仲以其人为有此事，当其初除谏官，不奏白，何也?”

会侍御史李公光言星变，钦宗问曰：“卿见之否？朕宫人数夜瞻视，及问徐处仁，悉言不见。”公曰：“臣虽未尝见，然或以为有，当禳。臣闻灾异之来，要在正厥事，修厥德，愿陛下勿问有无，第察事之正否，德之修未，自然上天昭鉴，变异可消。”初，公再论蔡京等罪，钦宗曰：“只为吴敏力庇护他。”公曰：“陛下既已察见，便当亲赐处分。”钦宗曰：“当即批出。”后数日，事寝，公又入奏，略及面谕之意。敏

① 《胡澹庵先生文集》卷23《龙图阁学士广平郡侯程公墓志铭》。

> 遂奏，公漏榻前语。钦宗不以为罪，密敕近臣宣谕，且曰："程某在谏垣，甚宣力。"至是又谓公曰："李光如何？"公曰："台端之任，刚正有守，众以为宜。"钦宗曰："只有文字论朱勔，却党蔽蔡京。"公曰："臣观光非党京者，当是见臣等已有章疏，及朝廷已有行遣，不复论列。"钦宗曰："须卿做取文字来。"公曰："臣当〔恭〕禀圣训，然臣于光昔为朋友，陛下或全臣私义，乞宣谕其它台谏。"由是忤旨，越数日，除屯田郎官。又数日，有旨与远小监当。

他的贬责固然与李光一事有直接关系，而其根源还是在支持李纲和弹击耿南仲"昏懦"，"以直言忤大臣耿南仲意，被斥"。[①]此后，中书舍人许景衡上奏说：

> 窃惟李光、程瑀皆以忠鲠敢言，为陛下识擢，置在言路，其先后建白，皆蒙施行。识者方庆陛下得人，以为宗社之福。今日偶缘思虑不审，所论未契圣心，陛下怜其愚直，谅其无他，故李光与郡，而程瑀为郎。既正典刑，斯亦足矣。忽有后命，窜之遐方。闻者愕然，莫不震骇，以为陛下初政，乃是求言纳谏之时，孜孜询访，委曲涵容，犹恐人不敢言。若一旦震怒，并逐言者，则是杜绝忠义之口。今后虽有见闻，谁复敢言也。[②]

结果是许景衡也"落职，予祠"[③]。

---

① 《斐然集》卷26《资政殿学士许公墓志铭》。

② 《历代名臣奏议》卷205，《横塘集》卷11《论救李光程瑀疏》。

③ 《宋史》卷363《许景衡传》。

南宋初，李纲任相，程瑀和陈公辅、余应求同时复召，“靖康中，三人为言事官，坐党附李纲，责监川、陕诸司商税，至是并召”[①]。但随着李纲短命的相业，很快赋闲。

绍兴元年（公元1131年）初，程瑀赴行朝，上奏十事。[②] 五月，“朝请大夫、主管亳州明道宫程瑀直秘阁、江南东路提点刑狱公事”[③]。十二月，程瑀赴朝廷任太常少卿，“秦桧引之也”[④]，这当然是与前述两人在北宋末的私交有关。翌年二月，又因秦桧的推荐，程瑀升任给事中。[⑤] 五月，围绕着吕颐浩举荐权邦彦出任签书枢密院事，程瑀“言邦彦不可用”，实际上就卷入了吕秦的政争。[⑥] 七月，名儒胡安国兼侍读，程瑀兼侍讲。[⑦] 他对宋高宗强调说：“志不素立，则因循苟且，将无时而可为。”[⑧] 李纲出任湖广宣抚使，曾给程瑀修书四封。[⑨] 八月，在吕秦政争中，程瑀“论事不合，以亲老求去，罢为龙图阁待制、知信州”，但胡安国上奏，说程瑀“志节特持，议论刚正，有补于时”，宋高宗“诏瑀令日下依旧供职”。但随即依旧外任，并“坐秦桧党”，“落职，与宫

---

① 《要录》卷6建炎元年六月丙寅。

② 《胡澹庵先生文集》卷23《龙图阁学士广平郡侯程公墓志铭》。墓志说，程瑀上奏后，与“任事之臣议论不合，乃力丐外补，遂除直秘阁、提点江东刑狱。逾年，除太常少卿”。按后引《要录》的记载，“逾年”之说可能不确。

③ 《要录》卷44绍兴元年五月庚戌。

④ 《要录》卷50绍兴元年十二月乙丑，《北山小集》卷27《江东提刑程瑀太常少卿》。

⑤ 《要录》卷51绍兴二年二月丁卯，《北山小集》卷27《太常少卿程瑀给事中》。

⑥ 《要录》卷54绍兴二年五月辛酉，《宋史》卷381《程瑀传》，《胡澹庵先生文集》卷23《龙图阁学士广平郡侯程公墓志铭》。

⑦ 《要录》卷56绍兴二年七月甲戌。

⑧ 《胡澹庵先生文集》卷23《龙图阁学士广平郡侯程公墓志铭》。

⑨ 《梁溪全集》卷119。

观”。①

绍兴五年（公元1135年）闰二月，“左朝请大夫、提举亳州明道宫程瑀复徽猷阁待制”②。三月，宋廷发表程瑀知抚州，有善政。③ 此后，程瑀又赋闲任提举江州太平兴国宫，“居父母丧，服除，知严州，徙宣州”④。

绍兴十年（公元1140年），李纲逝世，程瑀撰祭文给予极高的评价，说：“惟公受天异禀，为时伟人，学该古今，气塞宇宙，识洞几微，才周事物。而济之以昭日月、贯金石之精忠，则夫虽君子以为难且非者，惟公克堪辨之。……凡是数者，人苟得其一节，已足以自立于世。世苟得一节之士，亦足以扶颠危，而起疾疢。嗟夫！有如公者，兼是众美。”⑤ 表明他与李纲之志同道合，始终不渝。

绍兴和议后的绍兴十二年（公元1142年）五月，程瑀出任兵部侍郎、兼侍讲，⑥ 这当然是出于秦桧的援引。十二月，程瑀又兼资善堂翊善。⑦ 翌年八月，程瑀又升兵部尚书。⑧ 但到九月，程

---

① 《要录》卷57绍兴二年八月甲午、庚戌、壬子。

② 《要录》卷86绍兴五年闰二月乙巳朔。

③ 《要录》卷87绍兴五年三月丁酉，《胡澹庵先生文集》卷23《龙图阁学士广平郡侯程公墓志铭》。

④ 《宋史》卷381《程瑀传》，《胡澹庵先生文集》卷23《龙图阁学士广平郡侯程公墓志铭》。

⑤ 《梁溪全集》附录四。

⑥ 《要录》卷145绍兴十二年五月丁亥作侍讲（系误），《要录》卷147绍兴十二年十二月甲申，《宋史》卷381《程瑀传》，《胡澹庵先生文集》卷23《龙图阁学士广平郡侯程公墓志铭》，《东窗集》卷9《程瑀除兵部侍郎兼侍读制》都作侍读。

⑦ 《要录》卷147绍兴十二年十二月甲申，《东窗集》卷9《程瑀兼资善堂翊善制》。

⑧ 《要录》卷149绍兴十三年八月丁酉。

瑀就外任信州知州，表面理由是“称疾，乞奉祠”①。其实是因为程瑀仍强调抗金，不断向宋高宗进言：“今日祖宗之故地未复，父兄之深仇未雪，岂得遂为休兵偃武计哉！臣愿陛下砺志而已。”他与秦桧“议论背驰，〔深畏猜忌之祸〕，乃力乞奉祠”②。

绍兴二十年（公元1150年）春，宋廷处置李光父子私史案。因程瑀赠送李光缣帛，并在书信中说：“比来无智愚皆以视前为戒，可为叹息!”遂因此降三官。③

绍兴二十二年（公元1152年），“龙图阁学士、降授左朝请大夫、提举江州太平兴国宫程瑀卒”，时年六十六岁。④

程瑀遗作有《论语说》四卷、《论语集解》十卷、《周礼义》十卷、《尚书说》一卷、《谏垣论疏》《奏议》各四卷、《黄门忠告》《经筵讲读》《三朝对语》各五卷、《资善堂口义》二卷、《饱山集》六十卷、《野叟谈古》《两汉索隐》《唐传摘奇》《诗话杂志》各一编。⑤ 官员魏安行和洪兴祖为《论语说》刊行和作序。秦桧认为“乃著书相谤”，嗾使右正言王珉上奏说，“窃惟陛下以圣学高明，表章六经，瑀乃敢唱为异论”，“恐其说浸行，害教惑众，其祸不

---

① 《要录》卷150绍兴十三年九月戊辰，《檆溪居士集》卷5《程瑀充龙图阁学士知信州制》。

② 《胡澹庵先生文集》卷23《龙图阁学士广平郡侯程公墓志铭》。

③ 《要录》卷161绍兴二十年三月丙申，《宋会要》职官70之34—35，《庄简集》卷15《与胡邦衡书》。

④ 《要录》卷163绍兴二十二年三月癸卯，《胡澹庵先生文集》卷23《龙图阁学士广平郡侯程公墓志铭》，《宋名臣言行录》别集下卷4《程瑀》。后两则记载说程瑀死于正月，而《要录》说是三月，乃是依宋廷得到他死讯时所录。

⑤ 程瑀遗作，《宋史》卷31《高宗纪》作《论语讲解》，卷433《洪兴祖传》、卷473《秦桧传》作《论语解》，而卷381《程瑀传》作《论语说》；《胡澹庵先生文集》卷23《龙图阁学士广平郡侯程公墓志铭》作“《论语说》四卷，《论语集解》十卷”；《文献通考》卷184载有“洪兴祖《论语说》”，应即洪兴祖为之作序者。《京口耆旧传》卷4《洪兴祖传》亦载此事。

止于少正卯、杨朱、墨翟也”，请求“重赐施行，以为朋附鼓唱异说之戒”。秦桧还认为王珉“疏论兴祖不力”，唆使党羽董德元“再论”。宋高宗下令，分别将洪兴祖和魏安行送岭南昭州和钦州“编管”，程瑀子程宏济和程宏靖，孙程有功和程有孚一并罢官，《论语说》毁版。洪兴祖很快死于贬所。“其他州军有刊行异说书籍，元未曾申取朝廷指挥者”，也一律“毁弃”。①

7. 宗泽（1060—1128）。宗泽为著名抗金英雄、两宋最优秀的统兵文臣，其事迹可参见拙作《荒淫无道宋高宗》和《岳飞和南宋前期政治与军事研究》之《宋高宗和李纲、宗泽》，在此不作复述。

8. 张所。张所事迹可参见拙作《荒淫无道宋高宗》，《岳飞和南宋前期政治与军事研究》之《岳飞早期抗金事迹》，《点滴编》之《〈宋史〉与〈金史〉杂考》“七、张所的遇害”，《〈宋史·张所传〉校注》，在此不作复述。张所空有许国之志和报国之才，以宋高宗为首的投降派不容他露头角，不遗余力地摧残，使之屈死。只留下单薄的史料，并知道原来作为部属的岳飞予以深切悼念。甚至举荐他的李纲文集中并无悼诗和悼文，在兵荒马乱的岁月，似亦不知其下落。

9. 傅亮。傅亮事迹可参见拙作《点滴编》之《〈宋史〉与〈金史〉杂考》“二二、傅亮避讳改名”，在此不作复述。

10. 邹柄。字德久，晋陵县人。北宋名臣邹浩子，“弱冠，从龟山先生（杨时）游”②。他与李纲家族早有交往，宣和三年（公

---

① 《要录》卷167绍兴二十四年十二月丙戌，《宋史》卷31《高宗纪》、卷381《程瑀传》、卷433《洪兴祖传》、卷473《秦桧传》，《宋宰辅编年录校补》卷16，《胡澹庵先生文集》卷23《龙图阁学士广平郡侯程公墓志铭》，《渭南文集》卷37《程君墓志铭》，《京口耆旧传》卷4《洪兴祖传》，《密斋笔记》卷4。

② 《乾隆浙江通志》卷115、卷154。

元 1121 年)，李纲父李夔逝世，邹柄为李家找杨时撰墓志铭。[①]

靖康元年三月十五日，宋钦宗“招延草茅邹柄、任申先、尹焞、邓肃之流”，“特补承务郎”。[②] 李纲任宣抚使，邹柄出任宣抚司主管机宜文字。李纲解救太原失败，臣僚上劾奏说，其幕府“多晚进后生，纲傲然略不咨问。其〔所〕与亲密，朝夕不相舍者，惟邹柄与张牧而已。自馀僚属、将佐，唯晨夕一揖而退。若有所建明，须先祷柄、牧，为之传导，然后得见。故人多怨，卒以无助而败事。况邹柄、张牧白身得官，何尝知军旅之事”。李纲罢官后，臣僚上奏，以“邹柄、张牧赞佐误事，亦当追夺前命”。宋钦宗“诏柄、牧并罢见任”。[③]

绍兴二年 (公元 1132 年)，李纲出任湖广宣抚使，他给时任右相的秦桧写信说：“窃望朝廷详察，矜从应副辟置官属。惟梁泽民、邹柄、黄锾为旧僚。泽民谙练事务。柄直谅，有其先人之风。锾好学，有吏材。故敢复行辟置。”[④] 李纲又说：“邹柄者，志完 (邹浩字) 侍郎之子，学问、节操、才识皆过人。靖康间，渊圣特命以官，某尝置幕下，其后造谤者亦波及之。建炎初，除衢倅，复以言者报罢。坐废六年，旅食异方，艰〔窭〕甚矣。近因画一，再行辟置，而柄以书力辞，陈义高而虑患深，不欲强之，已从其志。瑰奇之宝，弃掷道傍，诚为可惜。”[⑤] 他又给邹柄写信说：“昨者不揆，辄欲邀致贤者幕中，庶资谋画之益，共济国事。乃蒙

① 《龟山先生全集》卷 32《李修撰墓志铭》。

② 《靖康要录笺注》卷 4 靖康元年三月十五日、卷 5 靖康元年四月九日，《宋会要》选举 34 之 42—43。

③ 《靖康要录笺注》卷 11 靖康元年十月一日，《会编》卷 56、卷 199，《宋会要》职官 69 之 28。

④ 《梁溪全集》卷 117《与秦相公第二书别幅》。

⑤ 《梁溪全集》卷 118《与秦相公第九书别幅》。

峻拒，所以见谕者，陈义高而虑患深，读之惘然，良用愧仄。初欲再往牵强，窃恐立意已定，不容进说；又亲嫌之谕，尤切事情，故不敢复议。”① 看来李纲仍想延请邹柄当幕僚，而遭谢绝。由上述信件可知，李纲在众幕僚中看上的是邹柄和梁泽民、黄锾三人，强调邹柄为人“直谅”，“学问、节操、才识皆过人”。

绍兴三年（公元 1133 年）四月，吕颐浩口奏，说邹柄“尝为李纲客，然朝廷要当以其父故，湔拂用之。不然，则终陷于纲党，不能自拔”②。

朱胜非《秀水闲居录》说：“张浚荐李纲帅豫章，以报之未至也，荐其弟维，及其腹心邹柄等，皆立于朝。又以所〔荐〕陈公辅为谏官。居顷之，议者谓靖康伏阙之变，乃公辅为纲谋，不当在言路。纲闻而惧，抗章丐罢。浚又思所以安之，缪言江西盗息民安，转纲官，为金紫光禄大夫。是时，虔、吉盗炽，旁郡亦扰，欺罔如此。”③ 此说当然并不客观和公正。

绍兴四年（公元 1134 年），邹柄访问李纲，李纲致信李光，称“邹德久惠然千里见过，殊慰岑寂，到此已月余，稍凉即归”④。《梁溪全集》卷 31《送邹德久还大柘旧隐三十韵》诗叙述邹柄短暂来访和离别说：“触热涉长道，始识瓯闽州。叩门泉石边，僮仆惊髭虬”，“念子韫器业，学博仕未优。至宝委路傍，谁能辨琳球？世事方多难，英俊宜旁搜。何人有高识？荐此穷马周。丈夫重气概，出处非身谋。岿然栋梁材，回首须万牛。玄豹且深隐，騄骥将见收”。

① 《梁溪全集》卷 120《与邹德久通判书》。

② 《要录》卷 64 绍兴三年四月癸巳。

③ 《会编》卷 199，《要录》卷 110 绍兴七年四月丁未注。

④ 《梁溪全集》卷 121《与李泰发端明第二书》（八月二十二日）。

邹柄与弟邹相编集其父文集，绍兴五年（公元 1135 年）三月，李纲为之作序。[1]

绍兴六年（公元 1136 年）二月，“左承事郎邹柄充枢密院编修官”[2]。

绍兴七年（公元 1137 年）十一月，枢密院编修官邹柄任比部员外郎，国子监丞李维为屯田员外郎，[3] 当时已在张浚罢相之后。

绍兴八年（公元 1138 年）三月，“比部员外郎邹柄知台州，以御史劾柄贪饕”，“柄寻卒，赵鼎奏，柄贫甚，无以归葬，忠贤之裔，理宜优恤，乃赐其家百缣”。但“不知柄以何日卒也”。[4]

《万姓统谱》卷 62 记载：“邹柄，字德久，晋陵人。浩子，弱冠弃科举，从龟山先生游。靖康初，以元枢李公荐，布衣补承务郎，除编修。权给事中，出守天台。行其所学，类多善政，庄外敏中，与人不苟合，前后奏议论列，天下伟之，真能世其家者，著《伊川语录》一卷，文集二十卷。”按，邹柄并未任给事中。

11. 梁泽民。福建路南剑州将乐县人。大观三年（公元 1109 年），梁泽民为特奏名进士。[5] 政和中，为平江府崑山县令，有惠爱。[6] 如前所述，他在靖康时，曾任李纲宣抚司勾当公事，并因救援太原失败而被贬责。

建炎元年（公元 1128 年），梁泽民新差建州通判，许景衡上奏，认为他“向曾从军，颇有谋略”[7]。

---

① 《梁溪全集》卷 138《道乡邹公文集序》。
② 《要录》卷 98 绍兴六年二月辛丑。
③ 《要录》卷 117 绍兴七年十一月庚寅。
④ 《要录》卷 118 绍兴八年三月辛丑。
⑤ 《乾隆福建通志》卷 33。
⑥ 《正德姑苏志》卷 41。
⑦ 《横塘集》卷 10《乞不招安建州军贼札子》。

建炎四年（公元 1130 年）正月至六月，朝散郎、福建路提举常平梁泽民权福建路提点刑狱。①

绍兴二年（公元 1132 年），李纲任湖广宣抚使，他给时任右相的秦桧写信说，“窃望朝廷详察，矜从应副辟置官属”，梁泽民“谙练事务”，“故敢复行辟置”。② 他在给宰相吕颐浩的信中说：“辟陈公辅充参谋官，梁泽民充参议官，已随司罢讫。既误其远来，又失旧任，殊用自愧。敢望陶铸，公辅依旧宫祠，泽民以本等差遣，照札得付下，不胜幸甚。”③

李弥逊曾上奏举荐梁泽民说：“朝散大夫、新差权知信州军州事梁泽民，吏才敏强，更练民事，曾任知平江府昆山县、无为军庐江县，治声蔼然，为众所服。通判建州、权州事，治兵御寇，措置有方，继以提举福建茶事，被旨权本路提刑，戢吏恤刑，一道赖之。”④

绍兴七年（公元 1137 年）十一月，左朝散大夫梁泽民出任淮南西路转运判官，升直秘阁。⑤

绍兴八年（公元 1138 年），梁泽民任浙东路转运判官。⑥ 后改江南西路转运判官。⑦

绍兴十一年（公元 1141 年），梁泽民任主管荆湖南路安抚司公事，他上奏要求宋廷派兵镇压本地骆科变乱。⑧

---

① 《淳熙三山志》卷 25。

② 《梁溪全集》卷 117《与秦相公第二书别幅》。

③ 《梁溪全集》卷 116《与吕相公第十一书别幅》。

④ 《筠溪集》卷 2《应诏荐郡守监司状》。

⑤ 《要录》卷 117 绍兴七年十一月己亥，《筠溪集》卷 5《淮西运判梁泽民直秘阁》，《梁泽民淮西运判》。

⑥ 《要录》卷 122 绍兴八年九月壬子，《咸淳临安志》卷 50《两浙转运》。

⑦ 《苕溪集》卷 42 蒋璨两浙运副、梁泽民江西运判等制词。

⑧ 《鄂国金佗续编》卷 12《令差一项军兵前去郴州讨捕骆科省札》。

12. 黄锾。黄锾的户贯诸说不同，《万姓统谱》卷47，《闽中理学渊源考》卷1《提刑黄用和先生锾》和《乾隆福建通志》卷47为建州浦城县人，而《乾隆浙江通志》卷124作秀州崇德县人，《乾隆江南通志》卷119作秀州华亭县人。今据《忠正德文集》卷3《乞辨黄锾事》，称他为“浙人”。看来是秀州人无疑，可能是祖籍为建州。政和五年（公元1115年）进士。① 如前所述，他在靖康时，曾任李纲宣抚司准备差遣，并因救援太原失败而被贬责。

绍兴二年（公元1132年），李纲任湖广宣抚使，他给时任右相的秦桧写信说，“窃望朝廷详察，矜从应副辟置官属”，黄锾“好学，有吏材，故敢复行辟置”。② 但未能成功。

绍兴六年（公元1136年），范冲举荐说：“锾学问纯明，吏能精敏，抱才未试，风节甚高，闲废之久，众论惜之。”宋高宗将左从政郎黄锾升左宣教郎，“召赴行在”，“寻除诸王宫大、小学教授”。③

绍兴七年（公元1137年）十二月，黄锾任监察御史。④ 他“在台越月，风节凛然，缙绅推贤，天下诵直”⑤。翌年八月，“监察御史黄锾为江南西路提点刑狱公事，以病自请也”⑥。

绍兴九年（公元1139年），“左宣教郎、江南西路提点刑狱公事黄锾罢。锾，范冲所引也。御史中丞勾龙如渊劾诸路监司、守

① 《至元嘉禾志》卷15《宋登科题名》。
② 《梁溪全集》卷117《与秦相公第二书别幅》。
③ 《要录》卷100绍兴六年四月壬寅，卷101绍兴六年五月乙未。
④ 《要录》卷117绍兴七年十二月庚午。
⑤ 《闽中理学渊源考》卷1《提刑黄用和先生锾》。
⑥ 《要录》卷121绍兴八年八月丙子。

贰之不职者九人，论锾反覆奸佞，苛刻扰民，故并罢”①。从黄锾任监察御史到罢提点刑狱的仕历看来，应与他持反对降金的政见有关，故遭投降派勾龙如渊的弹劾。

《万姓统谱》卷47载：“黄锾，字用和，浦城人。政和中，第进士，尝从杨时学，时器重之。及为工曹，守将高其才，数委以事。适诸邑大水，按视官部希使者意，多不以实闻。锾独减放，蠲田租十之八。使者怒，锾占答详雅，卒如初请。再调西安丞。靖康初，李纲宣抚河东，辟幕属。高宗拜监察御史，首陈七事，深见嘉纳。廷臣奏事，高宗曰：‘锾论人君治心事甚详。’以谏官，有尼之者，除江西提点刑狱，力求奉祠以卒。有《奏议》《杂著》《论语类观》《唐史笃论》，共二十卷。”《闽中理学渊源考》卷1《提刑黄用和先生锾》所载大致相同。

13. 翁挺。字士特，建州崇安县人，为翁彦约长子。北宋宣和时，为迪功郎、充两浙转运司管勾文字。② 李纲在绍兴四年（公元1134年）所作《五峰居士文集序》中说，翁挺“天才秀发，器业夙成，年未成童，已知声律，能赋诗，有惊人语。及长，该极群书，贯穿今古，落笔即数千言。既而游行四海，渡浙江，寓淮楚，窥衡湘，观光上都，宦游赵、魏之邦，尽交其豪俊。以故为文雄深雅健，渊源浩博，能备众体。而尤长于诗，其五言、七言，属对律切，风清调深，其古风歌行，浑厚简淡，凌厉奋发，绝去笔墨畦径间，追古作者，信乎天下之奇才也”。“早游国庠，屡冠多士，声华籍甚，而名不题于雁塔；晚登仕版，对扬文陛，受知人主，而位不过于星郎；触时相怒，窜逐流离，得病以死，

① 《要录》卷125绍兴九年正月丁酉。

② 《龟山先生全集》卷32《翁行简墓志铭》。

而年仅逾于知命”。[①] 此序谈了翁挺一生的大略。

杨时《龟山先生全集》卷26《题翁士特文编》所述，大约是翁挺在北宋季年的情况，“翁君士特示余诗文一编，辞义精奥，有古作者风气，而古风辞气尤工，皆非常流可到也”。“士特性资英迈，绝人远甚，如欲以文高于世，则文固已足高世矣”。李纲诗《送士特兄下第之衡湘》，为“宣和己亥（元年）以前”之作，[②] 而依科举的年限，翁挺落第应为政和五年（公元1115年）事。李纲自“癸卯（宣和五年）至甲辰（宣和六年）岁”的诗作中，有三首是与翁挺唱和者，其地点则在无锡县。[③] 按前引《朱子语类》卷131之说，北宋末，翁挺也是李纲的幕僚，并因而贬责。

建炎元年（公元1127年）六月，将作监丞翁挺任考功员外郎。[④] 建炎二年（公元1128年），李纲贬责“湖外”，作诗《闻翁士特携家居胶山》《翁士特见示山字韵诗两篇复次前韵寄之》和《次韵士特试谷帘泉见怀之作》。[⑤] 十二月，宋廷令“尚书考功员外郎翁挺除名，邻州编管”。[⑥] 建炎四年（公元1130年），被贬的李纲由海南岛北还，作诗《次韵士特见怀古风》和《次韵翁士特相招居武夷》。[⑦]

绍兴三年（公元1133年），李纲作祭文，“致祭于故考功郎中

---

① 《梁溪全集》卷138。

② 《梁溪全集》卷5。

③ 《梁溪全集》卷16《同翁士特小饮中隐堂》，《士特见和复次前韵》，《同士特游惠山再次前韵》。

④ 《要录》卷6建炎元年六月癸未作“翁珽”，应即翁挺。

⑤ 《梁溪全集》卷20、卷22。

⑥ 《要录》卷18建炎二年十二月丁巳。

⑦ 《梁溪全集》卷26，卷27。

士特翁兄之灵”。“惟我与兄，为外昆弟[①]。丱角相从，情均同气。我钝而鲁，兄敏而慧”。[②] 李纲还作《读翁士特留题追怀二首》诗，时李纲“道武夷，冲祐观壁间读翁士特郎中留题，追怀感怆”[③]。

14. 邓肃（1091—1132）。字志宏，南剑州沙县人。《宋史》卷375有传，万历刊本《栟榈先生文集》有附录《栟榈先生墓表》。今人王兆鹏和陈为民编有《邓肃年谱》[④]，考订甚详。本文主要叙述他与李纲的关系。他是北宋末年著名的太学生，赋诗备述花石纲扰民：“但愿君王安万姓，圃中何日不东风。”宣和元年（公元1119年），宋徽宗亲“诏放归田里”[⑤]。他“警敏能文，美风仪，善谈论。李纲见而奇之，相倡和，为忘年交”[⑥]。时李纲因论水灾，降为监南剑州沙县税务，与邓肃赋诗唱和不少。[⑦]

靖康时，宋钦宗“招延草茅邹柄、任申先、尹焞、邓肃之

---

① 关于李纲与翁挺的亲戚关系，据《要录》卷7建炎元年七月丁巳、卷18建炎二年十二月丁巳，《万姓统谱》卷1，江南东、西路经制使翁彦国“女为纲弟维妇”，而翁挺则是翁彦国兄翁彦约之长子。

② 《梁溪全集》卷165《祭翁士特郎中文》。

③ 《梁溪全集》卷29。

④ 本文所引为《宋人年谱丛刊》第7册，四川大学出版社，2003年。

⑤ 《挥麈后录》卷2，正德本《栟榈先生文集》卷1《花石诗十一章》（后注版本同），《宋史》卷22《徽宗纪》，《皇朝编年纲目备要》卷28宣和元年十一月。关于邓肃何时写花石诗，参见《邓肃年谱》第4567—4570页考证。按官史俱称邓肃被放逐在宣和元年十一月，王、陈二先生据以反对之理由是其父邓毂逝世而在家丁忧，但其逝世尚考订不出确切时间。

⑥ 《宋史》卷375《邓肃传》，《夷坚甲志》卷9《宗本遇异人》。

⑦ 《栟榈先生文集》卷2《凝翠阁陪李梁溪次韵》，卷3《和李梁溪春雪韵》，卷10《陪李梁溪游泛碧》。《梁溪全集》中的赠和诗更多，如卷7《吴慎微邓志宏同游陈氏园》《次韵邓志宏梅花》《墨戏六首》《再用陈园韵示邓志宏》《乘兴游邓季明园池邀志宏同会再赋陈园韵》等。

流”，“特补承务郎”，[①] “授鸿胪寺丞”。开封城破后，曾出使金营，“留五十日而还”。他回来报告宋廷，说金军人数“大约不过八万人”。金人立伪楚，邓肃“义不屈”，投奔南京应天府。[②]

邓肃后来在给胡世将的书信中，表明他对北宋末李纲的处境有透彻的了解，说：

> 熙、丰间，如司马温公（光）与王荆公（安石）之所争者，曰是与非；崇宁间，陈了翁（瓘）与蔡长沙（京）之所争者，曰治与乱；靖康间，李丞相与耿门下（南仲）之所争者，又不特是非、治乱，安危而已，其存亡所系乎！[③]

建炎元年（公元 1127 年），宋高宗登基，命邓肃为左正言。[④]李纲拜相，邓肃写信说：“闻入参大政，欣跃之余，连夕不寐。盖非谓大厦已成，预为燕雀计；实幸斯道有传，而海内均福也。国势委靡，无如今日，然纪律已定，夫何患哉！”[⑤] 他又以“门人、左正言邓肃”的名义进贺诗，其序说：“肃不敢效世俗谄语致贺，直述京城围闭，君父蒙尘之状，以见不共戴天之仇，在所必报也。

---

① 《靖康要录笺注》卷 4 靖康元年三月十五日、卷 5 靖康元年四月九日，《宋会要》选举 34 之 42—43。

② 《宋史》卷 375《邓肃传》，《要录》卷 3 建炎元年三月癸丑，《历代名臣奏议》卷 188 邓肃奏，《栟榈先生文集》卷 12《辞免除左正言第三札子》。

③ 《栟榈先生文集》卷 14《与胡左司》，《困学纪闻》卷 17。信中称“再拜丞公左司”，“溽暑，伏惟台候动止万福”。《宋史》卷 370《胡世将传》载他字承公，曾任尚书右司员外郎。另据《要录》卷 52 绍兴二年三月丙午、卷 53 绍兴二年闰四月甲寅载，胡世将在两个月中曾任尚书右司员外郎。尽管有“丞公”与“承公”，“左司”与“右司”之差异，估计邓肃致信者，应即是胡世将。

④ 《要录》卷 5 建炎元年五月丁酉作“右正言”，今从《宋史》卷 375《邓肃传》，《栟榈先生文集》卷 12《辞免除左正言第一札子》。

⑤ 《栟榈先生文集》卷 21《上李右丞相简》。

伏乞钧慈特赐采揽。”①

邓肃弹劾开封围城中“受伪命者”，以及耿南仲、耿延禧父子等。② 他上奏指责：“御药院奉圣旨，下开封府买拆洗女童不计数。且拆洗云者，岂必姝丽耶?”“日差人吏，遍走京城，凡见女童，举封其臂，间有脱者，其行赂已不赀矣。搜求之甚，过于攘夺，愁怨之声，比屋相闻。呜呼！尹开封府者与领御药院者，亦何累吾圣天子如是之甚哉!”③ 实际上是批评宋高宗好色。

李纲罢相，邓肃上奏规谏皇帝说：“纲学虽正而术疏，谋虽深而机浅，陛下尝顾臣曰：‘李纲真以身徇国者!’今日罢之，而责词甚严，臣所以疑也。”宋高宗将他罢官，黄潜善、汪伯彦等指使“言者极论其罪”，最后“罢归居家”。④

建炎二年（公元1128年），邓肃写《玉山避寇》诗说：“今年十月间，叛卒起南方。官兵且二万，一旦忽已亡。一身幸无责，奉亲走穷荒。天宇如许大，八口无处藏。空山四十日，画饼诳饥肠。”⑤

建炎三年（公元1129年）二月二十一日，邓肃写《具瞻堂记》说：“今上即位之初，走使召公，再迁为左仆射，纪律稍正，群盗向息，而公又逐。不数月间，翠华有维扬之幸。故天下识与不识，皆谓公之出入，系朝廷重轻，非近世名臣所可比也。东坡曰：‘儿童诵君实，走卒知司马。’吾今于公复见之矣。”“李公直

① 《栟榈先生文集》卷5《贺梁溪李先生除右府》。

② 《要录》卷7建炎元年七月辛丑，《宋史》卷375《邓肃传》。

③ 《历代名臣奏议》卷195邓肃奏，《栟榈先生文集》卷12《辞免除左正言第九札子》，《要录》卷6建炎元年六月丁亥。

④ 《要录》卷8建炎元年八月乙亥，《宋史》卷375《邓肃传》，《栟榈先生文集》卷12《辞免除左正言第十三札子》，《历代名臣奏议》卷143。

⑤ 《栟榈先生文集》卷9。

气充塞天壤，不能一日安其身于朝廷之上，当时愿留之者，殆以万计，几坑于奸佞之手，有抗章以挽之者，皆斥窜流离，去朝廷数千里者，至于枭首通衢，以竦天下。”① 仍对李纲罢相深致惋叹，并对陈东和欧阳澈之“枭首通衢”，表示哀悼。

建炎四年（公元1130年）十二月初十日，邓肃作《题了翁墨迹》，赞颂陈瓘。②

绍兴元年（公元1131年）四月，邓肃作《跋李丞相赠邓成材判官诗》③。十一月“承务郎邓肃主管江州太平观，从所请也”④。

绍兴二年（公元1132年），李纲出任荆湖、广南路宣抚使，邓肃作《送李丞相四路宣抚》，其中说：“不辞马上蒸溽暑，平生直气高苍穹。四海草木闻威风。业以自任如伊尹，那使流言动周公。”⑤ 五月九日，他“避寇福唐（福州）”，“因侍母疾，积忧成病而卒”，时年四十二岁。⑥

15. 薛弼（1088—1150）。其事迹可参见拙作《尽忠报国——岳飞新传》附录四岳飞的部将和幕僚，在此不作复述。他与李纲的交谊始于北宋末，金军犯开封府，薛弼赞助李纲，除光禄寺丞，后因部署河防问题议论不和，遂退闲，主管亳州明道宫。⑦ 绍兴十年（公元1140年）六月，薛弼以荆南知府之身份，给病逝的李纲写祭文，深致悼念，感慨地说：“志大则难行，才大则难用，谋

① 《栟榈先生文集》卷16。

② 《栟榈先生文集》卷19。

③ 《栟榈先生文集》卷20。

④ 《要录》卷49绍兴元年十一月庚戌。

⑤ 《栟榈先生文集》卷8。

⑥ 《宋史》卷375《邓肃传》，万历本《栟榈先生文集》附录《栟榈先生墓表》。

⑦ 《东莱吕太史文集》卷10《薛常州墓志铭》，《水心文集》卷22《故知广州敷文阁待制薛公墓志铭》，《浪语集》卷33《先大夫行状》，《宋史》卷380《薛弼传》。

大则难合，功大则难成。自古在昔，以是为喟，公亦如尔，非天尔耶!”① 表明了他对李纲很深的感情和理解，并给予公正而深刻的评论，真是知音之言。

16. 张元幹（1091—1171）。字仲宗，号芦川居士，福州永福县人②，身材“短小”③，其《自赞》也称“尔形侏儒”④。今人王兆鹏编有《张元幹年谱》⑤，考订甚详，本文主要叙述他与李纲的关系。张元幹侄孙张广谨在《四库全书》本《芦川归来集》序中说：“芦川老人张公仲宗，讳元幹，以文章学问驰誉宣、政间。官将作大匠，志尚林壑，方少壮时，挂冠谢事。靖康之元，上却敌书。见了翁，谈世事于庐山之上。了翁曰：‘犹有李伯纪（纲）在，子择而交之。’公敬受教，从之游。”“了翁”是指陈瓘，他在宣和年间逝世，尚在靖康之变前。他与李纲有交往，说“犹有李伯纪在”，认定了李纲有扶危持颠之才。李纲《梁溪全集》卷108也有《与了翁书》，附录三有《了翁先生与忠定公书》，“忠定”为李纲谥号。陈瓘信中列举前朝两个宰相，说：“文靖（李沆）、文正（王旦），辅世无悔。谁者嗣之，愿公继踵乎!”与其对张元幹之说可互相印证。“将作大匠”即将作监，但《芦川归来集》曾噩序则说他任“将作少监”，稍异。⑥ 另据张元幹在李纲祭文中说：

---

① 《梁溪全集》附录四。

② 张元幹户贯据《芦川归来集》卷10《宣政间名贤题跋》，王浚明称“永福张仲宗，国士也”。《周益国文忠公集·平园续稿》卷7《跋张仲宗送胡邦衡词》作“长乐张元幹”，乃后人追述，应以前一说为准。

③ 《苕溪渔隐丛话》后集卷36。

④ 《芦川归来集》卷10。

⑤ 本文所引为《宋人年谱丛刊》第7册，四川大学出版社，2003年。

⑥ 参见《张元幹年谱》，《宋人年谱丛刊》第4666页考证。

往在宣和庚子（二年，公元1120年），拜了堂先生庐山之南，心知天下将乱，阴访命世之贤。先生指公曰："讳言久矣，乃者巨浸暴溢，都邑震惊。阴盛，兵象也。贵臣方负薪临河，有柱下史叩头陛下，愿陈灾异大略，胸中之奇，曾未一吐，已触鳞远窜矣。异时真宰相也。吾老不及见矣，子盍从之游。"后数年，始克见公梁溪之滨，历论古今成败，数至夜分，语稍洽，爰定交焉。①

所谓"柱下史"一句，是指李纲在宣和元年（公元1119年）上奏论灾异一事。按，"了堂"也是陈瓘别号。张元幹《上平江陈侍郎十绝》诗说："了堂先生古遗直，贬剥私史专尊尧。二蔡怀奸首排击，始终大节不同朝。"是指陈瓘著《四明尊尧集》。其序说："顷在宣和庚子年，获拜先生于南康，留山中者久之，蒙跋大父手泽。"②《芦川归来集》卷9《跋了堂先生文集》亦载此事，而卷10《宣政间名贤题跋》又载此文字，题曰："宣和庚子，陈瓘书于庐山之南。"

据李纲题词，宣和六年（公元1124年）"春，仲宗还自闽中，访予梁溪之滨，听其言鲠亮而可喜，诵其文清新而不群，予洒然异之"③。这是两人正式会面和定交之始。

靖康元年（公元1126年）四月，张元幹任详议司兵房检讨官。④ 又李光上奏说："朝廷专委李彀开撩城濠，日役万人，而将作监分管东壁樊家冈一带，六十八万余工，比之别壁，工料最为

① 《梁溪全集》附录四。
② 《芦川归来集》卷4。
③ 《芦川归来集》卷10。
④ 《靖康要录笺注》卷5靖康元年四月九日，参见此书有关张先幹的考证。

浩大。见役本监并步军司人兵，不满千人，兼闻本监长贰未差正官，张元幹书生，不足倚办。”① 如前所述，张元幹“上却敌书”。

李纲出任宣抚使，救太原，据张元幹在李纲祭文中说：

> 奈何反挤公，则有河东之役。仆尝抗之曰：“榆次之败，特一将耳，未当遽遣枢臣。此卢杞荐颜鲁公使李希烈也，必亏国体。”且陈以祸福利害，退而告公。公虽壮我，而为我危之。既不及陪，属同列有择地希进之诮，即投劾以自白，议者犹不舍也。是岁秋九月，卒与公同日贬，凡七人焉。流落倦游，回首十有四载于兹矣。②

可知当时张元幹也随李纲贬官。南宋时，张元幹“辛亥休官”③，即绍兴元年（公元 1131 年），“年方四十一已致仕”④。张元幹在李纲祭文中说：

> 辛亥至己未（绍兴九年），九载之内，公多居闽，岁时必升公之堂，获奉觞豆间，乃登高望远，放浪山巅水涯，相与赋诗怀古，未尝不自适而返，若将终焉，无复经世之意。迨夫酒酣耳热，抚事慷慨，必发虞卿、鲁仲连之论，志在忧国。

张元幹贺李纲生日诗，分别载《芦川归来集》卷 2 和卷 3，据王兆鹏先生考证，是在绍兴四年（公元 1134 年）和绍兴八年，⑤

---

① 《历代名臣奏议》卷 223。

② 《梁溪全集》附录四，参见《苕溪渔隐丛话》后集卷 36。

③ 《芦川归来集》卷 4《上平江陈侍郎十绝》序。

④ 《芦川归来集》曾噩序，参见《陈与义集》卷 4《送张仲宗押戟归闽中》。

⑤ 《宋人年谱丛刊》第 4699、4706 页。

但卷3《李丞相生朝三首》无以考订时间。张元幹“寄李伯纪丞相”的《贺新郎》词，是其爱国词的代表作，但其创作时间历来考证不一，如唐圭璋、潘君昭、曹济平先生《唐宋词选注》第347页①，还有《张元幹年谱》②，都定为绍兴八年（公元1138年）。前者说：“这时李纲知洪州（今江西南昌市），闻讯上书，反对和议，后罢居长乐。张元幹当时寓居福州，为李纲上书坚持抗金的精神所感动，写了这首词送他，表示支援。”按李纲罢知洪州，乃是在绍兴七年（公元1137年），当时宋金尚未进行和议谈判。绍兴八年初，李纲“还次长乐”③，后反对屈膝求和，上《论使事札子》。《唐宋词选注》等的叙述时间上有差误。张元幹词说：

曳杖危楼去。斗垂天，沧波万顷，月流烟渚。扫尽浮云风不定，未放扁舟夜渡。宿雁落，寒芦深处。怅望关河空吊影，正人间鼻息鸣鼍鼓。谁伴我，醉中舞。

十年一梦扬州路，倚高寒，愁生故国，气吞骄虏。要斩楼兰三尺剑，遗恨琵琶旧语，漫暗涩，铜华尘土。唤取谪仙平章看，过苕溪，尚许垂纶否？风浩荡，欲飞举。④

判断此词的写作年代似有两句。一是“十年一梦扬州路”，宋高宗自建炎元年（公元1127）将行在迁到扬州，到绍兴六年（公元1136年），为时十年。二是“过苕溪，尚许垂纶否?”按李纲在建炎元年罢相，一直处于被贬斥、流放和出任外官的状态，只有

① 北京出版社，1982年。
② 《宋人年谱丛刊》第4711页。
③ 《梁溪全集》附录一《年谱》。
④ 《芦川归来集》卷5。

在绍兴六年二月，他曾赴行在临安府，朝见宋高宗。[①]“过苕溪”，苕溪是乌程县的溪流，可作湖州之别名[②]，垂纶即是垂钓，应是使用姜尚“垂纶于渭滨”[③] 的典故。当时宋廷的抗金气氛较为高涨，张元幹期盼李纲朝见后复相，如周代姜尚那样，举恢复之大计。但决定权在皇帝，故有“尚许垂纶否”的问话。此后又有“风浩荡，欲飞举”之语，在他看来，当时的抗金形势颇好，正是国士们有为之际。由此可判断此词的写作年代为绍兴六年。但宋高宗是绝不会让李纲复相的，所以张元幹的期望也只能落空。他另两首《用折枢韵呈李丞相二首》诗也表达了同样的期望：“公乎此去归廊庙，无用山中隐鹤为。”[④] “折枢”是折彦质，他在绍兴六年二月至十二月任签书枢密院事，[⑤] 可作推断《贺新郎》词写作时间之旁证。

绍兴十年（公元 1140 年）正月，李纲辞世。张元幹以“门生、右朝奉郎致仕”的名义敬献祭文和挽诗。祭文为今存《芦川归来集》所遗漏，挽诗在《梁溪全集》附录三和《芦川归来集》卷 2 中保存，然而今存《芦川归来集》或本于《四库全书》，字句经清人篡改，即使未经篡改者，字句也或有出入。如“英风成昨梦，遗恨落腥膻”，清人将“腥膻”改为“穷边”。“壮志深忧国，丹心笃爱君。谤书兴众枉，谏疏在奇勋”之句，是对李纲坎坷一生的精辟总结。其第二篇祭文说：“世或卖友以速信兮，予独甘心而守篓。意东山之起兮，夫何哭于西州之路。”表明了他宁可“守篓”，也要坚定地支持和追随李纲。

---

① 《要录》卷 98 绍兴六年二月癸亥，《梁溪全集》附录一《年谱》。

② 《方舆胜览》卷 4《安吉州》。

③ 《魏书》卷 72《阳固传》。

④ 《芦川归来集》卷 3。

⑤ 《宋史》卷 28《高宗纪》。

胡铨在绍兴八年上书，义正词严地批判小朝廷降金的可耻行为，名震一时。宋高宗于绍兴十二年（公元1142年）七月下诏，将胡铨“除名，新州编管”①。张元幹遂以《贺新郎》词为胡铨送行，这是他又一首爱国词的代表作。其词说：

梦绕神州路，怅秋风，连营画角，故宫离黍。底事昆仑倾砥柱，九地黄流乱注，聚万落千村狐兔。天意从来高难问，况人情老易悲难诉。更南浦，送君去。

凉生岸柳催残暑。耿斜河，疏星淡月，断云微度。万里江山知何处？回首对床夜语，雁不到，书成谁与？目尽青天怀今古，肯儿曹恩怨相尔汝。举大白，唱金缕。②

本已致仕的张元幹，又被“以它事追赴大理”，削除官职，其诗文“语及讥刺者悉搜去”。③ 其绍兴二十四年（公元1154年）《甲戌自赞》说：

芦川老居士，今春六十四。勇退急流中，毕竟只这是。胡为元命年，辄下廷尉吏？业风何见吹，逆境忽现示。傥非造物慈，孰贷小人戾。故山念欲归，夙债尚留滞。骨肉颇相忘，眠食初未废。心存自在天，脚踏安乐地。欢喜待众生，冤亲平一切。④

① 《要录》卷146绍兴十二年七月癸巳。

② 《芦川归来集》卷5。

③ 《四库全书》本《芦川归来集》张广谨序，卷5《贺新郎》（送胡邦衡待制谪新州），《挥麈后录》卷10，《鹤林玉露》乙编卷3《玄真子图》。时胡铨尚未有待制之职名，“待制”两字系误。

④ 《芦川归来集》卷10。

尽管身陷冤狱，但张元幹却以平和的心境对待迫害，在“辄下廷尉吏”，不得归“故山”的可悲境遇中，仍是“心存自在天，脚踏安乐地。欢喜待众生”，实际上是表示了对迫害的最大限度的蔑视。

张元幹活到了奸相秦桧死后。他在《上平江陈侍郎十绝》诗序中说：“辛亥休官，忽忽二十九岁，行年七十矣。”① 可判定时为绍兴三十年（公元1160年）。他大约在翌年逝世。②

17. 邓祚。《万姓统谱》卷109载：“邓祚，字成材，（南剑州）沙县人。建炎二年，第进士，授建昌军签判。金人南侵，破洪州，传檄至建昌，守（方昭）③ 率属纳帛，拟以城降。祚毅然斥之曰：‘敌使至，当杀之，而焚其书，宁死不降。’守欲执以畀敌，祚不为屈，遂弃官归。以陈康伯荐，召对，擢广西转运判官，迁知泉州，除直秘阁、广东经略，复起知隆兴府、江西安抚。盗贼盈区，祚随宜剿荡，一道以宁。寻以疾请祠。所著有《焦桐集》。”

绍兴十年（公元1140年），邓祚给李纲写祭文，是以“门生、左宣教郎、权通判静江府、兼管内劝农事”的名义，左宣教郎证明他是进士出身。祭文对李纲高度褒扬，其中有关他与李纲交往的文字如下：

> 祚为布衣，受知于公，片言见赏，旷若发蒙。往官盱江（建昌军之别名，即前引记载所述，时任签书判官厅公事之

---

① 《芦川归来集》卷4。

② 参见《张元幹年谱》，《宋人年谱丛刊》第4752页考证。

③ 据《要录》卷29建炎三年十一月癸酉，时方昭任建昌知军。

际），公还自南（指李纲被流放后北归），一言如旧，载笑载言。公总戎旅，辟置幕府。诲慰勤勤，国士见遇。人亦有言，贵相知心，平生知我，莫如公深。①

看来邓祚在绍兴时，曾任李纲宣抚司的幕僚。《栟榈文集》卷20《跋李丞相赠邓成材判官诗》记载李纲因邓祚义不降金，“大丞相李公闻而壮之，因邓有诗，遂次其韵，既赞其所已至，又勉其所当为”。李纲诗见《梁溪全集》卷28有《次韵奉酬邓成材判官二首》，称赞他“文场妙誉久推豪”，“千寻挺节无霜霰，万里抟风有羽毛”。

陈康伯执政，荐邓祚，而任广西转运判官，为绍兴后期事。②绍兴三十一年（公元1161年），任知广州、兼广东路经略安抚使。③ 后邓祚知隆兴府等，则为宋孝宗时事。

18. 赵令衿（？—1158）。字表之，号超然居士。④ 宋太祖五世孙，其年龄应大于元丰五年（公元1082年）出生之宋徽宗，故后来宋高宗称“皇伯”，《宋史》卷244有传。他“博学，有能文声，中大观二年（公元1108年）舍选”。当时有谏臣江公望，赵令衿“与之相好”。⑤ 他在“宣和初，赴南康司录，过蕲州，游五祖山绝顶白莲亭”⑥。“任南康，政成事简，多与禅衲游，公堂间为摩诘丈室”，表明他信佛教。⑦

---

① 《梁溪全集》附录四。

② 《要录》卷187绍兴三十年十二月戊申，《海陵集》卷17《邓祚除广西运判》。

③ 《雍正广东通志》卷26。

④ 《五灯会元》卷19，《鸡肋编》卷下。

⑤ 《攻媿集》卷56《清芬堂记》。

⑥ 《雍正湖广通志》卷119。

⑦ 《五灯会元》卷19。

靖康时，赵令衿“为军器少监”，“赵令衿以献书论事，黜送铨曹”。[①] 赵令衿后来在给李纲祭文中说:“靖康改元，黠虏长驱”，“军声久弱，纪律尽病。一木支厦，孰能克定? 异者幸失，谗言得人，纳笏殿陛，乞骸坚执。众惊伟人，去位何急。”[②] 他的“献书论事”，很可能与支持李纲有关。

绍兴七年（公元 1137 年）八月，左朝奉大夫、主管建宁府武夷山冲佑观赵令衿行尚书都官员外郎。当时正值淮西兵变后，张浚罢相，而赵令衿“以急速请对，乞留浚”，“言官石公揆论令衿阿大臣”，遂于九月罢官。[③]

绍兴九年（公元 1139 年），左朝奉大夫赵令衿任提点福建路刑狱公事。[④]

绍兴十年（公元 1140 年）三月，赵令衿以“左朝奉大夫，新权发遣两浙东路提点刑狱公事，兼本路劝农、提举河渠常平等公事，借紫金鱼袋”的头衔为李纲写祭文说：

> 不徇世道，谤箧易盈，虽有大志，何敢请缨? 退居七闽，日涉三径，酿酒栽花，访道理性。议论不欺，威仪常正，士夫信慕，神物亦敬。我诚鄙人，久隐山麓，涉世多事，疾恶忤物，惧辱知音，谨慎弥笃。公尝贻书，勉我勿恤，招我入闽，指以津路，为我择居，许追高步。我非良马，荷公先顾，大恩未报，言辞莫措。闻我论事，契公心机，报我祥刑，津

① 《宋史》卷 244《赵令衿传》，《要录》卷 113 绍兴七年八月丙午，《斐然集》卷 25《先公行状》，《历代名臣奏议》卷 141 胡安国奏。

② 《梁溪全集》附录四。

③ 《要录》卷 113 绍兴七年八月丙午、卷 114 绍兴七年九月丁亥，《宋史》卷 244《赵令衿传》，《忠正德文集》卷 8《丁巳笔录》。

④ 《要录》卷 128 绍兴九年五月戊子，《苕溪集》卷 43《赵令衿福建提刑》。

津见眉。居家忧国，知无不为，安邦之策，百未一施。[①]

可知赵令衿在隐居期间，与李纲密切交往，他对李纲相知极深。此文也证实了两人之交谊，应是始于靖康时。

绍兴十四年（公元 1144 年），“吏部奏以左朝请大夫、主管台州崇道观赵令衿通判德安府”，当时赵令衿正好到行在临安，御史中丞李文会“论令衿顷在建康为郎官，适淮西之变，乃以急速请对，实为大臣游说，陛下察见奸伪，即赐罢黜。今乃恬然不顾，依旧奔走省谒于此”。于是宋高宗“诏送吏部，仍日下出门”。[②]

绍兴十九年（公元 1149 年），左朝散大夫赵令衿任泉州知州。[③]

后赵令衿“自泉州代还，寓居衢州，尝召客观月。令衿因观秦桧家庙记文，口诵‘君子之泽，五世而斩’之句。右通直郎、通判州事汪召锡（汪伯彦子）、州学教授莫汲皆于坐间闻之。召锡娶桧兄女，遂令汲告令衿，评论日月无光，谤讪朝政。守臣左中大夫王师心劝之，不能止”。绍兴二十五年（公元 1155 年）五月，秦桧党羽侍御史董德元上弹奏：“谨按左朝散大夫赵令衿诈伪不情，专事狂悖，交结罪人，伺探国事。靖康中，尝为将作少监，乃吴敏引用也。敏罢相，令衿上书挽留，以报私恩。渊圣皇帝察其奸伪，坐废者累年，复为郎官。张浚误国，得罪天下，言者方论其过，令衿乃于此时以急速请对，为浚游说。陛下圣明，亦恶其诈伪，黜为宫观。近以宫祠居衢州，衢为南方道途之冲，凡往

① 《梁溪全集》附录四。

② 《要录》卷 151 绍兴十四年四月乙未。

③ 《要录》卷 160 绍兴十九年十月辛未，《茶山集》卷 5《寄泉南守赵表之》，《知稼翁集》卷上《赠泉守赵表之（令衿）二首》当写于赵令衿知泉州时。

来士夫，无问识不识，使人邀请至其家，曲意弥缝，探问朝廷事体。凡所措置，令衿必先知。不合其意，则恣为狂悖之言，无忌惮。伏望睿断，先将令衿编置远方，仍令有司根勘泉州赃货及衢州强敛良民钱物，悉行追纳，以正纪纲。”宋高宗下诏，罚赵令衿“汀州居住”。① 六月，宋高宗发表“右朝请郎、添差通判临安府王彦传知衢州。彦传至郡，召人告讦赵令衿事。遂兴大狱”②。

八月，“左朝散大夫、汀州居住赵令衿追一官，勒停，令南外宗正司委官专一拘管。法寺言令衿谤讪不逊，故有是命”③。当时负责“体究”，即搜罗赵令衿罪状的傅自得却宁愿得罪秦桧，“不复穷竟”。④ 秦桧则嗾使殿中侍御史徐嚞劾奏：“近者臣僚论列赵令衿罪恶，已蒙付之有司施行。臣访闻事目内一项，称令衿与赵鼎之子汾终日开怀痛饮，临别厚贶之，且寄以书信，未知所寄何人。臣窃谓汾故宰相之子，乃甘心与人递送书信，决有奸谋密计，窥伺朝廷事机，倘不究治，则罪恶不彰，为国产祸，不可不虑。”宋高宗又“诏送大理寺究治”。⑤ 秦桧暮年病势愈重，杀心更重，他将赵汾投入大狱，胁迫他自诬与张浚、李光、胡寅等五十三人“谋大逆”。幸好因秦桧十月病死，此次株连最广的冤狱遂告中辍。⑥ 十二月，宋高宗“诏追官勒停人赵令衿复左朝请大夫”⑦。

---

① 《要录》卷168绍兴二十五年五月癸丑、卷169绍兴二十五年七月戊辰，《文定集》卷23《显谟阁学士王公墓志铭》。

② 《要录》卷168绍兴二十五年六月乙未。

③ 《要录》卷169绍兴二十五年八月戊寅。

④ 《朱文公文集》卷98傅自得行状。

⑤ 《要录》卷169绍兴二十五年八月辛巳，《宋史》卷244《赵令衿传》、卷473《秦桧传》,《宋宰辅编年录校补》卷16。

⑥ 《要录》卷169绍兴二十五年十月辛卯，卷170绍兴二十五年十一月乙丑、庚午；《宋史》卷244《赵令衿传》。

⑦ 《要录》卷170绍兴二十五年十二月壬午、癸巳。

绍兴二十六年（公元1156年）正月，皇伯、左朝请大夫赵令衿为明州观察使、安定郡王。[①] 八月，明州观察使、安定郡王赵令衿“以病不能朝，乞与在外宫观，迎奉燕王影貌，任便居住”[②]。十二月，皇伯、明州观察使、提举江州太平兴国宫、安定郡王赵令衿为庆远军承宣使。这是因赵令衿“自言老病丐出，不获与南班普迁之宠，乞收使历过磨勘减年”之故。[③]

时宋孝宗与赵令衿亲近，据宋孝宗追述：“朕在藩邸，令衿以宗室老，奉朝请，时有唱酬。”[④]

绍兴二十八年（公元1158年）十二月，庆远军承宣使、提举江州太平兴国宫、安定郡王赵令衿病死，赠开府仪同三司。[⑤] 卒年应有七十多岁。

据《梁溪全集》附录三和附录四，在李纲逝世时，致祭文和悼诗者且不论曾经弹劾他，后又任丞相的张浚，还是参知政事李光和张守，尚书左丞叶梦得，其他名宦李弥逊、潘良贵、李璆、曾开、吕本中和张致远，以及当时官位较低的贺允中、郑昌龄、吴冈和邵才，他们当然都是敬慕李纲者，政见大致相同，但从本文的论述范围看，似不必再逐一介绍了。至于曾任李纲幕僚者，固然人数不少，本文似无必要逐一介绍，而只介绍其中最为李纲看重的数位。仅就本文重点介绍的十八位而论，也足知他们根本不是与李纲结党营私者。宋代的士大夫的大多数，无非是贪官污

① 《要录》卷171绍兴二十六年正月丙寅、戊辰，《宋史》卷244《赵令衿传》，《宋宰辅编年录校补》卷16。

② 《要录》卷174绍兴二十六年八月乙未。

③ 《要录》卷175绍兴二十六年十二月癸丑，《宋史》卷244《赵令衿传》。

④ 《攻媿集》卷56《清芬堂记》。

⑤ 《要录》卷180绍兴二十八年十二月庚寅，《宋史》卷244《赵令衿传》。

吏，但也另有那么一些忠实的、正直的李纲追随者，足以彪炳史册，已属难能可贵了。足见古代儒家思想对士大夫的正面影响，仍是不容忽略不计者。

（原载《隋唐辽宋金元史论丛》第3辑）

一八、南宋宰相吕颐浩和朱胜非的重要事迹述评

吕颐浩和朱胜非，南宋初期曾任宰相，除刘云军先生的《吕颐浩年谱》[①]、李华瑞先生的《朱胜非与南宋初期和战》[②] 等，学术界对此二人关注不多，笔者拟在学习和参考刘、李二位先生大作基础上，对吕颐浩和朱胜非的重要活动加以评述。

绍兴十年（公元 1140 年）正月，李纲在宋金决战前病死。前宰相张浚致悼诗说："十相从明主，惟公望最隆。"[③] 到此为止，宋高宗先后任命十名宰相，他们是李纲、黄潜善、汪伯彦、朱胜非、吕颐浩、杜充、范宗尹、秦桧、赵鼎和张浚。就其政治表现而论，李纲为一极端，而黄潜善、汪伯彦、杜充和秦桧为另一极端。但十人无疑都是科举出身的文官，即如今人们常称道的士大夫。由此可见，欲将皇帝与士大夫治天下，或称士大夫政治，作为古代专制政治的一种较为理想的模式，即食性政治，是难以服人的。在古代专制主义中央集权的等级授职制和人治的条件下，皇帝与士大夫治天下，或称士大夫政治，必然会出现各种情况，其中最

① 刘云军：《吕颐浩年谱》，河北大学出版社，2011 年。

② 李华瑞：《朱胜非与南宋初期和战》，《宋夏史研究》，天津古籍出版社，2006 年。

③ 《梁溪全集》附录三。

坏的情况，则是如所谓“明主”宋高宗与黄潜善、汪伯彦和秦桧狼狈为奸，同恶相济。由于士大夫们的政治表现差别极大，若在此方面笼统称之为士大夫群体，只怕也是说不通。

除了处于极端的五相之外，另外五相，范宗尹的相业，主要是创议在与金交界地带设镇抚使，划分小军区。因军区小，不能有多少作为，数年内即告废置，成为昙花一现之举，不足称道。余下的是吕颐浩、朱胜非、赵鼎和张浚四人。赵鼎确是做了几件好事，却从主守派滑向了主和派，他在绍兴七年（公元 1137 年）再相后，做了三件决定今后政局的大事。一是惑于秦桧的献媚，留用他当执政，最终被秦桧取而代之；二是一力将行都自建康迁到临安；三是开始对金乞和。① 张浚在政治上显露头角，始于黄潜善举荐，出任殿中侍御史，而弹劾李纲。前引其悼李纲诗，也多少反映了其追悔之意。他成事少，败事多，朱胜非评论说：“吕颐浩练事而粗暴，张浚喜事而疏浅。”② 《朱子语类》卷 131 说“张魏公才极短，虽大义极分明，而全不晓事”，是入木三分的。但也决不能说张浚的“大义”就全然“分明”，如做黄潜善的帮凶，弹劾李纲，在符离之败后，张浚也一度惊慌失措，“乞遣使议和，又乞致仕”③。

相形之下，吕颐浩和朱胜非尽管有不少可以指摘的事，但他们毕竟有两条基本的长处：一是在南宋政权最困难的时期主政，使之渡过了困境；二是他们主张抗金，尤以吕颐浩的态度更为鲜

① 参见王曾瑜《赵鼎和李光》，《岳飞和南宋前期政治与军事研究》，河南大学出版社，2005 年。

② 《会编》卷 126《秀水闲居录》。

③ 《建炎以来朝野杂记》甲集卷 20《癸未甲申和战本末》。按《朱文公文集》卷 95 张浚行状讳言此事，另据《金史》卷 87《仆散忠义传》：“和议始于张浚，中更洪遵、汤思退。”与李心传所载相合。

明。《朱子语类》卷 131 说吕颐浩："这人粗，胡乱一时间得他用，不足道。"其实，"除李纲外，在宋人承认的较好的中兴诸相中，哪一个也说不上比吕颐浩有多少高明之处"①。曾任参知政事的李邴则在绍兴五年（公元 1135 年）上奏说："方今大臣，如吕颐浩气节高亮，忠力慨然，李纲识度宏远，威名素著，必自简于宸衷。愿陛下于二人者择其一，起而用之，必有以报陛下。"② 这也是反映了一种议论。又如李纲给吕颐浩信，称赞他"秉心克一，经德不回。励忧国爱君之诚，精忠自许；膺出将入相之任，文武兼资"③。这也不是客套的虚言，吕颐浩在军事上并非外行，是显而易见的事实。

（一）朱吕两人在政治上的崭露头角和初相

朱胜非在北宋末到南宋建炎初，任权知南京应天府，到济州劝康王即位于本府，随即升任中书舍人、兼权学士院。④ 李纲罢相是由朱胜非起草制词，制词甚至追溯到北宋末期，"论人臣之大戒，罪莫重于擅朝；置辅相以仰成，责尤严于误国"。说李纲"同流俗以沽名"，"谋谟莫效，狂诞罔悛，亏恭慎之前规，负弼谐之初望"，"以喜怒自分其贤愚，至赏罚〔失当〕于功罪。〔出〕令允符于清议，屡抗执以封还；用〔刑有〕拂于群情，必力祈于亲札。

① 王曾瑜：《宋高宗——荒淫无道》，第 61 页，中国书籍出版社，2016 年。

② 《会编》卷 173，其上奏时间应以《要录》卷 87 绍兴五年三月为准。

③ 《梁溪全集》卷 114《与吕相公别幅》。

④ 关于朱胜非在北宋末到南宋初的仕历，参见李华瑞先生《朱胜非与南宋初期和战》的考证和列表。后文所述，也依此考证，不另出注。

〔第〕欲〔市〕恩于己，靡思〔归〕怨于君”，“设心谓何，专制如此。忽览剡章之奏，且陈引咎之辞。顾物论以大喧，岂邦宪之可屈。宜解钧衡之任，俾从祠观之游”。[①] 分量很重的谴责，固然是皇帝的旨意，也多少反映了朱胜非的政治倾向，以及对李纲的排斥态度。在宋高宗重用黄潜善和汪伯彦之际，朱胜非于翌年升尚书右丞和中书侍郎，成了执政级的高官。在他任执政期间，其实乏善政可陈，只是建议皇帝将行在迁至襄阳府[②]，提出要矫治北宋末的“荫补多滥”，但亦未付诸实施。[③]

吕颐浩在政治上的起家晚于朱胜非。他在北宋末曾被金军俘虏，这段经历却使他比许多文臣更了解金朝的内情。建炎初，他任扬州知州，又自户部侍郎升尚书。

李纲罢相，加之宗泽逝世，使宋廷失去了主心骨。但宋高宗却将“〔夷虏〕日强，盗贼日炽，国本日蹙，威权日削”的形势[④]，当作自己在扬州行宫及时行乐的机遇，将国事一概诿诸黄潜善和汪伯彦，说：“潜善作左相，伯彦作右相，朕何患国事不济!”[⑤] 黄潜善和汪伯彦一心一意想割让黄河以北的土地，降金乞和，此外并无任何对策。相形之下，吕颐浩还是忧虑时政，他于建炎三年（公元 1129 年）初，上“备御十策”，认为金军“二、

---

① 《会编》卷 113，《要录》卷 8 建炎元年八月乙亥，《宋宰辅编年录校补》卷 14。

② 《要录》卷 9 建炎元年九月己酉。

③ 《宋史》卷 362《朱胜非传》。

④ 《会编》卷 118，《历代名臣奏议》卷 182 马伸奏。

⑤ 《会编》卷 119，汪伯彦《（建炎）时政记》。

三月间，不寇淮甸，则秋冬之间，南牧必矣”[1]。

但延捱至建炎三年二月初，金人仅以五六千骑突击扬州，而宋方数万御营之师不作抵抗，扬州全城惨遭浩劫。宋高宗逃到江南镇江府，小朝廷人心惶惶。当时唯有吕颐浩在危难之中尚保持镇定，他叩奏皇帝说：“愿且留此，为江北声援。不然，虏贼乘势渡江，愈狼狈矣!”[2] 最后宋高宗还是逃往杭州，而留吕颐浩充江、浙制置使，同签书枢密院事，以执政的身份扼守大江。吕颐浩临危受命，督刘光世军渡江，与金军对垒，在金军撤退后，收拾残局。吕颐浩临大难而有胆勇，不逃避畏缩，这在小朝廷的士大夫中，无疑是十分突出，足可称道者。

宋高宗逃难后，黄潜善和汪伯彦声名狼藉，不得不罢相，三月，朱胜非以次递补右相，就猝然遇上了苗刘之变。此处不必介绍苗刘之变的经过，但兵变的平定，无疑是外有文臣吕颐浩和张浚，武臣韩世忠、刘光世和张俊的武力进逼，内有朱胜非与苗傅、刘正彦的巧妙周旋。《朱子语类》卷131说：“朱丞相《秀水闲居录》自夸其功太过[3]，以复辟之事皆由他做，不公道。”也有人诋毁朱胜非，此事李华瑞先生已有论证。宋高宗作为当事人，还是肯定了朱胜非的作用，这在当时是别人无可取代的，在这场惊心动魄的政变中，他确是尽心竭力地保全了赵官家。《中兴遗史》称朱胜非“之性缓而不迫，虽柔懦而安审，故能委曲调护二贼，使

---

① 《历代名臣奏议》卷90。此奏说：“陛下圣德龙飞，前年五月即位于睢阳。”按古汉语中“前年”词义与今同，据《梁溪全集》卷14，李纲宣和三年所作《上元舟中有感》，“前年扈清跸”，“去年谪沙阳”。参据正文所引，可知上奏时间。《吕颐浩年谱》将此奏系于建炎二年十二月，不妥。

② 《要录》卷20建炎三年二月癸丑。

③ 关于朱胜非在政变中的作用，南宋时就有不同记述，另可参见《汪文定公集》卷10，《文定集》卷11《书朱丞相渡江遭变录》。

不得肆为悖乱”[1]。例如苗傅和刘正彦“欲和金人，以息兵革”，认为“遣使议和不可缓”。[2] 他们企图命王孝迪和卢益以执政高官的身份，出使金朝。朱胜非害怕金朝乘机出兵南侵，说未知敌帅所在，劝两人另派两名小官出使试探，事实上就缓解了出使可能产生的大危机。朱胜非不像吕颐浩那样知兵，但在此次危机中，确是表现了他沉稳的政治才能和智慧。

朱胜非又深通专制政治的三昧，在政变结束后，他懂得及时引退，对宋高宗说：“臣若不去，人必谓有所蒙蔽。臣去之后，公议乃见。”[3] 这也同样表现其高明之处。事实上，朱胜非罢相后，御史中丞张守果然弹劾“胜非等不能思患豫防，致贼猖獗”，宋高宗也降诏说：“朱胜非、颜岐、张澂、路允迪当轴处中，荷国重任，而不能身卫社稷，式遏凶邪。方逆臣乱常之日，恣其凌肆，以紊机衡。夫危而不持，颠而不扶，孔子以为焉用彼相。昔冯道历仕数代，常为宰辅，惜身安宠，以免于时，坐视废君易主，如同行路，而欧阳修以为为臣如此，愧断臂之妇人。今二凶既诛，典刑斯正。胜非之徒，盍议其罚。”朱胜非“自观文殿大学士、知洪州，落职，提举亳州明道宫”[4]，而蒙受实为冤枉的处分。

吕颐浩接着拜右相。当时南宋国势确实处于最危困的时期，宋廷先后派遣洪皓、崔纵、杜时亮、张邵、孙悟等五批使节，以宋高宗的名义乞和，卑辱到无以复加的地步，在此不必赘述。[5]

---

① 《宋宰辅编年录校补》卷 14。

② 《会编》卷 125 和卷 126《秀水闲居录》，《要录》卷 21 建炎三年三月戊子注引《秀水闲居录》。

③ 《会编》卷 126《秀水闲居录》。

④ 《要录》卷 25 建炎三年七月甲申，《宋宰辅编年录校补》卷 14。

⑤ 参见王曾瑜《宋高宗的对金屈辱外交》，载《岳飞和南宋前期政治与军事研究》，河南大学出版社，2005 年。

但洪皓认为国书过于卑屈，“欲有所易，颐浩不乐，遂罢迁官之命”①。当时也有台谏官论吕颐浩“除拟不公”②。

吕颐浩所面对的最大难题，当然是金军必然发动的秋冬攻势。他说：“金人之谋，以陛下所至为边面，今当且战且避。但奉陛下于万全之地，臣愿留常、润死守。”宋高宗说：“朕左右岂可无宰相。”③

吕颐浩余下的对策，则是举荐统兵防御的人选。他主要举荐了两人，一是东京留守杜充，二是给事中周望。周望曾任“康邸记室”。“吕颐浩因荐望会兵以行。望有口辨，喜谈兵，故颐浩引用之”。周望以签书枢密院事的执政官身份，出任两浙宣抚使，“总兵守平江府”。④

杜充是个自命不凡而又色厉内荏的草包，他主动放弃开封城而南逃。⑤ 但在军情渐趋紧张的时刻，宋高宗和吕颐浩根本未曾考虑过要追究他弃地与敌的罪责，反而将他视为救星，似乎支撑半片残天，非这根擎天柱莫属。“宣武军节度使、东京留守杜充为中大夫、同知枢密院事、兼宣抚处置副使，吕颐浩、张浚荐之也，仍命充总兵防淮。”⑥ 杜充还嫌枢密院副长官的差遣太低，装病不起。最后，宋高宗拜他为右相，兼江、淮宣抚使，驻建康府负责江防。

---

① 《要录》卷 23 建炎三年五月乙酉，《宋史》卷 373《洪皓传》，《盘洲文集》卷 74《先君述》。

② 《要录》卷 25 建炎三年七月癸未。

③ 《要录》卷 27 建炎三年闰八月戊子。

④ 《要录》卷 22 建炎三年四月癸亥、卷 28 建炎三年九月癸丑，《挥麈后录》卷 10。

⑤ 参见王曾瑜《〈宋史〉与〈金史〉杂考》“一八、《杜充传》一段记事的辨误”，载《点滴编》，河北大学出版社，2010 年。

⑥ 《要录》卷 25 建炎三年七月壬寅，《宋史》卷 475《杜充传》。

后来的史实表明，这无疑是吕颐浩的重大失策。待两路金军先后突破江防，杜充战败的消息传来，吕颐浩只能建议宋高宗航海逃避，并得到批准。宋高宗君臣自明州入海南逃，在金军的锋刃和大海的鱼腹之间冒险求生，“每泊近岸，执政必登舟朝谒。行于沮洳，则躡芒鞋”，“大臣皆著草履行泥泞中”[①]，足见当时的狼狈情状。吕颐浩当时的心境也十分苦闷，船队到达台州章安镇，他与其他大臣“常郁郁不乐，游宴金鳌峰，以消忧感”[②]。但正如吕颐浩在航海前所预测：“江、浙地热，虏亦不能久留，俟其退去，复还二浙。”[③] 金将完颜兀术（宗弼）的大军遭遇各种袭击和困难，最终只能退兵。

建炎四年（公元 1130 年），最终迫使金军退出江南的两次关键性战役，一是韩世忠部的黄天荡之战，二是岳飞军的复建康府之役。当韩世忠部传来屡败金军的消息，吕颐浩为之振奋，“闻虏穷蹙，乃请上幸浙西，且下诏亲征，以为先声，而亟出锐兵，策应世忠，庶几必擒兀术。参知政事王绹亦言，宜遣兵与世忠夹击”[④]。但御史中丞赵鼎却力持异议，并弹劾吕颐浩，吕颐浩遂因此于五月罢相。其罢相制词中枚举其过失，也强调“请浙右之行，则力违于众议”[⑤]。从当时的军事形势看，骁勇敢战的岳飞兵力不足，而拥有重兵的庸将张俊畏敌怯战，故吕颐浩力主皇帝亲征督军，以求聚歼金军。此次争议和罢相，也多少反映了宋高宗、赵鼎等与他的政见不同。宋高宗根本不可能同意所谓亲征的计划。赵鼎后来从主守滑向主和，亦非偶然。

---

① 《鸡肋编》卷上，《老学庵笔记》卷 2。

② 《会编》卷 136《中兴遗史》。

③ 《要录》卷 29 建炎三年十一月己巳。

④ 《要录》卷 32 建炎四年四月癸未。

⑤ 《宋宰辅编年录校补》卷 14。

吕颐浩和朱胜非罢相后，也做过一些好事，在此不予详述。

（二）吕朱再相

1. 吕朱与秦桧的政争。吕颐浩罢相仅一年有余，到绍兴元年（公元 1131 年）九月复相。在他再相前，参知政事秦桧正好设法排挤了曾一力援引他的宰相范宗尹。他当然在实际上反对吕颐浩任相。有些士大夫也向宋高宗进言，认为吕颐浩不适合为宰相。宋高宗先命秦桧为右相，迟疑了若干时日，还是下决心重新起用吕颐浩为左相。

吕秦两人在对金政策上已有明显的分歧。秦桧提出所谓“二策”，其真正的炮制者其实正是纵他归宋的金朝完颜挞懒，秦桧特别为皇帝所草的诏文，虽隐晦曲折，而宋高宗将它归结为“南人归南，北人归北”。[①] 当时南宋军队主要由北方健儿编组而成，若将流寓南方的北方人“遣官纠率起发”，只能意味着抗金军力的削弱。北人归北，加之对北方士大夫“一时从权卫身之计”表示理解，其实就是驱迫或同意北方人“从夷”，强调皇帝“亦无贪功之念”，自然是表示无意收复失地。宋高宗亦非白痴，故他收取这份文字后，“不曾降出”。[②]

吕颐浩则在当年十一月上奏说：

> 伏愿陛下发中兴之诚心，行中兴之实事，要当先定驻跸

---

① 《要录》卷 57 绍兴二年八月甲寅。

② 《鄂国金佗续编》卷 20《鄂王传》。

之地，据都会之要，使号令易通于川、陕，将兵顺流而可下，漕运不至于艰阻。……然后乘大暑之际，遣精锐之兵。……乘两路（河北与河东）余民心怀我宋，未泯之时，知王师有收复中原之意。则中兴之业可觊也。若不速为之，逡巡过春夏，则金人他日再来，不惟大江以南，我之根本不可立，而日后之患不可胜言矣！……三四年来，金人才退，士大夫及献言之人便以为太平无事，致机会可乘之便，往往沮抑不得行。臣以谓异日误天下国家者，必斯人之徒也。今天下之势可谓危矣，既失中原，止存江、浙、闽、广数路而已，其间亦多残破。……臣在西、北二边，出入行阵二十余年，今者年逾六十。近在军中，顿觉筋力衰惫，非复昔时之强壮也。日望陛下赐骸骨而归，所幸未填沟壑之前，一见中兴之业尔，乞赐睿察。①

吕颐浩抗金态度之决绝，不必再加分析，实际上，此奏也是针对他建炎四年罢相时赵鼎等人之异议，使自己的抗金主张“沮抑不得行”而发。

但当时秦桧的降金乞和方针尚是藏头露尾。一部分爱国士大夫固然已经看透其奸细本质。如曾经与秦桧在北宋后期有交往的翟汝文，虽被秦桧援引为参知政事，却说：“天下人知桧真大金之奸细，必误国矣！”② 向子忞说：“与桧同时被执军前，鲜有生也。

① 《会编》卷194吕颐浩行状，《要录》卷49绍兴元年十一月戊戌，《历代名臣奏议》卷90，《忠穆集》卷5《论乞定驻跸之地状》，《景定建康志》卷48吕颐浩传。此处引文以诸书杂校。

② 《会编》卷220《中兴姓氏录》，《宋宰辅编年录校补》卷15。

独桧数年之后，尽室航海以归，非大奸能若是乎！”① 然而另一部分爱国士大夫却惑于秦桧在北宋末的表现。如李纲也写书启赞扬秦桧“精忠许国”，“立大节于宗社倾危之秋”，“直谅公忠，久孚中外”。② 又如名儒胡安国，《朱子语类》卷131记载：“秦会之入参时，胡文定有书与友人云：‘吾闻之，喜而不寐！’”“胡康侯初甚喜之，于家问中云：‘秦会之归自虏中，若得执政，必大可观。’”至少在吕秦并相时，双方对金政策的重大分歧，尚不是十分明显。

秦桧当然是官场倾轧的老手，他利用吕颐浩处事粗暴、胸襟不宽等弱点，知其“不为时论所与，乃多引知名之士为助，欲倾颐浩而专朝权”③。当吕颐浩再相后，儒学家胡安国曾修书一封，希望他“进退贤否，赏罚功罪，固当以至公无我为先，报复恩仇为戒”④。秦桧尤其注意拉拢胡安国。为了排挤吕颐浩，秦桧嗾使其党羽向宋高宗建议二相分工，宋高宗接受此议，于绍兴二年（公元1132年）四月，亲自宣谕说：“颐浩专治军旅，桧专理庶务。”吕颐浩遂离开行朝，外任都督江、淮、荆、浙诸军事，“开府镇江”。⑤ 秦桧利用吕颐浩外出之机，又另设叠床架屋的机构修政局。

但当吕颐浩发觉秦桧的意图后，就设法反击。七月，他自镇江府还行朝，就向宋高宗举荐朱胜非出任同都督。“颐浩荐胜非，

---

① 《要录》卷136绍兴十年六月乙丑，《卢溪文集》卷47《故左奉直大夫直秘阁向公行状》作向子諲。

② 《梁溪全集》卷114《与秦参政书》、卷130《贺秦相公启》。

③ 《要录》卷53绍兴二年四月癸未。

④ 《要录》卷51绍兴元年二月辛巳。

⑤ 《要录》卷53绍兴二年四月己卯、戊子。

盖倾秦桧也”[①]，“乃引胜非为助”[②]。给事中胡安国行封驳之权，予以奏罢。宋高宗又命朱胜非任提举醴泉观、兼侍读，回行朝供职。吕颐浩也使用霸道，在制度上绕开了胡安国。胡安国为此大怒，宁愿“卧家不出”[③]，以示抗议。他反对朱胜非，这本是个人的政见，却又与秦桧的意图合拍。围绕着胡安国的罢免问题，秦桧“三上章，乞留安国”，宋高宗“不报”。[④] 八月，秦桧在黄龟年弹劾后罢相。九月，朱胜非复任右相。

吕颐浩和秦桧的政争，确实存在着两人战与和的政见分歧，也存在着无原则派系倾轧的因素。在殿中侍御史黄龟年的弹劾奏中，说秦桧“厚貌深情，矫言伪行。进迫君臣之势，阳为面从；退恃朋比之奸，阴谋沮格”。“专主和议，沮止恢复，植党专权，渐不可长”，甚至将秦桧比为汉代的王莽和董卓，[⑤] 确是击中了秦桧的本质和要害。但被视为秦桧一党，而遭罢黜的官员之中，固然有杨愿、王�、王昞、林待聘等党羽，但也有如张焘、程瑀、吴表臣、胡世将等人，他们后来不同程度上反对秦桧的降金政策。但吕颐浩将秦桧赶下台，无疑是其德政。

2. 吕朱的对金政策和稳定内部。吕颐浩第二次任相从绍兴元年九月到绍兴三年九月，正好两整年。朱胜非第二次任相自绍兴二年九月到绍兴四年九月，也是两整年。两人都主张对金和伪齐用兵。吕颐浩“屡请因夏月举兵北向，以复中原，且谓人事天时，

---

① 《要录》卷 56 绍兴二年七月辛巳。

② 《宋史》卷 362《吕颐浩传》。

③ 《宋史》卷 435《胡安国传》。

④ 《要录》卷 57 绍兴二年八月戊申。

⑤ 《要录》卷 57 绍兴二年八月甲寅，《宋史》卷 381《黄龟年传》、卷 473《秦桧传》，《历代名臣奏议》卷 183 黄龟年奏，《密斋笔记》卷 1，《宋名臣言行录》别集下卷 6《黄龟年》。

今皆可为”，“况今之战兵，其精锐者皆中原之人，恐久而销磨，异时势必难举，此可为深惜者也”。[①] 朱胜非“自再相，首建议遣诸大帅分屯于淮南等路，各据要害，以经略淮北、荆襄”[②]，实际上是纠正范宗尹的设镇抚使方案。朱胜非行状为刘岑[③]所撰，其中说：“始诸将虽拥重兵，而无分定路分，故无所责成。公在朝廷，修法度，严纪律，明号令，某帅当某路，一定不复易，皆授庙算，成师以出。又命司农卿沈昭远往总军饷，士众素饱，皆贾勇以前。”[④] 即是设置大军区，用以取代镇抚使的小军区，这当然是比范宗尹高明的军事方案和部署。

当然，问题的关键还在于宋高宗本人的态度。在秦桧罢相前十日，淮东宣抚使刘光世关于王伦归国的上奏，已抵达临安行朝。王伦带来金朝“丞相”、都元帅完颜粘罕（宗翰）致宋高宗的信，说：“既欲不绝祭祀，岂肯过为吝爱，使不成国。”[⑤] 至少在书面上，金朝算是第一次宣布放弃了灭宋的打算。宋高宗自然喜出望外，而左相吕颐浩也赞同“再遣使人，以骄其志”。宋廷决定，命潘致尧和高公绘出使，宋高宗还特命吕颐浩“作书，以果、茗、币、帛”赠送伪齐刘豫之子刘麟。[⑥] 这自然有损于宋朝的国格，但既有皇帝旨意，吕颐浩也不能违命。数日之后，吕颐浩向皇帝

① 《要录》卷60绍兴二年十一月己巳，《宋史》卷362《吕颐浩传》，《景定建康志》卷48吕颐浩传。

② 《会编》卷213朱胜非行状。

③ 《宋史》卷203《艺文志》。按朱胜非行状的作者刘岑，在秦桧当政时罪废，无疑是个节义之士，参见《要录》卷170绍兴二十五年十二月丁酉、卷190绍兴三十一年六月戊辰。

④ 《会编》卷213朱胜非行状。

⑤ 《会编》卷162《绍兴甲寅通和录》。

⑥ 《会编》卷194吕颐浩行状、卷220《中兴遗史》引秦桧奏，《要录》卷58绍兴二年九月辛酉、壬戌。

口奏："闻夏国屡遣人来吴玠、关师古军中，金人与夏国颇睽，可令（张）浚常通问夏国。"宋高宗当即发问："此与今来欲讲和事相妨否?"① 这表明尽管君相都同意遣使，但两人的目标却存在着差别。宋高宗是求和心切，唯恐和议失败，而吕颐浩则仍汲汲于设法收复失地，认为遣使不过是辅助性的策略。

绍兴三年（公元 1133）五月，潘致尧等回朝，并将刘豫退回的礼品一并带回，说："金人欲遣重臣以取信。"② 后吕颐浩回忆说："绍兴三年春，臣〔与朱胜非、孟庾等〕已定计北伐，枢密院机速房具有案底。偶潘致尧、高公绘自粘罕处奉使回，恐害和议，其事中辍。"③ 所谓"恐害和议，其事中辍"，无非是宋高宗本人的主意。《三朝北盟会编》卷 155 则更详细地记载了朱胜非的意见：

> 胜非为宰相八月，时方经画淮北，上倚胜非以办。胜非即上陈五说，谓贼当去。一者，国内外军屯无虑二十万众，月费二〔百〕万缗，倘无变通，理必坐困。逆豫力行什一法，聚敛以资虏。若王师不出，则豫计得行。今当遣兵渡淮，取彼蓄积，辇以实边圉。淮南既实，民力自宽，则江上之兵可以进屯，而贼计沮矣。二者，逆豫招诱山寨及知名贼二十〔六〕项。彼虽得之，未必为用；我若失之，则人心必去。且谓官军不敢出，逆贼能骤来，以江南为危地，淮南为乐土。今我年穀大稔，兵力可用，若乘此时，捣其巢穴，自河以南必大振扰，则淮北反危，江南自安。且金人留锐师与豫者不

① 《要录》卷 58 绍兴二年九月丙寅。

② 《会编》卷 155，《要录》卷 65 绍兴三年五月壬戌。

③ 《历代名臣奏议》卷 90，《会编》卷 176，《忠穆集》卷 2《上边事善后十策》。

多，我若一军声言取徐、郓，实取淮阳一带，一军声言趋京师，实取光、蔡一带，海道舟师声言入滨、沧，而实取青、密一带。逆豫闻之，必分兵拒守，然后大军出庐、寿，直捣亳、宋，所至州县稽首迎降。彼若固守京城，容有内变；如曰出奔，亦必成擒矣。三者，虏人使命既来，而我继以出兵，恐我失信，或致怒敌。然我师不出，虏终不来，苟安一隅，已大失策。况彼奸诈，但计强弱，虏如尚强，和必不集，与其使贼并力南寇，曷若先破豫兵，去其一助。兵法曰："上兵伐谋，其次伐交。"此乃交谋俱伐之也。前日使行，未有要约，逆豫过恶，足可借口。夫师讨有罪，进不渡河，使之遄归，以待和约，则我不为无辞也。①

其第四、第五两说在此不备录，但亦可见当时两人"定计北伐"的某些具体理由和细节。但吕颐浩、朱胜非与李纲不同，他们尽管主战，而在任相期间，却只能服从皇帝，开始与金朝谈判，虽然当时并无任何成效，却成为后来成就屈辱和议的嚆矢。中国古代最讲究名分，而十分卑辱的外交活动，甚至其中的许多细节，又是宋高宗亲自布置和安排的，也不容吕颐浩和朱胜非全权主管。但他们没有正式向皇帝表示强烈的异议，这也是他们始终没有引起宋高宗嫌恶的根本原因。

吕颐浩说："先平内寇，然后可以御外侮。"② 李纲完全赞成此议，绍兴二年，他在给吕颐浩的信中说："内寇既除，方图外患，先后缓急之序，诚如钧诲所及。""伏蒙垂谕，伪齐有不可讨

① 以《要录》卷59绍兴二年十月参校。

② 《要录》卷47绍兴元年九月丙辰。

之理，不万全不可轻举。钧虑及此，天下幸甚。”① 这说明两人都是既主张积极抗金，又反对轻率用兵的冒险主义。如前所述，吕颐浩和朱胜非从认为对伪齐也“不可轻举”，到主张进兵，是经过仔细研究的。虽然最终没有付诸实施，但宋廷本着先安内、后攘外的方针，在绍兴二年和三年间，基本解决了各地的大股盗匪，稳定了南方的统治，唯有杨么军晚至绍兴五年方被瓦解。

3. 朱胜非支持岳飞北伐。南宋初次对伪齐反攻，是始于绍兴二年冬，由神武左副军统制李横等举兵北伐。但此次军事行动，并非是宋廷朱胜非等人的部署和授意，“襄阳粮乏，横不能军，乃引兵而北”②。李横等军先胜后败，到绍兴三年，因襄阳府、郢州等地的失守，使南宋大江防线形成巨大缺口。伪齐刘豫准备在绍兴四年麦熟后大举南下，不断派遣使者，前往洞庭湖，联络在当地割据的杨么叛军，策划南北夹攻。岳飞为此屡次上奏请缨。朱胜非口奏说：“襄阳上流，襟带吴、蜀。我若得之，则进可以蹙贼，退可以保境。今陷于寇，所当先取。”新任参知政事的赵鼎说：“知上流利害，无如飞者。”朱胜非支持此议，但签书枢密院事徐俯却独持异议，反对委派岳飞出兵。③ 朱胜非支持岳飞北伐，终于获得成功，此次战役是南宋头一次收复大片失地。

此次用兵，宋廷发下的省札，对岳家军的攻击范围做了严格限制，这主要应是宋高宗本人的主张。宋高宗亲下手诏给岳飞：“追奔之际，慎无出李横所守旧界，却致引惹，有误大计。虽立奇功，必加尔罚，务在遵禀号令而已。”④ 在岳飞出师前，“宰臣朱

① 《梁溪全集》卷115《与吕相公第一书》。

② 《要录》卷61绍兴二年十二月辛亥。

③ 《要录》卷75绍兴四年四月庚子，《宋史》卷360《赵鼎传》、卷372《徐俯传》。

④ 《鄂国金佗稡编》卷1高宗手诏。

胜非使人谕之，以饮至日建节旄”①，即以武人最荣耀的节度使头衔相许，以为激励。

岳飞“既班师，授飞节旄，及诸将授赏有差，如初约也。朝廷欲行献捷之礼，公（朱胜非）谓本吾家堂奥，不足言，俟中原尽复，大驾还汴，乃可”②。宋高宗早在登基之初，已与黄潜善、汪伯彦定下建国的规模，与金朝“画河为界”③，此后，不论他嘴上如何说，此种盘算时隐时现，其实根本没有放弃过。然而朱胜非所主张的立国规模确与皇帝有异。

4. 吕朱相业的缺点。按南宋初的宰相，即使像李纲那样真正慷慨许国而又深谋远虑的相才，也遭到不少其实是不公正、不应有的毁谤；至于吕颐浩和朱胜非，自然也有不少指责，而某些指责亦有道理，确实说破了他们相业的缺点。

南宋初年，大部分地区经金军、宋军和盗匪的杀掠，破坏严重，民不聊生。朱胜非任江南西路安抚大使时，曾上奏说：“土寇皆因朝廷号令无定，横敛不一，名色既多，贫民不能生，以至为寇。”“臣被诏赴任来，自桂岭陆行一千七百余里，至临江军，所见道上居民及近路村落，自入衡州界，有屋无人，入潭州界，有屋无壁，入袁州界，则人屋俱无。良民无辜，情实可悯。陛下幸降宽诏，深加哀怜，蠲削苛扰，俾知实惠。招降其首领，与补一官，收隶军籍，而散遣其徒众，各使还业，则江西之乱，庶可指日平也。不然，则为盗者日益众，势必南轶，湖南、二广皆不得安矣。”④ 然而“时军用不足，（吕）颐浩与朱胜非创立江、浙、

① 《鄂国金佗稡编》卷9《遗事》。

② 《会编》卷213朱胜非行状。

③ 《会编》卷108宗泽奏，《要录》卷5建炎元年五月戊戌，《历代名臣奏议》卷348宗泽奏。

④ 《会编》卷147，《要录》卷42绍兴元年二月乙酉，《宋会要》兵13之7。

湖南诸路大军月桩钱，于是郡邑多横赋，大为东南患”①。他们明知加重赋的危害，却仍创立月桩钱的重赋，而新增的重赋也必然有相当比例进入贪官污吏的腰包。

吕颐浩和朱胜非心胸褊狭，都有凭私人感情好坏而进退官员的倾向。两人都排斥李纲。吕颐浩说：“纲之为党与蔡京一体，靖康伏阙，荐纲者皆其党，陈公辅、张焘、余应求、程瑀鼓唱为之，至杀内侍，几至大变。”② 又说：“臣等与纲素无嫌隙，原其心，非故欲误国，但志大才疏耳。”③ 朱胜非起草李纲罢相责词，已如前述。名儒胡寅论奏朱胜非，说他“惟纲之怨，及再入相，首讽台谏官论纲旧恶。时纲为湖广四路宣抚，治状方著，并无过举。胜非不恤国事，以私憾而罢之。向子諲才气忠义，人所推许，止缘南京之事，胜非怨之刺骨。常谓人曰：‘李纲、向子諲皆是凶人，不杀不静’”④。朱胜非所撰的《秀水闲居录》，也专门攻击李纲，这将在后面论述。

李光无疑是当时一个有闻望的干才，“秦桧既罢，吕颐浩、朱胜非并相，光议论素与不合。言者指光为桧党，落职，奉祠”⑤。另一说为李光“尝遗吕颐浩书，称李纲凛凛有大节，中外畏服，颐浩以白上”，宋高宗说：“如此等人，非司马光、富弼，谁能当之。”吕颐浩“因言光与其侪类结成党与，牢不可破”。“上以为然”，于是“端明殿学士、江南东路安抚大使、兼知建康府李光落职，提举台州崇道观”。⑥

---

① 《宋史》卷 362《吕颐浩传》。

② 《宋宰辅编年录校补》卷 15。

③ 《要录》卷 27 建炎三年闰八月乙酉。

④ 《历代名臣奏议》卷 182，《斐然集》卷 15《再论朱胜非》。

⑤ 《宋史》卷 363《李光传》。

⑥ 《要录》卷 58 绍兴二年九月丙戌。

胡寅论奏朱胜非说：

吕颐浩既为胜非斥逐贤才，开其入相之路，胜非即以黄唐传掌琐闼，黄龟年司制命，刘棐为谏官，王详为左史，汲引亲党虞沄、陈桷辈，分据要津。其人皆凡下，不为时议所与。乃用刘棐、黄龟年章疏，谓秦桧大植朋党，有龙战于野之象。考其章疏，所称事实，又只缘除杨愿为密院计议，王铁为提举茶盐，〔王〕唤①为提举坑冶而已。以胜非所为，方之秦桧，其为龙战，不亦大乎？盖胜非外宽内忌，阳为敦厚长者之状，而耳闻目见，习成宣和之风，乃心疾狠，能为人祸。至于非义之事，人所不敢为者，则肆意行之。

李擢为京城南壁守御官，恨孝慈皇帝不用耿南仲和议，以召虏寇，乃傲然端坐，视城垂破而不救。又为邦昌翰林学士，罪当伏法。而胜非所深喜也，再相之初，首复擢职名，因席益与擢善，则导益使荐之，擢竟叨窃八座而去。

黄潜厚是聚贿乱政、偷盗府库之人；李邴是行苗傅、刘正彦建节白麻，极意称奖之人；颜岐是同党潜善、阿谀误国之人；张澂是观望苗、刘诏书，所谓情理尤重之人；王安中是谄事梁师成，随逐童贯收复燕云，为国产祸之人；王孝迪、薛昂、宇文粹中、蔡懋是崇、观、宣和戕毁帝业，使戎马在郊之人。放投永弃，谁曰不宜。胜非乃以为失职之士，星象所繇著也，尽复职名，意将引用。天下闻之，莫不大骇。赖徐俯初作谏官，未至谬妄，力疏寝罢，人心乃安。岂非人所不敢为，而胜非敢为者乎？康执权阘茸污贱，废置累年，胜

① 王唤，原作“宋唤”或“宋暵”，据《要录》卷48绍兴元年二月辛巳改，王唤乃秦桧妻党。

非以其曾击异己者，必欲收召，再召三召，迫于众情不可而后已。

自谓谦慎，不敢专权，而布列内外，皆其亲厚。陈蔼者，不肖人也，所生母死，绐谓人乳母，而不持服，兄死，嫂弱，遂夺其兄致仕恩泽以自荐。既得之后，凌辱其嫂，困苦至死，又以阴计陷害其侄，此蔼为人大概。胜非与之中表姻娅，故自为宣抚使，即辟为幕属，凡江西缪政，多蔼之谋。及再为相，遂差蔼监吉州榷货务，偷盗官钱，岁时赂遗，入于相府，超越资格，差为湖北提刑。逮言章论列，胜非犹讽吏部诈供蔼曾任提举鼎、澧刀弩手。蔼虽曾有此差遣，旋即废罢，未尝到官。胜非乃改“除”字为“任”字，欺罔陛下，以济其私。

张铢者，为静江通判，值胜非遣子迎母，自宾州过桂府，铢以别乘之尊，不顾廉耻，出城数十里，执杖，声喏于国太夫人轿前，禀覆起居，行数百步，然后退。广西人莫不耻笑。比至府城，竭力应办。胜非德之，先除铢为湖北盐香，以为未足，又荐之对，又降指挥，与升擢差遣。遂除郎官，仍摄奉常。

刘式者，大赃吏也，胜非以妹嫁之，遂诈改官，除邵州通判。比为言章论列，见在湖南置狱取勘。胜非门客刘泽者，为衡阳簿，传道胜非之意与提刑马居中，仍厚赂居中，遂使刘式翻异，殃害干连良善百姓，至今未毕。式尝以三千缗，就胜非买门客恩泽，奏其子刘师心，又为湖南士豪姓胡人以八十缗，买给使恩泽，奏承信郎。

韩京者，屯兵衡州茶陵县，阴与郴寇交通，据有数县民田，夺百姓牛以耕之，名为赡军，实则入己，以充贿赂之费，大为湖南之害。绍兴二年十一月，胜非母由茶陵而东，韩京诈称前路有警，邀留数日，极其供待，然后以兵卫送至吉州境上，胜非以为诚。然湖南帅臣累奏韩京过犯，胜非一切蒙蔽，反以广东钤辖与之。

程昌禹者，邓洵武使臣也。自蔡州擅兴，径趋荆南，朝廷就除荆南镇抚，不肯受命，移兵至鼎州，罪当诛戮。范宗尹即以鼎守付之。昌禹凶残，不能绥抚，竭取民之膏血，以赡所部，及厚遗过客，凡由鼎而东者，人人满意，为之延誉，而严刑峻法，诛剥日甚，激民从贼，牢不可破，致烦陛下宵旰者，无人肯以上闻也。胜非与昌禹以同出邓门之故，超加职名，改授静江，遂除待制，明降指挥，候杨么已就招安，然后付以告命，而密讽李莬，使一面送告与之，视陛下官爵，私物不如也。

李大有者，居临江军，为胜非子夏卿行媒，议王羲叔家姻事。既成，以都司处之。

张颜术者，尝以弓刀奇玩献于夏卿，仍为之转贩米粮，遂为江西宣抚属官。后值湖南扰攘，权知道州，狼藉不法，为提刑吕祉所按。胜非不行，反令作武冈军通判。

郭千里者，尝劝胜非奔避马进。胜非以其忠爱于己，亦为宣抚属官。千里受降贼赂遗，引为宣司使臣，广以金帛结纳夏卿。胜非再相，遂除千里为监丞。

卢宗训者，以卢益累荐，堂吏之族也。其人污秽苟贱，不为士人所齿。得淮西提举，为台章言罢。胜非必欲主持之，遂送与岳飞，使辟为官属。意藉外兵权，胁制众口，使不敢言。飞大鄙宗训之为人，不得已受之，俾权德安府，果以赃盗自败。

吕延嗣者，曾任宾州通判，照管胜非家属，遂擢为桂阳知监。好货受贿，监事不治，百姓嗟怨。

张毂者，尝为郴州司户，与胜非子唐卿同官。胜非尝居郴州，每请俸米，毂必令高带斗面以给之。郭敦复者，尝任道州营道县尉，赃污不法，曾以妾奉唐卿。二人皆蒙胜非封送姓名与吏部，不循资格，皆注湖南漕司见阙属官。

其长子唐卿建炎四年任郴州录事参军，〔公〕干差出，其实避贼，一去两年，不曾还任，监司、州郡不敢罢去。至绍兴三年，还自宾州，过郴州，恳太守赵不群批书四考关升，又因江州军中系名冒赏，循承直郎，再任岳庙。尚恐三十个月不能成任，乃讽吏部侍郎建明，选人岳庙，许以三年为任改官。

凡胜非除授不公，变乱法制，大抵如此。①

以上所论朱胜非的“除授不公”，相当部分自然是事实，但胡寅既为胡安国之侄兼义子，他当时在吕颐浩、朱胜非与秦桧的政争中，尚站在秦桧一边，如论黄龟年、刘斐等，他们奏劾秦桧之举，理应肯定。《宋史》卷362《朱胜非传》也对他有一段类似的记事：

时员外郎江端友请营宗庙，议者非之，以为国家期于恢复，不常厥居，胜非方主和议，遂白上，营宗庙于临安。徐俯罢参政，胜非荐胡松年。侍御史常同劾松年乃王黼客，胜非徙同左史。莫俦谪曲江，其家苍头奴为胜非治疽而愈，奴为俦请，得复官。姻家刘式尝言为兵官获盗，胜非不以付部，用特旨改官。

① 《历代名臣奏议》卷182，《斐然集》卷15《再论朱胜非》。

关于江端友的宗庙议，《建炎以来系年要录》卷71绍兴三年十二月癸巳有更详记载，也提及“朱胜非方主和议，乃白上，营宗庙于临安”。史书上虽有所谓“朱胜非方主和议”一句，参对绍兴三年冬至次年春的史实，显然是不实之词。至于朱胜非引进的胡松年，是一志节之士，他奉命出使伪齐与金，不辱使命。官至执政，主张抗金，即使退闲后，“方秦桧秉政”，“松年独鄙之，至死不通一书，世以此高之”。①

由此可见，对朱胜非“除授不公”的指责，也须具体分析。

（三）吕朱退闲后的表现

绍兴五年（公元1135年）正月，按照宰相赵鼎的建议，宋高宗下诏，向前任宰执等“访以攻战之利，备御之宜，措置之方，绥怀之略，令悉条上焉”②。于是，前任的宰相和执政便应诏纷纷上奏，条陈己见。但按各人的立场、观点和主张，实际上依然划分为主战与主和两个营垒，如李纲主战，秦桧和汪伯彦主和。吕颐浩上奏说：

> 卑辞屈己，祈请讲和。……而虏性贪婪，吞噬未已。自王伦之回，跨四年矣，岁岁举兵，侵〔犯〕川口，去年虽不曾出兵，而移师南来，大入淮甸，又与刘豫同恶相济，其志

① 《宋史》卷379《胡松年传》。

② 《会编》卷171，《要录》卷84绍兴五年正月己酉。《会编》将此事系于绍兴七年，系误。

岂小哉！今幸狄人已退，若不用兵，则五月间必传箭于虏中，令乡民备八月点集，秋冬间复举兵至淮甸。在我支梧赋敛，终至财力困竭，此不可不用兵也。况不用兵，则二圣必不得还，中原之地必不可复，伪齐资粮必不可焚。或曰如此遂废讲和一事耶？臣对曰：不然，古者交兵，使在其间，既不可因战而废和，又不可因和而忘战。间遣使命，再贻书以骄之，复示弱以绐之，而我急为备，出其不意，乘时北伐，此用兵之利也。

察贼之势如彼，度我之势如此，若不用兵，恢复中原，则必有后时之悔，岂［可少］缓哉！

臣事陛下［之］久，出入将相逾［五］年，平日尝以谓若不举兵，则必不能还二圣，复中原。……决不可苟暂时之安，而忘北向争天下之事。①

朱胜非上奏说：

今内外劲兵无虑三十万众。兵既众矣，患无可作之气，今则勇气可作。气既作矣，患无可乘之机会，今则机会可乘。不于此时，速谋进取，使既作之气复堕，当乘之机复失，以数年尝胆之勤，为一旦噬脐之悔，可胜惜哉！②

从此两份奏议看，吕朱两人主战的态度是明确的，没有丝毫

① 《会编》卷176，《历代名臣奏议》卷90，《忠穆集》卷2《上边事善后十策》。
② 《会编》卷176。

疑义。

但是，延捱至绍兴七年、八年间，当宋高宗与赵鼎、秦桧正式大举开展屈辱求和活动之时，朝野抗战派纷起抗争之际，吕朱两人却保持了缄默。

吕颐浩年老多病，已不可能东山再起。但秦桧对当年的仇隙耿耿在怀，伺机报复。绍兴九年（公元1139年），金朝一度归还河南、陕西之地后，宋高宗“欲得元臣，调护陕西诸将”，秦桧乘机提名吕颐浩，实际上要将他“置之危地”。宋高宗为此特派宦官带领医生，“宣押”吕颐浩到行朝。① 吕颐浩受此刺激，病情加剧，到行朝七日，无法朝见，只能“以老病辞，且条陕西利害”，说：“金人残破中原，肆为荼毒，交兵累年，未见宁息。今者无故割新黄河河南之地与我，岂无意哉?”② 他仍然委婉地表明对宋高宗求和的异议。

宋高宗同意吕颐浩回台州养病。绍兴九年四月，吕颐浩病死，时年六十九岁。尽管吕颐浩辞离人世，秦桧却“怀憾不已”，“后命台州发其家私暗事，尽贬其诸子”，“于是一家破矣”。③

朱胜非眼看对金和议大局已定，无可挽回，只能取保身之计。绍兴十二年（公元1142年），当金朝放回宋高宗生母韦氏，宋高宗君臣高调庆祝所谓“皇太后回銮”之时，他也进呈札子说：

> 比者恭承皇太后归御东朝，庆自一人，欢腾寰海。此实圣上孝德，通于神明，天心昭答，亦惟硕辅，尝总繁机，谋

① 《会编》卷193、卷194《林泉野记》，《要录》卷127绍兴九年三月乙未。

② 《宋史》卷362《吕颐浩传》，《景定建康志》卷48吕颐浩传。

③ 《会编》卷220《中兴姓氏录》，《要录》卷127绍兴九年四月庚戌朔、卷156绍兴十七年九月甲戌。

国既深，告猷有素，致收成效，迥绝前闻。某叨被明恩，属当重任，方时多故，不敢自谋，仰赖沈幾，悉排浮议，成兹伟绩，尽出睿谟。克图宗社之安，肇自宫闱之庆，非圣神孰能与此。顾臣子何力有焉！岂图钧慈，特枉珍翰，述邦家之盛事，诚贤哲之用心。褒借过优，省循莫称，仰荷谦德，不胜感悚之至。①

从此份文字看，当韦氏南归后，宋高宗还特赐朱胜非亲笔“珍翰”，即手诏。朱胜非的札子中不仅有称颂“圣上孝德，通于神明”之类，也称赞秦桧“尝总繁机，谋国既深，告猷有素，致收成效”。此类文辞自然属不得不为的表面应酬，其实也为躲避秦桧的迫害。

朱胜非于绍兴十四年（公元 1144 年）辞世。史称“观文殿大学士、提举临安府洞霄宫朱胜非薨。胜非与秦桧有隙，奉祠八年，寓居湖州僧舍”，看来其生活是相当清俭的，以至于没有自己的房舍。“及薨，赠三官”，李心传评论说：“按故事，曾任宰相赠七官，而侍从赠官有至开府者。胜非赠三官，非例也，疑秦桧抑之。”②

另据《建炎以来系年要录》卷 161 绍兴二十年十月戊辰条载：

右迪功郎安诚除名，惠州编管。诚尝为故相朱胜非所辟，胜非之薨也，诚自作斋文，讪及朝政，为郡守所发。刑寺鞫实，乃有是命。

① 《要录》卷 146 绍兴十二年八月癸未。

② 《要录》卷 152 绍兴十四年十一月乙丑。

此段文字十分简略，从“讪及朝政”四字看，无疑也是一宗文字冤案，并由大理寺“鞫实”而定罪。此案实际上仍牵连到六年前去世的朱胜非。尽管如此，朱胜非的家属无疑是比吕颐浩的家属幸运，总算躲过了秦桧的迫害。但直到秦桧死后的同年冬，被压制的朱胜非之子朱夏卿才重新启用，“左承议郎朱夏卿行司农寺主簿”①，后官至侍郎②。

（四）吕朱的身后记载

《宋史》卷203《艺文志》载有“《吕颐浩遗事》一卷（颐浩出处大概），《吕颐浩逢辰记》一卷（颐浩历官次序），《朱胜非年表》一卷（胜非孙昱上），《朱胜非行状》一卷（刘岑撰）”。《三朝北盟会编》卷194载有董华所撰吕颐浩行状，但所录看来不是全文，因为当时小朝廷主和形势已成定局，董华的行状中显然不大强调吕颐浩主战的方面，反而强调其主和，行状说：

> 公每奏陈，金人侵犯不已，今又大窥川、陕，皆燕人及中原叛逆协谋所致。古者兵交，使在其间。为我之计，更宜遣使谋和，以纾国难。前此所遣宇文虚中、王伦等数辈虽拘留不还，势当再遣使人，以骄其志。蒙上开纳，遣潘致尧、高公绘使金国，后潘致尧等得归，金通好盖自兹始。其后使命相继，和好遂成，卒迎太母銮舆暨徽宗梓宫以还。

① 《要录》卷170绍兴十五年十二月丙申。
② 《夷坚支景》卷1《朱忠靖公墓》。

将屈辱和议的成功归之于吕颐浩，对照前引本人的奏疏，当然与史实出入很大，而违背了死者生前的“决不可苟暂时之安，而忘北向争天下之事”的政见。

南宋宰执有本人当政记录传于今世者，唯存李纲、赵鼎和朱胜非三人。李纲有详细的时政记，可惜他当政时间短促，故对南宋历史的绝大部分未能有详细记录。赵鼎有简单的日记传世，见《忠正德文集》卷8《丙辰笔录》和《丁巳笔录》。朱胜非留下的重要记录则是《秀水闲居录》。

按《宋史》卷203《艺文志》著录有“朱胜非《秀水闲居录》二卷”。《文献通考》卷217载：“《秀水闲居录》三卷，陈氏（振孙）曰：‘丞相汝南朱胜非藏一撰，寓居宜春时作，秀水者，袁州水名也。’”此段是摘录《直斋书录解题》卷11。今存《说郛》弓41有此书残编8条。《宋史》卷362《朱胜非传》说：“及著《闲居录》，亦多其私说云。”应当说，其评价有偏颇之处，此书无疑是南宋初的重要史料，故南宋的史书多加引用。此书在《建炎以来系年要录》注中有71条，《三朝北盟会编》中有29条，《中兴小纪》和《皇朝中兴纪事本末》中互有重复者18条，《宋史全文续资治通鉴》中有11条，其他书有15条。

朱胜非在《秀水闲居录》中多处揭露秦桧的奸恶①，如《建炎以来系年要录》卷144绍兴十二年三月乙卯注，可能是时间最晚的一条记载，叙述当年科举的舞弊：“是年有司观望，所荐温士四十二名，桧与参政王次翁子侄预选者数人。前辈诗云：‘惟有糊名公道在，孤寒宜向此中求。’今不然矣！”说明朱胜非仍有不畏避秦桧的势焰，而私自直书的胆量。《秀水闲居录》得以躲过当时

① 参见王曾瑜《关于秦桧归宋的讨论》，载《丝毫编》，河北大学出版社，2009年。

很酷烈的文禁，流传后世，是很不容易的。《建炎以来系年要录》一书采自《秀水闲居录》的记录不少，唯有对其少量记载有所考辨。

《建炎以来系年要录》卷 21 建炎三年三月壬午注引《秀水闲居录》说："正月间，王渊自扬州发大船十只，皆是囊橐。杭人指言，渊去年平陈通等，先令供郡中富民所寄赃物，既尽诛之，悉取其家资。又以所供文字一一追来，违拒者亦杀之，所取不可胜计。今船中皆其物也。内侍官搬家，舟亦数十只，相继到此，颇不循理，强占民居，强市民物，众皆怨愤不能平。及闻车驾渡江，诸军溃乱，张逵建议诱说诸军，曰：'王渊为都统制，不能捍贼，致此狼狈。前日先发金玉百船来，便有不守扬州之意。今车驾幸杭州，王渊必来，行见杭州又似扬州矣。若能杀渊，而取其物，及取内臣家计，可人人致富。众人共为之，朝廷必不能遍罪。'奸谋盖自此始。"此段披露了苗刘之变的起因，是可贵的史料，为今存他书所未见。

吕颐浩尽管与朱胜非的私人关系不错，但《中兴小纪》卷 18 引《秀水闲居录》，仍记载吕颐浩"喜酒色，侍妾十数，夜必纵饮。前户部侍郎韩梠家畜三妾，俱有殊色，名闻一时。梠死，诸大将以厚赂娶之。吕力争，用数千缗得一人，号三孺人，大宠嬖之。初则专其家政"，"遂预外事，公然交通韩氏，中外因以媒进。时颐浩六十七岁矣"。

《秀水闲居录》中有攻讦李纲的文字，须特别摘录于下：

《三朝北盟会编》卷 199 引《秀水闲居录》说："李纲，字伯纪，闽人，蔡京之子攸党也。宣和末，渊圣受禅，纲与吴敏以攸诡计，取执政。未几，贬黜，或谓主议用兵。建炎初，首拜辅相，再阅月，缪戾乖剌，大拂众心，亟黜之，以黄潜善作相。殿中侍御史张浚，潜善所引用，力攻纲，至贬海南军。车驾南渡，始驻余杭，有苗、刘二贼之变，浚以卒兵赴难。自春官贰卿径执鸿枢，出使陕、蜀，便宜除官至节度使、学士，权出人主之右。竭蜀人膏血，悉陕服甲兵凡三十万众，与虏角，一战尽覆。用其属刘子羽谋，归罪将帅赵哲、曲端，并诛之，将士由是怨怒，俱叛。浚仅以身免，奔还阆州。关、陕之陷自此始，至今言败绩之大者，必曰富平之役也。追还薄谴，俾居福州。而纲自南迁回，亦寓是州焉。先是，纲百计求复用，富于财，交结中外而未效。及浚至，纲谓此奇货可居，倾心结纳。浚亦自云，深悔前日之言，相与欢甚。

绍兴四年冬，刘齐、金虏合兵犯淮、泗，朝廷震恐。宰相赵鼎〔尝〕失身于伪楚，初无敢荐者，而浚独荐于言〔事〕官，鼎德之，至是乘急变，召浚复秉枢机。召命下，纲贶行百余奁，皆珍异之物，又以论时事疏讬之。浚至，即日进纲疏，且降诏奖谕。明年，寇退，鼎左相，浚右相，并兼都督，即起纲帅豫章，许其入觐。纲见上，尽以前朝所得书诏、犀、玉带及家藏宝玩，次第进献，上皆不纳。延留浃旬，赐厩马、金带、饮膳而已。纲既去，殊怏怏，浚以报之未至也，擢其弟维及其腹心邹柄等，皆列于朝，又以所〔荐〕陈公辅为谏官。居顷之，议者谓靖康伏阙之变，乃公辅为纲谋，不当在言路。纲闻而惧，抗章丐罢。浚又思有以安之，谬言江西盗息民安，转纲官，为金紫光禄大夫。是时虔、吉盗炽，旁郡亦扰，欺罔如此。

七年春，鼎、浚争权。浚自〔谓〕有却敌之功、兴复之策，当独任国事，讽侍从、台谏及其党与攻鼎，出〔之〕会稽。逐大将刘光世，以吕祉代帅其军，屯于合肥。捃荆、襄帅岳飞过失，以张宗〔元〕监其军。谋取内外军柄，天下寒心。秋七月，合淝兵乱，执祉以入〔伪〕齐，传报纷纭。纲意浚〔之〕必败，即条十五事，奏浚措画之失，又贻书于浚，痛诋其过，以副本传示远近，欲挤浚而钓奇，且示于浚不厚也。浚既贬永州，纲亦坐贬，〔寻〕及暴横、贪墨而罢。鼎复相，穷治浚事，至今未已。呜呼！

势利之交，古人羞之，其三相之谓欤！浚，蜀人，字德远；鼎，关中人，字元镇。（绍兴）八年正月记。”

其他如《建炎以来系年要录》卷94绍兴五年十月乙卯注、卷100绍兴六年四月丙午注、卷110绍兴七年四月丁未注、卷116绍兴七年闰十月辛巳注和《中兴小纪》卷18引《秀水闲居录》，与上引《三朝北盟会编》卷199者有所重复，但文字或异，难于归并，在此不备录。

对于《秀水闲居录》之诋讦李纲，李心传也做了部分辩驳，赵效宣先生《李纲年谱长编》也做了辩驳。① 好在今存李纲的某些奏章和书札具存，足以明其志在救国的光明心迹。张浚向来是个自视甚高者，绝不肯轻易认错，甚至如《秀水闲居录》所指出者，在富平之败后，“归罪将帅赵哲、曲端，并诛之”，以文过饰非。但唯有对当年劾奏李纲，能够认错，也说明他是真正悔悟昨日之非。前引“十相从明主，唯公望最隆”之诗句，也足可证明张浚的心迹，他与李纲绝无势利之交。至于所谓因北宋末的皇帝赏赐，李纲“之私藏，过于国帑多矣”，实则经宋徽宗的穷奢极侈挥霍之后，北宋末的国库空虚，又怎么可能有如此多的钱财赐予李纲一人？

当然，也不能因《秀水闲居录》记载有偏颇之处，而全盘否认其史料价值，还在于今人做用心的考辨工作。

（本文由作者与史泠歌先生合写，原载《首都师范大学学报》2013年第3期）

---

① 参见《李纲年谱长编》第183、189、208、211页，香港新亚研究所专刊，1968年。

一九、南宋民族英雄赵立和楚州保卫战

“自金朝破宋以来，大部分城市都是不攻而克，不战而降，或者稍经战斗，金兵的损折也不大，只有少数城市是例外。在这少数的例外中，靖康年间，则首推太原，建炎年间，则东有楚州，西有陕州，先后进行了最英勇、最悲壮的保卫战。这些城市的所有牺牲者，‘贯精忠于日月，塞英气于乾坤，虽云壮志之莫成，固已荣名之不朽’①，表现了宁死不屈的浩然正气。”② 后两次保卫战，则是与赵立、李彦仙的英名联系在一起的。赵立和李彦仙是南宋初的两员智勇足备的猛将、抗金英雄。

赵立（1094—1130）是徐州张益村人，“政和初，隶州之武卫军”，他“以敢勇隶兵籍”。按武卫军为驻徐州之禁兵。“出戍江南，值方腊乱，从军往”，“累立战功”。“又戍大名府，以捕贼功，补本军都虞候”。③ 宋代军都虞候是军一级编制单位的统兵官。北

---

① 《会编》卷142追荐赵立等道场青词。

② 王曾瑜：《岳飞新传——尽忠报国》，第72页，中国书籍出版社，2017年。

③ 《挥麈后录》卷9，《宋史》卷448《赵立传》。

宋后期，按照规定，大名府驻有武卫军一指挥，① 但大名府路安抚使司是河北的四大军区之一。赵立照理是应可兼统大名府路其他州军驻扎的武卫军。

赵立参加抗金战争，主要是徐州和楚州保卫战。今分述于下。

当金军南侵时，龙图阁待制王復任知徐州，赵立隶属王復。建炎二年（公元1128年）冬至建炎三年（公元1129年），金军又发动攻势。最善用兵的左副元帅完颜粘罕（宗翰）亲攻徐州。《芦浦笔记》卷8《资政壮节王公家传》记载此战较详：

> 高宗皇帝即位，诏公知徐州。明年，胡人犯顺，粘罕以众数万寇徐，徐城孤〔势〕危。公领兵合战，数不利，遂闭城拒守。虏重围夹攻，昼夜不息，城中兵粮单竭，死者甚众，虏势益张。凡二十余日，城陷。公躬擐甲胄，巷战竟日，度不能御，乃反州治，易朝服，南乡再拜曰："臣受国厚恩，当以死报，今日得死所矣!"且谓贼曰："死守者我也，监郡而次亡与焉，可独杀我，而舍僚吏与百姓。"虏虽悍狡，闻公言，亦凛然叹异曰："若使南朝皆如公，我辈岂得至此。今汴京已陷，二帝已北去，公尚为谁守乎?"公骂不绝口，虏复说曰："必欲全活生灵，请立降，当为易官封，命汝就知此州，以抚残民。"公曰："虏贼毋诱我，吾誓有死耳!"虏察其无降意，命左右挝其口，流血盈襟，公犹含血噀之。子倚在傍，不胜愤怒，突出见粘罕，顾手无挺刃，得布囊盛砖掷之，力少差，中其旁千户长，毙。粘罕怒，即执倚，刳其心，以祭千户长，欲惧公以速降。公不顾，为虏敲死，阖门百口俱遇

① 《宋史》卷188《兵志》。

害。时建炎三年正月二十九日也。帐下赵立求得公尸，拜伏恸哭，裹以裀褥，藁瘗于黄楼侧，累甓成冢以识之。复拥兵守御，抚定其众。虏退，朝廷就命立知徐州。①

此传主要是从王復死难的角度，叙述徐州之战的概况。王復和儿子王倚的殉难十分壮烈，王復"再娶刘氏，章献明肃皇后之侄。徐州陷，为虏将所获，不食五日而卒"。但其"长子佾以太仆丞从高宗过维扬"②，尚余一脉。徐"州教授郑褒亦骂敌而死"③。《宋史》卷448《忠义传》为王復立传，但叙事过于简单，可资补充者是"巡检杨彭年亦死焉"。此外，《芦浦笔记》载徐州失守的日期为"建炎三年正月二十九日"，而《建炎以来系年要录》卷19建炎三年正月丙午注说："据（王）复家乞恩泽状云，正月二十七日。"稍异。《挥麈后录》卷9王铚所撰的赵立传，则叙述了赵立在徐州之战中的战绩：

是时，金贼已尽得河北，兵势弥炽。转战京东，所至官吏望风避去。建炎三年三（正）月，犯徐州，重围既合，（王）復率军民，登城力战，命立专往来守御。外援不至，孤城益危。立六中飞矢，三中兵刃，犹拔矢裹疮，洒血以战。復忠之，自持卮酒，挥涕以赏立。贼帅粘罕在城下，愤其难拔，大益攻具。城破，復坚坐厅事，不肯逃，遣人谓贼曰："死守者我也，监郡而次无预焉，愿杀我，而舍僚吏与百姓。"

① 关于徐州保卫战，另见《会编》卷120，《要录》卷19建炎三年正月丙午，《宋名臣言行录》别集下卷13《赵立》。

② 《芦浦笔记》卷8《资政壮节王公家传》。

③ 《宋史》卷448《赵立传》。

贼犹喻復投降，復不从，骂贼求死。由是与尽室百口俱被害。

立巷战，夺门以出，为贼所得。夜杀守者，入城，潜求復尸，抚之恸哭，亲为掩藏。立知贼兵乘胜贪得，城中弛备，鼓率残兵，邀击于外，断敌归路，尽焚营垒，夺舟船金帛数千计。扰击纷散四出，军声复振。尽团乡民为兵，歃血相誓，戮力平贼，退者必斩。立之叔扆后期而至，立谓曰："叔以我故乱法，何以临众？"促命斩之，威震诸军，一鼓破贼，遁去，追蹑，杀获甚多。

遂推立为长，乘疮痍之后，拊循其民。恩意户至，召使复业，井邑一新。朝廷授忠翊郎、权知徐州事。立奏为復置庙城中，赐名忠烈。每出师与遇岁时，必率众泣祷曰："公为朝廷守节以死，必能阴佑遗民也。"齐人闻之，归心焉。

王復是文臣，自曾祖父以下三代官宦，他本人"以门荫补官试，大观中，选授大理评事，迁本寺丞"①。宋高宗于刚登基后建炎元年五月，以"通议大夫王復知徐州"②，他殉难前的文职是龙图阁待制。后追赠资政殿学士③，大致是"恩数同执政"④。

徐州保卫战前后二十余日，这也是北、南宋之交少有的顽强的守城战。按照宋朝以文制武的统兵体制，赵立至少是王復部属得力的武将之一，其他如巡检杨彭年也是部将。王復"命（赵）立专往来守御"，其实是负责更多的前沿军事指挥。赵立作战英勇，"六中飞矢，三中兵刃，犹拔矢裹疮，洒血以战"。

---

① 《芦浦笔记》卷8《资政壮节王公家传》。

② 《要录》卷5建炎元年五月丙午。

③ 《要录》卷19建炎三年正月丙午，《宋史》卷448《王復传》。

④ 《宋史》卷162《职官志》。

徐州城破之时，“武卫都虞候赵立巷战，夺门以出，为金兵所击，以为已死。夜半得微雨，渐活，乃杀守者，潜入城。求復尸，埋之。遂阴结乡兵，为兴复计”①。赵立率乡兵收复徐州以后，“东京留守杜充承制以立为武德大夫、阁门宣赞舍人，言于朝，诏授立忠翊郎、权知徐州事”②。忠翊郎为正九品武官，官位低于正七品武德大夫，两者相差达二十阶。③ 但按宋制，有所谓“双转”，“有军功人自武翼郎以上，每转一官，即双转两官”。④ 即使如此，也要相差十多阶。

但綦崇礼《北海集》卷 3《知徐州赵立治郡忠劳显著可特转武德大夫兼阁门宣赞舍人充管内安抚使制》载：“彭门当淮楚要冲之会，承兵火伤残之余，井邑丘墟，闾阎埃烬。尔能收合离散，保守城隍，经画有方，忠劳显著。载嘉乃绩，褒进厥官，兼傧赞之荣名，领抚绥之重寄，益殚尔力，以称朕恩。可。”既有正式官告，则官封忠翊郎之说似不可信。按照宋制，杜充的任命应属“借补”，而宋廷的追认才算“真命”⑤，即正式任命，但真命的官衔一般是承认借补，不可能与借补相差如此之大。

赵立据守徐州“时山东诸郡莽为盗区，立介居其间，威名流闻。累迁右武大夫、忠州刺史”⑥。

以下再叙述赵立率军援楚州，进而指挥楚州保卫战。宋时徐州属京东西路，而楚州却属淮南东路。建炎三年夏秋，色厉内荏

① 《会编》卷 120，《要录》卷 19 建炎三年正月丙午，《宋史》卷 448《赵立传》，《宋名臣言行录》别集下卷 13《赵立》。

② 《要录》卷 21 建炎三年三月，《宋史》卷 448《赵立传》。

③ 《宋史》卷 168《职官志》。

④ 《朝野类要》卷 3《双转》。

⑤ 《浮溪集》卷 1《行在越州条具时政》。

⑥ 《宋史》卷 448《赵立传》。

的东京留守杜充，不听统制岳飞的规劝，主动放弃开封，率当时最精锐的东京留守司军渡江。然而宋廷却信用杜充，随即拜右相，兼江、淮宣抚使，全权负责江防。他在宋军马家渡战败后，于建炎三年十一月渡江到淮南真州，然后降金。大致与此同时，赵立却奉杜充之命率徐州军南下，增援楚州。另一方面，当时金军的部署，是完颜兀术和完颜拔离速兵分两路侵略江南，而元帅左监军完颜挞懒负责侵略淮南。

《三朝北盟会编》卷134记载较详，据《建炎以来系年要录》卷30建炎三年十二月己亥注，应是照抄《中兴遗史》者：

> 知楚州赵立败金人于淮阴，领兵入楚州。朝廷闻金人将谋入寇，乃召诸路，以兵勤王，保卫王室。赵立方欲知徐州，以徐州城孤，且乏粮，不可守，乃率将兵、禁兵及民兵约三万，趋行在。是时，知楚州刘诲被召命，赴行在。杜充以楚州缺知州，且闻立率兵自徐来，即札付立，俾知楚州。使人迎立，授之。立至临淮县，被充之命，兼程至龟山。金人闻立弃徐州，而新知楚州，以甲兵于淮阴邀截之。立麾下皆谓金人方扼于淮阴，而楚州不可往，不如退还徐州。立忿怒，嚼其齿曰："正要与金人相杀，何谓金人扼路，而楚州不可往。"乃令诸军曰："回顾者斩!"于是率将先登，至淮阴，与金人遇，大战四十里，至楚州城下，遂得以数千人入城，而后军孟成、张广皆以其所部渡河北去。方其鏖战也，士卒有失仗者，拔砌街砖相击，岳庙砖街三里许，皆为所拔。立口中箭，贯其两颊，带箭入城，口不能言，以手指挥诸军。憩歇方定，拔其箭。议者谓自燕山之后，南北战争未有如此之鏖战者。

《挥麈后录》卷9王铚所撰的赵立传对进援楚州之战的记述可资补充：

> 杜充守建康军（府），兼淮南、京东宣抚使，命会兵楚州，立提忠义山寨乡兵数万人赴。是时，贼号托落郎君者，围楚益急，往来艰梗。立斩刈道路，乃能行。至淮阴，与贼遇，自昕至夕，且行且战，出没贼中，凡七破贼，无有当其锋者，遂抵城下。楚人被围久，闻立来，欢迎鼓舞。是时，立中箭镞，入舌下，坚不可取，命医以铁箝破齿，凿骨钮去，移时乃出，流血盈襟。左右毛发皆耸，而立颜色屹然不变。建康失守，就命立权楚州事，时四年正月也。

统金军阻击徐州军入楚州者，正是元帅左监军完颜挞懒。所谓“托落郎君”，“托落”即是“挞懒”之歧译，而“郎君”是金朝宗室的通称。[①] 金军的精锐主力是悍勇的女真骑兵，在北宋末年，腐败的以步兵为主的宋军根本不能在野战中迎敌，或一触即溃，或不战而溃。南宋初，首支能在野战中与金军打硬仗的部队，就是宗泽统率的东京留守司军。赵立统率徐州约三万人的宋军，包括民兵，“至淮阴，与贼遇，自昕至夕，且行且战，出没贼中，凡七破贼，无有当其锋者，遂抵（楚州）城下”，是与完颜挞懒大军进行激烈的野战鏖兵，在宋军屡战屡败的情势下，极为不易，说明徐州兵在他的训练和指挥之下，确有顽强的战斗力。故“议者谓自燕山之后，南北战争未有如此之鏖战者”。但最终赵立也只能“以数千人入城，而后军孟成、张广皆以其所部渡河北去”，回

① “郎君”乃汉文意译，据《会编》卷3、卷231，“其宗室皆谓之郎君”，皇帝则称郎主。

归徐州。

在战斗中，赵立口中箭，不能说话，只是“以手指挥诸军”，而入楚州城。金军“箭极长”，“箭镞至六七寸，形如凿，入辄不可出”。[①] 故箭镞“入舌下，坚不可取，命医以铁箝破齿，凿骨钮去，移时乃出，流血盈襟。左右毛发皆耸，而立颜色屹然不变”。人们熟知的关羽刮骨疗毒的故事，无非是《三国演义》里的杜撰，而赵立凿骨取镞却是真实的历史，足见其英雄气概。

《建炎以来系年要录》卷 30 建炎三年十二月己亥的关于赵立入援楚州的记事，大致是综合《中兴遗史》和《挥麈后录》卷 9 王铚所撰的赵立传而编撰者，其补充的记载是“通判州事、直秘阁贾敦诗欲以城降，至是乃止”，后为“赵立所按”，“除名，连州编管”。[②] 关于赵立率徐州军进入楚州的时间，作者李心传在注中考证说：“立入楚州，赵甡之《遗史》系之十一月，王铚撰立传云四年正月权知楚州，未知孰的也。熊克《小历》载之五月末，实甚误，前已辨之。《日历》汤东野奏：‘十二月初九日，徐州赵立差使臣来杜充府，投下文字，称刘位兵马未肯放令过淮。杜充指挥令放渡过。’据此，则立入楚州当在十二月末间，今因东野奏杜充事附见。”

从赵立率徐州军突入楚州，到建炎四年五月间，似可说是州城保卫战的第一阶段，其最详细的记载，仍见于《三朝北盟会编》卷 136：

> 金人登楚州城，不能入，复退去。赵立在楚州，专为战守之备。金人挞懒以数万人围城，修治攻具，以旧岁十二月

① 《会编》卷 3、卷 244《金虏图经》。

② 《要录》卷 33 建炎四年五月甲子。

攻城之南壁。立亲作旗头，引众出战。金人来，占炮地，立与战，却之。凡一月余，不能占炮地。有淮阴县百姓左彬者，为队长，部民斵壕于城下。有金人勇将擐甲驰马，掠壕而过，彬以刃追逐之。虏将勒回马迎敌，而彬与战于野，良久。虏将去，立适在城上见之，问其姓名，补以官，使为亲随。立每出战，彬必随之，屡立奇功。金人凡攻四十余日。立亲出战者四五十次。金人以炮连击三敌楼而破之，遂登城。立先取生槐木，斫作鹿角，以鹿角槎定城破处，两头又下修月城以裹之。月城之中，实以柴薪，城之内置镕金汁。金人无路可入，在城上立者如植，城外立洞子数十，皆藏兵，俟可进则进，登城不能措手，壅隘不可上，争自月城中入。立命泼金汁，焚其柴薪，烧死者一二百人。自是金人以不能入而退，还守孙村蒲（浦）寿河大寨。时时以铁骑数百人，出没于城下，以掠取寻粮采薪者。故城中之人皆不能出，而粮薪日以罄竭矣。

关于第一阶段的战事，《宋史》卷448《赵立传》的记事十分简单："金人攻城，立命撤废屋，城下然火池，壮士持长矛以待。金人登城，钩取投火中。金人选死士突入，又搏杀之，乃稍引退。"《挥麈后录》卷9赵立传稍详："然贼骑未退，益兵不已，用鹅车、对楼、飞炮、架数百事，攻州南门，半月间登城者数十。立皆率兵捍战，后分四门，出师掩杀。贼大败，解围，驱残兵去。渡淮六十里，驻孙村浦。① 立又败之。"

金军善于打攻城战，这是其胜于辽与西夏军的一个特点，故能深入中原。在北宋末，当金军乘击破六甲神兵之威，登上开封

① 孙村浦的地名到清乾隆时仍存在，见《乾隆江南通志》卷13《淮安府》。

外城，宋军立即丧失抵抗能力，从外城溃退。与此相比，金军“半月间登城者数十”，居然仍被赵立麾军杀退，并乘胜将完颜挞懒大军逐至淮北的孙村浦，足见赵立指挥楚州守城战之顽强。但完颜挞懒也改变战术，主要是设法断绝楚州的粮薪供应。《东牟集》卷9《论楚州事札》表彰赵立在楚州的行政，说：

> 自楚州来者，询问得赵立弹压用人，甚有次序。中间执通判贾敦诗，送于朝，囚曹官贾连，置于狱，杀主簿查葳，责以大义，明示于众。有祥辉观女道士二人，收金人帖，上有金国年号，便欲杀之。所以一郡之人，莫不知好恶所向，承命不暇。……至其用人，则又有可称者。朱存中为土豪之最，得郡人情，以为干办官、兼知山阳县事。朱钺土豪，薄有武勇，以为州都监。孔师锡老士人，谨细，能御吏计出入，以为山阳县丞。张骥千，士人之可称者，以为山阳簿。顾伯起、朱艺皆进士登科，委伯起以县事，先任艺为本州粮料，又任艺通判泗州，是以一郡之士皆乐为用。

从五月到九月，似可说是楚州保卫战的第二阶段。五月间，按照新相范宗尹的建议，宋廷将淮东地区划分为五个镇抚使司的小军区，先后任命了楚、泗州、涟水军镇抚使赵立，海州、淮阳军镇抚使李彦先，承州、天长军镇抚使薛庆，真、扬州镇抚使郭仲威和通、泰州镇抚使岳飞。赵立因“殊勋”由正六品的右武大夫、忠州刺史“超转（正五品）徐州观察使”①。“遥郡、正任恩

① 《要录》卷33建炎四年五月乙丑、卷36建炎四年八月丁亥，《挥麈后录》卷9。《挥麈后录》作“承、楚州、涟水军镇抚使”，“承”字误。《宋史》卷448《赵立传》作“泗州、涟水军镇抚使”，脱“楚”字。

数辽绝”[1]，即使赵立落阶官，转为正任刺史，已是超升，便何况是观察使，又比刺史高三阶，距离武人“极致”的节度使[2]，只差两阶。相形之下，将金军逐出江南的岳飞，当时还只是升为正七品的武功大夫、昌州防御使。武功大夫属“诸司正使”，而此前赵立的右武大夫已属高一等的“横行”。

当时，侵犯江南的金完颜兀术军被岳家军逐出江南，沿运河北上，与完颜挞懒军会合。金军“屯于楚州之九里径，欲断立粮道，立又大破之”[3]。有故人沂州举人刘偲降金，前来楚州招降，也被赵立焚死于市中。赵立还主动向金军出击，据《三朝北盟会编》卷139记载：

> （六月）十一日辛巳，赵立出兵攻挞懒于孙村浦。挞懒以大军下寨于寿河，去淮河孙村浦两舍，乃南北咽喉之路，又作寨于孙村浦以守之。赵立起宿迁县赵琼水寨民兵于城中，辛巳，亲率亲随百余人，取孙村浦寨，遣统制王彦忠以兵数百，防寿河之救兵。金人自寿河寨日遣三二百骑，往来于孙村浦，闻立出兵，急遣铁骑来救之，为彦忠所扼，不得进。立亦闻金人以铁骑来救，不克攻而退，彦忠亦归。

《建炎以来系年要录》卷34的同日记载采用此说而简略。但《挥麈后录》卷9赵立传的记载有异：“立念敌以众抗孤军，非鏖战不能成功，提师袭之，贼大败，夺器甲数千计，诸小寨皆溃。”《东牟集》卷9《论楚州事札》说：“州都监王询者，专执兵柄，

① 《宋史》卷166《职官志》。
② 《宋史》卷474《贾似道传》。
③ 《要录》卷33建炎四年五月乙丑，《挥麈后录》卷9。

郡将所不能制。及赵立出师淮北，令询作先锋，回顾即斩。致询之兵不敢少却，用能走金人之师，所获军资甚众。”可知赵立出兵淮北，不能说完全是无功而返，但也未达到原来的军事目标。

到八月间，金军击破了薛庆和郭仲威两镇，薛庆殉难。当时赵立谓僚属曰：“今贼自山东济师不已，城中粮且尽，则无以善其后。将先取京东已陷没诸郡，窒贼路，及求粮旁邑，则吾事济矣。且京东诸州，本吾民也，闻我之来。必解甲相迎。”他“将经营京东，行至宝应县，而承州报贼复聚扬州。立遂归，而贼再傅城”①。赵立率军北上，行至中途，因得到了承州薛庆的败报，只能返回楚州。金军却乘着破两镇之威，“再傅”楚州城。

在建炎三年至四年间，东部战场的三支金军中，兵力最多的大致应是攻江东和两浙的完颜兀术军，因为此军负有追捉宋高宗，消灭南宋的任务。待与完颜挞懒军会合之后，金廷又命完颜兀术转入陕西战场，“以精兵二万”前往，由“挞懒抚定江北”。② 完颜兀术带走的二万人应是其部分兵力，故完颜挞懒的兵力应是较前雄厚。

在楚州方面，守军的主要困难是粮草不济。史称“承、楚间有樊梁、新开、白马三湖③，贼张敌万窟穴其间，立绝不与通，故楚粮道愈梗。始受围，菽麦野生，泽有凫茨可采，后皆尽，至屑榆皮食之。承州既陷，楚势益孤，（赵）立遣人诣朝廷告急”④。

张敌万是张荣的绰号，他率部自梁山泊转徙南方，其实是一

① 《挥麈后录》卷9。

② 《金史》卷19《世纪补》。

③ 《东牟集》卷9《论楚州事札》作“楚州至承州中间有两湖，一曰白田湖，二曰新开湖”，稍异。

④ 《宋史》卷448《赵立传》，《会编》卷142，《要录》卷37建炎四年九月戊辰。

支抗金力量，后来在缩头湖歼敌，接受宋朝官封。[①] 赵立将张荣作为盗贼对待，发兵进攻，抢夺其粮食，是一个失误，反而增加了守楚州城的困难。王洋《东牟集》卷 9《论楚州事札》对此也有记述和建议：

> 楚州东有盐城，南有宝应，西有淮阴，北有涟水。涟水限在淮北，淮阴即当泗州之冲，此两处各为敌马蹂践，不复更有征赋。惟盐城、宝应两邑今年曾下种处，稍有稻麦。赵立都两邑税赋，凡得数万，可支半年军食，百姓所食不与也。今宝应路与承州邻，势必梗绝，独盐城一路可通泰州兴化。今欲稍给楚州粮食，必自通、泰往，乞以粮食转至通州，即令岳飞据所交到数，却自泰州拨还楚州。
>
> 楚州至承州中间有两湖，一曰白田湖，二曰新开湖。有张敌万者，聚众往来湖中，与赵立为仇，常梗楚州粮道。前者承州薛庆颇得此人欢心，故独不梗承州籴买之路。所以七月中，楚州米一升四百五十，承州一升二百，粟价相去不啻一倍。又承州城中足食，皆缘张敌万与薛庆无怨，不于城外阻截之故。今乞以一近上名目与张敌万，令取得承州，即以承州镇抚与之，命赵立与张敌万通和。

当然，他建议赵立与张荣和解，在当时已无实施的可能。在宋廷方面，将淮东划分为各镇抚使司的小军区，使之各自为战，欠缺协同配合，已是失误。围绕着调兵援楚州，张俊和刘光世两个拥重兵的庸将，一个公然拒绝，另一个阳奉阴违，愿意承担救

① 参见王曾瑜《〈宋史〉与〈金史〉杂考》“一九 张万敌当作张敌万，兼谈缩头湖之战”，载《点滴编》，河北大学出版社，2010 年。

援任务者，只有岳飞与李彦先两支不大的军队。岳家军迟至九月方才渡江，却被金军阻击于承州，[①] 在此不做赘述。

李彦先原是韩世忠“后军管队官”，“韩世忠军溃于沭阳”，李彦先“率本队四十七人，得二舟，入海聚众”至“数千”。[②] 宋廷先任命他为沿淮水陆捉杀使，后为镇抚使。[③] 他“与（赵）立刺臂为义兄弟”[④]，故增援楚州十分积极。李彦先听从刘公彦计议，“至楚，一战败敌”。刘公彦也就任海州、淮阳军镇抚使司参谋官。金军曾“遣战舰数百，精锐万人趋东海”，李彦先和刘公彦“出奇兵，与战，擒其将徐聚等十余人，尽得其舟。自是数与敌战，未尝败北。通商惠工，用度寖饶，民乐其生”。建炎四年，金军“复围楚州”，李彦先和刘公彦虽“率舟师破之孙村浦”[⑤]，却被金军拦截于山阳县北神镇。[⑥]

因岳飞和李彦先两军不能抵达楚州城下，赵立所率楚州军民遂成孤立之势。《挥麈后录》卷9记载赵立最终的奋战说：

> 贼再傅城，立慨然曰：“贼终不舍去，惟有竭节死守此州而已。”出北门，临城濠外誓众曰：“不进而退者，必遭溺死，我且并族尔家矣！”于是又大捷，生致首领三百人。贼以数十艘循潮河观城，立取火箭射船，贼趣往救，则出兵劫之，焚溺死者净尽无余，擒渤海千户李药师等五十人。立每劫贼寨，

---

① 参见王曾瑜《岳飞在淮东的挫败》，载《岳飞和南宋前期政治与军事研究》，河南大学出版社，2005年。

② 《会编》卷120《中兴遗史》、卷142，《要录》卷19建炎三年正月丙午。

③ 《要录》卷33建炎四年五月丁巳、乙丑。

④ 《会编》卷142，《要录》卷37建炎四年九月。

⑤ 《京口耆旧传》卷8《刘公彦传》。

⑥ 《元丰九域志》卷5载，北神镇在山阳县境。

必杀获不赀。或命伪于城头张乐宴饮，贼疑立在座，立乃缒城，潜入贼寨杀戮矣。立念贼倾国而至，愤懑激烈，致三书于贼酋龙虎大王①等曰："尔拥金帛万艘，我以楚州全师，能各见大阵，较胜负，亦英雄也！"贼不答。至九月初，城守百余日矣，贼并兵列大寨城下。立拥六骑出，呼曰："我镇抚也，首领骁勇，其来接战。"南寨有二骑袭其背，立跋马回顾，左右手奋两枪，贼俱坠地。夺双骑将还，俄北寨中发五十余骑追立。立怒目大呼，人马俱辟易。明日，列三阵邀战，立以三队应之。贼旁铁骑数百，横分其阵而围之，又中飞矢。立奋身突出重围，持挺左右大呼，贼落马者不知数。是月十六日，贼大进攻具，鹅车、洞、炮架以千计，薄东门。又明日，填濠将进。立率进备木，塞卧龙，穿火濠，筑月城，靡不备。忽报贼将分布兵马近城矣，立笑曰："将士不用相随，吾将观其诡计浅深，且令此贼匹马只轮不返。"上城东门，未半，忽自外飞炮中其首。左右驰救之，犹曰："我终不能与国灭贼矣！"令舁致三圣庙中，声言疾病祈祷，使贼不悟，言绝而终。然人闻其死，知城必陷，失声巷哭不可止。

关于赵立之死，其他记载稍异，亦可作补充。一说"金人用降人卫进言，专攻北壁四十余日，昼夜不息。炮著敌楼，飞石中赵立股，骨折而死，徐州人密藏埋其尸"。后"徐州将校出立尸，改葬，自顶至足，无一肢脱落者，唯左股为炮所伤，骨折不续，人皆奇之"。② 此说为股骨骨折，而非头颅。另一说为"围既久，

① 《鄂国金佗续编》卷1高宗手诏作"龙虎太师"，据《鄂国金佗稡编、续编校注》第530—531页考证，应为完颜突合速，他应与完颜挞懒一起主持淮东战场。

② 《会编》卷142。

众益困，立夜焚香，望东南拜，且泣曰：‘誓死守，不敢负国家。’命其众击鼓曰：‘援兵至，闻吾鼓声，则应矣。’如是累月，终无至者”。“金知外救绝，围益急。九月，攻东城，立募壮士焚其梯，火辄反向，立叹曰：‘岂天未助顺乎！’一旦风转，焚一梯，立喜，登磴道以观，飞炮中其首。左右驰救之，立曰：‘我终不能为国殄贼矣！’言讫而绝，年三十有七。众巷哭，以参谋官程括摄镇抚使以守”①。赵立中炮石的具体情节有异。

赵立死后不久，到九月二十九日，楚州城终于失守。②“贼闻哭声，知立死。百计攻城，烈火亘天，然抑痛扶伤巷战，虽妇人女子，亦挽贼俱溺于水。”③按赵立生前的部署，“若不幸城陷，则当备巷战，每一巷口皆以砖垒合隔，三五巷为一间道，出兵以杀金人，则金人可以尽杀”④。故楚州城陷落之际，军民最后的抗争尤为壮烈。但另一说则为“金人疑立诈死，不敢动。越旬余，城始陷”⑤，亦稍异。

但金军也未能全歼楚州城内的宋军，“城陷之始，四县民兵争门而出，往往有得生者。民兵首领有万五、石琦、蔚亨，号为千人敌，皆得出。惟左彬不忍弃其妻，彬乘马，坐妻于马后，以绳维之，手提大刀，争门而出，手杀数十人，力困而死”⑥。突围者“徐州有武卫军，旧隶于”王復，“义不肯他属，散归在所，愿以

---

① 《宋史》卷448《赵立传》。

② 关于楚州沦陷的时日，《要录》卷37建炎四年九月戊辰注考证说：“赵甡之《（中兴）遗史》，立以己未之日死，城以甲子之日陷。今从王铚所作立传及《（高宗）日历》附传。”

③ 《挥麈后录》卷9。

④ 《会编》卷142。

⑤ 《宋史》卷448《赵立传》。

⑥ 《会编》卷142。

从”王復之子王佾，宋廷“特命佾”“领武卫”军。①

楚州失守后，金军转攻屯泊北神镇的李彦先所部，包围了李彦先的座船，李彦先全家在淮水中殉难。② 但刘公彦“收余军转战七十余里，得归”③。岳家军无险可恃，无粮可守，也只能一面抗击，一面掩护百姓撤退江南。但到了翌年，张荣军在缩头湖一战，歼灭金军数千人，完颜挞懒军又只能退出淮东。楚州虽然失守，金军其实也蒙受了相当大的损失，最终退出淮东，也应与楚州坚强的保卫战有关。

赵立堪称死得其所，却又是死未得其所，因为他确是南宋初的一位杰出的军事干才，如果不战死，肯定仍有发挥其军事才能的余地。赵立“家属先死于徐，其赴镇以单骑入楚。后得女子习书者，使侍左右，读军中书记，城陷，俱没。立为人木强，不知书，其忠义盖出天性。善骑射，容貌甚壮，不喜声色、财货，月俸给皆取其半，与士卒同甘苦。每战，擐甲胄先登。有退却者，必大呼疾驰至其侧，捽而斩之。众畏服，亦乐为用”④。赵立“不喜声色、财货”，“与士卒同甘苦”等立身行事，与岳飞相同，而在当时其他的抗金名将之上。当然，他大约出身于社会底层，“不知书”，没有文化，而岳飞却努力学习文化，“略知书传，礼士恤民”。⑤

---

① 《芦浦笔记》卷 8。

② 《会编》卷 142，《要录》卷 37 建炎四年九月。

③ 《京口耆旧传》卷 8《刘公彦传》。

④ 《要录》卷 37 建炎四年九月戊辰。李心传在附注中还考证说：“（赵）甡之（《中兴遗史》）又云：‘立一妻、一妹、一女，年十余岁男子方总角，或遭掏掠，或被杀害皆尽。’与（《[高宗] 日历》）附传所云不同，今从附传。日历亦有立亲妹乞存恤状，当是已归人而同入楚州也。”

⑤ 《会编》卷 208《林泉野记》。

楚州守城军，“赵立之入城也，有徐州军民老弱仅数千，而胜兵居半，又有楚州将兵二千，四县民兵约五千，共不满万人”。“徐州将士残暴，席势凌楚军，二州众不相能。立善弹压，使各效其所长，无敢校私隙”。数千孤军，内部又存在地方军的矛盾，需要赵立协调，而与金朝大约数万大军相抗，已极其不易。加之城陷之时，粮食尤其困难，“围城初，有野麦、野豆，可以为粮，后皆不生。物有凫茈、芦根，男女无贵贱，斸掘之，后为水所没。城中绝粮食，至草木有屑榆皮而食者，亲戚互相食啖，至城陷而心不变”[①]。当时人就将赵立指挥的楚州保卫战，与唐朝安史之乱时张巡和许远的睢阳保卫战相提并论，“较其时与势，比巡、远为尤难也”[②]。

楚州保卫战的失败，固然是粮尽，而更重要的是援绝。长期因循苟安的政治传统和军事上消极防御的战略，使宋廷根本没有趁完颜兀术率二万人去陕西之机，而集中东南韩世忠、刘光世、张俊三大将等兵力，在淮东与金军打翻身仗的勇气和计划。在宋高宗君臣看来，韩世忠军新败，元气未复，而刘光世与张俊关系不睦，故出兵只能是非此而即彼。刘光世因勾结宦官，而成为南宋第一个晋升节度使的大将，他虽与金朝有杀父、杀兄弟之仇[③]，却是个“玩寇养尊”[④] 的老手。他在楚州失守后上奏朝廷，反诬岳飞等人“迁延五十余日”，“又巧为辞说，抵拒会合指挥”，因而招致楚州的陷落。签书枢密院事赵鼎主张“诘刘光世等违命不救楚州之罪”，他为宋高宗草拟御批说：“逐官但为身谋，不恤国事，

---

① 《会编》卷 142，《要录》卷 37 建炎四年九月戊辰。

② 《挥麈后录》卷 9，《会编》卷 142，《要录》卷 37 建炎四年九月戊辰。

③ 《会编》卷 70 载其父刘延庆和兄弟刘光国被金军所杀。

④ 《水心别集》卷 12《四屯驻大兵》。

且令追袭金人过淮，以功赎过。”但宋高宗却说：“光世当此一面，委任非轻，若责之太峻，恐其心不安，难以立事。”于是，宋高宗发布的诏旨中反而嘉奖刘光世“体国忠勤”，只是令他“节制诸镇”，“戮力保守”。① 在更重要的意义上，完全可以说，宋军楚州之败，是败在自身的军政腐败，宋廷和皇帝本人的苟且偷安和姑息养奸。然而自北宋至南宋的史实证明，这正是被宋朝历代君臣视为传家宝的传统，简直就不知有他。楚州军民的英勇血战和牺牲，饮恨九泉，到头来，却是换取一个小朝廷偷安于半壁残山剩水，施行屈辱和恶浊的降金政治，却自诩为“中兴”的“盛世”。② 这也是各种力量、因素和倾向的互相冲突、制约、调和与平衡的结局。

在文章行将结束时，不可不提的一个人，就是秦桧。洪适所撰其父洪皓行状，今见于《三朝北盟会编》卷 221 和《盘洲文集》卷 74《先君述》：

> 初，虏围楚州，久不下。时秦留粘罕所，虏使之草檄谕降，有室撚者在军，知状。先君与秦语及虏事，因曰：“忆室撚否，别时，托寄声。”秦色变而罢。明日，侍御史李文会论先君在朝，必生事，遂出知饶州。

洪皓被认为是一个可以媲美苏武的宋使，宋金绍兴和议后归宋。此段记载的错误，在于说“秦留粘罕所”。金朝攻楚州的主将是完颜挞懒，秦桧降金后，曾在完颜挞懒手下充任参谋军事，为

---

① 《鄂国金佗稡编》卷 25《承楚辨》；《要录》卷 37 建炎四年九月丙寅，卷 38 建炎四年十月戊子、丙申。

② 《紫微集》卷 1《绍兴中兴上复古诗》，《要录》卷 169 绍兴二十五年十月癸未。

金人草檄。《鄂国金佗续编》卷20《鄂王传》又有所补充，说：

> 或言桧尝为虏酋作檄文，有指斥语。

所谓“指斥”，即“指斥乘舆”之缩写，即檄文中有斥骂宋高宗的言语。所以当洪皓提及此事，秦桧吓得变了脸色。秦桧此件揭发不得的事，也与楚州军民的英勇抗战形成鲜明对照。但就是在楚州保卫战失败之后，完颜挞懒就纵奸细秦桧南归。

（本文由作者与贾芳芳先生合写，原载《四川师范大学学报》2013年第4期）

二〇、陆游与汤思退、宋高宗

——兼谈中国古代专制政权与士大夫的关系等

陆游无疑是南宋头号大诗人，强烈的爱国主义精神，是其诗作的灵魂和基调。其不朽诗篇极具感染力，对中华民族的文化和精神产生了巨大影响。但许多优秀人物并非就没有一点可以訾议之处。本文就一些人们在研究陆游时似有所忽视的问题，谈一点看法。

陆游的诗中热烈歌颂了南宋初如宗泽、岳飞、吴玠、韩世忠等抗金名臣和名将，如“君不见昔时东都宗大尹，义感百万虎与狼。疾危尚念起击贼，大呼过河身已僵”①，“公卿有党排宗泽，帷幄无人用岳飞”②，“剧盗曾从宗父命，遗民犹望岳家军”③，“堂堂韩岳两骁将，驾驭可使复中原”④，“西酹吴玠墓，南招宗泽

---

① 《剑南诗稿》卷20《感秋》。

② 《剑南诗稿》卷25《夜读范至能揽辔录言中原父老见使者多挥涕感其事作绝句》。

③ 《剑南诗稿》卷27《书愤》。

④ 《剑南诗稿》卷34《感事》。

魂”①，“老吴将军独护蜀”② 等句。然而他在《渭南文集》卷16《德勋庙碑》中，却对庸将兼大贪官，也是杀害岳飞的凶手之一的张俊大加颂扬：“建炎以来，功臣则有矣，至可名社稷臣者，非公而谁？故国家所以褒表崇异，常出等夷之上，非私恩也。”这是因为他与张俊曾孙张镃过从甚密，说了其实是违心的话。但只要发表此说，自然就成了其文字的诟病。

陆游对卖国贼秦桧十分痛恨，但对另一个更阴险狡猾的秦党汤思退，却完全缺乏认识，甚至颇有好感。陆沅是陆游的堂兄，他与汤思退交游，也影响了陆游。陆游在《陆郎中墓志铭》中说：

> 每见某，必谆谆道其所与共学，日夜磨砻浸灌，以希古人者，曰时然、进之。时然庄氏，名革，早死不显，而进之则故相汤歧公也。及歧公以文章事业相高皇帝，公犹沉浮州县。久之，乃得监行在都进奏院、监尚书六部门。歧公每见，必留公，道往昔相从讲习时事。抵掌笑语。公辄俛首踧踖，自引去。歧公亦叹息，以为不可亲疏。后辈躐进至大官者相望，公顾处百僚底，自若也。歧公免相，门下士多牵联，以罪斥，未去者亦不自安，公独澹然如平时，人亦莫指议者。③

陆游在绍兴二十三年（公元1153年）二十九岁时参加漕试，被考试官陈之茂擢第一，却得罪了秦桧。因为“秦桧孙埙适居其次，桧怒，至罪主司。明年，试礼部，主司复置游前列，桧显黜

① 《剑南诗稿》卷34《村饮示邻曲》。
② 《剑南诗稿》卷9《晚登子城》。
③ 《渭南文集》卷34。

之”[①]，“盖疾其喜论恢复”[②]。宋朝科举的惯例，是中省试者一般都中殿试，只是名次有所改变而已。陆游省试及格，而被黜落，确是破例的。这无疑是因他“喜论恢复”之故。从宋金绍兴和议后的一般情况推测，科考中“喜论恢复”者必被黜落。当时正是汤思退出任考官，他与董德元等其他考官共同作弊，将秦桧孙秦埙“定为第一”，还大量录取秦桧的亲党子弟。最后，宋高宗亲自将秦埙定为殿试第三。这次舞弊事件虽然使“天下为之切齿”[③]，却成了汤思退跻身执政的关键，“用选举而私秦埙，夤缘超躐，径跻枢近”[④]。但从“主司复置游前列”的记载看，则汤思退却有可能袒护陆游。

秦桧死后，绍兴二十七年（公元 1157 年）六月，汤思退任右相，绍兴二十九年（公元 1159 年）九月，汤思退由右相升左相。陆游写贺启说：

> 恭审显膺典册，进冠公台。廷告未终，搢绅相庆；邮传所及，夷夏归心。焕君臣嘉会之逢，侈庙社无疆之福。恭惟某官，民之先觉，国之宗臣，精义探系表之微，英辞鼓天下之动。至诚贯日，历万变而志意愈坚；屹立如山，决大事而喜愠不见。一昨力辞重任之降，屈居次辅之联，三年有成，九功惟叙，方当诏令之诞布，孰测谋谟之所从。凡有大政事之慰斯民，咸曰右丞相之告于上。虽家置一喙以颂德，士予千金而示恩，窃揆其情，未至于此。盖庙堂之寄，代天而理

① 《宋史》卷 395《陆游传》。

② 《四朝闻见录》乙集《陆放翁》。

③ 《要录》卷 166 绍兴二十四年三月辛酉、卷 170 绍兴二十五年十二月乙酉，《宋史》卷 473《秦桧传》。

④ 《要录》卷 187 绍兴三十年十一月戊戌。

物；帷幄之算，经远而折冲。平居用小大之材，欲其披肝胆以自尽；一旦付疆埸之事，欲其捐性命而不辞。自非有以素服众心，则将谁与共济大业。晋文侧席于子玉，回纥下拜于汾阳。王商以忠謇立朝，则单于不敢仰视；平津以婞婞充位，则淮南谓若发蒙。自昔论世之盛衰，莫如置相之当否。譬犹震风凌雨之动地，夏屋愈安；鸿流巨浸之稽天，方舟独济。人望所属，国体自尊。今者大明弼亮之勋，正席辩章之任，守文致理，将见隆古极治之时，应变制宜，必有仁人无敌之勇。圣主以此属元辅，学者以此望真儒，行或使之，天所命也。某猥以孤远，辱在记怜。如其少逭衣食之忧，犹能颂中兴之盛德；必也遂老江湖之外，亦自号太平之幸民。穷达皆出于恩私，生死不忘于报称。①

在贺启中，陆游对汤思退的人望和相业可谓推崇备至，“穷达皆出于恩私，生死不忘于报称”，则表明汤思退对他确是有“恩私”，但陆游对汤思退是充满了“仁人无敌之勇”，“经远而折冲”的期望。

汤思退在相位，自然专力压制抗战派。但陆游却是在绍兴二十八年（公元1158年）始出仕，为福州宁德县主簿。绍兴二十九年至三十年（公元1160年），“为福州决曹”②。决曹是司法参军

① 《渭南文集》卷6《贺汤丞相启》，于北山先生《陆游年谱》第59页（中华书局，1961年）将此启系于绍兴二十九年汤思退由右相升左相时。汤思退尽管两次由右相升左相，通观全文，《陆游年谱》的系年应较确切。

② 《渭南文集》卷29《跋檠洞图》。

之简称。[1] 绍兴三十年五月，右从事郎陆游为敕令所删定官。[2] 从事郎为从八品，敕令所删定官应为正八品。[3] 当时加一“右”字，表明他非科举出身，应是荫补入仕。陆游在《除删定官谢丞相启》中说：

> 收置钧陶，固已逾于素望；责功铅椠，仍俾效其寸长。神观顿还，尘埃一洗，欲叙丹衷之感，不知危涕之横。伏念某独学寡闻，倦游不遂。澜翻记诵，愧口耳之徒劳；跌宕文辞，顾雕虫而自笑。低回久矣，感叹凄然。使有一人之见知，亦胜终身之不遇。然而禀资至薄，与世寡谐，在乡闾，则里胥亭长之所叱诃，仕州县，则书佐铃下之所蹈藉。声名湮晦，衣食空无，方所向而辄穷，已分甘于永弃。侵寻末路，邂逅殊私，招之于众人鄙远之余，挈之于半世浮沉之后，既赏音于一旦，又诵句于诸公。岂料前史之美谈，乃获此身之亲见。兹盖伏遇某官，斯民先觉，吾道宗师。大学诚明，上下同流于天地；至仁溥博，远近一视于华夷。和气行礼乐之间，治道出政刑之外。惟公故无所不取，惟大故无所不容，讫令顽钝之资，亦预甄收之数。重念某家世儒学，非有旂常锺鼎之勋；交友渔樵，又无金张许史之助。特缘薄技，获齿诸生，形顾影以知归，口语心而誓报。死而后已，天实临之。[4]

汤思退虽然压制抗战派，但说也奇怪，他对陆游却是格外青

---

① 《海录碎事》卷 12《决曹》，《絜斋集》卷 9《江阴军司法厅壁记》。

② 《要录》卷 185 绍兴三十年五月辛巳。《宋会要》刑法 1 之 46 作“右从政郎陆游”，尚比从事郎低一阶。

③ 《宋史》卷 168《职官志》。

④ 《渭南文集》卷 6。

昧。陆游以荫补初出仕，任县主簿和州司法参军，看来应与汤思退的“恩私”有关。然而就县主簿和州司法参军而论，仍属文官中的“选人”范畴。按他的自述，是“仕州县，则书佐铃下之所蹈藉。声名湮晦，衣食空无，方所向而辄穷，已分甘于永弃”。南宋时，“承直郎以下，迪功郎以上文资也，又谓之选海，以其难出常调也”。[①] 这是从八品至从九品之间的文官选人，陆游为右从事郎，即在其中。且不说他是非科举出身，即使是科举出身者，大部分也会淹没在“选海”中，并无进一步升迁的机遇。故人称“脱身于选海，梦若登天”[②]。删定官虽然往往“自选人改秩”[③]，却为“丞相总属之末”[④]，这是脱离选海，跻身清要和京官的关键性一跃，为绝大多数选人所可望而不可即。陆游在另一《删定官供职谢启》中就说明此官“处清流之末”，“故非深达体要之人，不预此选。岂容懵甚，亦在数中”。[⑤] 阅读陆游谢左相汤思退和右相陈康伯启，确实能体会到他感激涕零之心态，“口语心而誓报。死而后已，天实临之”，语气之重，耐人寻味。

绍兴三十年（公元 1160 年）岁末，汤思退被一些抗战派的台谏官轰下台，他们列举汤思退的各种劣迹，他们的弹击，还集中于汤思退与秦桧的关系，“思退起于微官，即登秦氏之门”，“思退之致身，皆桧父子恩也。始以掌文衡，曲意取其子孙，缘此汲引，以致政府”。“思退初居政府，时秦氏既败，朋附扫迹，独思退在

---

① 《朝野类要》卷 2《选调》。

② 《翰苑新书》续集卷 29 戴象麓《谢本军王太守升陟状》：“伏念某负乘力小，补葺技穷。几年落脚于盗区，头惊半雪；一旦脱身于选海，梦若登天。退而自揣，蔑然得此，不啻足矣。方幸窃照临之庇，何敢求升陟之荣。”戴象麓应为号，不知其名。

③ 《容斋四笔》卷 14《潘游洪沈》。

④ 《东牟集》卷 9《与丞相论郑武子状》。

⑤ 《渭南文集》卷 7。

焉，时有语曰：‘知不知，问进之；会不会，问思退。’进之乃思退字，盖甚言其秦党而得免窜逐也”。“汤思退犹得偃然在群臣之上，而秉国钧，欲逃折足覆悚之讥，难矣！”①

按陆游自编《剑南诗稿》，他“在新定（严州别名，陆游淳熙十三年、十四年任严州知州）时，所编前稿，于旧诗多所去取”②。但“去取”之余，《送汤岐公镇会稽》仍得以保存，其诗说：

> 吴越东西州，浙江限其中。黄旗高十丈，大舟凌虚空。都人送留守，郡吏迎相公。江心波涛壮，帐下鼓角雄。乐哉公何憾，廷论则未同。永怀前年秋，群胡方啸凶。闾左发蓟北，戈船满山东。旧盟顾未解，谁敢婴其锋？公时立殿上，措置极雍容。南荒窜骄将，京口起元戎。旧勋与宿贵，屏气听指踪。规模一朝定，强虏终归穷。当时谓易耳，未见回天功。及今始大服，咨嗟到儿童。天心佑社稷，主圣肖祖宗。旌节早来朝，笑谈折遐冲。③

绍兴三十一年（公元 1161 年）十一月，金军渡江采石失败后，汤思退又到临安出任行宫留守。④ 翌年二月，他改任知绍兴府。⑤ 这是陆游此诗的写作时间和背景。他认为汤思退对待金海陵王的南侵，“措置极雍容”，并且采取措施，“南荒窜骄将，京口

① 《要录》卷 187 绍兴三十年十一月戊戌、庚子、辛丑、癸卯，十二月乙巳朔、丙午；《宋宰辅编年录校补》卷 16。

② 《剑南诗稿》跋。

③ 《剑南诗稿》卷 1。

④ 《要录》卷 194 绍兴三十一年十一月庚辰。

⑤ 《要录》卷 197 绍兴三十二年二月己未。

起元戎”。这是指罢免镇江府都统制刘宝，而改命刘锜。[①] 此事正好发生在汤思退罢左相之前，其实是台谏官们集体将刘宝劾罢的。至于对刘宝之贬责，尚是在汤思退罢相之后。[②] 陆游极赞汤思退，“规模一朝定，强虏终归穷。当时谓易耳，未见回天功。及今始大服，咨嗟到儿童”，无疑是十二分的虚誉。即使起用了名将刘锜，在淮南战事中仍是一败涂地。真正对战局起重大作用者，一是岳飞的故将李宝在胶西海战中一举歼灭了金朝浙东道水军，折断了金海陵王对南宋腹心地区钳形攻势的一翼。再者是文臣虞允文临危受命，在采石之战中有效阻击金军渡江。两次战役又与汤思退的“规模”何干？

汤思退一生真正最重要的表演，是在隆兴元年（公元 1163 年）十二月到次年十一月再任左相期间。其狡猾的投降派面目也就暴露无遗，而为有见识的士大夫们所切齿。最终是太学生们的爱国运动，又给予汤思退致命的一击，使他身败名裂，万劫不复。[③]

但陆游不仅在淳熙十三年、十四年（公元 1186 年、1187 年）的自编诗集中，保留了《送汤岐公镇会稽》一诗，而且在开禧元年（公元 1205 年）的《澹斋居士诗序》中仍怀念自己与汤思退的交情：

> 绍兴间，秦丞相桧用事，动以语言罪士大夫，士气抑而不伸。大抵窃寓于诗，亦多不免。若澹斋居士陈公德召

① 《要录》卷 186 绍兴三十年十月丁未、戊申、庚申、辛酉、壬戌。

② 《要录》卷 188 绍兴三十一年正月壬辰。

③ 参见《汤思退与隆兴和议》，载《丝毫编》，河北大学出版社，2009 年。

(棠)[1] 者，故与秦公有学校旧，自揣必不合，因不复与相闻，退以文章自娱。……某少识公于山阴，方公召还，尝以诗赠别。及公为郎时，故相汤岐公一日语公曰："陆务观别君诗方传世，非公之贤，何以发其语如此。"时绍兴己卯（二十九年）岁也。[2]

古人避名讳，是表示尊敬。陆游可以直呼秦桧之名，以示不敬，而此时对汤思退则仍用"故相汤岐公"之称呼。在汤思退身败名裂之余，陆游仍对他取褒扬态度，令人不可思议。陆游诗说："诸公可叹善谋身，误国当时岂一秦。"[3] 却没有将汤思退列入所指责的"诸公"之中。

在古代，不论皇帝如何，某些荩臣总是对皇帝充满了感情。原始的儒家固然强调忠君，但与汉武帝独尊儒术，而事实上是儒法合流后的情况颇异。孔子主张"君君，臣臣，父父，子子"[4]，以维护没落的周代社会的等级制。他说："君使臣以礼，臣事君以忠。"[5] 虽然提出"忠"的道德概念，却不是无条件的"忠"，"忠"的前提是"君使臣以礼"。孟子比孔子进一步，他说，"民为贵，社稷次之，君为轻"[6]，"君之视臣如土芥，则臣视君如寇仇"[7]，"闻诛一夫纣矣，未闻弑君也"[8]。但后世的大儒，如唐朝

① 陈棠字德召，参见《南宋馆阁录》卷 7。
② 《渭南文集》卷 15。
③ 《剑南诗稿》卷 45《追感往事》(其五)。
④ 《论语·颜渊》。
⑤ 《论语·八佾》。
⑥ 《孟子·尽心下》。
⑦ 《孟子·离娄下》。
⑧ 《孟子·梁惠王下》。

韩愈《拘幽操》描写周文王被商纣王幽囚时的心境和感情说："臣罪当诛兮，〔天〕王圣明。"① 按现代对先秦史的研究，周文王当时怎么会有此种心境和感情，分明是韩愈依自己的儒学观点，而对周文王做了曲意的揣摩和改造，或者说，是以自己的忠君思想强加于死无对证的周文王，这与前引孟子"闻诛一夫纣矣"之说正好相悖。

依宋高宗个人十分卑劣的人品，如若只是个布衣，端人正士们肯定会对他嗤之以鼻，而根本不屑与他交往。问题只在于他是皇帝，所以忠臣们仍然对他尽心竭力地服侍。

以下再说陆游与宋高宗的关系，他晚年写诗说：

少日飞扬翰墨场，忆曾上疏动高皇。宁知老作功名梦，十万全装入晋阳。②

陆游又在《放翁自赞》(其二) 中说：

名动高皇，语触秦桧。身老空山，文传海外。五十年间，死尽流辈。老子无才，山僧不会。③

似乎他开始就得到宋高宗的赞赏，只是秦桧从中作梗而已。前述陆游"试礼部，主司复置前列"，正说明他省试合格，名列前茅。宋朝皇帝一般不管省试，但殿试却一定过问，并在名次上有

---

① 《全唐诗》卷 336。

② 《剑南诗稿》卷 63《记梦》(其一)。

③ 《渭南文集》卷 22。

所取舍。[1] 陆游省试及格，而被黜落，确是破例的。这大约是他自述“名动高皇，语触秦桧”的由来，特别是后一句，除了绍兴二十四年科考外，不可能另有其他解释。但“名动高皇”的结果，还是“以秦桧所讽见黜，盖疾其喜论恢复”[2]。当时文禁甚严，如若陆游在省试时即拿出“喜论恢复”的文字，必然被黜，身居九重的宋高宗就根本无由知其名，而为之“名动”；因殿试一般不会黜落，陆游忍不住拿出“喜论恢复”的文字，秦桧正好以此进言，宋高宗才会“以秦桧所讽见黜”。可知宋高宗也根本不因陆游有文采，而坚持让他殿试及第。

陆游在绍兴末做了删定官，自然在朝廷充敬陪皇帝之末座。他于绍兴三十一年（公元 1161 年）七月，“迁大理司直、兼宗正（寺主）簿”[3]，后又“官玉牒所”[4]。他在诗中说：

春芜二亩扶犁去，空忆高皇赐对初。[5]

干禄本代耕，穷达敢自必。早遇高皇帝，九品[6]对宣室。妄怀犬马心，嫠纬不暇恤。上恩等天地，腰领免斧锧。旋属绍兴末，旸谷瞻出日。贱臣复何幸，便殿首造膝。煌煌帝尧典，推择首秉笔。[7]

① 《梁溪全集》附录一《年谱》说，李纲参加殿试，“中莫俦榜乙科。胪传之日”，宋徽宗“顾问再三，特旨升甲”。

② 《四朝闻见录》乙集《陆放翁》。

③ 《要录》卷 191 绍兴三十一年七月癸未，《宋史》卷 395《陆游传》。

④ 《剑南诗稿》卷 18《岁晚书怀》。

⑤ 《剑南诗稿》卷 45《道室书事》。

⑥ 按从事郎为从八品，可知陆游最初朝见宋高宗还是在任删定官之前。

⑦ 《剑南诗稿》卷 20《上书乞祠辄述鄙怀》。

贾生未解人间事，北阙犹陈痛哭书（绍兴庚辰、辛巳间，游屡贡瞽言，略蒙施用）。①

孤臣曾趣龙墀对，白首为郎只自伤（绍兴辛巳，尝蒙恩赐对，今三十九年矣）。②

早见龙翔上太清，即今孤宦老山城。③

关于陆游最初的上奏，《渭南文集》不存，据《宋史》卷395《陆游传》说，“时杨存中久掌禁旅，游力陈非便，上嘉其言”，又论“小臣不体圣意，辄私买珍玩，亏损圣德”。

宋高宗在臣民面前，自然有足够的帝王专横霸气，但对杀父之仇却表现了不可思议的奴气。金海陵王蓄意吞灭南宋，特命其使者王全毒骂宋高宗，说“彼必不敢害汝”④，而宋高宗听到毒骂，只是躲到屏风后哭泣。事后，他又命令大臣照旧设宴招待，以礼貌发遣金使，还继续派遣使者，仍企图乞求完全没有丝毫希望的和平。当然，在金海陵王的侵逼之下，“臣构”最终也不得不同意用兵。陆游诗记述他当时的立身行事说：

后生谁记当年事，泪溅龙床请北征。⑤

贼亮负函贷，江北烟尘昏。奏记本兵府，大事得具论。

---

① 《剑南诗稿》卷31《望永思陵》（其二）。

② 《剑南诗稿》卷21《史院书事》。

③ 《剑南诗稿》卷18《岁晚书怀》。

④ 《金史》卷129《李通传》。

⑤ 《剑南诗稿》卷31《十一月五日夜半偶作》。

请治故臣[1]（秦桧）罪，深绝衰乱根。言疏卒见弃，袂有血泪痕。[2]

最终金海陵王被部下所杀，宋高宗装模作样所谓“亲征”，其实就是从临安到建康跑了一圈。陆游后在诗中回忆说：

仁和馆外列鹓行，忆送龙舟幸建康。舍北老人同甲子，相逢挥泪说高皇。[3]

尽管陆游在宋高宗面前，确是个百分之百的荩臣，但宋高宗其实对他并没有另眼相看，着意提拔。最明显的史实，是依陆游的文采，在绍兴二十四年科考中含冤落榜，皇恩完全可以将其出身，由“右”字改换成“左”字，然而直到宋孝宗登基后，方才赐他“进士出身”。[4]

“一方面痛恨奸臣，另一方面又迷信皇帝。本朝人不得说本朝皇帝坏话，不论皇帝如何作恶多端，亦须顶礼膜拜，敬若神明，这是世代相传的中国特色的陋习。”[5] 陆游的文字也沿袭此种陋习，他说：

---

① 钱仲联、马亚中主编《陆游全集校注》（第 2 册，第 150 页，浙江教育出版社，2011 年）认为“故臣”是指龙大渊和曾觌，按“故臣”乃指死者，况且当时宋高宗未退位，宋孝宗的宠臣龙大渊和曾觌为活人，又尚未得势，此说误。

② 《剑南诗稿》卷 9《感兴》（其一）。

③ 《剑南诗稿》卷 42《庚申元日口号》（其六）。

④ 《宋史》卷 395《陆游传》。

⑤ 王曾瑜：《宋高宗传——荒淫无道》，第 384 页，中国书籍出版社，2016 年。

恭以高皇之盛德大业，虽号中兴，而实同开创之难。①

高宗蹈履艰危，身济大业，沉机独智，烛微察远。②

高皇昔中兴，风雨躬沐栉。一士未尝遗，万里皆驰驲。廉听辟言路，虚怀询得失。孤臣实草芥，亦获对宣室。龙颜宛在目，德不报万一。桥山松柏寒，泪尽史臣笔。③

臣某少时与胡尚书之子杞，同学于云门山中，见高皇帝赐尚书御题扇曰："文物多师古，朝廷半老儒。"盖黄体也，与此手诏绝相类。后数年，蒙收召，得面天颜，距今四十四年矣。伏读霣涕，不知所云。嘉泰癸亥五月一日，史官臣陆某谨题。

臣某伏睹高皇帝御天下，几三十年，进用谏官、御史，皆出圣选，故往往躐至相辅。其不合者，犹为侍从乃去。如施公财任遗补，即出守小郡，盖无几人。则其犯颜咈指，不桡于权幸，可以想见。而上之知人，受尽言，有仁祖用范仲淹、唐介之风矣。惜乎施公遽逝去，不及召用。于虖悲夫！开禧乙丑九月一日，故史官陆某谨书。④

对以上完全是虚夸的浮词，不必另做剖析。在陆游看来，在

① 《渭南文集》卷12《修史谢丞相启》。
② 《渭南文集》卷16《德勋庙碑》。
③ 《剑南诗稿》卷31《岁暮感怀以余年谅无几休日怆已迫为韵》(其七)。
④ 《渭南文集》卷26《高皇御书二》。

宋高宗身后进献颂词，不论如何虚夸，如何作伪，按君臣伦理规范，正是自己为臣子的神圣职责，就自然而然地“贳涕，不知所云”。

大致自宋朝以降，经常有本朝人，当然也包括皇帝本人，强调本朝深仁厚泽，抚摩涵育之恩，沾溉万姓。陆游诗说：“关辅遗民意可伤，蜡封三寸绢书黄。亦知虏法如秦酷，列圣恩深不忍忘。”①

如果说秦始皇尚是赤裸裸地施行苛法酷刑，从汉武帝开始，就变得聪明了，实行内法外儒，以表面上的某些王道掩饰骨子里的霸道，嘴上讲仁义，手中执屠刀，相得益彰。即使认真地调查历代片断的、实际上是残缺的史料，历朝历代对百姓基本上都无深仁厚泽可言。

在“恩威兼行”的威逼和利诱之下，卿士大夫中的大多数本来就是贪官污吏，他们是完全服服帖帖匍匐于帝主的恩威之下，只以追逐自己的实惠为唯一目标。但也有很少量的真正的精英，如陆游那样，一方面，他们忠于儒家教义中的良知和正义，故对现实恶浊政治有极多的反感和不满；另一方面，又囿于儒家的忠君思想，是标准的皇权主义者，是标准的专制政治拥护者，所以就难免对皇帝有十足的，在今人看来是荒唐可笑的迷信。历朝恶浊政治与卿士大夫中少量正人君子的关系，大抵都是如此。但就卿士大夫中的大多数贪渎之辈而论，他们与恶浊政治的关系就是鱼水关系，政治愈是恶浊，他们贪渎腐败的活动空间就愈大，攫取私利的机遇就愈多。当然，他们的欲壑永远得不到满足，也会产生无穷尽的苦恼。

故决不能将样陆游那样的境遇，看成是所谓士大夫群体，即

① 《剑南诗稿》卷48《追忆征西幕中旧事》(其四)。

整体性的情况，而只能是个别的情况。人们不难从陆游的诗句中发现他在官场中的苦闷，如“游也本无奇，腰折百僚底。流离鬓成丝，悲咤泪如洗”①，“胸中磊落藏五兵，欲试无路空峥嵘”②，“读书三万卷，仕宦皆束阁。学剑四十年，虏血未染锷”，“平生为衣食，敛版靴两脚。心虽了是非，口不给唯诺”③。如此等等。此类现象在中国古代历史中重复出现，其实是很少量的真正的精英的境遇，具有必然性。

今人不可能苛求如陆游那样的贤士大夫，要求他们有民族平等和民主观念，在他们的观念中，国家、君主和皇帝三者难以区分，故有“列圣恩深不忍忘”之语。但是，如陆游那样的专制意识，也是现代人，特别是知识分子不应继承的。

但从另一方面看，忧国忧民的传统则应是中华士人的一份最珍贵的传家宝。“位卑未敢忘忧国，事定犹须待阖棺”④，“酒醒客散独凄然，枕上屡挥忧国泪”⑤，“岁饥民食糟糠窄，吏惰官仓鼠雀豪。只要闾阎宽棰楚，不须亭障肃弓刀。九重屡下丁宁诏，此责吾曹未易逃”⑥，“道傍襁负去何之？积雨仍愁麦不支。为国忧民空激烈。杀身报主已差池”⑦，“恩许还山已六年，暂凭耕稼饯华颠。养心虽若冰将释，忧国犹虞火未然”⑧，“忧国孤臣泪，平

---

① 《剑南诗稿》卷2《投梁参政》。
② 《剑南诗稿》卷7《题醉中所作草书卷后》。
③ 《剑南诗稿》卷21《醉歌》。
④ 《剑南诗稿》卷7《病起书怀》（其一）。
⑤ 《剑南诗稿》卷8《送范舍人还朝》。
⑥ 《剑南诗稿》卷12《寄奉新高令》。
⑦ 《剑南诗稿》卷14《洊饥之余复苦久雨感叹有作》。
⑧ 《剑南诗稿》卷30《忧国》。

胡壮士心”[1]，“残虏游魂苗渴雨，杜门忧国复忧民”[2]。在中国古代，忧国忧民意识最为强烈的诗人无疑是杜甫和陆游，而忧国忧民的传家宝事实上到了伟大的五四运动以后，仍得到了某些知识分子的继承和发扬。

（本文由作者与贾芳芳先生合写，原载《中华文史论丛》2013年第4期）

① 《剑南诗稿》卷31《新春》。

② 《剑南诗稿》卷70《春晚即事》（其三）。

二一、南宋晚期寿昌军的军制

中华书局1990年出版《宋元方志丛刊》，其中搜录了清文廷式所辑《寿昌乘》。但我长期以来一直忽略此书，所以在2011年由中华书局出版的《宋朝军制初探》（增订本）中，也未使用此书的史料。直至看到了首都师范大学博士生杨芳先生的论文后，方才吃了一惊，这当然是不应有的疏漏和失误。故特撰此文，以资补过。

据《宋史》卷88《地理志》载："寿昌军，下，本鄂州武昌县。嘉定十五年（公元1222年），升寿昌军使，续升军。端平元年（公元1234年），以武昌县还隶鄂州。"宋代的武昌县位于今湖北鄂州市，与黄州（今湖北黄州区）隔江相望。南宋所以将武昌县升格为军，当然还是出于此地在军事上的重要性。在嘉定以后的宋金和宋元战争中，由于金军和蒙古军的威胁，襄阳府又时失时复，寿昌军虽然位于大江之南，却是控扼的要地。但自端平元年取消军的行政区划，据后引《寿昌乘》，武昌县重新升格为军，应是嘉熙元年（公元1237年）正月以后的事，《寿昌乘·军衙》则称"嘉熙复军之后"，而《宋史·地理志》失于交代。

在今存方志中，有关南宋军事重镇的军制介绍，主要有《景定建康志》和《嘉靖惟扬志》。其实，在此两志之下，《寿昌乘》

的记载也有其重要性。以下对《寿昌乘》所载当地在南宋晚期的军制，分别介绍于下。

1. 驻军。寿昌军不同于内地如福州、徽州等地，在南宋后期驻有几支正规军，据《寿昌乘·尺籍》载：

防江水军：一千八百二十六人。嘉定十四年，金贼犯蕲、黄，江面骚动。军使朱申于朝劄广东等处招收水军一千七百人，起发付鄂州，发下本军屯驻防拓。至嘉熙元年，朝廷行下广东经略安抚司，起发水军戍鄂。时总辖葛怀以本军船多兵少，撑驾不敷，申督府截留见起发一百二十六人，凑作前数，永久屯驻，以御前防江水军寿昌军驻劄为号。

飞虎军：一千人。亦系同时准朝廷劄下湖南安抚司，起发潭州飞虎马步军二千人，前来捍御。后本司节次抽往江西，收捕峒寇。至绍定二年，知军何万龄申朝廷，蒙劄下创招五百人，解赴湖广总所收刺，发下本军，补填前项抽回人数。三年八月，知军赵崇涛又申，蒙劄下再招五百人，就本军审刺，凑作前项名额，永久屯驻，以御前飞虎军寿昌军驻劄为号。

雄淮义士左、右两军：三千人。嘉熙元年正月，沿江制置副使司劄："照对边民户夙称武勇，近因鞑寇侵犯，各护老小，近里安泊，其间室庐焚荡，牛粮一空，委是失业可念。使司今招收充军，优支钱粮，帮放请给。于官则得兵捍御，于民则得请养赡。除已劄路分（路分都监）曹文镛等招收，如有招到之人，即便发付武昌县收管屯驻，帮放钱米，仍委赵知县时暂总辖（是年犹未复军）。候招及数百人，却选能抚恤士卒统制官管干，仍以雄淮义士左、右两军为号。"

忠义军：额二千人。即黄袍夫也，本名义勇。即今守令卫所带提举军正者。张元简为沿江帅副，改名黄袍夫。荆梱（阃）孟珙又名忠义。对岸有警，则唤集防拓江隘，守卫乡井。其法见徭役门。

厢军：三百人

土军：原额五十人，充白湖巡检司警捕使唤。

与建康府、扬州等地不同，寿昌军不是南宋后期重兵的集结地，但也与如福州、徽州等内地州郡不同，尚有四支当时的正规军，兵力编额共计七千八百二十六人，这绝不是一个小数字了。由于原先只是一个武昌县，故当地没有屯驻时已作为非正规军的禁兵，只有厢兵和土兵，此处甚至没有弓手的记载，但在《寿昌乘·粮廪》中却记载了当地有弓手，而发给军俸。按南宋后期军制，依《寿昌乘·教阅》所载，本地设有“本军节制司”，统辖各军。

2. 营寨和教阅。《寿昌乘·营寨》共载有军营五处：

防江水军寨：在郡东吴王城及樊口两处，见管寨屋一千五百三十间。

飞虎军寨：在郡东吴王城，见管屋八百六十四间。

义士左军寨：在城西，见管屋七百一十间。

（义士）右军寨：在三江口，屋八百一十五间。

白湖寨：在郡西七十里。

除了白湖寨系隶属巡检司的土兵寨之外，其他四寨都是南宋后期的正规军营房，平均一两个兵士就有一间营房，一般说来，应是兵士与家属合住。教场是军营的必备附属设施，有的就设置在军营里。据《寿昌乘·教阅》所载，当地共有两个教场：

> 大教场：在故吴王宫城。常教每月双日，诸军申入教人数单名帐状，本军节制司轮委曹职官，诣教场，撞点入教官兵毕，放教。
>
> 水教场：在军衙，后临大江。常教用每二（“二”字疑衍）旬二、六日，如步教之法。

此外，《寿昌乘·大阅》又记载大阅之制：

> 每岁春阅，先拘集诸军人马、舟船、器械。择日，节制军马集军、县官诣教场，躬自按阅。人马摆布方、圆、横、直等陈势，次击圆，射射，呈试器械、武艺，赏犒有差。次择日水教，集诸军船于大江，布陈。次水军下水，各陈技艺。次诸船夺标。次施放霹雳炮毕，等第旌赏。以上约共用湖会十余万贯，并系撙节郡计支用。

此两段记载提供了宋军教阅训练的一些情况，为他书所缺载。当时所谓“常教”并非是每天举行，而是单日举行，或每旬二日和六日两天，则为每月仅六日。至于“每岁春阅”，又有另外的规制。古时射艺或名“射射”，可参《宋史》卷121《礼志》。“击圆”，应即是“击丸”“击球”“打球”和“击鞠”之别名，即是马球，或可骑驴击球，为军中体育运动，可参《宋史》卷252《郭从义传》和《桯史》卷2《隆兴按鞠》。《东京梦华录》卷6《元宵》载有“击丸、蹴踘、踏索、上竿”等戏。陆游《剑南诗稿》卷10《冬夜闻雁有感》描写他在川陕交界的军中经历：“从军昔戍南山边，传烽直照东骆谷。军中罢战壮士闲，细草平郊恣驰逐。洮州骏马金络头，梁州球场日打球。”生动地描绘了军中打球之体育运动。《金史》卷114《斜卯爱实传》说，金朝晚期的完颜白撒（承裔）“固权市恩，击丸外百无一能”。

3. 军俸。《寿昌乘·粮廪》记载：

国所资者兵，兵所资者食。诸屯仰给饷计，而厢军、土军则郡自廪之，行赍居送，悉有备焉。于是可以息庚癸之呼矣。

防江水军

月请例——胜捷授宣、都头：湖会一贯八百文，米一石三斗五升军；副都头：湖会一贯八十文，米五斗一升军；吐浑授宣、广锐嵌补指挥使：湖会一贯八百文，米一石三斗五升军；克戎军指挥使：湖会一贯九百四十文，米九斗三升军；克戎军副指挥使：湖会一贯四百四十四文，米九斗三升军；克戎军使：湖会一贯四百四十四文，米九斗三升军；副兵马使：湖会一贯二百六十文，米七斗二升军。

旬支例——胜捷授宣：铜钱一贯五百文省，米二斗五升军；军兵：铜钱一贯文省，米二斗五升军；吐浑授宣：铜钱一贯五百文省，米二斗五升军；军兵：铜钱一贯文省，米二斗五升军；雄威军兵：铜钱一贯文省，米二斗五升军。

衣赐例——胜捷授宣、都头：春冬衣绢各五匹；副都头：春冬衣绢各四匹；吐浑授宣、广锐嵌补指挥使：春冬衣绢各五匹；广锐嵌补副指挥使：春冬衣绢各四匹；克戎军指挥使：春冬衣绢各五匹；克戎军副指挥使：春冬衣绢各三匹半；克戎军使：春冬衣绢各三匹半；副兵马使：春冬衣绢各三匹半；胜捷军兵：春冬衣绢各三匹，绵一十两，冬加；吐浑军兵：春衣绢二匹，冬衣绢三匹，绵八两，冬加随衣折布湖会二贯文；雄威军兵：春冬衣绢各二匹，绵一十二两，冬加。

飞虎军

月请例——振武授宣、保捷副指挥使：钱一贯四百四十文，米九斗三升军；制胜下名[1]副指挥使：钱一贯四百四十文，米九斗三升军；制胜下名副都头：钱九百文，米三斗军；勇捷授宣、下名副指挥使：钱九百文，米三斗军；下名都头：钱九百文，米三斗军；下名副都头：钱九百文，米三斗军；振武军兵：钱九百文，米三斗军；勇捷军兵：钱七百二十文，米九升军。

旬请例——振武授宣：铜钱一贯五百文省，米二斗五升军；军兵：铜钱一贯文省，米二斗五升军；勇捷授宣：铜钱一贯五百文省，米二斗五升军；军兵：铜钱一贯文省，米二斗五升军。

衣赐例——振武授宣、保捷副指挥使：春冬衣绢各五匹；制胜下名副指挥使：春冬衣绢各五匹；制胜下名都头：春冬衣绢各三匹半；制胜下名副都头：春衣绢二匹半，冬衣绢三匹半；勇捷授宣、下名副指挥使：春衣绢三匹半，冬衣绢四匹；下名都头：春冬衣绢各三匹半；下名副都头：春冬衣绢各二匹半；振武军兵：春冬衣绢各二匹，绵一十两，冬加；勇捷军兵：春冬衣绢各二匹，绵一十两，冬加。

义士左、右军

旬请例——上等效用：十八界京交三贯文，米二斗五升军；下等效用：十八界京交二贯文，米二斗五升军。

飞虎军马：一匹旬支，十分料请一硕军。

义士左、右军马：旬支，十分料请各料一硕军，五分料

① 关于宋军中的上名和下名，参见拙作《宋朝军制初探》第333—335页，中华书局，2011年。

请各料五斗军。

厢军：月京交六贯，米七斗五升军。宝祐添支：系高判府任内，月粮米九斗五升军，春冬衣京交一十八贯六百六十二文。

土军：月请料钱三百，米一硕五斗军。

弓手：月请京交四贯五百，米七斗五升军。

此段记载反映了南宋后期军俸的复杂情况。光是支付的钱币，即包括以铜钱为本位的“京交”（东南会子），以铁钱为本位的湖会（湖北会子），还有铜钱，土军“月请料钱三百”，似应是指铁钱。“贯文”后加“省”，即省陌，一贯省钱相当于七百七十文足钱，参见《容斋三笔》卷4《省钱百陌》。可知本地军俸即有足钱与省钱之别。另据《景定建康志》卷23《慈幼庄》，当地或使用“军斗”。关于军斗，“宋军粮斗，百合七升七合耳”①。《永乐大典》卷7512《续宣城志》载，宁国府“自来遣军粮斛与文思斛不同”，“比文思斛每石系加一斗二升”。元《金陵新志》卷7说宋“文思院斛，石当今七斗。又有军斗，当今七升弱”。看来所谓“斗军”或“升军”，应是指军粮斗或升。

南宋晚期的正规军中，沿用前期的制度，往往分效用或军兵两等。就寿昌军的军队而论，唯有“义士左、右军”中有“上等效用”和“下等效用”，但其军俸标准看不出就比军兵高。

拙作《宋朝军制初探》（增订本）第288—289页中，已经介绍了南宋有“三色军兵”的俸禄，包括胜捷、吐浑和雄威兵三等。寿昌军的驻军军俸则更为复杂。防江水军有“胜捷授宣、都头”“副都头”和“军兵”，“吐浑授宣”和“军兵”，“雄威军兵”。此

① 《古今考》卷37方回附论。

外尚有“广锐嵌补指挥使”“广锐嵌补副指挥使”“克戎军指挥使”“克戎军副指挥使”“克戎军使”“副兵马使”等军俸级别。飞虎军有“振武授宣”“军兵”“保捷副指挥使”“制胜下名副指挥使”“制胜下名都头”“制胜下名副都头”“勇捷授宣、下名副指挥使”“下名都头”“下名副都头”和“军兵”。广锐、克戎、振武、制胜、保捷等军，全是北宋的禁兵番号。可知南宋后期的正规军兵，尚不完全限于所谓“三色军兵”。

指挥使、副指挥使、都头、副都头、军使、副兵马使之类，原是北宋禁兵的军职，分别统率指挥、都等编制单位。但到南宋的正规军中，此类军职无疑不再是某个军事编制单位的统兵官。《宋会要》兵 20 之 4—5 记载，南宋因“开禧用兵”而“转官转资”时，我们也看到了类似情况。据兵部的升迁统计清单，计有作为无品武官的下班祗应、进义副尉、守阙进义副尉、进勇副尉、同进勇副尉、摄进勇副尉、守阙进勇副尉、守阙进武副尉“计二十五万四千一十七人”，其下还有“都指挥使六百八十人，都虞候四千六百六十七人，指挥使八千九百二十七人，副指挥使一万五千一百三十九人，都头九千九百四十九人，副都头一万三千二百五十四人，军使五千九百二十三人，副兵马使四千七百三十六人，计六万三千二百七十五人；十将一万四千九百六十五人，将虞候七万六百一十三人，承局二万四千四百一十人，押官七万七千四百七人，计一十八万七千三百九十五人”。拙作第 335—336 页认为：“升任都指挥使至押官的人数如此之多，并排列于守阙进武副尉之下，可见都指挥使等名目仅作为升迁的资级，而不作为军职，是绝无疑义的。这段记载显示了宋代官资和阶级之间关系的复杂性，军职在某种场合下也可转化为资级。”今据《寿昌乘》的记载，就可以较确切地判断，此类军职成了当时正规军中军兵的升降和军俸资级，其地位当然是在无品武官末等的守阙进武副尉之下。南宋所以对无品武官和军兵增设繁多的资级，似乎是在军功不得不酬赏，而酬赏过重，财力又无以应付之间，寻找一种平衡的办法和制度。

所谓“授宣”，宋时的“宣”可有多种含义。《宋会要》选举25之4记载，天禧四年四月七日，三班院言：“乞晓示使臣，自今应授住程差遣，才候授宣，五日内须管赴院呈宣，上历拘管。”此处的“宣”，即是宣命、官告或告身。但据《续资治通鉴长编》卷325元丰五年四月甲戌记载：“今拟阶官、职事官、选人，凡入品者皆给告身。其无品者，若被敕除授，则给中书黄牒；吏部奏授，则给门下黄牒；枢密院差，则仍旧降宣。”此处的“宣”又作为一种无品的低等官告之类，也是由来已久，而与前引记载中的低品武官的使臣的“宣”，即告身有异。另有《建炎以来系年要录》卷63绍兴三年二月癸卯所载，枢密院言：“自来军赏转资，禁军副都头、厢军副指挥使以上给降宣命，禁军十将以下，三衙给帖。今统兵去处既许军前给据，补转资级，欲并申朝廷，改给付身，方行支破请受。”说明北宋禁兵军职，须升迁至“禁军副都头、厢军副指挥使以上”方可“给降宣命”。今据《寿昌乘》，可知在南宋后期，“授宣”也成了一种军兵的升降和军俸资级，其地位甚至高于军兵中的指挥使的资级。

4. 兵器。据《寿昌乘·战舰》记载：

元管战船大小九十六只。

槽底船：五十八只。三百五十料五只，各船什物杠棋：竹缆二条，牵簟一河，木桨十八枝，桨脚十八个，丫勾十八个，桅竿二条，桅夹四片，戗戚二条，使风篷二博，轮蓬十八番，篙鉱十条，脚道一条，舵一管，通身鍠板全，律索二条，择尾索二条，后手索二条，吊舵索一条。三百料四十三只，什物杠椇同。二百五十料五只，什物杠椇同。二百料五只，什物杠椇同。

平底船：二百五十料三十只，什物杠椇同。

脚船八只，并无杠椇。七十料六只。五十料二只。

添造槽底桨船二百五十料一十只。宝祐二年，段监丞任内造，以“蚩、尤、终、戮、辱、胡、羯、谩、猖、狂”为号，什物杠椇同，内铁挲泥十个，共重二百斤。

宋时船舶载重的计量单位，一料即是一宋石或斛，约合110市斤。有千料船、五千料船、万斛船等大船。① 可知在寿昌军部署的战船都不大，并且没有车船，都是使用桨和帆。上引记载的某些战船部件，今人已不易解其义。

另据《寿昌乘·戎器》记载：

郡自嘉定十五年创招防江水军，绍定二年创招飞虎军，一时军士披执器械，系朝廷劄诸戎司（都统制司）支拨前来，本军收管椿顿，应副出戍关用。或有损失，节制司措置添造。宝祐元年，郡守段震午到任以来，点检在库损坏器甲名件，多取修造，又复鼎新添造，具数如后。

元籍旧管堪好者：铁甲身五百副，铁头魁五百个，纸甲身六百二十四副，纸头魁六百二十四个，细叶甲身一连，大叶甲身一连，锁子甲一副，马铁甲一副，黑漆长枪二百五十，半丈红枪一百五十，红朱枪四，看枪四，犀皮枪一，虎须枪一，顺枪二，火枪三百，长枪一百五十三，红朱杈五，山字

① 参见拙作《谈宋代的造船业》，《锱铢编》，河北大学出版社，2006年。

杈四，翦杈四，皮牌二十，枪皮帽一百八十二，铁牌四十九，衮刀三十四，大刀二，掉刀一，麻札刀一，勾刀四，刀、剑、斧、钺四十二，手斧九，弓弦二十五，角弓一百七十四张，弓箭五千，弓皮袋一百九十五，火药弓箭簳七百，木弩四百五十，小筋角弩二百，云梯弩箭二千七百，弩丝弦四百五十四，大（火）药弓、弩箭簳各五百，弓弩盘架二座，砲胎五千，铁手砲五百（内一百只有药），炮锅二百三十四，传号牌六十，盘器棋十副，铁火桶三十，铁拏泥三十，治兵旗一，振旅旗一，虎旗三十，门角旗三十，八卦旗八，火队旗二，小引军旗一，小引战白旗十，布幕八，脚絣一千六百，绵袄一千九百四十九领，绵布裙一千九百四十八，鞝鞋一千六百五双，雨伞四百七十三柄。

旧损堪修（不堪修者，不在数内）：纸甲身二百四十一副，纸甲披膊三百五十三，铁头魁铁弦一百五十四，铁头魁皮弦三十五，皮魁纸弦三十，纸头魁八十，筒子纸甲身四十六通，铁杈四百五十七，镰刀七十三，红靶刀七十八，腰刀六十六，鐁刀三片，押阵大刀一百一十一，锹头弩桩一千二百七十五，平头弩桩二百六十，黑漆弩桩七十五，云梯弩桩一百，云梯弩架一百，弓箭五万七千三百五十，弩箭四万五千一百五十，木弩枝一百，弩胡芦二百四，弩胡芦二百七十五，行船鼓二，炮锅七十，羹桶六十七，马盂一百九十五，黄布衲袄六百六，布裙衲三百七十。

宝祐新添（系段监丞任内）：弓箭五千只，黄衲袄一千领，衲裙一千腰。

宝祐创造（系段监丞任内）：角弓一百张，弓丝弦一百条，柱子弓七十张并弦，箭四百只，胜字旗一百面，虎旗一百面，令字旗十面，雨伞一百柄。

在上引的兵器清单中，杈可能就是后来演义小说中的叉。宋代有关纸甲的记载不少，但《寿昌乘》则明确记载纸甲的部件与铁甲相同，有“头魁”“甲身”和“披膊”，甲身又有“筒子纸甲身”。除了冷兵器外，寿昌军驻军装备的火药兵器有“火枪”“火药弓箭”“大（火）药弓、弩箭”“砲胎五千，铁手砲五百（内一百只有药）”“铁火桶”等。此外，前引《寿昌乘·大阅》所载霹雳砲，也是火药兵器。“砲胎”可能是铁火砲壳的别名。宋时所谓手砲是小砲，铁手砲也是一种抛射类似于后世炮弹的兵器，而不见其他记载。但古时“炮”字出现较早，“砲”与“炮”不能相通，所谓“炮锅”估计是一种军用铁锅，用于烹饪。寿昌军驻军的军装普遍使用麻布，所谓“绵袄”“绵布裙”之类，则是麻布作为面料，而内絮丝绵的冬服。甚至雨伞也作为军中的装备。至于其他兵器，有的无须另做说明，有的也难解其义。

（原载《隋唐辽宋金元史论丛》第 2 辑）

二二、关于《辽宋西夏金代通史·典章制度卷》第九章宋朝科举制度的修改和遗留问题

在我对此书的修改记录中说："第九章科举，689 页加一段文字，作综述。695 页殿试，不应为论证式，今改为叙述式。697 页，将《景定建康志》卷首入注。698 页，亦将两条史料入注。702 页，补（四）科考作弊。708 页，补绪论中经学、教育和科举三位一体之说。714 页，引《通考》，补释褐授官与唐不同。720 页，武举评价一段不合适，且与下章军制有异，今作修改。"

在综述中，我补入如下一段文字："除科举外，宋朝广泛地将考试制度贯彻到官与吏的选拔、任用等方面，如铨试、摄试等，这在本编第五、第六章已作论述，学校的考试则在第四编第三章介绍。"这是针对作者在讨论文稿时的话，他说宋代考试就是三块，科举考试、学校考试和铨试。其实，不仅官员的考试尚有摄试之类，宋代还有人数更多、范围更大的吏胥考试制度，尽管我的相关作品已经给过他，而他显然是没有读过，因而是无知的。所以他所编的历代考试史料中，就没有吏胥考试这一部分。

关于科考作弊，我专补的文字如下：

（四）科考作弊

上述种种考试方法，在一定程度上体现了公开考试、平等竞争、择优录用的原则，对于选拔统治人材及笼络士人都是有一定作用的。当然，这些方法并不像某些人所说的那样“至公无私”，其防弊措施虽多，但也防不胜防。特别在政治昏暗之时，则更是名存实亡，如同虚设。

如南宋权相秦桧擅权之时，为其子孙窃取巍科、拉拢私党，充塞仕途。其养子秦熺参加解试，“有司观望，所荐温士四十二名，桧与参政王次翁子侄预选者数人”。殿试时，秦熺在试卷中又以“赋无天地，诗有龙蛇”八字为暗号①，而被考官定为第一，秦桧假惺惺辞免，宋高宗最后定为第二。秦埙参加两浙转运司解试时，最初就由秦桧的亲党疏通考官候选人萧燧，被萧燧拒绝。陈之茂出任考官，定爱国诗人陆游为第一，秦桧大怒，后将陆游黜落。殿试的考官全由秦桧提名。考官董德元按誊录字号拿到秦埙试卷，就兴高采烈地说：“吾曹可以富贵矣！”当时考官阅卷，必须闭门上锁，而另一考官沈虚中更命吏胥越墙飞报秦埙。宋高宗亲自阅卷，想抑制一下秦桧，就将张孝祥定为第一，秦埙改为第三名。秦桧又因此迁怒张孝祥，很快给他举办冤狱。所谓“惟有糊名公道在，孤寒宜向此中求”，完全成了废话。②

宋徽宗诏中也承认：“比来士失所守，假名代笔，挟书就试，干托请求，观望权要。”③ 宋孝宗时，知贡举范成大上

---

① 《密斋笔记》卷三。

② 《要录》卷一四四绍兴十二年三月乙卯、卷一四五绍兴十二年四月庚午、卷一六六绍兴二十四年三月辛酉。

③ 《宋会要》选举四之一〇。

奏："比年试院多有计嘱、折换卷子之弊，谓如甲知乙之程文优长，即拆离乙文，换掇甲家状之后。"[①] 到宋理宗时，"奸弊愈滋"，人称"举人之弊凡五：曰传义，曰换卷，曰易号，曰卷子出外，曰誊录灭裂"。"时场屋士子日盛，卷轴如山"，"士人既以本名纳卷，或别为名，或易以字，一人而纳二三卷"。"士大夫为子弟计者，辄牒外方他族，利为场屋相资，或公然受价以鬻"。宋度宗时，又有揭发"雷同假手之弊"，"冒滥之弊，惟在乡贡"。[②] 如此之类，迄于宋亡，史不绝书。

作者原来写过秦桧考试作弊的文章，但只写了秦埙，而没写秦熺，也没写陈之茂和萧燧的相关活动。此次出版定稿时，据我的修改文字补上了秦熺的作弊，却将最后一段删去，也删除"科考作弊"的标题。其实，光写秦桧三代人的作弊当然是完全不够的。一些学者强调要写活的制度史，是不错的。关于科举考试，如果不写科考作弊，又如何成为活的科考史？这应是浅显的常识问题。我个人为此的大段补充，并非是对科考作弊有多少深入研究，只是临时应付而写的急就篇。但设立或取消"科考作弊"的标题及部分内容，当然关系到本章的质量问题，也可知作者的水平。但是，最终却以作者降低质量的修改而发稿，也不再征求我的意见，这于工作的正理，是说不通的，其故安在？

此外，"用经义取代诗赋，确有其合理性，但一旦完成了经学、教育和科举三位一体的紧密结合，将教育的功能简单地、狭隘地与仕途相联系，这就孕育着此后中华文明和教育转向落后的因素"。此段被删，就无须评论了。

---

① 《宋会要》选举五之四。

② 《宋史》卷一五六《选举志》。

关于武举的末段，作者原文如下：“武举出身者虽乏名将，但在国家危难之际，英勇御敌、慷慨赴死的忠义之士却大有人在。另外，武举的实行在客观上推动了军事理论的学习、研究与著述。宋代之所以成为继春秋战国之后中国军事学发展史上又一个鼎盛时期，与武举制度是有密切关系的。还有，宋代武举以推荐与考试相结合，以武艺与军事理论并考，提供了一种选拔军事人才的新思路、新方法，也是可资后人借鉴的。”这不仅是见识问题，又与第十章宋朝军事制度互相矛盾。

我的修改如下：“宋朝的武学和武举对军事建设的作用不大，但也并非完全没有作用，也培育一些武举出身的将领。宋人常感叹‘唐设武举，而得郭子仪’①。的确，宋朝一直找不出与郭子仪相当的武举出身名将，这是官场中崇文抑武的风习，以及武学、武举的多种缺陷和弊病所致，并非偶然。”这算是被采用了，也是一个认识上的进步吧。

由此可知，在《辽宋西夏金代通史》的后记中说，此章由“王曾瑜补充少量内容”，似并不确切，应为“王曾瑜做了少量的重要修改”。

---

① 《韦斋集》卷7《论时事札子》九。

二三、《剑桥中国史》宋代卷两章中文原稿

北宋晚期政治

（一）哲宗朝的政治

1. 推翻王安石变法

围绕着对王安石变法所产生的政策分歧，神宗朝和哲宗朝的官员们事实上形成了两大政治派别——变法派和反变法派。尽管在两大派的内部，都存在着政策性分歧和无原则的人事纠纷，但在对待变法的问题上，却持有截然相反的政治态度。

变法派好大喜功，急功近利，他们以富国强兵为目标，对变法过程中的各种弊端和缺点，事实上并不愿意正视，并加以纠正。反变法派目光短浅，安常习故，他们攻击变法过程中的各种弊端和缺点，但对于如何振兴宋朝，事实上提不出任何较为高明的政见和方案。

反变法派的来源比较复杂，年长者往往在神宗朝已出面反对

变法，例如司马光等人。年轻者或是受了前辈的影响，或是在自己仕宦经历中看到了变法的弊端，而加入了反变法的行列。

首相司马光感到自己年迈多病，在世之日无几，急于全盘推翻变法，而对推翻变法所可能产生的副作用和后遗症，根本缺乏周密的全盘考虑。他一意孤行，甚至不顾某些同僚的反对，而采取了一系列推翻变法的措施。

（1）撤销和改组若干推行变法的机构。神宗时，司农寺或户部右曹—各路提举常平—各州常平管勾官—各县常平给纳官的系统，成为实施变法的新的财政系统。① 经司马光提议，宋廷改变了户部尚书只管户部左曹、户部右曹侍郎专管常平钱物的制度，规定户部尚书可以通管户部左曹和右曹，并撤销各路提举常平、各州常平管勾官和各县常平给纳官，将各路原来的提举常平系统的财物，移交各路提点刑狱。由于户部右曹的财源断绝，其所管事务愈来愈少，故又命户部右曹侍郎兼管户部之下的金部和仓部。②

此外，反变法派还撤销了太府寺所属的市易司和各地的市易务③，撤销了开封、河北、河东和陕西的提举保甲司④，使市易法和保甲法缺少了执行机构。

但是，反变法派对神宗元丰改制后新的机构和官吏体制，在大体上仍不予改变。

（2）废除大部分变法。变法派明令废罢的变法计有：A. 方田

---

① 王曾瑜：《北宋的司农寺》，《宋史研究论文集》1987 年年会编刊，第 20—26 页。

② 《宋会要》职官 43 之 6、食货 53 之 14、56 之 24、56 之 30，《长编》卷 416 元祐三年十一月甲辰。

③ 《长编》卷 493 绍圣四年十二月甲辰，《宋会要》食货 37 之 33。

④ 《宋会要》职官 44 之 52。

均税法[①]，B. 免役法，C. 青苗法，D. 市易法，E. 保马法。[②] 当然，以上五项变法的废除过程和情况很不一致。如市易法，自 1085—1086 年，废罢首都开封和各地市易法，又分期分批对各地欠市易钱人户进行减免。[③]

在废罢变法过程中，争议最多的是免役法，其次是青苗法。变法派、知枢密院事章惇上奏反对废罢免役法，但他也不得不承认，免役法令乡村下户（四、五等户）纳役钱，并且不准民间缴纳实物，只准缴纳钱币，是免役法的重大缺点。他认为，匆忙地废罢免役法，会带来不少困难和混乱。[④] 苏轼、苏辙、范纯仁等反变法派也对司马光提出不同意见。范纯仁反对废罢青苗法的理由是财政困难，青苗息钱可以补贴财政收入。但是，此类反对意见都被司马光一概否定。[⑤]

均输法和农田水利法事实上已在停止推行之列[⑥]，反变法派对此两法也并未宣布废罢。

此外，也有一些全部或部分保留的变法，主要有以下几项：

A. 将兵法和结队法。司马光本人力主废罢将兵法，但因他很快去世，其他反变法派官员仍将神宗时编组的系将禁兵全部保留，还增加了个别系将禁兵的建置。[⑦] 结队法属军队基层 50 人一队的编组，更不在反变法派讨论之列。

---

① 《宋史》卷 174《食货志》。

② 《宋史》卷 198《兵志》。

③ 梁庚尧：《市易法述》，《台湾大学历史系学报》第 10、11 期，第 226—229 页。

④ 《长编》卷 367 元祐元年二月丁亥。

⑤ 《宋史》卷 176，卷 177《食货志》。

⑥ 《宋史》卷 173，卷 186《食货志》。

⑦ 《宋史》卷 188《兵志》，《长编》卷 425 元祐四年四月甲寅，参见王曾瑜《宋朝兵制初探》，第 102 页注②。

B. 反变法派免除了北方河北、河东、陕西和开封的保甲军训，但仍保留了全国性的基层保甲组织。①

C. 科举和学校。最初司马光上奏，认为神宗时废诗赋，改用儒学经义取士，是正确的。但王安石不当以一家私著（如《三经义》等）作为士人学习和考试的必修课。此外，他也反对将《孟子》列为儒家经典，主张恢复《春秋》课的考试。② 司马光死后，反变法派对科举考试项目制订新的规定，恢复诗赋科，增加《春秋》课的考试，但也保留了《孟子》课，不予废除。王安石的儒学，即“王学”，则早已不列为科举必修课了。③ 至于神宗时所设太学三舍法仍予保留，而稍做修改。④

D. 对神宗时扩大重法地区，反变法派多有批评。1092 年，宋廷规定，重法地区劫盗五人以上或情节恶劣者，方施行重法，其余犯罪仍依常法，故大大压缩了实施重法的范围。⑤

总之，由于各种原因，反变法派事实上并未全部推翻王安石变法，而是分别给予不同方式的处理。

2. 对变法派的制裁和打击

王安石在司马光废罢变法时，抑郁而终。司马光也在重病之中，他认为王安石个人品质和学问尚有很多优点，主张朝廷对死者优加厚礼。⑥

但是，对王安石的主要助手吕惠卿，反变法派不断进行人身攻击，追究其政治责任。吕惠卿因此贬官，责授节度副使，在建

① 《宋史》卷 192《兵志》。
② 《司马文正公传家集》卷 54《起请科场札子》。
③ 《宋史》卷 155《选举志》。
④ 《宋史》卷 157《选举志》,《长编》卷 404 元祐元年八月辛巳。
⑤ 《长编》卷 478 元祐七年十一月乙酉。
⑥ 《长编》卷 374 元祐元年四月癸巳。

州（今福建建瓯）安置，不得干预当地行政，这是宋时对大臣相当重的处分。① 另一变法派人物章惇也屡次被弹劾，遭贬官处分。②

1089年，官员吴处厚告发前宰相蔡确在安州（今湖北安陆）游车盖亭赋诗，用唐朝的典故借古讽今，讥讪时政，并毁谤高太后。于是不少反变法派官员，如梁焘、范祖禹、王岩叟、刘安世等群起弹劾蔡确。但也有部分反变法派官员，如范纯仁、王存、彭汝砺、李常等人则认为此种告讦之风不可长。蔡确上奏自辩，说自己无非吟诵风景，绝无讥刺时政之意。但高太后在盛怒之下，将蔡确贬窜荒凉的岭南，使他死于贬所。因为太祖曾有不杀大臣的誓约③，蔡确的下场属最严厉的处分。

范纯仁对此表示忧心，他说，自仁宗初贬逐宰相丁谓到岭南后，此种最严厉的处分已中止了约70年。现在一旦蔡确开了先例，只怕他和他的同僚也将有同样下场。但梁焘却进一步提出了蔡确亲党47人和王安石亲党30人的名单。④ 范纯仁等人也受到了贬官处分。

车盖亭诗案对变法派打击太烈。一年以后，宰相吕大防和执政刘挚提议所谓“调停”，即在政府中引用若干变法派，以平息两派的宿怨，高太后对此也一度表示赞同。但御史中丞苏辙上奏反对，使“调停”之议终止推行。⑤

3. 反变法派的内争

自1086年司马光死后，反变法派内部发生层出不穷的人事纠

---

① 《宋史》卷471《吕惠卿传》。

② 《宋史》卷471《章惇传》。

③ 《松隐文集》卷26《进前十事札子》。

④ 《宋宰辅编年录校补》卷9，第537—538页。

⑤ 《长编》卷443元祐五年六月乙卯。

纷。程颐作为年幼哲宗的老师，以儒学宗师自居，而文豪苏轼却恃自己的才气，戏侮程颐。程颐门人朱光庭上奏攻击苏轼，说苏轼所撰写的策题中，有讥讽仁宗和神宗过错的内容，遂引起官员们不同意见的争议。

在中国古代君主专制体制下，君主要求臣僚们对自己绝对忠诚，最忌讳臣僚们结成宗派，时称“朋党”。自为苏轼策题发生争议后，反变法派官员中经常互以朋党指责，例如称洛阳人程颐等为洛党，四川人苏轼等为川党，河北人刘挚等为朔（河朔）党。①

事实上，自 1086—1093 年反变法派很多人事纠纷和争议中，并无固定的洛、川、朔党派斗争，更何况每个官员都不肯承认自己有什么结党行为。例如围绕车盖亭诗案的争议中，参与攻击蔡确的梁焘、刘安世、王岩叟等人被指为刘挚一党，反对处分蔡确而被贬官的曾肇、盛陶、赵挺之等人，也被指为刘挚一党。官员郑雍曾开列刘挚一党官员 30 人，除了上述梁焘、曾肇等人外，原被指为程颐洛党的朱光庭、贾易也列名其中，而郑雍本人攻击刘挚，却无洛党或川党的背景。②

4. 哲宗亲政和变法派重新得势

1093 年，高太后死，哲宗亲政。反变法派官员此前往往趋奉高太后，在奏事时只禀告高太后，对年幼的皇帝甚至不予理睬，引起哲宗的嫌恶。③ 官员杨畏看准政治风向，上奏称赞神宗时的变法，建议召章惇任相。④ 1094 年，李清臣和邓温伯任执政官，向哲宗提出“绍述”，即恢复神宗时各项变法措施。哲宗首先罢免

① 《邵氏闻见录》卷 13。
② 《宋史》卷 471《蔡确传》，《长编》卷 467 元祐六年十月癸酉。
③ 《宋史》卷 340《苏颂传》。
④ 《续资治通鉴长编纪事本末》卷 101《逐元祐党人》上。

反变法派首相吕大防。执政苏辙为挽回败局，上奏皇帝，申述不应改弦更张的理由，这反而激怒了哲宗，当即罢免苏辙，先后任命章惇为宰相，曾布为执政。①

章惇等人对反变法派实施更加厉害的报复。哲宗下诏追夺已死的司马光等人的谥号，毁掉所立神道碑，将文彦博等反变法派纷纷贬斥，其中如吕大防、刘挚、苏轼、苏辙、梁焘、范祖禹、刘安世等流放岭南。②

1095年，按王安石女婿蔡卞建议，朝廷命蹇序辰等人将自1085年五月到1094年闰四月臣僚奏章进行编类，检查出其中有1000多名官员有攻击神宗时的变法言论，而给予不同处分。③

章惇等人于1097年又兴置同文馆狱。同文馆原为神宗时所设，用于接待高丽使者。④宋廷命安惇和蔡卞之兄蔡京在同文馆勘问文彦博之子文及甫，迫他承认反变法派图谋怂恿高太后废立哲宗之罪。安惇和蔡京上奏，说此事虽有文及甫口供，别无其他佐证。哲宗又命蹇序辰和宦官也参加审讯。最后因找不到证据，哲宗强调须遵守太祖誓约，不杀大臣。很多反变法派官员免于处死，却仍死于流放地，但宦官陈衍因此狱案而处死。⑤

1098年，又因高太后听政时曾设诉理所，申理神宗时的冤案。章惇在蔡卞等人的怂恿下，成立看详元祐诉理局，命蹇序辰、

① 《续资治通鉴长编纪事本末》卷100《绍述》。

② 《续资治通鉴长编纪事本末》卷101，卷102《逐元祐党人》。

③ 《宋朝诸臣奏议》卷19曾肇《上徽宗乞罢编类元祐臣僚章疏》，《宋宰辅编年录校补》卷11，《宋史》卷329《蹇序辰传》。又《宋史》卷472《蔡卞传》作“被罪数千人”，人数有异。

④ 《宋会要》职官25之11。

⑤ 《宋史》卷200《刑法志》、卷472《蔡京传》。

安惇共同检索有关文字，将高太后听政时平反的830人重新定罪。①

反变法派曾按自己的政治观点编写《神宗实录》，对变法多所指责。哲宗亲政后，将参与编写的文化名人，如赵彦若、范祖禹、黄庭坚、秦观、晁补之等给予严厉处分。又命令蔡卞等人重修《神宗实录》。新的《神宗实录》以王安石的执政日记作为基本资料。②

5. 变法派部分恢复变法

变法派虽以“绍述”为名，他们恢复变法，仍做了不少调整。

按照免役法的新规定，重新在职役方面恢复雇役，但征收免役宽剩钱额由神宗时的20%降为10%。由于保甲法和免役法在乡村基层组织发生交错和重叠，最初，仍按神宗时旧制，以保甲法所设的保正和保长取代原来的乡役耆长，催税甲头取代乡役户长，承帖人取代乡役壮丁。1095年，又改变神宗时的旧制，取消催税甲头，改用大保长催税。从此确立在职役的乡役方面依旧差役的制度，直到南宋不变。③

1095年，变法派恢复青苗法，有的官员建议，将借贷青苗钱的年利由20%减为10%，但宋廷未予允准。④

反变法派并未取消全国范围的保甲组织，故哲宗和章惇、曾布等着重讨论恢复保甲军训的问题。由于主管军政的曾布的反对，

① 《宋史》卷200《刑法志》、卷472《蔡卞传》。关于重新定罪人数，《宋宰辅编年录校补》卷11，第673页，作“七百余人”，《续资治通鉴长编纪事本末》卷106《常立以诋诬贬责》作700—800人。

② 《宋史》卷444《黄庭坚传》《晁补之传》《秦观传》、卷472《蔡卞传》。

③ 《宋史》卷178《食货志》，《止斋先生文集》卷21《转对论役法札子》。

④ 《宋史》卷176《食货志》。

保甲军训事实上未能恢复，蔡卞因此对曾布甚为不满。①

方田均税法和保马法也未予恢复。朝廷名义上将常平、免役、农田水利、保甲等法汇编为《常平免役敕令》，但在哲宗亲政的七年间，官府并未兴办较大规模的农田水利工程。②

迟至1097年，哲宗下令恢复各地市易务，官府商业贷款年利仍旧为20%，但其他方面做了许多限制，例如只准现钱交易，不放赊贷，官员不能因利息多而得到赏赐等，实际上为纠正神宗时市易法之失误而设。此后，又在市易务下设置抵当，后世称抵当库，作为原始的金融机构，人们可以抵押实物，换取货币。③

在科举考试方面，变法派重新废罢诗赋和《春秋》课考试，王安石的经学著作重新成为士人参加科举的必修课。④

在重法方面，变法派又取消了5人以上的人数限制，规定在重法地区的犯罪者一概施行重法，其家属也实行编管。⑤

在机构方面，除恢复各地市易务外，变法派又完全恢复了户部右曹—各路提举常平—各州常平管勾官—各县常平给纳官的财政系统⑥，却未恢复提举保甲司的机构。⑦

由此看来，变法派重新登台后，虽提倡“绍述”之政，却非全面地、不折不扣地恢复变法。

---

① 《宋史》卷192《兵志》。

② 《宋史》卷95《河渠志》、卷178《食货志》。

③ 梁庚尧：《市易法述》，《台湾大学历史学系学报》第10、11期，第229—231页。

④ 《宋史》卷155《选举志》。

⑤ 《宋史》卷199《刑法志》。

⑥ 《宋会要》职官43之6—7；食货53之14，56之29—30。

⑦ 《宋会要》职官44之52。

6. 对西夏战争

高太后听政之初，西夏遣使，要求归还兰州（今属甘肃）和米脂（今陕西米脂县境）等寨，大部分反变法派反对割地，但司马光和文彦博却力排众议。1089 年，宋向西夏交还米脂等寨，却不肯割让作为战略要冲的兰州，割让的 4 寨亦未划分地界。

由于边界争议一直未获解决，自 1087 年始，宋和西夏不断发生边境战争，互有胜负。哲宗亲政后，对西夏采取强硬政策，停止划分地界。1096 年，西夏军大举进攻延安府（今属陕西），破金明寨（今陕西安寨南）。宋朝边区大臣，如吕惠卿、章楶等吸取以往对西夏战争的教训，采取筑垒占地、步步推进的战略。1097 年，宋军全线出击，不断夺地筑城。西夏为挽回败局，于 1098 年大举进攻章楶防区的平夏城（今宁夏固原北三营附近），被宋军击败。章楶派兵乘胜进袭，俘获西夏骁将嵬名阿埋和妹勒都逋。

西夏大片疆土被宋占领，又无力收复，1099 年，西夏通过辽向宋求和。哲宗允准，答应给西夏岁赐财物如旧。①

宋对西夏战争，在仁宗和神宗时以败仗居多。但宋和西夏的国力毕竟差距较大，一旦宋改用较为得当的战略和战术，军事形势便立即改观。但宋朝在战争中也耗费了相当大的人力、物力和财力。

此外，为配合对西夏战争，1099 年，王瞻攻取羌人青唐和邈川两城，分别改名鄯州（今青海西宁）和湟州（今青海乐都）。但在羌人的攻击下，两城又相继放弃，大将种朴战死。②

7. 变法派内争和徽宗继立

哲宗亲政后，最倚重章惇。章惇前后任左相七年，一直未另

---

① 关于对西夏战争，参见《宋史》卷 486《夏国传》，马力：《宋哲宗亲政时对西夏的开边和元符新疆界的确立》，《宋史研究论文集》1987 年年会编刊。

② 《宋史》卷 335《种朴传》、卷 350《王瞻传》、卷 492《瞎征传》。

外任命右相。曾布最初利用朝见的机会，建议哲宗改年号绍圣，恢复神宗变法，哲宗任命他为执政，掌管枢密院军政。他和章惇也互有矛盾，屡次对哲宗说章惇专恣弄权，引进小人。章惇也疑忌曾布，便引进林希任同知枢密院事，以便在枢密院长官与皇帝面奏时监视曾布。不料林希又转向曾布，章惇便设法将林希调职，外任地方官。①

变法派中最有能力的是吕惠卿，但曾布等人都害怕他在中央执政。吕惠卿利用到开封朝见之机，设法留在京城，哪怕当一闲官亦可。但哲宗听从曾布等人之进言，不留吕惠卿在京城，故吕惠卿未能在中央形成自己的势力。②

蔡京和蔡卞兄弟最初并无多大权势。蔡京是个看风使舵的人物。高太后听政时，司马光废免役法，限期五日，大家以为时间太紧迫，而蔡京在开封立即照办，甚得司马光称赞。由于蔡卞是王安石之婿，哲宗将蔡卞升任执政，开始与蔡京形成自己的派系。蔡京特别注意勾结宦官，觊觎当执政。曾布以宋朝的回避制度为由，说兄弟不能同时任执政。尽管如此，到哲宗末年，蔡氏兄弟势力日益膨胀，连章惇也对他们有所畏惧。③

1100 年，哲宗病死，他无子继承帝位。皇太后向氏听政，提出哲宗之弟端王赵佶为帝。曾布、蔡卞等表示支持，唯独章惇表示反对，说端王为人轻佻，不可君天下。向太后不听，立端王为帝，后庙号徽宗。徽宗即位后，便将章惇流放海南岛。④

---

① 《宋宰辅编年录校补》卷 10，第 626、649、651—656 页。

② 《宋宰辅编年录校补》卷 8，第 456—457 页；《宋史》卷 471《吕惠卿传》。

③ 《宋宰辅编年录校补》卷 10，第 651—655 页；《宋史》卷 472《蔡京传》《蔡卞传》。

④ 《宋史》卷 19《徽宗纪》、卷 22《徽宗纪赞》、卷 471《章惇传》。

(二) 徽宗和钦宗朝政治

1. 蔡京等人当政

徽宗即位之初，有意调和变法派和反变法派的冲突，命反变法派韩忠彦为左相，曾布为右相。曾布向徽宗密陈绍述之说。韩忠彦与曾布发生矛盾，企图引起蔡京，钳制曾布。徽宗宠信的宦官童贯也与蔡京勾结。徽宗不久任用蔡京为相，先后罢免了韩忠彦和曾布。①

蔡京上台后，仿王安石制置三司条例司的旧例，设讲议司，下分宗室、冗官、国用、商旅等约 20 多项政事，分命属官筹划改革方案，由蔡京总领。实际上是蔡京借以揽权的一种手段。②

为了在政治上排除异己，1102 年，蔡京领导政府检查 1100 年上书言事的情况，分正上、正中、正下、邪上尤甚、邪上、邪中、邪下七等，正三等仅 41 人，邪四等计 542 人，其中一部分受到处分。③

当年，又将反变法派司马光等 20 人，由徽宗亲笔书写后，刻石于开封端礼门，称为奸党，对 27 名在 1100 年再次表示反对变法的官员又加重处分。1103 年，又再次贬责 1100 年论事的官员 14 人，并规定元祐和元符党人④的子弟不得在京城居住。朝廷制订元祐奸党 98 人名单，下令在各州军长官和监司厅内刻石。1104 年，又重定元祐、元符党人和上书邪等人名单，共计 309 人，由徽宗亲笔御书，刻石于朝堂。名单中不仅有反变法派，也包括蔡京排除和打击的变法派，如章惇等人。由蔡京手书，作为元祐奸

---

① 《宋史》卷 471《曾布传》、卷 472《蔡京传》。

② 《宋会要》职官 5 之 12—18，《续资治通鉴长编纪事本末》卷 132《讲议司》。

③ 《续资治通鉴长编拾补》卷 20 崇宁元年九月乙未、十一月甲辰。

④ 高太后听政的年号为元祐（1086—1093），哲宗死，徽宗即位的年号为元符三年（公元 1100 年），当时称这两段时期内表明反对变法立场的官员为元祐和元符党人。

党碑，颁布天下。①

蔡京之弟蔡卞升任知枢密院事。蔡京和蔡卞为巩固和加强自身权势，使自己取得正统的变法派地位，便大力推崇王安石。在他们的鼓动下，徽宗下诏，追封王安石为舒王，与颜回、孟子并列，配享孔子庙。王安石一时被尊奉为中国儒学第三代圣人。王安石的《三经义》《字说》等列为科举必修课。②

徽宗虽重用蔡氏兄弟，但对他们并不完全满意。蔡京又与蔡卞发生矛盾，并在皇帝面前诋毁蔡卞，1105 年，蔡卞罢知枢密院事。蔡京本人也屡次罢相，屡次复相。在他任相期间，徽宗或选拔一些与蔡京有矛盾者任执政，以牵制蔡京。他四次任相，共计十八年，最后已十分老朽，视力很弱，不能批阅文书，由其子蔡絛代阅。蔡絛便在事实上执掌相权，势焰很盛。③

此外，徽宗的宠臣尚有童贯、王黼等。童贯是宦官，他在陕西主持军事，后又破例任枢密院长官，权倾一时。人们讽刺蔡京称公相，童贯称媪相，但两人后来也有矛盾。④ 蔡攸是蔡京长子，却与其父势同水火。他与王黼互相勾结，经常出入皇宫，扮演市井倡优，以博取徽宗的欢心。王黼后任宰相，蔡攸任执政。⑤ 宦官梁师成也有很大势力，人称隐相，连蔡京、蔡攸、王黼等人也须向他献媚。⑥ 北宋末年，太学生陈东上书，称蔡京、童贯、梁

---

① 《续资治通鉴长编拾补》卷 20 崇宁元年九月己亥、十月丙子，卷 21 崇宁二年三月乙酉，卷 22 崇宁二年九月辛丑，卷 24 崇宁三年六月甲辰。

② 《宋大诏令集》卷 156《故荆国公王安石配享孔子庙廷诏》，《能改斋漫录》卷 12《罢史学》，《历代名臣奏议》卷 182 崔鶠奏。

③ 《宋史》卷 472《蔡京传》《蔡卞传》。

④ 《宋史》卷 468《童贯传》。

⑤ 《宋史》卷 470《王黼传》、卷 472《蔡卞传》。

⑥ 《宋史》卷 468《杨戬传》、卷 470《王黼传》。

师成、王黼、李彦（宦官）和朱勔为六贼。[①] 其实，徽宗重用的祸国殃民的宠臣绝不止以上六人。例如宦官杨戬作恶多端，却在北宋危亡前病死。[②] 历任三衙长官的高俅，本是市井无赖，因善蹋中国式足球，而得到徽宗的宠信。[③]

北宋后期朝政昏暗，贿赂公行，也有一些正直的官员、太学生等起而痛陈时弊，反而遭到打击或迫害。[④]

2. 徽宗时的财政、教育等改革

北宋帝国经历了约140年，从人口和生产看来，是不断上升的，到徽宗初的1101年，户籍统计达20 882 258户。[⑤] 但不少专家认为，依中国古代大约每户平均5人计，则人口可在1亿以上。由于对西夏战争的节节胜利，开疆拓土，北宋领土也以徽宗时为最大。从表面上看，徽宗时可说是北宋的极盛期。

徽宗是个天才艺术家，他对音乐、绘画、书法、棋艺、诗词等都有很深的造诣。他好色，好大喜功，有竭天下以自奉的侈心。蔡京等正是把握和迎合皇帝此种心态，为他设计了一系列的财政、教育等新措施。

徽宗君臣以继承神宗时变法为名，但因神宗时的变法在哲宗亲政时，已在相当程度上得到恢复，故遗留给徽宗君臣“绍述”事务并不多。事实上，如保马法，徽宗君臣也未予恢复。当时继承和恢复神宗的变法，主要是保甲军训和方田均税法两项，其余

---

① 《宋史》卷455《陈东传》。

② 《宋史》卷468《杨戬传》。

③ 《挥麈后录》卷7。

④ 《挥麈前录》卷2载雍孝闻上书言事，《挥麈后录》卷2载太学生邓肃上谏诗，《挥麈录馀话》卷1载官员陈禾上谏，《会编》卷159、卷160载朱梦说上书言事，《宋史》卷358《李纲传》载李纲上奏言事。

⑤ 《宋史》卷85《地理志》。

各项措施便是蔡京等人在神宗变法之外创设的。今分述于下。

（1）保甲军训。徽宗时，规定在开封和陕西、河东、河北按月对保甲军训，因开封一带的保甲纷纷投诉，又改为农闲时军训。又将军训地区扩大到京东和京西。由于当时的政治腐败，保甲军训事实上并未坚持下去，徒然成为虚文。①

（2）方田均税法。1104年，宋廷下令在各地重新实施方田，丈量田地，均定赋税。但因吏治的腐败，方田实施时的弊端不少。徽宗最后在1120年下令罢方田均税法。②

（3）改变财政体制。神宗和哲宗时，中央财政主要是皇帝内库和户部两个系统，户部又分左、右曹。徽宗时，又增加了所谓朝廷钱物和诸局、所钱物两个系统。③ 朝廷钱物归蔡京、王黼等宰相支配，据记载，朝廷每年补贴户部约300万贯。④ 所谓诸局、所，是另设若干局和所，往往由宦官掌管，其财政收入直属皇帝。诸局、所名目很多，如应奉司、御前生活所（生活意即工作）、营缮所、苏杭造作局、御前人船所、行幸局、采石所、西城所、后苑书艺局等。⑤ 蔡京专门支拨茶利100万贯，归京师所。⑥ 按宋代制度，皇帝内库的钱财并非全归皇帝私有，而诸局、所的钱物却全归徽宗挥霍。

（4）盐法。蔡京等改革盐法，主要将仁宗时的解池钞盐制扩大到东南沿海的海盐。规定商人先向政府纳钱，申请盐钞，再到

---

① 《宋史》卷192《兵志》，《梁溪全集》卷63《乞籍陕西保甲京东弓箭社免支移折变团结教阅札子》。

② 《宋会要》食货4之9—15，《宋史》卷174《食货志》。

③ 《宋会要》食货56之39。

④ 《宋会要》食货51之39。

⑤ 《宋史》卷179《食货志》。

⑥ 《宋史》卷184《食货志》。

东南产盐区凭钞取盐。政府不断另印新钞，使旧钞贬值。商人持有旧钞，必须搭配新钞，增付钱币，才能得到盐货。因盐价不断上涨，不少富商沦为乞丐。① 政府自1103—1104年的4个多月内，即收盐利501万贯以上，② 后又增至每年收盐利2000万贯。③

（5）茶法。蔡京等对茶法做了三次变更，规定商人必须向政府纳钱，以换取茶引。茶引包括价格较高、期限较长的长引和价格较低、期限较短的短引。商人凭茶引向种茶的园户买茶。④ 官府每年茶引收入可达400万贯。⑤

（6）采矿业和币制的混乱。徽宗时，加强和增设了提点坑冶铸钱司的机构，大力奖励开发金属矿藏。⑥ 但是，因当时探矿和开采技术所限，浅露易采的矿源趋向枯竭。徽宗诏承认，在坑冶之利最富的广南，其坑冶收入尚不及神宗时的1/10。⑦

蔡京提出铸造当十钱，每1贯（1000文）约重18宋斤12宋两（约合11.5千克）⑧，而普通铜钱1贯约重5宋斤（约合6千克）⑨。其币值不足普通铜钱的4倍，而官方确定的价格却相当于普通铜钱的10倍。于是民间盗铸当十钱者甚多，宋廷不得不将当

① 漆侠：《宋代经济史》，第841—849页。

② 《宋会要》职官27之18。

③ 《宋史》卷182《食货志》。

④ 漆侠：《宋代经济史》，第788—794页。

⑤ 《建炎以来朝野杂记》甲集卷14《总论东南茶法》。《宋史》卷184《食货志》则说自1112—1116年，共计四年多，得茶息1000万贯。

⑥ 《宋会要》职官43之120—144大量记录了徽宗时提点坑冶铸钱司的变迁。

⑦ 《宋史》卷185《食货志》。

⑧ 宋代重量单位1斤为16两，1两为10钱，1宋斤约合600克。《续资治通鉴长编拾补》卷21崇宁二年二月庚午注说，折10钱（即当10钱）每1文重3宋钱，1000文重300宋两，即合18宋斤12宋两。注中说每贯重14宋斤7宋两，即合231宋两，乃是770文作1贯。因金属货币缺乏，宋朝有770文作1贯使用的制度，时称省陌。

⑨ 《鸡肋编》卷中。

十钱改为当五钱，后又改为当三钱，又另铸夹锡钱，即在铜钱中增加锡的含量。夹锡钱发行失败，又改铸大铁钱。币制的混乱更不可收拾。此外，原先行用纸币“交子”的四川地区，自哲宗以来，因滥印交子而贬值，徽宗时改名“钱引”，钱引亦复贬值。①

（7）直达纲。北宋时，东南各路漕运京城开封的粮食，原有一些储备余额，可以以丰补歉。此外，各路粮船运至真州（今江苏仪征）下卸，改由发运司自备粮船，自汴河输送开封。蔡京等人取消原有的粮食储备，将发运司籴粮本钱全部进贡皇帝，令各路自行承担到开封的粮食运输，时称“直达纲”。宋时编组一定批量的运输物资，称为纲。直达纲使东南漕运遭到很大破坏，加重了各地的财政负担。②

（8）水利。与哲宗时相比，徽宗时较重视农田水利的兴修。例如将开封附近的一些荒地改为水田，种植水稻，隶属稻田务。在低洼的浙西和江东路修筑沟渠，疏通河道，以保证积水下泄东海，并兴置不少旱涝保收的圩田，隶属应奉司。稻田务和应奉司的收入却归皇帝私人所有。③

（9）加重赋税。徽宗时，用各种方式加重百姓的赋税。例如宋代盛行官府预支贷款，向百姓收购纺织品，或是用钱币收购粮食。徽宗时不但压低价格，甚至有完全不预支贷款的情况。④

经制钱由陈遘所创设，包括不少项目的苛捐杂税，各种税目

---

① 《宋史》卷180、卷181《食货志》，《历代名臣奏议》卷44周行己奏。

② 《宋史》卷175《食货志》。

③ 《宋会要》食货61之103—107，《文献通考》卷6《湖田围田》，《历代名臣奏议》卷253，《宋史》卷95、卷96《河渠志》、卷174《食货志》。

④ 《历代名臣奏议》卷44李纲奏。

相加，成为官府一笔很大的收入。①

徽宗扩大皇宫园林，造延福宫、万岁山等，命朱勔设应奉司于苏州（今属江苏），拘占很多运粮船，设花石纲，专门运送各种珍奇木、石，破坏了正常漕运，给民间带来很大骚扰。②

徽宗又下令设稻田务、西城所等，由宦官杨戬、李彦等主持，在河北、河东、京西、京东等地强占民间大片耕地，连同很多荒地，强迫百姓承佃，缴纳公田钱。百姓有不愿承租者，便枷项投入狱中。西城所的收入完全归皇帝生活享受之用。③

徽宗在位末年，又按王黼建议，以免除往燕云地区服劳役为名，在全国征收免夫钱。免夫钱一说为6200万贯，另一说为2000万贯。此笔重赋，一方面造成民间极大负担，另一方面又有相当比例落入贪官污吏的私囊。④

（10）居养院、安济坊、漏泽园。北宋曾设置过一些慈善机构。徽宗朝设居养院、安济坊和漏泽园，居养院收养贫困的鳏夫、寡妇、孤儿、老年无子者，安济坊给穷人免费看病，漏泽园负责殡葬死去的穷人或是死于异乡的旅客。但此三项慈善事业因开支过大，超出官府的财政承受能力，最后不得不大量裁减。⑤

（11）崇奉道教。徽宗自称教主道君皇帝，不惜耗费巨资，在各地创立大批道观，增加道士名额，还设置道官、道职、道学、

---

① 《宋会要》食货64之84—86，《建炎以来朝野杂记》甲集卷15《经制钱》。陈遘字亨伯，宋代历史记载中称“陈亨伯”，乃避高宗赵构名讳，参见《宋史》卷447《陈遘传》。

② 《宋史》卷470《朱勔传》，《容斋三笔》卷13《政和宫室》，《续资治通鉴长编纪事本末》卷128《万岁山》《花石纲》。

③ 《宋史》卷174《食货志》、卷468《杨戬传》。

④ 《三朝北盟会编》卷31，《铁围山丛谈》卷1。《宋史》卷175《食货志》说宋廷共得1700万贯，当是在贪官污吏从中渔利后，政府的实际收入数。

⑤ 《宋会要》食货68之128—137。

道学博士等，对一些著名的道士另设道号。他颁发御注《道德经》，搜访道家书籍，汇刻为《万寿道藏》。尽管道教在官方的大力提倡和支持下，盛极一时，但并未对民间产生重大影响。徽宗以后，道教又很快衰落了。①

（12）学校和科举。蔡京沿用神宗时所创设的太学三舍法，并扩大县学、州学、太学等规模。在各路设提举学事司，作为专门的教育机构。县学和州学也按三舍法分外舍、内舍和上舍，太学另设辟雍，称外学，为外舍生学习场所。太学则专门培养内舍生和上舍生。1104年，徽宗下令废除科举考试，直接由太学中举拔进士。1107年，徽宗又命以孝、悌、睦、姻、任、恤、忠、和八种德行，作为考核学生的标准。这实际上便取消了科举考试平等竞争的原则，结果是请托公行，利富不利贫，利贵不利贱。1121年，徽宗又下令取消辟雍，取消县学和州学三舍法，撤销各路提举学事司，恢复科举考试。②

徽宗时的一系列财政、教育等改革措施呈现了复杂的情况。此类措施的重点是放在如何加强搜刮民脂民膏方面，以满足徽宗及其宠臣们的穷奢极欲。徽宗皇室的奢侈和享受超过了宋代任何一个皇帝，这是以北宋晚期富厚的物力为基础的。从次要方面看，有些改革措施，如举办居养院等，也有粉饰太平的意味。神宗时所创的三舍法，在徽宗时有所发展。作为分级教育制，确是世界教育史上的首创。但三舍法又与取消科举考试、以德行取士等倒退的办法相联系，造成了混乱。中国教育制度终于不能在三舍法的基础上继续进步，反而倒退了。

---

① 金中枢：《论北宋末年之崇尚道教》，《宋史研究集》第7、8辑。

② 《宋会要》选举4之1—16，《宋史》卷155、卷157《选举志》、卷167《职官志》，《续资治通鉴长编纪事本末》卷126《八行取士》，《州县学》，《文献通考》卷31。

3. 徽宗朝对西夏和辽的战争，镇压方腊，金朝亡宋

徽宗朝连续对西夏和吐蕃用兵。1103 年，徽宗命王厚和童贯出兵，攻击羌族，宋军重占湟州（今青海乐都）。1104 年，又占廓州（今青海大札北）和鄯州（今青海西宁）。1105 年，又收复西夏占据的银州（今陕西米脂西北）。1108 年，宋军又攻占洮州（今甘肃临潭）和积石军（今青海贵德）。这一系列军事胜利，使宋对西夏战争处于有利地位。①

1114 年，西夏筑臧底河城（今陕西保安北），徽宗命童贯任陕西经略使。1115 年，童贯任陕西等六路边事，宋将刘法败西夏军于古龙骨城（今青海互助土族自治县东北），刘仲武和王厚率陕西四路大军攻臧底河城，宋军大败，损失近一半兵力。但王厚贿赂童贯，隐瞒了败绩。1116 年，刘法和刘仲武合军 10 万，破西夏仁多泉城（今地名不详）。种师道率军破臧底河城。西夏军反扑，破宋靖夏城（今地名不详）。1119 年，童贯强令刘法攻西夏统安城（今地名不详），宋军大败，刘法战死。童贯却隐匿败报，而以捷报上闻徽宗。至此，宋和西夏无力再战，只能暂时休兵。②

新兴的金朝自 1114 年始，不断攻占辽地，辽朝亡国之势逐渐明朗。徽宗对本国军事实力缺乏清醒估计，接受王黼、童贯等人建议，决定联金灭辽，以收复五代后晋时割让给辽的燕云地区。经宋金双方通使商定，金攻取辽中京（今辽宁宁城西大名城），宋攻取辽南京（今北京），宋朝同意将以前纳辽的岁币转送金朝。③

为准备对辽战争，徽宗下令将作为宋军精锐的陕西军东调，

---

① 《续资治通鉴长编纪事本末》卷 139《收复湟州》、卷 140《收复鄯廓州》《收复银州》《收复洮州积石军》。

② 《宋史》卷 468《童贯传》、卷 486《夏国传》。

③ 《续资治通鉴长编纪事本末》卷 142、卷 143《金盟》，《金史》卷 2《太祖纪》。

与河北军换防。① 不料在1120年，东南发生方腊叛乱。由于徽宗君臣在东南地区大事搜刮，民愤很大，方腊以反对花石纲作号召，很快聚众数万，攻破睦州（今浙江建德东）、歙州（今安徽歙县）、衢州（今浙江衢州）、杭州（今属浙江）、婺州（今浙江金华）、处州（今浙江丽水）等地。方腊反叛的消息传到朝廷，宰相王黼最初还向徽宗隐瞒真情，待事态发展到非东南薄弱兵力所能镇压的地步，徽宗方感到震惊。他急忙委派童贯调集原准备攻辽的大军15万，南下镇压方腊。

方腊军没有乘胜占据江南，划江而守，却分兵南下，其重兵久攻秀州（今浙江嘉兴）未克。由于精锐的陕西军已经东调，进据了江宁府（今江苏南京）和镇江府（今属江苏）。于是，进攻秀州的方腊军遭宋军内外夹击而大败。另一支方腊军又在宣州（今安徽宣城）被宋军击退。方腊军节节败退，最后退到帮源洞（今浙江淳安境），被优势的宋军消灭。当地民众在战争中大批死亡，方腊本人被俘后处死。方腊的余部仍有相当的实力，转战于两浙路一些地区，最后也被宋军消灭。

在方腊叛乱的同时，北方也相继发生暴动，如宋江、张仙、高托山、张迪、徐靖等起事，也先后被宋军消灭或招降。②

因方腊叛乱，使宋对辽的军事行动延迟到1122年。当时，辽朝在金军的不断攻击下，已丧失大部分土地。辽天祚帝逃往西部，皇族耶律淳在南京（今北京）自立为帝。徽宗君臣误认为伐辽时机成熟，于五、六月间由童贯、蔡攸率军北伐，结果反而给残余的辽军打败。十月，由于辽将郭药师率所部叛辽降宋，宋军再次

① 《会编》卷5。

② 《两宋农民战争史料汇编》，第411—609页。

北上，又被辽军所败。[1]

金军最后攻击燕云地区，灭亡辽朝。宋金双方交涉的结果是：金朝答应将燕京（今北京）等六州之地归还宋朝，宋朝却须另加燕京代税钱 100 万贯给金。金朝将燕京等地人口、财物等掳掠而去，只给宋留下几座空城。[2]

宋朝从其自身利益考虑，采取联金灭辽的政策，似无可非议，问题在于宋并无足够的军事实力作后盾。战争既暴露了宋军的虚弱，而外交谈判又显示了其种种软弱的姿态，自然助长了金朝统治者侵宋的野心，中原的财富更使他们垂涎三尺。金朝武运方盛，金朝灭亡辽，本无须借助宋朝的军力。辽亡以后，金朝兵锋指向宋朝，乃是势所必然。

1125 年，金朝分兵两路，大举南侵。西路主将是完颜宗翰，东路主将是完颜宗望。辽朝降宋的大将郭药师率部首先降金，并充当向导，使东路金军得以长驱直入，于 1126 年正月兵临开封城下。西路军在太原（今属山西）遭到宋将王禀率军民奋死抵抗，屯兵城下，一时不能南下与东路军会师。

徽宗惊慌万分，急忙传位给皇子赵桓，后庙号钦宗。钦宗自幼循规蹈矩，但十分懦弱，全然缺乏处置复杂而危难局面的能力。钦宗将蔡京等人贬官流放或处死，起用文臣李纲，部署开封的防御。金军多次攻城，被宋军击退。但钦宗又同时遣使至金营议和，完颜宗望等提出苛刻的和议条件，钦宗准备接受。种师道等率陕西宋军增援开封，使守城宋军实力大为增强。他主张坚守开封城，待金军兵疲粮尽，被迫撤兵之际，进行邀击。另一大将姚平仲提出夜袭金营的建议，得到钦宗批准。姚平仲率部夜袭失败，钦宗

① 《会编》卷 7、卷 8、卷 10、卷 11。

② 《会编》卷 16。

又下令罢免李纲和种师道，向金人谢罪。太学生陈东等数万民众集合在皇宫前，上书请求复用李纲和种师道。这是中国古代一次规模很大的爱国政治运动。钦宗被迫令李纲和种师道复职，却又接受了金方的和议条款，同意割让太原（今属山西）、中山（今河北定县）和河间（今属河北），向金军进献大批金银、牲畜、丝织品等。完颜宗望因孤军深入，犯兵家之忌，便乘机撤兵北归。

钦宗事实上又不愿割让太原等三镇，下令救援太原。三月到五月，由种师中和姚古分军两路，前往太原。六月到八月，又命刘韐、解潜、折彦质、折可求和张灏兵分三路，前往太原。由于宋军兵力分散，各部又互不协同，各支援军被金军各个击破。

壮烈的太原守卫战历时 250 多日，守城将士粮尽援绝，居民几十万人大多饿死。金军最后在九月攻破太原城，王禀殉难。[①] 太原之战是决定北宋帝国命运的关键性战役。在金朝方面，此战胜利后，西路军得以南下，与东路军会师。在宋朝方面，因种师道所率陕西精兵在二次救援太原战斗中耗折殆尽，开封显然已无防守的可能。

钦宗将李纲贬逐南方。老将种师道病死。他临死前上奏，建议钦宗自开封退守关中，留大将守开封。但钦宗却听从宰相何㮚之议，坐守开封。[②] 当年闰十一月，金军破开封城。1127 年，金军俘掳徽宗、钦宗和大批后妃、皇族等北撤，另立张邦昌伪楚政权，北宋皇宫很多金银、财宝、文籍等也被金军抢劫一空。北宋至此灭亡。[③]

---

① 《会编》卷 53。

② 《会编》卷 60、卷 79。

③ 关于北宋末对金战争，参见《续资治通鉴长编拾补》卷 51—60，《宋史》卷 335《种师道传》、卷 358《李纲传》。

参考书目

1. 邓广铭. 王安石. 北京：人民出版社，1979.

2. 漆侠. 王安石变法. 上海：上海人民出版社，1979.

3. 东一夫. 王安石新法の研究. 风间书房，1970.

4. 王曾瑜. 王安石变法简论. 中国社会科学，1980（3）.

5. 王曾瑜. 北宋的司农寺. 宋史研究论文集1987年年会编刊.

6. James T.C.Liu. 王安石、曾布与北宋晚期官僚的类型. 宋史座谈会编. 宋史研究集（3）. 台北“国立”编译馆中华丛书编审委员会，1980.

7. 周宝珠. 略论吕惠卿. 宋史研究论文集. 中华文史论丛增刊.

8. 宫崎市定. 王安石の吏士合一策. アジア史研究（1）.

9. 宫崎市定. 胥吏の陪备を中心として. アジア史研究（3）.

10. 周藤吉之. 王安石の免役钱征收の诸问题. 宋代史研究. 东洋文库，1969.

11. 王曾瑜. 宋朝的役钱. 中国古代社会经济史诸问题. 福州：福建人民出版社，1989.

12. 周藤吉之. 王安石の青苗钱の起原について. 东洋学报，53卷2号.

13. 周藤吉之. 北宋前期の举放·课钱と王安石の青苗法. 东洋大学学院纪要（7）.

14. 周藤吉之. 王安石青苗法の施行过程. 东洋大学学院纪要（8、9）.

15. 曾我部静雄. 王安石の保甲法. 宋代政经史の研究. 吉川弘文馆，1974.

16. 梁庚尧. 市易法述. 台湾大学历史学系学报（10、11）.

17. 马力. 宋哲宗亲政时对西夏的开边和元符新疆界的确立.

宋史研究论文集 1987 年年会编刊.

18. 漆侠，郭东旭. 关于王安石变法研究中的几个问题. 中国史研究，1989 (4).

19. 金中枢. 论北宋末年之崇尚道教. 宋史座谈会编. 宋史研究集 (7、8). 台北“国立”编译馆中华丛书编审委员会，1980.

20. 林天蔚. 宋史试析. 台湾：商务印书馆，1978.

21. 漆侠. 宋代经济史. 上海：上海人民出版社，1987.

22. James T. C. Liu. Reform in Sung China, Wang An-shi (1021—1086) and his New Policies. Haward U.P. 1959.

宋朝军事

(一) 北宋前期的军制改革

北宋建国后，太祖围绕着集权、统一和长期稳定的目标，进行了一系列军制改革。由于自中唐、五代以来，武人的地位愈来愈高，权力愈来愈大，最后成为国家命运的主宰。藩镇可以对抗中央朝廷，部将可以杀死、驱逐和取代主帅，大将可以取代皇帝，造成了政治混乱，内战频繁。太祖决心消除延续 200 多年的积弊。他罢免一批中央的高级将领，将统率中央禁兵的殿前都点检司降格为殿前都指挥使司，又在统率中央禁兵的另一侍卫亲军都指挥使司下分设两个地位平等的长官，分别统率骑兵和步兵。到真宗时，侍卫亲军都指挥使司正式一分为二，成立侍卫亲军马军都指挥使司和侍卫亲军步军都指挥使司。于是，北宋三衙（简称殿司、马司和步司）管军制度便完全确立。太祖任用地位较低的武将，或担任殿司和侍卫司长官，或带兵出征，使他们的兵权互相牵制，对皇权不足以构成威胁。

太祖沿用五代制度，以枢密院作为最高军事机构，掌管军事行政，却不直接统兵。枢密院长官作为执政官，地位仅次于宰相。枢密院的地位高于三衙，但彼此的兵权又互相分割和制约，三衙和战区长官虽然掌管军队，没有枢密院的命令，不得有军事行动。枢密院长官愈来愈多地使用文官。太祖时，枢密院长官中有文官4人，武官6人，分别占40％和60％。太宗时，枢密院长官中有文官21人，武官14人，分别占60％和40％。真宗时，枢密院长官中有文官29人，武官15人，分别占66％和34％。由于北宋逐步推行文官政治，枢密院和三衙形成了以文制武的关系。太祖注意将军政委任枢密院，不让宰相干预。真宗时，宰相有时也可参加商讨军事，事实上对枢密院的军政有所干预。

北宋的正规军是禁军。禁军原意是皇帝亲军。五代时作为中央军，北宋时又扩大为用于守御和征伐的中央军和地方军。禁军等级和番号相当复杂，大致可分上禁军、中禁军和下禁军三等。上禁军包括捧日、天武（属殿司）、龙卫（属马司）和神卫（属步司）四军，又称上四军。禁军的编制系统如下：

都——→指挥（营）——→军——→厢（左厢、右厢）

100人　5都　　　　5指挥　10军

由于厢和军两级编制单位兵力较多，其统兵官容易对皇权造成威胁。北宋逐步打乱厢和军两级单位，有的禁军不设厢和军，有的禁军虽设厢和军，但兵力往往少于规定数额。大致自太宗以后，禁军在调动、屯戍和征战时，往往以指挥为基本的编制单位。临时拼凑的各种番号的禁军指挥和统兵将帅之间，彼此互不熟悉，这固然是为防止将帅和军队之间形成密切的关系，可能对皇权形成威胁，却严重地削弱了禁军的战斗力。最初，禁军作为中央军，驻扎首都开封，轮流出戍外地和边境。后来又在各地，特别在北方边境地区设置了愈来愈多的“就粮禁军”，作为地方军。就粮禁军不回驻首都，但也可轮流出戍外地。

北宋初，禁军的分布实行内外相制的原则，中央军和地方军的兵力大致保持1∶1，中央军驻开封（今属河南）城和开封城外各县的兵力也大致保持1∶1，这也是防止武人造反的政策。但是，内外相制的政策后来逐渐放弃。分驻中央和各地的禁军分别属三衙管辖，很多州府往往同驻三衙或马、步两司的禁军。例如河北路沧州（今河北沧州）驻有殿司广德步兵1指挥，马司云翼军2指挥、万捷军1指挥，步司武卫军3指挥、振武军3指挥。三衙禁军各指挥插花式的分布，实际上也是为了互相制约。

除禁军外，北宋陆续设置了厢军、乡兵、蕃兵、土兵和弓手，作为后备军。北宋初，中央政府将各地的精兵抽调首都开封，剩下的老弱残兵，另加不少判徒刑的罪犯之类，编组为厢军。厢军一般不受军训，只从事修城、修路、筑河堤、造桥、运输等各种劳役。有些中央机构也设置厢军，参加兵器等各种手工业劳动。厢军一般无厢一级编制单位，但有军、指挥、都三级编制单位。厢军各指挥分属马司和步司，但同时受各地知州、知府等直接统率。

乡兵由各地州县政府按户口簿将年龄为20岁（南宋改为21岁）至59岁的男丁编组为民兵，平时从事生产，仅在参加军训或军事活动时发放钱粮。乡兵大多是有名无实，但少数边境地区的乡兵有相当战斗力。太宗时，西北边境已有蕃兵。蕃兵由宋朝管辖下的羌人组成，其实类似于乡兵，是西北部的地方军，颇有战斗力。弓手和土兵大致自后来神宗时方成为地方治安部队，类似于近代的武装警察，分别由各县县尉和各寨巡检领导。土兵也可称寨兵。

中国历史上多行征兵制，宋朝实行募兵制，经常采取灾年招兵的办法，将因天灾而无以维生的农民招收为兵，这样可以防止失业者造反。但在兵源缺乏的情况下，也强行抓夫充兵。此外，政府也鼓励军人子弟接替父兄从军。太祖挑选壮健的兵士，作为“兵样”标准，分送各地按兵样招兵。后又改用量身长、检查视力等办法招兵，高大者充禁兵，弱小者充厢兵。兵士被募以后，须在脸部或手部等处刺字，标明所属军队番号，以防止逃亡。这也是唐末、五代以来的旧制。官兵的俸禄等级很多，还有各种名目的津贴。但大多数军士俸禄很少，难以维生。当兵作为一种职业，兵士及其家属往往共住军营。太祖很重视军训，他坚持兵士必须菲衣恶食，使他们能够忍受艰苦的生活环境。他还注意经常淘汰不合格的老弱残兵。

针对五代军纪松弛的情况，太祖继周世宗之后，特别加强军法。阶级法是宋代治军的根本大法，或说原由周世宗制定，或说由太祖创设。它严格规定各级官兵的上下关系。下级触犯上级，要受重刑，甚至处死。第二个重要军法是禁止军人逃亡。最初规定禁兵逃亡满一日，即要处死。后改为禁兵逃亡三次，厢兵逃亡五次，一般要处死。

太祖时，宋军比较精练，968—976 年，军队人数为378 000，其中禁兵193 000，厢兵185 000。太宗在位末期的 995—997 年，军队人数几乎加倍，达666 000，其中禁兵358 000，厢兵308 000。真宗初，已号称养兵1 000 000，1017—1021 年，减至912 000，其中禁兵432 000，厢兵480 000，当时的军队可说是又多又滥。

太祖很注意军器制作的质量，北宋初所造兵器库存至北宋末，经历了约 150 年，仍然精良而劲利。

（二）北宋前期的军事成就和失败

太祖是个经验丰富的优秀军事家，他在位时，平定了南方各国。其实，宋朝每次派遣的出征兵力，并不比对方占多少优势，但因太祖战略指导高明，宋将战场指挥得宜，宋军战斗力较强等原因，对南方各国战争先后都取得胜利。例如974—975年平南唐时，太祖考虑到南唐国都金陵（今江苏南京）城防坚固，可能会进行持久的攻城战。便在采石矶（在今安徽马鞍山）建造了当时世界上最大的以船衔接的横跨长江的大浮桥，保证了兵力的增援和后勤供应，最终攻破了金陵城。

但是，太祖时也有失败的战争。北汉是地小人少的穷国，但依恃太原（今在山西）坚城和辽国的救援，在968年和969年两次挫败宋军进攻。特别是后一次，虽然太祖亲征，也未能攻破太原，被迫撤兵。太祖在平定各国时采用先南后北的策略，也与攻北汉的失败有关。太宗吸取太祖攻北汉失利的教训，以周密的部署，成功拦截了增援的辽军，于979年平定北汉，随即下令拆毁太原城。

太宗是个军事庸才，而又自命不凡。除了平北汉，还有他在位末年派遣优势兵力平定四川王小波、李顺之乱外，太宗时代的战争大体都是失败的。

北方辽朝是以契丹人为统治民族的东亚头等强国，契丹人在相当程度上保留了游牧民族的骑猎风俗，拥有强大的骑兵。辽朝骑兵比较散漫，但战术灵活。自唐朝丧失西北产马地后，中原地区马匹不足，宋朝只能以步兵为主，甚至骑兵也往往兵多马少。所以在平原地区作战时，辽朝骑兵自然对宋朝步兵拥有某种优势。兼之以太宗错误的战略指导，宋军将领多半平庸怯懦。个别将领，如骁勇善战的杨业，却只能听命于无能的上级。这些原因使得宋军在对辽战争中一再失败。

979年，太宗不听一些将领的劝告，企图乘平北汉的声威，一举收复被辽占据的燕云地区。疲劳的宋军在燕京（今北京）城下久攻不克，辽朝却在最后阶段使用后备兵力，大败宋军，太宗本人也中箭逃遁。此后太宗不敢亲征，却在深宫中不断发布不切实际的指令，强迫前方将领执行。986年，宋军分三路大举北伐，辽朝集中兵力，各个击破，骁将杨业战死。此后宋朝不敢出兵攻辽，只是实行消极防御，分兵守卫边境城市，并在平原地区开挖塘泊，兴置稻田，借以阻遏辽朝骑兵。自太宗以后，宋朝分兵守城的消极防守战略一直沿袭下去。

西北党项族李继迁叛宋自立之时，兵力不大，他巧妙利用了宋和辽的矛盾，又利用宋朝西北地区荒凉、军队后勤供应困难的弱点，几次打退宋军进攻，最后在 1002 年攻占灵州（今宁夏灵武附近），实际上已成立新的政权，与辽、宋形成三角关系。

南方交阯本是唐末五代时建立的一个军阀政权，980—981 年，太宗远从北方调兵征交阯。宋军大多是北方人，不习惯南方的水土气候，病死者很多，严重削弱了战斗力，最后不得不撤兵就医。太宗的企图便归于失败。

1004 年，辽朝大举攻宋，辽军回避很多城市的攻坚战，冒险深入宋朝腹地。但胆怯的真宗并不敢利用有利的时机，设法如何歼灭辽军。他急于求和，最后达成了吃亏的和议。宋朝每年向辽缴纳 20 万匹绢，10 万两银，但其经济损失尚可通过双方贸易而得到补偿。此后宋辽的长期和平关系，又使宋朝以和为安，松懈战备，并使之成为传统国策。

（三）北宋中期的军事

仁宗和英宗在位四十多年期间，主要同西夏发生大规模战争。西夏地小人少，但注重发展重甲骑兵和善于跋山涉水的步兵。宋军依然采用传统战略，将陕西划分为 4 个军区。分兵把守的结果是：剩余的机动兵力很少。西夏却每次以最大可能集中兵力，1040 年三川口（今陕西延安西北）之战，1041 年好水川（今宁夏隆德东）之战，1042 年定川砦（今宁夏固原西北）之战，都是以优势兵力消灭宋军。但宋毕竟是大国，经受得起军力的损耗，西夏军也无力攻占宋的重要边城。在双方都相当疲劳的情势下，暂时达成和议。

太宗和真宗时，为抵御辽军，主要在河北和河东集结重兵。仁宗时对西夏战争，加之内地不断发生小规模叛乱，使宋朝在陕西和内地扩充兵力达 860 多指挥。1041—1048 年，宋朝养兵 1 259 000，其中禁兵826 000，厢兵433 000，成为极大的财政负担。此后不断裁军，到英宗在位末年的 1066—1067 年，军队减至 1 162 000，其中禁兵663 000，厢兵499 000。北宋初兵力分布内外相制的原则也做了改变。仁宗时，开封城内外驻军 684 指挥，北方各路驻军 1048 指挥，而南方仅驻军 195 指挥。①

仁宗时，枢密院长官中文官 60 人，武官 16 人，分别占 79% 和 21%。英宗时，枢密院长官中文官 11 人，武官 1 人，分别占 92%和 8%。武官一般任副职，个别任正职者也遭到猜忌而罢免。所以枢密院长官已大体实现了文官化。当时已改变了北宋初宰相不得参与枢密院军务的传统，或由宰相兼枢密院长官，或由宰相参与商讨军务。

北宋前期，军区或战区的设置都是临时性的，其司令官一般由武将担任。太宗和真宗时，任命文臣为战区长官，督率武将的事例愈来愈多。仁宗时，开始在北方设置固定的大军区，包括陕西 4 路（后增至 5 路）、河东路和河北 4 路。每路以当地首府的文臣知州或知府，兼任本路经略安抚使或安抚使，马、步军都部署（后改名都总管），成为本军区长官。

中央枢密院、三衙和各路安抚司、经略安抚司三位一体的军事领导体制至此确立。从中央到各路都贯彻了以文制武的原则，固然用以防范武将造反，却是以削弱军事能力为代价。

---

① 此为原稿，据最近重新统计，北方各路驻军 1055 指挥，南方各路驻军 198 指挥。

（四）神宗朝的军事

神宗即位后，以富国强兵为目标，任用王安石为宰相，进行军制改革。

北宋养兵愈来愈多。大致自太宗以后，兵籍上的庞大数字，其实是虚数，和实数之间有相当大的差距。1 指挥兵力按规定有 500 或 400 人，但有时只有 100—200 人。编制不满员，便于将校们贪污多余的养兵费用。此外，由于不经常拣退，军中老弱残兵的比例相当大，严重地影响了宋军战斗力。神宗和王安石针对以上的积弊，大力裁减冗兵，先后撤销了 30 多个禁军番车，压缩了不少番号禁军的指挥数额，使军队总数减至 90 万以下，低于真宗时的养兵数。

为了改变官兵之间互不了解的状况，加强军训，神宗又推行将兵法和结队法。仁宗时，开始在陕西 4 路设立将的编制单位，如鄜延路禁军分属 6 将，每将兵力在 3000 以上。神宗时，陕西的泾原路经略安抚使蔡挺又将本路军队分隶 7 将。蔡挺升任枢密副使后，协助神宗在各地推行将兵法。河北 4 路设 37 将，河东路设 12 将，京东路设 9 将，京西路设 6 将，开封府各县设 11 将，陕西的鄜延路设 9 将，环庆路设 9 将，秦凤路设 5 将（后又增至 9 将），泾原路设 11 将，熙河路设汉兵 5 将、蕃兵 5 将，东南各路设 13 将。各将由不同番号的禁兵混合编组。例如开封府界第 2 将，包括开封府 16 个县中 5 个县的驻军，有武骑第 6、第 7 指挥，骁猛第 1 指挥骑兵，每指挥编额 410 人；广勇军左厢第 1 军第 4、第 5、第 6 指挥等 11 指挥步兵，每指挥编额 510 人，共计 7660 人。将一级统兵官有正将和副将。又以 50 人为 1 队，队以上设部，形成新的将、部、队三级编制单位。如泾原路每将分前部、后部、左部和右部，每部辖 25 队，计 1250 人。

编组为将的禁兵，称系将禁兵。各地一部分禁兵不编组为将，仍保留原有的指挥番号，称不系将禁兵。此外，驻守开封城的禁兵仍有很大兵力，也不编组为将，称在京禁兵。自神宗时始，禁军便分为系将、不系将和在京禁兵三个部分。

神宗和王安石推行保甲法，作为乡村基层政权组织，以5户为1保，5保为1大保，设大保长，10大保为1都保，设都保正和副保正。宋廷下令对保甲进行简单的军训。据1081年统计，参加军训的保丁至保正，达69万人以上。但军训对民间造成很大骚扰，有的保丁甚至用逃亡、自我残废等方式寻求躲避。宋朝虽然对保甲军训多年，却从未在战争中当正规军使用，只是分配承担守城、运输、辎重等辅助性差使。

宋朝原来设置一些牧监，由群牧司管辖。由于官僚机构腐败，管理不善，马匹往往瘦弱或病死。仁宗朝已开始将牧地出租。神宗时，除继续废除一些牧监、出租牧地外，又推行保马法和户马法。凡保甲养马，以10户为1保或1社，养马户可以免除一些赋税。保户马死，由本户单独赔偿。社户马死，由其他9户帮助赔偿一半。户马法是命令富户养马。保马法和户马法先后推行于北方各路。

北宋兵器制作最初由三司盐铁部胄案管理，神宗为改进兵器生产，另设军器监管辖，兵器的数量和质量都有所增加和提高。

神宗为加强军队训练，又设置如教头、巡教使臣、训练官等，负责军训，但军训质量仍有好有坏。

神宗时的军事成就，主要是在1072—1073年，由王韶率军进攻较弱的吐蕃族，并且利用吐蕃族的内部矛盾。宋军占领熙州（今甘肃临洮）、河州（今甘肃临夏东北）等地，神宗还给一些吐蕃族首领封官，以巩固统治。

1075—1077年，交阯发动对宋战争，围攻邕州（今广西南宁），屠杀当地居民5万以上。王安石主张乘机征服交阯。但是，宋军重复了太宗对交阯战争的错误，虽然集结了大约10万军队、

20 万民夫，但因北方人不习惯南方水土气候，死亡者超过一半，最后只能撤兵讲和。

王安石认为陕西 4 路人口 4 倍于西夏，要消灭西夏并不困难，只是将帅没有谋略。但他是个政治家，在军事上也提不出高明的战略和战术。自 1067 年后，宋和西夏再次发生战争。西夏骑兵机动性强，却不能进行大规模持久的攻城战，只是不断攻扰宋的边境。1081 年，神宗发动规模空前的军事进攻，深入西夏腹地。西夏实行坚壁清野，又以轻骑拦截宋军的粮食等补给。2 支宋军因缺粮而溃退，2 支宋军虽会师西平府（今宁夏灵武附近）城下，但西夏军决黄河河堤，淹灌宋营，宋军大败而归。1082 年，宋朝在军事要冲修筑永乐城（今陕西米脂西北），对西夏形成严重威胁。西夏大军包围永乐，城中凿井无水，将士大半渴死，永乐也随之陷落。西平府和永乐两次大败，主要是因为宋朝，也包括神宗本人的军事指挥失误。在另一方面，也反映了当时军制改革成效不大。锐意图强的神宗也因此受到很大的精神打击，不久病死。

（五）北宋后期军事

神宗朝与交阯战争时，宋军曾临时编组为 9 军，当时称为安南 9 军法。其番号是左第 1 军、左 2 第军、右第 1 军、右第 2 军、前第 1 军、前第 2 军、后第 1 军、后第 2 军和中军。安南 9 军法在陕西战场又很快改为 5 军，即左军、右军、前军、后军和中军。到哲宗和徽宗朝，此类新的军的编制逐渐定型，形成军、将、部、队四级新的编制单位，与禁兵原来的厢、军、指挥、都四级编制不同。军的统兵官设统制和统领。神宗时编组的将又成为军以下的低一等的军事编制单位。1122 年，宋军攻辽，东、西 2 路军队各分中军、左军、右军、前军、后军和选锋军，共计 12 军。1126 年，康王开设河北兵马大元帅府，共分左军、右军、前军、后军和中军，每军设统制，5 军之上又设都统制，作为统兵官。这种新的军队编制系统一直沿用到南宋。

太祖时，宦官原来不得参与军事。自太宗朝始，皇帝们不时委任一些宦官指挥军事，或任走马承受，传达命令，报告消息。徽宗最信用宦官童贯，而童贯由于最初在陕西主持军事获得成功，便长期任陕西 5 个军区的主帅。徽宗又任命他所宠信的高俅长期任三衙，特别是地位很高的殿司长官。童贯和高俅两人，一外一内，严重败坏军政。尽管在兵籍上仍有很多兵员，实际上，兵员的缺额超过了 1/3。

北宋在军事上虽然走向衰落，但在对西夏战争中仍居于优势。长期断断续续的战争使宋军十分熟悉西夏军的战略和战术。北宋前半期，其精兵主要集结在河北，以对付辽军。自仁宗中期以后，陕西军逐渐成为宋军精锐，时称西兵。哲宗和徽宗时，宋军采取开边筑堡的方式，步步推进，取得了相当的成功，使北宋疆土扩张，达到了极盛期。西夏军屡次失败，仍顽强反攻。1119 年的统安城（今地名不详）之战，宋军大败，大将刘法被杀，北宋才被迫与西夏议和休战。

宋军对西夏战争虽然损失巨大，童贯却向徽宗隐瞒军情，谎报战功，使徽宗对宋军的实力做了错误的估计。他和宰相王黼以及童贯、蔡攸等人决定联合金朝，消灭辽朝，夺回燕云地区。徽宗主要依仗童贯统率的西兵，他下令西兵在河北集结，与河北禁军换防。不料在 1120 年，东南发生了方腊大规模叛乱。徽宗临时令童贯率西兵南下，在实力相差悬殊的情况下，方腊军很快被宋军消灭。当时辽朝大部分地区已被金朝占领，剩下不大的地盘和兵力，却困兽犹斗。1122 年，童贯两次出兵攻辽，都被辽军杀得大败。

金朝因此看穿了宋军的虚弱，于 1125 年大举出兵攻宋。金军虽是由多民族组成，却以女真重甲骑兵为主力。女真骑兵擅长弓箭，有严酷的军纪，敢于打硬仗。按宋军对西夏军作战的经验，两军一次交锋，便可决定胜负，而金军却败而不乱，能重整队形，连续进行数十次、上百次交锋。金军不仅擅长野战，也在灭辽战争中学会了攻城战，包括使用各种复杂的攻城器械。面对着比辽军和西夏军更强大的对手，腐败的宋军几乎不能有效抵抗，往往是不战而溃或一触即溃。唯有宋将王禀在太原城组织了顽强的保卫战，但最后在粮尽援绝的情势下，金军攻陷了太原城。1126年，金军攻破北宋首都开封后，逐步占领华北地区。北方本是宋朝禁兵的主要屯驻地，在金军的攻势下，北宋禁兵大部分溃散，很多溃兵沦为盗匪，流窜南方各地，给人民造成深重的灾难。

（六）南宋初期的军事

南宋初，朝廷最紧迫的任务是重新编组军队，抵抗金军。1127年，高宗即位后，立即设置御营司，由宰相和执政官担任御营使和御营副使，下设御营司都统制等，掌管军务，其下分左军、右军、前军、后军和中军。北宋原有的枢密院和三衙暂时成为闲散的机构。宰相李纲制定了军法21条，旨在整饬军纪，加强军力，防止禁军不战而溃，逃窜各地而乘机作乱。但他罢相后，军法21条便成有名无实，不再认真贯彻。御营司也未能对各军实行强有力的领导。1130年，南宋又撤销御营司，恢复枢密院主管军务的旧制，但因军情紧要，在相当长时期内，由宰相兼任枢密院长官。

经过几年的战争，南宋逐渐形成5支大军。武将岳飞所部，成为兵力最多最强的一支，拥有10万以上兵力。他的军队是以原先由文官宗泽所率东京留守司军为基干，而逐步招募、合并、招降而壮大的。岳飞军的番号先后有神武后军、行营后护军等，民间称呼为岳家军。岳飞主持长江中游的京西、湖北战区，以鄂州（今湖北武汉武昌）为大本营。吴玠军的番号为行营右护军，以北宋后期陕西军为基干，陕西失守后，驻川陕交界。1136年，其兵力为68 449人。吴玠病死后，宋廷命文臣胡世将主持川陕军务，由吴璘、杨政、郭浩三大将统兵，其中吴璘所率为主力军。刘光世军番号有御前巡卫军、行营左护军等，驻守淮西路。1137 年，其兵力为52 312人。刘光世于当年罢官，其部将郦琼率 4 万人投敌，行营左护军便基本瓦解。韩世忠军约 3 万人（一说 8 万人），其番号为神武左军、行营前护军等，驻守淮东路。张俊军最后约有 8 万人，其番号为神武右军、行营中护军等。张俊军原以建康府（今江苏南京）为大本营，1137 年后，接替刘光世，驻守淮西路。三衙本已名存实亡，后来高宗重新扩充三衙兵力，但暂时仍不及上述五支大军。

岳飞等军都实行军、将、部、队等编制。岳家军大约有包括亲兵背嵬军等 12 军，每军设统制、统领等，其下约有 84 将，每将设正将、副将和准备将。

南宋初期，为抵御金军，不得不提高武将的地位，但皇帝和文官都害怕武将的势力过大，影响传统的文官政治，威胁皇权。在对金政策上，统治集团存在着战、守、和的分歧。高宗的态度一直是求和为上，求和不成，则守，对金作战采取消极抵抗的方针。岳飞为此上奏批评说，皇帝不肯命将帅发动远程攻势，以求战争的全胜。对金与对武将的政策虽是两件事，而两者关系密切，成为南宋初两个主要的政治和军事问题。

从宋金战争的进程看，1127—1128 年，金军最初只占据宋 10 多个州、军，甚至到黄河的交通线也未能控制。东京留守、文官宗泽以极大的努力和很高的威望，团结和组织北方各种民间武装势力，成为当时的抗金中心人物。他率东京留守司军击退金军自 1127 年冬至 1128 年春的猛烈进攻。他去世后，宋朝一时并无支撑残局的人物，两年之间，丧失了北方大部分土地。1129 年，金军曾一度攻入长江以南地区。但南方的地形、气候、密布的水稻田等，不利于女真骑兵作战。1130 年，金军最后被韩世忠、岳飞等军逐出江南。宋金双方在淮河一带南北对峙的局面便稳定下来。

南宋一些优秀将领在战争中逐渐摸索出一套对付女真骑兵的有效战术，例如以强弩制服女真骑兵的重甲和弓箭，用轮番作战制服女真骑兵作战的坚忍性，针对女真骑兵刀剑并不快利的特点，宋军步兵普遍装备麻扎刀、大斧等攻击战马的利器。岳飞更注重建设骑兵，岳家军的骑兵已能在大平原与女真骑兵角逐。

1131 至 1134 年，金军三次大举进攻四川，除第二次饶风关（今陕西石泉西）之战得到暂时胜利，最后被迫撤兵外，吴玠军在和尚原（今陕西宝鸡附近）和仙人关（今甘肃徽县南）两次大战中，使金军主力遭受沉重打击，从此再不敢窥伺四川。1134—1136 年，岳飞军瓦解了盘踞洞庭湖，勾结金朝所扶持的伪齐政权的杨么军，并两次大举北伐，克复京西广大地域。1140 年，宋金再次发生大战。刘锜军首先在顺昌府（今安徽阜阳）以逸待劳，以少击众，大败金军。岳飞又大举北伐，在郾城（今在河南）、颖昌（今河南许昌）、朱仙镇（今在河南）等地大败金军，进逼开封，取得南宋立国后空前的胜利。

但是，宋军也存在着明显的缺点，各支大军的指挥不统一，不能协同作战。宋廷宁愿使各支大军的势力互相制约，也不愿将军队交付岳飞统一指挥。高宗和宰相秦桧在压制武人势力和对金媾和两个问题上取得一致意见。他们在 1140 年迫令岳飞班师，1141 年，又解除岳飞、韩世忠和张俊三大将兵权。

（七）1142—1207 年南宋军事

宋廷解除三大将兵权以后，南宋军制大致固定下来。枢密院作为最高军事机构，或由宰相兼管，可由宰相与枢密院长官共议军事。三衙不再管辖各地禁兵，却仍统辖驻守首都临安（今浙江杭州）的三支大军，其中殿司兵力最多。所谓马司军，其实也以步兵为主。南宋先后在四川和沿江设置 10 支御前诸军，御前一词表示直属皇帝，各御前诸军的统兵官是都统制和副都统制。以上 13 支大军为南宋正规军。1171 年，马司军移屯建康府（今江苏南京），当地原有一支御前诸军，成为临安以外又一屯兵重地。其他 9 支御前诸军分别驻扎沔州（今陕西略阳）、利州（今四川广元）、兴元府（今陕西汉中）、金州（今陕西安康）、荆南府（今湖北江陵）、鄂州（今湖北武汉武昌）、江州（今江西九江）、池州（今安徽贵池）和镇江府（今属江苏）。以上 13 支大军都实行军、将、部、队等编制，如建康府驻扎御前诸军分游奕军、中军、左军、右军、前军和后军。每军设 1 名统制、2 名统领。每军分 5 将，每将设正将、副将和准备将各 1 名。

北宋时，军中出现少量效用。神宗时，正式制定勇敢效用法，效用作为自愿从军者，选拔颇严。从北宋末到南宋初，效用逐渐成为军中普遍设置的高级军士。南宋正规军中普遍有效用和军兵两个等级。效用一般不在脸部或手部刺字，其军俸中如钱币部分比军兵多 2 倍。孝宗时，将效用和军兵的比例定为 3∶7。健壮者往往不愿投充军兵，而愿投允效用。在战事频繁的情况下，很多效用和军兵因军功而升从 9 品至正 8 品武官，宋时称使臣。由于军中统兵官人数有限，很多使臣事实上只能作为普通战士，只是军俸高于效用和军兵而已。因此，在某些场合，军士又形成使臣、效用和军兵三个等级。

北宋初，为平定南方各国，朝廷曾注重水军建设。但此后水军无用武之地，只在开封和登州（今山东蓬莱）保留几个禁军指挥。南宋时，水军又得到重视，在沿江和沿海先后设置了 20 多支水军。① 南宋在同杨么军的作战中，双方都发展车船，又称轮船，

① 此为原稿，据最新统计，为 30 多支水军。

用人力踩踏翼轮激水，行驶较快，但不能用于航海。在对金及后来蒙古的战争中，南宋水军起着重大作用。

南宋后备军包括禁兵、厢兵、乡兵、土兵和弓手。由于西北地区的失陷，蕃兵已不复存在。南方各地的系将禁兵和不系禁兵已降为与厢兵类似的杂役兵，不再作为正规军。

1161—1164年，宋金再次发生战争。金帝完颜亮分兵四路攻宋，他亲率重兵攻淮南，又编组一支庞大舰队沿海南下，企图在临安附近登陆。宋将李宝率一支不大的舰队沿海北上，先发制人，在山东胶西（今青岛附近）海域一举歼灭不善水战的金朝海军。完颜亮亲征军在淮西击溃宋军主力，进逼长江。宋朝文臣虞允文组织溃败的宋军，利用车船等水战利器，在采石矶（在今安徽马鞍山）成功击退金军。当时南宋东部陆军军政腐败，战斗力严重下降，加之将领怯敌和指挥失误，因而无力抵抗金军，在完全依仗其水军的情况下，才得以保住半壁江山。

在东部陆军溃败的同时，四川宣抚使吴璘所部却收复了陕西大约一半土地。1162年，得到增援的金军与吴璘军在德顺军（今甘肃静宁）激战，胜负未分。新即位的孝宗听从文臣史浩的建议，命令吴璘撤兵。宋军在撤退途中遭金军袭击，损失惨重，陕西一半土地得而复失。1163年，文臣张浚力主用兵，轻率组织东部宋军主力北伐，又在宿州（今安徽宿县）被金军杀得大败。孝宗被迫对金重新议和，但取消称臣，双方维持了40多年和平。

1206—1208年，平章军国重事韩侂胄为摆脱本人的政治困境，轻信金朝在北对蒙古作战失利、在南歉收的消息，在未做充分准备的情况下，轻率派兵北伐。当时宋金双方的武力都处于衰退期。宋朝各御前诸军和三衙军普遍缺乏战斗力。金朝女真人大多抛弃了尚武骑射的传统，成为北方社会的寄生虫。金军主力只能由北方游牧民族组成的乣[①]军充当。金军虽然取得胜利，但其兵力也损失很大，严重影响了后来对蒙古战争时的军事实力。宋朝屈膝求和，将韩侂胄首级函送金人，蒙受很大耻辱。

（八）火药兵器的使用和推广

火药是中国古代四大发明之一。唐末、五代有关黑火药的记录很少，而且文字太简单。宋代方有不少关于黑火药的记载。仁宗时的《武经总要》一书记录了 3 种火药的配方。首都开封设有专门从事火药生产的工场。原始的黑火药爆炸威力不大，主要作为燃烧兵器，或者利用黑火药的爆炸，扩散烟雾、石灰和有毒气体，只能与冷兵器配合使用，而且以冷兵器为主。宋军的主要兵器是弓弩。北宋对火药生产技术严格保密，但至晚在辽道宗时，已得到火药制造技术，在燕京（今北京）操演火炮。当时的火炮是指用人力抛石机抛射火药球。金军在灭辽战争中也得到火药技术。金军破宋时，攻城战中往往以火炮和石炮配合使用。辽、宋、金已建置单独的炮兵兵种，这是历史上最早的炮兵。

南宋中期和后期，火药兵器在兵器中的比重有所增大。1217 年以后的宋金战争中，双方都使用铁火炮。铁火炮用铁壳装填火药，类似近世的炮弹，但仍用人力抛石机抛射。理宗时，又发明突火枪，用竹筒发射子窠，这是原始的管状火器。当时一次大的战役，甚至可使用铁火炮 10 万只以上。南宋的水军也装备火药兵器。1161 年胶西海战，便是世界上首次使用火药兵器的海战。虽然此次海战对后世海战技术的演进并未发生影响。稍晚的长江采石矶水战，宋军也使用火药。

---

① 关于乣的读音，目前有争论，有主张读音为纠，有主张读音为渣，有主张读音为优。

（九）1208—1279 年南宋军事

1207 年，南宋宰相兼枢密使，遂成定制。1206—1208 年的宋金战争，表明三衙军和 10 支御前诸军素质的退化，加之震惊朝野的吴曦叛变，使宋朝逐步加强文臣督兵或统军的体制，任命文臣为制置使、安抚制置使、宣抚使等差遣，主持各大战区，在事实上取代和剥夺了 10 武官都统制的统兵权和指挥权。又在三衙和 10 支御前诸军外，设置很多番号的新军，此类军队的编制系统大致与原来的 13 支大军相同，其兵力不断扩充，逐渐成为南宋后期正规军的主力。原来 13 支大军的兵力却不断削减，降为正规军的一小部分。

1217 年，金朝发兵攻宋。当时在新兴蒙古军的猛烈进攻下，金朝已丧失大片土地，迁都开封。金朝企图向南扩张，以弥补北方领土的损失。宋金战争从此又持续了 17 年。金朝丧失北方产马地，其武装力量被迫从以骑兵为主转变到以步兵为主。衰败的金军不可能对南宋发动有力的进攻，而南宋主持大政的宰相史弥远也无大举攻金的意图，宋金双方只是在边境进行拉锯战，互有胜负，但战绩都不大。

1234 年，宋朝配合蒙古灭金后，又出兵企图收复北宋时的东京开封、西京洛阳和南京应天府（今河南商丘），被蒙古军击败，从此开始了 45 年艰苦的宋元战争。

1136 年，蒙古军在阳平关（今陕西宁强附近）之战中击败宋军，突入四川，南宋从此丧失蜀道天险。此后，双方战争在东部边境和四川腹地呈胶着状态。以步兵为主的宋军，不可能在野战中与精锐的蒙古骑兵相抗，却利用了南方多山多水的地形，发挥守城战和水战的特长，使横扫欧亚大陆的蒙古军遭遇最激烈的抵抗，蒙受重大损失。1237—1238 年，蒙古军攻黄州（今湖北黄冈）、安丰军（今安徽寿县）和庐州（今安徽合肥），宋武将孟珙和文臣杜杲组织有力抵抗，使蒙古军遭受重大伤亡而败退。此后，孟珙驻守京西和湖北战区，文臣余玠在四川组织纵深的山城防御，都有效地抗击了蒙古军。1258年，蒙古的蒙哥汗亲征，猛攻四川钓鱼城（今重庆合川东），宋将王坚坚守，蒙哥汗死于城下，蒙古不得不全线撤兵。蒙古忽必烈继位后，改称元朝。忽必烈任用南宋降将刘整，调整军事战略，将主攻方向自四川转移到襄阳和樊城（今湖北襄樊），并且避免强攻，施行长期围困。此外，刘整又为元朝训练了强大的水军。刘整的战略产生成效。1268年，元军开始包围襄阳和樊城，1273年，元军攻破两城。1274年，元军自襄阳沿汉水顺江东下，实行水军和陆军联合作战，先后经历阳逻堡（今湖北武汉附近）、丁家洲（今安徽铜陵附近）、焦山（今江苏镇江北）等战，击破宋军，最后又于1279年崖山（今广东新会南海中）之战灭亡宋朝。

参考书目

1. 罗球庆. 北宋兵制研究. 新亚学刊，1957（1）.

2. 梁天锡. 宋枢密院制度. 台北黎事业股份有限公司，1981.

3. 林瑞翰. 宋代兵制初探. 宋史座谈会编. 宋史研究集（12）. 台北“国立”编译馆中华丛书编审委员会，1980.

4. 林瑞翰. 北宋之边防. 宋史座谈会编. 宋史研究集（13）. 台北“国立”编译馆中华丛书编审委员会，1980.

5. 王曾瑜. 宋朝兵制初探. 北京：中华书局，1983.

6. 王曾瑜. 宋朝文武区分和文臣统兵. 中州学刊，1984（2）.

7. 吴天墀. 西夏史稿. 成都：四川人民出版社，1982.

8. 陈世松，匡裕彻，朱清泽，李鹏贵. 宋元战争史. 成都：四川省社会科学院出版社，1988.

二四、《中国古代聚落筑城初探》序二

此部大作从动工到完稿，经历五个寒暑，为时虽不短，其实不仅是高速的，也是优质的，似乎可以说，在某种意义上是显示了 21 世纪的中华古史研究的若干新特征和发展方向，既实现了超越断代史的繁难，也成就了多学科的贯通，不仅运用了历史学、考古学、地理学、军事学、建筑学、统计学等多方面的知识，又与自然科学沾亲带故。任何一个严肃的治史者都不难体会到，光是搜集和使用浩繁的文献史料，已是足够的劳累和艰难，更何况还要广泛地利用考古、田野调查等成果，运用其他学科的研究。王茂华先生是位能够苦干加巧干、深思且精思的学者。在五年之中，我不时增加其工作量，特别提出排列大量耗时费力的表格，认为其历朝筑城统计虽已费了极大功力，十分详密，但无法保证必无失误或缺略，不如全部列表，以备其他学者检查、参对、正误或补缺。她对此类极大增加繁重的工作量的建议，从来没有三心二意，妄求谬巧，只是不惮烦劳，埋头工作，并且按研究的深入和拓展，自己也不断给自己加码，增加新的工作量。其论述的广度和深度，完全超出了我原先的布置和预期。她的文笔也比较优美，并别具匠心，细绎史实，升华哲理，出人意表。

王茂华先生原先专治宋史，而比较熟悉的也只是南宋晚期政治等若干问题。中国古代筑城的课题，牵一发而动全身，诸如历朝的行政区划沿革，地方官制，徭役制度，古代冷兵器到火药兵器的发展，石炮和火炮，建筑材料、工艺和工程计量，以至清人改译辽金元的人名、地名和官名之类，她都是经过潜心钻研，从无知转变为有知，不仅吸收以往浩繁的研究成果，又间有创新的考证和研究，确是历尽了过关斩将式的努力和艰辛。完全可以说，此书反映了她治学的大气、视野的开阔和发展的潜力。

我向来认为，自己最重要的史学著作是《鄂国金佗稡编、续编校注》，正好是在我四十岁至五十岁之间完工的。此书原稿也应有百万字以上，后嫌重复，删去了岳飞的部将和幕僚的史料，最终中华书局于1989年出版，达九十余万字。在没有经济能力复印的条件下，我全凭手抄，往返穿梭于北京图书馆善本室，反复校对，前后实际花费了四年多的时间。然而王茂华先生是在三十多岁时就完成《中国古代筑城初探》一书。我在读文稿时，不由感叹电子时代工作条件的改善，如果按我编写《鄂国金佗稡编、续编校注》的工作条件，且不说十年，就是十五年、二十年，也是无力完成的。就工作量之大、史料之浩繁、跨断代、多学科等诸多方面而论，《中国古代筑城初探》肯定是胜过《鄂国金佗稡编、续编校注》而无疑。学生胜过老师，天理当然，我十分快慰和兴奋。

当然，此书的出版，也仅仅是王茂华先生治史历程中一个阶段性的成果。也许到她老年时才能体会到，这部大作的成就虽是迈出了战略性的一步，即从断代史扎实地走向通史，从单学科尽可能地融合多学科，但毕竟还是初步的，随着学问的进步，也会不断发现此书的失误和不足，而后来的治史征程又是如此的漫长而艰难。

我个人很赞成一代人有一代人的史学之说。任何一代的史家必须努力创新，又必然有时代的烙印，有其长处和优点，也有其短处和缺点，并且随着时间之推移，有些问题可能是后人比前人看得更清楚。世上绝无没有短处和缺点的史家。一个清醒的治史者，应当总结前人和他人的经验与教训，经常估量和反省自己的短处和缺点，并且尽可能取人之长，补己之短，切忌对自己的学问感觉良好，盲目乐观。

在中国，我们这一代人大致上属于先天不足、后天失调的一代，与前辈相比，确是一代不如一代，这是不以任何人主观意愿为转移的客观事实，必须老老实实地加以确认。但就近年来的史界研究实践来看，我也慢慢地感觉到，我们这一代人也并非一无是处，能够了解和运用马克思主义的基本理论和研究方法，也可算是一项优点。尽管这代人对马克思主义的学习、理解和研究有深浅之别，但大多可算是能够掌握其基本理论和研究方法者。当然，若是有人为势与利所诱所屈，以利己主义的心态，兼以实用主义的手法，来对待马克思主义，则此项优长自然就不可能有发挥的余地。

就目前中国的青年史家而论，他们也不可能没有时代的烙印。他们的成长有着不少不同于前人的有利和不利条件，需要进行客观而认真的分析。就有利条件而论，例如对外开放的大格局下对外交流的展开，很多古籍的校点和影印，使得阅读条件得到很大改善。特别是古籍电脑软件的发明，虽尚属原始阶段，却已实现了史学研究手段的革命，可以成倍甚至成千倍地提高捕捉史料的效率，这是前人根本不可能设想的事。如此之类，个人难以有完整的分析。就不利条件而论，例如严重的学术腐败造成的不公平，使不少人以投机取巧为利，以老实治史为害。由于文字改革，如今电脑上进行简体和繁体字转换时，必定会出现错别字问题，因而给青年史家增加了一项很不轻松的学习负担。由于对马克思主义的误解而造成的疏远，事实上已影响了史界的研究质量。如此之类，个人也同样难以有完整的分析。

中文的“改革”与“改良”词义略有差别，而英文只是一个词。改良的障碍在于，历史上还没有一个剥削和统治阶级愿意自动放弃自己的既得权益，一切有利于广大被剥削和被统治阶级，有利于民族进步的改良，只要有损于其私利，就必然会使出他们的浑身解数，进行反对和阻挠。但是，革命与改良比较，两害相权取其轻，两利相权取其重，还是以改良为宜。我经过反复思考，只能赞成老师的老师胡适先生的主张。革命固然是与虎谋皮，至少一部分改良也是与虎谋皮，与虎谋皮当然是十分危险的，但人类的历史难道不正是在不断地与虎谋皮中演进吗?

阶级剥削和压迫犹如不可推倒的大山，至今仍然坚牢地压在世界各民族广大被剥削阶级的头上。消灭阶级剥削和压迫固然是反映了人类的良知和正义，属美好的理想，但至少在目前，似依然是虚幻的空想。人类不能不迁就和讲究现实，在不具备消灭阶级剥削和压迫的客观物质条件的前提下，不得已而求其次，适当调控与缓和阶级矛盾，对人类的进步是有利的。

客观而言，马克思主义的若干基本理论，就指导治史而言，似可说是仍有其灵验和神力。已故的真诚的马克思主义史学家漆侠先生，强调马克思主义理论素养如何，决定一个史学工作者水平的高低。“阶级分析是马克思主义观察世界、观察国情的基本方法，也是观察研究历史的基本方法。”① 此类议论不是他个人的发明，而是20世纪“文革”前的史界常谈。如今不少人是遗忘了，其实仍是有道理的。在涉及马克思主义某些基本理论的范畴内，用不用马克思主义作指导，肯定有差别，甚至有很大的差别。恕

① 《漆侠全集》第10卷，第88页，河北大学出版社，2008年。

我直言，有人企图在此类基本理论涵盖的范畴之内，另外创造新论，引领新潮，开拓新视野，也许会自我感觉良好，但实际上只怕是起着降低研究水平和质量的作用，说得过分一点，可能是弄巧成拙。例如用阶层取代阶级，抹杀阶级之间的剥削和压迫，用士大夫精英论取代阶级论，如此之类，大抵都是如此。

不想当元帅的兵士不是好兵士，不想当大师的研究生不是好研究生。中华史学六十年来无大师的局面理应结束。但是，未来的真正的史学大师绝不可能在身与心为势和利所役者中产生。如果说，在当年贫弱的中国，如王国维、顾颉刚、陈寅恪等前辈似乎尚能平平稳稳地被公举为大师级的人物，而在当前史界，真正名副其实的史学大师，必定会有十分艰辛的征程。有志的青年史家必须贵始慎终，以百折不挠的努力，扎扎实实地向史学大师的目标奋进，为中国史界开创未来，也为祖国的前途尽一点极其微薄的心力。

史学大师，宁有种乎！

二五、《宋代皇帝的疾病、医疗与政治》序

本书是史泠歌先生依她的博士论文修订而成。史泠歌先生是河北大学宋史研究中心的硕士和博士生，今已在贵州铜仁学院任教，并在河南大学程民生先生处进博士后流动站深造。

史泠歌先生不是我的博士生。我还清楚记得，她 2006 年考取硕士生后与我的第一次谈话。我不由得内心发问：“这么一个无甚专业基础的，怎么招进来的，将来怎么毕业？”但入学之后，人们普遍称赞她用功，学业进步很快。我每年去一两次，偶尔交谈，也能感受到，不能不使我另眼相看。如她的硕士毕业论文选定写廖刚，她对我说，其实廖刚在当御史中丞之前，并无抗金言论。我觉得，她是抓住了评论廖刚的关键。她以硕士研究生优秀学位论文毕业，又以优异的成绩考上河北大学博士生。她刚入学，就向我求博士论文题目，我考虑她原来的情况，提出做秦桧之前的南宋宰执。结果她还是另想了一个更好的题目——宋代皇帝的疾病、医疗与政治问题。我给研究生出题目，不少人是打退堂鼓的。嫌我的题目不好，另定更好的题目，这是唯一的一次。

如今方知，史泠歌先生原先因家境贫困，很早便参加工作，减轻家庭负担。她当硕士生时，不仅要照顾孩子，多病的父母，

还需她经常关照。在家累颇重的情况下，能坚持学业，已很不易。她考上硕士研究生后，不仅上历史专业硕士生的课，还经常去旁听历史系本科生的课。六年研究生的生涯，也许可不恰当地喻之为一场马拉松赛马跑。一位选手晚三分起跑，还背负着不轻的背包，其参赛成绩最终却是位居上游，热情的观众肯定是会为她鼓掌的。“多少个黑夜当作白天过，寒暑无间，日升月落，我把自己忙成了一个旋转的陀螺。”这是她以超乎寻常的、坚韧不拔的毅力治史的真实写照。坚韧不拔的毅力，确是她真正可贵的首要资本。最近，当我提出她也需要注意身体时，史泠歌才对我承认，2011年冬，她曾晕倒过一次，只能休养了约二十天。我听后，心里真是非常难受，却说不出话，又能教我对如此用功的学生说点什么呢?

我既非史泠歌的辅导老师，与她接触也颇少，又并未参评她的博士生毕业论文。只是在我的主动要求下，她拖延颇久，在临近毕业的最后关头，才将文稿寄我。当然，要说论文就那么完美无缺，并非事实，但也确实使我惊奇，我主动在电话中说了句笑话：“看来当年的小护士可真不简单，满脑袋的鬼主意!”不难看出，她即使当护士时，就努力阅读和钻研各种疾病知识，其医学知识水平在很多的护士之上，肯定是万里挑一的。例如现在人们在遇到打针、擦拭伤口等情况，都是使用药棉，但在中国腹地，古代长期没有棉花，又是使用什么?我还是初次从她的作品中得到了答案。参评的一些老师，如朱瑞熙、程民生、杨果、魏明孔等先生都认为属优秀论文，我也有同样评价。我曾与著名汉唐史专家张泽咸先生通电话，介绍此篇论文，张先生对我评论说：“别的不说，光是能想到依《宋史》列传等做繁难的寿命统计表，就说明你们宋史界后继有人。”

目前，中华古医药史的研究引起人们的关注。但是，治中华古医药史需要懂得古医理论和药物知识，而目前的治史者大抵都是外行。此部专著是作者在其博士毕业论文的基础上，几经修订方长成书，其水平较答辩时又高了一个层次，表明作者不论对现代医学，还是对古代医理、药物等，都有相当的知识，并且从皇帝的疾病联系到政治影响，故读来确给人以耳目一新之感，当然是创新的作品。依我十分有限的阅读，在博士论文的基础上修订成书的中华古史专著中，此书居于上乘之列。

目前“创新”一词是颇为热门的。但是，在创新名义下的中华古史作品，不仅水平有高有低，也有真货和假货。创新的关键在于一个“好”字，决不能说只要新的就是好，只要旧的都是不好，这是人们的常识。况且有的所谓新论，其实不过是将旧说加以包装而已。真金不怕火炼，自然科学可以通过实证加以检验，而史学是不可能的，主要应是能否经受推敲和反证。那些下了笨功夫、死功夫、苦功夫和真功夫的作品，肯定能经受得住反证。那些凭聪明才智，只是下“巧”功夫的取巧之作，是经受不住反证的。当然，一个重要因素，是个人的史识，即有的学者喜欢称为意识形态，是否是先进的，真正站在时代的高度，若非如此，就有可能用力愈多，而水平愈低。

目前人们由于种种原因，产生所谓理论饥渴症，力图寻觅新论。其原因是复杂的，但至少有不少人是难辨真假。别人是指鹿为马，他们是误鹿为马。我与一些友好，如乔幼梅大姐，李锡厚、张泽咸等先生交换意见，依我们的看法，马克思主义的至少若干基本理论，就指导治史而言，似可说是仍有其灵验和神力。在涉及马克思主义某些基本理论涵盖的范畴之内，另外引领新潮流，开拓新视野，反而可能是弄巧成拙。最明显的，就是目前时髦的士大夫群体精英论与马克思主义阶级论的对立。马克思主义阶级论是为广大的剥削阶级服务的，说穿了人类文明社会的最根本的问题。李锡厚先生最近就对我说：“研究历史，不讲阶级不行。”倡导精英论其实只怕是势利眼，大致上认为社会上层的有钱有势者就是精英，至于无钱无势的普通平民，当然就算不得精英。倡导士大夫群体精英论，不论主观意愿如何，客观上必然是给统治和剥削阶级脸上贴金。我是社会精英，你是非精英，应当服从精英，岂非是天经地义？我们绝不否认，就历史上的古士大夫而论，如在宋代，就有像李纲、宗泽、文天祥那样真正的精英，但对作为统治阶级主体的古士大夫群体而论，只是少量的、个别的；而士大夫群体的大多数，只能是社会的糟粕，而绝非精英，这是由他们的剥削和压迫别人的阶级地位决定的。这就是中华古史研究中的马克思主义阶级论的具体化。

当前的名校效应非常突出而时髦。一位学者对我说，自己本科不在北京大学，尽管在那里读了研究生，但在人们眼里，就算不得北大人。此语简直使我惊诧莫名。应当承认，我有着愈来愈深的母校情结，这不仅是因为自己拥有的一点专业知识是始于母校，更主要的是，在祖国和中华民族迭遭惨痛的劫难后，方才开始领悟到爱国、民主和科学的光荣传统的伟大，这不仅是母校的光荣传统，并且事实上成为中华民族的传家宝。“专制主义是中华民族极其沉重的包袱，万恶的专制主义与北大的光荣传统势不两立，从长远看来，不管还有多少艰难曲折，北大的光荣传统是必胜的。”① 但毋庸讳言，近年来，确是出了不少玷污母校名声的败家子，在此不必赘述。最近看到一则报道，一位北大毕业生仅仅是因为每月工资不足八千元，与名校的毕业生地位不相称，而感觉羞愧。看来其人生价值，依当今物价，就是每月八千元的标准。

① 《难忘的五年运动和学习生涯》，《纤微编》第589页，河北大学出版社，2011年。

言及于此，实感痛心，要与他谈母校的光荣传统，岂非是对牛弹琴？当我听人评论，说北京大学的光荣传统被改造了，确实难过了好多天。但耳闻目睹，又怎么能不承认，这是一针见血的评议。

我近来经常想起一句古语："英雄何论出身低。"史泠歌先生的第一学历尚非大学，自然在毕业找工作之时吃亏不少。然而公正的学术竞争是学术进步所必需，是有情的，却又是无情的，当然不可能以名校和非名校、第一学历好与不好之类为胜负的分界线。不管有的作品一时如何时髦，又有多少人跟风，但优胜者终究还会属于有先进的意识形态，即史观或史识指导，又有牢靠的基本功和认真细致的研究者。

《诗经·大雅·荡》说："靡不有初，鲜克有终。"这句名言如今读来常觉新鲜，其故非他，个人的治史若从大学高年级算起，也有了五十年以上，却眼见有多少聪明人，还是应验了这句古语。再重复一遍我为《学林春秋》写的题词："最大限度地集中时间和精力，是治史的第一诀窍。"本文敬赠史泠歌先生的最终一句话，就是贵始慎终。衷心祝愿她今后有源源不绝的优质新作品问世。

（原载《宋史研究通讯》2013 年第 1 期）

二六、《宋元明清咏岳飞广辑》与《选注》序

傅炳熙先生费了很大工夫，广泛搜罗自南宋经元、明、清四代的咏岳飞诗词 1300 篇，编成《宋元明清咏岳飞广辑》，又在此基础上，选出近 400 篇，撰写成《宋元明清咏岳飞选注》。其工作量之大，为前所未有，这固然得益于目前的电子信息技术，但劳绩之巨，也足以令人瞠目。我个人断断续续为时数月，方得以卒读。

古典诗词的一大特点，就是使用典故，既有历史的，也有文学的。我个人古典文学修养颇差，无力为此，而傅炳熙先生依凭他相当深厚的素养和功底，足以驾轻就熟。拜读他的许多注释，当然是给自己上课，受教良多，至于对略具古典文学修养的读者，则肯定会增加许多阅读的方便和教益。

岳飞作为一位伟大的抗金英雄，其英勇善战和人格魅力，足以使时人、敌人和后人深感敬佩和崇拜。金使刘裪针对岳飞被害一事，也毫不客气地奚落宋高宗君臣说：“江南忠臣善用兵者，止有岳飞，所至纪律甚严，秋毫无所犯。所谓项羽有一范增而不能

用，所以为我擒。如飞者，无亦江南之范增乎!”① “对照如今的各种丑恶现象，像岳飞那样一个为山河一统的崇高事业而献身，仅就不爱钱、不贪色、不是官迷和严以待子这四条，就足以成为震烁千古的伟人。”②

历代歌颂和追怀岳飞的诗词数量颇为可观。据史料记载，当岳飞遇害时，就有士人李安期“作表忠诗百二十首吊之”③。到明嘉靖时，光是“岳坟诗集无虑千首”④。由于时光之流逝，文字之佚失，许多歌颂和追怀岳飞的诗词已无以传世。然而仅就傅炳熙先生的网罗，也足见为数之多。此类诗词的意义，一是宣扬了爱国正气，二是证明了岳飞的大名，他的崇高精神和气节，确实已深深地镌刻在中华民族的心坎上，融合在中华民族的血液里，成为激励中华民族奋进的精神力量。据明代贾应龙的记述：“王之忠义，自宋迄今，虽闾夫妇人皆能道之。”可知他的精神对整个民族影响之深。这恐怕是受难者岳飞生前所不能设想的，更是屠害他的宋高宗、秦桧之流所根本无法设想的。

对于遗臭万年的秦桧，在此不必赘说。对于荒淫无道的宋高宗，在此有必要多说几句。

在南宋一代，特别是向杀父之仇自称“臣构”的宋高宗在位时，在其酴赏重奖之下，一大群无耻的臣僚和文士争先恐后地进献颂词和赞歌，并达到极其肉麻的程度。如参与杀害岳飞的万俟卨上《皇太后回銮事实》，并作序说：“恭惟皇帝陛下法姚虞之尽善尽美，迈汤后之克宽克仁。”“大谋长算，时出宸虑，讲信修睦，

① 《说郛》卷 18 叶寘《坦斋笔衡》。

② 《面对精神抉择的心灵之河》（刘红撰文），《丝毫编》第 662 页，河北大学出版社，2009 年。

③ 《嘉靖邵武府志》卷 14《隐士》，《同姓名录》卷 10。

④ 《西湖游览志馀》卷 7。

断以不疑，不惮谦辞厚币之劳，以冀承颜问膳之乐。”“自我作古，贻之方来，甚盛德之举，不其伟欤!”① 另有秦桧的养子秦熺，则在官史中称颂皇帝“孝悌绝人，前古帝王所不能及”②。臣僚们盛赞官家“圣孝，感通神明，敌国归仁”③。有一首《绍兴中兴上复古诗》说：“书契以来，中兴复古之君，比德较功，莫有望其仿佛者。”“皇帝躬行，过于尧、禹。”④ “沔鄂蕲黄一千里，更无人说岳家军。”⑤

即使宋高宗死后，很多大宋臣子，为表达自己的忠诚和依恋，纷纷撰写大量挽诗，赞颂这位“中兴之主”的功业。“赫奕中兴事，洪图久系隆”，“天开圣哲君”，“帝学穷渊奥”，“洗甲乾坤净，投戈日月［辉］”，“兼爱无南北，全能冠古今”，“忧勤三纪外，揖逊一言中”，“何止超前代，功隆道更尊”，如此之类，不一而足。⑥

权奸秦桧死后，其滔天的势焰熄灭，万众的唾骂声一时犹如火山喷发。但宋高宗却完全不同，按古代的伦理和法律，本朝人哪怕说一点本朝皇帝的坏话，就是犯了“指斥乘舆”“十恶不赦”的弥天大罪。宋高宗在权相死后，算是行“更化”之政，对于受迫害的官员，大多予以宽贷或平反，而唯独岳飞例外，他自愿承担杀岳飞的责任，并不乘机诿过于秦桧。宋高宗在位末年，金海陵王大举南侵，南宋抗金情绪重新高涨。很多人冲破禁网，公开要求为岳飞平反。尽管如此，宋高宗只是下诏，将“蔡京、童贯、

① 《会编》卷 223。

② 《要录》卷 146 绍兴十二年八月己丑附录。

③ 《要录》卷 146 绍兴十二年八月癸未。

④ 张嵲：《紫微集》卷 1。

⑤ 《能改斋漫录》卷 11《曾郎中献秦益公十绝句》。

⑥ 《五百家播芳大全文粹》卷 102，《鄮峰真隐漫录》卷 5《高宗圣神武文宪孝皇帝挽辞》，《水心文集》卷 7《高宗皇帝挽词二首》，《后乐集》卷 20《挽高宗皇帝章四首》。

岳飞、张宪子孙家属令见拘管州军并放令逐便”，给岳飞和张宪家属解除拘禁，以开“生还”之路，① 却须与蔡京、童贯等祸国巨奸并列，也足见这个独夫民贼之用心。

待到宋孝宗为岳飞平反后，囿于古代的君臣伦理和法制，岳飞孙岳珂为祖父编写传记等，却只能讳避祖父与皇帝的矛盾，说祖父和宋高宗本来是亲密无间的，仅是秦桧从中作祟，才发生了悲剧。特别是伪造了秦桧矫诏杀祖父之说，对后世产生影响，或以为此即是信史。清代齐学裘诗说，“史书矫诏桧杀之，为尊者讳何须疑”。“桧也遗臭千万世，高宗隐匿无人窥”。其实，从今存岳飞狱案的原始文件来看，秦桧和万俟卨所拟的刑名，无疑已是最大限度地施加重刑，但尚不能满宋高宗之意。他不仅亲自下旨杀害岳飞，而且将岳雲由徒刑超越流刑，改判死刑，又将其他卷入冤狱者逐一法外加刑。

南宋人一般自然明白岳飞遇害的事理，又囿于古代的君臣伦理和法制，他们虽在诗中严厉谴责秦桧，却不能涉及宋高宗。但唯有刘过词说：“北望帝京，狡兔依然在，何事（一作‘良犬’）先烹。”其典故来自《史记》卷 41《越世家》，范蠡写信劝文种说：“蜚鸟尽，良弓藏；狡兔死，走狗烹。越王为人，长颈鸟喙，可与共患难，不可与共乐，子何不去?”文种不听，结果越王勾践赐剑，逼迫他自杀。同书卷 92《淮阴侯列传》载，韩信说：“狡兔死，良狗烹；高鸟尽，良弓藏；敌国破，谋臣亡。天下已定，我固当亨。”刘过词句虽已隐约地指责宋高宗，但他毕竟仍须遵守皇宋的臣规，故又在词中强调，“陛下圣”，“万感君恩”，以事弥补。

相形之下，宋以后的诗词，对宋高宗的罪恶就不须隐讳。元

---

① 《要录》卷 193 绍兴三十一年十月丁卯。

代赵孟頫虽为宋赵氏宗室，但在宋亡之后，可以写出“南渡君臣轻社稷”的诗句，不说“相臣”，而说“君臣”，直接指责宋高宗。此外，如元代班惟志诗“威名震主自全难”，元明之交的高启诗“每忆上方谁请剑，空嗟高庙自藏弓”，明代文徵明词“笑区区一桧亦何能，逢其欲”，明代王世贞诗“莫将鸟喙论勾践，鸟尽弓藏也不悲”，明代包裕诗“不思宗社千年计，惟徇江南一日安”，都点明了宋高宗是杀害岳飞的元凶。

李濂词说：“飞鸟在，自藏弓。金牌诏，退虎旅，抚剑泣英雄。肯念二龙沙漠，绝爱六桥烟柳，歌舞且江东。谁雪靖康耻，千载恨无穷。”女子邓铃诗也说：“中原父老空遮诉，南渡君臣不耻和。”陈赟诗说：“休言宋将非唐将，自是高宗愧肃宗。”沈周的诗词说：“古来功高众必忌，伍相既前公乃后。便应属镂古血存，冤牍因书莫须有。天子本是包羞人，忍把忠良饲谗口”，“笑昏夫，亦有小聪明，看遗敕”。冯忠诗说：“忠魂空结坟前树，割地和成构已臣。”王祖嫡诗说：“相桧能为偃月谋，臣构甘下穹庐拜。”韩子祁诗说：“五国城枯南望眼，康王已是讳称兵。”崔士棨诗说：“孱主元无父，孤臣空有君。”明末金堡词说：“航海恨，君自取；奉表辱，君自与。”这些诗词深刻地谴责和讥刺了宋高宗。

何允泓诗则嘲讽宋高宗偷安半壁的荒淫生活：“天造临安胜雒中，西湖浑似化人宫。两高黛抹垂帘见，千里香吹合殿通。循国千珍天府并，刘家双玉越姬空。”末两句是指宋高宗亲幸循王张俊府，举办豪侈的宴会。他宠爱大、小刘娘子，而大刘娘子本是宗室之妻，她入宫的时间，正好是岳飞北伐血战的绍兴十年。

清代洪昇诗说：“共恨相公终误国，谁知天子乐偏安。”马思赞诗说：“高宗不爱父，大将枉思君。”朱轼词说：“小朝廷，真惯乾坤缺。”顾嗣立诗说：“臣构年年奉赇赂，二帝游魂啼日莫。”汪灏词说：“鸟尽弓藏，犹万古，悲酸未歇。何况是，金瓯破碎，为仇摧烈。但愿龟兹天半壁，怕教龙返燕山月。喜金牌，臣构两相同，班师切。”王峻诗说：“长城自坏天难问，半壁偏安主厚颜。”计发诗说：“高庙有心诛大将，两宫无骨瘗龙沙。”赵翼诗说：“千载人思赎百身，当时狱竟成三字，乃知风旨本朝廷，为梗和戎亟拔钉。”钱大昕诗说，“文臣动爱钱，武臣多惜死”，“小朝誓表和亲日，大将圜扉绝命年”，“君王自恋余杭乐，不独文臣解爱钱”。茹纶常诗说：“儿皇帝前臣构后，传之史册洵可丑。十二金牌促班师，遂弃中原如敝帚。”吴翌凤诗说：“小朝廷，一臣构。二圣环，撇脑后。”李赓芸诗说：“称侄称臣笔不停，九哥安坐小朝廷。甘心半壁销兵气，唾手三台摘将星。”孙原湘诗说，“构兮构兮木不良，大厦以桧为栋梁，长城如檀翻见戕”，“宋室已收檀道济，朔方犹畏郭汾阳。朝廷自毁擎天柱，宰相方开偃月堂。千古奇冤成创格，不须鸟尽便弓藏”。晚清皮锡瑞诗说：“宋室黄袍后，由来忌战功。贻谋至臣构，怀慝类湘东。不洒攀龙泪，先藏射鸟弓。”清代杜堮痛斥宋高宗的言论甚烈：

> 武穆之时，设高宗能视师江上，示天下以两宫不返，无以生为，忠孝感激，士气百倍，加以河北响应，义旗所指，不战自靡，拨乱反正，一大机也。失此不图，藩篱遽撤，冤杀遂闻，复何能为哉！其杀武穆，则亡宋之本。其忘亲之罪，任相之非，定都之失，则亦杀武穆之本也。

> 亡宋者，高宗也。宋不复，则必亡。今也，自杀其可以复宋之臣，以绝中原之望，而快敌仇之心。凡所以亡宋者，汲汲为之，如恐不及，孝宗以下何责焉。

方孝标诗说：“向使二圣还，康王何所适。君心在偏安，小人何能逆。”李绂诗：“帝自逡巡畏两宫，故教桧虏主和同。”张邦俊诗说：“康王幸得国，长愁二圣归。议和深觉是，论战即言非。”张埙诗说，“父老争传三字酷，君王不喜两宫回”，“居然高庙神尧据，此事难欺三尺童”。林则徐诗说：“不为君王忌两宫，权臣敢挠将臣功。”

然而也有今人提出宋高宗“功过参半”论，甚至还不忍用一个“罪”字。又有人反对称宋高宗的朝廷为“小朝廷”。[①] 看来他们的见识还是古代咏岳飞的诗词作者之下了。

从另一方面看，出于对岳飞辉耀千古的好心，后世也出现了愈来愈多、代代追加的传奇和遗物，并且以讹传讹，辨不胜辨。古代咏岳飞诗词也出现了此类情况，故在此序言中也不得不做些考辨。

《宋稗类钞》卷 27 在引《朝野遗记》后，另有一段记载低一格，说：“高宗母显仁韦太后北归，至临平，因问：‘何不见大小眼将军?’或对曰：‘岳飞死狱矣。’遂怒帝，欲出家，乃服道装终身焉。”其注说：“当是金人畏飞，相传其状貌，故后习闻之耳。不知后北辕时，飞尚未知名也。”据《南宋杂事诗》卷 6 厉鹗诗：“可惜岳将军不见，深宫只著道家衣。”还有《宋人轶事汇编》卷 2，盖皆引自明代郎瑛《七修类稿》卷 47《宋后道报》。参照此条记事，郎瑛此说大致得自明代的韦氏家族后裔，但数百年后的传言其实并不可信。从传世刘松年的岳飞画像看，说不上是一眼大、一眼小。再说宋金记载也没有“大小眼将军”之说。清吴檑诗“宗爷已去岳爷来，覆辙汪黄是祸胎”，沈寿榕诗“宗爷而后岳爷呼”，他们也注意到史书记载，金人畏服而不呼其姓名，只称呼

① 朱瑞熙先生《关于宋高宗的评价问题》，李裕民先生《南宋是中兴，还是卖国？——南宋史新解》，载《南宋史及南宋都城临安研究》，人民出版社，2009 年。

"爷爷"者，前有宗泽，后有岳飞。当时岳飞的死讯早已传到北方，如前所述，与韦氏一起南下的金使刘祹，就公开称赞"江南忠臣善用兵者，止有岳飞"，并奚落宋廷杀害岳飞。揆情度理，韦氏又怎么能不知岳飞已死，而问"何不见"。

关于岳飞遇害风波亭之说，宋代无大理寺狱有风波亭的记载。清丁传靖《宋人轶事汇编》卷 15 引《坚瓠集》说："岳武穆班师过金山寺，禅师道月劝之勿赴阙，武穆不听。道月遗以诗曰：'风波亭下水滔滔，千万坚心把柁牢。只恐同行人意歹，将身推落在深涛。'武穆至临安，系大理狱，有亭扁曰风波，始悟诗意，悔不从其言。桧闻其事，遣卒何立捕道月。道月方集众说法，何立伺之，道月忽说偈曰：'吾年四十九，是非日日有。不为自家身，只为多开口。何立从南来，我往西方走。不是佛力大，几乎落人手。'言旋，端坐而化。"按《坚瓠集》为清褚人获之笔记小说，其中多搜采前代之记载，部分或可从传世的著作中找到，而部分又找不到。但今传本未见此条。此处记载虽有风波亭的记载，却未说岳飞遇难是在风波亭。清钱彩《说岳全传》第六十一回方有"风波亭父子归神"的回目，虚构了岳飞、张宪和岳雲被用麻绳勒死于风波亭，并将"道月"和尚改名"道悦"。按岳飞被迫班师在绍兴十年，当时到临安朝见，并未削职遇害，而罢兵权、罢枢密副使与遇害是在绍兴十一年。揆情度理，岳飞朝见是正常的事，身在官场，罗织之网既已摆布，也绝不可能因他"不赴阙"而得以不遇害之理。《坚瓠集》的故事是荒诞不经的，但从不少咏岳飞诗可知，岳飞死于风波亭，又居然弄假成真。

岳飞是否有次女"银瓶小姐"。宋末元初周密《癸辛杂识》续集下《银瓶娘子签》说："太学忠文庙，相传为岳武穆王，并祠所谓银瓶娘子者，其签文与天竺一同。"按宋时达官贵人家的女儿称娘子，与平民相同，当时所谓“小姐”类似于今三陪女郎。[①] 此条记载并未说“所谓银瓶娘子”是岳飞次女。可知如清诸人获《坚瓠秘集》卷 2《银瓶小姐》之所谓“银瓶小姐”，是后世加上的称呼，而非宋代的称呼。《癸辛杂识》后不及百年，到元末明初的杨维桢《铁崖古乐府补》卷 3《银瓶女》注说：“宋岳鄂王之幼女也，王被收，女负银瓶投水死，今祠在浙宪司之右。”其实，若真有此女，当宋孝宗为岳飞昭雪之后，岳霖等肯定要为此姐妹向朝廷申请追赠，而岳珂所编《鄂国金佗稡编》也肯定要表彰其姑母的贞烈。而《鄂国金佗稡编》并无只字提及，可知“银瓶小姐”出于传说而无疑。

清代有“武胜、定国军节度使，开府仪同三司，荆湖南、北，襄阳府路宣抚使，兼营田大使岳飞之印”，这当然是伪造的岳飞遗物，其破绽显而易见。岳飞升虚衔为开府仪同三司，是在绍兴九年，而当时襄阳府路早已改名京西南路，岳飞的实职差遣为荆湖北、京西南路宣抚使，荆湖南路已非岳家军的辖区。从今存文物看，官印无人名，而私印往往仅为某人之印，而无官称。

关于宋高宗绍兴六年的起复诏，后世的诗词中也屡加援引。我早已考辨说：“另一份绍兴六年《起复诏》碑文，末尾虽有‘皇帝书赐岳飞’，但字迹与真迹颇异，又无御押，在《鄂国金佗稡编、续编》中也得不到印证，无疑是赝品。”[②] 岳飞母姚氏死于当年三月二十六日[③]，而此份伪诏的时间竟为当年五月二十八日，时鄂州紧急文件传送到行在临安，约需十日。宋高宗在四月上旬

---

① 参见《纤微编》第 523 页，河北大学出版社，2011 年。

② 《真伪不可不辨》，《岳飞和南宋前期政治与军事研究》第 688 页，河南大学出版社，2005 年。

③ 《鄂国金佗续编》卷 29 赵鼎《乞起复》。

即可得知，而伪起复诏竟延迟了一个半月多，也是不合情理的事，可佐证其伪。

至于其他如岳飞书写“还我河山”、诸葛亮《出师表》之类伪作，可参见拙作《岳飞和南宋前期政治与军事研究》《丝毫编》等，在此不逐一复述了。清朝虽有乾嘉学派，讲究考证，但清人对此类后世作伪的墨迹和文物，也都信以为真。又如有祝允峰和岳飞的《满江红》词，朱瑞熙先生在《瞟城集》（华东师范大学出版社，2001年）的《〈须江郎峰祝氏族谱〉中的伪作》一文中，已考证为伪作，在此也不须赘述。

（原载《宋元明清咏岳飞广辑》与《宋元明清咏岳飞选注》，中州古籍出版社，2015年）

二七、《宋代士人阶层女性研究》序

我与铁爱花先生仅有两面之交，一次是她在武汉大学当研究生时，一次是2008年在陕西师范大学举办西部大讲堂期间，此后建立了通信联系。她给我的粗浅印象，是她为人聪颖，思想敏锐而活跃，也有正义感。王春瑜先生强调，搞史学没有正义感不行，这是深中肯綮的。

蒙她的厚意，将写就的大作寄我，要我写一序言。此书无疑是下功力、有深度、见拓展的宋代妇女专著。使我受教颇深的有两点：一是此书使用史料之广，二是此书拓展了宋代以至古代妇女史的某些新视野，两者是互相关联的。

许多依我过去的眼界，似乎是无用的文字，在她的思维和文笔下，竟能点铁成金，成为有价值的史料。这无疑反映了她思考的深入和读史的勤奋。大量女性的墓志援引，固然十分引人注目，使我尤为震惊者，是她使用了大量宋儒经疏。我对宋儒经疏未下功夫。事实上，宋史界的同仁们对宋儒经疏的阅读和使用确是很不充分的。我曾注意到张政烺师早在约六十年前所写《中国考古学史讲义》中说，“唐中叶以后，学者对于这种注疏之学便已厌烦了”，“发展下去便出现了宋人的新经学。刘敞（著《春秋权衡》《春秋传》《春秋意林》《春秋传说例》《七经小传》《公是先生弟子记》等)、欧阳修(著《诗本义》),是宋代新经学的开创者,同时也是宋代金石学的开创者”。[①] 他的话绝不是随便说的,而是对宋儒经疏认真下了功夫后所做的结论。读宋儒经疏的一个根本前提,自然是须要通晓先秦的典籍。相形之下,我只有感愧而已。一位治宋代妇女史的青年学者,居然能对先秦典籍和宋儒经疏下功夫,正是反映了她的眼界和史识,非比寻常,她说:“阴阳学说也成为宋儒规范夫妻关系的理论基础。”这是确论。此书其他一些重要的论点,可以详见结语,在此不必再予重复。

我近年来不断强调以马克思主义治史的重要性,但也强调,不能将马克思主义神化和偶像化。2009 年,首都师范大学为研究生举办宋史讲座,我也讲了以马克思主义治史的问题。据说,在讲座的最终,一位北京大学的研究生提出了驳议,认为时至今日,居然还有人在讲马克思主义。我得知后,也在一些讲课中回应说,这位学生反对以马克思主义治史,有其权力和自由。但是,应当是在对马克思主义熟悉和了解的基础上发此高论,能够说明为何不应该以马克思主义治史。如果做不到,似乎就成了无知的偏见。其实,有一个最基本、最简单的史实,我的母校北京大学正是中国马克思主义发源地,西方的马克思主义在中国的传播,正是从母校发轫的。当年的校长蔡元培先生,一反以往中国国学事实上强调一言堂,以己说为正统、以他说为异端的传统,提出“兼容并包”的现代科学理念和方针。从兼容并包的科学理念出发,为何就容不得别人谈点马克思主义呢?当然,那位研究生提出驳议,也与导师辈的教学有关。

有人说,马克思主义早就过时了。但是,以个人之愚见,马克思主义的某些重要理论,至少时至今日,仍然闪耀着真理的光

① 《张政烺文史论集》第 338 页,中华书局,2004 年。

辉，与某些被若干治史者奉为高明的、时新的理论，如社会精英论、以士大夫为中心的史观等相比，看来更有真理的威力。例如马克思主义的阶级论，以及由此派生的国家论、法律论，就是如此。

我们目前经常地、普遍地遇到如贪腐、社会不公平之类的问题，其实似乎也只有以马克思主义的阶级论，方能做出最深入的剖析和批判。在人类进入阶级社会，即有文字记载的文明时代后，看来有数以亿计的个人利益、动机、意愿之类，归根结底，仍是汇聚和组合为对立的，甚至对抗的阶级利益。剥削和统治阶级总是要将自己的私利，凌驾于广大被剥削和统治阶级的利益之上、社会之上、祖国和民族利益之上、人类共同利益之上。对广大被剥削和统治阶级有利的事，对社会、祖国和民族有利的事，对人类有利的事，只要真正触犯剥削和统治阶级的核心利益，他们必然采取反对的态度。

自人类进入有文字记载的文明时代，即阶级社会，一方面，是无数的肮脏、卑劣、残酷、罪恶之类，持续不绝；另一方面，人类的良知和正义却仍在赓续和发展。剥削和统治阶级的大多数，其本质只能是为富不仁，这是由其阶级地位决定的。但也有很少量真正的精英人物，却以各种不同的方式，推进着人类的良知和正义的发展。

在中国古代，作为剥削和统治阶级组成部分的士族女子，也同样必然存在着上述的两级现象。然而这个基本情况，在传世史料中却不易看得分明。中国古代的传世史料记载往往有其片面性，对于最普遍、最一般、最常见的情况反而语焉不详，甚至认为没有记录的必要，而着重于表彰贤德妇人的嘉言懿行。有的史料还隐恶扬善，如若记载较多，尚可分辨，记载较少，就无以知其是非真伪。我个人近年来屡次强调，所谓一分史料说一分话，几分史料说几分话，不能说完全正确。运用马克思主义哲学的指导，有时一分史料可以说几分话，有时几分史料只能说一分话。有一个判断和分清史实的支流与主流、表象与本质的问题。有时，几分史料所反映的可能是史实的支流和表象，而一分史料所反映的可能反而是史实的主流和本质。几分话或一分话不是随意乱说，而是更接近于客观和公正。

我对宋代妇女史没有研究。曾有学者邀我参加妇女史的讨论，我只能谢绝。我虽然也写过两篇有关李清照的文章，但在我看来，至多是旁门，算不得正宗。然而我也曾在几年前的《宋史研究要点》一文中提出："就妇女史而论，欲为之规范一个理论体系，只怕也有相当难度。一位先生给我寄上她的宋代妇女史稿，请我提意见，就给我出了难题，因为我确实说不清楚妇女史应当写些什么，这就是前述的理论体系问题。但依我个人的体会，马克思主义的阶级论，确是对研究风俗和妇女史有重大的指导意义，因为不论是许多风俗，还是妇女的地位等问题，事实上都离不开客观存在的社会阶级分野。风俗和妇女史是近年来方才兴起的领域，故深入的余地应是较大的。"① 理论体系是重要的，贵在可以指导研究，但也不可能求全责备，任何理论体系总是有缺陷的。但愿有朝一日，经过铁爱花先生和其他史界同仁的努力，能够产生一个较为完整的中国古代妇女史的理论体系，并出版依此理论体系撰写的中国古代或断代妇女史。

王曾瑜

2010年12月16日

（原载《宋代士人阶层女性研究》，人民出版社，2011年）

---

① 《文史知识》2006年第9期，又载《丝毫编》第624页，河北大学出版社，2009年。

二八、《聚敛谋国——南宋总领所研究》序

屈指算来，与雷家圣先生相识，已有十余年了。但毕竟相隔两地，不可能朝夕相处。与雷先生数次接触，特别是拜读他的论著，却给我印象颇深。他无疑是位既有足够的学术勇气，敢于从事跨时代、跨领域的研究，但又力求严谨细致的治史者。特别是《力挽狂澜——戊戌政变新探》一书，给我以颇深的震撼，表明他治学不拘一格一代，有相当宽的视野，这似乎是反映了计算机时代的新一代治史者应有的眼界和特点，即是应作古今贯通式的研究。蒙雷家圣先生厚意，将力作《聚敛谋国——南宋总领所研究》文稿寄我，并且请我作序。南宋总领所研究，当然是治南宋史的重要课题，它不仅涉及南宋的政治、军事与官制、军制，也涉及南宋经济与财政，而冠以“聚敛谋国”之定性，无疑是十分贴切允当的。专著贵于有系统性，依今存的史料，此作可说是将总领所的方方面面都做了相当深入的论述，有相当高的学术水平和价值。尤其是南宋历任总领的列表，是极费功力的劳作。我发掘出总领林大声在谋害岳飞方面的作用，已有二十余年，至今并无驳论，而雷家圣先生却经推敲，认为谋害岳飞的是汪叔詹，这是值得重视的新证。谨序。

（原载《聚敛谋国——南宋总领所研究》，万卷楼图书股份有限公司，2013 年）

二九、《卑职与高峰——宋朝州级属官司法职能研究》序

光阴如水，转瞬间与贾文龙先生相识大约十年了。给我印象颇深的，是他当年的硕士毕业论文。文末竟以自由体新诗作结尾，相当别致，也显示了他的文采。

此书堪称是十年磨一剑的成功之作。宋朝的州级属官涉及了宋代的制度史、法律史、财政史、地方政治史等多方面的研究领域，也必然联系自唐到宋的变化，是个不可忽视的研究领域。宋代官制极其繁杂，就州级属官而论，也有各种琐碎而不易弄懂的细节，还有不易掌握的各种别名，研究确有相当难度。贾文龙先生吸收了以往的研究成果，又广泛读书，点点滴滴地认真网罗相关史料，错综铨次，条分缕析。本书的论述固然中心突出，又自成体系而深入，既完全符合对专著质量的基本要求，又对以往的研究多所提高和补充。自成体系的论述和重点突出，本身就是创新。其工作最终到目前分章节成书，无疑是花费了很大气力，拜读此文稿，不能不感受其治史的辛劳。

利用此机会，愿再次强调中国古代法律史研究的司法腐败问题。本书将司法腐败细分为腐败和专横两方面，是完全合理的。人们研究中国古代法律史，对法律条文的变迁下了许多功夫，当

然是必要的、可贵的。但是，更重要的方面还应是司法实践。用如今时髦的话，唯有注重和研究司法实践，方能使法律史成为活的法律史。在专制主义中央集权的等级授职制下的人治条件下，司法腐败应是中国古代法律史研究的关注中心。

我个人在长时间内，对司法腐败的重要性确是认识不足，注意不够，直到近年内才有所纠正。故在《王曾瑜说辽宋夏金》[①]第 136 页，将司法腐败列为宋代农民的五大公害之一。

宋朝的司法制度，确是比唐朝有所进步和提高。例如本书所详述的，州县官员基本上文官化，“鞫谳分司”和“翻异别勘”制度等。但是，在专制主义中央集权的等级授职制的总前提下，宋代与历朝的司法相比，虽有其特点，也只能说是大同而小异。所以说大同小异，或者无多少差别，主要在于司法实践。历朝的司法实践固然难以比较高下，但基本情况是可以判断的。

《名公书判清明集》当然是一部重要的宋史史料，史料价值颇高。相比之下，就官员司法书判而论，也确是表明了宋代相较于唐代的进步。所谓“名公”，就是一批清官，他们的司法判案，就是具体的司法实践。南宋后期，将他们的判案编集成册，以为范本。但是，正如一些学者早已指出的，此类书判对地方豪强，即宋代黑社会势力的惩处还是偏轻的。依照马克思主义的基本观点，宋代社会既然存在着阶级的剥削和压迫，存在着专制主义中央集权的等级授职制，在十官九贪的情况下，司法腐败必然成为司法实践的主流。故《名公书判清明集》所反映的，只能是宋代司法实践中很少量的、较好的情况，而绝无普遍意义。编辑此书的目的，固然是希望以此提高司法的质量，但在大多数地方官非贪即谬的情况下，《名公书判清明集》的指导意义就不可能估计过高。

① 上海科学技术文献出版社，2009 年。

大文豪欧阳修曾贬官夷陵，“虽小县，然诤讼甚多，而田契不明，僻远之地，县吏朴鲠，官书无簿籍，吏曹不识文字”。当他“取架阁陈年公案，反复观之。见其枉直乖错，不可胜数，以无为有，以枉为直，违法徇情，灭亲害义，无所不有”。其结论是“且以夷陵荒远偏小，尚如此，天下固可知矣”。[①] 这是在“县吏朴鲠”，不善于在司法文书中做手脚的情况下，可以被欧阳修所识破。如果遇上那些奸胥猾吏，完全可伪造出高明的司法文书，虽是颠倒黑白，但从文字上看，却也似乎是天衣无缝。欧阳修只怕也就未必能从中推敲出破绽。欧阳修所述，才是反映了宋代司法实践的主流，“天下固可知矣”。

衷心祝愿贾文龙先生今后拿出更多更好的作品，取得更大成就。

王曾瑜

2013年12月22日

（原载《卑职与高峰——宋朝州级属官司法职能研究》，人民出版社，2014年）

① 《欧阳文忠公全集》卷67《与尹师鲁》，《能改斋漫录》卷13《欧阳公多谈吏事》。

三〇、《辽金元三朝北方汉人上层民族心理研究》序言

与符海潮先生相识积年，在我的印象中，依他的年龄层次，能够兼治辽宋金元史，肯定是凤毛麟角者。他说话有时相当风趣和幽默，其实还是反映他对历史和现实的深刻认识。

我不懂心理史学，但符海潮先生能纵贯辽金元代近五百年，对北方汉人上层的民族心理，做出有相当难度和深度的研究，写出自己的心得，肯定是件推进史学发展的好事。全书文字相当顺畅，读来竟不觉得累，有点读小说的感觉，这说明符海潮先生对此问题别具匠心，认真地下了功夫，有些论述，反映了他深入而独到的见解。

民族问题，民族之间的矛盾、融合等，当然是人类史上的一大研究课题。在人类的阶级社会中，民族之间矛盾、冲突、仇杀等是势不可免的，这需要以马克思主义的民族观正确阐述；但另一方面，在中华民族的悠久历史中，由于汉族处于较高的经济和文化水平，各民族之间的友好、通婚和融合，互相取长补短，也是势不可免的。史家的任务，就是忠于史实，客观而公正地论述。漆侠先生说，“只有在正确的民族观的认识基础上，才有可能正确评价契丹、党项和女真诸族及其建立的国家”。“对于契丹等族不

论是在政治上、军事上，还是在经济上和文化上，只要是有益于中华民族发展的活动和创造，都应当予以肯定和称赞。同样地，对契丹等族活动中消极的甚至反动的方面，对中华民族的发展起着有害的或阻碍的作用，也都应给以批判和否定。评价契丹诸族及其国家政权，同评价汉族及其国家政权，用的是一个标准和一个尺度，这个标准和尺度就是历史唯物主义”。①

符海潮先生论析辽金元代的北方汉人上层的民族心理，正是贯彻了这个原则。他说：“今日的史学专著和史学教科书，写到民族融合问题时，语调大多很平淡，阅读者自然也难以体验这一过程的复杂性。其实，汉文化当时所面临的深刻危机，最恰当的描述是‘天纲绝、地轴折、人理灭’。”他形容汉族士人的心态，使用了“‘陆沉’心理”“对文明之殇的焦虑”“载体之殇”“汉文化面临覆灭之祸”“艰难的心理转换”等，都是对历史真实十分准确而深刻的把握。当然，也诚如马克思所说：“野蛮的征服者总是被那些他们所征服的民族的较高文明所征服，这是一条永恒的历史规律。”② 这条历史规律经过惨痛的磨合，终究还是起着永恒的作用。

存在决定意识，这是颠扑不破的唯物主义真理。但另一方面，我们也会看到，在同样或相似的存在下，人们的意识竟是千姿百态的。符海潮先生尽可能地爬梳残存的史料，对此五百年间的北方汉族上层各种复杂心理，确是做了相当全面的、尽可能深入的描述，为前所未见，应当说是本书的重要创新。给我印象尤深者，

① 漆侠、乔幼梅：《辽夏金经济史》绪论，《漆侠全集》第5卷，第2页，河北大学出版社，2008年。

② 马克思：《不列颠在印度统治的未来结果》，《马克思恩格斯选集》第2卷，第70页，人民出版社，1972年。

是对处于辽宋金三朝势力角逐之下，燕地汉族上层各种复杂心理的综合和归纳。

衷心祝符海潮先生有更多更好的作品问世。

王曾瑜

2014 年 10 月

（原载《辽金元三朝北方汉人上层民族心理研究》，中国社会科学出版社，2016 年）

三一、《汤河文化丛书》序

当前许多地方财政吃紧，而河南省汤阴县的田海涛、宋庆林等县委、县政府领导同志却勉力拨款数十万，安排文化广电新闻出版局、旅游局的同志们组织力量，推动和力促《汤河文化丛书》的出版。汤阴作为一个有近2400年历史的文明古县，有着丰厚的历史文化遗产。可能是我孤陋寡闻，专门为本地文化编撰系统丛书的县，只怕还不多见；而敢为天下之先，实是难能可贵，也表明了汤阴县负责同志对发展地方文化的远见卓识。

《汤河文化丛书》凡11册，以不同的文体、不同的角度揭示和诠释了汤阴这片古老而又神奇的土地上的文物古迹（如羑里城遗址、岳飞庙、扁鹊墓等）、地名文化、古今名人咏汤阴诗词歌赋和风土人情等，图文并茂，层次分明，寓意深刻，彰显了作者们深厚的功力和严谨的文风。所以值得庆贺，不夸张地说，这是汤阴古县文化建设的一件盛事。

世界上唯一绵延不绝的中华文明，如果从考古发掘的山西陶寺城址和陕西石峁城址算起，应有4300年以上了，看来夏代以前的唐尧、虞舜等，可能尚不是纯属传说。中华文化有其独特的统一性和凝聚力，也有千差万别的地区和民族特色，两者竟有相当完美的融合，相辅相成。俗话说，一方水土养一方人，千姿百态的地方文化和风俗，实为中华文化的一大优长。

从中国的具体国情出发，确实需要有成千上万的乡土文化学者，他们熟悉、精通和钻研本地的历史、地理、文化、风俗等，事实上成为本地活的百科辞典。我个人在1988年初到汤阴，参加了岳飞研究会第二次年会，此后即与本地的学者一直保持交往，对此感受愈来愈深。

记得当年主办方安排我们参观岳飞纪念碑的碑文，碑文写得庄重、凝练而典雅，爱国正气洋溢于字里行间，令人肃然起敬，诵读再三，仍有欣赏和体会不尽之感，不忍离去。事后方知，此碑乃出自前辈张大猷先生之手笔。此后与张先生仍有往来。他是一位有深厚古文化素养的学者，且耄耋之年仍笔耕不辍，不久前出版了60万言的《〈秦桧传〉注及其他》，甚为可敬。张先生且有得意弟子。如傅炳熙先生就费了极大功力，编著了《宋元明清咏岳飞广辑》和《宋元明清咏岳飞选注》。

又如王波清和陶涛两位，也是当年相识。目前颇为强调学历，强调名牌大学效应，其实，依他们的历史、文学和文化素养，肯定是目前不少名牌大学毕业的研究生所不如的。河北大学宋史研究中心编著的《宋史研究论丛》第8辑发表了王波清先生的《汤阴古今地名考》，就是一篇乡土历史地理的杰作。相比之下，我们这些专业的治史者，就肯定无此学力。其故非他，全在于他对本乡本土各方面的熟悉。可惜当时《宋史研究论丛》因版面的原因，未能刊载此文附录的《汤阴县宋代地名图》，其实是非常重要的，可以一目了然。如今在他主编的《汤河文化丛书》中收录的《千年古县——汤阴文明考》的第一篇第四节中，方得以补足此一缺憾，并且又添加了《汤阴地名沿革一览表》，也是很见功力之作。陶涛先生在此丛书中单独撰写了《周易与羑里城》和《岳飞与汤阴岳飞庙》。他对难懂的《周易》有相当造诣，这肯定是我自愧不如的。再如其他参加此丛书写作的萧永让、陈新春、王东几位先生，虽与我不熟，也各有千秋。萧永让先生的《汤阴赋》，文学功力深厚，故张大猷先生特为其作序。《扁鹊与扁鹊墓》作者王东先生，还是一位80后的青年，祝愿他成为一位有远大前程的学者。

随着大学教育的不断普及，中国人的文化水平肯定愈来愈高，汤阴人的文化水平也同样会水涨船高。如果做一点进一步的设想，目前汤阴的两张主要历史文化名片，即羑里城和岳飞纪念馆，仍有进一步提高的可能。这就不仅可作为旅游和参观、教育基地，也可进一步发展为图书资料中心和研究基地。此种设想目前似乎还相当遥远，但有志者，事竟成。一套《汤河文化丛书》，是过去想都不敢想的事，现在竟成了现实，并且此次出版还仅是第一辑。

真诚祝愿此辑《汤河文化丛书》的出版，能进一步推动和发展汤阴古县的文化建设。

王曾瑜

2014年11月20日

（原载《汤河文化丛书》，中州古籍出版社，2015年）

三二、《宋代瘟疫的流行和防治》序

有人认为，研究科学史，必须注重科学发展的连贯性，即后人不断在前人研究的基础上添加成果，方才成其为科学史。从这个角度看，中国古代的科学主要应有数学和医学两门。中国古代数学有其成就，但对近代数学的发展已经说不上有何影响。与古代数学不同，中华传统医学至今仍然造福于中华民族，并且对人类健康做出愈来愈大的贡献。在中国古代科技史中，医学史自然处于十分突出的、重要的地位。当然，也有人出面，强调中医不科学。我听过一些议论，不能说没有道理。当然，中医的理论确实太陈旧了，有提高的必要，但要跳出原来的理论体系，提高和升华，另创新论，也极其不易。

韩毅先生《宋代瘟疫的流行与防治》一书，系统而深入地论述了宋代瘟疫的流行和防治问题。

该书由宋代瘟疫的流行、种类、分布及其社会影响，宋代官府对瘟疫的认识与防疫机制的建立，宋代官府防治诸路州县瘟疫的措施，宋代官府防治军中瘟疫的措施，宋代官府防治牲畜疫病的措施，宋代医学家、宗教人士和普通民众对瘟疫的认识与防治，以及宋代社会防治瘟疫的特点、作用与历史借鉴等组成。书中首先介绍了宋代 15 类重大疫病的流行概况、疾病名称、地域分布和社会影响，接着梳理了在中国古代“天人感应”迷信说的影响下，宋代不同社会阶级如皇帝、各级官吏、医学家、宗教人士、地方乡绅和普通民众对瘟疫的认识、反应，以及采取的医学措施、经济措施和政治措施等。

中国古代瘟疫史的资料，大多分布在正史《五行志》和地方志《灾异志》《祥异志》中，由于历代统治者粉饰盛世，讳言瘟疫，加之地方官吏“匿灾”情况严重，有关瘟疫的资料较为分散，作者收录了相当丰富的宋代医疗史资料。疾病史虽然属于医学领域，但作为专门史，却涉及多个学科。因此，如何实现多学科相交叉、相交融的研究，是作者十分关注的问题。该书运用马克思主义阶级分析方法，论析了宋代社会防治疫病的阶级性和等级性，社会各阶级在疫病防治中的地位、作用和局限，又强调了疾病救治中出现的政治腐败等问题。书中有关瘟疫名称的考察、病因病症的分析、治疗方剂的梳理等，则运用了医学史的方法。此类研究对于认识中国古代传染病防治体系中官府、医学家和社会民众之间的互动关系，以及宋代社会的反应机制、防治措施的发展脉络、历史经验和教训等，具有相当的学术意义和现实借鉴意义。

与韩毅先生相识积年，深知他确是位孜孜于学问，并且脚踏实地治史的人才。目前他在中国科学院自然科学史研究所工作，也是如鱼得水。他有志于研究中华传统医学史，是件好事。从某种意义上说，目前的中国古代医学史研究的水平，似还处于初创阶段。其故大约是治史者往往不懂医，而懂医者又往往不懂史，可能是影响此项研究取得长足进展的症结所在。韩毅先生显然深知此理，决定除广泛研究中国古代医疗史外，也学习中医理论，这当然是要下苦功夫的。

韩毅先生为撰写此书，显然下了十分辛劳的功夫。他广泛搜集宋代医疗史的史料，特别是广泛阅读了许多医书，并且做了一些很费气力的表格。故在本课题范围内，此书确是比以前的论著提高了一层，有相当的学术价值。给我个人印象尤其深的，是关于麻风病防治的详细论述。

衷心祝愿韩毅先生再接再厉，取得更多更好的成绩。

王曾瑜

2015 年 1 月 28 日

（原载《宋代瘟疫的流行和防治》，商务印书馆，2015 年）

三三、《均田制兴废与所有制变迁》序

人类史上出过多少高明的学说，却不可能有永久完美的学说。在“文革”前，我们宣传的一个缺点，就是将高明的马克思主义，宣传为终极真理和永久完美的学说。时易世迁，就会走向反面。目前有的学者喜用“摆脱意识形态主宰”的提法。当然，这需要别人去领会其意，而不便明言。其实，又有哪一位史家治史，能不受自己的意识形态，即史观的指导呢？但是，至少我个人不喜用“主宰”一词。科学发展的规律无非是尽可能地兼容并包，择善而从。只此一家，别无分店，是不对的；但择善而从更具重要性，这要看个人的学力和眼力了。

因我们这一代人的教育环境，我们对马克思主义理论还是比较熟悉的。其实，我对马克思主义的学习相当不足，所以直到最近，才开始系统地读《资本论》，尽管难读，总比不读好，这自然是有补课性质。相形之下，李锡厚同学对《资本论》的研读，对马克思主义的土地理论的研究，要比我强。

李锡厚先生在研读《马克思恩格斯全集》46 卷新译本时，发现其中有苏共中央马列研究院所加的方括号注释与原意不符。马克思的原意是说，资本主义以前各种生产方式的前提和基础是“天然形成的共同体”——血缘共同体，方括号却注为［公有制］。

经比对刘潇然先生高水平的译文，他更加坚信方括号注释是错误的。李锡厚先生参加历史所里组织的“资本主义生产以前的各种形式”的学习、讨论，同时研读侯外庐先生的著作，侯先生提出“区别开封建的土地所有权和资本主义的自由的土地私有权”，成了他解读马克思这部著作的钥匙。斯大林和苏联理论家则完全不能区别这两种私有制的不同性质，他们认为：“垄断地占有地球上某一部分的土地，是资本主义以及通过各种形式来剥削群众的一切生产方式的历史前提和永恒的基础，所以在这方面封建所有制与资本主义所有制丝毫没有区别。”以上的看法，按他本人之说：“80 年代初我曾和亡友赵葆寓反复讨论过，后来赵良玉教授也参与了讨论。我们得出的上述结论，还得到了老同学、世界史专家庞卓恒教授的明确支持。”可见此说的提出，是经过积年的细致思索，也是集体智慧的结晶。

李锡厚先生强调说：“私有制自从在人类历史上出现以来，不是一成不变的，归结起来可以说到目前为止存在过两种性质完全不同的私有制：一种是以天然形成的共同体——血缘共同体为前提的私有制，它存在于资本主义以前的历史时期；另一种是以个人为前提的私有制，它只存在于资本主义时期。”

此书是他在重新精心钻研马克思主义土地理论的基础上，结合中国古代文献，广泛网罗了自先秦到唐宋的各类史料，对均田制前后的土地制度，从考证入手，予以深入细致的论析，而定于一书。他认为“北魏——隋唐均田制下的‘世业’（永业），以及均田制废止以后的私有田宅，其核心问题是上述两个历史阶段的所有制与共同体的关系”。

就我个人而言，在自己以往的中华古史研究中，包括土地制度史的研究，对于血缘关系的作用，是认识不足的。本书强调，“农村居民的共同体——邻里、乡党虽然形式上是地缘组织，但血缘关系仍是其基础”。“以家族而不以个人为单位，正是资本主义以前社会的基本特征”。对中国古代土地制度史中的血缘关系做了充分的论述，是本书的一大特点和优长。

我最近拜读王贵民先生《商周制度考信》一书，其中说：“商周的政权与宗族组织的紧密结合，两者可以说是二而一，一而二，这个历史特点是很清楚的。”“古代中国处于自己的特有历史条件下，没有采取从外部‘炸毁’的形式，而是一种渐进式的蜕变，保留宗族组织并使之与政权相结合，充当政治工具。统治者还创制许多繁文缛节和伦理学说，竭力维护巩固宗族制度的延续，使之在整个文明时代发挥它的政治功能。”“尤其是宗族组织的顽固存在，却是数千年历史上的沉重负担，非常恶劣的历史惰性。后来，它以变相的、扩展的形式，盘踞于社会、朝市，成为政权横暴和腐败的根源。”① 上述言论对我很有启发，一些学者认为，中国无非是“家”社会。

中国古代哲学和西方哲学，包括马克思主义哲学，以不同的语言，阐述了一切事物都有正反两面的普遍真理。中国的“家”社会，自然也不可能例外。中国儒家向来强调孝道，这是社会血缘关系在道德领域的反映和升华。当今社会也强调孝德，当然对建设精神文明有很大意义。

以上只是对这部著作的一点零星感受，不少内容需要人们认真阅读，认真消化。我想，目前经济史研究不景气，许多青年学者并不重视经济史研究。此书的出版，对于推进经济史研究，倡导青年史家努力学习马克思主义，吸取其中的营养素，更有积极意义。

（原载《均田制兴废与所有制变迁》，社会科学文献出版社，2016 年）

① 河北出版传媒集团，2014 年，第 51、55—56 页。

三四、《宋代地方政治研究》序

这确是一部十年磨一剑的力作，贾芳芳先生抱着病体，前后也不知修改了多少次。就我的记忆，个人至少也前后看过其四稿。她在四川大学历史系当博士后期间，又蒙刘复生先生等提出一些中肯的修改意见，并认真吸取，做了尽可能多的修订和补充，方得以于今日面世。此书论述宋代的地方政治，既以贪腐问题的论析为主流，又兼及不少其他相关的方面和问题，无疑是相当系统而深入的开创性专著；在另一个意义上，也可说是呕心沥血之作。

贾芳芳先生在兰州大学历史系硕士毕业后，从事新闻工作多年。回顾起来，正是虚夸“盛世”风靡一时之际。其实，在虚夸“盛世”的背面，恰好是贪腐和奢靡之风的加速度积累和恶性发展。我与不少史界同行私下谈及是否属“盛世”，没有人以为然。我为此撰写了《试论国史上的所谓“盛世”》的文字，提出了“盛世”的四条标准，第一条就是“吏治清明，贪官污吏稀少”，最早发表于香港《中国文化研究所学报》2005 年第 45 期，后编录于论文集《丝毫编》。到 21 世纪初，虚夸“盛世”之风是被抑制了，取而代之者则是强调“忧患意识”，这当然是一种进步。贾芳芳先生在新闻界工作时，接触了不少地方上实际的政情民瘼，不能不使她产生了忧患意识，这是相当可贵的。人无远虑，必有近忧。像中华民族这样一个古老的、饱经劫难的，而又是世界上人口最多的民族，既在客观上须要跨越民主、发展和统一三关，面临着难得的复兴机遇，又存在着诸多问题和积弊，能不忧乎！应当承认，并非是所有的史学专业研究生，都能像贾芳芳先生那样有忧患意识，并且选择了古今相通的研究课题。

意大利史学家克罗齐提出“一切真历史都是当代史”的命题①，这是十分深刻的。因为任何一代史家必然会重新研究，甚至改写历史，而其研究或改写的基点无非是当代性。他们必然依据自己对当代史的某些体会，同时也必然按史家个人的人生观，即人生哲学，去重新认识悠远的历史。研究中国地方政治确有其相当大的现实意义，特别是在本书的绪论和结语中，运用马克思主义的科学理论，已做了相当透彻的论析，在此不须重复作者的论述。本书明确论述宋代的地方政治，以贪腐问题的论析为主线，这正是抓住了问题的关键所在，也是活的地方政治制度史的关键所在，也可以说是“一切真历史都是当代史”的实例。

翻开中国古代史籍，有关地方政治的各种积弊史不绝书。一方面，朝廷的权力至高无上，要任免或处分一个地方官员，甚至大员，是轻而易举的事；但另一方面，朝廷对地方官的监管，又必然是漏洞百出，地方官玩法侮令、弄虚作假、阳奉阴违等，又有足够的施展拳脚的空间。这就是古人所谓“天高皇帝远”。中国历代地方官场的各种潜规则，或者说是黑道，其实在官场流行了二千余年。细想一下，古今中外的黑社会，其实并非只行黑道，而是行黑、白两道。中国古代的大多数地方官自身难道不是穿着官袍的黑社会老大？

---

① 何兆武、陈启能主编：《当代西方史学理论》，第139页，台北：五南图书出版股份有限公司，2002年。

中国古代地方上的各种弊政，简直就是在同一个陶范中熔铸而成的，并且积重难返。中国历朝都走不出如此的怪圈。中国古代地方政治的贪腐与黑暗的总遗传密码，就在于专制主义中央集权的等级授职制。地方上当然也有很少量的清官，但不可能改变十官九贪的整体情况。《儒林外史》第八回说："三年清知府，十万雪花银。"这大约是来自清代的民谚。由此可见，中国历代地方政治，似只能是大同小异，要寻觅重大的、根本性的差别，似无可能。有的先生提出需要研究宋代地方政治的特色的建议，当然也有一定道理。本书在结语中总结的对贪官的"宽柔"之政，大致可算是宋朝地方政治的一点小的特色。

另一更细致的问题就是：宋朝各代地方政治有何阶段性的差别？贾芳芳先生经过努力，感觉难以找出宋朝地方政治的阶段性演变，就只能量体裁衣了。当然，有的朝代是可以划分些阶段的。例如唐朝贞观之治下，地方政治是较为清明的，但到唐高宗时，武则天重用李义府，卖官盛行，地方政治就变糟了。又如清代，康熙时贪风甚盛，雍正时采取若干措施，贪风表面上有所收敛，但到乾隆时又变本加厉。宋朝的地方政治看来似无如此明显的阶段性，总的说来，是贪风愈演愈烈。如果按马克思主义的科学思维，认真思考上述总遗传密码，只怕也无法对她予以苛求了。

宋代地方政治以贪腐问题的论析为主线，并不意味着其他方面可以置之不理。相反，从专著写作的系统性要求出发，必须尽可能面面俱到，但各个方面和问题又必须置于恰当的地位。对于目前流行的所谓信息流通主导活的制度史研究，似可商榷。应当承认信息流通的作用，有时军事情报和政治情报的准确和及时，甚至也起了极端重要的作用。但只消做一点思考，在阶级社会，特别是在中国古代专制主义中央集权的等级授职制下，对信息的通塞和真伪起主导作用者，正是统治阶级的阶级利益。例如宋朝法律规定地方官有灾必报，但秦桧独相专权时，为了装饰所谓中兴盛世，知法犯法，反而要处分上报灾异的官员。比信息传递系统更为重要的，当然是信息传递的窒碍，又何以有如此五花八门的虚报、瞒报之类。即使做了上述研究，至多也只能是活的制度史的一部分。马克思主义对等级授职制的批判，就研究中国制度史而论，应有更高层次上的指导意义。法治是法大于权，人治是权大于法。在中国古代专制主义中央集权的等级授职制下，法制的运作，不可能离开人治，其基本状况正是统治阶级往往以私利粗暴地践踏自己制定的法制。如若不从这个理论的制高点去俯瞰和研究制度史，包括地方政治制度史，制度史就有可能成为死的制度史。依个人之见，本书对地方政治中的文书传递、架阁之类做了必要的论述，却没有夸大，是恰当的。

目前中国史学界的一个重大不足，是忽视对马克思主义基本理论的学习和运用。贾芳芳先生能遵循已故河北大学漆侠先生的倡导，坚持以马克思主义治史，就显得可贵。当然，从此部专著看来，此种学习和运用也才是开端，但持之以恒，必获更多的收益。

（原载《宋代地方政治研究》，人民出版社，2017 年）

三五、王曾瑜的书单

《马克思恩格斯选集》，人民出版社，1972。

《再思集》，黎澍著，中国社会科学出版社，1985。

《皇帝与皇权》（增订本），周良霄著，上海古籍出版社，2006。

《今古一线》，王春瑜著，上海古籍出版社，2005。

《正德风云》上、下册，韦庆远著，广东人民出版社，2008。

经历无产阶级“文化大革命”之后，人们对中华民族这场劫难不可避免地有不同的解释和看法。在中国共产党内，较早对此做出深刻的马克思主义的科学结论者，是黎澍先生。他那部《再思集》，正是记录了他对中国历史和现实的重新深入思考。他指出，江青之流“目的只有一个，就是篡党夺权，建立‘四人帮’的封建法西斯专政”。黎澍先生以对祖国和中华民族的强烈责任感和深入思考，以雄大的气魄、彻底的科学精神和勇气，提出了必须重新批判专制主义的问题。没有对祖国和中华民族的强烈责任感，没有彻底的科学精神和勇气，是提不出这个科学结论的。《再思集》是他卓越史识的结晶。依个人之见，黎澍先生是中国史学六十年的第一人，黎澍先生开创的新路，说小了对中华史学，说大了对中华民族的前途，都至关重要。

周良霄先生1956年毕业于北京大学历史系，是我的大学长。他主攻元史，但其中国古代通史的功底相当深厚。《皇帝与皇权》一书侧重于中国古代专制政治和制度方面的论述，并对中华古代专制主义做了深入的论析和批判。此书贯通整个古代，确是表现了作者非凡的功力。我曾屡次对学生们坦言，如果没有古籍电脑软件，我肯定没有能力撰写此书；而周先生却是不会电脑，全凭他长久的、扎实的中华古史知识积累。依我个人之见，此书是21世纪初中国史学的重要著作之一，故屡次建议，应当作为大学历史系学生，包括研究生的必读书之一，如此则有助于学生们深入理解中华古史。

在中华帝制已结束后约五六十年，神州大地却掀起了一股史无前例的狂热。当时，中国人山呼“万岁”和“万寿无疆”，是人们经历最多、最普遍、最常见的事。尽管大家对成天地山呼感到极度腻烦，至少我是做梦也没有想到，可以为“万岁”的出典写文章，而王春瑜先生却以超人的史才和史识，敢为天下先，撰写了《“万岁”考》一文。黎澍先生主持的《历史研究》也敢于发表此文，一时成了轰动史学界，甚至社会的新闻。王春瑜先生是历史学家兼杂文家，由于有史学的功底和修养，故其杂文有史的准确、论的深刻、文的俏丽和犀利。他出了多部杂文集，而《今古一线》虽出版较晚，但搜罗较多，将其诸多精彩杂文尽量收入，以飨读者。

韦庆远先生已成故人，继王春瑜《“万岁”考》之后，他也写了《“万寿无疆”考》，载于《读书》创刊号。《正德风云》一书巧妙地解决了学术研究（还原历史）与历史小说创作（虚构历史）之间的关系问题，体现了作者深厚的学术功底。此书以明武宗的活动以及围绕这些活动而展开的正邪两派势力的剧烈斗争为主线，涉及政治、军事、经济、文化、宗教、社会习俗等各个领域，真实而形象地勾画出正德一朝的政治风云、社会面貌，这与如今流行的戏说或歪批完全不同。此部小说的主旨和成就，就是深刻地批判了中国古代专制主义。

我所以将《马克思恩格斯选集》列入书单，是愿意为马克思主义说上几句。其实，如马克思主义的阶级论，及由此派生之国家与法的理论，对资本主义原始积累的批判，区分表象与本质、支流与主流、个性与共性等，都是非常有现实意义的。奉劝年轻的朋友多读点马克思和恩格斯的作品，真正要学懂、学透，很不容易。

（原载《南方周末》2010 年 10 月 21 日）

三六、修订标点本《辽史》审稿意见

前辈陈述先生对《辽史》整理所下的深功夫，自不待论；刘浦江先生又对此书进一步下了水滴石穿式的功夫，使校点水平上了一层楼，极为不易。可惜竟成遗著，深感痛心。以下就若干问题提点意见。

1.《辽史》单薄而难读。如修史不规范，常出现有名无姓，契丹人或用汉名，或用契丹名，而契丹名又有汉文歧译。其他契丹音译词亦是如此。刘浦江先生花了很大工夫，但许多有用的校勘记标明不出校，甚为可惜。已在其上批注，建议出校。这特别有利于后来研读《辽史》者。

2.《辽史》中如“西南路”“西南面”“西南道”“西北路”“西北面”“东北路”“东北面”等，其实是契丹语的汉文歧译。现在有的画地名号，有的不画，建议一律画地名号。

3. 辽代如“山后”“山北”“山右”“山西”“山西路”等，也是专门地名。标点本有时只在“山”字画地名号。应一律画地名号。

4.“蕃、漢”之间加顿号，应一律加上，不能有的加，有的不加。

5.《辽史》中“左右”“北南”往往是指北南官制，建议酌情加顿号，改为“左、右”“北、南”。

6. “夷离畢”，今已遵照原本，改“離”为“离”，亦宜全书一律改“离”。

其他意见批在稿中，供参考。

三七、整理古籍杂议

按宇宙间的规律，万事万物一般不可能完美无缺。汉字与拼音字相比，各有优劣。由于 20 世纪五六十年代的文字改革，如今由识简体字入学者，繁简体字转换的识别，成了一道很难过的关。汉字一般都有异体字，如“乗”与“乘”，“姐”与“姊”，“往”与“徃”，“舍”与“舎”，“愧”与“媿”之类，有的青年学者或误以为是两字。整理古籍，是解决这个基本训练问题的办法和途径之一。

大凡整理大部头的较为繁难的古籍，是可以采取当年前辈专家整理《资治通鉴》的经验和做法，不宜一人整理，而每卷由三人整理，成书后每卷后署名某人校点，某人复校，某人三校，这也是一种责任制。考虑目前中青年学者的基本训练状况，数人合作整理的模式，尤宜推广。古籍整理是绣花工夫，若工作量太大，时间匆遽，就更容易出错。不如多人合作，取长补短，宁肯慢些，但可好些。

中华书局重新整理二十四史，又是开创一种新的经验和做法。一部古籍，特别是卷帙大的古籍，一次整理，绝不可能相当完善，遗留的问题肯定不少。如能过一段时间，重新整理一次，就会逐步臻于完善。只要整理者认真负责，后一次整理的质量，肯定会胜于前一次。

古籍电脑软件的出现，以及今后的逐步扩充和改进，对古籍整理用处极大。我在使用史料时，凡是读不通的文字，就其前后可以读得通的文字，输入《四部丛刊》《四库全书》等电脑软件，再校读读不通的文字，受益匪浅。

20世纪80年代，我编著《鄂国金佗稡编、续编校注》，确是花了极大气力。但年深日久，就不断发现有问题。后来出了二版，也不能解决问题。最近重新整理成电子稿，不仅注文增加约二万余字，而且正文竟还可以用文渊阁《四库全书》校补若干字，这是颇出乎意料者。又如《名公书判清明集》，此书中华书局第二版卷1第7页："陶威公有言：'大禹圣者，犹惜寸阴，至于众人，当惜分阴。'"今依赖电脑软件，很快查到《晋书》卷66《陶侃传》。发现"犹"字，《陶侃传》作"乃"，更重要者，是陶侃谥"桓"，而宋人为避宋钦宗御讳，改"桓"为"威"，这是原校点本所失校者。又如此书卷2第43页："昔申屠子龙送同舍人伍子居之丧，以归乡里，遇司肆从事于河巩之间。"据《后汉书》卷53《申屠蟠传》，"伍子居"原作"王子居"，"司肆从事"原作"司隶从事"，这也是原校点本所失校者。

以下想对若干古籍的整理或重新整理，谈点个人的浅见。

1.《续资治通鉴长编》。此书的史料价值不须赘说。目前的标点本尚未以较原始的文渊阁《四库全书》本等参校。个人间或以文渊阁《四库全书》本校出若干字。已故刘浦江先生的弟子苗润博先生，最近发现了此书的《四库》底本，并于《文史》2015年第2辑发表了《〈续资治通鉴长编〉四库底本之发现及其文献价值》一文，做了详细介绍和论述。这自然是宋史研究的一个重要喜讯。

《续资治通鉴长编》的重新整理当然应以此底本、残宋本、

《永乐大典》残本和《四库》底本为主，并进一步参校众书。此外，今存古籍中有不少《续资治通鉴长编》的原文摘录，例如在《宋宰辅编年录》《山堂先生群书考索》等书中。清黄以周主要依据《续资治通鉴长编纪事本末》，辑录为《续资治通鉴长编拾补》。其中也有错误，如《续资治通鉴长编纪事本末》卷130《不用吕惠卿》，将吕惠卿出任知延安府系于绍圣二年十月，这另有《琬琰集删存》卷3《吕参政惠卿传》，《宗忠简公集》卷7《遗事》，《宋宗忠简公全集》卷9《宗忠简公事状》等为证，而《续资治通鉴长编拾补》卷13却误系于绍圣三年十月。至于如《宋宰辅编年录》《山堂先生群书考索》等书，黄以周均未摭采。现在有条件，博采众书所录，重新补缀《拾补》，以臻尽可能完善。

2.《历代名臣奏议删存》。这是邓广铭先生生前的创议。我在《点滴编》的《上海古籍出版社影印本〈历代名臣奏议〉序言》后记中提出建议，无非是三条：一是删去唐以前及辽金诸奏；二是与已校点出版的《宋朝诸臣奏议》重复者，亦予删除；三是保存其他宋元诸奏。今可以补充的第四条，是有的奏议分明抄自《宋史》和《元史》者，亦可删除。当然，目录应完整保留，标明删节者存目及见于某书。此书为明早期永乐刊本，即使与其他宋元文集重复者，仍有相当高的保存和校勘价值。因为很多宋元文集和奏议的刊本都比《历代名臣奏议》晚，《历代名臣奏议》的文字肯定有原始性。目前已经出版的《全宋文》和《全元文》，可以给此书整理提供很大方便。

3. 宋四大类书。《太平御览》一千卷、《册府元龟》一千卷、《文苑英华》一千卷和《太平广记》五百卷，对于研究先秦至唐五代，无论就历史、文学、哲学等，以至校勘其他古籍，都有很高的价值。就我所知，篇幅最小的《太平广记》有人民文学出版社的断句本，也不能算标准的点校本。

就我个人治史而论，得益于《太平御览》尤多，为检索先秦至南北朝的记录带来许多方便。因为宋初能见到的许多古籍，今虽原书不存，唯有依赖于《太平御览》一书，方得以有断简残编的保存，却弥足珍贵。

最近研究中国古代“指斥乘舆”，即骂皇帝罪。如《册府元龟》卷102《招谏》记载，唐太宗对侍臣说：“隋帝性多猜忌，上下情不相达，斯岂致治之理乎？朕今推赤心以相付，亦望公辈以直心相向，纵有指斥深切，无忧逆忤。”尽管当时已设置“指斥乘舆”罪，作为“十恶不赦”中的“大不敬”罪之一，但他的此段言论，仍表现了中华古史第一英主的大度。这在《贞观政要》《旧唐书》《新唐书》《资治通鉴》等史籍中都找不到。

又如清代钱大昕《十驾斋养新录》卷19《妇人称奴》说，“妇人自称奴，盖始于宋时”。“予按六朝人多自称侬”。“奴即侬之转声”。然而据《太平广记》卷274《欧阳詹》记载，欧阳詹“薄游太原，于乐籍中因有所悦，情甚相得”。此女子后赠诗说：“自从别后减容光，半是思郎半恨郎。欲识旧时云髻样，为奴开取缕金箱。”可见钱大昕的考据不确。

整理四大类书的工作量，当然远在上述两部书之上，须要有规划，更要有众人的合作与细致的工作。其实肯定比诸如《中华大典》之类大而无当，而又只能粗率了结者，实用得多，也更有价值和意义。另悉南京大学周勋初先生等已校订《册府元龟》，这更增强了我的信心和希望。

4.《明实录》。《明实录》总计三〇四五卷，当然是明史史料第一。在中华古籍中，整理之难，首推《宋会要辑稿》；整理之繁，则首推《明实录》。上海古籍出版社出版之标点本《宋会要辑稿》，无论如何，是古籍整理之一大成绩，但也留下了进一步整理之余地。《清实录》虽比《明实录》多千余卷，但既有大内档案等现存史料，就史料价值而论，已无原始性，至少无亟须整理之必要。

我常与张泽咸先生议论，治史就是要不惮烦劳。如前辈王毓铨先生那样，从秦汉史转行治明史，首先就是通读《明实录》。如又想以明史大家自居，又不愿通读《明实录》，本身就是个矛盾。其实，如若治辽宋金史，以《宋史》《辽史》《金史》《文献通考》《续资治通鉴长编》《宋会要辑稿》《建炎以来系年要录》和《三朝北盟会编》八部基本史料而言，其卷帙之大，也肯定超过了《明实录》。张泽咸先生说，如自己治明史，也就是硬着头皮读《明实录》，不可能有其他捷径和办法。

除了清代史料外，今存明代史料自然多于其他各代，以《明实录》为底本，又参校其他代史料，其工作量之太，肯定令人咋舌，关键还是要下定决心，并且调动足够多的人力，此项古籍整理之最的任务，还是可以完成的。即使一时完不成，也完全可以分代分批整理和出版，先整理和出版《太祖实录》，自《太宗实录》以下，陆续整理和出版，以臻于成。

（原载《历史文献研究》第36辑）

三八、宋朝遥郡官研究通信

内职遥领的起源考证是成功的，是突破口。应是从升迁之需而渐成定制，并有了遥郡的专门名词。请找出最初使用“遥郡”一词，再加论证。大作不少论述已是人所共知者，可以大加删削或减缩。文章的修改，应删落大部分不切题者，而着重点应放在以下几方面：(1) 内职遥领的起源，(2) 何时定制，(3) 复杂的搭配关系，(4) 正任与遥郡的官位差异，(5) 武官到了什么品位方可升遥郡，(6) 遥郡内部如何升迁，(7) 遥郡如何升迁正任。正任不须多写。有的方面史料肯定少，有多少分析多少。

如能将武阶与刺史之类的各种搭配据实例列表，倒是有价值的，应作为本文的重要部分。应当分宦官、宗室和武官，且分政和前后。由最高的内客省使、某军留后到最低的供备库使、某州刺史。如“供备库使白守素领康州刺史”，这就是最低等的。

目前史界的一种时髦，是喜用艰涩而深奥的名词唬人，以示高明。其实科学应是尽可能浅显明白、朴实无华。人们都追求理论上的升华，一般说是不错的，但须量体裁衣，强求升华，也可能适得其反。遥郡为宋朝所特有，此题似只需就事论事，把问题说清楚，即可见创新和功力，也无法纳入前代后朝演变的总体系中。金朝自不待论，就是辽朝，可参考《点滴编》的《辽朝官员的实职和虚衔初探》。

三九、邓广铭师杂忆

为纪念邓广铭师诞辰一百零五周年，特写此文，以为《缅怀邓广铭师》[①] 之续篇。

邓广铭先生对北京大学是情有独钟。他最初未考取北大，就在辅仁大学读了一年，第二年无论如何还是考上北大，了却自己的夙愿。在抗战胜利后，邓广铭先生已经在复旦大学当教授，但他宁愿应聘回北大当副教授，也要返回母校工作。当时清华大学正给张政烺先生发聘书，请他去当教授。胡适与傅斯年两先生商量，说中国只有一个张政烺，他是又一个王国维，无论如何也须请他到母校工作。但当时教授的名额有限，傅斯年先生身为老师，亲自登门，向邓广铭先生表示歉意。邓广铭先生毫不介意，欣然允诺。最后张政烺和邓广铭先生两个同学同时就聘于母校，成为学林的一段佳话。此事是综合漆侠先生和邓广铭先生的二女邓可蕴先生的转述。

记得我在大学临近毕业时，正值翦伯赞先生与另一学者讨论司马光撰《资治通鉴》的三个助手，即刘攽、刘恕和范祖禹对各断代史的分工。我正好在读《资治通鉴》，发现在《通鉴考异》中

---

① 载《丝毫编》，河北大学出版社，2009年。

有刘攽和刘恕的考证成果，证明刘恕不仅写了魏晋南北朝各纪的通鉴长编，也写了唐朝以后五代纪的长编。我写了一篇文章，自以为发他人所未发，自我感觉良好，进呈邓广铭师，满以为一定会得到好评。哪知邓先生提出了严肃的批评，特别是说某处古文标点错误。我说自己是依《万有文库》本的断句而标点的，邓先生说："《万有文库》的断句错误多得是，你不知道?"言下之意，是我还不够历史系高年级的水平。坦白地说，当时我感觉愉快，绝不是事实。但在五十年后，回忆此事，内心确是充满了对老师感戴的深挚之情。由于这次批评，养成了我治史的谨畏心理，生怕再出如此笑话，取讥于老师和前辈。

在"文革"后期的"批邓、反击右倾翻案风"运动中，某先生利用他当时在近代史所的领导地位，十分起劲地主动贴大字报，向邓小平委派到当时中国科学院哲学社会科学学部的三人逼宫，要他们交代与邓小平的黑关系，引起当时学部广大人员的极度厌恶。待到"文革"结束，政治风向为之一变，触犯众怒的他自然成了众矢之的。人们强烈要求撤销其人大代表资格，追查他与"四人帮"的黑关系。一天，我登上当时三号楼的楼梯，正逢他一把眼泪、一把鼻涕地下楼，估计是在楼上小礼堂挨了批判。我当时心里想："早知今日，何必当初!"但不久就传达了上级指示，为了维护安定团结，还是保留他人大代表的资格。

到了1987年，邓小平号召批判精神污染，于是这位当年曾卖力追查那三人与邓小平黑关系者，又积极响应邓小平的号召，以史界左派的资格，到处发文章，做报告，向精神污染开火，甚至咬定历史唯心主义就是精神污染。

我正好看望邓广铭先生，就将某先生的表演对老师谈了。此后，邓广铭先生也就在北京大学民主党派的座谈会上，针对某先生的表现，谈了自己的看法。最初，是将老师的发言，当作反面材料上报的。不料政治风向有变，于是又有人拿了邓广铭先生的发言，出面批判这位先生了。

这位先生总的表现是显得很“左”。例如他很喜欢强调孙中山先生是“资产阶级革命家”。据邓广铭先生说，他参加陈寅恪先生纪念会，就处心积虑地想给陈寅恪先生定调为“资产阶级学者”，只是当时的政治气氛不同，大多数人对此论不予理睬。邓广铭先生当时也与他共同主持会议，在明白他的意图后，就处处软软地顶他。这位先生经常强调别人是“资产阶级”，无非是突出自己是“无产阶级”。

联想到20世纪90年代，邓广铭先生在闲谈中曾向我介绍了某些人升迁的内幕。这从另一侧面也同样反映了邓广铭先生作为北京大学学人的人格。在如今社会中，任何知识分子都不可避免地与权势发生关系，但要慎重自处，却并不容易。

（原载《想念邓广铭》，新世界出版社，2012年）

四〇、张政烺师杂忆

为纪念张政烺师诞辰一百周年，特写此文，以为《我所认识的张政烺师》① 之续篇。

在张政烺师的夫人傅学苓先生生前，有一次我与她通电话，随便说到我准备写一篇强调治史者应当学习和运用马克思主义的小文章。出乎我意料者，是傅先生表示强烈的赞成，赞成我宣传和强调马克思主义的阶级论，并且告诉我，说张政烺先生在生前对马克思主义的研读非常认真和用功，以至他所藏的马克思主义著作的单行本，封面都无例外地磨损。这也可纠正人们对张政烺先生的一些误解，似乎张政烺先生是只重考据之学。当然，众所周知，张政烺先生是很不赞成对马克思主义的某些结论作教条式的照搬。例如，人们往往传言张政烺先生主张魏晋封建论，实则不然，故由他主编的《中国古代历史图谱》，决定依张政烺先生的生前主张，不使用诸如奴隶社会、封建社会、农民战争之类名词。

陈寅恪先生是 20 世纪前半叶无可争议的史学大师。郭沫若先生当然是史学界兼写文学作品的大才子。但他相当大部分的时间和精力用于政治，就博览群书而论，自然与陈寅恪先生有相当的

① 载《丝毫编》，河北大学出版社，2009 年。

差距。张政烺先生是陈寅恪先生的下一代，他自年轻时，人称小王国维。且不说我们对他学问的衷心敬慕，即使是一些与他同时的优秀学者，也承认他的学问在自己之上。如与陈寅恪先生相比较，就博览群书而论，治史不分断代而言，只怕是难分轩轾。但张政烺先生外语能力稍弱，而就考古、古文字学等而论，又胜过陈寅恪先生。

我读张政烺先生的《中国考古学史讲义》，特别有相见恨晚之感。当时因北京大学设立考古专业之需，张先生成竹在胸，举重若轻，似乎不费多少气力，很快就编写出来。此份讲义无疑是厚积薄发的典型。没有深厚的贯通中国各断代古史的学力，肯定是写不出的。我想，当时如顾颉刚、陈寅恪先生等大师级人物都健在，但要在短时间内完成此份讲义，只怕还非张政烺先生莫属。讲义中断言，刘敞和欧阳修"是宋代新经学的开创者，同时也就是宋代金石学的开创者"①。虽然仅是短短两句话，却对今人研究宋学有指导意义。事实上，迄今对数量甚大的宋儒经注真正下研读功夫者，张政烺先生也许是第一人，故有把握下此断言。

张政烺先生的博学是人们所公认的，但据我所闻，他常说自己这也不行，那也不懂。这其实是正常的。学问到了一定火候，完全知道山有多高，水有多深，而本人能爬多高，潜多深。张先生绝不是对人故作谦虚，而是大学者应有的实事求是的谦逊和质朴。我向来认为，《资治通鉴》的文字在古代史书中最为流丽而晓畅，但张政烺先生却公开承认："如《资治通鉴》有的段落我至今尚不能确切弄懂。"② 自此以后，我怎么敢说自己能全部读懂《资治通鉴》。

① 《张政烺文史论集》，第338页，中华书局，2004年。

② 《关于古籍今注今译》，载《张政烺文史论集》第831页，中华书局，2004年。

有一次我去山东大学，与曾在历史研究所工作的孟祥才先生谈天。他评论说，在历史所，尽管遭遇了众所周知的特殊环境，而唯一一个没有学会说违心之言的，是张政烺先生。他还举了一个事例，在“文革”初期，批判让步政策已经造成很大的政治声势和压力，但张先生在讨论时，还是坚持说，让步政策怎么能说没有呢？就是有嘛，孙达人的说法不符合事实。

我在此可以再补充两件事。记得在1957年入北大历史系学习之初，正是张政烺先生讲授先秦史。当时正对孟子“劳心者治人，劳力者治于人”一语批判甚烈，而张先生在课堂上却说，孟子此语反映了当时的事实，并没有错。80年代批判资产阶级自由化，中国社会科学院召开了一次老专家座谈会，我在电视屏幕上清楚地见到张政烺先生拿着一张纸，在会上发言。但令人吃惊的是，第二天的新闻报刊中，开列了一批与会的老专家名单，却单单没有张政烺先生。我怀着一种好奇心，打听了一下，据说张先生的发言有两处不妥。一是提到当时被批判的刘宾雁，张先生说刘宾雁的书他看过，写得不错嘛。二是批判全盘西化，说中国这么落后，怎么能全盘西化？这自然可以被引申为中国一旦不落后了，就可以全盘西化。

就人们所知，张政烺先生从来不想过问政治，只是一心一意治学，他确是从来没有心怀与任何当政者作对的动机。以上一些事实，其实只能说明张政烺先生考虑问题，从来只是就学问上，而不是从政治上。也许有些聪明人会讥笑张政烺先生迂腐，但我个人以为，张政烺先生这种纯实，不会说违心之言的学者风度，是应当令人肃然起敬的。

常玉芝先生1966年毕业于北京大学，最初当然是历史所“文革”前的小妹和黄毛丫头。她与张先生又没有什么往来。有一次，她向张先生请教一个问题，不料几天后，张先生这么一个大学者，竟亲自到办公室找她，给她答复，使她感动和感激不已，铭感难忘。张先生对就教者，就是如此不问亲疏，一律诚恳而热情地接待。

在20世纪80年代，当时的历史所副所长尹达先生，有一次趁张政烺先生不在家，特别找张夫人傅学苓先生谈话，说自己是张先生几十年的老朋友，张先生“太傻”，不论是谁，只要向他请教问题，总是和盘托出。有一位求教者向张先生请教了十个问题，最后九个问题都写在自己的书里，成了自己的发明，只有一个问题，才指名道姓地对张政烺先生的意见发表异议。尹达先生提出，他已通知科研处，今后凡是有向张政烺先生请教学问者，一律挡驾。他建议傅学苓先生也能在家里配合，共同阻挡，以便让张政烺先生有更多的时间从事自己的研究。傅学苓就因此向张政烺先生婉转地提出：“应当自己多搞点学问。”张政烺先生问道：“你以为中国搞学问的人是太多了，还是太少了?”回答当然是太少了。张政烺先生说：“搞学问的人太少。一个难题，也许使人从此不再搞学问。如果帮他解决，就有可能多一个搞学问的人。别人从外地来，一定把他挡住，这是什么意思?”显然，张政烺先生对别人向他请教学问一事有自己的看法和做法，而根本不在乎他人拿自己的研究心得去发表。这确实表现了他的博大胸襟和气魄。张政烺先生的社会名声并不大，但内行人都知道他的学识极其广博，他的大脑完全可以说是超容量的，所以求教者络绎不绝。许多人是不远千里而来，满载收获而归，这又是以牺牲张先生的许多宝贵时间和精力为代价的。但张政烺先生甘愿为他人作嫁衣，从来是无怨无悔的。

（原载《想念张政烺》，新世界出版社，2015年）

四一、程应镠先生杂忆

时光如流水，转瞬之间，逝世22年的程应镠先生已届百年纪念，而作为后辈的我，也已接近他当年的高龄了。

回忆起来，我与程先生的相识和亲近，是始于1980年初次宋史年会，此后又在上海暂住数月，在他领导下，参加《中国历史大辞典·宋史卷》的工作，以及后来在中国宋史研究会中的一些会务。程先生过去的情况和磨难，我还只是从其好友熊德基先生处稍知一二。尽管程先生身处逆境，而作为中共党员的熊先生，却在事实上并未与挚友"划清界限"，一直保持了真诚的友谊。这在当时确是难能可贵。

程先生从魏晋南北朝史改治宋史，在校点《宋史》的极其繁重的工作中出了大力。毋庸置疑，对杂乱错讹极多，而又卷帙最大的《宋史》的校点，其难度和工作量肯定居二十四史校点之首。当标点本《宋史》问世后，自然会出现赞扬的声音。特别是在上海标点的五部史书中，《宋史》肯定质量最好。但程应镠先生对此是有清醒的认识者。那是我第一次见到虞云国先生，记得他当时找程先生谈一点工作。虞云国走后，程先生向我称赞说，虞云国在大学阶段，正当标点本《宋史》问世不久，居然就找出此书的不少问题，十分不易，难能可贵。

依个人的观察和体验，大凡真心治学、有事业心、有责任感者，往往也自然而然地、真心实意地奖掖和提携后进，程先生当然也是这样的一位。虞云国先生正是在程先生的识拔下，得以进入了史界，而成长为一位有真知灼见的，有深入研究的，并且怀着对祖国、对史学发展的责任心，而有强烈民主意识的史家。

程先生虽然长期处于逆境，但给我的第一印象，真可说是意气风发，干劲十足，似乎往日的委屈，在他身上简直就没有留下什么痕迹。他处理什么事情，都不喜欢安坐不动，对人发号施令，而是事必躬亲，不惮烦劳。例如我们所写的《中国历史大辞典·宋史卷》释文稿，原来都附注相关的史料出处，出版后，才将相关的史料出处都予以删削。他对每条释文都进行仔细审读，记得有一回，他特别找我，为的是我的释文稿中所示的出处，他找不到相关史料。直到我翻开书，向他指明了在史料的何处段落，他看后才放心。他得病后，我有一次到上海看望，顺便向他报告一点中国宋史会的会务。程夫人李宗蕖先生有点不高兴，说："就是为了宋史会，他才病成这个样子。"我听后，心里确是很不是滋味，这不是对李先生的话有所不快。我也深深感觉到，程先生那种办事作风，对宋史会会务的认真，确实严重地损害了他的健康，这是不争的事实，也因此而感觉难过和不安。

程先生有一回对我谈及他听陈寅恪先生讲课的体会，赞叹陈先生的知识真是渊博，说相比之下，"郭老是不如的"。我对这句话印象特别深，所以几十年后，还是不能忘却。记得在我的大学时代，陈寅恪先生是批判的对象，而郭先生则是又红又专的榜样，当时还传达郭先生的话："陈寅恪是可以超过的。"程先生这番亲身感受，对我解放思想，转变观念，是有相当帮助的。直至自己年过七十，方才明白一个道理，世上有高明的学者，却无完美的学者，但陈寅恪先生无疑是一座时代的史学高峰。像我们这个年龄段的人，先天不足，后天失调，事实上还谈不上望其项背。至于郭先生，我曾在论文选《凝意斋集》的自序做了一个评论，记得已故的前辈、河南大学的姚瀛艇先生曾对我表示，他喜欢此段评论，在此就不予赘述了。

年纪愈大，似乎时光过得愈快，偶翻十六年前为戴静华师姐所写的悼文，最末有一段话："人生一台戏，自己当然已经在唱收场戏，或者说是坐末班车了。然而每念及死者，也包括静华师姐，自己总感到，他们的辞世，是加重了自己的责任。无论如何，也要对自己的祖国和民族最后做一点微薄的、却是不应不做的事，不计成败利钝，借以悼念死者。"我想，对前辈程应镠先生在天之灵，最后想说的，也还是这段话。

（原载《程应镠先生百年诞辰纪念文集》，上海古籍出版社，2016年）

附录：致程先生夫人李宗蕖先生唁函

宗蕖先生：

接应镠先生讣告，虽事前已有思想准备，仍不胜哀痛和缅怀之情，谨向您和全家表示最深挚的哀悼。

我作为一个后辈，和程先生相知，始于1980年。记得宋史研究会首次年会闭幕并聚餐后，我在校内稍事逗留，路过饭厅，方知程先生等并未和客人们共进晚餐，而是在招待客人后另外进食。一位老教授，没有半点架子，而躬亲许多与学术无关的杂务琐事，仅此一端，也足见程先生的为人和待人，也不由不使我吃惊和感愧。记得与先生的最后一面，是在两年前，当见到卧床的先生，已非复昔日红润的脸颊，开朗的谈吐，心中不免一阵酸楚，但也只能克制自己的感情。你们将先生照料到如此水平和地步，其细致和辛苦是难以言喻的。

应镠先生永远地离开了我们，他作为一个兼治魏晋史和宋史的专家，作为一位中国宋史研究会的创建者，他的劳绩、道德、文章将永远铭记在我们心中。应镠先生坎坷一生，却将他的清白、忍辱负重、奋斗不懈的精神和极强的事业心留给了我们。

恳切地希望您和家人忍痛节哀，善自保重。

王曾瑜敬上

1994 年 8 月 3 日

四二、深切悼念徐苹芳学长

2011年5月23日晚，中国社会科学院历史研究所的赵凯先生与我通电话，商量由张政烺先生主编的《中国古代历史图谱》秦汉部分的审稿问题，他提出审稿专家名单，其中包括徐苹芳学长，我当然表示赞同。不料只过了半小时，他又给我来电话，道出了徐学长于昨日逝世的消息，确实使我震惊而痛心。

其实，我与徐苹芳学长相知很晚，相处的时间也很少，但有些事还是给我留下很深刻的印象。记得他与我最初相识，还是在1990年，两人正好都到美国普林斯顿大学，由著名的爱国宋史专家刘子健先生介绍，方彼此相识。一问简单情况，方知我还在上中学时，他已由北京大学历史系肄业，是名副其实的大学长。

20世纪90年代，我们在去济南的列车上邂逅，原来都是去山东大学参加答辩。他指着时为博士生的李晓先生的论文，对我说："我是看不懂。"此文使用了较多的经济理论和名词。我吃了一惊，惊奇的是他见到一个并不熟悉的人，就如此自然地、爽快地承认自己"看不懂"。徐苹芳学长的学术造诣，确实在同时期不少考古学者之上，他的学识并不限于某个断代的考古，并且对古代历史文献也相当熟悉，绝对是出类拔萃者。其实，若仔细一想，现代人类的知识海洋如此浩渺，任何一个专家，对本专业造诣再深，知识再广，但若离开本专业，则很多都不懂，这不足为怪。如今又有几个专家，能像徐学长那样说话呢？只消看一下目前有多少“学者”和“名流”乐于滥充空头主编、顾问之类，就知时风和行情了。相形之下，“看不懂”三字就具有十分厚重的学术道德分量。

最近，关于曹操墓的真伪讨论十分热烈。我所一位吴锐先生给我寄电子文稿，认为曹操墓系伪。我因杂事多，只是粗粗看了一下，觉得其所说有理。但是俗话说，“公说公有理，婆说婆有理”，我却没有时间再去博览“婆说”。最后听人说，徐苹芳学长对能否确定曹操墓，持谨慎的保留态度。我当然就相信此说，这是基于对徐学长的人品和学问的双重信任。

由张政烺先生主编的《中国古代历史图谱》，历经曲折，从1958年开始，至今尚未完成，其中经历的诸多困难，真是一言难尽。但当此项重大课题重新上马后，承蒙不少专家鼎力相助，其中出力最多的是徐苹芳先生，包括精心审稿和讨论，不久前又为我们写推荐信，使此项课题的出版得到了资金的支持。这也显示了徐苹芳学长对张政烺师的深情。

《燕京学报》重新出版后，徐苹芳学长作为负责人之一，向我约稿，我交付一篇《秦桧独相期间“柔佞易制”的执政群——兼论时势造小丑、小丑造时势的历史哲学》。他看后，给我打电话，建议取消副标题，我说，此副标题是有“画龙点睛”的作用，是否还是保留？他当即慷慨允诺：“好吧，听你的！”他为《燕京学报》向我约稿两次。我才发现，徐苹芳学长对每期学报的文章都是认真审阅的。这又与目前不少的学术刊物，负责人往往甘当空头主编，甚至拿学报的版面做人情、拉关系、收版面费等，不可同日而语。我由此体会到，他不论对什么工作，只要做，就离不开“踏实认真”四字。

我的一个河北大学宋史研究中心的在职博士生王茂华，写中国古代从土城到砖城的演变，时间跨唐、宋、元、明四代，她搜集数据一万多个，确实是件十分浩大而繁杂的工作。王茂华肯于和敢于为此，极为不易，其中的辛劳，我也能多少体会到，光是四朝筑城活动的表格，就需画一万余格，文章约计七八十万字。当她的论文已大致展现眉目时，我就对她说："此文不仅涉及历史，又涉及考古。将来出书，应当有人写序。但我没有权威性，最有权威性的、最合格的，是徐苹芳先生。由他写序，不会有意夸大，也不会有意贬低，能有一个公允的评价。"王茂华当然表示非常赞同，巴不得由徐先生为她作序。我将此事征求徐苹芳学长的意见，他听我对论文的介绍后，欣然同意，并在此后数次询问论文的进度。但因工作量大，三年时间确实完不成，拖到今年五月，已是四年了。5 月 21 日，王茂华等从保定来北京，确认下半年可以定稿，实际须用四年半时间。她离开时，我还特别叮咛："徐先生急着要看，只要论文一旦交付答辩，就同时给徐先生寄去，让他审阅。如有问题，可由他提了意见，在往后付梓前修改，免得延误他写序言。"殊不料说此话的下一天，学长就长逝了。我想，他是带着不能看此文章的遗憾辞世的，而王茂华和我也更为此感到十二分的遗憾，却又是万般无奈的事。

在 5 月 30 日的遗体告别仪式上，我又出乎意料地见到了郑克晟与傅同钦两位大学长。他们以八旬高龄，特意从天津赶来，参加追悼，真令人感动和感叹，也足见他们同学之间的深情。

由于与徐苹芳学长交往不多，故本文只能是做片断的怀念。徐苹芳学长离别人世了，但他的道德文章，是留给我们这些活人的宝贵财富，够我们与后辈们享用的。

（原载《君子之风》，《燕京学报》编辑部，2012 年）

四三、正直倔强有思想的韩耀宗学长

韩耀宗学长正好比我大十岁，山西芮城人，北京大学历史系1954年毕业。当时人们开玩笑，说1954年进原中国科学院历史研究所的，是建所元老。他1950年入学时，北大还在今城内沙滩，院系调整后，又改在当时城外西郊原燕京大学旧址学习。据说他们班里男同学按年齿排行，他算老七。我1962年进历史所时，人们算是尊重建所元老，一般都谑称他“七公”。全所只有他一人被分配专门研究辽金史。

韩耀宗长方脸，标准的北方人形象，戴一副眼镜。平日沉默寡言，给人以生性古怪、不喜交往的感觉，当然也从来不会引人注目。但他绝非没有头脑和看法。“文革”前批判吴晗，所内组织讨论时，平日不喜说话的他倒发了言，说自己本来觉得吴晗有些说法不对，但姚文元出来批判，自己反而同情吴晗了。于是此说被作为反面教材，在全所大会上不点名地批判，说这是资产阶级本能的反映，这在当时是很重的，是带有时语所谓“犯政治错误危险”的话了。韩耀宗听后，反映却十分平淡，不害怕，不紧张，不认错，不激动，更不发怒，就好像没有受批判似的。人们奇怪他那么沉得住气。

到“文革”期间，人们往往感觉奇怪的是，我怎么会与他成了好友。人们评论我还有点孩子气，长不大，怎么与一个生性古怪的韩耀宗倒成了朋友。当时背语录、喊口号自然是每天生活的必修课，我最初感觉奇怪，他每次背语录，总是出错。又慢慢发现，每次山呼万岁之类，他只是嘴唇微动，从不出声，而举手不过稍高于肘，从不过肩。当然，由于人们的平时印象，一般是不会注意到他此种小动作的。回想起来，在当时的严酷政治气氛下，此类无声的抗争其实还是颇有胆量的，是大多数人不会做、不敢做的。

当时颁行所谓“公安六条”，一切“攻击无产阶级司令部首长”的言论，都是“现行反革命”。我们所的何兆武先生，与几个同学聚会，私下对江青发了点小牢骚，此事后来被揭发，即使如实交代了，还是被定为“现行反革命”。十分胆小的我，一时噤若寒蝉，什么也不敢说。但有一次忍不住，还是私下对他说：“江青同志高举毛泽东思想伟大红旗，看来林副主席之后，她就是接班人。”其真意是说林彪只是过渡人物，江青才是真正的接班人。他当然能听懂我的话，只是流露出愤愤不平的目光。人到老年，方才懂得，亲身经历和不经历，是大不相同的。我所以将此旧事重提，是为了使中年和青年人理解我们当时的境遇。当时，甚至与较熟悉的人，在私下也不敢直截了当地表达，只能说一些别人抓不住把柄的隐晦曲折的言语。人们常说敢怒而不敢言，我当时岂止是不敢言，即使在私下也不敢怒，但他私下还是敢怒了。

两人的交往和友谊，就是如此逐渐深化。我发现他远比自己有见识，很成熟，正直而倔强，从年龄上讲，当然把他视为老大哥。两人后来不可免地谈到对“文革”的看法。我说，自己在第一年还是拥护“文革”的，真以为是要反修防修呢。他说，“文革”一开始，他就极度反感，认为无非是庐山会议错误批判彭德怀的延续，是一条线下来的。他在1959年就认为批判彭德怀是错误的。所以“文革”刚开场，他心里就有气。

江青垮台后，普天同庆。在我们这个年龄段，真正遇上普天同庆的日子有两个，一是抗战胜利，二是这次。不少人谈起来都有同感。现在的中年和青年是不可能有此种亲身感受了。

江青垮台后，我的目标当然就是要抓紧时间搞学问。韩耀宗也是在每天用功，实现自己的辽金史研究计划。有一次去看他，他对我说了一句，不要认为万事大吉，只管搞学问，问题还很多，要关心国事。回想起来，他想问题就是比我深。

但万万没有想到，时值1978年，正当我在上海处理家事，却有张泽咸先生来信，给我带来了韩耀宗因脑溢血而猝亡的噩耗，另一位同事刘炎也大致同时逝世。当时的惊愕和伤心自不必说，作为一个朋友，竟连追悼会也未能参加，这成了自己终生的遗憾。

韩耀宗学长逝年仅49岁，因性格关系，未曾结婚，死时仍住在集体宿舍里。大家整理遗物，我分得一套《辽史》，上有他的批语，算是唯一的并且一直还在使用的纪念物。他的同班同学萧良琼感叹说，老七到死也不像一个完整的人，不但没有结婚和孩子，治史二十多年，作品也没有发表。他的遗物中有一篇写于20世纪60年代初的文稿，经我整理后，发表于《辽金史论丛》第1辑，题名《阿骨打建国前女真族的社会性质》。此文除了《金史》等外，还使用了当时学者一般未曾注意到的《高丽史》的相关记载，论证女真人的奴隶社会已经在建国前存在了五六十年，有相当的学术价值。

四四、在刘浦江先生追思会上的发言

我确实心里很沉痛，人到这个年纪，说实在的，感情非常麻木，听见死人不会太怎么样，引不起多少悲痛。因为别人的今天，就是自己的明天，他早去，我晚去，就是这样。但刘浦江去世，使我心里非常难过，感到非常遗憾，就连他的告别仪式我都没能去，只是让我的同学刘凤翥代去了，所以在此对刘先生的家属表示敬意和歉意。

刘浦江先生可以用一句常用的话概括："生命不息，工作不止，鞠躬尽瘁，死而后已。"这 16 个字用在他身上很合适。这几年我老想一件事，现在和 1966 年以前比，有很多有利条件，也有很多不利条件。有利条件不说了，不利的条件，在 1966 年以前，有的事情不大成气候，现在却成了气候。譬如说史学界出现了学术活动家，他们的共同点是什么呢？就是心思不怎么在学问上。我曾经感觉到人生就像一场马拉松长跑，参赛的人都不是乌龟，都是快足健兔，但有的中间要退场，或者有的中间要找窍门、走捷径，各种情况难以尽述，但刘浦江先生一辈子集中了最大限度的精力和时间，认认真真搞学问。他是认认真真从起点跑到终点的一位，确实令人敬佩。

目前歪风邪气很多，占第一位的就是趋炎附势风，危害相当大。刘浦江提出要疏离政治，就抵制趋炎附势风来说，是有一点作用。但是有一点，像翦伯赞先生、吴晗先生当时冒着生命危险“反蒋”，争民主，这类事不能够误解。实际上，知识分子和政治的关系在某种意义上也是简单的。假如是良性的政治，一般来说是会疏离；但假如是不良的政治，就会出现各种情况。我觉得刘浦江先生提出这个问题，表明他同史学界的歪风邪气大致绝缘。

关于刘浦江先生个人的学术成就，我觉得他的作品相当精致。我特别感到遗憾，当时中华书局让我审读标点本《辽史》的修订稿，我审了大半，就得到了刘浦江先生去世的消息，当时真有一种说不出的心情和悲恸。《辽史》晦涩难读，大家不信，可以翻翻百衲本《辽史》。我那天和刘凤翥电话里谈起，当时我们初看《辽史》百衲本，简直像在看天书。但有了陈述先生的整理，看起来就容易多了。刘浦江是在陈述先生的基础之上，又花了很大的心思和工夫。且不说其他，光是我读这十六卷修订稿，就费了很大的劲，而且从中受教育，也足以证明他为此花的心思和工夫有多大。

再说一点，我从刘浦江先生身上学到的一些东西，也使我很感恸。

我很注意刘浦江先生写的东西。他提出金朝入主中原，猛安谋克户占地，就像清朝初年的圈地运动一样，这给了我很大的启发。我过去只是想到金朝强迫汉人改发型，与清朝的留头不留发、留发不留头相类似。这使我联想到其他方面，女真族两次入主中原，确有若干重要的共同点。

这次也有两条，是看《辽史》修订稿看出来的。一条应该是说自己犯了低级的错误。有一次，我给人家提意见，那位先生很好，回答我，说是他犯了“低级错误”。在此我也愿意使用“低级错误”这个词。我写《辽朝军制稿》，里面写节度州，大致就抄一下《辽史·百官志》，其实很简单，稍微看一下，陈述先生已经出了注了，有两个节度州，一个是祖州天成军，一个是丰州天德军，我漏掉了。这次看了刘浦江先生的修订稿，才知道自己的错误，这是不应该的，属于“低级错误”。我在这个场合下愿意公开检讨，也向逝者表示敬意。

还有一个辽朝部族，叫“乙室巳”，因为古文里面自己的“己”、辰巳午未的“巳”和已经的“已”三个字是不分的。过去陈述先生写的就是“巳”，这次一律改成“己”。我一看不对，连忙给刘凤翥打电话，他说按照现在对契丹文的解读，应是读“己”。我看完以后，二话不说，马上在自己的书上和电子稿里改了。这也是就教于刘浦江先生的。

我最后有一个建议，为了对逝者表示敬意，我希望刘浦江先生这次花这么大力气写的校记，能够尽可能多地发表，我给中华书局的意见也写了。我勾出了标点本《辽史》修订稿的很多条目，原来他们不准备出校，我都加了一句话：“似可出校”，就是这个原因。谢谢。

（原载《大节落落　高文炳炳——刘浦江教授纪念文集》，中华书局，2016 年）

四五、2011年10月自述

——治史之道：理解过去，透视现在，指点未来；歌颂正义，批判邪恶

王曾瑜，男，汉族，1939年6月8日生，上海人，1957—1962年就读和毕业于北京大学历史系。1962年任中国社会科学院历史研究所实习研究员，1979年任助理研究员，1980年任副研究员，1985年任研究员。2002—2006年任中国宋史研究会会长。

本人或与他人合写的历史专著和断代史出版13部，点校古籍出版一部，论文集出版5部，论文选集出版4部，历史小说出版7部，发表论文和译文总计近300篇，又参加了百科全书和历史辞典的编撰等。目前仍在负责张政烺师主编的《中国古代历史图谱》，作为本院重大科研项目。个人主要著述如下：

专著

（一）《鄂国金佗稡编、续编校注》，中华书局1989年一版，95.3万字；中华书局1999年二版，有所校改，补遗7920字，得1988—1991年全国古籍优秀图书三等奖。

（二）《岳飞和南宋前期政治与军事研究》，河南大学出版社2005年二版，58万字。

（三）《岳飞新传——尽忠报国》，中国书籍出版社2016年四

版，42.5 万字。

（四）《宋高宗传——荒淫无道》，中国书籍出版社 2016 年三版，40 万字。

（五）《宋朝阶级结构》，中国人民大学出版社 2010 年增订版，41.5 万字。

（六）《宋朝军制初探》（增订本），中华书局 2011 年版，40 万字。

（七）《辽金军制》，河北大学出版社 2011 年版，31 万字。

（八）《王曾瑜说辽宋夏金》，上海科学技术文献出版社 2009 年版，18.2 万字。

论文集

（一）《锱铢编》，河北大学出版社 2006 年版，53 万字。

（二）《涓埃编》，河北大学出版社 2008 年版，54.5 万字。

（三）《丝毫编》，河北大学出版社 2009 年版，56.7 万字。

（四）《点滴编》，河北大学出版社 2010 年版，58 万字。

（五）《纤微编》，河北大学出版社 2011 年版，59 万字。

历史小说

（一）《靖康奇耻》，河南大学出版社 2014 年二版，31 万字。

（二）《河洛悲歌》，河南大学出版社 2014 年二版，28.1 万字。

（三）《大江风云》，河南大学出版社 2014 年二版，32 万字。

（四）《转战湖汉》，河南大学出版社 2014 年二版，32.4 万字。

（五）《扬威南北》，河南大学出版社 2014 年二版，27.7 万字。

（六）《关山怅望》，河南大学出版社 2014 年二版，26 万字。

（七）《忠贯天日》，河南大学出版社 2014 年二版，34.2 万字。

校点古籍

《名公书判清明集》，与陈智超、吴泰合作校点，个人通稿，中华书局 1987 年一版，39.1 万字。

以上共计898.7万字。

漆侠先生主编《辽宋西夏金通史》，全书380余万字，人民出版社2011年版。本人参与全书审稿、删并重复与抵牾、修改部分章节等工作，自撰绪论和另外两章，今已收入《纤微编》，个人为此支付了相当的时间和精力。

本人主要从事辽宋金史研究，在岳飞、北宋晚期到南宋前期的政治与军事、宋金阶级结构、辽宋金军制、宋朝赋役制度、王安石变法等方面均有独创性的或比前人进一步的研究成果。

个人原先专治宋史，20世纪80年代中期，兼治辽金史。自90年代以来，既以批判中华古代专制主义、专制腐败政治为主攻方向，又得益于古籍的电子化、数字化，故个人的研究，努力由辽宋金断代史走向通史，自秦汉至明代都写有专文，对秦汉以下的各代，已非全外行。如《中国古代的丝麻棉续编》一文，达6万字，今收入《涓埃编》。此文使用了明代十分之九的方志及其他史料，旨在说明三条：一是在漆侠先生研究的基础上，论证金朝的河间府已种植棉花，亦即宋金时的棉花种植已越过黄河；二是将宋明的官员和军人的冬服填充料做对比，证明棉花大抵取代了丝绵；三是纠正了过去自认为明代的棉花种植已占主导地位的看法，认为明代的丝、麻和棉大致仍处于三足鼎立的状态，直到经历明清之际的战祸后，棉花才占主导地位。不能不说，这是明代经济史的一个重要课题。又如勉为其难地写了《中国古代卖官鬻爵的教训》《秦汉至隋唐五代卖官述略》《宋朝卖官述略》和《辽金元卖官述略》四篇文章，今收入《点滴编》。个人力图依据马克思主义的理论，对丑恶的卖官现象加以剖析，并且提出了正本清源式的根治的设想。又如《试论国史上的所谓"盛世"》，今收入《丝毫编》，提出了"盛世"的四条标准；《回眸中国古代地方政治的贪腐与黑暗》，今收入《纤微编》，都属贯穿中华古史的通论性论文，但也有其特色，而非有一篇不多、没一篇不少的泛论。

个人的史论大多归纳于《王曾瑜说辽宋夏金》附录的二十条中。通过对中国古代专制腐败政治的研究，最重要的结论是，马克思批判的等级授职制，是以人事腐败为中心的各种腐败滋生的沃土，是贪官污吏同性繁殖的温床。既要维护等级授职制，又要遏制贪腐，两者决然不可兼得，而必然国无宁日，危及整个中华民族。问题就是如此尖锐而清楚地摆在中华民族的面前，摆在每个中国人的面前。

我认为，史学的重要功能有二：一是理解过去，透视现在，指点未来；二是客观而公正的历史记载和研究，歌颂正义，批判邪恶，是维系社会良知和正义的重要舆论力量。这两条非其他学科所能取代。

个人的治史当然有不少缺点和弱点。就个人目前所认识到者，一是青年时代先天不足，后天失调。二是承认与前辈优秀学者在学问上有不可弥补的差距。我有时说自己是半瓶醋，其实，在如张政烺先生渊博的学识面前，如果说自己只有四分之一瓶醋，无疑是过高地抬举了自己。三是除去十二年强加于自己的时间和精力的浪费，个人治辽宋金史约四十年，但自己应当老实承认对辽宋金史的大部分领域还是无知和少知的。例如辽宋金时代的各种少数民族语言，以及必须与此贯通理解的中原音韵，即当时的准标准语洛阳话，众多的宋人儒经注、佛经等，自己都是无知者。又如《道藏》、宋代礼制等，又都属自己知之甚少者。自己对于诸如辽宋金官制、科举、法律之类，大致还有个轮廓性的了解，但细节知识就有许多不足。我对辽宋金代的文物考古资料也不熟悉。不少课题，似乎并非不了解，但一旦动手，就会立即发现自己的知识不足，需要补课。四是没有外语能力，我也可利用辞典，勉为其难地对日文和英文进行阅读或翻译。但外语是否过关，只有一条简单的标准，就是能否用外语进行专业对话，而自己完全不能进行专业对话。五是不通先秦典籍，随着自己力图从中国断代史走向通史，愈来愈感觉到这是个人治史的重大缺陷。有鉴于此，我向青年学者提出，治史有两条基本训练标准，通读前四史和《资治通鉴》可作为第一标准，但从更高的要求来看，还可有第二标准，就是通读先秦典籍。有志于当大家、大师的治史者，不管是治何代史，应当努力达到第二标准。日迫崦嵫，自己仍力图补课，目前计划，一是通读《资本论》，二是通读先秦典籍。

人们说一代人有一代人的史学，是不错的，问题在于要分析各代治史者的优点和缺点，世上绝不可能有毫无缺点的史家。我常说，史学界一代不如一代，应到我们一代人为止，今后应当一代胜于一代。从近年来的史学研究状况来看，我们一代人也有其优势，就是比较能熟悉和运用马克思主义的基本原理治史。当然，从目前的情况看，也并非我们这一代人都能坚持以马克思主义的基本原理治史。根本问题不是不懂，而是一些人其实不是以追求和探索科学真理的严肃态度，而是以利己主义的心态、实用主义的手法对待马克思主义。众所周知，阶级分析是马克思主义治史的基本研究方法，但某些懂得马克思主义的史家的作品，就有意迁就和迎合当前抹杀阶级论的反马克思主义思潮，用阶层论取代阶级论，抹杀阶级的剥削与压迫这个根本问题，用劳动价值论抹杀马克思经济理论的基石——剩余价值论，如此等等，不一而足。另一方面，如今的一些中年史家，其实已远离马克思主义，不屑以马克思主义治史，认为是过时了的，唯有自己的一套才是时髦的。如今一些西方史界的理论介绍到中国，这是好事。问题还在于兼容并包，择善而从，对个人来说，能够经过比较和鉴别，择善而从，显得尤其重要。例如在中华古史领域中，出现了一股热捧士大夫的思潮，我被迫参加讨论。依我之见，这不是提高水平的讨论，而是降低水平的讨论，如果懂得一些马克思主义，就完全不须热捧士大夫，也就不会引起此种讨论。古士大夫的实际情况，用不确切的比喻，犹如占地甚多的一大摊牛粪，其上也长着十分稀疏的一些鲜花，如此而已。一些学者引进所谓社会精英论，以为时髦，却是因远离马克思主义的阶级论，以及在思想方法上的只见树木，不见森林，而进入一个史论误区。

依个人体会，如马克思主义的阶级论，以及由此派生之国家与法的理论，依矛盾统一律的辩证思维思考问题，要两点论，而不是一点论，考虑万事万物的一极，就须考虑与之对应或对立的另一极，区分表象与本质、支流与主流、个性与共性等，对研究历史尤其有用。

我前后正式指导 11 名研究生。自己的指导方针，应是以在学问上胜过自己为培养目标，如果胜过自己，则是师生的共同光荣。不能揽个人无法完成的大项目，安排学生为自己服务。教师应是服务型和支出型的，而不应是收入型的。

（此为应中国社科院要求而交付的资料。2016 年，应中国社会科学出版社之出版要求，稍做补充和修改，并按要求另立标题，今本集改作副标题，载周溯源、赵剑英先生主编《中国社会科学院学部委员学术自传·历史学部卷》，2017 年版，仅删节原作所开列之个人著述目录，谨致谢忱）

四六、审读《梦断旧山河》样校后记

七部历史小说，原先只是分别取名，确实需要有个总名。多年以来，斟酌再三，总是定不下来。最终方定名《梦断旧山河》，以求与岳飞《满江红》词“待从头收拾旧山河”对应。2012 年 11 月 27 日至 2013 年 1 月 13 日，首尾 48 日，方将《梦断旧山河》七卷小说校样审读完毕。每天大约工作六七小时，绝大部分的工作时间用于看校样和修改电子稿。我虽然十分注意休整，仍感身心疲惫，这主要还是有一种赶时间的紧张。不料至 1 月 29 日，又突然接到河南大学出版社寄来的二校，看来春节是不可能静心地过了。“欢娱嫌夜短，寂寞恨更长”，整个春节，除了很少的应酬，还有电脑和每晚的电话祝贺之外，全部用于工作。只觉得时间分外的漫长，苦苦地延挨着一天又一天。“行百里者半九十”，愈到临近结束，心理负担不是轻松，而是愈加紧张。直到 2 月 25 日，剩下最后约 160 页，才开始有一种胜利在望的感觉。即使到 27 日之后，全部校样读完，却仍无轻松之感。因为自 2012 年 11 月中旬，另有《中华古政治史论集》和《古今一理》两部论文选集的校样。2 月 28 日，方才将《古今一理》的剩余校样审读完，紧张工作告一段落。我自从 2007 年孙女出生，就没有在北京过一个春节，须是到上海，充当“钟点工”，侍奉老母。原以为此次春节可以过得轻松，不料竟是长达三个半月的辛苦劳作。对于一个年过七旬者，确实相当难熬，但好在自己睡眠较好，尚在可承受的范围之内。

原第一版的插画一律删除，因为画得粗糙。如再三叮咛，须照传世刘松年画岳飞像，却还是将岳飞画成京剧须生；岳飞背刺“尽忠报国”，还是画成“精忠报国”；宋钦宗雪夜跪求祈天，上面却画了个月亮。本来建议另画，找不到合适的人，只能删除为宜。

第二版承蒙吴功正先生赐序，另外又按朱征宇先生的建议，各卷增加大事记。

我原先向出版社寄去新的电子稿，结果却还是按第一版的电子稿排校样。但也带来好处，我因此而发现新电子稿的一些问题，借此而更正。然而第一版有不少错误，当成书之后，自己并未注意审读。如现代词有必须和必需之别，军需品，宋时只用“须”，出版社却将不少“须”改成“需”。原稿中的“伏侍”是宋时口语，却改为“服侍”。原稿在对话中使用“回覆”“反覆”等，一律改“覆”为“复”，系误。古语“连结河朔”改为“联结河朔”。“交待”则误改为“交代”。“都虞候”改成了“都虞侯”。更不该的是“霍丘县”改为“霍邱县”，“绵服”改为“棉服”，如此等等。

审读的感觉，自己似乎不是作者，而是一个治辽宋金史的读者，专门挑作者的毛病。但是，读到第七卷岳飞等遇害的悲剧时，仍是情不自禁地落泪。

时隔多少年，当年自己设计的故事细节，也遗忘不少。但以治辽宋金史的读者的身份，读到哪里，就往往会联想，似应按史实如何铺叙情节。结果发现，原先的情节安排，往往比自己现在的设想更为合理或合适。其故非他，原先的设计，是经过仔细的推敲，而此回不过是临时随想而已。

我曾对此部书做了五点自我评价：

第一，弘扬爱国主义，讴歌李纲、宗泽、张所、岳飞等人的爱国正气，通过艺术手段，解剖古代的专制腐败政治，揭示历史真相，以反省中华民族的过去，以求对开创中华民族的未来起一点作用。小说的主题思想是站在时代应有的高度。

第二，小说的基本情节完全依据史实，在严密考证与推理的基础上，加以铺叙和渲染，不存在今人历史文学作品中常有的、不合理的、在宋时不可能发生的情节虚构。

第三，人物刻画，无论是正面的还是反面的，都实现了历史真实与艺术形象的一致，并依据历史记载，突出了一些人物的个性。

第四，小说的对话，纯用古典语言，并适当掺入宋时口语，避免以今人的语言和思维强加于古人，力求以对话形式展现人物心理。小说中还适当创作和运用古典诗词和骈体文，以加强古典情调。

第五，小说的描写，尽可能贴近宋代的政治、军事、经济、文化、制度、社会风俗的真实，其中包括各种宋时的称谓。小说中的战争场面，依天时、地形、规模、谋略等各有特色，大战的场面宏伟，跳出古典演义小说以斗将为主、斗将决定战争胜负的窠臼，接近于古代战争的实况。总之，小说的创作力求体现宋代社会的原貌。

王春瑜先生在《历史学家与历史小说》一文中对拙作评价说：

小说的历史真实性无懈可击。在人物刻画方面，作者塑造的正、反面人物，都注重历史真实与艺术形象的一致，并依据历史记载，突出了一些人物的个性。作者的语言富有特色，不仅采用古典语言，并适当掺入宋时口语，避免以今人

> 的语言和思维强加于古人，力求以对话作心理描写。作者还适当引用并创作了古典诗词和骈体文，以烘托八百多年前的历史氛围。这些特色是别的描写宋代的历史小说所欠缺的，也是难以具备的。这是一部成功的长篇历史小说。当然，要使这7部小说写得都感人肺腑，过目难忘，又谈何容易。某些片断的艺术感染力，仍显不足。最后一册的结尾是描写岳飞被害的大悲愤，读者看后应当令人发指，血脉贲张，但现在看来，作者未免过于拘泥于史实，没有营造出含冤千古的大悲剧艺术氛围，因而不能震撼读者。希望王曾瑜今后在修改小说时，对重要人物的关键场合，要浓墨重彩，着力描绘。①

应当十分感谢王春瑜先生对拙作的一针见血的评判。我是认真地、反复地考虑了小说的修改问题，主要是如何在第七卷《忠贯天日》中加强悲剧气氛。但应当承认，自己确实已至眼高手低、无能为力的境地。如果单纯为了加强悲剧气氛，不管史实，将何铸等人从小说中抹去，只怕也是有利有弊。再说，我写小说时，已经参考了宋代史料中各种法外酷刑，如采用《说岳全传》等古代演义小说中的若干酷刑情节，似也有点邯郸学步的味道。如违背史实，做岳飞一家满门抄斩处理，又是利弊参半。怎么才能加强悲剧气氛，左思右想，并无好主意。

最终，我在此次再版时只做了不大的修改，主要是以下几项：

一是过去忽略了张氏和吴氏在绍兴十年岁末“并进封婉仪”，小说做了相应修改，此后改称“张婉仪”和“吴婉仪”。

二是第四卷《转战湖汉》末尾已经交代李娃将《满江红》和

---

① 《江海学刊》2008年第2期。

《秦楼月》两词写在手帕上，而到第七卷《忠贯天日》末尾又重复写李娃在手帕上写此两词，前后抵牾，不相照应，今做更改。

三是依据《嘉靖尉氏县志》的记载，补写了朱仙镇之战前，岳家军在尉氏县扎营。“岳飞察看尉氏县城，下令说：‘此地距朱仙镇仅四十五里，须是扎立硬寨，以为制胜底基本，可于城外扎营。城西扎大营，城东与南、北各扎小营，互为犄角。’他命牛皋率左军，王万率破敌军，胡清率选锋军，分别在城北、城东和城南扎营，而本人与王贵等在城西扎大营。”这大致上是采用历史作品的叙事，并未做铺叙。

四是第七卷《忠贯天日》第376页原来写道：“唯有李娃却强忍住泪水，她说：‘奴是岳家人，纵然日后有千般折磨，万种痛楚，亦不得教国贼辈见岳家人落泪。’经李娃一说，李清照和管蕙卿也马上擦干眼泪。”读到此处，感觉不够有力，又改为“李清照和管蕙卿完全明白，李娃熬过了多少悲愤的不眠之夜，她的心灵承受着无数酷刑的折磨，而胸臆间简直是倾泻着瀑布般的酸楚泪水，方才凝聚成如此简单的一句话。经李娃一说，她们也马上擦干眼泪”。

五是据史泠歌先生的《宋代皇帝的疾病、医疗与政治》研究，增加了点使用丝绵擦拭伤口血渍的小情节。

六是第六卷《关山怅望》描写岳飞在宋徽宗国丧期间入朝，其服饰、宴饮等须依宋代的凶礼做点改写。

已故朋友韦庆远曾对拙作提出批评，他认为使用古典语言的对白脱离大众，会缩小作品的影响面。所以他所著《正德风云》历史小说的对白，纯用现代口语，这是有道理的。但凡事有利必有弊，诚如王春瑜先生的评说，运用古典语言的对白的难度，确实大于现代口语。依我的有限阅读，有的历史小说也用古典语言的对白，却无法一以贯之，有时使用古典语言难以表述，还是间或改用现代语言。我写作时努力设法一以贯之，在有难度之处确实是费了极大的心力。特别是小说中慧远和泽一两个僧人的话，虽然不多，却使我这个不懂佛教的人吃了很大的苦头，只能不懂强学。古典语言的对白虽然势必脱离大众的欣赏，其好处是“避免以今人的语言和思维强加于古人”。人的思维离不开语言，古人的思维只能是古语。当然，人的思维也还有诸如数学语言、音乐语言等，但自古迄今，占主导地位者还是各民族的语言。

在中国古典小说中，有《三国演义》《水浒传》与《红楼梦》是两种不同的写作风格。粗浅说来，前者是粗线条的，后者是细线条的。目前是以后一种风格为主流，讲究以俏丽优美的辞藻做细腻的描写和刻画。通俗地说，就是要将一句话写成数句以至数十百句。

我在《关于历史小说创作的己见》中说：“我所写历史小说的特点，似可说是史胜于文，这大约是人们不喜欢或喜欢的焦点。有些先生认为，小说还是显得干，可以兑水，但有的先生又认为，兑水反而丧失了此小说的特点。就我个人的能力而言，大约两三成史实的奶粉，已经冲入了七八成细节虚构的水，如果再要加水，自己确是无能为力。”① 现在可以将事情进一步说明，出版了小说前二卷后，我就请了一些朋友试读，唐史专家吴丽娱先生明确地说，要我兑水。但后来她又请一位据说是内行的朋友试读，结论是兑水反而丧失了此小说的特点，还是以不兑水为宜。就我能力而言，确实无能作东施效颦式的兑水。如果不采用诸如《三国演义》《水浒传》之类的粗线条的写作风格，真不知驴年马月方得完成。

以下说一些拙作中古典诗词和骈体文的使用。依个人之见，

---

① 《丝毫编》，第655页，河北大学出版社，2009年。

“最能反映方块字特色美的文学作品，大体有骈体文、古诗词和对联三类。骈体文往往被文学史家们评为束缚思想的文体，这是不错的；但从另一方面看，优秀的骈体文对仗工整、掷地铿锵的韵语，也更体现了汉字的特色，给人以美的享受，而为古代散文所不如”①。我对现代的仿西方的散文诗，也许有偏见，认为一般不像诗，自己也间或写点古典诗词，但大多连自己也并不觉得有味道。唯有对《尽忠报国——岳飞新传》中的一首《寄题汤阴县岳飞纪念馆》是比较满意的，此次又用于第七卷《忠贯天日》的开头：

汤阴战骨殉神州，古国升沉八百秋。遥想背嵬腾血马，犹听父老哭牵牛。山河兴废多雄鬼，冠盖炎凉少义丘。激烈壮怀终不泯，大江后浪逐前流。

应当承认，自己对《梦断旧山河》中所编张所的《南乡子》和李娃的《秦楼月》两词也比较满意，认为还是较恰当地反映了两人的心态。《南乡子》词说：

杀气亘皇州，铁马嘶风撼角楼。天下阽危如累卵，堪羞！政府诸公无远谋。　　何处觅吴钩？洗净烟尘解国忧。相顾滴滴离别泪，休流！须断头时便断头！

《秦楼月》词说：

繁华歇，金明池畔伤心月，伤心月。英雄啼泪，遗民啼

① 《点滴编》，第507页，河北大学出版社，2010年。

血。　　哀兵自古终须胜，铁骑踏破燕山缺，燕山缺。光辉重照，汉家陵阙。

小说第二卷《河洛悲歌》叙述张宪和高芸香夫妻重逢，在饱受劫难之余，高芸香赠丈夫古体诗，也相当贴切地反映了一个才女此时此刻的感怀和理想：

山河已破碎，中原荡征尘。一腔报国血，万缕夫妻情。新婚痛离乱，何处藏妾身？冻馁复艰险，奔窜尤悲辛。老幼涸辙鲋，相濡爱意真。梦里相思苦，梦回湿布襟。三年音问绝，大愿一朝伸。风云天借力，妾身归兵屯。余生劫难后，极感夫君亲。惨祸延四海，万姓盼经纶。乾坤震金鼓，国运仗武臣。狼烟何时靖？归耕故园春。

此外，李清照原来仅存两首诗的断句，“南渡衣冠少王导，北来消息欠刘琨”，“南来尚怯吴江冷，北狩应悲易水寒”，第三卷《大江风云》中将它们凑成整诗：

北望中原欲断魂，干戈扰攘万千村。朔风冻雨端诚殿，烽火浓烟通泗门。南渡衣冠少王导，北来消息欠刘琨。江边泣血两夫妇，浊酒愁吟对暮昏。

离乱五年泪不干，故园梦见更辛酸。南来尚怯吴江冷，北狩应悲易水寒。宰相虽轻晋郡县，遗民忍弃汉衣冠！和亲自古非良策，何日河山复宴安？

虽然时隔近九百年，但大致在一定程度上还是反映了李清照的心声，而没有将自己的意识强加于李清照。就骈体文而论，小说中也多处使用，我认为还是较为恰当的。第二卷《河洛悲歌》中宗泽宣读的祭文：

维大宋建炎二年正月二十八日，朝奉郎、端明殿学士、东京留守、兼开封尹宗泽恭率本司属官将校，有捐百身而起九原之心，有倾长河以注东海之泪，致奠于忠义将士之灵。山河破碎，社稷板荡，帝后北狩，黎元涂炭。公等振臂奋起于田野，矢志报国于沙场。利镞穿骨，犹裹疮以鏖战；白刃搠胸，虽视死而如归。天地惊其雄勇，鬼神泣其壮烈。泉壤阻隔，征程修远。惟念未竟之志，长车扫荡于两河；尚祈在天之魂，灵旗直指于黄龙。英名永存，流芳万世。呜呼哀哉，伏惟尚飨！

第四卷《转战湖汉》岳飞等在张所墓前的祭文：

维大宋绍兴二年七月二十五日，中卫大夫、武安军承宣使、神武副军都统制岳飞与属官将校，谨以香茶酒果致祭于前左通直郎、直龙图阁、河北西路招抚使张公之灵。值国家板荡之际，属志士有为之时。公有仁有智，乃文乃武，立朝寡助，以直自遂，经略故土，寝食忘味。仰天俯地，一念不愧，谗诬横出，岂料迭遭贬黜，慷慨赴难，卒致命殒绿林。忠臣烈士，闻者拊心；老夫稚子，语之流涕。英风义节，凛然如存，芳草萋萋，孤坟增南方山河之色，灵旌飘飘，忠魂壮北疆兵车之威。追忆平生，出涕横臆，公殁不亡，尚其来飨！

第六卷《关山怅望》中李娃撰给岳母的祭文：

维大宋绍兴七年正月二十日，起复检校少保、武胜、定国军节度使、荆湖北路、京西南路宣抚副使、兼营田使岳飞并长男雲，谨致奠于母周国夫人姚氏墓前。美操懿行，柔德仁心。母慈罔极，痛念鞠育之艰；人生有涯，常忆训导之严。五兵扰攘，四海荼毒。义不苟活，勉捐身而赴难；嫠不恤纬，誓尽忠以报国。千里转战，生不得奉菽水之欢；百感焚心，死不能终衰绖之制。音容如生，丹心难泯，孤坟虽寄存于庐山，神魂犹依傍于汤阴。遥望故园，心折骨惊。惟当驰马长驱，克复旧地，再造江山，以慰母灵。馨香三柱，纸钱百缗，薄荐墓前，聊表孝诚。魂兮安乐，伏惟尚飨！

柔福帝姬告北宋皇陵墓的祭文：

维大宋绍兴九年二月，不肖不孝女赵嬛嬛谨以心香一瓣，血泪千行，哀诉于列祖列宗陵寝之前。宋政不纲，皇天降罚。胡骑凭陵，禹域丘墟；生灵无辜，草野流血。千村万落，沦为狐窟兔穴；汉衣唐冠，惨遭削发左衽。凤孙絷掳，龙沙修阻。悲吟于沮洳之场，痛固无穷；恸哭于冰雪之原，生不如死。能雪此耻，犹有余耻；能抒此愤，犹有余愤。辗转南归，虽获锦衣玉食；安居深宅，尤念血属亲情。自愧身属女流，不得执干戈以歼敌；所恨讲好漠北，竟须持金帛而跪拜。觍颜忍辱，含垢苟安，称臣于杀父之贼，嬉戏于湖光之美。惟求祖宗在天之灵，赫然震怒，大张挞伐，廓清宇宙，以成万民寤寐中兴之志，以伸百官江山一统之望。不肖不孝女稽颡泣血，敬告于列祖列宗之灵。

第七卷《忠贯天日》岳飞等对杨再兴等将士的祭文：

维大宋绍兴十年七月，王师北讨，临颍与颍昌恶战，天撼地摇，鬼泣神惊，杨再兴等八百九十三壮士义无反顾，慷慨许国。誓死奋击，驰突于矢刃急攻之际；扶伤苦斗，振臂于血泥交融之间。雄姿如生，家人梦里，依稀凯歌之归还；美名长存，汗青册中，彪炳远征之功烈。神魄何依，犹傍燕山之皓月；精气不散，凝聚哀师之军魂。悲哉痛哉，泪尽泣血，英灵安息，伏惟尚飨！

第一卷《靖康奇耻》描写宋俘们求佛的另一疏文：

天覆地载之间，饮啄皆由于佛荫；男生女育之类，涵濡悉荷于神恩。岂独忠义之心，人人具有；抑亦生成之德，物物皆同。故乡逾四千里路，空手无七十万钱。馨香一枝，敢忘薄荐之诚；丹心一片，唯求旧巢之归。敬祈神通，了此宏愿。

第三卷《大江风云》李娃致一丈青的短启：

姐妹情深，庆洞房之佳气；山水阻隔，怅候问之未遑。兰心剑胆，鸳帐虎韬。九朝皇都，岂忍视同弃屣；两河故园，尚期扫尽狼烟。萍踪无定，后会有期。

我想，以上七篇如果改用古典的散文，其效果肯定较差。骈体文在古代所以长久流传，确有其存在的合理性和必要性。

此次审读校样，发现书中有若干警句，然而在第一版写作时反而不曾注意，今开列于下。

第四卷《转战湖汉》中秦桧叹息说：“自古以来，有官场便有争斗，无争斗便无官场。”

第五卷《扬威南北》中伪齐贪官侯湜向孙革哀求说：“然而平蜀时，大将王全斌等有贪墨等罪，百官议刑，以为王全斌等人法当死罪。太祖官家特旨赦免，此后又复王全斌节度使，圣旨言道：‘抑卿数年，为朕立法。’天下底官吏，贪赃底十常八九，循良底十无一二，若要严加惩治，便是治不胜治，惩不胜惩。”“孙革心里感叹说：‘侯湜底言语，直是盗亦有道，却亦是说破治贪赃底真谛。’他不由联想自己的所见所闻，联想到大将刘光世和张俊，又联想到行朝的医官王继先和众宦官等人，再联想到岳飞常说的‘文官不爱钱，武将不惜命，天下当太平’，就不免下意识地唉声叹气，轻声自语：‘亦不知何日方得重造清平世界？’”

第七卷《忠贯天日》中岳飞前妻刘巧娘羡慕前夫正一品大官的尊荣，岳雲说：“如今妈妈丰衣足食，煞好，须是知足。妈妈不在官场，以为官场唯是养尊处优，不知官场底诸般罪苦。”刘巧娘不解地问：“何以有罪苦？”岳雲说：“媚上压下，尔虞我诈，贪污行贿，鱼肉百姓，欺男霸女，嫉贤妒能，倾陷忠良，结党营私，玩忽职守，驽马恋栈豆，如此之类皆是罪；先天下之忧，忧国爱民，清正廉明，秉公执法，除暴安良，直言敢谏，忍辱负重，临危授命，如此之类皆是苦。儿子长大，稍知事理，方知阿爹虽是身居高官，而无一日无忧苦痛愤。常言道，自古忠良无有下场，阿爹底赤胆忠心，尽人皆知，切恐亦是无有下场。”

高泽民说：“自家在官场混迹已久，方是悟得真谛。大凡做亲民、监当官之类，第一要诀便是瞒昧良心。久而久之，或是看破红尘，或是丧尽天良。”

李娃说：“奴亦稍观史书，稍知时事，自古迄今，官场中不知趋炎附势底，只是凤毛麟角而已。”

以上数段，还是说破了中华古代官场的真谛。只要马克思批判的等级授职制不废，官场就只能如此。

第六卷《关山怅望》中孙革说：“与杀君父之仇敌卑屈求和，亘古未有，取讥诮于天下后世。唯其非无自知之明，便须教天下官民与他同共赞颂‘太平’。常言道，自欺欺人，第一须是自欺，然后方得欺人。”

南宋初君臣共赞“太平”“中兴”“盛世”，固然有其特殊的历史背景，但与后世炮制的“太平盛世”却也有共通的真谛。

第六卷《关山怅望》中管蕙卿提笔写了几句，又对丈夫感叹说：“奴家与她们相叙时，亦曾有感于人生在世，祸福穷通，变幻无常。奴家追随参政，适逢贬官时家境穷困，然而亦比不得李十姐、高四姐，有生离死别之痛、兵荒马乱之难。李十姐曾言道：‘人生穷达，自有天命，然而难得便是居患难之中，而不易操守，遭遇横逆，虽是悲愤万分，亦当无惨戚底容色，不屈不挠，不乱方寸。’今日罢政之际，奴家尤是追思此语，感喟万分。”

第七卷《忠贯天日》中岳飞在绍兴十年出师前说：“自古迄今，每逢乾坤饱含疮痍，万姓惨遭劫难之际，便有千万忠臣烈士，奋不顾身，以身许国。”

李娃说：“官场乐，官场苦，世间有多少人以荣华富贵为乐，而自家们却是以风波险恶为苦。自古以来，做高官底，既享尽荣华富贵，却亦不时有身家性命之忧，战战兢兢，如临深渊，如履薄冰。国朝太祖官家圣意高远，深仁厚泽，立下不杀大臣、不斩言者之誓，做高官底，始无身家性命之忧。然而死罪虽免，活罪亦复难忍。不见自哲宗官家以来，多少名士大臣，远谪海外，或是逼胁自裁。奴常忆得西汉韩信底言语：‘高鸟尽，良弓藏；敌国破，谋臣亡。’可不寒心！”

于鹏对韩世忠感叹说："只此便知岳相公底绝境。然而下官最初是伏侍张招抚，此后便伏侍岳相公。下官早已知得，覆巢之下，安有完卵。人生俯仰天地之间，不论贫富、贵贱、穷通、祸福、善恶、寿夭，终有一死。下官若因追随岳相公而遭厄运，又有何憾！下官所痛，唯是大宋江山、万千黎民，竟沦丧、涂炭于秦桧底奸谋，直是死有余恨！"

孙革在被审讯时说："感荷元评事底恩德，教我受此淫刑酷罚，料得自家所书底淮西行军日志，必已被焚烧了当。然而除此之外，我又怎生佐证？好生恶死，人之常情，然而自家如今已是求死不得，日夜备受楚毒，便是生不如死！忆得十五年前，恩师马殿院只为弹劾黄潜善、汪伯彦，而贬死异乡。他病革之际，并无片言只语嘱托家事，而唯以国事为念，犹然教我嘱告宗留守。如今事已到此，我又有甚国事可念？又有甚人可得嘱托？闻得小朝廷已与虏人屈辱媾和，当年岳家军将士血战而得底唐、邓、商、虢四州，亦复割让。献媚不共戴天底仇敌，无所不至，深文周纳，诬陷忠臣良将，亦是无所不至，我历观史册，直是亘古未有，岂止人面兽心而已。若是元评事犹欲阴功积德，可将自家从速杖毙于廷下！"

柔福帝姬说："难道容得与杀父之仇三跪九叩，便容不得一个忠良底岳相公。"

李清照说："老身苟活五十九年，经历多少伤心辛酸事。然而今夜却如梦方醒。原来老身不是活于人境，而是置身于阴曹地狱之中而不自知。岳相公亲书'天日昭昭！天日昭昭'八字。大宋寰宇既成国贼世界，又岂得有天日？又不知暗无天日底人境，竟于甚时方得了结？此外又复何言！"

以上数段对南宋绍兴专制与降金的黑暗政治的批判，应当说是一针见血的；对岳飞、李娃、于鹏、孙革等人遭受残酷迫害的心态的表述，也是入木三分的。

小说的故事当然没有写完，一些友好十分关心其续作。就自己的年龄和能力而言，当然不宜继续写作了，但还是愿意为续作者写一些愚见，以供写作时参考。

小说续篇可否取名“望断旧山河”或另拟，其下的三卷、四卷或五卷，亦宜各取一个四字书名。从情节上考虑，我设想的情节如下文所示，肯定是很不完整的原始设想，但写作时应大致按史书记载的时间先后铺叙。

首先可写何铸和曹勋使金，五国城的生离死别，韦氏与宦官白锷、宋使洪皓等南归。

十四年后，宋钦宗饮恨而终，再隔六年，全体宋俘被屠。

皇太后回銮，对宋大臣只尊重韩世忠。完颜赛里和刘祹使宋，辱宋高宗。完颜赛里要宋高宗称“阿爹”，并欲索取柔福帝姬。

秦桧唆使台官弹劾张俊，张俊被迫上辞职奏。他费尽心机，终于明白，自己仍被宋高宗和秦桧玩弄于股掌之中。

张俊因楚州之行，嫉恶王胜，将他调至建康府，企图借都统制王德之手杀害。不料王德好汉惜好汉，说王夜叉遇到王黑龙。张俊下台后，王胜找到韩世忠。韩世忠宴请王继先，命王胜认王继先为干爹，遂拜镇江府都统制，取代解元。

张婉仪失宠，受刘缨缨欺压，抑郁而终。对赵瑗遗言，如称帝，应为岳飞平反。

吴婉仪封皇后，潘贤妃抑郁而终。继而小刘娘子又与大刘娘子（缨缨）争宠。偶见清代姜绍书《韵石斋笔谈》卷下《宪圣皇后翰藻》有吴后题诗二首：“余曾见后题徐熙《牡丹图》云：‘吉祥亭下万千枝，看尽将开欲落时。却是双红有深意，故留春色缓人思。’题芍药云：‘秾李夭桃扫地无，眼明惊见玉盘盂。扬州省识春风面，看尽群花总不如。’”可使用于小说中，作为自诩而嘲张婉仪者。

赵瑗韬光养晦，曲意侍奉吴皇后，忍气吞声参加宋高宗祠高禖的求子大典。秦桧尽力压制赵瑗，赵瑗一时也只能隐忍。

皇太后诬柔福帝姬为伪冒，柔福帝姬饮恨遇害。最初识认柔福帝姬的冯益却免于处分。宦官白锷为柔福帝姬鸣冤，与皇太后争执，他与高世荣去刑场吊祭。李清照在家写祭文哀悼。太学生张伯麟在壁上题词，影射宋高宗，被严惩。

白锷被惩处，又牵连前宋使洪皓等人，还有皇太后弟韦渊等也指斥降金政治，同受重罚。

宋高宗被迫接受秦桧当终身宰相，表面上赐大宅，题“一德格天阁”等，恩宠无比。但他暗地里设想了贬抑和谋害秦桧的各种方案，包括使用毒药，终究对权臣无可奈何。他只能将杨沂中改名杨存中，依靠他防止秦桧政变。

秦桧专权，庇护王次翁，贬黜万俟卨等，却仍须与王继先、张去为等维持和加强勾结。

秦桧制造冤狱和文字狱，实行特务政治，炮制祥瑞，进一步迫害李光、胡铨、胡寅等人。

宋高宗和秦桧倡导对降金政治歌功颂德，文丐奔竞。

林一飞找到亲父秦桧，但因王癸癸的障碍，秦桧无法正式认为亲子，抱恨终身。秦熺与林一飞明争暗斗。

岳飞幕僚李若虚、朱芾、高颖在流放地饮恨而终，但张节夫编管绍兴府，却结识并影响青年的陆游。陆游婚姻不幸，科考又因秦桧阻挠而落榜。省试合格，却是殿试落榜，这是破例的。

辛弃疾在北方图谋反金。

施全行刺秦桧，使他明白自己的怨毒遍于宋境，健康状况直线下降。格天阁的黄粱梦断，一朝顿失相公威，林一飞流放岭南。但汤思退、万俟卨等后继有人。

胡寅饮恨而终。李光虽活到秦桧死后，仍不得平反，最后在返家途中病故。管蕙卿上书宰相陈康伯，控诉悲惨遭遇。

赵瑗经耐心苦熬，终于赢得皇子地位。

金朝方面，完颜兀术制造宇文虚中冤狱。金熙宗受到刺激，喜怒无常，杀宠爱的小西施张氏。金海陵王发动政变，杀金熙宗，诛戮女真贵族，重用渤海人李通，准备攻宋。

宋高宗受尽金使毒骂，却仍企图维持屈辱和议。因殿中侍御史杜莘老弹劾，他被迫罢黜王继先和张去为。

宋孝宗继位，为岳飞平反，除岳雷夫妇外，岳、张两家的其他成员得以生还，但一丈青病故，高芸香已无法与她相聚。胡铨回朝。

绍兴至隆兴宋金胶西唐岛、采石、德顺和宿州的关键性四战。李宝与虞允文成了抗金英雄。陆游慷慨上书。辛弃疾抗金南归。

金海陵王被部属所杀，金世宗即位，稳定统治后，又在外交上对宋强硬。

宋孝宗起用汤思退，汤思退勾结曾觌和龙大渊卖国。他终于被太学生运动轰下台，忧悸而终。宋金隆兴和议。

虞允文宣抚四川病故，北伐计划告吹。

宋高宗优养德寿宫，善终，但其丧葬仍然骚扰民间。

反复考虑，小说的正面人物，主要只怕也只能写陆游和辛弃疾，另加虞允文。尽可能扩大此三人的故事情节。对于陆游与汤思退的关系，须做巧妙处理。

我想，要完成小说续编的关键，一是阅读史料，熟悉甚至考订史实；二是学习古典语言。

小说本来就是萝卜青菜，各有所爱，千万人会有千万种胃口和嗜好。我因为工作关系，看的外国翻译作品很少，但喜欢法国巴尔扎克的小说。俄国的托尔斯泰当然是公认的巨匠，我喜欢他的《复活》，此书深刻地反映了俄国社会，并启迪人的良知。《安娜·卡列尼娜》我曾几次想读完，却总是读不下去，半途而废，觉得写一个贵妇人的个人生活，没意思。《战争与和平》是巨著，但我却自认为不如中国的《三国演义》有味道。尽管前者描写俄法战争，是真实场景；而后者以斗将为主的战争场面，并不符合古代战争的实际。

迄今为止，人类各民族的文明社会都是阶级社会，只有深刻地揭露和鞭笞阶级社会中形形色色的腐恶，才能启迪人们的良知，促进社会的正义和进步，从这个意义上说，我们应当高呼暴露文学万岁！那些讴歌开国太祖皇帝圣文神武式的作品，不论耗费多少金钱和笔墨，注定是历史和文学的渣滓。

追记：2014年，河南大学出版社将小说出版，他们觉得《梦断旧山河》不易接近群众，故改名《满江红》。

（原载《岳飞文化研究》，中州古籍出版社，2015年）

四七、兔年说古兔

在中国古代，兔作为家畜显然晚于其他牲畜。先秦文献中的兔都是野生的捕猎对象。《诗经·风·兔罝》："肃肃兔罝，施于中林。"《兔爰》："有兔爰爰，雉离于罗。"《小雅·瓠叶》："有兔斯首，炮之燔之。"《小雅·巧言》："跃跃毚兔，遇犬获之。"《仪礼·公食大夫礼》"以雉、兔、鹑、鴽"作为野味。《孙子·九地篇》说："始如处女，敌人开户；后如脱兔，敌不及拒。"《孟子·梁惠王下》："文王之囿方七十里，刍荛者往焉，雉兔者往焉。"《战国策》有关兔的记载尤多，如《东周策》："乌集乌飞、兔兴马逝。"《齐策》说："韩子卢者，天下之疾犬也。东郭逡者，海内之狡兔也。韩子庐逐东郭逡，环山者三，腾山者五，兔极于前，犬废于后，犬兔俱罢，各死其处。"冯谖说："狡兔有三窟。"后世成为成语。《庄子·杂篇·外物》："蹄者所以在兔，得兔而忘蹄。"《韩非子·内储说下》："狡兔尽则良犬烹，敌国灭则谋臣亡。"其《五蠹》篇就讲了"守株待兔"的成语典故。

中国人的十二生肖，据湖北的云梦睡虎地秦墓发现的《日书》甲种《盗者篇》简，证明至少自战国时，即已出现十二生肖。但"午，鹿也"，"未，马也"。与放马滩秦简《日书》甲种《盗者篇》

不同，后者午和未为马与羊。两书都将巳作为虫。据东汉《论衡》卷3《物势篇》和卷23《言毒篇》所载，当时的十二生肖已经定型。其中龙是传说动物，除六畜之外，另有鼠、虎、兔、蛇和猴为野生动物，应都是中原最常见者。先秦猫和鹅、鸭的饲养肯定不如鸡、犬普遍。最近方知，土耳其也有十二生肖，只是以鳄鱼替换了龙。如今其中既有鳄鱼，似可证明其十二生肖乃是突厥人西迁，特别是建立奥斯曼帝国，占领了北非之后方才定型的。

《史记》卷15《六国年表》记载，秦二世皇帝元年“十一月，为兔园”。这大约是最早的野兔驯化记录。1972年，长沙马王堆出土文物中有盛野兔骨的竹笥。《西京杂记》卷2说，西汉时，“梁孝王好营宫室、苑囿之乐，作曜华之宫，筑兔园。园中有百灵山，山有肤寸石、落猿岩、栖龙岫。又有雁池，池间有鹤洲、凫渚。其诸宫观相连，延亘数十里，奇果异树、瑰禽怪兽毕备”。名为兔园，按今人的概念，其实是动物园。枚乘为此写《梁王兔园赋》，看来园中更多是飞禽。《后汉书》卷34《梁冀传》载，外戚梁冀权势炙手可热，“起菟苑于河南城西，经亘数十里，发属县卒徒，缮修楼观，数年乃成。移檄所在，调发生菟，刻其毛以为识，人有犯者，罪至刑死。尝有西域贾胡，不知禁忌，误杀一兔，转相告言，坐死者十余人”。所谓“调发生菟”，即是将各地抓到的野兔，送往梁冀的兔园饲养。上引实例似可证明，汉时野兔驯化为家兔，仍属初始阶段。“兔园”一词沿用至宋代。南宋前期，掌管军事的文臣枢密使叶义问，竟不知“生兵”，即生力军为何，“当时谓之〔兔园〕枢密”①。

《晋书》卷28《五行志》载，东晋太元十三年（公元388年），

① 《会编》卷236《中兴遗史》，《宋史全文续资治通鉴》卷23绍兴三十一年十月乙丑。

“祠庙毕，有兔行庙堂上。天戒若曰：‘兔，野物也，而集宗庙之堂，不祥莫之甚焉。’”北魏时的《齐民要术》卷6记载有养牛、马、驴、骡，养羊，养猪，养鸡，养鹅、鸭，甚至养鱼，却仍未介绍养兔，看来当时养兔业至少仍不占重要地位。此后的正史多有猎兔的记录，古人以猎获白兔为祥瑞。《新五代史》卷24《安重诲传》说，“宿州进白兔”，但他说：“兔阴且狡，虽白何为?”还是指野生者。

兔除了食用之外，兔毫还是中国特色的毛笔的重要原料。宋人罗愿《尔雅翼》卷21《兔》说：“利为笔。韩愈传《毛颖》，称蒙恬取兔毫为笔，乃不其然。蒙恬所造，即秦笔耳，以枯木为管，鹿毛为柱，羊毛为皮，所谓苍毫，非兔毫竹管也。兔毫自汉以来有之耳，崔豹说之甚详。”又增饰前引《战国策》之说：“凡野兽，鲜有牦，唯兔足底皆毛，号建毛。性狡，以善走，齐之良兔曰东郭䝔，盖一旦而走五百里，与齐之良狗韩卢同足。”《太平御览》卷605引晋王羲之《笔经》说：“汉时诸郡献兔毫，出鸿都，惟有赵国毫中用。”卷907引郭义恭《广志》说：“汉诸郡献兔毫，书鸿都门题，唯赵国豪中用。”《齐民要术》卷9《笔法》引三国时韦仲将《笔方》，也提及制笔使用“兔毫”。《新唐书》卷57《艺文志》说：“岁给河间、景城、清河、博平四郡兔千五百皮，为笔材。”北宋《萍洲可谈》卷2说：“造笔用兔毫最佳，好事者用栗鼠须或猩猩毛以为奇，然不若兔毫便于书也。广南无兔，用鸡毛，然毛匾，不可书，代匮而已。”

使用兔毛皮做被，虽然很少见，却也是兔的一种用途。《南齐书》卷37《刘悛传》：“世祖著鹿皮冠，被悛菟皮衾，于牖中宴乐，以冠赐悛，至夜乃去。”《太平御览》卷684引《齐书》说：“武帝幸刘悛第，帝着鹿皮冠，刘悛设兔毛衾，于牖中宴乐，以冠赐悛，至夜乃去。”《唐国史补》卷下说：“宣州以兔毛为褐，亚于锦绮，复有染丝织者尤妙，故时人以为兔褐真不如假也。”故《新唐书》卷41《地理志》说宣州土贡就有“兔褐”，贡“兔褐”者另有常州。宋朝甚至禁止妇女穿着“兔褐”。① 但官员张咏“画像，衣兔褐，系绦草裹”②。

北宋张耒《明道杂志》说：“余守宣时，问笔工：‘毫用何处兔?’答云：‘皆陈、亳、宿数州客所贩，宣自有兔，毫不堪用。’盖兔居原田，则毫全，以出入无伤也。宣兔居山，出入为荆棘树石所伤，毫例短秃。”看来还是指野兔。《宋史》卷108《礼志》载，宋太宗雍熙时，“送兔十头，充享太庙”，他下诏说：“顺时蒐狩，礼有荐章，非乐畋游，将荐宗庙。”可知是使用野兔。《续资治通鉴长编》多次记载北宋皇帝在开封城郊猎兔，如此书卷159庆历六年十一月辛丑载宋仁宗“猎于（开封）城南东韩村”，“道傍居民或畜狐、兔、凫、雉，驱入场中”。北宋晚期，《东京梦华录》卷2《州桥夜市》，《东角楼街巷》和《饮食果子》记载，开封市场中出售“盘兔、炒兔、葱泼兔”等，又称“鹑、兔、鸠、鸽野味”。这反映当时的家兔饲养至少并不兴盛，甚至相当罕见。《金史》卷31《礼志》载，金朝“以九月五日祫享，当用鹿肉五十斤，獐肉三十五斤，兔十四头为臡醢，以贞元、正隆时方禁猎，皆以羊代”。此处的兔也是指野兔。

宋仁宗时，《包拯集》卷7《请权罢陕西州军科率》说：“买上供肉羊、兔千口，系十九州军。”此处可能是指家兔。南宋初的《鸡肋编》卷上说：“江、浙无兔，系笔多用羊毛。”当时皇帝行在设在越州，即今绍兴市，“百物贵踊”，“一兔至直五六千，鹌鹑亦

① 《宋史》卷153《舆服志》。

② 《宋朝事实类苑》卷9《张乖崖》。

三四百”。[①] 这可能是指家养的兔和鹌鹑。即使到元代王祯《农书》(卷5)，也只比《齐民要术》增设“养蜜蜂类”，仍未介绍养兔，多少反映了养兔业至少仍不占重要地位。晚至明代《太常续考》卷7记载：“每年工部派山东、河南等处，解部札发本寺，收给铺户办纳，发所喂养兔，岁用二百二十四只。太庙四，享用五十二只。其一百六十四只每年关顺天府派昌平、丰润等州县，每只价银四钱，解给铺户办纳，发所喂养。按先年正祭兔价，每只皆以四钱为率，报祭兔价有一只解银七钱六分者，有一只解银六钱者。盖报祭卒办价有时腾贵，故特重之。万历四年四月，本寺卿胡关顺天府不分正祭、报祭，每只定为四钱。”这方是明确使用家兔的记载。

由此可见，古代的兔长期是野生的，而养兔业的发展相当迟缓。

(原载《江西文史》2011年第2辑)

---

① 《要录》卷38建炎四年十月癸未。

四八、宋代妈祖起源考

人们都知道，妈祖为中国沿海，特别是闽台地区的重要神祠崇拜。中国社科院历史所的同事王贵民研究员治先秦史，无疑是位有造诣的、功底扎实严谨的学者。他有一次来电话，向我询问宋代的妈祖有无史料。我只是将“妈祖”一词输入古籍电脑软件，就给他回复，说找不到。不久，他就给我转赠了林庆昌先生所著《妈祖真迹》一书，为中山大学出版社 2003 年版。我翻阅后，就感到宋代史料虽似无“妈祖”一词，但并非无蛛丝马迹可寻。今先将清乾隆时成书的《敕封天后志》林清标序的有关妈祖的文字摘录于下：

> 天后乃标本支始祖唐邵州刺史、谥忠烈、讳蕴公之七世孙女也。高祖州牧圉公。曾祖保吉公，五代后周时为统军兵马使，弃官隐于海滨贤良港。祖福建总管孚公。父都巡惟悫生男一女六。后，其第六女也。降诞时，港四面山巅倾颓，于今可见。所窥之井，即港之麓，升天则在海屿。

林尧俞序说：

> 考诸谱载，天妃吾宗都巡愿公之女也。诞降于有宋建隆元年，生而灵异，少有颖慧，长而神化湄山上，白日飞升。相传谓大士转身。其救世利人、扶危济险之灵，与慈航宝筏，度一切苦厄，均属慈悲至性，得无大士之递变递现于人间乎！自宋兴以来，威灵昭赫，历世弥远，圣德昭彰。

妈祖是传说人物，林姓，福建莆田人。若按史实考查，在五代至宋初，莆田县在闽政权治下，后吴越占领福州，在五代后期到宋初，漳、泉两州又另属留从效和陈洪进治下，至宋太宗初年，方并入宋的版图。太平兴国四年（公元979年），另设兴化军，割泉州莆田和仙游两县归属兴化军，又将莆田县分为莆田和兴化两县。由此可见，传说中的林姓妈祖其实是出生在五代的割据政权治下，到太平兴国四年，正好二十岁。传说中妈祖的父、祖官称，如总管、都巡就完全不必细考了。如宋代的统兵官称部署，晚至宋英宗时，因避御讳曙，才改名总管。

关于宋代的莆田林姓女神崇拜，我倒看到几份记载。南宋行都的《咸淳临安志》卷73《顺济圣妃庙》说：

> 在（临安）艮山门外。考之庙记，神本莆田林氏女，数著灵异，祠于莆之圣堆。宣和五年（公元1123年），赐顺济庙额。自绍兴二十六年（公元1156年），封灵惠夫人。绍熙三年（公元1192年），改封灵惠妃。庆元四年（公元1198年），加助顺敕曰："古以女神列祀典者，若湘水之二妃，北阪之陈宝，西宫之少女，南岳之夫人，以至丁妇、滕姑，亦皆庙食。夫生不出于闺门而死，乃祠于百世，此其义烈，有过人者矣！灵惠妃宅于白湖，福此闽粤，雨旸稍愆，靡所不应。朕惟望舒耀魄，其名月妃，川祇静波，其名江妃，尔之

封爵，既曰妃矣，增锡美号，被之纶涣，崇大褒显，凡以为民。尚体异恩，以永厥祀。”累封至嘉熙三年（公元 1239 年），为灵惠助顺嘉应英烈，艮山有祠，自商份感梦始。开禧、宝庆，一再创建，又有别祠在候潮门外萧公桥。

丁伯桂作庙记说：

神莆阳湄洲林氏女，少能言人祸福，殁，庙祀之号通贤神女，或曰龙女也。莆〔临〕海有堆，元祐丙寅（元年，公元 1086 年）夜，现光气，环堆之人一夕同梦，曰：“我湄州神女也，宜馆我。”于是有祠曰圣堆。宣和壬寅（四年，公元 1122 年），给事路公允迪载书使高丽，中流震风，八舟沉溺，独公所乘，神降于樯，获安济。明年，奏于朝，锡庙额曰顺济。绍兴丙子（二十六年，公元 1156 年），以郊典封灵惠夫人。逾年，江口又有祠，祠立二年，海寇凭陵，效灵空中，风掩而去。州上厥事，加封昭应。其年，白湖童邵一夕梦神指为祠处。丞相正献陈公俊卿闻之，乃以地券奉神立祠，于是白湖又有祠。时疫，神降，且曰：“去潮丈许，脉有甘泉，我为郡民续命于天，饮斯泉者立痊。”掘泥坎，甘泉涌出，请者络绎，朝饮夕愈，甃为井，号圣泉。郡以闻，加封崇福。越十有九载，福兴都巡检使姜特立捕寇舟，遥祷响应，上其事，加封善利。淳熙甲辰（十一年，公元 1184 年），民菑葛侯郛祷之。丁未（淳熙十四年，公元 1187 年）旱，朱侯端学祷之。庚戌（宋光宗绍熙元年，公元 1190 年）夏旱，赵侯彦励祷之。随祷随答，累其状闻于两朝，易爵，以妃号惠灵。庆元戊午（四年，公元 1198 年），瓯闽列郡苦雨，莆三邑有请于神，获开霁，岁事以丰。朝家调发闽禺舟师，平大奚寇，神著厥灵，雾瘴四塞，我明彼晦，一扫而灭。开禧丙寅（二年，公元1206年），金寇淮甸，郡遣戍兵，载神香火以行，一战花靥镇，再战紫金山，三战解合肥之围，神以身现云中，著旗帜，军士勇张，凯奏以还。莆之水市，朔风弥旬，南舟不至，神为反风，人免艰食。海寇入境，将掠乡井，神为胶舟，悉就擒获。积此灵贶，郡国部使者陆续奏闻。庆元四年（公元1198年），加助顺之号。嘉定元年（公元1208年），加显卫之号。十年（公元1217年）加英烈之号。威德无穷，典实有限，不极不止。神虽莆神，所福遍宇内，故凡潮迎汐送，以神为心，回南簸北，以神为信，边防里捍，以神为命，商贩者不问食货之低昂，惟神之听。莆人户祠之，若乡若里悉有祠，所谓湄洲、圣堆、白湖、江口，特其大者尔。神之祠不独盛于莆，闽、广、江、浙、淮甸皆祠也。京畿艮山之祠，旧传监丞商公份尉崇德日，感梦而建，祠临江浒，前有石桥，经久摧剥。一日，里人取凉于桥，坐者满地，忽有白马自庙突出，人悉骇散，桥随圮，无一陷者，人知神之为也。开禧年间，始建殿阁，地褊且陋，观瞻未称。岁在丁亥，某调郡陛辞，偶叨留行，因白夕郎陈公卓，割餐钱为倡，贻书乡之持麾节者，咸遣助乡之士友，与都人知敬神者，竭力效奔走，不避寒暑，随丰俭，捐金钱。次冬首役，移旧殿阁，前架正殿。越春，殿成。又次年，门楼廊庑成，塑绘，丹雘几案、帘帷、栏楯、轩槛，闻者争施，中外辉映，规抚粗备云云。戊子（绍定元年，公元1228年）之夏，后殿雷震电掣，龙爪西楹而翔，莆白湖祠亦告斯瑞，且同其时。又一夕鼓作，雷声轰轰而鸣，岂非先兆欤？祠成，乡人合词，谂某为述颠末。姑取前后金石所纪神绩者，编次之，庶来者有考云。

据上引记载，宋时虽无妈祖的名号，但到南宋时，其崇拜已愈来愈盛，而莆田“湄洲”的神词，也与前引后世“神化湄山”之说相合。

《朱子语类》卷131载兴化军有“林二十三娘庙”：

> 秦桧己亥年冬死。未死前一二年间，作一二件无状底事。……黄丰知兴化日，有人有一弟，因争兄财不与，遂以其兄尝编录得胡铨上书，言秦桧紧要数语，告以为兄骂秦太师。官司亦以寻常，不曾为理会。时有一囚，与争财弟同狱，问得其首尾（其囚配卒，不记何州）。一日，福州帅张某过，其人直诉之于帅，为有人骂太师。黄不为理会。帅上其事于秦，实时摄取黄下大理，并其妻孥皆系之。遂勘闽中何处州海岛上有林二十三娘，适度甚物事，追之。尉即往海上，收一二老妇女，林几娘皆有之，俱无林二十三娘。乡老云：“此中只有一庙，是林二十三娘庙。”遂令乡老供文字去，且休了。黄不曾有一分事，亦追官勒停。

秦桧死于绍兴二十五年（公元1155年），以上记载证明，即使到绍兴后期，整个兴化军还只有一个林二十三娘庙，而“以郊典封灵惠夫人”正好是秦桧死后的翌年。看来林二十三娘庙似为最初的妈祖庙，当时奉祀尚不算兴盛。二十三娘是宋代流行的本族排行，与前述林氏第六女并不矛盾。

另有成书于宋宁宗庆元元年（公元1195年）的洪迈《夷坚支景》卷9《林夫人庙》记载：

> 兴化军境内地名海口，旧有林夫人庙，莫知何年所立，室宇不甚广大，而灵异素著。凡贾客入海，必致祷祠下，求

杯珓，祈阴护，乃敢行。盖尝有至大洋遇恶风，而遥望百拜乞怜，见神出现于樯竿者。里中豪民吴翁育山林甚盛，深袤满谷。一客来指某处欲买，吴许之，而需钱三千缗。客酬以三百，吴笑曰："君来求市，而十分偿一，是玩我也，无由可谐。"客即去。是夕，大风雨。至旦，吴氏启户，则三百千钱整叠于地。正疑骇次，外人来报，昨客所议之木，已大半倒折。走往视其见存者，每皮上皆书"林夫人"三字，始悟神物所为，亟携香楮，诣庙瞻谢。见群木〔皆〕有运致于庙堧者，意神欲之，遂举此山之植悉以献，仍辇原直还主庙人，助其营建之费。远近闻者纷然而来，一老甿家最富，独悭吝，只施三万，众以为太薄，请益之，弗听。及遣仆负钱出门，如重物压肩背，不能移足，惶惧悔过，立增为百万。新庙不日而成，为屋数百间，殿堂宏伟，楼阁崇丽，今甲于闽中云。

可知至晚到宋光宗绍熙时，即南宋中期，林夫人庙已是"为屋数百间，殿堂宏伟，楼阁崇丽"，"甲于闽中"，成为当时福建路的第一大祠。人们认为，林夫人庙护佑航海者平安，特别灵验，这与至今的妈祖信仰相合。如前引《咸淳临安志》所述，到南宋晚期，"神之祠不独盛于莆，闽、广、江、浙、淮甸皆祠也"，已成为南宋东部的重要神祠信仰。

（原载《中国社会经济史研究》2011 年第 4 期）

四九、中国古代牛的用途和黄牛、水牛

牛是中国古代主要的畜力，除了肉乳供食用外，还广泛用于农耕和运输，以及皮革业、兵器制造、药材等。《左传》昭公二十五年杜预注“六畜”为“马、牛、羊、鸡、犬、豕”，马为六畜之首，应是指夏、商和西周时对社会经济、军事等的重要性而言。但从后世的经济状况来看，自出现牛耕以后，牛对古代农业社会的经济价值远大于马，特别是在南方，可以无马，却不可无牛。

据湖北的云梦睡虎地秦墓发现的《日书》甲种《盗者篇》简，至少自战国时，已出现十二生肖，但“午，鹿也”，“未，马也”。与放马滩秦简《日书》甲种《盗者篇》不同，后者午和未为马与羊。两书都将巳作为虫。据东汉《论衡》卷 3《物势篇》和卷 23《言毒篇》所载，中国人的十二生肖已经定型。其中龙是传说动物，除六畜之外，另有鼠、虎、兔、蛇和猴为野生动物，应都是中原最常见的动物。北魏的《齐民要术》卷 6 介绍“养牛马驴骡”“养羊”“养猪”“养鸡”“养鹅鸭”和“养鱼”之法，没有专设养兔法，而牛已成众畜之首。此卷引“陶朱公曰：‘子欲速富，当畜五牸’”。陶朱公是春秋时的范蠡，参据《太平御览》卷 472，乃是《孔丛子》的伪托，又见《孔丛子》卷 5。但“五牸”的次序是“牛、马、猪、羊、驴”，与“六畜”的次序不同。先秦猫和鹅、鸭的饲养肯定不如鸡、犬普遍。《老子·德经》有一句理想国的名言：“鸡犬之声相闻，民至老死不相往来。”《孟子·梁惠王上》说：“鸡豚狗彘之畜，无失其时，七十者可以食肉矣。”同书《尽心上》说：“五母鸡，二母彘，无失其时，老者足以无失肉矣。”都是明证。《战国策·齐策》记载田需对齐王说：“士三食不得餍，而君鹅鹜有余食。”《太平御览》卷919引《鲁连子》说：“君鹅鸭有余食，士不足半菽。”可知养鹅鸭是少见的。

1. 牛用作运输。传说黄帝等人发明“服牛乘马”，显然并不可信。商代已有六畜，牛肩胛骨用于占卜，传世的甲骨文，一部分即是刻在牛胛骨上。《世本》称“黄帝之臣胲作服牛”[①]，有人认为“胲”是商人的祖先，或认为“胲”是商王亥，可能即是胲发明以牛拉车。《尚书·酒诰》说，妹土商人“肇牵车牛，远服贾”。或认为甲骨文中的“牵”字，像是缚牛羁引之意，可以引申为拉车。从考古发掘看来，商代肯定已用马拉车，而牛作为畜力使用，最初也应是拉车。《诗经·小雅·黍苗》说：“我任我辇，我车我牛。”说明在西周时，也是用牛拉车。

“古之贵者不乘牛车。”[②] 春秋时，后来当秦国大臣的“百里奚饭牛车下”[③]，表明他出仕前的困顿。《史记》卷41《越世家》记载，范蠡的“中男”犯法，“告其少子往视之。乃装黄金千溢，置褐器中，载以一牛车”，以佯装贫寒，前往楚国行贿救人。战国时，《韩非子·内储说上》说：“市南门之外甚众牛车，仅可以行耳。”西汉初，经济凋敝，《史记》卷30《平准书》描写说：“自

① 《事物纪原》卷2《驾》。

② 《晋书》卷25《舆服志》。

③ 《史记》卷74《孟子列传》附驺衍传。

天子不能具钧驷，而将相或乘牛车。”同书卷 59《五宗世家》说，西汉“诸侯贫者或乘牛车也”，用以说明他们的式微。但汉时富豪的财产标准之一是“牛车千两”。① 东汉末，天下大祸乱，汉献帝只能“御乘牛车”。② 西晋八王之乱时，晋惠帝也只能“乘牛车”。③ 南北朝的文物中，就有北齐太原张肃俗墓和南京砂石山出土的陶牛车，可知当时牛车的式样。

宋朝缺乏马力，其畜力车多用牛、驴、骡等，特别是牛。从传世的宋画看，如《清明上河图》《溪山行旅图》《盘车图》《雪溪行旅图》等，大多是牛车，也有少量驴车。“每遇冬月”，四郊向开封城中“纳粟秆草牛车阗塞道路”，“数千万量不绝”。④ 贵妇人出入，也乘“犊车”，另带香球，“香烟如云”⑤。“成都诸名族妇女，出入皆乘犊车，惟城北郭氏车最鲜华”⑥。宋徽宗和宋钦宗被俘北上时，“乘平日宫人所乘木牛车”⑦。金朝攻西辽耶律大石，“起燕、云、河东夫运粮”，结果“三路之夫死不胜计，车牛十无一二得还”。⑧ 金世宗时攻蒙古，“用牛三千头”搬运兵器⑨，都是动用大量牛车进行运输。

元世祖至元二十九年（公元 1292 年）十月，下令在汉军万户中，“力足以备车马者二千五百户，每甲令备马十五匹，牛车二

① 《史记》卷 129《货殖列传》。
② 《三国志》卷 6《李傕、郭汜传》。
③ 《晋书》卷 4《惠帝纪》光熙元年。
④ 《东京梦华录》卷 1《外诸司》。
⑤ 《老学庵笔记》卷 1。
⑥ 《老学庵笔记》卷 2。
⑦ 《会编》卷 89《北狩闻见录》，《要录》卷 3 建炎元年三月丁巳。
⑧ 《大金国志校证》卷 7 天会九年。
⑨ 《北行日录》下。

辆；力足以备车者五百户，每甲令备牛车三辆”①。元武宗至大三年（公元 1310 年）十一月，“敕城中都，以牛车运土，命各部卫士助之”②。明成祖时，纪纲依仗权势，“称诏夺官船二十，牛车四百辆，载入私第，弗予直。构陷大贾数十百家，罄其资，乃已”③。孟化鲤在万历时“坐贬，归涂与妻孥共驾一牛车，道旁观者咸叹息”④。可见牛车在古代长期行用。

2. 牛用于农耕。古代农耕的畜力颇有差异，如欧洲培育挽重马和奶牛，是以马耕地。中亚和阿拉伯世界是以骆驼耕地。唐宋之际的回鹘，自游牧民族转变为农耕民族后，“以橐驼耕而种”⑤。中国汉族原先是以人力耒耜耕田。春秋、战国之际，社会发生很大变化，其中牛耕和铁制农具的出现为一大亮点。牛犁耕田的效果当然大大高于耒耜，“用力少而得穀多”⑥。如孔子弟子“冉耕，字伯牛”，“司马耕，字子牛”，⑦ 表明了牛与耕的关系。《国语·晋语》说：“夫中行、范氏不恤庶难，而欲擅晋国。今其子孙将耕于齐，宗庙之牺为畎亩之勤。”中国古代也有马耕，如汉代《盐铁论·未通第十五》说：“农夫以马耕载，而民莫不骑乘。”但后世内地的马耕逐渐淘汰，基本上是牛耕。饲牛的成本低于养马，是一个基本原因。

古代的牛耕也不断改进。战国时，耕犁只有破土的犁镵，到汉代，新增加了犁壁，可以翻转土块，而且铁铧式样也增加了，

---

① 《元史》卷 17《世祖纪》。
② 《元史》卷 23《武宗纪》。
③ 《明史》卷 307《纪纲传》。
④ 《明史》卷 283《孟化鲤传》。
⑤ 《新五代史》卷 74《回鹘传》。
⑥ 《汉书》卷 24 上《食货志》。
⑦ 《史记》卷 67《仲尼弟子列传》。

可以分别适用于生荒地或熟地。但汉代，特别是西汉的耕犁还比较笨重，使用的是长辕。汉武帝时，牛耕才得到更多的重视与推广。“赵过始为牛耕，实胜耒耜之利”①。但从墓室出土壁画看，西汉长辕犁仍需双牛抬杠。“长辕，耕平地尚可，于山涧之间则不任用，且回转至难，费力”②。因此，随着开垦丘陵和山地的需要，长辕逐渐为短辕所代替。东汉时，出现了可用一头牛拉挽的短辕犁。汉魏以来，长、短辕犁在各地交错使用。到了唐代，较普遍地使用短辕犁。陆龟蒙《耒耜经》所介绍的江东犁辕“如桯而樛”，即是曲辕，这样便于安装犁鐴，耕作时也较省力，而且在辕之上有“评”，人们可以根据翻土深浅的需要进退犁评，以调节犁箭上下，改变牵引点的高低。这种比较精巧的耕犁，自唐以后，没有什么重大改进。

3. 黄牛和水牛。中国古代的牛往往是指黄牛，用于华北平原农耕，而南方的水稻田却较多地使用水牛耕作，因为水牛的力量大于黄牛。从历史记载来看，西汉时罽宾国产水牛③，东汉时，今云南一带“徼外僬侥种夷陆类等三千余口举种内附，献象牙、水牛、封牛”④。此时的水牛为一种贡品，因为北方并不出产。汉代四川画像石上的牛是直角黄牛。⑤ 大致相当于西汉时，在今滇池一带出土的古滇国青铜四牛鎏金骑士贮贝器，其牛即为弯角水牛，而骑士的坐下马却是西南小型马，亦无马镫。1953 年，洛阳烧沟金谷园工区一号墓出土的陶水井模型，也有陶水牛。西晋和

① 《齐民要术》序。

② 《齐民要术》卷 1《耕田》。

③ 《汉书》卷 96 上《西域传》。

④ 《后汉书》卷 86《南蛮西南夷传》。

⑤ 参见龚廷万等《巴蜀汉代画像集》，文物出版社，1998 年。

东晋之交的郭璞注《尔雅》说，犀“形似水牛”。① 《太平御览》卷 627 何法盛《晋中兴书》记载：“孔严补大中正，时东海王（司马）弈信用群下，上疏求海盐、钱塘，以水牛牵埭，税取钱直。”《太平御览》卷 899 引葛洪《抱朴子》说：“南方水牛，无冬夏，常卧〔水〕中。”水牛喜爱温暖潮湿而畏寒。此外，《太平御览》卷 898 引《广志》说：“犩牛如牛而大，肉数千斤，出蜀中。夔牛重千斤，晋时此牛出上庸郡。”这是两种特殊的牛种。《广志》的作者郭义恭一般说是晋朝人，但也有人认为是北魏时人。

但水田耕作也有特殊情况，宋陆游《剑南诗稿》卷 3《岳池农家》记载四川潼川府路广安军岳池县的水田耕作：“春深农家耕未足，原头叱叱两黄犊。泥融无块水初浑，雨细有痕秧正绿。绿秧分时风日美，时平未有差科起。”似乎可说是两头黄牛在水田中共拉一具犁翻土，以备插秧。宋时南方也并非不产黄牛，如在福州，“黄牛角缩而短悍，水牛丰硕而重迟，出福清以南，水牛新孕（或作孳），下其乳为团，出城东松屿”②。徽州“水牛，色苍而多力，其角如环，古所谓吴牛也。黄牛，小而垂胡，色杂驳，不正黄，土之所产，亦有从江西来者”③。

4. 其他用途。牛的皮、筋、角用于制造古代兵器。《诗经·小雅·角弓》诗云：“骍骍角弓，翩其反矣。”同书《鲁颂·泮水》诗云：“角弓其觩，束矢其搜。戎车孔博，徒御无斁。”“造作弓弩，必用牛筋。”④ 牛皮用于造皮甲等。《唐律疏议》卷 16《私有禁兵器》就记载有“铁甲、皮甲”。五代末年，赵匡胤任后周大

① 《尔雅疏》卷 10《释兽第十八》。

② 《淳熙三山志》卷四二《畜扰》。

③ 《新安志》卷 2《畜扰》。

④ 《长编》卷 36 淳化五年五月癸亥。

将，“士卒有不致力者”，他“阳为督战，以剑斫其皮笠。明日，遍阅其皮笠，有剑迹者数十人，皆斩之”①。北宋军往往“有皮笠子，而无兜鍪”②。皮笠应是牛皮所制。

后周广顺二年（公元 952 年）十一月，规定民间缴纳两税，“每秋夏苗共十顷，纳连角皮一张，其黄牛纳干筋四两，水牛半斤，犊子皮不在纳限”③。宋初也重复此项规定，“诸道州府人户所纳牛皮、筋、角，每夏秋苗共十顷，纳皮一张、角一对、黄牛干筋四两、水牛干筋半斤”④。水牛的干筋比黄牛多一倍。依宋真宗到神宗时的官方统计耕田数，为四五百万宋顷⑤，则民间须向宋廷缴纳四五十万头牛的皮、筋、角，用以制造兵器，当然可用病牛和死牛充数，但也是个不小的数字。宋神宗时对西夏战事，进行“科率”，“民间往往杀牛，取皮、筋、角纳官”⑥。南宋初，据张纲说，“军器所打造弓一万张，计用牛筋六千七百四十五斤，角一万一千只”，“一牛得筋不过数两，约用三牛可得筋一斤，今所买六千余斤，无虑二万牛矣”。⑦ 绍兴八年（公元 1138 年），光是向江南西路下令征调明年的兵器原料，即有“牛角六千三百三十四只，生黄牛皮九千一百八十三张，牛筋四千一十斤一十二

① 《资治通鉴》卷 293。

② 《忠穆集》卷 2《上边事善后十策》。

③ 《旧五代史》卷 112《周太祖纪》。

④ 《宋会要》食货 70 之 2。《渑水燕谈录》卷 5：“国初令民田七（当作‘十’）顷纳牛皮一张、角一对、筋四两。建隆中，令供纳价钱一贯五百文，税额中牛皮钱是也。”

⑤ 《宋史》卷 173《食货志》。

⑥ 《长编》卷 367 元祐元年二月丁亥。

⑦ 《华阳集》卷 14《论买牛筋角札子》。

两”①。金海陵王发动对宋战争，“村落间往往椎牛，以供筋革”，“或生拔取其角，牛有泣下者”。② 宋神宗时，“诏闻熙河路守具阙毡、皮，委王钦臣具毡三千领、牛皮万张，随州县发夫般运”③。当时官府组织纲运，有“牛皮纲”，“〔泸〕州发牛筋、角八纲”。④

牛充当畜力，自然还有各种用途。北魏与南朝齐作战，齐将陈伯之攻寿阳，魏傅永“为统军，领汝阴之兵三千人先援之。永总勒士卒，水陆俱下，而淮水口伯之防之甚固。永去二十余里，牵船上汝南岸，以水牛挽之，直南超淮，下船便渡”⑤。南宋池州御前前军“作窑烧制砖瓦，豢牛两头，以供踏坯之用”⑥。

战国时，有田单著名的火牛阵。北魏与南朝梁交战，梁骁将“杨由乃驱水牛，从营而出，继之以兵”，魏“军人避牛，师遂退下”。⑦

牛用于药材，主要是牛皮胶和牛黄。李时珍在《本草纲目》卷50《阿胶》说：“大抵古方所用多是牛皮，后世乃贵驴皮。”他还引用北宋苏颂的《图经本草》说：“今时方家用黄明胶，多是牛皮。《本经》阿胶亦用牛皮，是二皮可通用。”《太平御览》卷766《胶》引孔融《同岁论》：“阿胶径寸，不能止黄河之浊。”证明至晚在东汉时，已使用阿胶，即当时的牛皮胶作药材。另一种牛黄，

① 武英殿聚珍本《毗陵集》卷3《措置江西善后札子》，文渊阁《四库全书》本为卷7。

② 《金史》卷5《海陵纪》正隆四年四月，卷82《郑建充传》。

③ 《长编》卷333元丰六年二月庚午。

④ 《长编》卷217熙宁三年十一月乙卯。

⑤ 《魏书》卷70《傅永传》。

⑥ 《夷坚三志辛》卷10《池口镇牛》。

⑦ 《魏书》卷19下《元英传》。

是名贵中药，据今人研究，其实是牛的干燥的胆结石。据《本草纲目》卷50《牛黄》引南朝梁代的陶弘景《名医别录》和唐代苏恭的《唐本草》，可知在南北朝时，牛黄已供药用。

5. 牛租。在中国古代农业社会中，耕牛是一种重要的生产资料，牛租事实上是地租的一种派生形态。牛租最早的记录，是魏晋时屯田，“兵持官牛者，官得六分，士得四分；自持私牛者，与官中分”①。

宋时牛租主要有两种形式。第一，牛租作为地租的附加租额，陈舜俞说牛租占亩产量十分之二②，洪迈说饶州一带牛米占亩产量十分之一③，王炎说荆湖北路一带牛具、种粮占亩产量十分之一，与地租一并缴纳。④ 第二，耕牛单独出租。陆游诗说：“今年涨水满西畴，父老人人卜有秋。只要耕犁及时节，裹茶买饼去租牛。”⑤ 毛珝《吴门田家十咏》诗说：“去年一涝失冬收，逋债于今尚未酬。偶为灼龟逢吉兆，再供租约赁耕牛。”⑥ 宋宁宗时，刘宰任淮南东路扬州泰兴县令，“邻邑有租牛县境者，租户于主有连姻，因丧会，窃券而逃”，在“无券可质”“牛失十载”的情况下，刘宰设计，使“盗券者”“为归牛与租”。⑦ 可知当时民间立契租牛是相当常见的，甚至可隔县租牛。

由于牛的重要性，历代皇朝往往明令禁止宰牛。南宋晚期，吴革的戒宰牛诗说：“有牛负犁者，俄顷一周回。无牛人代耕，四

① 《晋书》卷47《傅玄传》。
② 《都官集》卷2《厚生一》。
③ 《容斋随笔》卷4《牛米》。
④ 《王双溪先生集》卷1《上林鄂州书》。
⑤ 《剑南诗稿》卷31《春耕》。
⑥ 《南宋群贤六十家小集·吾竹小稿》。
⑦ 《宋史》卷401《刘宰传》。

夫尽力推。四夫力虽疲，不如一牛犁。一牛当四夫，功力大如斯。农以牛为命，爱牛如爱儿。爱儿惟恐伤，杀牛何忍为。”①

总而言之，牛无疑是中国古代农业社会首要的牲畜。

（原载《铜仁学报》2016年第1期）

① 《随隐漫录》卷1。